燕行使와 通信使

– 燕行·通信使行에 관한 韓中日 三國의 國際워크숍 –

鄭光·藤本幸夫·金文京 共編

차 례

〈한국어판〉

간행사

차 례

〈일본어판〉

刊行辭

차 례

〈중국어판〉

燕行使와 通信使

‒ 燕行・通信使行에 관한 韓中日 三國의 國際워크숍 ‒

韓國語

간행사

　본서는 朝鮮時代〈燕行使·通信使〉에 관한 韓·中·日 三國의 國際 Workshop에서 발표된 논문을 한 권의 책으로 묶은 것이다. 이 워크숍은 한국학중앙연구원의 한국학진흥재단에서 실시하는 한국학 세계화 랩의 지원을 받아 京都大學 프로젝트 수행 팀에서 계획하고 주관하여 개최한 것이다.

　워크숍이기 때문에 초청한 30여 분의 조촐한 연구회로 장소와 예고집 등을 준비하였으나 뜻밖에 많은 연구자들이 참가하여 100부를 준비한 예고집은 개막 벽두에 이미 동이 났고 계속하여 참가한 많은 연구자들이 예고집을 구하지 못하여 애를 태우는 초유의 사태가 있었다. 발표장을 옮겼을 뿐만 아니라 현장에 와서도 예고집을 받지 못한 참석자들로부터 항의를 받고는 발표집을 조속한 시일에 책으로 출판하겠다는 약속을 하지 않을 수가 없었다.

　이 책은 그때의 약속을 지키기 위하여 간행되는 것이다. 다행히 박문사에서 이 책의 간행을 흔쾌히 수락하여 아담한 책으로 꾸리게 된 것이다. 이 자리를 빌려서 박문사의 윤석현 사장에게 감사의 뜻을 표하는 바이다.

　따라서 본서는 2014년 5월 31일에 고려대학교 민족문화연구원에서 개최한 朝鮮時代〈燕行使·通信使〉에 관한 韓·中·日 三國의 國際 Workshop

의 발표집 형식으로 간행되는 것이며 발표자 제위의 동의를 얻은 것이다. 논문의 게재 순서도 이 워크숍의 발표 순서에 맞추었으나 책으로 간행하는 것을 부담으로 생각한 일본측 발표자 한 분의 발표문은 논문 게재를 사양하였기 때문에 이 책에 포함되지 않았다.

워크숍의 개최도 조선시대의 연행사와 통신사의 사행에 대하여 한중일 3국의 연구자들이 한데 머리를 맞대고 본격적으로 학술 토론을 위한 최초의 노력이었으며 본서도 그런 목적으로 간행된 것이다. 이 책을 통하여 이러한 연구가 해당 3국의 연구자들에 의해서 더욱 성황을 이루기를 바라는 마음 그지 없다.

2014년 8월 25일
燕行·通信使行 國際워크숍 準備委員을 대표하여 鄭 光

차 례

朝鮮 歸國 後 洪大容의 中國 知識人과의 편지 왕복과 『醫山問答』의 誕生

-脫朱子學 과정을 중심으로-

夫馬進(일본 京都大)

I

洪大容은 실학사상가로, 그중에서도 北學派 知識人의 선구자로 한국에서 매우 유명하다. 그리고 그의 사상을 논할 때 반드시 거론되는 것이 『醫山問答』이다.

내가 『醫山問答』에 관심을 갖게 된 것은 地轉說, 즉 地球自轉說의 주장이나 華夷觀의 否定, 혹은 인간과 동물은 동등하다는 주장이 보여서가 아니다. 거기에는 예를 들면 다음과 같은 말이 보이기 때문이다.

> 古代의 周王朝 이후 王道는 점차 사라지고 仁義를 구실로 삼는 자가 皇帝가 되고 兵力이 강한 자가 왕이 되며, 꾀를 부리는 자가 높은 지위에 서고 아첨을 잘하는 자가 영화를 누린다. 君主와 臣下는 한편으로는 서로 의심하고 한편으로는 共謀하여 私欲을 꾀한다.
>
> 君主가 支出을 검약하여 세금을 면제하는 것은 백성을 위해서가 아니다. 賢者를 높이고 能力 있는 자를 등용하는 것은 국가를 생각해

서가 아니다. 반란자나 죄 있는 자를 토벌하는 것은 폭력을 금하기 위해서가 아니다. 중국이 외국에 조그만 물건을 朝貢하게 하고 답례로 후한 선물을 주는 것은 여러 나라를 돌보아서가 아니다. 단지 이미 획득한 지위를 보전하고 싶어서이다. 자신이 죽을 때까지 존숭되어 영화를 누리다가, 이것을 언제까지나 자손들에게 전할 수 있도록 하기 위한 것이다. 이거야 말로 賢明한 君主라는 사람이 잘 성취하는 것이며 忠臣의 훌륭한 謀計이다.[1]

이는 대담한 발언이다. 원래『孟子』에서 "仁을 口實로 하는 자는 覇者이고,…… 德으로써 인을 행하는 자는 王者"(公孫丑 上)라고 되어 있는 것처럼, 仁義를 구실로 하는 자는 覇者로 王者와는 확실히 구분되는 것이었다. 홍대용은 王者로 칭하는 자도 覇者와 같아 군사력이 강한 자에 지나지 않는다고 한 것이다. 이는『孟子』를 부정한 것과 마찬가지다.

게다가 여기에는 현실의 중국은 완전히 부정되어 있다. 淸朝뿐만 아니라 明朝도 부정되고 있다. 여기에는 청나라 초기 黃宗羲가『明夷待訪錄』에서 주장한 것처럼, 民本主義적인 君主論을 훨씬 뛰어넘는 과격한 國家論과 君臣論이 전개되어 있다고 말해도 좋을 것이다.

그러나 '仁義를 구실로 하는 자가 皇帝가 되고 군사력이 강한 자가 王이 된다'고 하여 皇帝와 國王 그 자체를 부정하는 것이라면 이는 중국의 皇帝뿐만 아니라 李成桂가 세운 朝鮮 자체를 부정하는 것이 되는 것은 아닐까. 無欲으로 백성을 생각하는 君主는 있을 수 없다고 그는 말하고 있다. '君主가 支出을 절약하여 세금을 免除하는 것은 백성을 위해서가 아니다'라고 말한다. 그렇다면 그가 섬기는 '현명한 君主'인 正祖를 부정하는 것이 되는 것은 아닐까.『醫山問答』은 이처럼 重大한 問題를 내포하고 있다.

---

1 『湛軒書』,『韓國文集叢刊』第 248輯, 景仁文化社, 2000, 99면 下.
自周以來, 王道日喪, 覇術橫行, 假仁者帝, 兵彊者王, 用智者貴, 善媚者榮. 君之御臣, 啗以寵祿, 臣之事君, 餂以權謀, 半面合契, 雙眼防患, 上下掎角, 共成其私. 嗟呼咄哉. 天下穰穰, 懷利以相接.
儉用蹙租, 非以爲民也. 尊賢使能, 非以爲國也. 討叛伐罪, 非以禁暴也. 厚往薄來, 不寶遠物, 非以柔遠也. 惟守成保位, 沒身尊榮, 二世三世傳之無窮. 此所謂賢主之能事, 忠臣之嘉獻也.

　그렇다면 도대체『醫山問答』은 홍대용의 어떤 思想 遍歷의 과정에서 생겨난 것일까. 어떤 생각 속에서 쓴 것일까. 도대체『醫山問答』은 무엇이라는 것인가. 사실 이 문제는 지금까지『醫山問答』이 자주 언급되면서도, 그것이 지금 서술한 것처럼 중대한 문제를 내포하고 있음에도 불구하고, 거의 밝혀지지 않았다.『醫山問答』은 虛子와 實翁이라는 두 사람 간의 문답으로 이야기가 전개된다. 이 虛子에 대해서 ’隱居하며 독서하기를 삼십 년’, 그 후 ‘北京에 들어가 중국의 선비들과 交遊하며 대화했다’고 쓴 것에서 1765년 35살의 나이에 燕行하고 이듬해 귀국한 직후까지, 젊을 날의 홍대용 본인이 희화된 것이라고 일컬어진다. 한편 實翁은 큰 변화를 이룬 후반기의 그 자신, 즉 이 책을 저술했을 무렵의 본인이라고 한다. 그런데 홍대용의 사상을 논할 때는 이 變貌조차 무시되고, 생애 전반기와 후반기의 그를 혼동하여 논하는 것이 지금까지 계속되고 있다. 때로는 그의 작품들이 각각 언제 쓴 것인지 논하지도 않고, 논자의 상황에 맞추어 자유자재로 맘대로 재단하여 논하고 있다.

　이것은 홍대용이 귀국한 후, 즉 생애 후반기에 그가 어떠한 사상적인 편력을 거쳤는지, 지금까지 전혀 논하지 않았기 때문이다. 더구나 그의 思想遍歷을 보고『醫山問答』이 언제 쓴 것인지 추정하는 일조차 하지 않았기 때문이다.

　이『醫山問答』이 어떻게 탄생했는가라는 문제가 지금까지 문제가 되지 않았던 것은 그 대답을 찾으려 해도 材料가 별로 없어서였다. 史料를 바탕으로 답을 내는 것이 거의 불가능하기 때문이다. 이 말은 洪大容 혹은 그의 사상을 논할 경우, 지금까지는 그의 著作集『湛軒書』를 거의 유일한 史料로 삼았기 때문이다. 이는 홍대용의 5대손 洪榮善이 編纂하여 1939년에 출판된 것이다. 거기에 수집된 洪大容의 著作 혹은 서간문에는 몇 년 몇 월의 것인지 기록되어 있지 않다. 게다가 수록된 서간문은 극히 적기 때문에 그가 思想的으로 어떻게 변화했는지에 대해서는 거의 포착할 수 없었다.

　그러나 숭실대학교 기독교박물관에는『乾淨後編』2권과『乾淨附編』2권이 소장되어 있다. 전자는 홍대용이 귀국한 후 北京에서 필담을 나누었던 嚴誠, 潘庭筠, 陸飛에게 보낸 편지와 그 회신을 주로 수록하고 있다.『乾淨附編』에는 그가 귀국 도중에 알게 된 孫有義, 鄧師閔, 趙煜宗 3인과의 往

復書簡을 주로 수록하고 있다. 이들 서간에는 발송한 年月, 또 회답을 받은 年月이 대개 기록되어 있다. 더구나『乾淨後編』·『乾淨附編』에는『湛軒書』에는 수록되어 있지 않은 多数의 書簡이 수록되어 있다.『湛軒書』에 수록된 중국인과의 往復書簡은 두 책에 수록된 것의 약 삼분의 일 내지 사분의 일정도 밖에 되지 않을 것이다.『湛軒書』는 두 책을 저본으로 편찬된 것은 틀림없지만 重要한 書簡을 수록하지 않았을 뿐만 아니라 일부러 그랬다고 생각할 수밖에 없는 改作과 削除 외에 커다란 錯簡도 있다. 나는 이미『湛軒書』外集, 杭傳尺牘에 卷二, 卷三으로 수록되어 있는『乾淨衙筆談』이 얼마나 오류가 많은 편찬물인지에 대해 논한 적이 있다.[2]『湛軒書』外集, 杭傳尺牘 卷一은 중국 지식인과의 往復書簡으로 이루어져 있지만 이것도 오류투성이의 편찬물이다.『湛軒書』만 의존해서는 그의 사상적인 변천과정을 분명하게 밝힐 수 없다.

그러면 洪大容이 어떻게 해서 주자학에서 탈피하는지,『醫山問答』에 무엇인가가 써 있다고 생각할 경우, 주의할 것이 두 가지가 있다. 하나는 그가 쓴 것 중에 주자의 言說, 또 주자학의 전제가 되는 程顥·程頤등의 言說에 대한 직접적인 批判을 찾으려고 해서는 안 된다는 것이다. 홍대용이 살았던 18세기 조선에서는 朱子에 대한 비판은 조금도 허락되지 않았다. 1764년에 일본에 왔던 異端児 李彦瑱은 '朝鮮의 국법으로는 宋儒에 의거하지 않고 經典을 해석하는 자는 엄중히 처벌된다'고 말하고, 그 자신이 주자학을 실제로 어떻게 생각하는지를 조선이 아닌 일본에서조차도 일절 말하지 않았다.[3] 그것은 朱子가 孔子와 동등한 사람으로 함께 일컬어지는 世界에서는 日本의 이토 진사이(伊藤仁齋)나 오규 소라이(荻生徂徠)등, 또 중국의 戴震 등이 그러했듯이 朱子의 言說을 직접 들어 철저하게

---

2 拙稿,「홍대용의『乾淨衙会友錄』과 그 改变─숭실대학교 기독교박물관장본 소개를 겸해서-」,『동 아시아 삼국, 새로운 미래의 가능성』, 문예원, 2012, 177~184면. 中文訳:「朝鮮洪大容『乾淨衙会友錄』及其流变－兼及崇実大学校基督教博物館藏本介紹」(『清史研究』二〇一三年第四期)94~97면.

3 拙稿,「一七六四年朝鮮通信使と日本の徂徠学」,『史林』第八九卷五号, 2006), 25면. 한글譯:「1764년 조선통신사와 일본의 소라이학」,『연행사와 통신사』, 新書苑, 2008, 249면. 中文譯:「一七六四年的朝鮮通信使与日本的徂徠学」,『朝鮮燕行使与朝鮮通信使:使節視野中的中國·日本』, 上海古籍出版社, 2010, 137면.

비판을 가하는 일 같은 것은 있을 수 없었다. 당시 조선에서 주자학을 비
판하는 것은 중국에서 滿州族을 비판한다든지, 日本에서 크리스트교 支
持나 천황을 받들고 幕府를 친다는 尊皇倒幕을 표명하는 것과 마찬가지
로 '엄중히 처벌되'었던 것이다. 이 같은 상황에서는 朱子를 드러내고 비
판하고 그의 설을 부정하는 언어는 말하지도 못하고 기록할 수도 없다.
예를 들어, 洪大容의『桂坊日記』는 나중에 국왕이 되는 正祖가 세자였을
때 敎育을 담당했던 그의 일기이다. 여기에는 그의 생애 후반기에 해당하
는 1774(英祖 50, 乾隆 39)년부터 이듬해에 걸쳐, 東宮에서 보고 들었던 것
이나 세자와의 문답을 기록하고 있다. 그런데 여기에서 그가 주자학에
바탕하여 세자에게 경서를 강하고,『詩經』을 해석하고 있다 하더라도, 이
시기의 홍대용을 주자학자로 판단해서는 절대로 안 된다. 그는 봉급을
받아 생활하기 위해서 東宮에 관리로 나갔기 때문이다.

　주의해야 할 두 번째는『湛軒書』에 수록된 洪大容의 논설이나 서간 가
운데 그것이 언제 쓴 것인지 분명하지 않은 것은 우선 고찰의 대상에서
제외하지 않으면 안되는 것이다. 우리들은『乾淨後編』과『乾淨附篇』을
주된 재료로 하여, 먼저 그의 사상적인 변천과정을 確定한 다음에 각 연
대별로 유사한 사상 경향을 갖는 논설이나 서간을 뽑고, 다시 이것을 바
탕으로 연대가 불명한 것들이 언제쯤에 쓰인 것인지를 유추할 필요가 있
다.『醫山問答』이 언제쯤 쓰인지에 대해서도 우리들은 이 같은 방법을 취
함으로써 비로소 추정할 수 있게 된다.

Ⅱ

　洪大容이 燕行을 다녀왔던 1765년 시점에서 그가 전형적인 주자학자
이며, 朱子 信奉者였다는 것은 北京에서의 筆談交遊記錄인『乾淨筆譚』을
보면 의심의 여지가 없다. 여기에 대해서는 그가 '情'이라는 문제에 대해
서 어떻게 대처하려고 했는지에 대해서 이미 밝혀놓았다.[4]

4　拙稿『一七六五年洪大容の燕行と一七六四年朝鮮通信使－両者が体験した中國・日

홍대용이 전형적인 주자학자였던 것은 귀국해서도 변하지 않았다. 이 것을 보여주는 것은 첫째 1766(乾隆 31)년 10월에 陸飛에게 보낸 편지이 다. 그는 여기에서 朱子의 格物窮理說을 따르고 王陽明의 心即理나 致良知, 나아가 陸飛의 불교에 가까운 성격을 공격한다. "陽明은 俗을 싫어하여 致良知를 내세우는 데에 이르렀다"고 한편으로는 높이 평가하면서도, 결 론적으로는 "陽明은 莊子와 마찬가지로 異端이다"라고 판단하고 있다.[5]

洪大容은 嚴誠에게도 이것과 완전히 똑같은 논조의 편지를 보냈다. 이 는 4千字에 가까운 장편이다. 北京에서 헤어지고 나서 嚴誠이 너무 그리 워서 시간이 지날수록 괴롭다고 호소하면서, 자신은 여름 이후 근심과 병이 겹쳐 애타며 분주할 뿐 책 한 글자도 읽지 못했다며 한탄하였다. 이 처럼 실천적인 주자학자가 되려고 하는 것은 北京에서 그가 보여준 言動 과 매우 똑같다.[6]

이 편지에는 매우 긴 논설이 더해져 있다. 그것은 陽明學을 완고하게 물리치지 않고 불교에 친근감을 표명한 嚴誠에 대한 하나의 논쟁이었다. 그는 우선 古學이야말로 實學이며 正學이라고 하면서 正學을 지키고 邪說 을 물리치는' 것이야말로 중요하고, 이것이야말로 嚴誠이나 자신들의 임 무라고 말하고 있다. 여기에서 말하는 正學은 朱子學이며 邪說은 陽明學 이나 이에 가까운 불교라는 것은 분명하다. 嚴誠과 潘庭筠이 고향 杭州의

本の「情」を中心に」(『東洋史研究』第67卷 第三号, 2008), 160~171면. 中文譯 : 「一七 六五年洪大容的燕行与一七六四年朝鮮通信使－以両者在中国和対"情"的体験爲中 心」(『朝鮮燕行使与朝鮮通信使 : 使節視野中的中国·日本』(上海古籍出版社, 2012) 176~182면.

5 『乾淨後編』卷一, 「與篠飮書」(冬至使行入去). 『湛軒書』104면 下에도 수록되어 있다. 嗚呼, 七十子喪而大義乖, 迂儒曲士, 博而寡要, 莊周憤世, 養生齊物, 朱門末學, 徒尚口 耳, 記誦訓詁, 泪其師說, 陽明嫉俗, 仍致良知.此其憫時憂道之意, 不免於矯枉過直, 而 橫議之弊, 無以異於迂儒曲士, 正道之害, 殆有甚於記誦訓詁, 則竊以爲陽明之高, 可比 莊周, 而學術之差, 同歸於異端矣.

6 『乾淨後編』卷一, 「與鐵橋書」. 『湛軒書』, 105면 上~106면 下에도 수록. 또한『鐵橋全 集』第五冊, 九月十日与鐵橋. 引用은 『鐵橋全集』에 의한 것이다. 不審入秋来, 上奉下率, 啓居適宜, 看書講學之外, 体験踐履之功, 益有日新之楽否.…嗚 呼, 人非木石, 安得不思之, 思之又重思之, 終身想望, 愈久而愈苦耶.容夏秋以来, 憂病 相仍, 焦遑奔走, 不能偷片隙読一字書, 以此心界煩乱, 少恬静怡養之趣, 志慮衰颯, 少彊 探勇赴之気, 別来功課濩落, 無可道者, 奈何. …伏願力闇鑑我無成, 益加努力, 憫我不 進, 痛賜警責, 得以鞭策跛蹶, 追躡後塵也.

隱士 吳西林(吳穎芳) 선생을 존경하여 말한 것에 대해 홍대용은 그가 불교 신자인 점을 강하게 비판한다.[7]

그런데 홍대용은 朱子學者의 입장에서 嚴誠의 자세를 비판하는 한편 그 같은 비판에 스스로 의문을 느낀 것 같다. 왜냐하면 홍대용은 편지에 더하여 「發難二條」라고 題한 것에서 큰 의문을 표하고, 嚴誠의 답장을 바라고 있기 때문이다. 그중 한 가지는 儒敎, 道敎, 佛敎 三敎는 서로 가까운 것은 아닌가라는 커다란 의문이다. 또 다른 하나는 엄격하게 불교를 배척했던 名儒들이 老子思想이나 불교사상을 갖은 자도 높이 평가했던 것은 무슨 이유인가라는 커다란 의문이다.[8] 이것은 주자학 일변도에 대한 의문이라기보다는 儒學 이외 불교나 도교에도 진리가 있는 것은 아닐까라는 의문으로, 그가 이후 莊子 등에 경도해가는 萌芽를 내부에 지니고 있었다는 것을 보여주는 점에서 흥미진진하다.

嚴誠은 北京에서 홍대용과 헤어진 뒤 會試에 실패하고 고향 杭州에 돌아갔다. 그리고 父親의 명에 의해 생활비를 벌기 위해서 福建提督學政의 부름을 받아들여 塾師가 되어 福建의 省都인 福州로 갔다. 그런데 嚴誠은 福州에 부임하자마자 병에 걸려버린다. 洪大容이 쓴 4천 자에 가까운 편지를 받은 것은 이때였다. 嚴誠은 洪大容에게 보낸 답변에서 "학질을 앓은 지 2개월이 지났지만 좋아지지 않고 매일 寒氣와 高熱이 번갈아 일어, 붓을 쥐면 손이 떨려 제대로 글자를 쓰지도 못한다"고 한 것처럼 병상에 있었다. 그가 死去한 것은 이 해 11월 5일, 겨우 36살의 나이였다.

한편 洪大容은 거의 비슷한 시기에 아버지를 잃었다. 11월 12일의 일이다. 嚴誠이 병상에서 쓴 편지를 받은 것은 그 이듬해인 1768(乾隆 33)년 5월이었다. 홍대용은 이 편지를 嚴誠의 죽음을 전하는 潘庭筠 등의 편지와

---

7 『鐵橋全集』 卷五冊, 九月十日与鐵橋, 書後別紙. 功利以襮其術, 老佛以淫其心, 陸王以亂其眞, 由是而能卓然壁立于正學者尤鮮矣.…(今力闇)平日好觀近思, 以僧論陽明爲極是, 知楞嚴·黃庭不若儒書之切實, 則亦可以壁立于正學矣.…扶正學息邪說, 承先聖牖後學, 匹夫之任亦其重且遠, 力闇勉之哉.
窺聞西林先生以宿德重望, 崇信佛氏, 精貫內典, 好談因果, 諒其志豈如愚民之蠢然于福田利益哉.…如力闇之初年病裏, 誦呪愛看楞嚴, 吾知其有所受之也. 其知幾明決, 不遠而復, 亦何望人人如力闇乎. 嗚呼, 寿夭命也, 窮達時也.

8 同前書, 又發難二条.

동시에 받았다. 홍대용은 이 해 봄부터 자택에서 20리 떨어진 묘소 근처에서 움막을 짓고 생활하고 있던 중이었다.

嚴誠이 쓴 편지도 3천 자에 가까운 長文이었다. 그것은 홍대용을 온화하게 격려해줌과 동시에 그가 北京에서 한 발언과 이번 편지에 비추어 그의 사상의 일면적인 부분이나 지나친 부분을 엄격히 비판한 것이었다. '湛軒이 갖고 태어난 性質은 전혀 문제가 없다'고 하면서도 '그 견해는 얽매인 것' 즉 일면적 사고방식이 지나쳐서 단단하게 굳어졌다는 것이었다.

反論은 대략 4가지이다. 첫 번째는 洪大容이 詞章·訓詁·記誦 전부가 害가 된다고 한 것에 대한 반론이다. 그중에서도 "漢儒 訓詁의 공은 매우 위대하다. 심하게 비난하는 것은 아마 틀린 것이다. 訓詁에 빠지는 것이 좋지 않을 뿐이다."라고 한 것은 당시 중국 江南地方에서 勃興하기 시작한 漢學, 즉 考証學의 영향을 전하는 말로 주목을 요한다.[9]

둘째는 宋儒·道學·陽明學에 대한 평가이다. "다만 우리들의 胸中에서 처음부터 道學의 두 글자에 무턱대고 매달리는 것은 결코 불가하다."라고 했다. 또 "道學先生이라는 것은 대체 무엇인가. 王陽明이 新說을 주장한 것은 실로 한탄할 것이지만 지금은 陽明學의 잔불은 꺼진지 이미 오래다."라고 한다. 이것은 주자학으로 똘똘 뭉친 홍대용에게 주의를 줌과 동시에 陽明學은 지금 중국에서는 별로 문제가 되지 않는다며 중국 학계의 현상을 전한 것이다. 清朝 政権이 중국에서 탄생하면서부터 홍대용이 연행에 갈 때까지 朝鮮知識人과 중국 知識人과의 학술 교류는 거의 없었다. 이 때문에 홍대용은 陽明學이라는 '邪説'이 중국에서 明末 이후 계속 유행하고 있다고 생각하고 있었다. 北京에서 필담했을 때도, 서울에서 보낸 편지에서도 그는 陽明學을 과도하게 문제시하였다. 그것을 본 嚴誠은 陽明學을 심각하게 여기는 것은 시대착오라며 찬물을 끼얹은 것이다.[10]

---

9 同前書, 同册, 附鐵橋丁亥秋答書. 또한 『乾淨後編』 권2, 鐵橋書(戊子=乾隆 三十三年 五月使行還, 浙書附來). 湛軒性情無可議者, 其所見以稍涉拘泥. …湛軒擧詞章·訓詁· 記誦之事, 皆以爲害道, 弟不能無疑. …而訓詁二字, 則經學之復明, 漢儒訓詁之功尤偉. 恐不可以厚非, 牽于訓詁則不可耳.

10 同前書.
今湛軒有得于宋儒緒言, 知安身立命之有在, 則甚善矣. 但吾輩胸中断不可先横着道學 二字. …而此外別有所謂道學先生何爲者也. 王文成倡其新說, 貽悞後人, 誠爲可恨. 然

세 번째는 불교에 대한 평가이다. 嚴誠에 따르면 지금까지 위대한 인물은 종종 불교 신자였다. "道學을 강하는 선생은 하늘에도 땅에도 분명한 그들의 위대한 사업을 변별할 수 없으니 그것이 걱정이다." 그래서 "우리 홍대용이 사람을 알고 세상을 논할 때 지금보다 조금 더 그 집착하는 견해를 벗어날 수는 없을까, 간절히 바란다."라고 했다.

嚴誠에 의한 불교평가는 洪大容이 佞佛이라고 비판한 杭州의 隱士, 吳西林에까지 미친다. 嚴誠에 따르면 吳西林은 '博雅好古하게 隱居하며 자기 혼자서 기뻐하는 군자에 지나지 않고, 일상생활에서도 크게 볼만한 것이 없는 인물'이었다. 세상에 어떤 영향력도 없기 때문에 그가 불교신자이든 아니든 문제가 되지 않는다고 말한다. 北京에서 필담했을 때 嚴誠은 潘庭筠과 함께 吳西林의 高雅하며 絕俗함, 특히 杭州에 부임해 온 高官이 방문하는 것조차 거절한 것, 音韻學이나 文字學에도 몰두하는 그의 모습을 절찬했다. 그렇지만 사실은 조금 더 복잡하여, 嚴誠은 오히려 이처럼 考証學에 빠진 인물을 바보로 본 것이다.[11]

네 번째는 老子와 莊子에 대한 평가이다. 嚴誠은 이 두 사람을 높이 평가하고 '老子·莊子는 두 사람 모두 하늘에 부여받은 資質이 뛰어나다 … (그들이 한 말의)태반은 시대를 분노하고 세속을 미워하여 참지 못하고 그렇게 말한 것에 불과하다', '눈이 퀭하고 마음이 아픈 것이 심하여(蒿目傷心之至) 사람을 놀래키려는 과격한 발언을 한 것에 지나지 않는다'고 말한다.[12] 또 "正學을 지키고 邪說을 물리치고, 인심을 바르게 하는 것이

其事功自卓絶千古, 今則道德一, 風俗同之世, 姚江(王陽明)之餘焔已熄久, 無異言横決之患. 吾輩爲賢者諱, 正不必借此以爲弾躬之資.

11　同前書.
如宋之富彦國(富弼)·李伯紀(李綱)諸公, 晩年皆篤信佛氏, 安得以此而遂掩其爲一代偉人. 正恐講道學先生不能辨此軒天掲地事業也. 弟此時已不爲異學所惑, 豈故爲此両岐之論. 良欲吾湛軒于知人論世之際, 少破其拘泥之見耳. 若西林先生之佞佛, 則其人不過博雅好古隱居自得之君子, 其生平亦無大可観者, 弟豈必爲之迴護哉. 知交之中, 強半皆非笑之者, 可無慮其從風而靡也.

12　同前書.
老莊皆天資超絶, 度其人, 非無意于世者, 不幸生衰季而発其汗漫無稽之言, 大半憤時嫉俗, 有激而云然耳. 彼豈不知治天下之需仁義礼楽哉, 蒿目傷心之至, 或則慨然有慕于結繩之治, 或則一死生而齊物我. …然二千餘年来, 排之者亦不一人, 而其書終存, 其書存而頗亦無関于天下之治乱. 蓋自有天地以来, 怪怪奇奇何所不有, 而人心之霊又何

우리들에게 그 책임이 있다 하더라도, 근본적인 것을 생각하지 않고 이같은 言說을 自負하는 것이라면 大言으로 세상을 속이는 것에 가까운 것은 아닌가, 이것이 걱정이다."라고 말한다.[13] 요컨대 朱子學이 아닌 것에도 조금 더 너그러워지고, 편협하게 다른 사상을 이단이라고 일방적으로 단정하는 것은 오히려 세상을 속이는 것이 가깝다고 말하는 것이다.

洪大容은 조목조목 반론하는 이 편지를 읽고, 이것이 嚴誠이 자신에게 쓴 유언장이라는 것을 바로 이해했을 것이다. 이 편지에는 '붓을 잡는 손이 떨려 제대로 글자를 쓰지 못한다'고 쓰인 것을 보면 아마도 편지가 亂筆이었을 것인데, 그것이 홍대용에게는 또 충격이었을 것이 틀림없다.

이로부터 1년 후, 홍대용은 陸飛로부터 답신을 받았다. 그것은 嚴誠의 죽음을 슬퍼함과 동시에, 이전에 홍대용이 莊子와 陽明을 異端이라고 논한 생각에 대해 다음과 같이 쓴 것이다.

陽明先生에 대해 논한 別語에 대해서는 흑백을 가를 시간이 없습니다. 제가 생각하기에 良知든 致知든 충실하게 행하고, 根本에 立脚할 수 있는 것이라면 天下의 理를 全部 궁구하지 못하더라도 바른 사람이 되는 것에 문제가 없다고 생각합니다. 그렇지 않으면 그 弊害는 부박한 문장 놀이보다 심합니다. 만일 번뇌를 제거하고 生死를 空과 같이 보려고 한다면 莊子의 齋物이 첩경일 것입니다. 우리들은 儒에서 벗어나 墨에 들어가려고 하고 있습니다. 형께서는 어떻게 생각하십니까.[14]

所不至. …吾輩直視爲姑妄言之之書, 存而不論, 可耳. 必取其憤激駭聽之言, 如絕聖棄智剖斗折衝之類, 嘵嘵焉逞其擊斷, 究竟何補于治, 而老莊有知, 転暗笑于地下矣. 此是講學習気人云, 亦云落此窠臼, 最爲無謂.

13 同前書.

此刻偶有所見, 遂書以質口湛軒, 不審以爲何如. 吾輩且須照管自己身心, 使不走作. 若扶正學息邪說正人心, 雖有其責任, 恐尚無其本領, 遽以此自負, 近于大言欺世, 弟不敢也.

14 『乾淨後編』卷一, 篠飮書(己丑=乾隆三十四年五月使行還, 浙信附來). 또『燕杭詩牘』에 수록된 同文에서는 陸飛는 이 편지를 1767(乾隆 32)년 12월 1일에 쓴 것으로 되어 있다.

陽明先生別語, 不暇辨也. 愚意無論良知致知, 只是老実頭做去, 從根本上立得住脚, 雖未能窮尽天下之理, 無害其爲正人. 否則其弊更有甚於文士之浮華者. 若欲剗除煩惱, 一空生死, 則莊生斉物庶幾近道. 愚将逃儒而入墨, 老弟以爲何如.

여기에서 말하는 '儒에서 벗어나 墨에 들어간다'의 墨은 앞에서 번뇌, 一空生死, 혹은 莊子의 齋物을 언급하고 있는 것을 보면 확실히 墨子나 그의 사상과는 전혀 관계가 없다. 요컨대 儒敎를 떠나서 불교 혹은 莊子 思想과 같은 '異端'에 나아가는 것이다. 이것은 또한 寬容을 말하는 것이다.

중국의 사상계의 움직임을 전하는 두 편지는 조선의 분위기와는 너무나도 다른 것이었다. 嚴誠은 求道者的이며 陸飛는 조금 더 高踏的이라는 차이는 있지만, 두 사람 모두 洪大容의 자세와 사고방식이 너무 완고하고 주자에 대해서든 陽明에 대해서든 심하게 얽매어 있다고 말한 점에서는 완전히 일치한다. 洪大容은 두 편지, 그 중에서도 嚴誠의 편지에 큰 충격을 받았다. 이들 편지는 그 후 홍대용이 사상적인 변천을 이루게 되는 커다란 계기가 되었다. 이상 소개한 嚴誠과 陸飛의 말은 그 뒤 홍대용이 쓴 문장 중에서 몇 번이고 반복되어 등장할 것이므로, 기억해두기를 바란다.

홍대용이 두 편지를 받은 전후에 쓴 편지가 남아 있다. 이는 확실히 두 편지에서 큰 영향을 받았음이 분명하다는 것을 보여주는 것이다. 『湛軒書』 內集, 권3에 수록된 「與人書二首」가 그것이다. 이는 金鍾厚에게 보낸 편지 둘을 하나로 수록한 것이다.

金鍾厚의 『本庵集』에는 이때 홍대용에 쓴 편지가 수록되어 있는데 己丑(1769, 英祖 45, 乾隆 34)년에 쓴 것으로 되어 있다. 이것을 「與人二首」와 대조해보면, 먼저 金鍾厚가 홍대용에게 禮書를 연구할 것, 특히 禮書의 硏究에서 그것과 관련된 古訓을 연구할 것을 훈계하는 편지를 보내고, 거기에 대해 첫 번째 편지로 반론한 것이 분명하다. 이에 金鍾厚는 『本庵集』에 수록된 편지를 가지고 반론하였다. 이에 대해 홍대용이 재비판을 하는데, 이것이 두 번째 편지이다. 첫 번째 편지는 그 내용으로 보면 1768년 여름 이후에 쓴 것이다. 즉, 嚴誠의 편지를 받은 것이 1768년 5월이므로 딱 이 무렵이다. 이 첫 번째 편지가 嚴誠의 편지를 받기 전인지 뒤인지는 알 수 없지만, 여기에는 嚴誠의 편지에서 영향을 받았다고 보이는 것이 아직 하나도 없다.

그런데 두 번째의 편지에서는 분명하게 그 영향을 읽어낼 수 있다. 내용으로 미루어보면 이것이 1769년 봄에 쓴 金鍾厚의 편지, 즉 홍대용의 반론에 대해 논박을 가한 것을 받고 그해 여름 이후에 쓴 것이다. 金鍾厚

의 주장에 따르면 사람이 牛馬가 아닌 이상 禮가 없이는 살수 없다. '예에 따라 階段에서 올라가고 내려가는 하나하나, 상대에 대한 인사 하나하나 가 모두 天理'라는 점에서 禮의 연구는 필요하다. 자신은 실제 생활에서 禮 하나하나를 어떻게 하는 것이 옳은지 모르기 때문에『朱子家禮』를 보 는데『朱子家禮』는 또『儀禮』가 없이는 읽지 못한다. 그런데『儀禮』에서 말하는 각각의 禮에 대해서는 諸說이 분분하기 때문에 그 注疏를 읽지 않 으면 안 된다. 그리고 이 注疏를 읽기 위해서는 거기에 대한 철저한 연구 가 필요하다는 것이다. 조선에서는 주자학 그대로라는 점에서는 전혀 다 르기는 하지만, 여기에서도 다양한 텍스트를 바탕으로 注疏까지 철저하 게 연구해야한다는 점에서는 이 무렵부터 중국에서 전성을 누렸던 고증 학과 매우 비슷한 움직임이 있었다. 洪大容의 두 번째 편지는 이에 전면적 인 반론을 가한 것이다. 3천 자 이상이나 되는 이 반론은 禮의 연구가 오히 려 有害하며 또 그럴 필요도 없다고 하는 것은, 결국 買名行爲는 아니냐며 격렬히 비난하는 것이다. 여기에 있는 다음과 같은 구절이 주목된다.

아아! 공자의 제자 70인이 죽은 뒤부터 大義가 무엇인지 모르게 되 었다. 莊子는 세상에 분개하고 養生을 말하고 齋物을 말하였다. 朱子 의 末學들이 師匠의 說에 얽매어 벗어나지 못하니 王陽明은 俗을 미 워하여 致良知를 말했다. 다만 두 사람의 賢者들은 자신들이 門戶를 나누고 기꺼이 異端이 된 것인가. 그들도 그 憤嫉의 극도에서 잘못을 바로잡고 지나치게 솔직한 것뿐이다. 우리 같은 庸劣한 사람들이 말 할 수 있는 것은 아무것도 없지만, 본연의 기질이 변하지 않을 정도 로 頑固하게 세상에 아부하는 것이 불가능하기 때문에 憤嫉하는 것 이 있습니다. 또 莊子와 陽明이 제멋대로 議論한 것에 대해서 실로 내 생각과 일치한다고 불손하게도 생각하고, 마음을 빼앗겨, 儒를 벗어 나 墨에 들어가고 싶을 뿐입니다.[15]

---

15 『湛軒書』內集, 卷三, 與人書二首, 69면 上.
   嗚呼, 七十子喪而大義乖, 莊周憤世, 養生齊物, 朱門末學, 汩其師說, 陽明嫉俗乃致良
   知. 顧二子之賢, 豈故爲分門甘歸於異端哉. 亦其憤嫉之極, 矯枉而過直耳. 如某庸陋,
   雖無是言, 賦性狂戇, 不堪媚世, 将古况今, 時有憤嫉, 妄以爲二子橫議, 実獲我心, 怳然

위 문장이 1766년 10월 陸飛에게 쓴 편지와 거의 같다는 것은 누구라도 알 수 있다. 그런데 결정적으로 다른 점이 있다. 그것은 1766년 10월의 단계에서는 莊子와 陽明은 結局 '迂儒曲士'와 같으며, '마찬가지로 異端'이라고 단죄하던 것이 1768년 여름 이후에 쓴 편지에서는 莊子와 陽明의 말을 내 생각과 일치한다고 생각하는 것에 이르며, 더구나 '儒를 벗어나 墨에 들어가고 싶을 뿐'이라고 한 것처럼, 오히려 긍정적으로 서술하기에 이른 것이다. '逃儒而入墨'이라는 陸飛의 말을 그대로 사용한 점은 거의 의심의 여지가 없다.[16] 洪大容이 陸飛의 이 편지를 받은 것이 이 해 5월이었으므로, 그는 곧바로 이 말을 사용한 것이다. 『儀禮』에 보이는 禮의 하나하나가 어떤 것인가라는 작은 문제에 齷齪하는 金鍾厚에 대해서 '纏繞拘泥'라고 비판하는 '拘泥'라는 말도 어쩌면 嚴誠이 자신을 평하며 비판할 때 한 말을 여기에서 다시 쓴 것인지도 모른다.

洪大容은 北京에서 筆談으로 중국의 友人, 그중 嚴誠의 영향을 가장 크게 받은 것뿐만이 아니다. 그는 귀국 이후에도 그와의 편지를 통해서 생애 후반을 결정할 만큼 커다란 영향을 받았다.

環顧, 幾欲逃儒而入墨.

16 박희병, 『범애와 평등―홍대용의 사회사상』(돌베개, 2013, 69~74면)에서는 이 "逃儒而入墨"을 바탕으로, "주목되는 것은 湛軒(洪大容)이 몇 번이나 '墨'으로 들어가고 싶다는 점을 밝히고 있다는 사실이다."라고 서술하고, 洪大容이 墨子를 중시하고 있던 논거로 삼았다. 그러나 『韓國文集叢刊』 『中國基本古籍庫』 『四庫全書』의 데이터베이스로 검색을 해보면 "逃儒入墨", "逃儒歸墨" 등의 말은 孟子의 時代를 직접 서술하는 것이 아닌 한 거의 다 예외 없이 '儒敎를 버리고 異端으로 간다'는 것을 의미하며, 보다 구체적으로는 '불교를 따르는' 것을 '入墨'으로 표현하고 있다. 여기에서 실제로 문제가 되는 것은 莊子 혹은 王陽明의 學으로 墨子는 전혀 아니다. 이밖에 논거로 삼은 '老墨'이라는 말도 老子와 병칭되어 유교 이외의 것을 의미하는 것에 그칠뿐이며 "楊氏爲我, …墨氏兼愛"도 楊子와 병칭된다. 洪大容이 특히 墨子에 관심을 관심을 가졌던 것 같지는 않다.

Ⅲ

　그런데 이 嚴誠의 유언장이라고 할 수 있는 중요한 편지가 『湛軒書』에
는 수록되어 있지 않다. 洪大容은 1768(乾隆 33)년 10월 연행사 출발에 맞
추어 陸飛에게 편지를 썼다. 여기에는 "嚴誠은 福州에서 편지를 부쳤지만
이것은 그가 죽기 전 몇 달 전의 일이다. 병으로 몸이 버티기 어려운 힘든
상황에서 더구나 편지는 수천 字에 이르며 작은 것도 소홀하게 하지 않
고, 정신력은 보통 사람을 능가하고, 處事의 진실함이 더더욱 사람을 비
탄하게 하고 마음 아프게 한다'고 썼다. 洪大容가 어떤 마음으로 嚴誠의
편지를 읽었는지는 누구라도 이해할 것이다.[17] 그리고 이것은 『湛軒書』
에도 수록되어 있다.

　그렇지만 嚴誠이 洪大容에게 보낸 중요한 이 편지가 『湛軒書』에는 수
록되어 있지 않다. 아마도 그것은 洪榮善 등 20세기의 編纂者들이 故意로
한 것이다. 洪大容과 嚴誠은 둘도 없는 친구로 국경을 넘어 서로 영향을
끼쳤다. 이는 『乾淨筆譚』에서 洪大容이 죽기 직전까지 쓴 것을 읽어보면
누구라도 이해할 수 있다. 그렇지만 20세기의 편찬자들에게는 두 사람
중 누가 보다 큰 영향을 받았는가라고 한다면 洪大容이 아니라 嚴誠쪽이
었다. 웬일인지 그들에게는 조금 더 영향을 끼친 것이 홍대용이 아니면
안됐던 것 같다. 그런게 아니라면 무엇하러 이런 두 사람의 관계를 보여
주는 중요한 편지를 수록하지 않을 수 있겠는가. 그들을 그렇게 이끈 것
은 아마도 그들이 가지고 있던 내셔널리즘이었다고 생각된다.

　그런데 이 내셔널리즘은 좀 더 뿌리가 깊은 것 같다. 이렇게 말하는 것
은 『湛軒書』에는 洪大容의 從父弟 즉 종형제인 洪大應이 회상하며 쓴 것이
수록되어 있다. 그 중 한 조목을 보면 洪大容은 朝鮮人 著作 중에서는 李珥
(李栗谷)의 『聖學輯要』와 柳馨遠의 『磻溪随錄』이 경세치용의 학이라고 말
하고 있다. 중국 杭州의 학자 嚴誠이 조선 유학자의 성리학에 관한 책을
구하자 홍대용은 『聖學輯要』을 보내고, 이어 嚴誠에게 그가 존숭하는 陸

17　『乾淨後編』卷二, 與篠飲書(戊子＝乾隆三十三年十月作書, 附節行). 『湛軒書』115면 上.
　　鐵橋南闖寄書, 距死前只數月, 病瘁困頓之中, 猶一札數千言, 纖悉不漏, 可見心力絕人,
　　処事真実, 益令人痛恨而心折也.

象山·王陽明의 학을 버리고 正學으로 돌아올 것을 말했다.[18]

　그런데 이 이야기에는 몇 개의 잘못, 혹은 결코 있을 수 없는 부분이 포함되어 잇다. 우선嚴誠은 특별이 陸王의 學, 즉 陽明學을 존숭한 것은 아니었다. 이 점에 대해서는 이미 소개한 洪大容에게 보낸 마지막 편지에 명확하게 써 있기 때문에 더 이상 말할 필요가 없다. 嚴誠이 陽明學을 尊崇하고 있었다는 것은 洪大容이 嚴誠의 유언장을 받기 전까지 생각하고 있던 오해였다. 그런데 이것이 그대로『乾淨筆譚』에 쓰여, 중국의 학자는 朱子學이 아니면 陽明學을 받든다고 생각하는 당시 조선 지식인의 일반적인 인식도 더해져서, 이 오해가 洪大應에게도 그대로 공유되었던 것 같다. 嚴誠이 陽明學을 존숭했다는 이야기는『湛軒書』의『乾淨衕筆談』의 마지막에 수록된「乾淨錄後語」에도 수록되어 있어 이것을 읽은 사람들은 마침내 이것을 믿어 의심치 않게 되었을 것이다. 이는 그 文面을 보면 洪大容이 쓴 것이 틀림없기 때문이다. 하지만 사실 이「後語」는 1766(乾隆 31)년 9월 이전에 쓴 것이었다.[19] 즉,「後語」는 그가『乾淨衕会友錄』을 쓴 직후에 붙인 것으로 당연히 이 단계에서는 홍대용 자신이 嚴誠은 陽明學 信奉者자라고 생각하고 있었다. 嚴誠의 遺言書를 받은 1768년 이후라면 홍대용은 이런 말을 할 리가 없다.

　무엇보다 큰 오류는 홍대용이 양명학 신봉자인 嚴誠을 설득해서 주자학으로 돌아오게 했다고 하는 점이다. 이 잘못은 嚴誠의 마지막 편지를 읽은 우리들에게는 명명백백하다. 嚴誠은 朱子學으로 돌아가지 않았을 뿐만 아니라, 역으로 朱子學 일변도의 홍대용을 '얽매어 있다'고 마지막의 마지막까지 비판하며 죽었다. 덧붙이자면 홍대용은『聖學輯要』을 嚴誠에게 보냈지만, 嚴誠은 이것을 받기 전에 죽었다. 그래서 어쩔 수 없이 이 책을 嚴誠의 형 嚴果가 대신 받아달라고 홍대용이 편지를 썼기 때문에,

---

18　『湛軒書』附錄, 從兄湛軒先生遺事, 323면 下.
　　東人著書中,以聖學輯要·磻溪隨錄爲經世有用之學。杭州學者嚴誠求東儒性理書。先生贈以聖學輯要, 終使嚴誠棄其所崇陸王之學而歸之正.

19　『乾淨後編』卷一, 與秋庫書(丙戌[乾隆 三十一年]冬至使入去作書付訳官辺翰基). 別紙. 이 편지는『湛軒書』107면 上에「與秋庫書」로 수록되어 있는데, 이중에「別紙」는 삭제된다. 그래서 이것은『乾淨衕筆談』의 마지막에 독립한 문장으로「乾淨錄後語」라고 이름하여 수록된다.

이런 이야기를 洪大應에게 말하는 것은 결코 있을 수 없었다.[20] 아마 중국 지식인이 조선 주자학에 敗北했다는 이야기는 洪榮善 등 近代朝鮮 知識人 사이에서 계속된 것뿐 아니라 이미 洪大容이 살았던 시대, 혹은 그가 죽은 다음에 생겼을 것이다.

이상과 같이 1768년에 嚴誠과 陸飛로부터 편지를 받은 것이 그가 주자학으로부터 벗어나게 되는 결정적인 계기가 된 것은 분명하다. 이후 적어도 그가 비교적 솔직하게 그의 사상이나 심리 상태를 말할 수 있었던 중국인에게 보낸 편지 속에는 그가 1766년에 북경에서 말한 것처럼, 혹은 귀국 후에 嚴誠이나 陸飛에게 보낸 편지에 있는 것과 같은 경직된 주자학 찬미, 주자학 옹호의 말은 보이지 않게 되고 주자학적인 수양에 대한 말도 보이지 않게 된다. 『醫山問答』에도 주자학적인 사고방식은 전혀 보이지 않다. 이와 동시에 홍대용의 変貌와 苦鬪가 시작된 것이다.

IV

喪을 마친 것은 1770년(乾隆 35) 봄의 일이다. 그는 이 때 天安郡 壽村(長命里)의 자택에서 나와서 墓所 부근에 움막을 짓고 생활했다. 그는 국내외의 지인에 보낸 편지에서 종종 부친의 죽음, 이로 인한 疲勞困備가 그의 인생을 바꾼 것처럼 말했다. 물론 부친의 죽음도 커다란 원인이겠지만 상을 당하자마자 받은 嚴誠의 편지야말로 홍대용을 크게 변화시킨 계기였다고 생각해야 할 것이다. 앞서 거론한 金鍾厚에게 보낸 두 통의 편지는 1769년 가을부터 겨울에 걸쳐 쓴 것으로 생각되는데, 여기에서는 '이미 다른 사람이 되었다'라고 하고 있다.[21] 어쩌면 묘소 부근 움막에서의 생활이 그가 새롭게 사상형성을 이룰 수 있었던 절호가 시간과 장소를 제공했는지도 모른다. 1768년 가을에 중국 지인 孫有義에게 보낸 편지에

---

20 『鐵橋全集』第五冊, 與九峰書;『湛軒書』116면 下, 與九峰書.
이에 따르면 嚴誠이 死去하였기 때문에 이전에, 嚴氏에게 그가 보낸『聖學輯要』4권을 대신 받아달라고 말하고 있다. 嚴誠은『聖學輯要』를 받지 못했다.
21 『湛軒書』, 69면 上.

서도 부친의 죽음에도 불구하고 자신은 죽지 않고 있으며 움막에서의 생활이 괴롭다고 호소하면서도 '자신은 움막에 거처하고 窮鄕에 있어 紛華와는 멀어져 아침저녁 『論語』·『孟子』의 여러 책을 송독하고 있다'고 적고 있다.[22] 아마도 처음부터 다시 공부하지 않으면 안 된다고 생각했을 것이다.

그가 喪中에 있을 때 과거를 보지 않은 것은 말할 필요도 없지만, 그는 상을 마치고 나서고 과업을 버릴 것을 결단했다. 1770(乾隆 35)년 가을에 또 중국의 知人 趙煜宗(梅軒)에게 보낸 편지에서는 '다행히 先祖가 남겨주신 얼마간의 田土가 있어 이것으로 먹고 산다'라고 하였다. 그러면서 '한가로울 때는 古訓에 힘쓰고 대장부라면 본래 가지고 있어야할 강인함에도 마음을 쓰고 있다'고 적고 있다. 상을 마치고 나서고 맹렬하게 공부를 계속한 것이다.[23]

이 같은 편지를 읽어 보면 홍대용은 外界와 차단된 환경 속에서 새로운 자신을 찾아 활발하게 매진한 것처럼 보이지만 사실은 그렇지 않다.

後年인 1774(乾隆 39)년 10월에 중국의 知人 鄧師閔(汶軒)에게 보낸 편지에서는 이 무렵의 자신을 회상하며 다음과 같이 쓰고 있다.

자신이 유명하게 되려는 야망을 버리고 과거 수험을 위한 공부를 그만두고는, 문을 닫고 거문고를 켜고 책을 읽고, 정치 문제는 입에 올리지도 듣지도 않고 있다. 다른 사람이 이것을 본다면 淡然하며 靜寂하다고 생각할 것이 틀림없다. 그러나 그 마음속을 잘 보면 혹은 슬픔이나 분노가 마음을 태우고 있음을 금할 수 없어 이 때문에 이것을 詩句로 발하고 억지로 한가로운 이야기를 하고 있는 것이다.[24]

---

22 『乾淨附篇』卷一, 與蓉洲書
　某近居廬, 窮鄕跡遠紛華, 早晚取論孟口書, 隨力誦讀, 反躬密省, 驗之日用, 無味之味, 劇於蒭豢.

23 『乾淨附編』卷一, 梅軒書.
　弟苦塊餘生, 衰象已見, 功名一途, 揣分甚明. 且幸籍先蔭有数頃薄田, 可以代食, 将欲絕意栄顯, 隨力 進修, 康済身家, 以其暇日, 努力古訓, 玩心於大丈夫豪雄本領, 此其楽, 或不在禄食之下.

24 同前書, 卷二, 與汶軒書(甲午＝乾隆 三十九年 十月). 同文은 『湛軒書』 127면 上.
　三十七歳, 奄罹荼毒, 三年之後, 精神消落, 志慮摧剝, 望絕名途, 廢棄挙業, 将欲洗心守静, 不復遊心世網. 惟其半生, 期会卒未融釈, 雖杜門琴書, 時政不騰口, 不除目, 不剝耳,

그렇다면 이처럼 새로운 환경에서 그는 어디에 다다랐던 것일까. 그 중 하나는 莊子思想이었다고 생각된다.

『莊子』秋水篇에 보이는 河伯과 北海君간의 問答이『醫山問答』의 虛子와 實翁간의 문답의 바탕이 되었다는 설이 있다.[25] 이는 탁견이라고 생각한다. 왜냐하면 洪大容은 燕行하기 이전부터 일관해서『莊子』를 애독했기 때문이다. 虛子는 보통 진실을 깨달은 實翁과 달리 허망한 세계를 사는 인물로 포착되고 있다. 그러나 사실은 虛子는 이미『乾淨筆譚』속에서 洪大容 자신이「拘墟子(拘虛子)」로 부르는 인물로 등장한다. 이「拘墟子」는 『莊子』秋水篇에 나오는 ’虛(墟)에 집착한다’는 말에서 유래한 것이다.

「拘墟子」의 말은『乾淨筆譚』(『乾淨衕筆談』) 2월 17일에 등장한다. 이보다 앞서 홍대용은 鄕里에서 별장과 정원이 훌륭한 여덟 곳에 대해「八景小識」라는 글을 지어 嚴誠에게 보냈다. 八景마다 각각 시를 지어줄 것을 구하는 것이었다. 八景 중 하나는 ‘玉衡窺天’이라고 題한 것으로 小識에는 籠水閣에 渾天儀, 즉 天文機器를 두고 거기에서 천체 관측을 하고 있다고 썼다. 이 ‘玉衡窺天’에 嚴誠이 지은 시 한 구절은 다음과 같다.

좁구나, 外界를 모르는 사람(拘墟子)은 終身토록 우물 안에 앉아서 하늘을 보고 있구나[26]

洪大容은 이「拘墟子」가『莊子』秋水篇과 연관된 것을 바로 알았을 것이다. 그것은 그가『莊子』秋水篇을 꼼꼼히 읽었기 때문이다. 마찬가지로 『乾淨筆譚』(『乾淨衕筆談』) 2월 26일에 潘庭筠이 별장 愛吾廬를 방문하고 싶다고 말한 것에 대해 홍대용은 ‘가고 싶다고 말해도 자라의 무릎이 걸

自他人観之, 非不澹且寂也. 夷考其中, 或不禁愁憒薰心, 以此其発之詩句, 強作關談之套語, 未掩勃谿之真情.
25 宋榮培,「홍대용의 상대주의적 思惟와 변혁의 논리-특히『莊子』의 상대주의적 문제의식과의 비교를 중심으로-」,『韓國學報』, 第30卷 第一号, 1994.
26 『乾淨衕筆譚』二月十七日(59면).
陋彼拘墟子, 終身乃座井.
또『莊子』는 텍스트에 따라 ‘拘於墟’, ‘拘於虛’로 두 가지로 쓰인다. ‘拘墟子’도 韓國銀行藏『乾淨筆譚』과 서울대학교 규장각 소장본『乾淨筆譚』에서는 ‘拘虛子’로 쓰여 있다.

리겠지요'라고 말해 潘庭筠을 웃게 만들었기 때문이다. 이「東海의 鼈」이 야기도 『莊子』秋水篇에 나온다. 우물 바닥의 개구리가 동해에 사는 자라에 대해 우물에서 뛰는 快感을 말하며 한번 들어와보라고 말한다. 자라는 우물 속으로 들어가려고 했지만 왼발이 들어가지 않으면서 왼쪽 무릎이 걸려버리자 거기에서 大海原인 東海의 즐거움을 들려준다는 이야기이다. 東海는 朝鮮에 걸쳐 있다. 筆談 자리에서 즉석으로「鼈膝」의 이야기를 한 것은 『莊子』秋水篇에 상당히 친숙하지 않으면 안 되는 것이다. 그렇다고 한다면 『醫山問答』에 나오는 虛子는 젊을 적 자신의 또 다른 이름인 拘墟子이고, 實翁은 그를 놀린 嚴誠이라고 보는 것도 가능할 것이다. 이밖에 『乾淨筆譚』속에는 「天機」(2월 12일 大宗師篇), 「越人無用章甫」(2월 12일, 逍遙遊篇), 「芻狗」(2월 23일), 「魚相忘於江湖」(2월 24일, 大宗師篇) 등 모두 『莊子』와 관련된 말을 홍대용이 사용하고 있다. 연행 이전부터 그는 『莊子』에 상당한 친근감을 갖고 있었던 것 같다.

그러나 그가 莊子에 경도되었다고 말할 만큼 동경을 갖고 있던 것을 보여주는 것은 1773(乾隆 38)년 7일에 孫有義에게 보낸 편지에 보이는 「乾坤一草亭小引」일 것이다. 이 문장은 『醫山問答』과 관계되어 중요하다.

洪大容은 한 해 전에 서울 竹衕으로 거처를 옮기고 그 西園의 한쪽에 草屋을 만들고는 乾坤一草亭이라고 하였다. 小引은 이때 쓴 것이다. 이는 다음과 같은 문장으로 시작하고 있다.

이 세상에서 가을 짐승의 털끝보다 큰 것은 없다 하고 泰山만큼 작은 것은 없다(『莊子』齊物論篇)고 한 것은 莊子가 격분해서 한 말이다. 지금 나는 天地(乾坤)를 풀 한 포기와 같은 것으로 보려고 한다. 나는 莊子의 學을 하려고 하는 것일까. 30년동 안 聖人의 글을 읽었는데도 나는 유학에서 벗어나 墨에 들어가려는 것인가. 風俗이 쇠퇴한 세상에서 아버지를 잃고 눈이 현란하고 마음이 아픔이 너무도 심하여 이런 말을 한다. 아아, 物에도 나에게도 成(生, 完成)과 虧(滅, 毀損)이 있는 것도 모르는데 무엇 하러 貴賤이나 榮辱을 논할 것인가. 태어났다고 생각하면 죽어가는 것이므로 蜉蝣가 아침에 나서 저녁에 죽는 것보다 심하지 않은가. 逍遙하며 이 草亭에 누워 이 몸을 造物者에게 돌

려주런다.[27]

「乾坤一草亭小引」이라는 것은 원래 「乾坤(天地) 사이의 草亭」이라는 杜甫의 시와 관련이 있다. 그러나 洪大容은 杜甫의 이 시를 쓰면서 萬物齋同을 말한 莊子를 따라 이 草屋에 '乾坤 즉 天下는 풀 한 뿌리에 지나지 않는다'는 의미를 포함시켜 이름지었다. 이 小引에는 『莊子』에 보이는 말이 많이 사용되었다. 그는 여기에서 '30년간 자신은 聖人의 책을 읽었는데도 儒에서 벗어나 墨으로 들어가려는 것인가'라고 말한다. 여기에서의 '墨'도 墨子가 아니라 端的으로 莊子라는 것은 말할 필요도 없다.

자신이 乾坤一草亭이라고 이름한 것은 莊子가 이 세상에 격분하여 齊物論을 쓴 것과 마찬가지로, 자신도 격분하여 상심한 나머지 이같이 이름을 지었다는 것이다. '蒿目傷心之極'이라는 것은 앞서 嚴誠이 유언장에서 老莊의 말을 '蒿目傷心之至'라고 쓴 그대로이다. 그로부터 5년 정도 지났지만 그 말은 홍대용의 마음에 깊게 새겨 있다. 확실히 홍대용은 자신은

---

27 『乾淨附編』卷一, 與蓉洲書(癸巳＝乾隆 三十八年 七月).

第昨年移宅, 近坊日竹衙, 宅西有園, 倚園而有一間草屋, 層砌雕欄, 結構頗精, 乃命以乾坤一草亭. …偶成小引, 仍譜十韻, 一二同人從而和之. 并以徑寸小紙書揭楣間, 此中何可少蓉洲一語耶. 引與詩在下. 其粗漏処, 祈敎之, 即賜和詩爲禱.

大秋毫而小泰山, 莊周氏之激也. 今余視乾坤爲一草, 余将爲莊周氏之學乎. 三十年読聖人書, 余豈逃儒而入墨哉. 処衰俗而関喪威, 蒿目傷心之極也. 嗚呼, 不識物我有成虧, 何論貴賤与栄辱, 忽生忽死, 不啻若蜉蝣之起滅已焉哉. 逍遥乎寝臥斯亭, 逝将還此身於造物.

또한 이 小引은 『湛軒書』内集, 卷三(34면 下)에 「乾坤一草亭主人」으로 수록되어 있는데 연월이 기록되어 있지 않다. 또한 이 「與蓉洲書」는 『湛軒書』120면 下에 수록되어 있지만 대폭 삭제되는데 여기에서 인용한 문장도 삭제되어 있다.

小引이 1773년에 쓰인 것이라는 것은 이 「與蓉洲書」에 의해 추정할 수 있으며, 『乾淨後編』卷二는 우연히 책의 페이지가 뒤섞여서 몇 개의 詩文 目錄이 섞여 삽입되어 있다. 거기에서는 '題乾坤一草亭小引并小引'은 癸巳, 즉 1773년 작품으로 되어 있다.

『乾淨附編』에서는 小引에 이어 洪大容이 지은 賦 十韻이 있다. 게다가 「次蓉洲寄秋庫詩韻」을 이어있고, 北京에서 나눈 필담이 즐거웠던 일, 嚴誠과 자신은 자신과 타인이라는 구별 없이 교유했던 일 등을 기록하고 그 추억은 '한 마음에 묶여 풀리지 않고 多情은 실로 나에게 속했다'고 쓰고 있다. 「小引」은 『湛軒書』付錄(326면 下)에서 「乾坤一草亭題詠小引」으로 이름하여 중복해서 수록된다. 『湛軒書』327면 上에서 「亭主(洪大容)題詩原韻」 뒤에 李鼎祚, 李德懋, 朴齊家, 柳得恭, 孫有義, 李潊, 金在行의 次韻이 이어진다. 孫有義의 것은 홍대용의 요구에 응해서 보낸 것으로 생각된다.

莊子의 무리는 아니며, 어디까지나 儒者라고 말하고 있다. 그러나 이 小引에서는 그가 1773년 무렵 얼마나 莊子에 경도되었는가를 읽어낼 수 있을 뿐이다. 그리고 동시에 『醫山問答』을 자세히 읽어보면 거기에는 憤激한 그의 마음을 여기저기서 읽어낼 수 있을 것이다. 앞에서 나는 『莊子』秋水篇에 보이는 河伯과 北海君과의 문답이 『醫山問答』에서 虛子와 實翁간의 문답의 바탕이 되었다는 설이 탁견이라고 말했다. 그것은 『醫山問答』이 『莊子』와 매우 비슷한 상대주의로 일관되었기 때문만은 아니다. 또 虛子가 『莊子』의 「拘墟(虛)」에서 유래해서도 아니다. 『醫山問答』이 『莊子』와 마찬가지로 憤激의 책이라고 생각할 수 있기 때문이다. 홍대용의 말을 빌려서 말하자면 『醫山問答』이라는 것은 홍대용이 憤激해서 쓴' 것이라고 생각한다.

V

『醫山問答』이 『莊子』와 마찬가지로 憤激의 책이 아니겠는가라고 생각하는 것은, 거기에는 너무나도 상식적인 견해에 대한 반발이라는 否定이 있기 때문이다. 처음에 언급했던 것처럼, '仁인 척 하는 것은 王'이라는 것은 원래 『孟子』에 보이는 '仁인 척하는 것은 覇者'라는 말을 대담하게 차용하면서 이것과는 전혀 다른 가치를 담아낸 것이었다. 이는 당시의 상식을 거스르는 것과 같은 것이다. 淸朝뿐 아니라 明朝도 부정하는 논리를 가져온 것은 상식적인 사고에 젖은 사람을 비웃는 것과 같은 것이다. 덧붙이자면 조선을 부정하는 논리를 담은 것은 정상적인 것은 아니다. 그러나 그러면서도 모든 道理가 통한다. 거기에는 『莊子』에 보이는 것과 똑같이 哄笑가 들린다. 『醫山問答』에는 단순한 상대주의를 넘어서 『莊子』와의 유사성이 보인다. 이는 홍대용 스스로가 말한 시대에 대한 憤激이다.

「乾坤一草亭小引」이 쓰인 1773년 무렵부터 중국의 지인에게 보낸 편지에는 자신이 화가 나 있다는 말이 몇 번이고 보인다. 이는 『醫山問答』의 탄생과 관계가 깊을 것이다. 물론 홍대용이 1769년에 金鍾厚에게 보낸 편

지에서 보이는 것처럼, 그는 이때에도 화가 나 있었다. 아니, 嚴誠의 유언
서를 받은 무렵부터 끊임없이 화가 나 있었다고 말해도 좋을 것 같다. 그
러나 『乾淨後編』과 『乾淨附篇』에 의거하는 한, 그가 분개해 있던 것은
1773년 무렵부터 현저해졌으며 1776년(乾隆 41)에 피크였던 것 같다. 그
뒤에는 진정된 것으로 보인다. 예를 들면 1774년 10월에 孫有義에게 보낸
편지에서는 자신은 원래 狂猖한 부분이 있는데 '더더욱 빈핍한 생활로 鬱
屈해지고 때로는 제멋대로 격분해서는, 병이 있는데도 분수에 만족해서
養生할 수 없다'고 말한다.[28] 그는 왠지 체질적으로 몸이 약하고 종종 병
에 걸렸다. 이처럼 몸 상태가 좋지 않은 것에서 오는 불쾌감도 있었을 것
이다. 1773년 10월에 鄧師閔에게 보낸 편지에서는 최근 심한 감기에 걸려
'앓느라고 충분히 잠을 못 잔다'고 말하였다. 더구나 가족과 단란하게 있
을 때에도 우울함이나 화가 치밀어 올라 주변에 화풀이하고 있다고 말한
다.[29] 여기에는 이미 情에 過不足이 생겨나지 않게 存心居敬에 힘쓰던 燕
行 이전의 주자학자로서의 면모는 전혀 볼 수 없다.

홍대용이 초조해하며 노여움을 드러냈던 것은 그가 컨디션이 좋지 않
았던 것 외에도 사상적인 문제가 크게 작용하였다. 中國人 知人 鄧師閔은
다음과 같은 편지를 홍대용에게 보냈다. 즉 '당신과 교제를 시작한 이래
받은 편지를 유심히 보면 항상 불평속의 우울함이 숨겨져 있는 것이 보
입니다. 盛世에 冤民이 없다고 말하니 부디 살피십시오.'[30]

그렇다면 홍대용은 무엇에 鬱屈하고 무엇에 화가 나 있었던 것일까.
이미 1770년(乾隆 35)에 쓴 「雜詠十首」의 하나에서 그는 다음과 같이 읊고
있다.

> 참된 문장을 얻고자 한다면 모름지기 참된 意思가 있어야 할 것이고
> 賢聖이 되고자 한다면 모름지기 賢聖의 일을 해야 하지.

28 『乾淨附編』卷二, 與孫蓉洲書. 『湛軒書』, 124면 下.
29 『乾淨附編』卷一, 與汶軒書.
    弟近患重感, 杜門調治, 苦無佳況, 病中少睡. 每念此一時感冒, 已非大症, 骨肉圍聚, 食
    物足以自養, 猶不免憂厲薰心, 嗔喝暴発.
30 『乾淨附編』卷一, 汶軒答書(甲午＝乾隆 39年 5月).
    然自訂交以来, 統観前後所言, 毎於不平之中稍露牢騒之言. 盛世無冤民, 万祈吾兄慎之.

聯編으로 富麗를 자랑한 것은 燦然한 班馬의 문자요
危言으로 瞻視를 矜함에 儼然하구나 程朱의 위치.
傀儡로 眞態를 가장하였어도 綵花에는 生意가 없는 법
남을 속여 나를 속이니 우러르고 굽어봄에 부끄러울 것 없으랴.
모름지기 알아야 할 것은, 名外의 名이 利外의 利라는 것.
憧憧하며 隱微한 사이에, 자연의 섭리 족히 陰秘하네.
褊心에 실로 받아들일 수 없으니 한밤중에 驚悸하게 되네
어찌하면 眞實한 사람을 얻어 함께 진실의 땅에서 노닐 수 있을까.[31]

　이 한 수 전체가 노여움이 응어리진 것이다. 그가 무엇에 화를 냈는지
는 여기에서 분명하다. 진실을 숨기는 것, 가짜를 진짜처럼 보이는 것, 남
을 속이고 자신도 속이는 것, 이것이다. '賢聖이 되고자 한다면 모름지기
성현의 일을 해야 할 것이네'라는 것은 입으로는 聖賢의 것을 말하면서
내실은 따르지 않는 껍데기뿐인 당시 조선의 유교를 말하는 것일 것이며
'危言으로 瞻視를 矜한다'는 것은 정치의 諸問題에 대해 자신의 위험은 돌
아보지 않고 정정당당하게 正論을 외치는 것처럼 보이면서 실은 허영을
따르던 당시의 정치가를 비판한 것일 것이다. '儼然한 程朱의 위치'라는
것은 미사여구로 문장을 짓는 자가 늘 전거로 삼는 것이 程子와 朱子의 말
이라는 것, 혹은 고상한 말을 내뱉는 정치가가 상대를 쓰러트리기 위해
논거로 가져오는 것이 또한 언제나 程子와 朱子의 이름이라는 것을 말하
는 것이 틀림없다. '儼然한 程朱의 위치'라는 표현에서 우리들은 程子와
朱子의 이름이 늘 허위를 숨기기 위한 위장 장치로 사용되는 것에 대한
분노, 나아가 程子와 朱子에 대한 반발과 혐오감을 읽어낼 수 있다. 程子
와 朱子의 地位는 흔들림 없이 누구도 비판할 수 없었다. 洪大容은 이에 화
가 났다. 이 때문에 한밤중에도 心臟이 심하게 두근거리는 일도 있다. '진

31　『乾淨附編』卷一, 雜詠十首.
31　欲得眞文章　須有眞意思　欲爲聖賢人　須作聖賢事　聯編誇富麗　燦然班馬字　危言矜
　　瞻視　儼然程　朱位傀儡真態　綵花無生意　欺人以自欺　俯仰能無愧　須知名外名
　　乃是利外利　憧々隱微間　安排足陰秘　褊心実不忍　中夜発驚悸　安得真実人　共遊真
　　実地.

실한 사람을 얻어 진실의 땅에서 노닐'어도 그것이 불가능한 사실에 그의 우울함의 근본 원인이 있었던 것이다.

또 「贈元玄川歸田舍二首」는 1764년 통신사 書記로 수행했던 元重擧에게 쓴 것인데 아마도 1773년(乾隆 38)의 작품으로 생각된다.[32] 여기에는 伊藤仁齋를 鳳擧, 즉 鳳鳥로 칭찬하고 荻生徂徠를 鴻儒, 즉 大儒로 칭찬할 뿐 아니라, 반대로 '조선 사람들은 좁은 마음을 자랑하며 무턱대고 이단으로 비난한다'고 당시 조선 학술계를 비판하였다.

異端에 대해 너그러워지라는 주장은 1776(乾隆 41)년에 중국의 孫有義에게 보낸 편지에서 가장 상세하게 보인다. 그것은 「異端擁護論」이라고도 말할 수준의 것이다. 여기에서는 그 중 『醫山問答』과의 관련성을 암시하는 부분 하나만을 소개하기로 한다. 이는 放伐과 관련된 문제이다.

『醫山問答』에서는 처음 문제시 했던 '仁義를 입으로만 떠드는 자가 皇帝가 되고 兵力이 강한 자가 왕이 된다'고 서술하는 것에 나아가 殷의 湯王, 周의 武王에 의한 桀紂의 放伐을 논하고 있다. 그리하여 '여기에서 처음으로 人民이 下剋上으로 上을 범하기에 이르렀다'라고 서술한다. 洪大容은 殷의 湯王, 周의 武王에 의한 放伐은 弑殺이었다고 하고, 擁護도 정당화도 하지 않는다. 그중에서도 武王이 殷의 紂王을 죽인 것에 의해 성립한 周王朝에 대해, '天下를 이익으로 하여 내 것으로 하려는 마음이 없었다고 할 수 있을까'라고 喝破하고 있다. 洪大容에게는 儒敎의 전통적인 성인으로 여겨지는 周의 武王도 '兵力이 강한 자가 왕이 된다'는 일례에 지나지 않았다. 紂가 흉악한 국왕이었든 아니었든 이는 전혀 문제가 되지 않고, 자신의 이익을 위해 弑殺한 것이 아닌가라고 하고 있다.

그런데 孫有義에게 보낸 이 '異端擁護論'에서도 異端에는 流弊가 나타

注27에서 말한 詩文目錄에서는 「雜詠十首」는 庚寅, 즉 1770년의 작품으로 되어 있다. 또한 『湛軒書』 77면 上, 雜詠四首로 수록된 것은 10首 중 4首이다. 여기에서 인용한 시는 거기에도 삭제되어 있다.

32 『湛軒書』 77면 下
伊藤既鳳擧, 徂徠亦鴻儒, … 韓人矜褊心, 深文多誚評.
『湛軒書』에는 그 제작 연대가 기록되어 있지 않다. 주 27에서 말한 詩文目錄에서는 「題乾坤一草 亭小引」 이하 「贈元玄川歸田舍二首」까지의 3首를 癸巳年 작품으로 하고 있다. 癸巳는 1773(乾隆 38)년이다.

난다는 정통의 입장에 선 사람이 하는 비난에 대해, 流弊는 어떻게든 생
겨나는 것이라고 하고는 '放伐의 流弊는 弑, 즉 下剋上이다'라고 분명히
말한다. 그렇다면 이 명명백백한 弑殺에 지나지 않는 사실을 교활한 이들
은 어떻게 하는가 하면, 聖人의 不偏不黨한 正義를 구실로 정당화해버린
다고 말한다. 放殺, 즉 放伐라는 것을 악을 토벌하는 정의의 행위이지만,
사실상 그것은 下克上인 弑殺을 감추기 위한 구실이 되었다고 말한다.[33]
이는 바로 '仁義를 구실로 하는 자가 皇帝가 된다'는 것이다. 『醫山問答』
에 보이는 論理와 같은 것이 1776년에 쓴 이 편지에 보인다.

　더구나 이 편지와 『醫山問答』과의 관련성을 시사하는 것은 '異端擁護
論'의 마지막에 붙여진 다음과 같은 말이다.

　　세상의 유자들 중 학문에 뜻을 둔 자는 반드시 異端을 배척하는 것
　　을 진리의 길에 들어가기 위해서 우선적으로 하지 않으면 안 되는 것
　　으로 생각하고 있다. 나는 이에 대해 말로는 제대로 표현하기 어려울
　　만큼 화가 쌓이고 쌓였다.

　이는 또 『醫山問答』의 冒頭에서 보이는 實翁이 虛子에게 드러내는 노여
움과 같은 것은 아닌가. 자신이 허식의 세계에 있음에도 불구하고 이를
깨닫지 못하고 스스로가 바르다고 믿고는 자랑스럽게 여기며, 이단을 공
격하는 것을 당연한 것으로 여기는 虛子들에게 드러내는 노여움과 같은

─────────
33　『乾淨附編』卷二, 與孫蓉洲書(丙申＝乾隆 四十一年 十月). 『湛軒書』, 128면 上.
　　孟子距楊墨, 韓子排佛老, 朱子闢陳陸, 儒者之於異端, 如此其嚴也. 乃孔子師老氏友原
　　壤与狂簡, 只云攻乎異端斯害已也. 又曰, 後世有述焉吾不爲之矣. 此其語比諸子不啻
　　緩矣. 此将何說.
　　今之闢異端, 未嘗不以流弊爲說. 然天下事曷嘗無流弊. 禅譲之流其弊也簒, 放殺之流
　　其弊也弑, 制作之流其弊也侈, 歷聘之流其弊也遊說. 以聖人大中至正, 小人之假冒猶
　　如此. 異學之流弊, 亦何足說哉.
　　是以異學雖多端, 其澄心救世, 要歸於修己治人則一也. 在我則從吾所好, 在彼則与其
　　爲善, 顧何傷乎.
　　世儒有志於學者, 必以闢異端爲入道之権輿. 某於此積蘊悱憤, 茲以奉質于大方, 乞賜
　　条破.
　　또한 앞에서 제시한 마지막 행 '世儒有志於學者' 이하는 『湛軒書』에서는 삭제되
　　어 있다.

것은 아닌가. 實翁은 이것을 '道術의 惑'이라고 말한다. '道術의 惑'이라는 것은 '周孔의 業을 존숭하고 程朱의 말을 배우며, 正學을 지탱하고 邪說을 배척하며 仁으로써 세상을 구하고 밝음으로 몸을 지키는' 것을 儒者가 해야 할 것으로 생각하여 어떤 의심도 하지 않는 것이다.[34] 1776년 무렵 이같은 '道術의 惑'에 대한 노여움은 절정에 달했던 것 같다.

이 편지를 쓴 것과 같은 1776년 鄧師閔에게 다음과 같은 편지를 보냈다. 이때는 洪大容이 마침 司憲府監察이 되어 이듬해 泰仁 현감이라는 지방관이 되어 전출할 무렵이다.

> 곧 현의 지방관이 되어서 軍民의 일에 힘쓰고 국왕 정조의 은혜에 보답하며, 아울러 지방관으로 봉급을 받아 생활하게 되었습니다. 종이값과 먹 값을 얻어 지금까지 보고 들은 것을 적고 후세를 기다리려고 합니다. 앞으로 20년이 주어진다면 드디어 사업은 완성되고 소원을 이룰 수가 있습니다.[35]

홍대용은 '앞으로 20년이 있었으면, 앞으로 20년 걸려서 저술을 완성시키고 싶다'고 서술하고 있다. 이때 홍대용은 46세, 그의 죽음까지는 7년만을 남겨두고 있을 뿐이었다.

『醫山問答』은 短編으로 20년 걸려 겨우 완성할 것이 아니다. 洪大容 정도의 뛰어난 능력을 가졌다고 한다면 수일간에 완성할 것이다. 적어도 우리들이 보자면 그렇다. 다만 그가 이 무렵 그는 가슴이 울분이 끓어 앞으로 20년 걸려 著作을 완성시키려고 한 것, 이는 그때 공개되기를 목적으로 한 것이 아니라 후대 사람들에게 전하려 한 것이라는 점은 분명하다. 『醫山問答』도 처음 서술한 것처럼, 예를 들면 그 정치론을 취하게 되면 매우 꽤나 과격한 것이다. 간단하게 말하면 공개하기에는 너무 위험

---

34 『湛軒書』90면 上.
　　崇周孔之業, 習程朱之言, 扶正學斥邪說, 仁以救世, 哲以保身. 此儒門所謂賢者也.
35 『乾淨附編』卷二, 與鄧汶軒書(丙申＝乾隆 四十一年 十月).
　　惟早晚一県, 庶可努力軍民, 酬報恩遇, 兼籍邑俸以供齋隨. 且得其紙墨之資, 亦将記述
　　見聞以俟後人. 假我二十年, 卒成此事, 志願畢矣.

한 것이다. 그렇다면 『醫山問答』이라는 것은 20년 걸쳐 완성시키려고 했던 저작의 일부인가, 그 習作이었을 가능성이 높은 것은 아닐까. 習作이라고 한다면 1776년보다 이전의 著作이었을지도 모른다. 그렇지만 이는 洪大容의 憤激의 책이다. 그렇다면 그의 분노가 현저하게 되는 1773년, 즉 「乾坤一草亭小引」을 썼을 무렵부터 그 분노가 피크에 도달해, 이제부터 커다란 저작을 내보자라고 했던 1776년까지의 전후에 『醫山問答』이 탄생했다고 생각할 수 있을 것이다.

VI

洪大容의 종형제 洪大應은 일화로 다음과 같은 이야기를 전한다. 洪大容이 다음과 같은 이야기를 했다고 한다.

> 중국에서는 朱子에 등을 돌리고, 누구도 陸王의 학문, 즉 양명학을 존숭하고 있다. 그런데 이를 가지고 정통 학문에 반하는 것이라고 처벌되는 자가 있다고 것은 들은 적이 없다. 생각하면 이는 중국이 광대하기 때문에 공명하게 지켜보며 무엇이든 포용할 수 있기 때문이다. 좁은 장소에 구애된(拘墟) 사람이 협소한 생각을 할 수 밖에 없는 것과는 다르다.[36]

여기에서도 또 「拘墟」 두 글자가 등장한다.

그런데 중국에서는 누구나 양명학의 무리라고 홍대용이 말했을 리가 없다. 적어도 후반의 그가 그 같이 말할 리가 없다. 당시 조선 학술계의 편협함, 異端에 대한 강한 排擊에 분노했던 홍대용은, 어쩌면 洪大應 등에게는 알기 쉽게 이와 같이 말해서 중국에서는 이단에 대해 관용적이라는 것을 설명하였을지도 모른다.

---

36 『湛軒書』附錄, 從兄湛軒先生遺事(從父弟大應). 中原則背馳朱子, 尊崇陸王之學者滔滔皆是, 而未嘗聞得罪於斯文. 蓋其範圍博大, 能有以公観並受, 不若拘墟之偏見也.

洪大容이 양명학파의 인물이었다고 보는 설이 있다.[37] 그러나 그가 쓴 것에는 그가 양명학에 심취했다는 것을 엿볼 만한 한두 마디도 없다. 우리들은 그가 어떠한 과정으로 주자학을 탈피하였는지를 보았다. 그 과정에서 양명학이 그의 변모를 크게 촉진시킨 것 같은 것은 전혀 없다. 1768년에 받은 嚴誠의 遺言書에서도 중국에서는 지금 陽明學은 重大한 문제가 되고 있지 않다고 찬물을 끼얹었고 어떤 것에도 얽매이지 말라고 알려주었다. 그가 가장 근접했던 사상이라고 한다면『莊子』에서 가져온 것이라고 생각된다. 陽明學은 생애 후반기의 그에게 학술에서 자유로운 중국의 상징적인 존재밖에 되지 않았을 것이다.

또한『醫山問答』에 보이는 사람과 동물이 같다고 하는 견해의 淵源을 조선에서 논쟁되었던 湖洛論爭 가운데 洛論에서 구하는 생각도 있다.[38] 그 주요한 논거가 되는 것은『湛軒書』에 수록된「心性論」인데 홍대용의 후반기에서 주자학적 개념인 心, 性, 理, 氣 등의 여러 개념을 가지고 사물을 논한 문장이 있는지 나는 알지 못한다. 이「心性論」혹은 이와 유사한 「答徐成之論心說」등은 그의 연행 이후 思想遍歷에서 본다면 이 시기에 썼다고는 생각되지 않으며 반드시 연행 이전이든지, 늦어도 연행 직후의 작품이다.[39]『醫山問答』에 서 洛論의 影響을 볼 수 있는 것은 없을 것이다.

오늘은『醫山問答』이 동아시아에서 어떤 위치를 점하는지, 또 홍대용에게 일본은 무엇이었는지, 나아가『醫山問答』의 탄생과 밀접한 관련을 맺는 그의 천문학 진전이라는 중대한 문제에 대해서는 전혀 언급하지 못했다. 발표자의 서투름에 대해 양해를 구함과 동시에 다음의 기회를 기다리고자 한다.

37　鄭寅普, 『陽明學演論』, 三星文化財團, 1972, 183면.
38　유봉학, 『燕巖一派北學思想硏究』, 一志社, 1995, 88면 이하.
39　『湛軒書』5면 上, 心性論, 5면 下, 答徐成之論心說.

②

명칭·문헌·방법
-'연행록'연구에 관한 몇 가지 문제-

張伯偉(南京大學 域外漢籍研究所)

　　고려 시대부터 조선시대 말기까지 600여년 동안 중국에 온 사절단 중 적지 않은 사람들이 사행기록을 남겼는데, 그 전체 수량은 700종 이상으로 추정된다. 한국학자들은 일찍부터 이들 문헌들에 대해서 관심을 가지고 정리하기 시작했으며, 이미 몇몇 종의 대형 총서가 출판되었다. 예를 들면, 성균관대학교 대동문화연구원에서 편찬한『燕行錄選集』(1960-1962), 민족문화추진회(현 고전번역원)에서 편찬한『國譯燕行錄選集』(1976-1982), 임기중(林基中) 교수가 편찬한『燕行錄全集』(2001), 그리고 임기중 교수와 일본의 후마 스스무(夫馬 進) 교수가 함께 편찬한『燕行錄全集日本所藏編』(2001), 성균관대학교 대동문화연구원에서 편찬한『燕行錄選集補遺』(2008), 임기중 교수가 편찬한『燕行錄續集』(2008) 등이 있다. 그리고 2013년에는 한국에서 다시 데이터베이스판『燕行錄叢刊增補版』을 출시했는데, 여기에는 455종의 작품이 수록되어 있다고 한다.
　　이러한 문헌에 대해서는 중국과 대만에서도 오래전부터 관심을 가져 왔는데 최근 들어서는 더욱 증대되고 있다. 일찍이 대만의 규정(珪庭)출판사에서『朝天錄』(1978)을 출판한 바가 있고, 중국의 광서사대(廣西師

大)출판사에서는 2010년부터『燕行錄全編』을 계속 출판해 오고 있으며, 복단대학(復旦大學)출판사에서도 『韓國所藏漢文燕行文獻選編』(2011)을 출판했다. 이와 같은 비교적 대형의 자료집의 출판은 한국과 중국 어느 쪽에서든 모두 원자료를 영인하는 방식을 택했다. 필자 또한 남경대학 역외한적연구소(域外漢籍硏究所)에서 '고려조선시대중국행기자료휘편(高麗朝鮮時代中國行紀資料彙編)'이란 프로젝트를 주관하고 있는데, 약 80종의 대표적인 문헌자료를 선택하여 표점을 찍어 정리하고, 아울러 해제와 색인도 첨가하고 있다. 이미 대부분을 완성한 상태이다.

이상에서 제시한 상황을 보면 한국, 일본, 중국, 대만의 학자들이 모두 이러한 자료들에 대해서 갈수록 중시하고 있다는 사실을 쉽게 알 수 있다. 하지만 이런 자료들을 어떻게 바라볼 것인가와 어떻게 사용할 것인가라는 점에 있어서는 아직도 중요한 문제들이 많이 남아 있다. 이런 문제들에 대해 각국 학자들이 보다 자세하고 치밀한 토론을 거쳐야만 비로소 공통된 인식에 도달할 수 있으며 자료를 더욱 잘 이용할 수 있을 것이다. 본문은 그 중에서 중요하다고 생각되는 문제에 대해서 필자의 초보적인 의견을 제시하여 여러분의 비평 혹은 참고 자료로 삼고자 한다.

I. 명칭

고려말기부터 시작하여 20세기초 조선시대가 끝날 때까지, 한반도에서 중국에 다녀간 사절단은 끊이지 않았다. 그들 중에서 일부 사람들은 왕래 도중에 많은 사행기록을 남겼다. 이런 기록들을 명나라 때는 항상 '조천록(朝天錄)'이라고 불렀는데, 청나라 때에 이르러서는 이를 '연행록(燕行錄)'이라 바꿔 불렀다. 현대학자들 또한 이러한 문헌들을 사용할 때 그 총체에 대해서 말할 때는 '연행록'이라고 부르는 것이 가장 일반적이다. 심지어는 조선 이외의 다른 나라 사람들이 중국에 왕래했던 사행기록문헌까지 확대하여 '연행록'이라고 부를 정도이다.[1]

1 　한국뿐만 아니라 중국·대만에서도 이제까지 이미 출판된 각종의 대형 관련 문헌

이밖에 조금 다른 명칭도 있지만 그다지 널리 사용되지는 않는다.[2] 이
처럼 '연행록'이란 명칭은 유행하고 있으며 또한 학술계에서도 이미 익
숙해진 명칭이다. 하지만 필자는 '연행록'이란 명칭은 적당한 명칭이 아
니므로 변경할 필요가 있다고 생각한다. 그렇다면 왜 적당한 명칭이 아
니라고 말할 수 있는가?

　한반도와 중국간의 왕래는 오래되었다. 그간의 전말에 대해서는 홍경
모(洪敬謨)가 『燕槎彙苑總叙』에서 다음과 같이 개괄적으로 언급했다.

> 朝鮮, 東海小國也. 建國肇自檀君, 遣使通中國又自其時……箕子代檀
> 氏以王, 白馬朝周, 亦載於史……自三韓之時至羅·濟之初, 皆詣樂浪·帶
> 方二郡貢獻, 而未嘗達於中國……至晉唐南北朝時, 百濟始遣使……而
> 皆非歲以爲常者也. 及夫高麗統三爲一, 傳國五百, 南事宋而北事契丹, 又
> 事金·元. 程里最近於諸國, 故比年一聘……暨我本朝與皇明幷立, 而皇都
> 在金陵, 故航海而朝天. 成祖皇帝之移都于燕京也, 乃由旱路歷遼東·穿山
> 海關而入皇城, 盖自我太宗朝己丑始也. 皇朝中華也, 吾初受命之上國
> 也……崇禎甲申, 清人入主中國, 我以畏天之故, 含忍而又事之如皇明.[3]

　사행문헌의 출현 또한 고려시대로부터 시작하여 조선시대에 크게 흥
성하는데, 이는 양국 사이의 왕래가 빈번해지는 것과 밀접한 관련이 있
다. 명나라 초기에는 "황궁이 금릉에 있었으므로 배를 타고 가서 조공을

　의 정리는 모두 '연행록'(가끔 '조천록'도 사용한다)이라고 통칭했으며, 심지어
　는 월남의 중국기행문헌에도 '연행'의 이름을 붙였다. 그러나 실제로 월남 사신
　의 기록은 대부분 '북행(北行)'이란 명칭을 채용했는데, 혹은 광주(廣州)까지, 혹
　은 천진(天津)까지, 혹은 북경(北京)까지 이르렀다.

2　예를 들면, 장존무(張存武)는 「推展韓國的華行錄研究」(『韓國史學論叢』에 수록. 서
　울 : 探求堂, 1992)에서 '華行錄'이란 명칭을 사용할 것을 재창했다. 조선 시대 말
　기에 '華行'으로 명명한 상당수의 기록도 확실히 존재했다. 서동일(徐東日)의 『朝
　鮮使臣眼中的中國形象－－以 「燕行錄」·「朝天錄」 爲中心』(中華書局, 2010)에서는 이
　러한 문헌들에 '사화록(使華錄)'이란 이름을 붙였다. 또한 양우뢰(楊雨蕾)도 그의
　책 『燕行與中朝文化關係』에서 가끔 '입화행기(入華行紀)'란 명칭을 썼지만, "이
　글의 총칭에 있어서는 주로 학술계에서 익숙한 '연행록'이란 명칭을 채용한다."
　라고 별도의 설명을 덧붙이고 있다.(17쪽. 上海 : 上海辭書出版社, 2011)

3　『冠巖全書』 册十二, 『韓國文集叢刊』 續第113册, 336쪽, 서울 : 韓國古典翻譯院, 2011.

했는(皇都在金陵, 故航海而朝天)"데, 명나라 성조(成祖)가 수도를 연경(燕京)으로 옮겼기 때문에 태종 9년(1409)부터는 경로를 바꾸어 요동을 거쳐 연경에 들어갔다. 당시의 몇몇 사행문헌에는 비록 '燕行'이라고 이름을 붙인 것도 있지만, 대부분 문헌에서의 명칭은 '朝天'이었으며, 비록 '燕'자를 사용했더라도 또한 '朝天'이라는 일반적 감정을 여전히 내포하고 있었다. 예를 들면, 명나라 만력(萬曆) 연간에 이민성(李民宬)이 지은 「題壬寅朝天錄後」에서, "燕今爲天子之邑, 四方之取極者于是, 九夷八蠻之會同者于是, 其宮室之壯, 文物之盛, 固非前代之可擬, 斯亦偉矣!"[4] 라고 '燕'자를 사용하고 있다.

　명·청교체 이후에는 책 이름에 '燕行'을 쓰는 사람들이 대부분이었고, '朝天'이라는 명칭은 거의 찾아볼 수 없게 되었다. 이처럼 전체적으로 명칭이 바뀌게 된 것은 어떤 우연한 현상이 아니다. 그 이면에는 일종의 문화적 관념이 이를 뒷받침하고 있었다. 유일한 예외로 장석준(張錫駿)이 同治 3년(1864)에 청나라 사행을 『朝天日記』라고 했다. 하지만 이를 만약 그의 『春皐遺稿』에 수록된 「朝天時贐行諸篇」과 함께 열람하게 되면, 그가 말한 '朝天'이란 여전히 스스로 "명나라의 유신(遺臣)이다"[5]라고 자처하고, "명나라 선황제의 옛 도읍(皇明先帝舊城壕)"[6]에 가는 것이며, 명나라에 대한 "3백년 조천의 사행(三百年朝天之行)"[7]의 전통을 계승하는 것이었다는 사실을 곧바로 알 수 있다. 그를 배웅하는 사람은 심지어 다음과 같은 기대를 가지고 있었다.

　吾聞皇明之遺民, 往往混跡於屠沽之間, 而多感慨悲歌之士. 吾子其彷徨察識於眉睫之間而得其人, 因執策而語之曰：今天下貿貿焉皆入於腥穢氈裘之俗, 而惟吾東國獨保皇明禮樂之敎, 祀而崇大報壇, 花而種大明紅, 紀年而先揭崇禎號. 天王之一脈王春, 獨在於檀箕故國我后之朝鮮矣.[8]

　4　『敬亭集續集』卷四, 『韓國文集叢刊』第76冊, 523쪽, 서울：韓國民族文化推進會, 1991.

　5　『朝天日記』十二月十二日, 『春皐遺稿』卷一, 三〇a쪽, 韓國中央硏究院圖書館藏.

　6　「李能燮贈詩」, 『春皐遺稿』卷一, 四九a쪽.

　7　「柳致任贈序」, 『春皐遺稿』卷一, 六〇a쪽

　8　「李宗淵贈序」, 『春皐遺稿』卷一, 六三b쪽.

그리고 저자에게 있어서도 가장 큰 유감은 "명나라의 옛 집안의 유민들과 함께 필담을 나누고 비분강개를 토로하며 망국의 한을 노래하고 옛 도읍을 애도할 수 없다"[9]는 사실이었다. 따라서 책 이름에 사용한 '朝天'은 만주족 지배의 청나라를 인정한 것이 아니라 옛 명나라에 대한 그리움을 나타내고 있음을 알 수 있다.

의심할 여지없이 '朝天'이라는 명칭에는 '사대의 정성(事大之誠)'이라는 관념이 포함되어 있다. 이는 고려시대부터 거의 모든 군신들이 중국 황제에 대해서 약속을 맹세하는 습관적 표현이 되었으며, 여기에 깊은 정치적 의미를 내포하고 있다는 것도 분명하다. '燕行'을 하나의 지리적 위치를 나타내는 뜻으로 간단하게 이해할 수도 있다. 하지만 명·청교체기에 '조천'에서 '연행'으로의 전체적인 변화 속에서 보면, 여기에는 조선 사대부들이 청나라에 대해 "참으면서 또 그들을 섬긴다(含忍而又事之)"라는 부득이한 점을 드러내고 있다.(예를 들면 정태화(鄭太和)의『飮冰錄』과 채제공(蔡濟恭)의『含忍錄』등이 있다) 다른 한편으로는 그들이 청나라를 야만시하면서 이러한 정권을 '天朝'라고 부르기에 어울리지 않는다는 인식도 내포하고 있다. 특히 '연행'과 '조천' 두 명칭을 비교할 때 이런 관념적 표현이 더욱 두드러지는데, 그러한 예는 적지 않은 자료에서도 확인할 수 있다. 예를 들면, 이하진(李夏鎭)은「燕山述懷」에서 "朝天舊路行行愧, 不是當年玉帛將."[10]이라고 했고, 이민서(李敏叙)는「送沈可晦赴燕」에서 "此路朝天前日事, 遺民思漢至今悲."[11]이라고 했으며, 유상운(柳尙運)은「燕行錄·呈正使案下」에서 "今行非復朝天路, 隨遇宜爲感舊吟."[12]이라고 했고, 최석정(崔錫鼎)은「送李參判光佐赴燕」에서 "昔我銜王命, 十年再赴燕. 衣冠今變夏, 槎路舊朝天."[13]이라고 했으며, 송상기(宋相琦)는「送冬至副使趙令錫五」에서 "莫說烏蠻館, 生憎鴨水船. 北來唯古月, 西去豈朝天?"[14]이라고 표현하고 있다. 그리고 신광수(申光洙)의「洪君平名漢燕

9 「朝天日記跋」,『春皐遺稿』卷一, 四六b쪽.
10 『六寓堂遺稿』冊二,『韓國文集叢刊』續第39冊, 68쪽. 서울 : 韓國民族文化推進會, 2007.
11 『西河集』卷四,『韓國文集叢刊』第144冊, 61쪽. 서울 : 景仁文化社, 1997.
12 『約齋集』卷二,『韓國文集叢刊』續第42冊, 442쪽. 서울 : 韓國民族文化推進會, 2007.
13 『明谷集』卷六,『韓國文集叢刊』第153冊, 547쪽. 서울 : 景仁文化社, 1997.
14 『玉吾齋集』卷四,『韓國文集叢刊』第171冊, 301쪽, 서울 : 景仁文化社, 1998.

槎續詠序」에서는 다음과 같이 논하고 있다.

> 不佞觀國朝前輩朝天詩多矣, 方皇朝全盛時, 赴京者多名公卿, 與中國
> 學士大夫揖讓上下, 富禮樂文章之觀, 故其詩率忠厚和平, 有渢渢之音. 左
> 袵以來, 入燕者徒見其侏僷渾[15]酪之俗, 如皇極之殿, 石鼓之經, 辱諸腥穢,
> 故其詩皆黍離也. 所謂金臺易水·漸離荊卿之迹, 不過借爲吾彷徨蹢躅之
> 地, 人人而有悲憤不平之音……聞單于近益荒淫, 或者天厭其穢, 眞主復
> 作, 君平奉國命入朝, 睹中華文物之盛, 雍容東歸, 則於是乎又必有朝天
> 錄, 不佞願一寓目焉.[16]

이러한 대비를 통해서 우리는 '조천'이란 명칭에는 옛날의 아름다움
을 표현하거나 혹은 훗날에 대한 기대가 깃들어 있었으며, '연행'에는 그
당시의 비분을 토로해 내고 심지어는 청나라의 황제를 '선우(單于)'라고
까지 부르고 있었다는 사실을 알 수 있다. 따라서 '조천'에서 '연행'으로
명칭이 바뀐 것은 결코 단지 하나의 지리적 위치를 나타내는 것이 아니
다. 이것은 충만한 정치적 의미와 문화적 입장을 나타내는 특수한 명칭
이다. 학술연구의 시각에서 말하자면, 이처럼 강렬하게 정치적 색채를
띠는 명칭인 '朝天'이나 '燕行'을 사용하는 것은 적당하지 않다.

필자가 생각하기에 가장 적당한 명칭은 '중국행기(中國行紀)'이다.
1998년 8월에 필자는 「韓國歷代詩學文獻綜述」(『文學絲路――中華文化與
世界漢文學論文集』에 수록)이라는 논문을 발표했는데, 이 논문에서 7종
류의 서적 중의 관련문헌을 열거했다. 그 중의 하나가 '행기(行紀)'로, 이
는 '조천록' 또는 '연행록' 등의 이름을 붙인 저서들을 가리킨다. 몇 년 전
출판한 『域外漢籍硏究入門』[17]이란 책에서도 필자는 이 문제에 대해 다시
거론한 바 있다. 필자는 여기서도, '중국행기'라고 이름 붙인 것은 중국
이외의 지역 사람들이 중국에 사행을 다녀올 때 기록한 문헌이라고 명확

---

15 원문에는 '潼'으로 잘못 기록되어 있는데 여기서는 필자가 문장의 뜻에 따라 고
    친 것이다.
16 『石北集』卷十五, 『韓國文集叢刊』第231册, 482쪽, 서울 : 景仁文化社, 2001.
17 上海 : 復旦大學出版社, 2012.

히 주장했다.

이와 같은 문헌을 '행기(行紀)'로 개괄한 사람은 일본의 학자 나카무라 히데타카(中村榮孝)였다. 나카무라는 1930년에 발표한 『事大紀行目錄』[18]에서, 조선시대 중국행의 사행기록을 싣고 있다. 비록 자료의 완비와는 거리가 멀었지만, 최초로 이런 자료에 관심을 가지고 수집했던 것이다. 다만 '紀行' 앞에 '事大'란 단어를 첨가하고 있어 비교적 강한 정치색채를 띠고 있다. 필자가 '중국행기'를 사용하여 이러한 문헌들을 개괄하자고 제창하는 이유는 3가지다. 첫째, 이 명칭이 비교적 중립적이고 객관적인 용어로 학술 토론에서 사용하기에 적합해서이다. 둘째, 보다 더 중요한 이유인데, 그 원류를 찾아가 보면 이러한 문헌들은 원래부터 '행기(行紀)'란 이름으로 불렸다. 셋째, '행기'은 현대학술 연구에서 사용되는 공통된 명칭이다. 첫번째 이유는 해석할 필요 없고, 셋번째 이유 또한 이해하기 쉽기 때문에 여기에서는 주로 두번째 점에 대해서 필자의 견해를 제시하고자 한다.

고대 천자는 천하의 모든 일을 두루 알기 위해 국가 외교를 관장하는 '소행인(小行人)' 직책을 규정했는데, 그 중의 하나가 바로 '오서(五書)'를 제작하는 일이었다. 가공언(賈公彦)은 이를 개괄해서 "여기서 말하는 소행인은 사방을 돌아보고 풍속의 좋고 나쁜 일을 수집하고 이것을 각 조목별로 기록하여 각각 한 책을 만들어 위에 올린다."[19]라고 말했다. 손이양(孫詒讓)은 "경쾌한 마차를 타는 사자(使者)가 바로 행인(行人)이고, 다섯 가지 사항에 대한 글은 바로 마차를 타는 사자가 상주한 책의 글이다."[20]라고 말했다. 이것으로 그 당시에 이미 사자가 자신의 견문을 책으로 작성하는 제도가 있었음을 알 수 있다.

지금 알 수 있는 최초의 관련 문헌은 서한(西漢) 육고(陸賈)가 쓴 『南越行紀』(다른 이름은 『南中行紀』)이다. 그러나 그 당시에는 정해진 이름이 없었으며, 남북조 시대에 이르러서 이러한 저술이 증가하기 시작했다. 그리고 서명 또한 '記'또는 '行記'라고 붙이는 경우가 많았는데, 이덕휘

18 『靑丘學叢』 제1호에 게재, 1930년5월.
19 『周禮正義』 卷七二, 『十三經注疏』 上册, 894쪽, 北京 : 中華書局影印本, 1980.
20 『周禮注疏』 卷三七, 3007쪽, 北京 : 中華書局, 1987.

(李德輝)의『晉唐兩宋行記輯校』에 의하면,『東夷諸國行記』,『董琬行記』,『南海行記』,『興駕東行記』,『封君義行記』,『江表行記』 등이 있다. 여기에는 국내를 다녀온 것도 있고 국외를 다녀온 것도 있다. 이와 함께 승려들의 저작도 적지 않은데, 이른바 "한(漢)나라에서부터 양(梁)나라까지 오랜 역사를 거쳤다." 그 중에는 "사방을 유력한 승려의 기록을 남긴"[21]자도 있었는데, 예를 들면『佛國記』와『宋雲行記』 등이 그것이다. 당·송시대에 이르러서는 외국과의 교통이 날로 빈번해짐에 따라 이러한 문헌들도 대량으로 나타났다. 이덕휘는 이러한 문헌들을 저자의 신분에 따라 4가지 유형으로 구분했다. 즉, 외국사신행기(外國使臣行記), 승인행기(僧人行記), 문신행기(文臣行記) 및 휘편류행기(彙纂類行記)이다. 그의 통계에 따르면, 송나라 사람들이 지은 외국행기(外國行記)는 56종에 이르고, 국내행역기(國內行役記)도 24종이 있다고 한다. 기록하는 방법에서는 이미 중당(中唐)시기부터 이전의 행정(行程)에 따라 기록하는 방식에서 탈피하여 일정(日程)에 따라 기술하는 방법을 채택하고 있다. 이고(李翺)의『來南錄』이 바로 그러한 예이며, 송대에 이르면 이런 기술 방법이 더욱 보편화되었다고 한다.[22] 기술 내용이 매우 번잡하고 기술 방법도 일치하지 않아서 역대 목록학적 분류도 다양하다. 대부분은 사부(史部)의 지리(地理)류에 들어가지만 또한 비교적 복잡한 상황도 있다. 예를 들면, 진진손(陳振孫)의「直齋書錄解題」에서는 이를 각각 위사(僞史)류, 잡사(雜史)류, 전기(傳記)類, 지리(地理)류로 분류하고 있다.『宋史·藝文志』에서는 사부(史部)의 고사(故事)류, 전기류, 지리류에 들어있으며, 또한 자부(子部)의 소설(小說)류에 들어있는 것도 있다.

송대 이후로는 '어록(語錄)'이라고 명명한 '行紀'도 있는데, 구함(寇瑊)의『生辰國信語錄』, 부필(富弼)의『富文忠入國語錄』, 유창(劉敞)의『使北語錄』 등이 그것이다. 현대학자 중에는 '어록'으로 모든 사행기록 문헌을 개괄하자고 주장하는 사람도 있는데,[23] 필자는 이에 그다지 찬성하지 않

---

21 『高僧傳序錄』卷十四, 湯用彤校注本, 523쪽, 北京：中華書局, 1992.
22 『晉唐兩宋行記輯校·前言』, 1-20쪽, 瀋陽：遼海出版社, 2009참조.
23 傅樂煥『宋人使遼語錄行程考』,『遼史叢考』에 게재, 1-28쪽, 北京：中華書局, 1984 참조.

는다. 사행문헌에서 '錄'은 '記錄'의 '錄'으로, 당연히 기행(記行)도 되고
기사(記事)도 되며 또한 기언(記言)도 되는 것이다. 이 밖에도 '어록'의 의
미는 굉장히 풍부하다. 선종(禪宗)의 어록이 있으며, 유문(儒門)의 어록
도 있다. 시화(詩話)를 어록이라고 말하는 자도 있으며, 필기(筆記)를 어
록이라고 말하는 자도 있다. 그렇기 때문에 '行紀'보다도 단순·명료하지
않다.

  송대에는 또 다른 '行紀'가 하나 더 있는데 '일기(日記)', '일록(日錄)'이
라고 이름을 붙인 것이다. 예를 들면, 송대 주필대(周必大)의 『歸廬陵日記』,
누약(樓鑰)의 『北行日錄』 등이 있다. 명대 하복징(賀復徵)은 '일기'에 대
해서, "날짜에 따라 기록하고 뜻 가는대로 붓을 맡기며, 사소하고 잡다하
게 다 갖춘 것을 교묘하다고 여긴다."²⁴라고 정의했다. 그러나 그가 일기
체의 연원을 고찰할 때는 "歐陽脩의 『于役志』, 陸游의 『入蜀記』에서 시작
한다."²⁵라고 하여 직접 行紀와 관련짓고 있다. 이는 적어도 '기행' 또한
'일기'의 일종이라고 표명한 것이다. 조선의 기행문헌 중에도 장자충(張
子忠)의 『判書公朝天日記』, 소순(蘇巡)의 『葆眞堂日記』, 정곤수(鄭崑壽)의
『赴京日錄』, 김해일(金海一)의 『判書公朝天日記』, 한태동(韓泰東)의 『燕行
日錄』 등이 있는데, 이런 명명 방식도 또한 흔히 볼 수 있음을 알 수 있다.
하지만 일기의 내용은 매우 광범위하여 "정치가는 조정을 논하고, 사행
을 떠나는 자는 행정(行程)을 기록하고, 변방에 파견되는 자는 폄적(貶謫)
을 서술하고, 과거시험을 보는 자는 과장(科場)을 담론하고, 여행자는 행
종(行蹤)을 서술하고, 전쟁에 나가는 자는 전황(戰況)을 기재한다."²⁶라
고 하였다. 조선시대에도 또한 '일록(日錄)'이란 이름을 붙였는데, 사실
기행과 아무런 관계가 없는 문헌들도 대량 존재하고 있다. 그렇기 때문
에 이를 기행류 문헌의 총칭으로는 채용할 수 없다.

  당나라 때 중국학자 중에는 고음(顧愔)의 『新羅國記』처럼 신라에 대해
기록한 적도 있다. 한반도 문인들과의 진정한 교류왕래는 사실 송나라

---

24 『文章辨體彙選』 卷六三七, 文淵閣四庫全書本, 台北 : 台灣商務印書館影印.
25 이상, 卷六三九.
26 陳左高 편찬한 『中國日記史略』 「緖言」에서의 말, 1쪽, 上海 : 上海翻譯出版公司,
    1990.

때부터였다. 예를 들면 북송 淳化 4년(993)에 진정(陳靖) 일행이 기록한 『使高麗記』가 있으며, 宣和 5년(1123)에는 서긍(徐兢)이 사절로 고려에 다녀간 다음『使高麗錄』을 남겼다. 반면에 김부식(金富軾)은 靖康 원년(1126)에 "북송에 가서 황제의 등극을 축하(如宋賀登極)"[27]하고『奉使語錄』을 편찬했는데, 그 목록이『宋史·藝文志』사부(史部)의 '전기(傳記)류'에 수록되었다. 이를 보면『奉使語錄』도 송대의 기행문헌에 연원하고 있음을 알 수 있다.[28]

조선시대의 '朝天', '燕行'등 문헌들을 고찰해 보면 그 명명 방식은 대부분 중국 당송 시대의 기행과 일맥상통하고 있다. 위에 제시한 것 이외에도 '봉사(奉使)'란 명칭으로 쓴 작품이 있다. 예를 들면 송대 조량사(趙良嗣)의『燕雲奉使錄』, 요헌(姚憲)의『乾道奉使錄』, 조선 권근(權近)의『奉使錄』이 있다. 그리고 '우역(于役)'이란 명칭을 쓴 작품이 있다, 예를 들면 당대 장씨(張氏)의『燕吳行役記』, 송대 구양수(歐陽修)의『于役志』, 조선 김윤식(金允植)의『析津于役集』이 있다. 또 '도리기(道里記)', '행정록(行程錄)'이란 명칭도 있다. 예를 들면 당대 정사장(程士章)의『西域道里記』, 송대 허항종(許亢宗)의『宣和乙巳奉使行程錄』, 조선시대 신흠(申欽)의『甲午朝天路程』, 이기경(李基敬)의『飲冰行程曆』등이 있다. 이 밖에 조선시대 최연(崔演)의『西征錄』, 이하진(李夏鎭)의『北征錄』, 어윤중(魚允中)의『西征記』등도 중국의 기행문헌에서 유사한 제목을 찾을 수 있다. 어떤 작품은 그냥 '기행(紀行)'(즉 '行紀')란 이름을 붙였다. 예를 들면 인평대군(麟坪大君)의『燕途紀行』, 이로춘(李魯春)의『北燕紀行』, 홍양호(洪良浩)의『燕雲紀行』, 정창성(鄭昌聖)의『燕槎紀行』, 안광묵(安光默)의『滄槎紀行』등이 있다. 어떤 책은 '기행'이란 명칭을 사용하지 않은 경우에 이유를 제시한다. 예를 들면 조위(曹偉)는「三魁先生觀光錄序」에서 "'관광(觀

---

27   金宗瑞《高麗史節要》卷九, 213쪽, 서울 : 明文堂影印本, 1981年版.

28   『高麗史』卷九十八 "列傳"卷十一「金富軾傳」에 "宋使路允迪來, 富軾爲館伴, 其介徐兢見富軾善屬文, 通古今, 樂其爲人, 著《高麗圖經》, 載富軾世家, 又圖形以歸. 奏於帝, 乃詔司局鏤板以廣其傳, 由是名聞天下. 後奉使如宋, 所至待以禮."(下冊, 180쪽, 서울 : 亞細亞文化社影印本, 1983)라고 기록하고 있다. 이를 통해 金富軾과 徐兢『高麗圖經』(『使高麗錄』포함)과의 관계를 알 수 있으며, 그의『奉使語錄』또한 徐兢의 영향을 받았을 것으로 추정된다.

光)'이란 무엇인가? 중국의 문화·풍속을 보는 것이다. '기행록(紀行錄)'
이라고 부르지 않고 '관광'이라고 부른 것은 중국을 중시해서이다."[29]
라고 말했다. 또한 서경순(徐慶淳)은 「夢經堂日史序」에서 "왜 '일사(日
史)'라고 부르는가? 기행(紀行)이다. 왜 '행(行)'인가? 연행(燕行)이다."[30]
라고 말했다. 이상을 종합하면, 조선시대 이러한 문헌에 대한 명명 방식
은 매우 다양한데, 이를 '行紀'로 개괄하는 것이 가장 적당하다. 조선 18
세기에 정창순(鄭昌順) 등이 편찬한 『同文彙考』의 『補編』 부분에서는 이
러한 문헌들에 대해서 언급하면서 '사행록(使行錄)'이라고 이름을 붙였
는데 '行紀'의 뜻과 매우 가깝다.

　이러한 문헌들을 대개 '行紀'라 지칭했는데, 이는 사실 현대학술사에
서의 공통된 명칭이다. 또한 필자가 이 명칭을 사용하자고 주장하는 세
번째 이유이기도 하다. 일찍이 20세기 40년대에 왕국유(王國維)는 『古行
紀校注』[31]란 책을 출판했으며, 80년대에는 양건신(楊建新)이 『古西行記選
注』[32]의 편집을 주관했다. 지난 몇 년 전에 가경안(賈敬顏)이 정리한 『五
代宋金元人邊疆行記十三種疏證稿』[33]가 있으며, 진가영(陳佳榮), 전강(錢
江), 장광달(張廣達)이 함께 편집한 『歷代中外行紀』[34]에서는 중국, 조선,
일본, 월남과 관련된 문헌도 수록했다. 이덕휘(李德輝)도 『晉唐兩宋行記
輯校』란 책을 출판했다. 일본의 승려 엔닌(圓仁)은 承和5년(唐文宗 開成3
년, 838)에 입당하여 『入唐求法巡禮行記』를 편찬했다. 이 책은 『大唐西域
記』, 『馬可·波羅行紀』와 함께 '동방삼대여행기'에 들어가는데, 역시 '行
記'란 이름을 붙였다. 그러므로 '行紀'는 중국, 한국, 일본, 월남 및 서양의
관련문헌까지도 하나로 통칭하기에 편리한 명칭이다. 이는 학술연구에
있어서 매우 중요하고 필요한 것이다.

29　『丙辰觀光錄』卷首, 林基中편찬 『燕行錄續集』第101冊, 112쪽, 서울 : 尚書院, 2008.
30　林基中편찬 『燕行錄全集』第94冊, 154쪽, 서울 : 東國大學校出版部, 2001.
31　上海 : 商務印書館, 1940.
32　銀川 : 寧夏人民出版社, 1987.
33　北京 : 中華書局, 2004.
34　上海 : 上海辭書出版社, 2008.

II. 문헌

지난 1960년대부터 『燕行錄選集』을 대표로하는 이런 기행문헌들이 학술계의 주목을 받기 시작했다. 그러나 한국어 번역과 색인이 첨부되어 있는 『國譯燕行錄選集』을 제외하면, 대부분의 작업은 아직도 옛 책을 영인하는 수준에 그치고 있으며, 정리 작업은 아직도 초급단계에 머물고 있다. 그중 문헌에 대한 문제에서는 대부분의 학자들의 연구가 주로 문헌을 정리할 때 나타난 오류(임기중 교수가 편집한 『燕行錄全集』에 집중된다)를 바로잡는 것이다. 예를 들면 좌강(左江)의 「燕行錄全集考證」[35], 칠영상(漆永祥)의 「燕行錄全集考誤」[36] 등이 이에 해당한다. 그리고 오직 몇몇 소수의 글에서만 정리자의 문제를 언급하면서 동시에 이런 문헌들 자체의 문제에 대해서 연구했다. 예를 들면 후마 스스무(夫馬 進)의 「日本現存朝鮮燕行錄解題」[37]가 이에 해당한다. 여기서도 문헌 자체의 문제에 대해서 검토할 생각이다.

한국에서 중국 기행문헌은 500년 동안 끊임없이 편찬되어 왔으며, 이런 문헌들은 두말 할 나위 없이 상당히 높은 가치가 있다. 그러나 이런 문헌들 자체에 존재한 문제들도 지적할 필요가 있으며, 그렇게 해야만 비로소 이들 자료들을 더욱 효과적으로 이용할 수 있다.

첫 번째 문제는 부화뇌동(附和雷同)이다. 부악환(傅樂煥)은 송인들의 기행문헌들을 모두 '어록(語錄)'에 분류시켰다. 그는 「宋人使遼語錄行程考」에서 다음과 같이 지적했다.

> 그들은 귀국한 이후에 관례에 따라 『語錄』을 제작하여 정부에 올린다. 『어록』에는 주로 그들이 요(遼)나라 조정에서 행한 응대(應對) 및 수답(酬答) 상황을 보고하고, 부가적으로 그들이 통과한 지역 빛 각 지방의 사정이나 풍속 등을 기록했다. ……사신을 매년 파견하므로 『어록』도 끊임없이 출현한다. 그래서 당시 사람들은 이런 동시대

---

35 張伯偉 편 『域外漢籍研究集刊』 第四輯에 게재, 北京 : 中華書局, 2008.
36 高麗大學中國學研究所 편 『中國學論叢』 第二十四輯에 게재, 서울 : 高麗大學, 2008.
37 日本 『京都大學文學部研究紀要』 第42號에 게재, 京都 : 京都大學, 2003.

사람들의 기록을 항상 익히기 때문에 모두 판에 박은 듯한 문장이 되어버려 특별히 주목할 만한 것이 없다.[38]

이러한 판에 박은 듯한 문장은 중국에서만 있는 것이 아니다. 조선시대의 외교사행에서도 또한 사신들이 조선에 귀국한 후 관례에 따라 국왕에게 보고해야 했으므로 위와 유사한 상황을 자주 찾아볼 수 있다. 예를 들면, 최현(崔晛)은 『朝天日錄·書啓』에서,

　　爲聞見事, 臣跟同上使臣申湜·副使臣尹暘前赴京師, 竣事回還, 凡所見聞, 逐日開坐.[39]

라고 말했는데, 또한 홍익한(洪翼漢)의 『花浦先生朝天航海錄』 권말에서도,

　　爲聞見事件事, 臣跟同臣使李德泂·吳翿, 前赴京師, 今已竣事回還, 一路聞見, 逐日開坐. 爲此謹具啓聞.[40]

라고 했으며, 이영득(李永得)의 『燕行雜錄』 「內篇」 제1권 '入彼地行中諸般事例'에서도,

　　使臣還……書狀與首譯各修聞見事件(彼中政令及異聞異見略錄之), 復命時納於承政院.[41]

라고 하고, 이어서 장석준(張錫駿)의 『朝天日記』 권말에서까지도,

　　即日詣闕, 奉納彼地聞見錄與日記.[42]

---

38 『遼史叢考』, 1-2쪽.
39 『燕行錄選集補遺』上, 10쪽, 서울 : 成均館大學大東文化研究院, 2008.
40 『燕行錄全集』第17冊, 322쪽.
41 『燕行錄全集』第79冊, 50-51쪽. 이 책은 徐有素 『燕行錄』이라고 되어 있지만 실은 저자가 잘못 기록되었다. 이에 대한 考訂은 아래 문장을 참고하기 바람.
42 『春皐遺稿』卷一, 四六b쪽.

라고 말하고 있듯이 이러한 보고는 또한 보편적인 현상이었다.

조선 사신들이 북경에 들어갈 때 지나는 경로는 대개 세 가지다. 첫째
는, 압록강(鴨綠江)을 건너 책문(柵門), 봉황성(鳳凰城), 요양(遼陽), 안산
(鞍山), 경가장(耿家莊), 우가장(牛家莊), 반산(盤山), 광녕(廣宁), 금주(錦
州), 산해관(山海關), 심하(深河), 영평(永平), 풍윤(豊潤), 옥전(玉田), 계주
(薊州), 통주(通州)를 거쳐 북경에 도착하는 길이다. 둘째는, 압록강을 건
너 책문(柵門), 봉황성(鳳凰城), 요양(遼陽), 봉천(奉天), 안산(鞍山), 경가
장(耿家莊), 우가장(牛家莊), 반산(盤山), 광녕(廣宁), 금주(錦州), 산해관
(山海關), 심하(深河), 영평(永平), 풍윤(豊潤), 옥전(玉田), 계주(薊州), 통주
(通州)를 거쳐 북경에 도착하는 길이다. 셋째는, 압록강을 건너 책문(柵
門), 봉황성(鳳凰城), 요양(遼陽), 봉천(奉天), 고가자(孤家子), 백기보(白旗
堡), 소흑산(小黑山), 광녕(廣宁), 금주(錦州), 산해관(山海關), 심하(深河),
영평(永平), 풍윤(豊潤), 옥전(玉田), 계주(薊州), 통주(通州)를 거쳐 북경에
도착하는 길이다. 이 노선들은 모두 중국에서 정하며, 조선은 마음대로
변경할 수 없었다. 노선이 비슷하고 또한 후인들이 이전의 기록을 많이
보았기 때문에, 특별히 고증벽(考證癖)이 있는 몇몇 사람이 가끔 이전 사
람들의 오류를 고칠 수 있었지만, 대부분의 사람들은 거의 이전 사람들
의 이야기를 답습하므로 부화뇌동을 면하기가 어려웠다. 일찍이 김경선
(金景善)은 「燕轅直指序」에서 기행문헌 중에서 가장 대표적인 것으로 다
음과 같이 세 사람의 기록을 들었다.

　適燕者多紀其行, 而三家最著 : 稼齋金氏、湛軒洪氏·燕巖朴氏也. 以
史例則稼近於編年而平實條暢, 洪沿乎紀事而典雅縝密, 朴類夫立傳而
贍麗閎博.[43]

이어서 김경선은 "세 분을 표준으로 하여 각각 하나의 문체를 취했다.
즉, 노가재(老稼齋)가 년·월·일의 순서로 일을 기록한 것, 담헌(湛軒)이 사
실에 대해 본말을 다 갖춘 것, 연암(燕巖)이 종종 자신의 뜻을 입론한 것이

---

43 『燕行錄全集』第70册, 246쪽.

다."[44]라고 구체적으로 제시했다. 하지만 이처럼 명확하게 문체에 대해서 고려하는 사람은 별로 많지 않았다. 따라서 이런 몇몇 사람의 기행도 특별히 주목을 받을 만하다.

두 번째 문제는 베껴 쓰기(표절)이다. 어떻게 보면 이것도 부화뇌동의 또 다른 표현이다. 어떤 것은 직접인용이고 어떤 것은 간접인용이다. 인용했다는 명확한 표시가 있고 쉽게 알아볼 수 있더라도 그 속사정에 대해서는 일관적으로 논하기가 쉽지 않다. 예를 들면, 김창업(金昌業)의 『老稼齋燕行日記』, 최덕중(崔德中)의 『燕行錄』, 이해응(李海應)의 『薊山紀程』, 김경선(金景善)의 『燕轅直指』 등은 모두 『荷谷朝天錄』을 인용했지만, 결코 원본 그대로를 옮겨 적은 것은 아니다. 한 예로 『老稼齋燕行日記』 제1권 '表咨文呈納'에서는 다음과 같이 기재했다.

> 舊例：入京翌日, 使以下具公服, 奉表咨文, 詣禮部. 先行見官禮於尙書訖, 使奉咨文跪告曰："國王咨文."尙書命受之. 復曰："起來."然後使起退出, 還坐歇所. 令通事呈表文于儀制司後, 使以下歷往主客儀制兩司, 行禮而罷歸(出『荷谷朝天錄』). 今則尙書 (或侍郎) 與郎中具服, 面南立于大廳, 大通官引三使奉表咨文跪進, 郎中受, 安于卓子上, 通官引使以退.[45]

위의 글은 곧 『荷谷朝天記』에서 8월 9일 북경에서 조선국왕의 자문(咨文)을 명나라 조정에 올리는 과정에 대해서 개괄하고 있는 것으로, 원래 문장은 비교적 복잡한데 여기서는 아주 간략하게 요약한 것이다. '今則尙書'이하의 내용은 곧 김창업의 말로, 고금(古今)의 대비가 나타난다. 다시 최덕중(崔德中)의 『燕行錄』 중의 '表咨文呈納'을 살펴보자.

> 舊例：入京翌日, 使以下具公服, 奉表咨文, 詣禮部. 先行見官禮於尙書訖, 使奉咨文跪告曰："國王咨文."尙書命受之. 復曰："起來."然後使起退出, 還坐歇所. 令通事呈表文于儀制司後, 使以下歷往主客儀制兩司,

---

44 같은 책, 247쪽.
45 『燕行錄全集』第32冊, 309쪽.

行禮而罷歸(出『荷谷朝天錄』). 今則尚書(或寺郞)與郞中具公服, 面南立
于大廳, 大通官引三使奉表咨文跪進, 郞中受, 安于卓子上, 通官引使以
退.[46]

여기에서는 '舊例' 또한『荷谷朝天錄』에서 나왔다고 표명하고 있지만,
최덕중이 허봉(許葑)의 본래 말을 인용했다기보다는 김창업의 말을 직
접 인용했다고 하는 것이 좋을 것이다. '今則尚書'이하의 문장 또한 김창
업의 책과 완전히 동일한 것을 보면 분명히『老稼齋燕行日記』에서 직접
옮겨 적은 것이 틀림없다. 또한 김경선(金景善)의『燕轅直指』제2권 '禮部
呈表咨記'에서도 다음과 같이 기재하고 있다.

『荷谷朝天錄』日：入京翌日, 使以下具公服, 奉表咨文, 詣禮部. 先行
見官禮於尙書訖, 使奉咨文跪告日：“國王咨文.”尙書命受之. 復日：“起
來.”然後使起退出, 還坐歇所. 令通事呈表文于儀制司後, 使以下歷往主
客儀制兩司, 行禮而罷歸云.[47]

위의 글에서 김경선은 비록『荷谷朝天錄』에서 나왔다고 미리 설명했
지만, 우리는 그가 허봉의 책에서 직접 인용했다고 생각할 수 없다. 김창
업 혹은 최덕중의 책에서 옮겨 적은 것이 틀림없다.
또 한 가지 다른 예를 들어보자.『老稼齋燕行日記』제1권 '入京下程'에
서 다음과 같이 기재했다.

舊例：只自光祿寺送米一石八斗, 猪肉三十六斤, 酒九十餠, 茶五斤
十兩, 鹽醬各九斤, 油四斤八兩, 花椒九兩, 萊蔘十五斤等物, 五日一次
(出『荷谷朝天錄』). 順治以後, 戶部供粮料, 工部供柴炭、馬草、器皿, 光
祿寺供各樣饌物.[48]

46 『燕行錄全集』第39冊, 400-401쪽.
47 『燕行錄全集』第71冊, 172-173쪽.
48 『燕行錄全集』第32冊, 306쪽.

그런데 허봉의 원본을 보면, 『朝天記』(상) 8월 8일의 일기에는 다음과
같이 기록하고 있다.

　　光祿寺珍羞署送下程錢粮：白米一石八斗, 酒九十瓶, 葉茶五斤十兩,
鹽醬各九斤, 香油四斤八兩, 花椒九兩, 菜參十五斤. 凡此物件, 五日送一
次, 循舊例也.[49]

그리고 8월 9일의 일기에는

　　光祿寺大官署送猪肉三十六斤, 亦五日一次之例也.[50]

라고 보인다. 위의 내용을 보면 김창업은 허봉의 이틀간의 일기를 합해
서 한편으로 만들었으며, 또한 원래의 문장대로 옮겨 쓴 것도 아니었음
을 알 수 있다. '順治以後'라고 말하는 부분도 김창업이 이전과 지금을 비
교해서 하는 말이다. 다시 최덕중의 기록 『崔德燕行錄』을 보면, '入京下
程'편에서 다음과 같이 기재하고 있다.

　　舊例：只自光祿寺送米 壹石捌斗, 猪肉 三十六斤, 酒九十瓶, 茶 五斤
十兩, 鹽醬 各九斤, 油 四斤八兩, 花椒九兩, 菜蔘 十五斤 等物, 五日一次
(出 『荷谷朝天錄』). 順治以後, 戶部供粮料, 工部供柴炭·馬草·器皿, 光祿
寺供各樣饌物.[51]

또 『燕轅直指』제3권 '留館錄'上 '留館下程記'에서는 다음과 같이 기록
했다.

　　『荷谷朝天錄』曰：自光祿寺送米一石八斗, 猪肉三十六斤, 酒九十瓶,
茶五斤十兩, 鹽醬各九斤, 油四斤八兩, 花椒九兩, 菜蔘十五斤等物, 五日

49　『燕行錄全集』第6冊, 223쪽.
50　같은 책, 228쪽.
51　『燕行錄全集』第39冊, 399쪽.

一次云. 而順治以後, 自戶部供糧料, 工部供柴炭·馬草·器皿, 光祿寺供各
樣饌物.[52]

또 『薊山紀程』 제5권 '食例'에서는 다음과 같이 기록했다.

舊例：凡於入京日, 自光祿寺送米 一石八斗, 猪肉 三十六斤, 酒 九十
瓶, 茶 五斤[53]十兩, 鹽醬 各九斤, 油 四斤八兩, 菜蔘 十五斤 等物, 間五日一
給(出『荷谷朝天錄』). 順治以後, 戶部供糧料, 工部供柴炭·馬草·器皿, 光
祿寺供各樣饌物.[54]

위에 몇 단락의 글은 몇 곳의 오류와 차이를 제외하면 기본적으로 거
의 일치하는 것으로 보아 같은 책에서 나온 것이 분명하다. 그런데 "『荷
谷朝天錄』을 인용한다"고 하든 "『荷谷朝天錄』에서 나왔다"고 표명하든
사실은 모두 원서를 참고한 것이 아니고 『老稼齋燕行日記』를 인용한 것
이다. 하지만 그들은 어느 누구도 이러한 사정에 대해서 설명하지 않았
다. 이를 통해 이러한 기행문헌의 전후 답습이 흔히 존재했다는 사실을
쉽게 알 수 있다.

현존하는 기행문헌에서 분량이 가장 많은 것은 서유소(徐有素)의 『燕
行錄』 16권(책)으로, 임기중이 편찬한 『燕行錄全集』의 제79~84책에 수록
되어 있다. 그러나 이 책에는 문제가 매우 많으므로 상세히 검토할 필요
가 있다.

우선 저자에 관한 문제이다. 서유소는 조선 純祖 22년(1822) 10월 동짓
달 사은사의 서장관이다. 정사는 김노경(金魯敬)이고 부사는 김기온(金
啓溫)이다. 이 해의 10월 20일에 서울에서 출발하여 11월 25일 압록강을
건너 12월 24일에 북경에 도착하고, 다음해 2월 4일에 북경을 떠나 귀경
길에 올라 3월 17일에 서울에 도착했다. 『燕行錄全集』에서는 서유소(徐有

---

52 『燕行錄全集』 第71册, 218쪽.
53 원문에는 '升'이라 잘못 기록된 것을 필자가 문장의 뜻에 따라 고친 것이며, 아래
   글자도 이와 같다.
54 『燕行錄全集』 第66册, 483 - 484쪽.

素)가 지었으며, 그의 생졸년은 미상이라고 했다. 이 책의 '三使以下渡江
人員'의 기록을 살펴보면 "書狀官徐有素, 字公質, 號冷泉, 乙未生, 假銜執
義."[55]라는 내용이 보인다. 이를 통해 그가 영조 51년(1775)에 태어났음
을 알 수 있다. 그런데 더욱 중요한 것은 그는 결코 이 책의 저자가 아니라
는 사실이다. 이 책의 서두에서는 "壬午冬, 余從使者作燕行……沿路所見,
留館時遊覽者並錄如左云."[56]이라고 말했다. 서장관은 '삼사(三使)'중의
한 명인데, 여기서 저자가 이미 '사자를 따라서(從使者)'라고 말하고 있
으니, 이를 보면 저자 본인은 사자가 아니라는 사실을 알 수 있다. 북경에
도착한 후 옥하관(玉河館)에 머물면서 각자가 머무는 곳을 "大廳之北爲上
房, 正堂五間, 有東西兩炕, 東炕上使處之. ……上房之北爲副房, 屋宇規模與
上房同, 正堂東炕副使處之. 副堂之北爲三房, 正堂七間, 西二炕書狀官處之"[57]
라고 기록하고 있다. 삼사 수행원의 머무는 곳도 대부분 이에 따르고 있
는데, 상방(上房)에는 군관(軍官), 일관(日官), 역관(譯官), 건량관(乾糧官),
사자관(寫字官)이 상사(上使)의 좌우전후에 머무르고, 부방(副房)도 그렇
다. 서장관의 수행원은 3명인데, 군관 이학(李㷃), 반당(伴倘) 이영덕(李永
得), 건량관(乾糧官) 윤홍덕(尹鴻德)이다. 그중 윤홍덕은 상방의 군관 김
진용(金振鏞)과 같이 상방(上房) 서쪽 복도의 남쪽 방을 쓰고, 저자는 이
학(李㷃)과 함께 삼방(三房) 동쪽의 방을 썼다. 즉, 같은 방을 쓰는 것은
지위가 같은 것이다. 삼방(三房) 수행원 중 다른 두 사람의 이름이 모두
나타났기에 이 책의 저자는 마땅히 반당(伴倘) 이영덕(李永得)이 될 것이
다. 목차 및 본문 내용에 따르면 서명은 『燕行雜錄』이라고 해야 하며, 내·
외편으로 나뉘어 내편은 제1권에서 제12권까지고, 제13권 이후가 외편
이 된다. 또한 한국국립중앙도서관에 소장된 김노경의 『燕行雜錄』16권
도 위 책의 내용과 일치하고 있으므로 책의 저자와 제목 또한 잘못된 것
이다.

둘째는 편찬시기이다. 『燕行錄全集』, 『燕行錄叢刊』은 1822, 1823년에
작성한 것으로 되어 있는데, 부분적인 의미에서 보면 맞다고 할 수 있다.

---

55 『燕行錄全集』第79冊, 24쪽.
56 같은 책, 246쪽.
57 『燕行錄全集』第81冊, 75-76쪽.

서두에서 '임오(壬午) 겨울'이라 말하고, 제6권「일기」부분에서는 純祖
22년(道光 2년 壬午) 10월 20일 辛酉부터 시작하여, 제8권 순조 23년 3월
17일에 이르러서 끝마쳤다. 서력으로 계산하면 바로 1822년부터 1823년
까지였다. 하지만『燕行雜錄』은 모두 16권(책)이므로 결코 일시에 완성
된 것이 아니었다. 이 책의 권질이 상당히 많지만, 저자가 직접 쓴 제6권
에서 8권까지의 일기 내용과, 제1, 2권의 일부분 내용을 제외하면, 그 나
머지 부분은 모두 다른 책에서 그대로 옮겨 적은(抄錄) 것이다. 옮겨 적은
사람이 작가 본인인지 아니면 다른 사람인지 우리는 확인할 수 없다. 다
만 지금과 같은 책의 형태가 된 것은 아무리 빨라도 高宗 13년(光緒 2년,
1876) 이후이다.「일기」보다도 50여년이나 뒤처진 것이다.

시험 삼아 권13의『燕行雜錄』外篇 '外國'을 보면 처음에 일본이 나오는
데, 그 중의 '日本世系'의 가장 마지막 부분인 '今天皇'에는 "明治元年即大
淸同治七年戊辰"이라는 기록이 분명히 보인다. 그리고 다음과 같은 기록
도 있다.

> 明治六年癸酉一月一日, 以神武帝即位之年爲紀元, 因置紀元節, 自神
> 武紀元之年至此, 凡二千五百三十三年. 三月, 令許與外人婚. 天皇斷髮,
> 王后落黛. 明治九年, 遺黑田淸隆、井上馨等通好, 更定『修好條規』, 日人
> 留朝鮮.[58]

여기서 '明治九年'은 고종 13년(1876)이다. 이미 이 역사기록이 나타났
으니 이를 기록한 시간은 반드시 그 이후이고, 초록한 시간은 더욱 늦어
진다. 그러므로 전반적으로 볼 때 1823년을 이 책의 편찬 연도로 여기는
것은 틀린 것이라고 말할 수 있다.

옮겨 적은(剽竊) 곳의 출처는 중국 책도 있고 조선 책도 있다. 이를 고
찰해 본 결과, 제2권 '測候'부터 '銓政官考'까지의 내용은 모두『大淸會典』
에서, 제3권 '燕京天文'부터 제5권까지는 청나라 오장원(吳長元)의『宸垣
識略』에서, 제9권부터 제12권 '歷代疆域'까지는 명나라 육응양(陸應陽)

---

58 『燕行錄全集』第83冊, 259쪽.

이 편집하고 청나라 채방병(蔡方炳)이 증보한 『廣輿記』에서, 제13권 '일본'은 조선 남용익(南龍翼)의 『聞見別錄』, 강항(姜沆)의 『看羊錄』, 신유한(申維翰)의 『海槎東游錄』과 『海游聞見雜錄』에서 각각 초록한 것이다. 또 제14권의 '合國'(安南, 琉球 등을 포함)은 『廣輿記』에서, 제15권의 '燕都雜咏'과 제16권의 '燕都記聞'은 『宸垣識略』에서, 제16권의 '明淸文評'은 『四庫全書簡明目錄』에서 초록한 것이다. 이러한 초록 부분은 양적으로도 지나치다고 할 수 있다. 그런데 이를 만약 그 저자가 편찬한 것이라고 오인하고 있다면 정확한 학술적 판단에도 악영향을 미치게 될 것이다.

초록(베껴 쓴)에 대해서도 또한 여러 가지 상황으로 나눌 수 있다. 어떤 것은 단락을 옮겨 적은 것으로, 예를 들면 '燕京天文'은 『宸垣識略』에서 베껴 썼다. 어떤 것은 원문 전체를 옮겨 적은 것으로, 예를 들면 '明淸文評'은 『四庫全書簡明目錄』에서 옮겨 썼다. 어떤 것은 일부를 골라서 옮겨 적은 것으로, '燕都雜咏'은 『宸垣識略』에서 골라 적었다. 이밖에 옮겨 적은 과정에서 그가 첨가한 부분도 있고 줄인 부분도 있는데, 특히 첨가한 부분은 그의 주관적인 감정을 잘 드러낼 수 있다. 예를 들면, '日本'부분은 『海游聞見雜錄』중에서 다음과 같은 이야기를 초록하고 있다.

> 松前守看管之地, 惡不可居, 人皆面黑有毛, 不識文字, 蠢軟愚迷, 便同禽獸. 日本人皆不齒於人類.[59]

이를 신유한(申維翰)의 원작에 비교해 보면 '蠢軟愚迷'와 "日本人皆不齒於人類"라는 두 구절은 바로 초록자가 첨가한 의론이다. 다른 부분과 비교해 보면, 작가의 중국과 일본에 대한 서로 다른 소감과 태도를 잘 엿볼 수 있다. 예를 들면, 제1권 '人物風俗'편에서는 다음과 같이 기재하고 있다.

> 所至見滿人, 其衣服外樣, 皆非貧婁者, 且其人身長貌偉, 個個健壯. 人品仁善平坦, 多率性徑情, 少陰鷙邪曲, 待人恩厚款曲, 處物慈諒平善. 蓋

59 『燕行錄全集』第83冊, 35쪽.

其天性本然, 而又其習俗使之然也.[60]

조선 사람들은 만주인에 대해서 본래부터 호감이 없었기 때문에 이런 기록은 매우 드물다. 또 '禮貌'편에서는,

中國人規模大抵多恭謹, 少倨傲. 滿人始見若偃蹇驕亢, 及與接話, 則其恭過於漢人. ……余輩欲見彼中人士, 至其家, 使馬頭修刺(彼俗訪人必修刺, 不遇則留刺焉), 則無不出迎, 或出戶, 或降階, 或至外門, 位高皆然.[61]

라고 기재했으며, 또 '言語'편에서도,

中國言語, 即所謂漢語也. 中國人雖目不識丁之類, 其言語則無非文字, 可謂發言成章.[62]

라고 기재했다.

이상과 같이 외모, 예절, 언어문자 세 방면에서 보면 모두 일본과 비교할 만하다. 초록자가 첨가한 몇 마디의 말에는 모두 중국인을 폄하하는 감정을 드러내고 있다.

일본 부분의 '倭皇世系'에서 윗부분 공백부분에 '不知何人'이라고 교감한 말이 있으며, 매번 '原本云'이라고 하여 차이점과 유사점을 밝힌 곳이 모두 12칙이나 된다. '原本'이란 남용익의 『聞見別錄』을 말한다. 다만 아쉽게도 이 교감 또한 매우 간략하며, 그 차이점과 유사점을 거의 주의하지 않았다. 예를 들면, '後圓融院'하편에 "丁亥, 高麗使鄭圃隱來"라는 말이 있다. 그런데 정봉수(鄭夢周)가 명을 받고 일본에 출사한 것은 고려 신우(辛禑) 3년(明太祖洪武十年丁巳)으로, 원본에서는 '丁巳'라고 했으므로 '丁亥'라고 적은 것은 틀린 것이다. 그리고 '仙洞院' 하편에서 갑자년

---

60 『燕行錄全集』第79册, 129쪽.
61 이상, 170쪽.
62 이상, 171 - 172쪽.

(1624)의 조선통신사 이름을 거론한 표에 '鄭弘重'이란 사람이 있는데, 또한 '姜弘重'의 오류이다. 또 '後西院'이하의 다섯 천황은 남용익이 기록하지 않았으니, 이는 곧 다른 본에 의거한 것이다.

제7권의 일기 부분에서 저자는 계미(癸未)년 정월 11일에 북경 유리창 문성당(文盛堂) 서점에서 있었던 일을 다음과 같이 기록했다.

> 鋪主出一册示之, 名曰『簡明目錄』, 即乾隆所編輯『四庫全書』目錄也, 其書極博. ……文盛堂册肆人曾昕謂余曰：“安南·琉球嘗買此書全帙以去, 而以貴國之右文, 尙未聞買此, 誠爲欠事.”其言實愧, 遂强答曰：“此書不無冗雜者, 如道家·釋家·雜家·術數等書, 非儒者所可玩. 經史·兵農·醫藥之書, 我國已有之, 不須此書.”曾頗然之.[63]

비록 중국인 앞에서 약간의 체면은 간신히 차렸지만, 그의 마음속 깊은 곳에는 여전히 부끄러움이 남아 있었다.[64] 따라서『燕行雜錄』에서『四庫全書簡明目錄』의 명·청 문인들의 문집에 대한 평론을 옮겨 적은 것은, 아마도 조금이라도 부족한 점을 보충하려는 뜻에서였을 것이다. 원본을 비교적 완전하게 옮겨 쓴 것이기 때문에 이는 당시 조선인들이 명·청인들의 문학창작을 이해하는 데 적지 않은 도움이 되었을 것이다. 그러나 만약 이를 작가 자신의 평론이라고 오해하거나, 심지어 이를 통해 이러

---

63 『燕行錄全集』第81册, 160−161쪽.
64 文盛堂 서적상 曾昕가 그 당시 조선은『四庫全書簡明目錄』을 구매하지 않았다고 하는 것은 증거가 될 수 없다.『奎章總目』卷二“總目類”에『四庫全書簡明目錄』12본이라 기록되어 있는데, 고증에 의하면 현존하는『奎章總目』은 徐浩修가 편찬하고 朝鮮正祖 5년(1781)에 완성된 것이다. 또한『大畜觀書目』에도『四庫全書簡明目錄』12책이라 기록되어 있는데 역시『四庫全書簡明目錄』을 가르킨 것으로, 조선 왕실에서의 수장 도서가 이미 한 세트에만 그치지 않았음을 말해준다. 또한 洪奭周가 純祖十年(1810)에 편찬한『洪氏讀書錄』은 그의 집안에서 수장한 책 중에서 동생의 독서지도를 위한 '추천서목록'인데, 이중에도『四庫全書簡明目錄』20권이 들어가 있다. 이것은 19세기초에 이 책이 이미 조선사대부 집안의 도서 수장 목록에 들어갔다는 것을 증명해 준다. 따라서 道光연간에 이르도록 조선인이 아직 이책을 구매하지 않았다는 것은 있을 수 없는 일이다. 曾氏는 서적 판매를 목적으로 하고 있기 때문에 그의 말은 전혀 믿을만한 것이 못 되므로 굳이 변론할 필요가 없을 것이다. 이상의 서적 목록에 대해서는 張伯偉 편『朝鮮時代書目叢刊』第一册、第二册、第八册, 北京：中華書局, 2004 참조.

한 명·청 문인들의 문집들이 당시에 이미 조선까지 전래되었다고 추론한
다면 이는 크나큰 오류를 범하는 것이다.

작가가 여기저기서 옮겨 적은(雜抄) 부분에 이르면 종종 전후의 착란
이 있어서 앞뒤가 연결되지 않는다. 제13권의 '일본' 부분을 예로 들어 보
면, 이는『海槎東游錄』과『海游聞見雜錄』에서 필요 부분을 골라 초록한 것
이다. 앞의 책은 일기체이고 뒤의 책은 기사체인데, 이를 여기저기서 임
의로 옮겨 적었기 때문에 이 부분은 두 책의 내용이 서로 뒤섞여 있다. 또
제16권 '燕都記聞'에서는『宸垣識略』제5권 '識餘' 부분을 옮겨 적었으나,
'贵州畢節縣'에서부터 '明代諸儒文評'에 이르기까지의 대량의 기록은 모
두 연도(燕都)와는 아무런 관계가 없는 것이다.

하지만 이 책에 수록된 내용이 비록 원본과 다르더라도 중요시할 기록
도 있다. 가장 두드러진 것은 제13권 일본부분의 '關白世系'편이다. 이편
의 끝부분에서 "良房으로부터 基實에 이르기까지 서로 집정을 계승한 것
이 2백여년이다. 基房이하는 나라 일에 관여할 수 없으며, 다만 關白의 칭
호만을 유지했을 뿐이며, 무릇 38대에서 끊겼다."[65]라고 했는데, 이 내용
은 남용익의『聞見雜錄』에서 나왔다. 원본 마지막에는 "아직도 關白의 호
칭을 유지하므로 더불어 이를 기록하니 무릇 38대이다"[66]라고 했다. 실
제 원본에는 良房 이하 24대만 기록되어 있는데, 이 책에서는 모두 빠짐
없이 기록하고 있는 것이다. 즉, '基通' 이하, '師忠' 이전의 "師家, 兼實, 良
經, 家實, 道家, 教實, 兼經, 良實, 實經, 兼平, 基平, 基忠, 忠家, 家經"등 14대를
보충해서 열거했는데, 이는 곧 '三十八世'란 기록과 부합한다.

이 책의 문헌 출처에 대해서는 이상에서 대부분이 밝혀졌으나, 몇몇
조목에 대해서는 좀 더 세밀한 고증이 필요하다. 예를 들면 제13권 '燕行
雜錄外編'의 주해에서 "이 본은『日本史記』에서 얻었는데, 이것이 필히
정본(正本)이라고 생각된다. 그래서 이를 기록하여 후대 참고에 편리케
한다."[67]라고 하여 이미 '초록(抄錄)'이라고 명확하게 밝히고 있다. 하지
만 이하 '日本世系'의 출처는 여전히 알 수 없다. 또 위와 같은 '日本傳'

65 『燕行錄全集』第83冊, 18쪽.
66 『海行總載』第3冊, 433쪽, 京城 : 朝鮮古書刊行會, 大正三年(1914).
67 『燕行錄全集』第83冊, 243쪽.

의 주해에서 "作者姓名失之未錄"[68]이란 말이 있는데, 또한 그 출처를 알 수가 없다.

요컨대 이 책의 내용은 굉장히 풍부하긴 하지만 표절한 내용이 아주 많고, 초록하는 과정에서 발생한 오류 또한 적지 않다. 따라서 만약 이와 같은 자료를 참고하고자 한다면 또한 원본에 근거할 필요가 있다. 진정으로 가치가 있는 부분은 저자가 직접 작성한 글이다. 즉, '일기3권(제6권에서 8권까지)'부분이다.

이상에서 조선시대 중국기행문헌 중의 문제들에 대해 예를 들어 설명했다. 연구자들이 이런 문제에 대해 좀 더 주의하여 황당한 오류가 발생하지 않기를 기대한다.

III. 방법

고려, 조선시대의 중국기행문헌들은 바로 필자가 말한 '역외한적(域外漢籍)'에 속한다. 역외한적 연구에 대해 필자는 일찍이 방법론적 측면에서 설명을 시도했다. 2009년에 필자는 「방법으로서의 한문화권(作爲方法的漢文化圈)」[69]을 발표한 바 있다. 2011년에는 『방법으로서의 한문화권(作爲方法的漢文化圈)』이란 책이 중화서국(中華書局)에서 출판되었다. 작년에 필자는 또 「방법으로서의 한문화권에 대한 재토론(再談作爲方法的漢文化圈)」[70]을 발표했다. 필자는 이러한 명제(命題)에 대해서 실천 속에서 끊임없이 보충하고 개선하고 수정해야 하며, 그 학술적 의의에 대해서도 지속적으로 해석하고 밝히고 넓혀나갈 필요가 있다고 생각한다.

선종(禪宗)의 '隨病設方'[71]이란 설법을 빌리자면, 하나의 연구방법을

---

68 같은 책, 260쪽.
69 『中國文化』에 게재, 2009년秋季號.
70 『文學遺産』에 게재, 2014년第二期.
71 여기서 일본 江戶時代 승려 獨庵玄光의 말을 빌린 것이다. 『獨庵玄光護法集』卷三「自警語」, 日本駒澤大學圖書館藏本 참고. 원래 뜻은 대개 『鎭州臨濟慧照禪師語錄』의 "山僧說處, 只是一期藥病相治, 總無實法."(『大藏經』第49冊, 498쪽), "山僧

제기하려면 자연히 겨냥하는 바가 있어야 하는데, 이는 현재 학술계의 '병'을 겨냥해서 한 가지 '약'을 사용해 보려는 것이다. 동아시아 학술계가 현재 직면하고 있는 문제에 대해 일찍부터 많은 학자들이 반성을 제기해 왔다.

존 킹 페어뱅크(John K. Fairbank)와 조셉 레븐슨(Joseph R. Levenson)으로 대표되는 미국중국학의 주류 관점에 대하여, 폴 코헨(Paul A. Cohen)은 『중국에서 발견하는 역사(Discovering History in China)』에서 '중국중심추세'로의 전환을 제기했다. 그는 "19, 20세기의 중국 역사를 정확하게 이해하려면, 반드시 이 단계의 역사를 외부세력의 산물로 봐야할 뿐만 아니라, 또한 군주제시대 마지막 수백 년의 내부변화의 산물로 바라볼 필요도 있다"[72]고 지적했다. 동시에 그는 "중국 사학자들은 마르크스주의자이든 아니든 상관없이 그들 자신의 과거 역사를 재건할 때, 서양에서 빌려 온 어휘와 개념 그리고 분석의 틀에 지나칠 정도로 의지해 왔다. 그렇기 때문에 서양 사학자들은 우리와 같은 방외인의 관점 이외에는 채용할 방법이 없으며, 그 밖에는 서양에서 자신들이 만든 유력한 관점을 채용할 수 있는 것이다."[73]라고 유감스러움을 제기했다. '중국이 없는 중국학'을 겨냥해서 일본학자 미조구찌 유조(溝口雄三)선생은 '방법으로서의 중국'을 제안했다. 그는 "중국의 내부로부터 중국의 현실과 결합해서 중국을 고찰하고 싶으며, 또한 하나의 유럽원리에 대응하는 중국원리를 발견하고 싶다"[74]고 했다. 여영시(余英時)는 백년간의 중국 학술의 상황에 대해 '중국인문연구의 재출발'을 제창했다. 그는 "전체적으로 보면, 20세기 중국인문연구에서 두드러졌던 서양 중심의 추세가 매우 뚜렷하다. ……이제는 중국인문연구가 서양 중심 추세에서 벗어나 재출발할 때가 다 되었다.……'서양 서적을 성스럽게 보'는 심리상태 반드시 '타산지석으로 삼아 잘못을 고칠 수 있다'로 대신해야 한다."[75]고 말했다. 그러

無一法與人, 只是治病解縛'(『大藏經』第49册, 500쪽)에 보인다.

72 林同奇 역, 『中文版前言』, 3쪽, 中華書局, 1989.

73 같은 책 「序言」, 1쪽.

74 李甦平 등 역, 서명은 『日本人視野中的中國學』이라 개정, 94쪽. 北京 : 中國人民大學出版社, 1996.

75 「試論中國人文研究的再出發」, 그의 『知識人與中國文化的價值』에 수록, 295–297

므로 '재출발'의 하나의 수단으로 시선을 다시 동아시아로 돌려야 하는 것이다.

2012년 6월에 대만 중앙연구원에서 주관한 제4회 국제한학(國際漢學) 학술대회에서 왕범삼(王汎森)은 개막식 때 '한학연구의 동향'이란 주제를 가지고 강연했는데, 크게 주제, 사료, 도구 등 세 방면에서 21세기 이래의 새로운 발전을 개괄했다. 그 중 주제에 대해서 말하면, 동아시아는 이미 하나의 새로운 추세가 되었다고 했다. 필자가 여기서 말하고자 하는 것은, 이 주제에 있어서 더욱 중요한 것은 연구방법의 변화가 두드러졌다는 것이다.

한국에서 백낙청(白樂晴)으로 대표되는 민족문학론 및 『창작과 비평』 잡지를 통해 주도했던 '동아시아론'은, 그 내용이 학술에만 국한되지는 않았다. 하지만 단지 학술적 측면 혹은 더 축소하여 문학비평과 연구에 대해서 말하자면, 그들이 제창하는 것은 "제3세계 자아의식의 기반에 입각하여 자국의 문학, 중국 및 일본문학의 연구를 진행"하여, 동아시아 문학이 "단지 서양문학의 주위에서 헤매"[76]는 현상을 바꾸어야 한다는 것이다. 가령 서양문학을 읽더라도 또한 "가능한 한 우리들의 귀로 그들의 얘기를 듣고, 우리들 자신의 눈으로 그들이 보았던 현실을 바라봐야 한다."[77]고 주장한다. 여기서 나타나는 문제는, 글로벌화 시대에 동아시아의 지식 생산은 어떻게 독립적인 지식주체성을 구축할 것이며, 또 서양의 지식생산체제의 추구에 어떻게 개입하고 점차 바꿔갈 것인가이다.

대만의 진광흥(陳光興)은 다케우치 요시미(竹內 好)의 『방법으로서의 아시아(方法としてのアジア)』와 미조구찌 유조의 『방법으로서의 중국(方法としての中國)』을 기반으로 한 발 더 나아가 '아시아는 방법으로(亞洲作爲方法)'라는 주장을 피력했다. 그는 '아시아는 방법으로'라는 명제는 간단한 구호가 아니고 적극적인 하나의 실천이며, 이러한 실천에서

쪽, 台北 : 時報文化出版公司, 2007.
76 「看第三世界文學的眼睛」, 白永瑞·陳光興 편, 李旭淵 번역·교정한 『分斷體制·民族文學』에 수록, 64쪽. 台北 : 台灣聯經出版事業公司, 2010.
77 「如何看待現代文學」, 그의 『全球化時代的文學與人』에 수록, 金正浩·鄭仁甲 역, 227쪽, 北京 : 中國文學出版社, 1998.

가장 기본적인 것은 독해(讀解)의 대상을 다원화하여 아시아의 각지로 확장하는 것이다"[78]고 지적했다.

일본 학자 시즈나가 다케시(靜永 健)는 「중국학연구의 새로운 방법(中國學研究の新しい方法)」에서 중국 본토에서 흥기한 '역외한적연구'를 높이 평가했다. 그는 "본국 문학에 대한 연구가 아무리 깊고 투철하더라도 동시대 같은 문화권에 속하는 주변지역의 문화, 정치의 연동에 대해서 관심을 가지지 않으면, 우리의 연구는 결국 자고자대하거나 우물 안 개구리와 같은 비극적 운명에 빠지게 되는 것을 면치 못하게 될 것이다. ……'역외한적연구'는 이목을 현혹시키는 기이하고 환상적인 학술이 아니고, 이와는 반대로 그것은 곧 우리가 중국 및 동아시아의 모든 지역을 이해하는 일종의 지름길과 같은 연구방법론이다"[79]라고 했다.

이상에서는 '방법으로서의 한문화권'을 제기한 역사적 배경을 약술했다. 이 방법으로서의 내용은 대개 다음 몇 가지가 있다. 첫째, 역사상 한자로 기록된 문헌을 하나의 전일체로 봐야 한다. 어떤 한 종류의 문헌을 연구하더라도 모두 공간상의 다른 지역(중국, 한반도, 일본, 월남 등)을 중요시할 뿐만 아니라, 또한 다른 종류의 문헌과의 관계도 중시해야 한다. 요컨대 일종의 전체적인 시각을 가져야 한다. 둘째, 한문화권 내부에서 문화전파이든 관념여행이든 모든 것이 주로 서적의 유전(流傳)과 독해에 의지한다. 그러므로 '환류(環流)'라는 관념으로 서적의 독해와 오독(誤讀)을 다시 살펴보고, 문화 상호간의 참고와 동화(同化)의 길을 탐색하는 것이다. 셋째, 인간의 내면 체험과 정신세계를 목표로 중심과 주변을 관통시키고, 각 지역의 한적 문헌을 동등한 위치에 올려놓고서, 그사이의 내적 관련을 모색하는 것이다. 넷째, 문화적 의미의 해설을 중시하고, 다른 언어 환경 속에서의 같은 문헌의 다른 의미를 중시하며, 서로 다른 지역, 계급, 성별, 시간단위에서 사람들의 사고방식의 통일성과 다양성을 중시하는 것이다. 이런 명제를 제기하여 한편으로 이를 통해 백년 이래 서양학술의 통제 아래 있었던 궁지에서 벗어나기를 기대하는 것이

---

78 『去帝國――亞洲作爲方法』, 405쪽, 台北 : 行人出版社, 2007.
79 『東方』第348號에 게재, 2010.

고, 다른 한편으로는 백년 이래 서양학술로부터 받은 은혜를 적당히 갚
을 수 있기를 바란 것이다. 방법은 개별 사례를 연구하는 기반 위에서 세
우고, 이론은 서양학술과의 대화 속에서 양산하여, 최종적으로 서양학
술과 분리되지만 고립되지 않는 하나의 이론과 방법을 이루는 것이다.

각국의 기행문헌에 대해서 말하자면, 조선의 연행사·통신사 기행이
든, 일본 승려의 순례·참배행기이든, 혹은 월남 문신들의 북사행기(北使
行紀)이든, 그 속에 제공된 기록들은 모두 신선하고 생동적이다. 이는 우
리를 실감나게 한 토막의 역사적 장면과 접촉하도록 할 수 있지만, 또한
연구자들을 어떤 크나큰 취지와는 무관한 사소한 편린의 위험에 빠져들
게 할 수도 있다. 따라서 우리는 한문화권에 대한 전반적인 시야가 더욱
더 필요하다. 이러한 한문화권이라는 틀 속에서 어떤 하나의 구체적인
문제를 연구하더라도, 당나라 船子스님이 『撥棹歌』에서 말한 "一波纔動
萬波隨"[80]와 같은 경지에 도달할 수 있을 것이다. 우리는 이런 종합적인
연구가 필요하다. 이 자리에 계시는 후마 스스무(夫馬 進) 선생님의 조선
연행사과 조선통신사에 관한 연구나, 김문경(金文京) 선생님의 동아시
아 훈독(訓讀)에 관한 연구는 우리에게 종합적인 연구의 범례를 제시해
주고 있다.

최근 20년간 구미의 인문연구에서 가장 영향이 있는 분야로 '신문화
사(新文化史)'를 꼽을 수 있다. 이는 연감파(年鑒派, Ecole des Annales) 역
사학의 거시적인 서사 방식을 버리고, 연구자들이 각종 다른 문화와 자
신의 언어로 서로 다른 시대, 서로 다른 나라와 민족의 문화를 다시 보고
이해할 것을 강조한다. 이는 '유럽중심론'의 고정된 사고방식이 상당히
바뀐 것이다. 유럽사 연구를 전공으로 하는 영국 역사학자 피터 버크
(Peter Burke)는 일찍이 아시아, 아프리카, 아메리카, 호주에 관한 연구를
열거한 적이 있다. 그는 "현재 가장 감동적인 문화사연구는 변경에서 출
현하고 있다", "이런 변경에서의 연구 작업은 우리와 다른 사람들에게 영
감을 주고 있다."고 지적했다. 그리고 "문화의 충돌과 상호의 영향"은
"신문화사의 주요 연구 대상이 되어야 한다." "상호 참고하고 동화하는

---

80 『船子和尙撥棹歌』, 21쪽, 上海 : 華東師範大學出版社影印本, 1987.

과정은 다시는 주변적이 아니고 핵심적인 것이다"[81]라고 지적했다. 21세기 이래로 세계 한학의 추세는 동아시아와 역외한적의 연구에 달려 있고, 이는 '핵심적인 존재'가 될 것도 분명하다. 그러나 '신문화사'의 연구는 폐단도 있는데, '역사'라는 나무에 대해서 '나뭇잎'에 대한 연구를 너무 중요시한다는 것이다. 사람들에게 가장 지적받는 것으로, 하나는 역사 연구의 '쇄편화(碎片化)'[82]이고, 다른 하나는 사료 부족이 가져오는 도가 넘치는 해석이다. 그러나 '방법으로서의 한문화권'의 제기는 전반적인 시야를 강조하고, 또한 중심과 주변 경계의 타파를 추구한다. 따라서 동아시아 각 지역문화의 다양성을 밝히는 동시에 '쇄편화'를 극복하고 내재적인 통일성을 달성하는 데 유리하다.

---

81 「文化史的統一性與多樣性」, 그의 『文化史的風景』에 수록, 豐華琴,劉艶 역, 楊豫 교정, 227、233쪽, 北京：北京大學出版社, 2013.
82 프랑스 역사학자 프랑수아 도스(FrancoisDosse)의 『碎片化的歷史學－－從<年鑒>到'新史學'』, 馬勝利 역, 北京：北京大學出版社, 2008 참고.

③

자제 군관과 역관들의 사행(使行) 시대

김태준(동국대 명예교수) · 김일환(동국대 연구교수)

I. '연행록의 삼가(三家)'에서 이언진(李彦瑱)까지

일찍이 김경선(金景善, 1788~1853)은 『노가재연행록』(1712년 사행)의 김창업(金昌業, 1658~1721), 『담헌연기(湛軒燕記)』(1765년 사행)의 홍대용(洪大容, 1731~1783)과 『열하일기(熱河日記)』(1780년 사행)의 박지원(朴趾源, 1737~1805)을 연행록 작가의 삼가(三家)로 평가한 바 있다. 그런데 그가 지목한 '연행록의 삼가'는 모두 연행사의 '자제군관(子弟軍官)'이라는 점에서 흥미롭다. 특히 이들 세 사람은 모두 부형(父兄)을 모신다는 임무보다는, 오로지 '세상' '구경'을 위한 여행자로, 그리고 다른 나라 선비들과의 '만남'을 위해서 사행 길에 수행한 공통점을 가지고 있다. 이런 '여행을 위한 여행자'들의 견문과 현지 지식인들과의 소통을 위주로 한 여행 체험[글쓰기]은 조선 후기의 실학(實學)과 같은 사상혁신은 물론, 중국과 일본의 지식인들과 함께 소통하는 동아시아의 새 시대를 예비하고 있었다.

이렇게 조선 지식인들의 사고와 사상을 송두리째 바꾸어 놓을 수 있었

던 700여 편을 헤아리는 '대여행(grand tour)'의 기록은 중국으로 오간 연
행(燕行)에서만 나온 것이 아니다. 총 12회 동안 조선이 일본으로 파견했
던 조선 통신사의 <해행록> 군(群) 또한 동아시아 교양인들의 공통어문
으로 '한문(漢文)'과 '한시문(漢詩文)'의 소통이자, 임진란(壬辰亂) 7년 전
쟁과 근세 '쇄국'의 질곡(桎梏)을 뛰어넘는 장대한 소통의 훈풍(薰風)이
었다. 특히 육로로 북경으로 오간 익숙한 연행 길과는 달리, 3천 리나 되
는 험난한 바닷길을 건너야 하는 위험천만한 해행(海行)에도 자발적인
여행자들이 적지 않게 존재했다. 문인 지식인보다는 역관(譯官)들에게
서 그런 모습이 보였으니, 본국에서 제대로 인정받지 못한 문장과 학문
을 보여주기 위해 길을 나선 '젊은이' 이언진(李彦瑱, 1740~1766)과 십여
차례가 넘는 연행 경험을 바탕으로 오로지 일본 구경을 위해 배에 오른
'늙은 역관' 오대령(吳大齡, 1701~?)이 그런 사람이었다. 이들은 1763년
부터 이듬해에 걸쳐 이루어진 제11차 계미사행(癸未使行)으로 일본에 다
녀왔는데, 이들과 함께 했던 서얼 출신의 서기(書記)와 제술관(製述官),
특히 원중거(元重擧, 1719~1790)나 성대중(成大中, 1732~1809)은 '연행록
삼가'인 홍대용이나 박지원과 교류한 바가 있는 진보적 지식인들이었
다. 이들의 이국 체험은 자연스레 바로 이듬해에 있었던 홍대용의 연행
이나 15년 뒤에 있었던 박지원의 연행에 자연스럽게 그 영향을 미쳤다.[1]
이언진으로부터 해행(海行)의 바다 체험을 쓴 「해람편(海覽篇)」의 평가
를 의뢰 받은 바 있었고, 그의 사후 전기 「우상전(虞裳傳)」을 지었던 박지
원에게도 이언진이 남긴 여행의 성취는 적지 않은 인상을 남겼으리라는
추정도 가능하리라. 그뿐 아니고, 8,200여 구의 장편 기행가사(紀行歌辭)
『일동장유가(日東壯遊歌)』를 남긴 김인겸(金仁謙, 1707~1772)도 이 통신
사행의 서기였고, 홍대용 역시 자신의 연행 체험을 『을병연행록』이라는
방대한 일기체 한글 기행문으로 정리한 바 있다.[2]

---

1   夫馬進은 일찍이 연행을 한 홍대용과 일본을 다녀온 원중거가 공히 '情'의 세계를
    발견하고, '감염'되었음을 논한 바 있다. 夫馬進, 「一七六五年洪大容の燕行と一七
    六四年朝鮮通信使-兩者が體驗した中國·日本の'情'を中心に」, 『東洋史學硏究』 67,
    東洋史硏究會, 2008 참조.
2   김태준, 「해행의 정신사」, 소재영·김태준 편, 『여행과 체험의 문학-일본편』, 민문
    고, 1985. 이 글은 '한일 문학의 교류 양상'을 종합적으로 살핀 김태준, 『한국문학

이번 발표에서 주목하고자 하는 대상은 '자제군관'과 '역관'이다. 그 중에서도 중국을 다녀온 경험으로 일본을 바라보는 역관 '이언진'과 '오대령'을 통해 18세기 조선인이 했던 동아시아 여행의 의미를 살피는 일이다. 이들 두 역관은 모두 '한학'을 전공했기에 일본인 통역관들과 유착될 수 있는 가능성이 적었고, 역관을 '수단'으로 보는 삼사(三使)나 '역관'을 이익이나 챙기는 장사꾼[商譯]으로 보는 서얼 문사들과도 공유의식을 갖기 힘들었다. 특히 오대령의 경우에는 일본 문사/학자들과의 대결의식도 가질 필요가 없었다. 그야말로 사행 원역(員役) 중에서 가장 홀가분한 사람이라고 할 수 있겠다. 오대령이 남긴『명사록(溟槎錄)』, 이언진이 일본에서 남긴 한시와 필담집인『동사여담(東槎餘談)』, 홍대용(洪大容)의 연행과 관련한 작품들, 그리고 통신사행 중 다양한 신분의 여러 필자들의 체험 기록들을 함께 읽어가며, 새롭게 출현한 18세기의 '자유로운 여행자'들의 사상사를 살펴보고자 한다.

II. 연행과 해행을 두루 체험한 조선인들

나라 사이의 외교관계는 사람과 사람의 만남으로 이룩되고, 사람들의 만남은 말의 소통이 필수적이다. 특히 한국과 중국은 자고로 동북아시아에서 가장 중요한 우방국가로, 그 교류의 역사가 유구했고, 특히 중국의 명나라 시대의 관계는 각별했다. 명나라는 유학을 널리 편다는[文儒化遠] 뜻에서 한림학사와 한림시강(翰林侍講) 등을 조선에 파견해서 조선의 최고 문신들과 사귀게 하였다. 이를 시부외교(詩賦外交), 곧 '시를 짓는 외교'라고 하였다.[3] 조선 역시 명나라로 사신을 보낼 때는 엄정하게 삼사(三使)를 뽑았다. 반드시 유신(儒臣) 중에서 재식이 출중하고, 문(文)에 해박하고, 예(禮)에 통달하고, 장고(掌故)를 잘 아는 사람을 선발하였다. 명청교체기라는 예외적인 시기에는 실무 위주의 인선도 있었지만,

---

의 동아시아적 시각 2』에 관련 논문과 함께 다시 실려 있다.
3 楊通方,「근대전야 한중 지식인과 동북아시아」,『연행(燕行) 학자들의 길』, 명지대학교 국제한국학연구소 심포지움, 2002.

청나라와의 외교 관계가 정상적으로 작동한 뒤로는 문신 위주의 파견이 회복되었다. 일본으로 간 통신사 역시 시문이 뛰어난 인물들로 차정했지만, 따로 시문창화의 임무를 전적으로 책임지는 서기와 제술관들을 대동했다. 또한 일본에 대한 부정적 시각과 험난한 여정으로 인해 통신사행을 '장려한 구경'이나 '평생의 소원'으로 여기던 자발적인 여행자들은 거의 존재하지 않았다. 때문에 '三使'의 일원으로 중국과 일본을 아우른 인물들은 매우 드물었다. 이는 고려 말 정몽주(鄭夢周, 1337~1392)나 조선 초 신숙주(申叔舟, 1417~1475)의 예에서 볼 수 있는 것처럼 근세 동아시아의 쇄국이 낳은 산물이기도 했다.

연행과 통신행을 모두 참여한 문인 지식인으로 우선 황호(黃尿, 1604~1656)가 있다. 일찍이 가도(椵島)에 사신으로 나가 모문룡(毛文龍, 1759~1629)을 만나기도 했던 그는 1636년 종사관이 되어 일본을 방문했다. 황금 1백 냥을 강물에 던져 '투금하(投金河)'의 고사를 만든 바로 그 사행이었다. 그는 일본 사행에서 지은 시를 모아 「동사록(東槎錄)」으로 묶었다.[4] 이후 1651년 사은부사(謝恩副使)로서 인평대군(麟坪大君)과 동행하여 북경에 다녀왔다. 역시 사행 동안 지은 시를 모아 「연행록(燕行錄)」으로 정리했다.[5]

남용익(南龍翼, 1628~1692)은 을미(乙未, 1655)년 통신사행의 종사관으로 일본에 해행하고 『부상록(扶桑錄)』(상하 2권)을 남겼고, 현종(顯宗) 7년(1666)에는 사은겸진주부사가 되어 북경에 다녀왔고, 이때 지은 시를 모아 「연행록(燕行錄)」으로 묶었다. 나중에 일본과 중국 체험을 한데 묶어 「장유(壯遊)」라는 기행사가로 정리했다.[6]

4　이 통신행에 제술관으로 참여한 권칙(權侙, 1599~?)은 권온(權韞)의 서자이자, 이항복(李恒福)의 사위이다. 그는 강홍립(姜弘立)을 수행하여 심하(深河) 전역에 참전하여, 포로로 되었다가 탈출에 성공했다. 입관(入關) 전의 청나라를 방문하고, 일본에도 다녀온 특이한 경우이다.

5　황호의 문집 『漫浪集』 권1~5는 시로 이루어져 있는데, 각 시체(詩體)에 따라 편차되어 있다. 각 시체에서는 「東槎錄」과 「燕行錄」 등의 시록(詩錄)별로 묶여져 저작 시기 순으로 배열되어 있다.

6　남용익의 사행문학 전반에 대해서는 김미정, 「壺谷 南龍翼의 使行文學 硏究」(충남대 박사논문, 2013)을, 기행사가 「장유」의 원문은 임형택, 『옛 노래, 옛 사람들의 내면풍경: 신발굴 가사자료집』(소명출판, 2005)을 참조할 수 있다.

　동아시아 나라들 사이의 외교의 일선에서 말로 소통하는 역관(譯官)의 경우, 조선에서는 한학(漢學: 중국어)과 왜학(倭學: 일본어)이 구분되어 있어서, 연행과 해행의 양쪽 사행에 모두 선발되는 경우는 한 손으로 꼽을 만큼 그 수가 적었다.[7] 동지사(冬至使)는 왜학을 전공한 역관을 1명만 데려갔다. 압폐종사관(押幣從事官) 3원 중 1원을 왜학교회(倭學教誨)와 총민(聰敏) 중에서 뽑았다. 통신사는 한학을 2명 뽑았다. 상통사(上通事) 3원 중에 1원을, 압물관(押物官) 3원 중 1원을 한학압물청(漢學押物廳)의 관원으로 충당하였다.[8] 통신사행이 매년 파견되었다면 적잖은 역관들이 동아시아를 활보할 수 있었겠지만, 잘 알다시피 통신사는 총 12회에 불과했고, 처음부터 그 구성 인원이 정례화된 것도 아니어서, 공식적으로 일본을 방문했던 한학역관은 모두 16명에 불과했다.[9]

　다만 세습이 이루어지는 집단과 사회가 그렇듯 역관들도 가문 차원의 경험과 지식을 공유했다. 특히 한·중·일로 이어지는 삼각무역으로 부를 축적했었기 때문에 주요한 역관 가문은 한학이나 왜학 일색으로 계승하지 않았다. 조선 후기 역관 명가로 알려진 변응성(卞應星, 1574~1654) 가문을 살펴보자. 그의 아홉 아들 가운데 4남과 5남은 한학, 6남과 7남은 몽학(蒙學), 8남과 9남은 왜학을 전공했다. 1682년 임술 사행의 당상역관이었던 막내아들 변승업(卞承業, 1623~1709)은 일본과의 무역으로 막대한 수익을 거두어 당대 갑부가 되었다. 그는 자신의 큰아들을 한학역관 장현(張炫, 1613~?)의 둘째딸과 혼인을 시킨다. 장현은 소현세자(昭顯世子)를 배종하여 심양에 6년이나 체류했고, 이후 통산 40여 차례나 연행했던 대청외교의 실력자로서 당대 최고의 부를 누렸다. 이렇게 보면 이들 역관들이 중국과 일본에 대한 정보를 폭넓게 공유할 수 있음을 짐작할 수

7　이혜순 교수는 17세기 말로부터 사행록의 작가가 삼사신(三使臣)뿐 아니라 사문사(四文士)와 역관층으로 다양화·하향화되는 변모에 주목하고, 그 변모가 "먼저 역관에서 시작되고, 제술관, 군관, 서기로 이어진다"고 지적한 바 있다. 이혜순, 『조선통신사의 문학』, 이화여자대학교 출판부, 1996.

8　金指南, <赴京使行>, 「事大 上」;<通信使行>, 「交隣 下」, 『通文館志』. 1682년부터는 일본의 요청으로 왜학 압물관 3원, 한학 압물관 1원으로 조정되었다.

9　李元植이 작성한 조선통신사 역관 일람표를 활용함. 李元植, 『朝鮮通信使』, 민음사, 280~282쪽

있다.

일본에 다녀온 한학역관 16명 가운데 자신의 사행 체험을 남긴 인물로 김지남(金指南, 1654~1718), 오대령, 이언진 등이 눈의 띈다. 이들은 모두 연행과 해행에 참여했고, 이들이 남긴 기록과 필담(筆談)이 일찍부터 주목을 받았다. 김지남(金指南)은 숙종 대의 한학역관(漢學譯官)으로 청나라와 일본에 다녀왔으며, 『통문관지(通文館志)』[10]를 저술한 외교 전문가였다. 그는 1682년 임술 사행에 참여했고,[11] 그 체험을 『동사일록(東槎日錄)』으로 남겼다.[12] 1710년에는 동평위(東平尉) 정재륜(鄭載崙)을 따라 연경에 가면서 심양(瀋陽)에서 청나라 장군 송주(松柱)와 교제를 나누었다. 후일 송주가 재상이 되면서 조선의 공물을 많이 감경해 주었다. 1712년에는 청나라와 백두산 정계비를 세우는 일에 접반사(接伴使) 박권(朴權)의 수역(首譯)으로 참여했으며, 이때 체험은 『북정록(北征錄)』으로 정리되었다.[13] 그의 문학적 열정과 상당한 문장은 스스로 남긴 연행록과 해행록으로 오늘에 전해진다.

연행과 통신사행을 함께 경험한 최후의 인물은 마지막 통신사행에 참여했던 김선신(金善臣, 1775~?)이다. 그는 1805년 심양 소릉(昭陵)에 제사를 지내러 온 청나라 가경제(嘉慶帝)를 맞이하는 문안사(問安使)의 일원으로 심양(瀋陽)을 다녀왔고, 1811년에는 통신정사 김이교(金履喬, 1764~1832)의 서기가 되어 대마도(對馬島)로 건너가 일본 문인들과 필담을 나눴다. 특히 소라이학(徂徠學) 일색이었던 전대의 사행과 달리 주자학을 따랐던 코가 세이리(古賀精里, 1750~1817)와 만나 송학(宋學)과 한학(漢學)에 대해 토론을 나누었다. 1822년에는 동지정사 김노경(金魯敬, 1766~1840)의 군관이 되어 명실상부한 '연행'에 참여했다. 그는 연행 기간 내

---

10 金指南, 『通文館志』(1720); 세종대왕기념사업회, 『국역 통문관지』, 1998

11 임술년(1682) 사행에서 문명을 떨친 홍세태(洪世泰, 1653~1725)는 부사의 비장이었으므로 '역관'보다는 '문사'로 보는 것이 좋을 것이다. 그는 글을 잘 하는 문인을 원하는 청나라 쪽 요구에 원접사(遠接使)의 일원으로 파견되어 의주[龍灣]에서 시문을 교류했지만, 국경을 넘어간 것은 아니었다

12 金指南, 『東槎日錄』(朝鮮群書大系續續 제6집); 민족문화추진회 편, 『국역 해행총재 VI』, 1682

13 金指南, 『北征錄』(국사편찬위원회 소장본); 이상태 외 역, 『조선시대 선비들의 백두산 답사기』, 혜안, 1998

내 '자제군관'으로 온 산천(山泉) 김명희(金命喜, 1788~1857: 金正喜의 동
생)와 같은 방을 쓰며 절친히 지내면서, 두 부자(父子)의 북경 교유에 함
께 참여했다. 귀국한 뒤에는 이때 만났던 섭지선(葉志詵), 이장욱(李璋
煜), 왕희손(汪喜孫) 등과 장문의 편지를 주고 받으면서 한유(漢儒)와 한
학(漢學)을 격렬하게 토론했다.[14]

중국[淸]과 일본을 모두 다녀온 사람들

	성명	일본	중국	비고
1	黃㦿 (1604~1656)	1636, 從事官 「東槎錄」(漢詩)	1651, 謝恩副使 「燕行錄」(漢詩)	
2	南龍翼 (1628~1692)	1655, 從事官 『扶桑錄(上下)』(日記)	1666, 謝恩兼陳奏副使 「燕行錄」(漢詩)	「壯遊」(歌辭)
3	金指南 (1654~1718)	1682, 漢學譯官 『東槎日錄』(日記)	1692, 冬至使 譯官 『新傳煮硝方』(1698) 1710, 冬至使 譯官 1712, 白頭山定界碑 설치 譯官 『北征錄』(日記)	『通文館志』
4	吳大齡 (1701~?)	1763~1764, 漢學上通事 『溟槎錄』(日記)	1731, 冬至使, 譯官 北京 10回, 瀋陽 2回, 鳳城 1回	1731 副使 趙尙 絅(1681~1746) 은 趙曦의 부친
5	李彦瑱 (1740~1766)	1763~1764, 漢學押物通事 「海覽篇」 等 漢詩	時期不明, 2回[15]	
6	金善臣 (1755~?)	1811, 正使書記	1805, 瀋陽問安使, 隨行員 1822, 冬至使 正使軍官	北京에서 사귄 인물들과 편지 를 주고 받음[16]

14 藤塚鄰, 『日鮮淸の文化交流』, 中文館書店, 1947; 李元植, 『朝鮮通信使』, 민음사,
274~276쪽; 후마 스스무, 정태섭 옮김, 「조선연행사 신재식의 『필담』에 보이는 한
학·송학 논쟁」, 『연행사와 통신사』, 2008; 신로사, 「金善臣의 生涯와 그의 著作에
관한 一考」, 『東方漢文學』36집, 동방한문학회, 2008
15 일본인과 나눈 필담에서 나온 말인데, 명확한 증거가 없음.
16 藤塚鄰, 『日鮮淸の文化交流』, 中文館書店, 1947; 李元植, 『朝鮮通信使』, 민음사,
274~276쪽; 후마 스스무, 정태섭 옮김, 「조선연행사 신재식의 『필담』에 보이는 한
학·송학 논쟁」, 『연행사와 통신사』, 2008; 신로사, 「金善臣의 生涯와 그의 著作에
관한 一考」, 『東方漢文學』36집, 동방한문학회, 2008

그런데 17~8세기에 이르면 이들 '연행록의 삼가'와 같은 자제군관들과 역관 신분의 천재적 여항인(閭巷人)들이 사행의 성격을 문화사행으로 바꿔갈 만큼 시문 창화와 필담에서 변화를 이끌었다는 점에서 주목할 만하다. 해행의 경우 바다 건너 일본으로 가는 길이 위험하다는 이유로 사대부 문인은 제술관과 삼서기를 기피하는 경향이 있어서 서얼이 직책을 맡는 경향이 점차 짙어졌다. 역관은 외국어에 능해서 해외에 드나들었지만 신분은 중인(中人)에 속했고, 그러면서도 문필에 능하여 연행과 해행을 두루 경험했던 사람들이 적지 않았다. 천재 시인 이언진은 그 대표적 인물이었다.

III. 두 역관의 해행 체험과 일본 인식 - 이언진과 오대령

1) 이언진(李彦瑱), 바다를 구경하다(海覽篇)

한학 역관으로 이언진은 일찍이 중국으로 가는 연행사행에 두 번 다녀온 바 있고,[17] 계미 통신사행 때에도 이 일로 내외의 화제를 모은 역관이었다. 일찍이 그 조부인 이세급(李世伋)이 22살의 나이로 한학(漢學) 역과에 합격한 1717(숙종 43)년 이후 그의 집안은 역관 집안이었고, 이언진은 20살 때 한학 역과에 합격하여 중국과 일본을 오가며 천분을 날리고 28살에 요절했다. 이언진이 역관으로 계미사행에서 떨친 명성은 사행 도중 그의 언행과 필담 내용이 실린 일본 문인 류우이칸(劉維翰)의 『동사여담(東槎餘談)』에서 적지 않은 신화를 남겼다. 이 책에서 유유한은 이때 스스로 만난 조선 통신사절 15명의 인물 소개와 초상화와 함께, 특히 젊은 역관으로 이언진에 대하여 여러 정보를 전해주고 있다.

그에 따르면 이언진은 천재로, 소원(所願) 또한 무한하여, "천하의 기이한 책과, 천하의 훌륭한 선비와, 천하의 이름난 산수"를 모두 보는 것이

---

17 이언진이 일본에 가기 전에 중국을 2번이나 다녀왔다는 언급이 많이 보인다. 이 때문에 "18세기 조선의 문인 지식인 중 중국과 일본을 모두 들여다 본 유일한 사람"(박희병, 『이언진 평전』, 돌베개, 105쪽)이라는 평가도 받고 있다. 하지만 그 두 차례의 연행이 정확히 언제, 누구와 함께 갔는가에 대한 정확한 정보는 없다.

세 가지 큰 소원이라고 공언했다 한다.[18] 이런 뜻에서 그가 말한 바 "천하
의 이름난 산수"에 주목하면, 통신사행의 일원으로 바닷길에 올라 쓴
<바다를 구경하다(海覽篇)>라는 그의 시는 발표와 함께 걸작으로 화제
를 모았음을 알 수 있다. 더구나 이 시는 그가 처음 겪는 '바다' 체험일 뿐
아니라, '바다'라면 일찍부터 "관해난수(觀海難水)"라고 배웠을 그에게,
혹 조심스러운 시제(詩題)였을 지도 모른다. 이런 여행 체험을 '해람(海
覽)'이라 이름하여 "바다를 구경하다"라는 바다 체험으로 형상한 것이리
라. 이야말로 스스로 "세 가지 큰 소원"이라고 했다는 그 "천하의 이름난
산수"의 하나로 이해해도 좋을 터이다.

시의 서두의 몇 구절을 여기 보인다.

지구의 수 많은 나라들이	乾坤內萬國
바둑돌과 별처럼 벌려있네.	碁置而星列
월(越) 나라에서는 상투를 틀고	于奧之魁結
인도에서는 머리를 깎네.	竺乾之祝髮
:	
무리에 따라 나뉘고 끼리끼리 모여 살아	群分而類聚
지구상에 온통 인간들일세	遍土皆是物
:	
일본의 그 위치는	日本之爲邦
파도 따라 출렁이네.	波壑所蕩蕩.[19]

같은 계미(癸未) 사행에 서기로 참여했던 원중거(元重擧, 1719~1790)
는 역관 이언진의 이 시를 여러 사람과 함께 돌려 읽은 뒤에 "아정(雅正)
하지는 않으나 기이하고 밝다"며, 이런 인재가 왜 역관을 하고 있느냐는
평을 남기고 있다.[20] 제술관 남옥(南玉, 1722~1770)도 이언진의 <해람편>

---

18 龜井南冥,『앙앙여향(泱泱餘響)』
19 이언진,「해람편(海覽篇)」,『국역 청장관전서』48,「이목구심서(耳目口心書)」.
20 元重擧,『乘槎錄』(원중거 지음, 김경숙 옮김,『조선후기 지식인, 일본과 만나다』,

등 고시 몇 편을 보고, "학식과 문체가 해박 찬란하고 사람 또한 뛰어나서 가히 '진흙 속의 연꽃'이라 할 만하다"고 평하였다.[21]

특히 이것이 12월 초하루(癸未) 풍본포(風本浦)에서 풍파가 잦아들기를 기다리며 썼다고 밝힌 바 있어 주목된다. 풍본포라면 대마도의 승선포(勝船浦)로부터 뱃길로 사백 팔십여 리나 된다는 이키 섬[一岐島]의 북쪽 모퉁이 항구, 대마도와는 동남과 서북으로 마주하고 있는 현계탄(玄界灘)의 한 거점 항구이다. 원중거의 일기에는 이 항구에서 바람이 자기를 기다린 지가 벌써 18일이나 지난 사정을 전해 주고, 이런 바다의 풍랑과 배들이 부서지는 섬사람들의 삶의 위험 속에서 바라보고 느낀 스스로의 '바다' 체험을 이언진은 시로 형상화했던 것이리라.

이언진은 <해람편>을 <이키 섬(一岐島)>, <이키 섬 북단에 정박한 배에서 혜환 노사의 말을 생각하며(壹陽舟中念惠寰老師言)> 등의 시편과 함께 연암 박지원에게 보내 평가를 부탁했다.[22] 이언진의 시평 청탁에 혹평을 날렸던 연암 또한 이 시를 절찬하기를, 백 수 십년 사이에 여러 차례 통신사행이 일본을 오갔지만 오직 이언진이 이 시로 일본의 산하를 빼어나게 형용했다고 절찬한 바 있다.[23] 선귤당 이덕무(李德懋)도 윤가기(尹可基)에게서 이언진의 시와 일기 석 장을 받아 읽은 소감을 적어 남긴 바 있다. 그는 "우상의 시는 깊고 넓으나 넘치지 않고, 그윽하고 기이하나 괴벽하지 않으며, 간략하면서도 짧지 않고 또 붓 기운이 곧고 굳세다"고 했다.[24] 이렇게 그의 이 시가 세상에 널리 알려진 계기가 된 작품임을 알 수 있다. 이 증언에 따르면 이언진은 이 해행 때에 시는 물론 일기를 썼다고 했다. 이 일기의 초고의 일부가 이언진의 생존 시에 벌써 여러 사람에게 읽히고 있었던 사실은 이덕무가 윤가기를 통해서 그 일기 석 장을 보고, 그 글씨의 빼어난 모습에 감탄한 기록으로도 알 수 있다.[25]

소명출판 2006, 155쪽).
21 南玉,『日觀記』(남옥 지음, 김보경 옮김,『붓끝으로 부사산 바람을 가르다』, 소명출판, 2006. 273~274쪽.)
22 박희병,『저항과 아만』, 돌베개, 2009, 415~416쪽 참조.
23 박지원,「虞裳傳」,『燕巖集』권 8.
24 이덕무,「耳目口心書 一」,『靑莊館全書』권48(민족문화추진회 편,『국역 청장관전서 Ⅷ』32-33쪽.

그리고 이 시에 대한 이런 화제와 호평들은 상하에 두루 전해서 일일이 열거하기 번거로울 정도이다. 뒷날 정인보(鄭寅普)가 단재사학(丹齋史學)을 논하는 글에서 인용했고(『담원국학산고』), 심산 김창숙(心山金昌淑)은 <한양의 옛 일을 회상하며 이우상의 <海覽篇> 운(韻)을 써서 짓다>라는 장편 시를 남긴 바 있다.[26]

다만 이런 호평과 달리 『해람편』에서 보여주는 이언진의 일본 이해에는 함께 했던 동료들과 달리 여전히 편견이 보이고 있는 문제가 남는다.

백성들은 발가벗은 채 관을 썼는데	其民裸而冠
겉모습은 도마뱀이요 속마음은 전갈이라	外螢中則蝎
일 만나면 죽 끓듯 시끄럽다가	遇事則糜沸
남을 해칠 땐 쥐처럼 교활하네	謀人則鼠黠
이익을 탐낼 땐 물여우가 독을 쏘듯	苟利則蜮射
조금만 거슬려도 돼지처럼 덤벼들고	小拂[27]則豕突
계집들은 남자에게 농지거리 잘하고	婦女事戲謔
아이들은 잔꾀를 잘 부리네	童子設機括
조상은 등지면서 귀신에 혹하고	背先而淫鬼
살생을 즐기면서 부처에 아첨하네	嗜殺而佞佛
글자는 제비 꼬락서니 못 면하고	書未離鳥趴[28]
말은 때까치 울음소리나 다를 바 없네	詩未離鴃舌
남녀 간은 사슴처럼 문란하고	牝牡類麀鹿
또래끼린 물고기처럼 몰려다니며	友朋同魚鱉
씨부려 대는 소린 새 지저귀듯	言語之鳥嚶
통역들도 잘 알지 못 한다네	象譯亦未悉[29]

25 이언진의 필첩 『虞裳剩馥』에 7일간의 사행 일기가 전한다. 강순애·심경호·허경진·구지현, 『우상잉복-천재시인 이언진의 글향기』, 아세아문화사, 2008.

26 金昌淑, 『心山 金昌淑; 시와 自敍傳』, 16~18쪽. 이와 별도로 근대 전환기 '근대계몽'의 시선으로 이언진의 문학을 호명한 양상에 대해서는 한영규, 「20세기 전반기, 이언진 문학의 호명 양상」, 『泮橋語文研究』 31집, 반교어문학회, 2011.

27 『송목관신여고』, 『우상잉복』에는 '拂'이 '怒'로 되어 있다.

28 『송목관신여고』, 『우상잉복』에는 '趴'이 '跡'으로 되어 있다.

일본의 자연과 취락, 그리고 수시로 바뀌는 바다 경관에 이어 일본인의 삶과 언어를 묘사하고 있는데, 조선 사람들이 갖고 있던 일본에 대한 상투적인 반감과 비하의 시선-전갈[蝎], 쥐[鼠], 물여우[蜮], 돼지[豕] 등의 용어가 그대로 노출되어 있다.

물론 이 시를 창작했을 무렵에는 아직 일본 본토에 상륙하지 못하고, 대마도와 일기도라는 지리적 문화적 변방의 풍토와 인물들과 만난 시점이므로 기존의 편견을 수정할 수 있는 여건이 만들어지지 않았다고 볼 수도 있다. 하지만 선행 연구자들이 말한 것처럼 귀국한 뒤에 이 작품을 고쳐서 회람을 시켰다는 사실을 고려하면, 그는 사행 체험에도 불구하고 여전히 일본에 대한 편견을 수정할 마음이 없었다고 생각해 볼 수 있다. 하지만 아직 도착하지도 않은 오사카(大坂)를 자세하게 묘사한 대목을 생각해보면, 이언진의 일본 인식에 변함이 없음을 알 수 있다. 그게 아니라면 자신의 재능을 인정받으려는 욕망이 강한 작품이므로 독자/평자들이 걸림 없이 읽어 내려갈 수 있도록 '익숙한 풍경'을 그려낸 것은 아닌가 의심해 볼 수 있다. 이 '익숙한 풍경'은 '자연지리'가 아니라 '인문지리' 차원의 문제이다.

2) 오대령, 중국을 본 눈으로 일본을 보다(溟槎錄)

젊은 역관 이언진이 시문으로 이름을 날렸다면, '늙은 역관' 오대령은 험난한 여정에서도 비교적 여유로움을 보이는 관록을 보여주었다. 십여 차례가 넘는 풍부한 연행 체험[30]은 타의 추종을 불허했다. 물론 이 사행에 참여한 인물들 가운데는 사행 경험이 풍부한 인물들이 여럿 있었다. 정사 조엄의 청지기[廳直]로 온 의사[醫人] 유성필도 중국에 다녀온 경험이 있었고, 당상역관 최학령은 1748년 무진사행에는 압물통사로 왔던 사람이다. 그 중에서도 오대령이 나이로 보나 경험으로 보나 노련함을 보였다. 그는 『溟槎錄』 곳곳에서 일본과 중국을 비교하고 있는데, 이는 동행한 사람들에게 일본의 문화적 수준을 가늠하는 기준으로 여겨지기도 했다.

---

29 『송목관신여고』,『우상잉복』에는 "통역을 해도 잘 모르겠네 鞮象譯未悉"로 되어 있다.

30 吳大齡,『溟槎錄』, 11월 27일, "十赴燕京, 兩赴瀋陽, 一赴鳳城矣."

천하에 이런 경치 또 어디 있단 말고
북경을 본 역관이 행중(行中)에 와 있으되
중원(中原)의 장려하기 이보다 낫잖다네.[31]

　김인겸(金仁謙)은 『일동장유가』에서 오사카[大坂] 시의 번화함을 읊
으면서, 북경과 비교를 시도하고 있다. 김인겸이 종사관의 서기이고, 오
대령 또한 삼방[종사관]에 속했으므로, 중원의 장려함을 말한 역관은 '이
방'에 속한 이언진 보다는 오대령으로 보는 게 적절할 것이다.
　오대령의 일기가 다른 계층의 사행기록에 비해 두드러진 점은 여행객
으로서의 재미[客中滋味]를 충분히 만끽하는 것이다. 그는 '관광'을 위해
기회가 날 때마다 외출을 했다. 특히 비교적 일정이 자유로운 본토 상륙
이전의 노정에서는 수시로 배를 띄우거나 산에 오르고 있다. 또한 그는
예물을 전달해 주는 역할을 수행했기 때문에 동료들이 숙소에 머무르는
동안 일본의 여러 곳을 구경할 수 있었다.
　정사(正使)가 베푸는 여러 행사를 마음껏 즐기고 있었다. 조엄은 자신
이 기획한 행사이므로 일기에서 중요하게 언급하는 것은 당연하니 논외
로 치고, 나머지 서기나 제술관들은 그런 일이 있었음을 사실적으로 기
록할 뿐이었다. 오대령은 문장력이 뛰어나지는 않았던 듯 자세하게 묘사
하지는 못했지만, 구체적으로 그 '자리'의 흥취를 언급하고 있다. 지공
(支供)으로 받은 사슴고기를 조엄이 주도하여 '벙거지골'에 조리해서 먹
는 장면이 그 하나다.[32] '벙거지골'은 벙거지 모양으로 생긴 석쇠 복판에
파, 마늘, 미나리 같은 소채를 넣고 그 가운데 고기를 기름장에 묻혀 구워
먹는 것으로, 소적(笑炙)으로 불리기도 한다.[33] 삼사를 비롯한 문무원역
이 모두 한자리에 그야말로 '단란'하게 모여 앉아 함께 고기를 구워 먹는
모습을 연출하고 있다. 신광하의 '벙거짓골 먹는 풍경'[34]만큼 세심한 묘

---

31 김인겸, <일동장유가> 의 일부.
32 吳大齡, 『溟槎錄』, 11월 20일.
33 『林園十六志』.
34 고기 썰어 벙거지골에 늘어놓고 / 몇 사람씩 화로를 끼고 앉아서 / 자글자글 구워
　　서 대강 뒤집다가 / 젓가락 뻗어보니 고기 벌써 없어졌다 / 온 나라에 유행하는 새
　　요리법은 / 근자에 여진에서 들어온 풍속 / 의관을 갖추고서 달게 먹지만 / 군자라

사가 있는 것은 아니지만, 식사를 함께한 감흥이 이채롭다.

오대령은 관찰자로서의 면모도 잘 보여주고 있다. 이는 일본에 대한 것보다는 함께 동행한 사행단을 관찰할 때 이채를 발한다. 藍島에서 보름 이상 묵고 있다. 동이의 물이 얼 정도로 추위가 심해졌다. 정사 조엄은 각 배의 선장을 불러 모와 선원들 가운데 가난하여 아직도 얇은 옷을 입은 사람들을 조사하게 했다. 선장들은 자기가 맡은 배로 돌아가 선졸(船卒)들을 검사한 뒤에 보고했다. 조엄은 이를 바탕으로 6명에게 옷을 주고, 6명에게는 무명과 솜을 주어 옷을 짓게 하고, 2명에게는 버선을 주었다.[35] 특히 부산에서 갑자기 부기선의 선장으로 대체된 김윤화(金潤化)에게도 특별히 상하 의복을 지급했다. 정사 조엄이 부산을 출발하기 전에 이런 일을 예견하고 건량관에게 미리 준비를 시켰다는 것이다. 오대령은 시종 정사 조엄이 사행의 모든 구성원들을 꼼꼼하게 살피고 있음을 강조하고, 아울러 하부 구성원들도 이런 꼼꼼한 보살핌에 깊이 감동하고 있음을 말하고 있다.[36] 서기나 제술관들의 사행 기록에도 이런 모습이 보이지 않는 것은 아니나, 오대령의 기록만큼 자세하지 않다. 이런 준비를 한 조엄 또한 일기에 이런 사실을 기록하지 않은 것은 아니나, 실무 차원의 '과정'은 보이지 않는다. 오대령은 정사의 지시와 그 지시가 이행되는 과정, 그리고 '시혜자'가 아닌 '수혜자'의 입장에서 기술하고 있는 특징을 보여주고 있다. 정사의 행위를 무조건으로 추어주는 의도가 전혀 없다고 할 수는 없겠지만, 그 행위를 순수하게 받아들이는 면모 역시 없다고 할 수 없다.

그가 정사의 이런 행위를 크게 부각시킨 데에는 그의 연행 체험에서 기인했을 가능성이 크다. 한양에서 북경에 이르는 긴 길을 길게 늘어서서 가고, 북경같은 대처를 제외하고는 각자 알아서 숙소를 정하는 연행과 달리 여섯 척으로 나눠지긴 하지만 한 배에 올라 운명을 같이 해야 하는 '바닷길'에서 오는 강한 응집력은 특기할 만한 일이었으리라. 특히 조

면 부엌을 멀리 해야지. 截肉排氊鐵 分曹擁火爐 煎膏略回轉 放筯已虛無 舉國仍成俗 新方近出胡 衣冠甘舖餟 君子遠庖廚. 申光河(1729~1796), 「詠氊鐵煮肉」

35 趙曮, 『海槎日記』, 癸未年 12월 17일(기해), 六船下屬中各抄衣薄尤甚者十二名, 六名 則帖給或衣袴, 六名則各給練木二十四尺與去核一斤, 使之製着之, 又抄其無襪者二名, 各給一件.

36 吳大齡, 『溟槎錄』, 12월 18일(경자)

엄은 '반궁의 방식'이라는 이런 식사 방식을 자주 마련하여, 일행 원역들의 일체감을 높였으니, 이런 포용력과 리더십을 오대령은 높이 산 것으로 볼 수 있다.[37]

Ⅳ. 홍대용(洪大容)의 사행과 사상

'연행록의 삼가(三家)'라 하여, 높이 평가되어 온 담헌 홍대용(洪大容)은 한문본 『담헌연기』 외에, 2천 수백 쪽에 이르는 국문 사행 일기 『을병연행록』을 남겼다. 그 서두에 한글 가사 한 편을 싣고 있어 주목할 만하다.

하늘이 사람을 낼 때 쓸 곳이 다 있도다
날 같은 궁생(窮生)은 무슨 일을 이뤘던고
간밤에 꿈을 꾸니 요야(遼野)를 날아 건너
산해관(山海關) 잠긴 문을 한손으로 밀치도다.

이렇게 중국 땅을 밟는 감격을 "한 곡조 미친 노래"로 읊어 낸 조선 여행자의 감격과, '산해관'과 같은 '경계(境界)'는 중요한 주제를 이룬다고 할 만하다. 홍대용의 중요한 저작으로 『의산문답』의 지리적 배경이며 제목을 이루는 의무려산(醫巫閭山) 또한 산해관에서 멀지 않은 경계의 땅으로, 허자(虛子)가 실옹(實翁)을 만나는 땅으로 이 작품의 주제와 밀접한 관계에 있다.

여행이 사상에 준 영향은 역사를 바꾸는 원동력이고, 17세기 말로부터 18세기 초에 이르르는 서양에서도 중국 여행이 새로운 역사의 무대로 평가되었다. 중국 황제의 사랑을 받았던 예수교 신부들, 가령 홍대용보다

---

37 물론 조엄이 이런 행위를 한 것은 역설적으로 사행단 내부에 문제가 있었기 때문이다. 서기와 제술관들은 늘 '우리[我輩]'를 강조하면, 역관이나 선장을 포함한 선원들과 각을 세웠다. 부산에서 원중거가 신장과 역관들과 갈등을 빚으면서 사행을 그만두려고 했고, 일본인들의 공식 의전에서 역관에 밀릴 때면 더욱 격한 반응을 보였던 것이다.

한두 세기 앞 시대의 마테오 리치(利瑪竇, 1552~1610)로부터 시작하는 서양 사람들의 중국 여행은, "사상(思想)의 지리(地理)에서 중국처럼 큰 위치를 차지하는 나라는 없었다"는 평가를 받았다.[38]

홍대용의 중국 이해는 그의 말년의 저작 『의산문답』의 한 주제인 '화이론(華夷論)'에서 뚜렷하다. 사람, 자연, 문명과 우주에 대한 평등의 의식이 한 중심을 이룬다. 그리고 "만년(晚年)의 홍대용이 도달한 인간, 자연, 문명과 우주에 대한 압축적 망라"로 사회의식이 자리하고 있다.[39] 지금까지 학계에서 주목해 왔던 그의 자연과학 사상이나 연구까지도 궁극적으로 사회사상을 향하고 있고, 바로 이 점이 우리 학계와 사회에 던지는 중요한 메시지라 할 만하다.

한편 홍대용이 연행에서 돌아와서 쓴 『임하경륜(林下經綸)』은 조선이라는 나라의 경제, 행정, 교육 등 사회 제도의 개혁, 신분세습 문제 등 조선을 개혁하는 제도와 방안의 대강을 논하고 있다. 특히 민권(民權)의 신장과 이와 관련한 신분 세습의 피해와 모든 인민이 노동을 해야 한다는 평등주의를 주장했다. 이는 이 글에서 가장 정채를 발하는 대목이다. 그러기 위해서 교육의 기회 균등을 구상했다. 박희병 교수는 조선 후기의 학인(學人) 가운데 신분의 세습을 부정한 사람은 유수원(柳壽垣, 1694~1755)과 홍대용 단 두 사람밖에 없다고 단언했다. 박 교수는 홍대용의 화이론 부정이나 이런 사회 평등사상은 조선 사상사에서는 물론, 근세 동아시아 사상사의 지형에서도 그만한 의식의 수준에 이른 사상가는 찾기 어렵다는 평가이다.

이것은 특히 조선 후기의 개혁적 사상가들, 정약용(丁若鏞)이나 정제두(鄭齊斗), 그리고 박지원 등 이른바 북학파와의 관련에 대하여는 <홍대용의 사회사상과 북학론의 관련>이란 한 장을 설정해서 그 혼란을 해명하고 있다. 이른바 북학파가 홍대용에게서 촉발되면서 청나라의 선진 기술 도입 등을 크게 중시했다면, 홍대용은 평등한 사회로 변혁을 중시한 사상가라 할 수 있고, 이것을 요즘 말로 급진좌파 쯤에 해당할 터라고 했다. 홍

---

38   Hazard, Paul, 野澤協 譯, 『ヨ-ロッパ精神の危機, 1680-1715』, 法政大學出版局, 1978, 27쪽.
39   박희병, 『범애와 평등-홍대용의 사회사상』, 돌베개, 2013, 406쪽.

대용의 중국 읽기, 그의 '화이론'은 박희병 교수의 표현을 빌리자면 "이전의 조선 지식인 그 누구와도, 그리고 이후의 조선 지식인 누구와도 다른" 중국 이해, 조선의 중국 읽기, 중국 발견의 방대한 역사로 평등의 사회사상이라 할 만하다. 이런 사회사상이 철학소설 『의산문답』의 지리적 배경으로 의무려산, 중국과 조선의 경계로서 의무려산의 '지리적 사상'이며, "한 곡조 미친 노래"로 『을병연행록』의 문학사상이라 할 터이다.

V. 마무리 - 자제 군관과 역관들의 사행(使行) 시대

'필담'은 말이 통하지 않는 사람 사이에 문자로 써서 소통하는 '글 말'이다. 글 말은 입 대신 종이와 붓을 가지고 주고받는 손 말이기 때문에, 말을 주고 받듯 빨리 글로 써서 이쪽 생각을 드러내는 말하기이며, 입으로 말하듯 손으로 말을 써서, 주고받은 초고[手口錄]가 수북이 싸이기 마련이다. 필담은 한문을 공유하는 동아시아문명에서 특징적인 중세적 소통의 방식으로, 조선 연행사와 중국 사이에서는 물론, 조선 통신사와 일본 사이, 혹은 류큐(琉球) 사이에서도 널리 씌어 온 소통의 방식이었다. 다만 '한문'으로 주로 필담이 이루어지기 위해서는 중국 이외의 나라들에서는 자국어 외에 한문으로 의사소통이 가능한 능력을 필요로 했다.[40]

계미통신사행이 藍島에 이르렀을 때 조선 역관 이언진과 필담했던 지방 유의(儒醫) 가메이 난메이(龜井南冥)와의 필담집으로는 『泱泱餘響』이 전해진다. "泱泱"이란 말은 "소리가 구성지게 이어짐"을 나타내는 말이며, "여향" 또한 필담의 분위기를 기린 말일 터이다. 이언진이 가메이 난메이(龜井南冥) 등 일본의 선비들과 나눈 필담에서는 과거제도로 인한 조선 학문의 침체를 비판하며, 왕세정(王世貞)과 이반룡(李攀龍)이 존중되는 소라이학파[徂徠學派]와 이에 동조하는 이언진의 학문 경향이 동아시아적 소통의 필담으로 이어졌다. 젊고 진보적인 역관 이언진의 사상과 해행의 정신사를 함께 살필 수 있는 해행의 마지막 풍경이라 할 터이다.

---

40   金泰俊, 「筆談の文明性」, 『虛學から失學へ』, 東京大學出版會, 1988, 75쪽.

4

朝鮮時代 燕行・通信使行과 譯官 教材의 修訂

鄭 光(고려대 명예교수)

I. 緖論

1.0 고려후기부터 한반도에서는 중국어의 학습이 중요한 과제가 되었다. 즉, 몽고의 元이 北京에 도읍을 정하고 그 지역에서 通用되던 漢兒言語를 帝國의 공용어로 정하면서 종래 四書五經이나 佛經으로 학습한 중국어, 즉 雅言이나 通語와는 전혀 다른 漢語를 학습하지 않으면 중국과의 소통이 어려웠다. 이런 이유로 元 이후에 고려에서는 漢語와 몽고어를 별도로 교육하는 通文館을 忠烈王 2년(1276)에 설치하고 譯官을 양성하였다.[1]

고려 후기의 이러한 외국어 교육은 譯學이라 하였는데 元代의 漢語를 학습하는 譯學은 이미 儒教 經典이나 佛經을 통하여 雅言과 通語에 능숙한

---

1 이에 대하여는 『高麗史』(권76) 「志」(제30) '百官'(1)의 말미에 "通文館, 忠烈王二年始置之。令禁內學官等參外年未四十者習漢語。{禁內學官秘書、史館、翰林、寶文閣、御書、同文院也。 式目、都兵馬、迎送謂之禁內九官。} 時舌人多起微賤, 傳語之間多不以實, 懷奸濟私。 參文學事金坵建議置之。 後置司譯院以掌譯語。"라는 기사 참조.

儒生들과 佛僧들에게는 탐탁하지 않은 분야의 교육이어서 매우 賤視한 것 같다. 즉, 고려후기에는 학문을 10개 분야로 나누어 각 官署에서 이를 교육하였는데『高麗史』(권77)「志」(제31)「百官」2,「諸司都監各色」의 '十學' 조에 "恭讓王元年置十學, 敎授官分隷, 禮學于成均館, 樂學于典儀寺, 兵學于軍候所, 律學于典法寺, 字學于典校寺, 醫學于典醫寺, 風水陰陽等學于書雲觀, 吏學于司譯院。"라 하여 恭讓王 元年(1389)에 禮學, 樂學, 兵學, 律學, 字學, 醫學, 風水, 陰陽學, 吏學의 十學을 두고 敎授官을 각 官司에 나누어 소속시켰다고 하였으나 여기에는 譯學이 빠졌다.

졸저(2014)에서는 이에 대한『增補文獻備考』의 "臣謹按麗史十學, 敎授分隷于各司, 而所臚列者只是八司。 雖以風水陰陽分爲二學, 猶不滿十學之數, 可疑。"라는 기사를 들어 譯學이 빠진 것으로 보았다. 감히 十學에 譯學을 넣기 싫었던 고려 후기의 풍토를 감지할 수 있다.

1.1 후일 司譯院으로 개명한 通文館의 외국어 교육은 朝鮮에서도 그대로 계승되었고 점차 확대되었다. 朝鮮朝에서는 太祖 2년(1393) 9월에 사역원을 설치하고(『太祖實錄』,권4 太祖 2년 9월 辛酉 조) 華言, 즉 중국의 漢語를 학습하게 하였다. 즉,『太祖實錄』(권6) 태조 3년 11월조의 기사에 "司譯院提調偰長壽等上書言: '臣等竊聞, 治國以人才爲本, 而人才以敎養爲先, 故學校之設乃爲政之要也。 我國家世事中國, 言語文字不可不習。 是以殿下肇國之初特設本院, 置祿官及敎官敎授生徒, 俾習中國言語音訓文字體式, 上以盡事大之誠, 下以期易俗之効。'[下略]"라고 하여 사역원의 復置가 조선의 건국 초기에 있었음을 알 수 있다.

司譯院이 설치된 太祖 2년(1393) 10월에 학문분야를 '兵學, 律學, 字學, 譯學, 醫學, 算學'의 六學으로 나누어[2] 良家子弟로 하여금 이들을 학습하게 하였으며 이 중 譯學의 교육은 이보다 1개월 전에 설치한 司譯院에서 담당하였을 것으로 보인다.

---

2 본문은『태조실록』(권2) 태조 2년 10월 조의 "設六學, 令良家子弟肄習。一兵學、二律學、三字學、四譯學、五醫學、六算學。"이다.

1.2 高麗 後期에 司譯院의 外國語 교육은 물론 漢語 교육의 漢學과 蒙古語의 蒙學이 중심이었으나 조선시대에는 일본어의 倭學와 여진어의 女眞學이 추가되었다.

먼저 일본어 교육, 즉 倭學은 太宗 14년(1415) 10월에 사역원에 설치된다. 즉, 『太宗實錄』(卷28) 太宗 14年 10월 丙甲 條에 "命司譯院習日本語。倭客通事尹仁輔上言: 日本人來朝不絕, 譯語者少, 願令良家子弟傳習。從之。"라는 기사가 있어 太宗 14年(1415) 10月에 司譯院에서 日本語를 교육하도록 명하였음을 알 수 있다. 又 『世宗實錄』(卷49) 世宗 12年 8월 丁酉 條에 "禮曹啓: 去乙未年受敎設倭學, 令外方鄕校生徒良家子弟入屬, 合于司譯院, 依蒙學例遷轉。本學非他學之例, 往還滄波劒戟間, 實爲可憚。 故求屬者少, 而生徒三十餘人, 唯用一遞兒遷轉, 故生徒多托故不仕。雖或一二人僅存, 不解文字只通言語, 非從通事者難繼, 譯解倭書, 恐將廢絕。請從初受敎依蒙學例, 加給一遞兒, 每二人遷轉, 以勸從來。從之。"라는 기사가 있어 乙未年(太宗 15年 乙未, 1416)에 정식으로 倭學을 司譯院에 設置하였으며 일본에 가는 것을 피하여 그 언어의 학습을 기피하므로 인원을 늘려 교육하여야 함을 강조하고 있다.

女眞語를 교육하는 女眞學이 사역원에 설치되어 四學이 完備된 것은 『經國大典』에서의 일이다. 「經國大典」(권3) 「吏典」'正三品衙門'의 末席에 "司譯院, 掌譯諸方言語, [中略] 正九品副奉事二員, 漢學訓導四員, 蒙學、倭學、女眞學訓導各二員。[下略]"이란 기사에 의하면 女眞學이 설치되어 여진어 교육이 司譯院에서 실시되었음을 알 수 있다. 그러나 이 女眞學은 丙子胡亂(1636) 이후 康熙丁未(1667)에 滿洲語 교육의 淸學으로 바뀐다.

II. 譯官 敎材와 司譯院 譯學書

2.0 외국어 교육에는 학습교재가 필요하다. 司譯院에서는 四學, 즉 漢學, 蒙學, 倭學, 女眞學의 교재를 마련하였고 언어의 변천에 따라 끊임없이 修訂, 補完하거나 새로운 교재로 교체하였다. 졸저(1988)에서는 이러한 역관 교재의 변천을 草創期, 定着期, 改訂增補期의 세 시기로 나누어 고

찰하였다.[3]

2.1 초창기의 역관교재, 즉 사역원의 譯學書는『世宗實錄』(卷47) 世宗 12年 (1430) 3月 戊午 조에 수록된 詳定所의 啓에 수록된 것과『經國大典』 (卷3)「禮典」「諸科」에 보이는 역과 출제서를 말한다. 먼저『世宗實錄』의 것은 여진학이 설치되기 이전이므로 漢學, 蒙學, 倭學의 학습교재만이 摘 示되었는데 이를 여기에 옮겨보면 다음과 같다.

> 譯學
> 漢訓: 書, 詩, 四書, 直解大學, 直解小學, 孝經, 少微通鑑, 前後漢,
> 古今通略, 忠義直言, 童子習, 老乞大, 朴通事
> 蒙訓: 待漏院記, 貞觀政要, 老乞大, 孔夫子, 速八實, 伯顔波豆,
> 土高安, 章記, 巨里羅, 賀赤厚羅, 書字: 偉兀眞, 帖兒月眞
> 倭訓: 消息, 書格, 伊路波, 本草, 童子敎, 老乞大, 議論, 通信, 庭訓
> 往來, 鳩養物語[4]

『經國大典』의 譯科 科試書로 등재된 것은『世宗實錄』의 것과 유사하다. 다만 역과 漢學과 별도로 漢吏學을 두었는데 이것은 漢吏文을 시험하는 것이다. 그에 대한 출제서로 "魯齋大學*, 成齋孝經*, 吏學指南, 大元通制, 至正條格, 御製大誥, 事大文書謄錄, 製述 : 奏本·啓本·咨文"을 들었다.[5]

몽고어 교육의 蒙學에서도『經國大典』의 역과 蒙學의 출제서와『世宗 實錄』의 諸學 取才의 蒙訓에 보이는 것과 유사하다. 다만 같은 교재의 한 자가 다른데『經國大典』(권3)「禮典」'譯科初試'에 "王可汗, 守成事鑑, 御史 箴, 高難加屯, 皇都大訓, 老乞大, 孔夫子, 帖月眞, 吐高安, 伯顔波豆, 待漏院記, 貞觀政要, 速八實, 章記, 何赤厚羅, 巨里羅"와 같이 몇 개가 증가되었고 '土

---

3 草創期는 초기의 역학서로 건국초기부터 <經國大典>까지의 역학서를 말하며 定 着期는 中期의 것으로 <경국대전>부터 <續大典>까지의 역학서, 그리고 改訂增補 期는 後期의 것으로 <속재전>부터 甲午更張까지의 역학서를 말한다(졸저, 1988).
4 여기서 漢訓, 蒙訓, 倭訓은 漢學, 蒙學, 倭學을 말한다.
5 漢吏文에대하여는 졸고(2013)를 참고할 것. *를 붙인 것은 譯學의 것과 유사한 교 재임.

高安'이 '吐高安'으로, '賀赤厚羅'가 '何赤厚羅'로 몽고어의 표음 한자가
바뀌었다.

　일본어 교육의 倭學 교재는 역시 『경국대전』에 "伊路波, 消息, 書格, 老
乞大, 童子敎, 雜語, 本草, 議論, 通信, 鳩養物語, 庭訓往來, 應永記, 雜筆, 富士"
등 14종이 왜학서로 등재되어 『세종시록』의 倭訓 11종 보다 3종이 많다.
大典에 추가된 왜학서 '應永記, 雜筆, 富士'에 대하여는 졸저(1988)에서 상
세하게 고찰되었고 일본 室町시대의 寺子屋 등에서 사용하던 蒙學書를
수입하여 사용하였던 것으로 보았다.

　여진어 교육의 교재는 『경국대전』에만 보인다. 즉, 대전 「譯科」 '여진
학'에 "千字, 天兵書, 小兒論, 三歲兒, 自侍衛, 八歲兒, 去化, 七歲兒, 仇難, 十
二諸國, 貴愁, 吳子, 孫子, 太公尙書"라 하여 14종의 여진어 교재를 과시서
로 규정하였다.[6] 역시 여진족의 金에서 사용하던 童蒙敎科書를 수입한 것
으로 보인다.

　2.2 이러한 사역원의 역관 교재들은 倭亂과 胡亂을 거치면서 대대적인
改編이 이루어진다. 彼我의 언어가 역사적으로 변천한 탓도 있지만 戰亂
을 통하여 사역원의 위와 같은 교재로 배운 말이 실제 通話에 별로 도움
이 되지 않음을 깨달은 것이다. 그러므로 실용적인 회화 중심의 교재를
사역원에서 직접 편찬하는 것이 이 시대의 역학서에 보이는 특징이다.
전란 중에 포로로 해당국에 오래 동안 억류되었다가 돌아온 사람들이 새
교재의 편찬을 主導하게 된다.

　전술한 바와 같이 여진학은 만주어 교육의 청학으로 바뀌었다. 그러므
로 전란 이후의 司譯院 四學은 漢學, 蒙學, 倭學, 淸學이었으며 한 때 淸學이
序列로 蒙學의 앞에 오기도 하였다. 따라서 『속대전』의 역과 科試書는 다
음과 같이 대폭 정리되어 축소된다.

6　『通文舘志』(권2) 「科擧」 '淸學八冊' 條에는 "初用千字文、兵書、小兒論、三歲兒、
　自侍衛、八歲兒、去化、七歲兒、仇難、十二諸國、貴愁、吳子、孫子、太公尙書,
　並十四冊。"이라 하여 冊數와 書名에 부분적인 차이를 보인다. 따라서 『經國大典』
　의 여기서의 "千字, 天兵書"는 "千字文, 兵書"의 誤字일 것이다.

漢學: 四書, 老乞大, 朴通事, 伍倫全備記
蒙學: 蒙語老乞大, 捷解蒙語
倭學: 捷解新語
清學: 八歲兒, 小兒論, 淸語老乞大, 三譯總解

특히 이 시대에는 위의 講讀 교재에 덧붙여 사전 역할을 하는 類書류의 類解라는 어휘집이 편찬되어 사용되었다. 즉, 漢學의 <譯語類解>, 蒙學의 <蒙語類解>, 倭學의 <倭語類解>, 그리고 淸學의 <同文類解>가 그것이다.

2.3 조선 후기에 들어와서 이러한 역관 교재들은 여러 차례 修訂, 補完된다. 예를 들면 <四書> <經書正音>이라 하여 儒學의 經典인 四書를 訓民正音으로 발음을 달아 간행하였고 <노걸대>와 <박통사>는 중국어의 변천에 따라 <原本老乞大>, <刪改老乞大>, <新釋老乞大>, 그리고 <重刊老乞大>로 개편된다. <原本>은 元의 漢兒言語를 반영하고 <刪改本>은 明의 南京官話를 반영한 것이며 <新釋本>은 淸代 만다린을, 그리고 <重刊本>은 北京官話를 반영하였다. <朴通事>도 동일하나 <중간본>은 없었다. 어휘집인 <譯語類解>도 보완되어 <譯語類解補>가 간행되었다.

다른 譯學, 즉 蒙學, 倭學, 淸學의 교재도 동일하였다. 몽고어의 변천에 따라 <蒙語老乞大新釋>과 <新釋捷解蒙語>가 간행되어 원래의 몽고어 교재를 수정하였다. 倭學의 <捷解新語>도 두 차례에 걸친 <改修捷解新語>가 있었고 <重刊捷解新語>가 마지막에 간행되어 甲午更張으로 司譯院이 폐쇄될 때까지 사용되었다. 만주어 교재도 <淸語老乞大>와 <三譯總解>가 新釋되고 重刊되었다.

2.4 로마 교황청의 바티칸 도서관에 소장된 Stefano Borgia(1731~1804)의 舊藏本 가운데 '伊呂波'란 이름의 漢籍 자료(整理番號 Borg.cin.400)가 있다. 졸고(2013)에 의하면 이 책은 중국 北京에서 宣敎하던 프란치스코 수도회의 Romuald 修士가 현지에서 구입하여 Borgia에게 기증한 것이다. Borgia는 1804년에 死去했으니 Romuald 修士는 늦어도 1798년에는 로마에 돌아왔을 것으로 보이므로 그 이전에 이 日本語 敎材를 구입한 것으로

보인다.

Borgia가 죽은 후 2년이 지난 1806년에 바티칸의 布敎聖省(Sacra
Congregatio de Propaganda Fide)에 그가 소장한 藏書를 기증한다.
Romuald 修士가 동양에서 구입한 것도 여기에 소장되었다가 바티칸 도
서관으로 옮겨진 것 같다. 바티칸 도서관 소장의 <伊呂波>에는 布敎聖省
의 장서였음을 보여주는 장서인(SAC. Cong. De. Prop. Fide)이 찍혀 있고
<伊呂波>의 末葉(8뒤)에 다음과 같은 내용의 라틴어가 쓰여서 이 책이 누
가 어디서 구입하였는가를 알려준다.

　　　Litteræ Japonicæ cum Sinicis, quas quidam Minister Coreæ misit mihi
　　　Fr. Romualdus Refr. - 漢字가 들어 있는 일본어의 문헌, 어떤 한국의
　　　使者가 나에게 이것을 주었다. 프란시스코회 수도사 Romualdus.

여기서 'Minister Coreæ'는 조선에서 파견한 使節, 즉 燕行使의 일원으
로 보이며 이것으로 보아 燕行使에서의 역관교재의 수정을 위하여 일본
어 교재를 갖고 간 것으로 추측된다.[7] 따라서 燕行使에서 조선 역관들은
漢語 교재에 국한되지 않고 다른 외국어 교재도 함께 들고 가서 수정한
것으로 볼 수 있다.

이와 같이 역관 교재들을 수정하기 위하여 燕行, 通信使行에 역관들이
隨行하면서 교재들을 현지에서 수정하였다. 이제 그에 대하여 고찰하기
로 한다.

Ⅲ. 燕行使의 質正官과 漢學書 修訂

3.0 조선시대의 외국에 보내는 使行은 중국으로 가는 燕行使와 일본으
로 가는 通信使가 있었다. 중국으로 보내는 燕行 使行은 일명 赴京使行이
라 하였는데 1년 네 차례의 冬至使, 正朝使, 聖節使, 그리고 千秋使라는 정

7　이 자료는 졸고(2013)에서 소개되었고 졸고(2014)에서 자세하게 논의되었다.

규 使行 이외에도 謝恩使, 奏請使, 進賀使, 陣慰使, 進香使 등은 일이 있을 때
마다 보냈다. 따라서 각 사행의 인원도 일률적으로 정할 수가 없어서『經
國大典』에서는 正使, 副使, 書狀官, 從事官의 品階만을 정했을 뿐이다.[8]

이 赴京使行을 수행하는 역관은 각 사행마다 조금씩 인원의 증감이 있
었으며 冬至使行의 경우에 堂上譯官 2명, 上通事 2명, 質問從事官 1명, 押物
從事官 8명, 押幣從事官 3명, 押米從事官 2명, 淸學新遞兒 1명으로 모두 19
명의 역관이 수행하였다. 이외에도 醫員(1), 寫字官(1), 畵員(1), 軍官(7), 灣
上軍官(2)과 더불어 偶語別差(1)가 있어 冬至使行에 참가하는 譯官의 수효
는 20인을 헤아린다.[9] 偶語別差의 경우는 司譯院의 漢·蒙·淸學의 偶語廳에
서 1인을 선택하여 차송하였다. 堂上官은 元遞兒 1窠와 訓上堂上 및 常仕
堂上에서 차례로 보내는 1과, 즉 한 자리가 있었다.

중국에 가는 赴京使行의 경우는 『通文館志』(권3) '事大'(2앞-3뒤)에 규
정된 파견 인원을 표로 보이면 다음과 같다.

[표 1] 燕行使行의 人的 構成

使行의官名	人數	品階	選拔 部署(人數)	任務	備考
正使	1	正2品從1品			
副使	1	正3品從2品			
書狀官	1	正5品從4品		逐日記事 回還後啓下承文院	以上 經國大典
堂上譯官	2	正3品이상	元遞兒, 別遞兒 각 1명	通譯	역관
上通事	2		漢·淸學 각 1명	〃	〃, 후에도 같음.

---

8 이에 대하여는『通文館志』(권3) 「事大」(上) '赴京使行'조에 "國初遣朝京之使。有
冬至、正朝、聖節、千秋四行, 謝恩、奏請、進賀、陳慰、進香等使則隨事差送。使
或二員、一員而不限品, 從事官或多或少而無定額。故經國大典只書使、副使、書狀
官、從事官從人之品, 乘馱而未言諸數。[下略]"이란 기사를 참조할 것.

9 寫字官은 承文院의 書員으로서 表나 國書를 侍帶하였으며 灣上軍官은 行中의 매일
먹고 마실 양식과 음료를 관장하였다.

10 『通文館志』(권3 2앞 - 3앞) '동지행(冬至行)'조에 "使一員{正二品, 結御從一品}、副
使一員{正三品 結御從二品}、書狀官一員{正五品, 結御正四品}, 隨品兼臺科檢一

使行의 官名	人數	品階	選拔 部署(人數)	任 務	備 考
從事官	1		教誨 중 최우수자, 전에는 문관도 갔음.	역학서의 수정	文官이 가면 '朝天官' 譯官은 '質正官'
押物從事官	8		年少聰敏 1명, 次上 元遞兒 1명, 押物 元遞兒 1명, 別遞兒 1명, 偶語 別遞兒 1명, 淸學 被選 1명, 別遞兒 1명 계8명		
押幣從事官	2		教誨 1명, 蒙學 別遞兒 1명, 倭學 教誨·聰敏 중 1명		
押米從事官	2		教誨 1명, 蒙學 元遞兒 1명		
淸學新遞兒	1			門出入 및 支供 饌物 等事	以上 19명 司譯院 差送
醫員	1		典醫監·內醫院 交差	同參方物領去	
寫字官	1		承文院 書員 1명	侍表帶	
畫員	1			同參方物領去	以上 各其司差送
軍官	7				正使 帶4인(1인은 帶書狀官), 副使 帶3人
偶語別差	1		司譯院 漢·蒙·淸學	偶語 學習	司譯院 差送
灣上軍官	2		義州府	使行의 整頓,下處, 行中 糧料 等事	義州人 差定

行。書狀官逐日記事 回還後啓下承文院 出經國大典) [중략] 堂上官二員{元遞兒、別遞兒} [중략] 上通事二員{漢、淸學各一員, 後倣此}, 質問從事官一員{教誨中次第居先者, 按稗官雜記舊例別差文官一員隨去, 謂之朝天官, 後改日質正官。 令承文院抄給, 吏語方言之未解者註釋。 而謹其官號, 塡以押物, 嘉靖乙未始以質正塡批文, 丁酉以後改以院官, 名日質問。 而隨其職爲第幾從事官}, 押物從事官八員{年少聰敏一員、次上元遞兒一員、押物元遞兒一員、別遞兒二員、偶語別遞兒一員、淸學被選一員、別遞兒一員}, 押幣從事官三員{教誨一員、蒙學別遞兒一員、倭學教誨聰敏中一員}, 押米從事官二員{教誨一員、蒙學元遞兒一員}, 淸學新遞兒一員, 掌彼地門出入及支供饌物等事。 以上十九員, 自本院差送。 而內三員差管廚官 掌三行乾糧一員 差掌務官 掌行中文書故押幣押米等官 若差其任則以押物官八員內移差勾管} 醫員一員{兩醫司交差}, 寫字官一員{侍表帶, 承文院書員一人}, 畫員一員{以上 各其司差送。 醫畫員則同參於方物領去}, 軍官七員{正使帶四員內一窠, 以書狀官所辟塡差, 副使帶三員, 使臣皆自望。}, 偶語別差一員{爲漢蒙淸偶語學習, 自本院差送}, 灣上軍官二員{掌整頓三行, 下處及行中逐日糧料等事, 以義州人差定。 以上謂之節行, 每年六月都

3.1 이와 같은 燕行使에 上述한 譯官教材들을 수정하기 위하여 質正官을 반드시 동행하게 하였다. 燕行使에 質正官을 隨行시키는 것에 대하여 『通文館志』(권3) 「事大, 赴京使行」 '質問從事官一員' 조에 "教誨中次第居先者。按稗官雜記, 舊例別差文官一員隨去, 謂之朝天官, 後改日質正官。令承政院抄給, 吏語方言之未解者註釋。而諱其官號, 塡以押物, 嘉靖乙未始以質正塡批文。丁酉以後改以院官, 名日質問, 而隨其職爲第幾從事官。"라는 기사가 있어 원래 文臣을 보내던 質正官은 朝天官이라 하였는데 嘉靖丁酉(1537)부터 역관이 이를 대신하였으며 명칭을 質問從事官이라 불렀음을 알 수 있다.

文臣이 가던 質正官을 역관이 대신하게 된 것에는 중종 때의 역관 崔世珍이 관련되었다. 즉, 『국조문과방목』(奎 106, 권5)의 연산군 9년(1503) 계해(癸亥) 8월의 封世子別試에 제2등 제2인으로 합격하였음을 보여주면서 "崔世珍, 同知精於吏文華語, {未登第以質正官朝天, 臺諫以非舊例爲言, 成廟日: 我作古例何妨} - 최세진은 동지 벼슬을 지냈고 한이문과 중국어에 정통하였다. {과거에 급제하지 않고 질정관으로서 중국에 간 것에 대하여 대간들이 옛 예에 어긋난다고 말하니 성종이 말하기를 '내가 고례를 만들면 무엇이 방해가 되는가?'라고 하였다}."({ }안의 것은 夾註임)"라는 기사가 있어 최세진이 과거에도 급제하지 않은 때에 質正官으로 使行을 따라 간 일이 있음을 보여준다.[11]

政差出, 十月終, 至月初拜表, 以赴十二月二十六日封印, 前到北京都政。 雖有故差退使臣, 必於六月內差出, 康熙辛巳受教。"라는 기사 참조.

11 成宗이 구례에 얽매이지 않고 최세진을 발탁하여 질정관으로 중국에 파견한 일은 매우 유명한 일로서 『중종실록』에도 등장하며 『통문관지』(권7) 「人物」 '최세진' 조에도 "[전략] 旣數年親講所業大加獎歎, 特差質正之官, 言官啓曰: '以雜職而補質正之官, 古無比例'。上日: '苟得其人, 何例之拘? 自子作古可也'。累赴京師。[하략] - [전략] 이미 여러 해 동안 [임금이] 소업을 친강할 때에 크게 칭찬하였다. 특별히 질정관으로 보내니 언관들이 말하기를 '잡직으로서 질정관을 보하는 것은 옛 일에 없었습니다'고 하니 임금이 말하기를 '진실로 그 사람을 얻었거늘 어찌 구례에 얽매이겠는가? 스스로 내가 고례를 만드는 것이 옳다'라고 하시다. 여러 번 북경에 가다"라는 기사가 있어 이미 성종 때에 중국어를 잘 하여 임금의 총애를 얻었으며 문신이 갈 수 있는 질정관으로서 중국에 다녀왔음을 알 수 있다. 이후에는 사역원의 역관이 질정관으로서 중국에 가는 사행(使行)을 수행하는 것이 정식이 되었다(졸저, 1988).

　　3.2 조선 초기의 중국어는 明代의 南京官話가 公用語였으나 永樂帝가 北京으로 遷都하면서 元代의 漢兒言語가 여전히 세력을 갖고 있었다. 따라서 조선 초기의 역관 교재로는 전처럼 漢兒言語, 즉 漢語의 교재가 그대로 사용되었다.[12]

　　이 漢語 역관 교재로 가장 유명한 것은 말할 것도 없이 <老乞大>와 <朴通事>(이하 <老朴>으로 약칭함)를 들 수 있다. 이 한어 교재는 중국에서의 언어 변화에 따라 여러 차례 改訂된다. 먼저 元代의 漢兒言語를 반영한 {原本}『노걸대』는 紙質이나 板式, 字形으로 보아 조선 太宗 때에 간행된 것으로 鑑定되었다(鄭光·南權熙·梁伍鎭, 1998, 1999). 이 책들은 世宗 때에도 印刊되었다. 즉, 『世宗實錄』(권20) 世宗 5년 癸卯 6월조에 "禮曹據司譯院牒啓: '老乞大、朴通事、前後漢、直解孝經等書, 緣無板本讀者傳寫誦習, 請令鑄字所印出'. 從之. - 예조에서 사역원의 첩문에 의거하여 계하기를 '노걸대·박통사·전후한·직해효경 등의 책이 판본이 없어서 읽는 사람들이 베껴 써서 암송하여 배웁니다. 주자소에 명령하여 인출할 것을 청합니다'고 하였다. 그대로 따르다"라는 기사가 있어 세종 5년(1423) 6월에 鑄字所에 <노박>을 印刊하도록 명하였음을 알 수 있다.[13]

　　이 <노박>은 世祖와 成宗 때에도 간행되었다는 실록의 기사가 있다.[14] 그러나 성종 11년에 明 使臣의 일원으로 조선에 온 戴敬이 <老朴>이 元代의 말이므로 지금의 중국어와 많이 다르다고 하면서 <老朴>의 改訂은 시작된다.[15]

12　'漢兒言語'라는 명칭은 <노박>에 등장한다. 발표자에 의하여 학계에 소개된 {원본}<노걸대>에서 "恁是高麗人, 却怎麼漢兒言語說的好有? 俺漢兒人上學文書來的上頭, 些小漢兒言語省的有."(1앞 9~10행)이나 "如今朝廷一統天下, 世間用著的是漢兒言語, 過的義州漢兒田地裏來, 都是漢兒言語有."(2앞 5~8행)에서 당시 중국이 '漢兒言語'를 사용하고 있음을 말하고 있다.

13　실제로 간행한 것은 世宗 16년(1434)의 일로서 『世宗實錄』世宗 16년 甲寅 6월조에 "頒鑄字所印老乞大、朴通事于承文院、司譯院, 此二書譯中國語之書也. - 주자소에서 인간한 노걸대·박통사를 승문원과 사역원에 나누어 주다. 이 두 책은 중국어를 번역한 책이다"라는 기사가 있다.

14　『世祖實錄』세조 4년(1458) 1월조의 기사와 『成宗實錄』성종 7년(1476)의 기사를 참조할 것.

15　『成宗實錄』성종 11년(1480) 10월 조에 "御畫講, 侍讀官李昌臣啓曰: 前者承命質正漢語於頭目戴敬, 敬見老乞大、朴通事曰: '此乃元朝時語也, 與今華語頓異, 多有未解

3.3 실제로 <노박>의 改訂은 成宗 11년(1480)에 역시 明 使臣의 일원인 迎接都監 郎廳의 房貴和와 頭目 葛貴의 도움을 얻어 南京官話로의 개정이 수행되는데 <老朴>의 원본을 많은 부분 잘라내고 고치는, 즉 刪改의 작업으로 이루어졌다. [16]

이때에 수정된 {刪改}<노박>이 최세진이 번역한 {번역}<노박>의 臺本인 것이다. 현재 서울대 奎章閣 등에 소장된 壬辰倭亂 이전의 <노박>은 모두가 이때의 {刪改}<老朴>이고 倭亂 이후의 奎章閣本 奎 5159와 숙종 29년(1703)에 간행된 山氣문고본의 <老乞大>도 刪改本이다.

中宗 4년(1509) 경에 최세진은 이 刪改本을 底本으로 하여 <노박>을 正音, 즉 한글로 번역한다. 이것이 한국 국어학계에서 중세 한국어의 마지막 자료로 널리 이용되는 {번역}<노박>이다. 다만 {번역}<박통사>는 上卷만 현전하고 中, 下卷이 失傳되었다. 上卷은 乙亥字本의 翻刻本으로 현대 國會圖書館에 소장되었다. {번역}<노걸대>는 개인 소장으로 현전한다.

3.4 <노박>을 淸代의 공용어인 北京의 만다린으로 新釋한 것은 조선 英祖 때의 일이다. <老乞大新釋>은 영조 37년(1761)에 金昌祚와 邊憲 등이 淸의 공용어로 改訂하여 간행하였는데 洪啓禧가 쓴 序文에 이 책이 간행된 經緯가 설명되었다.

<박통사>의 新釋은 洪啓禧 序文에 의하면 乾隆 乙酉(1765)에 平壤 譯官 金昌祚에 의해서 시도되었고 <朴通事新釋>의 卷末에 부재된 편찬자의 諸譯銜名에 의하면 邊憲과 李湛이 주도하여 漢陽의 司譯院에서 간행하였음을 알 수 있다.

이 諸譯銜名에 金昌祚의 이름이 보이지 않는 것으로 보아 平壤 監營에서 간행한 것과 별개의 <朴通事新釋>인 것으로 보아야 할 것이다. 또 현

處'. 卽以時語改數節, 皆可解讀, 請令能漢語者盡改之. 羲者領中樞李邊與高靈府院君申叔舟, 以華語作爲一書, 名曰訓世評話。 其元本在承文院. 上曰: '其速刊行, 且選其能漢語者刪改老乞大朴通事。"라는 기사 참조.

16 이에 대하여는『성종실록』성종 14년(1483) 9월조에 "先是命迎接都監郎廳房貴和, 從頭目葛貴, 校正老乞大、朴通事。至是又欲質直解小學, 貴曰: 頭目金廣妬我, 疑副使聽讒, 故我欲先邊, 恐難讐校 若使人謝改正朴通事、老乞大之意, 以回副使之心, 則我亦保全矣。"라는 기사 참조.

전하는 서울대학교 중앙도서관 일사문고에 소장된 <박통사신석언해>
의 제2권(地) 말미에 '乙卯中秋 本院重刊'이란 묵서가 있어 이때에 서울의
司譯院에서 다시 간행된 것으로 볼 수 있다.

　따라서 正祖 乙卯(1795)에 사역원에서 <重刊老乞大>와 <重刊老乞大諺
解>를 간행하면서 <朴通事新釋>과 <朴通事新釋諺解>를 중간한 것으로
보인다. 이때에 邊憲과 李湛(후일 李洙) 2인이 중심이 되어 <박통사>의 신
석을 완료한 것으로 볼 수 있다. 이것은 徐有榘의『鏤板考』에도 "朴通事新
釋一卷 諺解三卷 (중략) 司譯院官邊憲等重訂 司譯院藏 印紙六牒二張"이라
는 기사가 있어 확인할 수 있다.

　3.5 <노걸대>의 重刊은 正祖 19년(1795)에 李洙 등이 淸代에 정착한 北
京官話를 반영하여 <노걸대신석>을 수정하고 사역원에서 간행한 것이
다. 이 重刊에 참여한 사람이 版本 뒤에 기록되어 있으며 檢察官에 李洙 외
6人, 校整官에 洪宅福 외 9人, 書寫官에 崔珹 외 9人, 監印官에 張壽 등이다.
出刊年代는 卷末에 '乙卯仲秋 本院重刊'이라는 刊記가 있어 正祖 乙卯
(1795)에 司譯院에서 중간되었음을 알 수 있다.

　이 版本은 그 후 諺解本과 같이 가장 많이 남아 있으며 본문의 漢語도 가
장 새롭고 잘 선택되었다. 현재 서울대 규장각과 가람·일사문고, 연세대,
국립중앙도서관 등에 여러 이본이 소장되어 있다.

　3.6 燕行使에서 質問從事官의 자격으로 使行을 수행한 역관들이 漢語
교재의 難解句, 難解語를 質問하여 조사한 것은 사역원에서 중요한 자료
로 保全된 것 같다. 최세진이 <노박>을 번역할 때에 質問으로부터 해석을
빌려온 것이 그의 <老朴集覽>에 들어있다. 즉, 그가 <노박>을 번역하면
서 문제가 되는 것을 모아 한 권의 책으로 편찬한 것이『老朴集覽』이다.
여기에는 <質問>이란 인용서가 있어 質問從事官이 使行을 隨行하면서 한
어 교재의 어려운 말을 질문한 것들이 실제로 역관 교재를 이해할 때에
도움을 준 것으로 볼 수 있다.[17]

―――――――――

17　동국대학교 도서관에 소장된 천하 유일본 <老朴集覽>은 서명이 표지에 써 놓은

『老朴集覽』은 중종 4년(1509)에 최세진이 <노박>을 번역하고 여기서 추출한 난해어구 815항목(낙장 부분의 복원한 17표제항을 포함)에 대하여 주해한 것을 모은 것이다. 이 책을 저술하게 된 이유를 崔世珍은 권두 8개항의 범례에서 밝혔다. 이 책은 저자가 <노박>을 번역할 때에 참고한 「字解」를 비롯하여 「音義」, 「集覽」, 그리고 「質問」과 같은 司譯院 漢學 연구의 참고 노트들 가운데서 <노박>에 관련된 것만 추출하여 자신이 새로 註釋를 덧붙인 것이다.

여기서 <質問>이란 항목은 바로 燕行使에서 質問從事官으로 따라간 역관들이 현지에서 質問하여 조사한 난해어, 난해구일 것이다. 즉, 『老朴集覽』의 卷頭에 附載된 <老朴集覽凡例>에서 "質問者, 入中朝質問而來者也。兩書皆元朝言語, 其沿舊未改者, 今難曉解。前後質問亦有抵捂, 姑并收以袪初學之碍。間有未及質問, 大有疑碍者, 不敢强解, 宜竢更質。"라는 해설이 있어 使行에서 이루어진 역관 교재의 質問이 실제로 요긴하게 쓰였음을 알 수 있다.

Ⅳ. 通信使行과 <捷解新語> 및 <倭語類解>의 修訂

4.0 중국에 보내는 燕行使와 같이 일본에도 通信使를 파견하였는데 壬辰倭亂과 丁酉再亂 이후 朝鮮과 日本은 일시적으로 國交가 단절되었으나 對馬島의 懇請으로 光海君 元年(1609)에 己酉條約을 맺고 國交를 再開하였다.

日本과의 通交는 宣祖 40년(1607)에 呂祐吉을 正使로 하여 처음 回答兼俘虜刷還을 위한 使行이 日本을 다녀온 후 여러 차례 壬辰亂의 被虜人을 刷

대로 '集覽'으로 알려지기도 하였지만 다른 여러 자료에 『老朴輯覽』으로 명기되었으므로 이를 서명으로 하여야 한다(정광·양오진, 2012:417), 다만 '輯·集'은 通用字이므로 '老覽'과 '朴覽'의 版心 및 卷首·卷尾서명과 같이 '集覽'으로 통일하여 『老朴集覽』을 그 기본 서명으로 한다. 이 책은 <노박>에 관한 난해어구의 '集覽'만이 아니라 <노박>에 관한 「字解」도 함께 첨부하여 동국대학교 소장의 『노박집람』은 「범례」, 「단자해」, 「누자해」, 「老覽」, 「朴覽」의 순서로 편철되었다. 「老覽」과 「朴覽」 사이에 「音義」의 한 부분을 옮겨 적은 1엽이 들어있으나 그 판심이 역시 '老乞大集覽'이므로 「音義」를 별도로 추가한 것은 아닌 것으로 본다(정광·양오진, 2012:423~424).

還하려고 俘虜刷還使가 往還하면서 國交가 再開되었다. 그 후 日本의 慶弔에 파견되는 通信使로 바뀌면서 朝鮮朝와 日本의 江戶幕府와의 外交接觸이 계속되었다.

일본으로부터는 일본 國王의 送使를 비롯하여 畠山送使, 大內送使, 小二送使, 左武衛送使, 右武衛送使, 京極送使, 細川送使, 山名送使, 受圖書遣船人, 受職人 등의 使臣이 조선에 왔고[18] 對馬島에서는 島主의 歲遣船(25척)을 비롯하여 宗熊滿의 歲遣船(3척), 宗盛氏와 受職人의 歲遣船(각 1척)이 每年 釜山浦에 왔었다(『통문관지』 권5 '交隣 上' 참조). 그러나 조선으로부터는 일본 측의 요청에 따라 通信使가 파견되었고 필요한 경우 對馬島를 통하여 江戶 幕府와 접촉하였을 뿐이다. 따라서 조정에서 파견되는 通信使行을 제외하고는 對馬島에 慶弔事가 있을 때에 問慰行으로 禮曹參議의 書契를 가진 堂上譯官이 差送되었다.

일본에 파견되는 通信使行에는 왜학 堂上譯官으로 堂上官 3명이 수행하였으며 倭人들은 이를 上上官으로 불렀다. 上通事(3명)는 漢學譯官 1원이 참가하였고 次上通事(2명)는 倭學 敎誨 중에서 선발하였다. 押物官(3명)에는 漢學譯官 1명이 포함되었으며 왜학역관은 敎誨나 聰敏 중에서 出身者(譯科에 及第者)를 선택하였다. 따라서 통신사행을 수행하는 역관은 11명이며 그중에서 9명이 왜학역관이었다.

통신사행에서 正使, 副使, 書狀官의 三使를 비롯하여 상술한 11명의 譯官과 製述官(1), 良醫(1), 寫字官(2), 醫員(2), 畵員(1), 子弟軍官(5), 軍官(12), 書記(3), 別破陣(2)을 上官이라 하였으며, 馬上才(2), 典樂(2), 理馬(1), 熟手(1), 伴倘船將(각 3인, 三使가 각기 1인씩 거느림)을 次官이라 하였다.

이외에 卜船將(3), 陪小童(17), 奴子(49), 小通詞(10), 禮單直(1), 廳直(3), 盤纏直(3), 使令(16), 吹手(18), 節鉞奉持(4), 砲手(6), 刀尺(7), 沙工(24), 形名手(2), 毒縣手(2), 月刀手(4), 巡視旗手, 令旗手, 淸道旗手, 三枝槍手, 長槍手, 馬上鼓手, 銅鼓手 각 6명씩, 大鼓手, 三穴銃手, 細樂手, 錚手 각 3명씩을 中官이라 하였다. 그리고 風樂手(12), 屠牛匠(1), 格軍(270)을 下官이라 하여

---

18 이들의 일본어 명칭은 분명하지 않다. 분명히 훈독하는 한자도 있을 것이기 때문에 원문대로 둔다.

400이 넘는 인원이 사행에 참가하였다(『통문관지』 권6 '交隣 下' 참조).
이를 정리하면 다음과 같다.

上上官-- 三使(正使, 副使, 從事官), 堂上譯官
上　官-- 上通事, 次上通事, 押物通事, 製述官, 良醫, 寫字官, 醫員, 畵員, 子
　　　　弟軍官, 軍官, 書記, 別破陣
次　官-- 馬上才, 典樂, 理馬, 熟手, 伴徜船將
中　官-- 卜船將, 陪小童, 奴子, 刀尺, 沙工, 形名手, 毒縣手, 月刀手, 旗手, 槍
　　　　手, 鼓手, 銃手, 樂手
下　官-- 風樂手, 屠牛匠, 格軍

왜학역관에게는 통신사행의 수행보다 禮曹參議의 書契를 휴대하고 對
馬島에 파견되는 問慰行에서 더욱 중요한 역할을 하게 된다. 이때에는 그
들을 감독하는 文臣이 없으며 堂上譯官이 대표가 되어 외교업무를 수행
하기 때문이다. 참고로 『통문관지』(권6) 「交隣」 '問慰行' 조의 기사에 규
정된 인적 구성을 보면 다음과 같다.

問慰官(예조참의를 대신하여 대마도에 파견되는 역관)
　당상역관(1 또는 2명), 당하역관 1명 ──────────上上官
　軍官(10), 隨行人(각 2), 船將·都訓導·書契色(각 1) ──── 上官
　小童(6), 小通事(7)(이중 우두머리 1명은 上官이 됨.),┐
　　禮單色·廚房色(각 2)
　伴纏色·戶房色·及唱(각 1), 砲手(2), 使令(4), ──────├─ 中官
　　吹手(6), 旗手(4),
　沙工·滾手·水尺(각 1),
　　奴子(5)(3명은 당상역관, 2명은 당하관이 거느림.) ┘
格軍 (30) ─────────────────────── 下官

이를 보면 왜학 당상 역관 1인, 또는 2인이 問慰官이 되어 上上官, 上官,
中官, 下官 등 60명 가까운 인원을 인솔하고 對馬島에 가서 朝鮮을 대표하

여 외교업무를 수행하였음을 알 수 있다. 이때의 堂上譯官은 한 고을의 군수나 현령보다는 지위가 높다고 할 수 있다. 이에 대하여 일본 역관들의 기록인『象胥紀聞』에

　　右譯官倭淸漢學ㅏモニ堂上崇祿大夫マテ登リ候テモ　正三品ノ衆二及ズ文官ノ從三品二釣合郡縣令二同ジㅏ云ドモ使臣ノ命ヲ受候テハ縣令ヨリハ少シ重シㅏ云 - 이 역관들은 왜학, 청학, 한학이 모두 당상관인 숭록대부(從一品)까지 오른다고 하더라도 [문신의] 정삼품의 무리에 미치지 못하고 문관의 종삼품에 어울리는 군수·현령과 같다고 말하나 사신의 명을 받았을 때에는 현령보다는 조금 높다고 말한다.

이라는 기록이 있어 당시 역관들의 지위를 어느 정도 파악할 수 있다. 그러나 역관의 지위는 시대에 따라 어느 정도의 변화가 있었으며 후대로 내려올수록 그 지위는 향상되었고 역할도 증대되었던 것으로 보인다.

　일본에 파견되는 問慰行에 대하여는『通文館志』(권6)「交隣」'問慰行'조에 "壬辰變後, 島倭求和甚力。朝廷不知其意眞出於家康, 丙午乃遣倭學堂上金繼信、朴大根等,　於對馬島以探之。崇禎壬申島主平義成與其副官平調興相搆, 頗有浮言, 又遣崔義吉以探之。及丙子義成自江戶還島, 報調興坐黜之狀。乃請賀价欲誇耀於島衆, 特遣洪喜男以慰之。自是島主還自江戶{或因慶弔}, 差倭報請則軋許差送, 乃爲恒例。"라는 기사가 있어 문위사행이 平調興의 사건[19] 이후 對馬島主가 江戶에서 돌아와 우리 조정에 보고하기 위하여, 또는 경조사가 있을 때 이를 위문하기 위하여 問慰의 사행은 항례로 이루어지게 되었음을 말하고 있다.

　4.1 앞에서 일본어를 학습하는 왜학 교재, 즉 倭學書도 역관 교재의 변천에 따라 조선 중기에 대대적인 개편이 이루어져 草創期의 왜학서를『捷

───────

19　'平調興 사건'이란 壬辰倭亂 이후에 對馬藩이 조선과의 수교를 갈망한 나머지 國書를 위조했던 사건을 말한다.

解新語』로 대체하였다. 이 교재는 倭亂 때에 납치되었다가 刷還된 康遇聖이 편찬한 것이다. 戰亂中에 日本에 拉致되어 오래동안 抑留되었다가 刷還된 壬辰·丁酉倭亂의 被拉人 중에는 상당 기간 日本에 滯在하면서 日本語에 능숙해진 刷還 被拉人이 많았고 그들에 의해서 보다 생생한 日本語教育이 이루어질 수 있었다.

그 중에서 두드러진 사람은 晋州人 康遇聖이다. 그는 壬辰年(1592)에 拉致되어 10년간 日本에 抑留되었다가 刷還되었는데 光海君 元年(1609)에 譯科에 급제하고 東萊 釜山浦에서 倭學訓導로서 舘倭의 접대와 倭學譯生의 교육에 종사하였다.[20] 또 光海君 9年(1617)에 回答使兼俘虜刷還使인 吳允謙을 수행하여 第1次로 渡日한 것을 비롯하여 仁祖 2~3年(1624~ 5), 仁祖 14~5年(1636~7)의 세 차례에 걸친 通信使行을 수행하였다.[21]

康遇聖은 이와 같은 倭學譯官의 경험을 토대로 舘倭의 接待와 通信使行의 隨行에서 필요한 倭語의 對話를 모아『捷解新語』라는 日本語 會話 教科書를 편찬하였다. 이『捷解新語』의 편찬에 대하여는 많은 연구가 있으나[22] 졸고(1984)에 의하면 康遇聖이 釜山浦의 倭學訓導로 있을 때(1613~5) 舘倭를 상대하면서 酬酢하던 이야기를 會話體로 만들어 釜山浦의 倭學徒生에게 日本語 학습의 교재로 사용한 것이 그 藍觴으로 보았다.[23] 이 藍本은 萬曆戊午에 완성되었으며 그 후 세 차례의 通信使行을 수행하면서 使行이 日本을 여행할 때 일어난 일과 日本에서 見聞한 일을 역시 會話體로 엮어 상술한 藍本과 合編하여『捷解新語』의 草稿를 완성한 것이다.

이 草稿는 筆寫되어 그가 다시 釜山浦의 倭學訓導로 있으면서 그 곳 譯

---

20 『仁祖實錄』(卷20) 仁祖 7年 5月 丁酉의 記事에 의하면 康遇聖은 光海君 5年(1613)부터 同 7年(1615)까지 釜山浦의 倭學訓導로 있었음을 알 수 있다.

21 康遇聖의 第1次 渡日에 관하여는 李石門의『扶桑錄』(1617)과 吳允謙의『東槎上日錄』에 기록되어 있고, 第2次 渡日은 正使 鄭昱을 隨行한 것으로 副使 姜弘重의『東槎錄』이란 기록이 있으며, 第3次 渡日은 正使 任絖의『丙子日本日記』에 기록되었다.

22 {原刊}『捷解新語』의 編撰에 대한 연구로는 小倉進平(1940), 森田武(1955 및 1957), 大友信一(1957), 龜井孝(1958), 中村榮孝(1961), 李元植(1984) 등이 있다.

23 『重刊捷解新語』의 凡例에 "新語之刊行, 雖在肅廟丙辰, 而編成則在萬曆戊午間. 故彼我言語各有異同, 不得不筵票改正."이란 기사가 있어『捷解新語』의 刊行이 비록 肅宗 丙辰(1676)에 있었으나 그 編成은 萬曆戊午(1618)間에 있었다고 말하고 있다. 그러나 이는『捷解新語』의 1部(卷 1~4, 卷9의 前半部)가 光海君 10年(1618)에 編成된 것을 말하는 것으로 보인다(졸고, 1984).

生들의 日本語教材로 사용되었고 外任이 풀려 그가 內職인 司譯院의 訓上
堂上으로 陞次하여 司譯院의 日本語 교육을 管掌할 때 司譯院에서도 이 교
재를 사용한 것으로 보인다.[24] 이렇게 비공식으로 사용되던『捷解新語』
는 康熙 庚戌(1670)에 당시 領議政으로서 司譯院 都提調를 兼任하던 陽坡
鄭太和의 啓請에 의하여 校書館에서 간행하게 되었는데 倭學堂上 安愼徽
가 淨書하여 肅宗 2年(康熙丙辰, 1676)에 활자로 印行하였다.[25]

4.2 이 倭學 교재는 세 차례에 걸쳐 개편되는데 모두 通信使行을 隨行한
왜학 역관에 의하여 이루어진다. 먼저『捷解新語』의 改修는 2次에 걸쳐
이루어졌는데 第1次 改修는 英祖 23年 丁卯(1747)에 朝廷에서 洪啓禧를 正
使로 하는 通信使를 보내면서 이미 세월이 오래되어 語音에 차이가 생기
고 酬酢과 對話에 扞格과 矛盾이 생긴[26]『捷解新語』를 倭學敎誨로 하여금
修整하도록 명한 데서 시작한다.

이 丁卯 通信使의 正使인 洪啓禧가 그 이듬해(戊辰, 1748)에 日本에서 돌
아와 英祖의 諮問에 奉答하는 筵言에서 "戊辰八月初五日, 通信三使臣入.
侍時通信正使洪啓禧所啓: "交隣惟在譯舌, 而近來倭譯全不通話. 以今番使
行言之苟簡特甚, 蓋以倭譯所習捷解新語, 與卽今倭語全不相似. 故雖萬讀爛
誦, 無益於通話. 臣於辭朝時, 以釐正仰請矣, 今行使行中譯官, 逐一釐改今成
全書. 以此刊行何如?" [中略] 上曰: "此則正使之勸也. 行中己持來耶?" 啓
禧曰: "押物通事崔鶴齡主其事, 而以禮單輸運事落後, 故其書未及持來. 待其
上來, 使寫字官繕寫, 使崔壽仁, 崔鶴齡更爲校正, 自芸閣開刊, 自明年大比初

---

24 康遇聖의 官職은『通文館志』(卷7)「人物」'康遇聖'조에 "凡再赴信使, 五任釜山訓導,
   官至嘉善"이란 기사와『譯科榜目』(卷1)에 "康遇聖, 辛巳生, 本晋州, 倭學敎誨, 嘉義"
   에 의하면 嘉義大夫(從2品)에까지 올랐었음을 알 수 있다. 司譯院의 職制에 의하면
   堂上譯官(正3品 以上)을 訓上堂上이라 불렀고 司譯院의 堂下譯官이나 譯學生徒들
   의 敎育을 담당하였다. 또 堂上譯官은 司譯院의 考講, 院試의 試官이 되기도 하였으
   며, 譯科에서도 參試官으로 참여하여 司譯院의 중심이 되었다. 訓上堂上은 원래 漢
   學에만 있다가 壬辰亂 이후에는 倭學에도 2窠를 두었다 (졸저, 1988).
25 이 芸閣 印行의 活字本『捷解新語』는 현재 서울大學校 奎章閣에 귀중본으로 소장되
   었으며 오늘날 이를 原刊本이라고 불러 왔다. 이 原刊本『捷解新語』(권10) 末尾에
   '康熙十五年丙辰孟冬開刊'이란 刊記가 있다.
26 李湛의 '重刊捷解新語序'에 "[前略] 是書用於科試, 而歲月寢久, 與之酬酢率多, 扞格
   而矛盾. 逮至丁卯通信使行, 使臣承朝命, 往質之."라는 기사 참조.

試始用, 而明年則先用三卷以上, 似宜矣。" 上曰: "依爲之。"[27]라는 대화가 있어 丁卯通信使行에 수행한 崔壽仁과 崔鶴齡이 <捷解新語>의 釐改를 맡아서 완수하였고 이를 寫字官에게 繕寫한 후 위의 두 사람에게 다시 校正케 하여 芸閣에서 간행하게 하였음을 알 수 있다. 이것이 『捷解新語』의 戊辰改修本이다.

이 改修本은 다음 해의 譯科初試에 始用하되 먼저 3卷을 사용하여 보는 것이 어떤지를 물었는데 英祖의 허락이 있었으며 그 후 英祖 24年(戊辰, 1748)에 校書館에서 活字로 印行된다.[28] 이것이 소위 『捷解新語』의 第1次 改修本이요 종래 戊辰本으로 불리던 것인데 프랑스 파리 東洋語學校(현재 파리 第3大學에 並設됨)에 소장된 것이 安田章(1987)에 의해서 처음으로 학계에 소개되었다.

4.3 『捷解新語』의 第2次 改修는 역시 崔鶴齡에 의하여 이루어졌다. 즉, 『重刊捷解新語』의 卷頭에 있는 季湛의 序文에 "[前略] 逮至丁卯通信之行, 使臣承朝命往質之。崔知樞鶴齡, 崔同樞壽仁在行中寔主其事, 與倭人護行者互相質難, 逐段釐改, 歸告于朝, 令芸閣印布。而語音雖盡讐正, 倭語大字猶仍舊本, 而未及改。其後崔知樞以公幹在萊州, 又從通事倭人, 博求大坂江戶間文字, 參互而攷證, 凡點畫偏傍之不合其字法者, 一皆正之。斯編始爲完書, 仍以私力活字印行, 其前後用心之勤, 於是乎益著。[下略]"라 하여 第1次 改修本이 芸閣에서 印布된 후에 이를 다시 崔鶴齡이 倭諺大字까지도 당시 日本의 大坂과 江戶에서 사용되고 있던 假名의 字法에 맞도록 讐正하여 私力으로 活字로 印行하였음을 알 수 있다. 이 第2次 改修의 活字本은 오늘날 발견되고 있지 않으나 그것을 底本으로 하였을 重刊本이 상당수 전해진다.[29]

---

27 이 대화는 『改修捷解新語』卷頭에도 洪啓禧의 序文과 함께 附載되었다.

28 프랑스 파리 東洋語學校 圖書館 所藏本의 『改修捷解新語』卷頭에 洪啓禧의 序文이 있는데 그 末尾에 '上之二十四年戊辰八月下澣'이란 刊記가 보인다.

29 李湛의 重刊捷解新語序文에 "[前略] 而但書成旣久, 印本散逸, 新學未免撤業, 講試亦患苟簡。乃者栢谷金相國十年提舉, 勸課有方爰採象論, 圖所以廣布而久傳。適金君亨禹願, 捐財鳩工纂活字而刊諸板, 藏之院閣, 用備後學印讀之資。相國之嘉惠是學, 亦豈偶然也哉! [下略]"이라 하여 金亨禹가 活字本을 가지고 覆刻하여 木板本으로 간행하고 그 板木을 司譯院에 備置하여 後學이 이용할 수 있게 하였음을 알 수 있다. 小倉進平(1940)은 第2次 改修本을 重刊本과 同一한 것으로 보았으나(同書

이 崔鶴齡의 第2次 改修本에는 卷末에 日本 假名文字의 학습을 위하여 「伊呂波」의 眞字, 半字, 吐字, 草字, 簡格語錄등을 附載시킨 것으로 보인다.[30] 이것은 日本의 貝原篤信의 『和漢名數』 所載의 「伊呂波」를 轉載한 것으로 季湛의 重刊序에 "又從通詞倭人, 博求大坂江戶間文字, 參互而攷證"이라는 句節에서 볼 수 있는 것처럼 『和漢名數』와 기타의 假名遣에 관한 일본서적을 참고한 것으로 보인다.[31]

『捷解新語』의 第2次 改修本을 통하여 '伊呂波'나 '五十音圖'와 같은 초보적인 假名遣으로부터 館倭의 접대나 通信使行의 隨行 시에 이루어지는 회화에 이르기까지, 그리고 각종 書契의 작성과 日本 州郡의 명칭에 이르기까지 司試院 倭學 譯官와 임무 수행에 필요한 日本語를 모두 『捷解新語』만으로 학습할 수 있도록 하였다. 그러나 이 第2次 改修本과 그를 底本으로 한 重刊本으로도 배울 수 없었던 것은 眞假字의 草書體에 대한 표기 방법과 해독이었다.[32]

4.4 일본어 학습 교재인 倭學書도 다른 언어의 교재처럼 사전 역할을 하는 『왜어유해』를 편찬하여 사용하였다. 그러나 이 교재가 언제 어떻게 편찬되었는지 아직 분명하지 않다.

졸저(2004)에서는 오늘날 전하는 『倭語類解』가 1800年代 初에 간행된 韓廷修의 讐正本이며 이것은 1700년대 초엽에 洪舜明이 편찬한 것으로

---

pp.423~25) 위의 기록에 의하면 重刊本은 木板本이어야 하지만 崔鶴齡의 第2次 改修本은 活字本이므로 同一할수가 없을 것이다.

30 역시 李湛의 '重刊序文'에 "其字法語錄源流之同異, 及同音各字通用之凡例, 亦崔知樞所纂。而並附于卷端, 讀宇當自解之, 不復贅焉。"이라는 기사가 이를 말해 준다 (安田章, 1970; 졸저, 1985).

31 『倭漢名數』, 그리고 이를 후대에 증보한 『和漢名數』가 조선에 전달된 것은 18세기 중엽으로 보인다. 李瀷의 『星湖先生全集』(권15)에 수록된 「答洪錫余 戊寅」에 "聞有和漢名數一書至國。日本人所撰, 極有可觀。"라는 記事가 있다. 그리고 이런 사실을 李瀷에게 전달한 弟子 安鼎福(1712~1791)의 『順菴先生文集』(권2) 「上星湖先生書 戊寅」에 "[前略} 倭書有和漢名數爲名者二卷, 卽我肅廟庚午年, 貝原篤信之所著也。[後略]"라는 편지가 있다. 이것으로 보아 安鼎福이 그의 스승인 李瀷에게 英祖 戊寅(1758) 경에 『和漢名數』를 소개한 것임을 알 수 있다.

32 이를 위하여 嘉慶元年(1796)에 譯官 金建瑞에 의해서 『捷解新語文釋』이 간행되었다.

알려진 類解를 祖本으로 하여 이를 讐正한 것으로 보았다.[33] 洪舜明이 18세기 초 또는 17세기 말에 편찬한 '類解'가 現傳하는 『倭語類解』와 동일하게 보려는 假說이 M. Courant(1894~6)과 金澤庄三郎(1911, 1933), 小倉進平(1940), 浜田敦(1958) 등에서 주장되었다.

졸저(2002)에서는 洪舜明이 編撰한 '類解'는 印刊하지 않은 채 司譯院에서 전해지고 있던 '倭語物明冊子'라고 추정하였다. 이 「倭語物名」은 英祖 癸未(1763) 通信使行의 當上譯官으로 隨行했던 崔鶴齡, 李明尹, 玄泰翼과 同使行의 當上譯官이었던 玄啓根, 劉道弘이 이를 校正한 일이 있으며[34] 그후 영조 丙戌(1766)에 對馬島의 致賀兼 致慰使로 다시 渡海한 堂上譯官 玄泰翼, 李命尹과 堂下譯官 玄泰衝이 이를 다시 讐正하여 『同文類解』(1748)와 『蒙語類解』(1768)를 간행할 때에 함께 印刷하고자 하였다.

그러나 이들이 中路에 破船하여 溺沒하였기 때문에 이는 허사가 되었고 그 결과 『倭語類解』만이 『蒙語類解』, 『同文類解』와 달리 後代에 간행하게 된 것이다(졸고, 1987). 다만 洪舜明의 <倭語物名>, 즉 전술한 '類解'는 現傳하는 『倭語類解』의 祖本이며 洪命福이 편찬한 『方言集釋』(1778)의 일본어에 그 흔적을 남기고 있다고 보는 학설이 유력하다(中村榮孝, 1961; 宋敏, 1968; 安田章, 1977).

現傳하는 『倭語類解』는 일본에 전해지고 있는 金澤庄三郎 博士의 舊藏本(현재 일본 駒沢大學 所藏)과 한국 국립중앙도서관에 所藏된 것이 있는데 졸고(1987)에 의하면 이 두 책의 『倭語類解』는 동일 板本이지만 金澤舊藏本은 後代에 刷出한 後刷本으로서 6葉의 板木이 없어져 筆寫하여 補綴하였고 많은 脫劃, 脫字, 誤校正이 보인다.

『倭語類解』와 같은 語彙集으로 중국어, 만주어, 몽고어와 함께 일본어를 具錄한 『方言集釋』이나 李儀鳳의 『古今釋林』(1789)에 收錄된 『三學譯語』가 있었지만 司譯院에서 일본어 학습에 실용된 것은 아니라고 본다.

---

33 『通文館志』(卷7)「人物」 '洪舜明' 條에 "[前略] 公質于日本人雨森東, 作長語及類解等書, 用於課試。[下略]" 이란 기사가 있어 '長語'와 '類解'와 같은 倭學書를 그가 지었음을 알 수 있다.

34 趙曮이 正使가 되어 英祖 癸未(1763)에 일본에 다녀온 通信使行의 전말을 쓴 『海槎日記』(1763년 成大中의 序)의 英祖癸未 12월 16日자의 기사 참조.

이외에도 일본 對馬藩의 象官들이 국어 學習用으로 편찬한 『隣語大方』을 崔鶴齡이 正祖 14년(1790)에 購納하여 司譯院에서 開板한 일이 있으며 이 책은 사역원의 일본어 교육에서 실용적으로 사용되었다는 기록은 찾을 수 없다.

V. 結語

5.0 이상으로 燕行, 通信使行과 譯官 敎材, 즉 외국어 학습 교재의 수정 에 대하여 고찰하였다. 朝鮮人들은 四書五經과 佛經의 漢文으로 배운 중 국어가 元代의 漢語와 차이가 있는 것으로부터 중국어의 시대적 변천을 깨닫게 되었다. 언어는 시간의 흐름에 따라 변하게 마련이며 이러한 언 어의 역사적 변화에 맞추어 사역원의 언어 학습 교재들도 수정과 개편을 거듭하였다.

그리하여 司譯院의 四學, 즉 漢語 학습의 漢學과 몽고어의 蒙學, 일본어의 倭學, 만주어의 淸學에서는 계속해서 자신들의 언어 교재를 언어의 변천에 맞추어 외국에 가는 使行을 통하여 修訂하였다. 燕行使와 通信使는 이러한 언어의 변천을 현지에서 확인하는 가장 적절한 기회였기 때문이다.

5.1 초기에는 漢語 교재를 수정하기 위하여 文臣들이 燕行使를 隨行하 며 교재를 수행하였는데 이들의 명칭은 朝天官, 또는 質正官이었다. 그러 나 成宗 때에 과거를 거치지 않은 崔世珍이 質正官으로 燕行使를 陪行하여 漢語와 漢吏文의 교재를 수정하여 온 다음부터 역관들이 文臣을 대신하 여 역관 교재의 수정을 위한 명목으로 使行을 수행하였다. 중종 32년 (1537)부터 역관 교재의 수정을 위하여 파견된 역관은 다만 그 명칭을 文 臣의 朝天官을 忌諱하여 質問從事官으로 하였다.

본 발표에서는 燕行使를 통하여 수정한 <노걸대>와 <박통사>의 예를 들어 역관 교재의 수정이 어떻게 이루어지는지 고찰하였고 이 두 한어 교재가 <原本>에서 <刪改本>으로, 그리고 다시 <新釋本>으로 개편되는 사실을 살펴보았다. <老乞大>의 경우는 이를 다시 수정하여 <重刊本>까지 간행하는 경위를 추적하였다.

5.2 通信使行의 경우도 역관 교재의 修訂은 동일하였다. 일본어 교재로
倭亂 이후에 거의 독점적으로 일본어 교재로 사용되던『捷解新語』도 제1,
2차에 걸친 改修와 重刊을 거치면서 이를 수정할 때에 반드시 現地에 가
서 고치도록 하였다. 英祖는 역관들이 현지에서 修訂한 것을 직접 보려고
할 만큼 使行에서 역관 교재의 수정에 관심을 가졌다.

이것은 韓半島가 갖는 地政學的인 이유로 주변 민족의 언어를 학습하
여 그들과의 접촉에서 언어로 인한 不通을 피하려는 강력한 언어 교육의
정책이 있었기 때문이라고 본다. 이런 정책으로 조선 司譯院의 외국어 교
육 방법과 그 교재는 오늘날의 현대적 방식의 언어교육에 비하여 遜色이
없었다. 그리하여 忠烈王 2년(1276)에 通文館이 설치된 이래 甲午更張
(1894)으로 司譯院이 폐지될 때까지 700년을 넘도록 일관되게 전문 언어
교육기관으로 유지하고 발전시킨 민족은 세계 어디에도 없을 것이다.

특히『倭語類解』의 예에서 본 것처럼 현지에서 교정되지 않은 교재는
校書館에서의 간행을 不許한 것은 언어의 현실성, 지역성을 강조한 것이
다. 이로부터 사역원의 역관 교재들은 지금까지 인류의 언어교재 중에서
가장 實用的이고 效用性이 크다는 평가를 받게 된다.

〈引用文獻〉가나다순

金澤庄三郎(1911);『朝鮮書籍目録』, 東京.
_____(1933);『濯足庵藏書六十一種』, 金澤博士還暦祝賀會, 東京.
Courant(1894~6); Maurice Courant: Bibliographie Corèenne, Tableau littèraire de la Corèe
        contenant la nomenclature des ouvrages publiès dans ce pays jusqu'en 1890, ainsi
        que la description et l'annalyse dètaillèes des principaux d'entre ces ouvrages. 3 vols.
        Paris.
中村榮孝(1961); "捷解新語の成立.改修および倭語類解成立の時期について,"『朝鮮學報』
        第19輯.
宋敏(1968);『方言集釋』의 日本語 'ハ'行音 轉寫法과『倭語類解』의 刊行時期,『李崇寧博
        士頌壽紀念論叢』, 을유문화사, 서울.
安田章(1977); "類解攷,"『立命館文學』No. 264 이것은 安田章(1980)에 再録됨.
_____(1980);『朝鮮資料と中世國語』, 笠間書院, 東京.
_____(1987); "捷解新語の改修本,"『國語國文』第56巻 第3號.

小倉進平(1940); 『增訂朝鮮語學史』, 刀江書院, 東京.
鄭光·南權熙·梁伍鎭(1998); "新發掘譯學書 資料 元代漢語 <舊本老乞大>," 제25회 국어학회 공동연구회 개인연구발표, 이 논문은 鄭光·南權熙·梁伍鎭(1999)로 다시 발표됨.
_____(1999); "元代 漢語 <老乞大>-신발굴 역학서 자료 <구본노걸대>의 한어를 중심으로-," 『국어학』(국어학회), 제33호, pp. 3~68.
졸고(1984); "捷解新語의 成立時期에 관한 몇 문제," 『牧泉兪昌均博士 還甲紀念論文集』, 大邱.
____(1985); "『捷解新語』의 伊路波와 『和漢名數』," 『德成語文學』(德成女大 國語國文學科) 第2輯.
____(1987); "『倭語類解』의 成立과 問題點-國立圖書館本과 金澤舊藏本과의 비교를 통하여-," 『德成語文學』(德成女大 國語國文學科) 第4輯.
____(2013); " 司譯院의 倭學における仮名文字教育," 第5回 國際譯學書學會 開幕基調講演, 일시: 2013年 8月 2日 10:15~11:15, 장소: 일본 京都大學 人文學硏究所, 이 논문은 수정을 거쳐 『朝鮮學報』(日本 朝鮮學會), 제231집(2014)에 수록될 예정임.
졸저(1988); 『司譯院 倭學 硏究』, 太學社, 서울.
____(2002); 『譯學書 硏究』, J & C, 서울 700面.
____(2014); 『조선시대 외국어 교육』, 김영사, 서울.
浜田敦(1958); "倭語類解 解說," 『倭語類解』影印(本文·國語·漢字索引), 京都大學文學部 國語學國文學研究室編, 京都.

5

清 道光, 咸豊 시기 中朝 学人들의 교류
-张曜孙과 李尚迪의 교류를 중심으로-

孫衛國(南开大学历史学院, 中国天津)

I. 서론

1637년 조선은 핍박에 의하여 清에 臣服하였으며 청의 藩国이 되었다. 그러나 조선의 君臣은 상당히 오랜 시간 동안 강렬한 反清 의식을 갖고 있었다. 비록 정치적으로는 清의 藩国이었으나 여전히 "존주사명(尊周思明)"을 명분으로 삼아 청을 오랑캐로 간주하고 문화적으로는 청을 멸시하였다. 건륭 30년(1765) 洪大容은 북경에서 엄성(嚴城) 등 3명의 절강여인(浙江举人)들을 만나게 되며 더불어 "七日雅会"가 열렸는데 이것이 조선사인(朝鮮士人)과 청조학인(清朝学人) 간의 교류의 문을 연 시초였다. 조선 연행사(燕行使)들은 홍대용의 족적을 따라 燕行의 기회를 빌려 북경에 와서 적극적으로 청 학인들과 접촉하였다. 그들은 시를 읊고 문장을 논하고 학술을 탐구하고 사상을 교류하고 우정을 나누었다. 중조학인(中朝学人) 대교류의 시대에 진입했던 것이다. 시간이 흘러 도광, 함풍시기에 이르러 중조 학인들의 교류는 새로운 양상을 보이기 시작하였다. 교류 쌍방의 만남 여부는 더는 중요하지 않게 되었다.

심지어 얼굴을 본 적도 없는 경우가 있었지만 오랜 세월 동안 꾸준히 서신을 통하였다. 뿐만 아니라 교류는 단지 두 사람만의 일이 아니게 되었으며 그룹화, 가족화의 특징을 보여주게 된다. 장요손(張曜孫)과 이상적(李尚迪)의 교류가 바로 이 시기의 전형적이고 대표적인 사례이다. 중조(中朝) 학술계에서 이미 이들 두 사람의 사귐에 대하여 적지 않은 논저를 발표하였으며 또한 꽤 啓發性이 있었음에도 불구하고 필자는 새로운 시각으로 이들의 교류를 고찰함으로써 함풍, 도광 연간의 중조 學人 교류의 새로운 특징을 밝혀 국내외 전문가들의 가르침을 받고자 한다.

II. 장요손의 집안과 이상적과의 첫 만남

이상적(1803-1865)은 字가 혜길(惠吉)이고 号는 우선(藕船)이며 태조 이성계의 후예로서 이른바 "簪缨世冑", 즉 대대로 관직을 지내온 집안의 자손이다. 그는 通事로서 역관을 맡았는데 조선과 같은 등급사회에서 그의 지위는 결코 높은 것이 아니었다. 그는 金正喜의 가르침을 받은 적이 있으며 시에 능하고 그림을 잘 그렸다. 사행의 역관을 맡으면서 선후로 純祖29년(1829), 純祖31년(1831), 憲宗2년(1836), 憲宗3년(1837), 憲宗7년(1841), 憲宗8년(1842), 憲宗10년(1844), 憲宗13년(1847), 哲宗4년(1853), 哲宗9년(1858), 哲宗14년(1863), 高宗 원년(1864)에 걸쳐 총 12차례 중국에 왔으며 많은 청조 관원 및 士人들과 알고 지냈다.

이상적은 일찍이 《怀人诗》와 《续怀人诗》을 지어 우정을 나누었던 청의 士人들을 懷念하였는데 그 인수가 백 명이 넘을 정도였다. 시는 감정이 진실되고 절절하여 뭇사람들을 탄복하게 하였다. 그 중 장요손과의 관계가 유달리 더 주목되는데 이는 그와 청조 학인들과의 교류를 분석하는 데 하나의 案이 될 수 있겠다.

장요손(1807-1862)은 江苏 武进 사람이며 문인집안(书香门第)에서 태어났다. 그의 伯父 张惠言(1761-1802)은 清代의 저명한 词人이며 散文家였다. 嘉庆4년(1799)进士로서 翰林院 庶吉士에 임명되었다가 다시 实录馆의 纂修官으로 발령 되었다(嘉庆四年進士 改庶吉士 充實錄館纂修官). 가경 6

년에 會試 전의 심사를 거친 뒤 성지를 받아 六部 소속이 되었다가 朱珪의 奏를 통해 다시 翰林院 編修로 임명되어 죽을 때까지 있었다(六年散館 奉 旨以部屬用 朱珪奏改翰林院編修 卒于官).

张惠言은 일찍이 经学을 공부하였으며 骈文辞赋에 능하였다. 후에 桐城派 刘大櫆의 弟子 王灼 등의 영향을 받아 같은 동네에 살던 恽敬과 함께 唐宋古文을 연구하고 骈文과 散文의 장점을 융합하여 스스로 一派를 만들어 阳湖派을 창시하였다(与同里恽敬 共治唐宋古文 欲合骈散文之长以自鸣 开创阳湖派). 장요손의 父亲 张琦(1764-1833)는 그 형인 张惠言이 젊어서 돌아가자 크게 상심, 절망하여 秀才에 합격하여 入学한 生員 신분을 포기하고 사람을 치료하는 데 자신의 뜻을 기탁하였으며(邃嗒然意尽 弃诸生 以医自寓) 후에 醫를 업으로 삼았다. 嘉庆 癸酉(1813)에 举人에 합격하였으며 甲戌(1814)에 进士에 합격하였다. 道光 癸未(1823)에야 知县에 서용되어 邹平 县事을 맡았는데 그 때 나이 이미 60이었다.

张惠言과 张琦는 모두 淸代 晚期의 著名한 词人으로서 常州词派의 重要한 대표자이다. 张琦의 夫人 汤瑶卿(1763-1831)은 常州 명문가 출신으로서 문장을 알고 詩에 능하였다. 그들은 四女二子가 있었는데 장자는 요절하고 四女는 모두 재능이 뛰어나 꽤나 명성이 있었으며 모두 시문집을 후세에 전하고 있다.

長女 张㵤英은《澹菊轩初稿》四卷, 詞 一卷이 있어 사람들이 澹菊轩夫人이라고 불렀다. 次女 张姗英은《纬青遗稿》一卷이 있는데 결혼 후 얼마 되지 않아 죽었다. 三女 张纶英은《绿槐书屋诗》三卷이 있으며 四女 张纨英은《邻云友月之居诗》四卷,《餐枫馆文集初编》二卷이 있다. 㵤英은 또 이외에《国朝列女诗录》가 있어《撷芳集》과《正始集》의 부족함을 메웠다.

장요손은 막내 아들이다. 당시 가난하고 약하고 잘 나가지는 못해도 이른바 명문으로 알려진 집안이 바로 대남문의 장씨집안이었다(雖贫弱 不达而为名族称大南门张氏). 장요손은 바로 이러한 詩書 세가에서 태어났던 것이다.

장요손은 字가 仲远이고 号는 升甫이며 만년의 号는 复生이었다. 嘉庆 12년(1807) 생이다. 道光23년(1843)에 举人에 합격하고 26년에 湖北의 候补道가 되었으며 선택을 거쳐 武昌 知县을 제수 받고 이듬해에 知州를 加

衔 받았다. 咸丰 원년(1851)에 汉阳 知县으로 옮겨 제수 받고 汉阳 同知로
발탁되었다. 이듬해에 太平军이 汉阳과 武昌을 함락하자 스스로 목을 매
었다가 실패하여 관직을 파면 당하였으나 곧 복직되었다.《楚寇纪略》에
있다. 咸丰5년(1855)에 胡林翼이 督粮道로 위임하였으며 7년에는 道员으
로 补用되었다. 咸丰10년에 관직을 파면 당하였다. 同治2년(1863)에는 曾
国藩을 위하여 营务를 맡았다. 장요손은 举人이라는 功名을 얻었을 뿐이
지 일생을 중하급 관원인 지방 小官으로 지냈다.

그러나 실제로 장요손은 다재다능한 사람이었다. 그는 부친을 계승하
여 醫業에 종사하여 의학에 꽤 조예가 깊었다. 그의 부친도 "曜孙生而知
医，君以为胜己"라고 하면서 의술이 자신을 넘어섰다고 칭찬하였다. 尖
外本《清史稿》다음과 같은 기록이 있다.

> 阳湖张琦，曜孙，父子皆通儒，以医鸣。取黄元御扶阳之说，偏于
> 温。曜孙至上海，或劝士雄往就正，士雄谢之。号叶氏学者，要以士
> 雄为巨擘，惟喜用辛凉，论者谓亦稍偏云。 - 양호파의 장기, 장요손
> 부자는 모두 유학에 통탈하고 의술로 이름을 날렸다. 황원경의 부양
> 지설을 취하였지만 그 처방은 따뜻함에 치우쳤다. 요손이 상해에 가
> 서 늘 사웅에게 가르침을 청했으나 사웅은 거절하였다. 섭씨학자라
> 칭하는 사람이 사웅을 으뜸으로 삼고자 하였는데 유독 맵고 차가운
> 처방을 쓰기 좋아하여 사람들은 역시 한쪽으로 약간 치우쳤다고 평
> 가하였다.

장요손은 특히 산부인과 영역에서 성과가 있었는데《产孕集》이라는
책 한권을 남겼다. 이 책은 二卷으로 되어 있으며 道光 연간에 처음 간행
되었다. 장요손은 道光 庚寅(1830)에 스스로 지은 序에서 다음과 같이 말
하였다.

> 岁在己丑(1829)，家君宰馆陶，余随侍官廨，民有疾苦，踵门求
> 治，辄为除之。而难产之患，同于江左……由此观之，无辜而死者盖
> 多已。夫杀卵妖夭，先王所禁，况在人类？体仁利物，儒者之事，况

在斯民！用是考核原委，该约大旨，著为此书。冀以绝其流弊，豫为常变。穷理之士，或无诮焉？- 기축년에 아버님이 馆陶(지명)를 掌管하고 계셔서 나도 관아에 들어가 시중을 들었다. 백성들이 질고가 있어 끊임없이 찾아와 치료를 원하였는데 그때마다 바로 치료해 주었다. 이곳에서도 難産이라는 질환은 江左(江東)과 다름이 없었다……이렇게 보아하니 무고한 자가 죽은 경우가 수없이 많았다. 대저 杀卵과 妖夭는 선왕이 금하던 바였는데 하물며 사람이거늘. 体仁利物 하는 것이 儒者의 일이거늘 하물며 백성임에야. 이로써 근원과 이유를 고찰하고 주요한 내용을 갖춰 요약하여 이 책을 지음으로써 流弊를 끊고 변화에 미리 대처하기를 희망하는바, 도리를 깊이 탐구하는 선비들이 혹여 꾸짖지는 않을 것이다.”

이 책은 총 十三篇으로 상, 하 二卷으로 구성되었다. 장요손이 세상을 하직한 지 얼마 지나지 않아 이 책은 다시 간행되었다. 同治 7년(1868)에 包诚은《重订产孕集序》에서 아래와 같이 서술하였다.

阳湖张氏仲远，以名孝廉服官楚北，所在有声。幼精医理，奉母汤太夫人命，著《产孕集》。其卷分上下，为类一十三门。条析病状，援据方书，胪列治法，约略已备……仲远生前曾向予言，此集虽已行世，所惜遗漏尚多，今后有暇，续作补遗，因循未果，每以为憾。今集重订刊成，予据所见所闻，博采约收，更作补遗，以续其后。- 양호파의 장중원은 孝廉으로 楚北에서 관직을 지냈는데 그 곳에서 명성이 있었다. 어려서부터 醫理에 정통하여 모친인 汤太夫人의 명을 받들어《产孕集》를 지었다. 책은 上, 下 2권으로 나뉘어져 있고 총 13장으로 분류된다. 조목마다 病状을 분석하고 方书에 근거하여 치료방법을 일일이 설명하여 이미 대략을 갖추었다. …仲远은 생전에 나한테 말하기를 이 책이 비록 이미 세상에 나왔으나 애석하게도 아직 遗漏가 많아 금후 시간이 되면 빠뜨린 것을 보충하고 싶다고 하였다. 그러나 결국 실행하지 못해 늘 유감스럽게 생각하였다. 이에 다시 간행하는 바, 내가 보고 들은 것들을 광범위하게 받아들여 보충함으로

써 그 뒤를 잇고자 한다.

光绪 24년(1898)의 重刊本도 있다. 张曜孙의 의술에 대해서 李尚迪의 스승 金正喜 역시 상당히 탄복하고 있었다. 김정희는 비록 장요손을 한번도 만난 적이 없지만 다른 사람에게 보내는 편지에서 이렇게 언급하였다.

张仲远世守黄法。仲远父子，医理极精。第以燥土降逆暖水蛰火之法，为问得其药方，并叩现证，要一良剂似好，伏未知如何？燥土降逆之法，恐有相合处矣。卸却重担，夬理闲装，消摇林泉，寔为胜服清凉几剂，然未敢知果能谐此否。- 장중원은 대를 이어 黄法(黄元御의 扶阳之说)을 고수하였고 중원부자는 医理에 매우 정통하였습니다. 오로지 燥土降逆, 暖水蛰火의 방법을 묻고 그 药方을 얻은 뒤 현 증세를 叩診하여 良剂 한 첩을 요구하면 좋겠는데 어떠할지 모르겠습니다. 燥土降逆之法이 아마도 서로 맞을 것 같습니다. 무거운 짐을 내려놓고 편한 옷으로 정리해 입고 林泉을 한가롭게 돌아다니는 것이 진실로 청량한 약 몇 첩을 복용하는 것보다 나을 것인데 하지만 결과를 미리 알 수 없으니 실행할 수 있을지 모르겠습니다.

당시 김정희는 痰火가 攻心하여 몸이 몹시 허약해 있었다. 그리하여 친구와 치료방법을 의논하면서 장요손의 의술에 대해 언급하였던 것이다. 그는 북경으로 가는 친구에게 부탁하여 장요손의 가르침을 받아 질병을 치료하는 방법을 구해오기를 바랐다. 이로써 장요손의 의술이 조선 문인들과 교류하는 과정에서 하나의 技能으로 작용했음을 알 수 있다.

장요손은 소설과 시문, 篆刻등 방면에도 조예가 있었다. 《谨言慎好之居诗集》十八卷이 있고 또 《续红楼梦》二十回가 있는데 미완성 원고에 속한다. 원래 周绍良 先生이 소장하고 있었는데 周先生은 《红楼梦书录》에서 위의 책에 대해 다음과 같이 소개하였다.

张曜孙撰。二十回。稿本，共九册，第一册末题：徐韵廷抄。书前有签云：此书系张仲远观察所撰，惜未卒业，止此九册，外间无有流

传。阅后即送还，勿借他人，致散失为要。阅后即送北直街信诚当铺
隔壁余宅，交赵姑奶奶(即万保夫人)。正文每面八行，行二十五字。-
张曜孙이 지은 것이다. 二十回 원고로서 총 아홉 책이다. 첫 책의 말미
에 徐韵廷抄라고 되어있다. 책 서두에 다음과 같이 쓰여 있다. 이 책
은 张仲远이 관찰하고 찬술한 것이다. 애석하게도 끝을 맺지 못하여
九册에 그쳤다. 外间에 전해 진 것이 없다. 읽은 뒤 즉시 돌려주며 타인
에게 빌려주어 散失이 되지 않게 하는 것이 중요하다. 읽은 뒤에 즉시
北直街에 있는 信诚 전당포 옆 나의 집에 있는 赵姑奶奶(즉 万保夫人)
에게 교부한다. 正文은 한 쪽에 8줄로 되어 있으며 한 줄에 25자이다.

장요손의 篆刻은 김정희의 칭찬을 받기도 하였다. 金正喜는 权彝斋에
게 보내는 편지에서

　　东海循吏印，自家仲转示，闻是张曜孙所篆云，大有古意，是完白
山人嫡传真髓，恨无由多得几颗。从前以刘柏邻为上妙者，尚属第二
见矣，览正如何。-동해에서 吏印을 좇다가 집 둘째의 손을 거쳐 보
게 된 것이 있습니다. 张曜孙의 篆이라고 하는데 옛 정취가 물씬 풍겼
습니다. 完白山人의 嫡传 真髓인데 몇 알을 더 얻을 수 없는 것이 한입
니다. 예전에 刘柏邻을 최고로 쳤었는데 오히려 두 번째로 보입니다.
비교하여 다시 바로잡는 것이 어떠합니까?

라고 하면서 장요손의 篆刻 수준에 대해 아주 높은 평가를 내렸다. 그의
印章을 받은 뒤에 김정희는 심지어 篆刻 분야에 관련된 인물들에 대한 평
가도 다시 하였다.
　　장요손의 친구들도 그에 대하여 높이 평가하였다. 杨淞은 李尚迪에게
편지하여 장요손을 찬양하기를

　　仲远叔，今往京陵，其医、其诗词、其骈文，当世有识者咸重之。
而其人行谊可风，五伦中几无遗憾。相知中，未有能及者。恐世人未
尽知，坩告执事，当必谓然。-仲远叔는 지금 京陵에 갔습니다. 그의

의술, 그의 詩詞, 그의 骈文에 대해서 요새 세상에서 유식한 자들은
모두 평가가 높습니다. 또한 그의 인품 역시 본받을 만하여 五伦 중에
거의 遺憾이 없지요. 아는 사람 중에 그를 따를 자가 없습니다. 하지
만 아마 세상 사람들이 다 알지는 못할 것입니다. 执事에게 附告하면
필히 그렇구나 할 것입니다.

라고 하였는데 그 평가가 높기를 비교할 상대가 없을 정도였다.

이상적이 처음 通事 신분으로 중국에 왔을 때는 道光 9년(1829, 纯祖 29
년)이었는데 冬至兼谢恩使를 수행하여 북경에 온 것이었다. 장요손을 알
게 된 것은 그가 3번째로 중국에 왔을 당시였다. 장요손이 스스로 말하
기를,

道光丁酉(道光十七年, 1837)孟春, 与藕船仁兄相识, 匆匆握别,
未畅所怀。越六月, 复以使事来都, 晤于客馆。意外之遇, 喜慰无
量, 爰赋五言一章奉赠, 以志踪迹, 即乞削正, 而见答焉。- 道光 丁酉
(道光17년, 1837) 孟春에 藕船 仁兄과 相识하고 匆匆히 握别하여 마
음껏 회포를 나누지 못하였다. 6개월 후에 다시 사행으로 북경에 와
서 客馆에서 만나게 되었다. 뜻밖의 만남이라 크게 기쁘고 위로가 되
었다. 이에 五言一章 시를 지어 奉赠하여 그 종적을 기념하였으며 바
로 削正을 요구하니 답을 해 주셨다.

라고 하였다. 위에서 알 수 있듯이 장요손과 이상적이 처음 만난 것은 道
光 17년(1837) 초봄 즈음이었을 것이다. 그 때 비록 얼굴을 익혔지만 이야
기는 거의 나누지 못하였던 것으로 추정된다. 6개월 뒤 이상적이 4번째
로 중국에 왔을 때 그들은 客馆에서 뜻밖의 만남을 얻게 되어 크게 기뻐
하였으며 그 때로부터 친구로 사귀고 詩詞로 서로 唱和하였다. 장요손은
시에서 읊기를,

论交合行藏, 所志在道德。
大廷与空谷, 同气皆莫逆。

况逢远方才, 业术互赏析。

清怀感蘅芷, 高义订金石。

萍踪寄天壤, 睽合慨浮迹……

盛时无中外, 薄海同一域。

所嗟迫人事, 尘网各羁勒……

沧波鉴此盟, 相要永无极。

라고 하였다. 시에서 알 수 있듯이 그들은 2번째 만남에서야 사귀기로 하고 잦은 교류를 시작하였던 것이다. 이 둘은 세상을 하직할 때까지 30년에 가까운 세월 동안 우정을 나누었으니 탄복하지 않을 수 없다. 앞의 몇 세대의 中朝学人의 교류와 비교하여 그들의 교류는 또 새로운 특징을 나타낸다.

장요손과 리상적의 교류는 대체적으로 3개의 단계로 나눌 수 있다. 1단계는 1837년의 첫 만남과 두 번째 만남으로서 당시 장요손은 아직 공명을 이루지 못하던 때였다. 2단계는 1842년부터 1846년까지인데 이 기간에 그들은 북경에서 두 번 만나고 두 차례의 雅会를 열었으며 그로 인해《海客琴尊图》,《海客琴尊第二图》및 관련된 詩文들을 남겼다. 이 기간에 장요손은 1843년에 举人에 합격하여 仕途를 걷기 시작하였다. 3단계는 1846년 이후로서 이 시기 장요손은 南下하여 北京을 떠나 湖北 候补道가 되었고 또 武昌 知县을 제수 받았다. 이때로부터 그들은 영원히 만날 기회를 얻지 못하였다. 하지만 피차의 정은 더욱 두터워졌고 그리움도 더 깊어졌다. 편지를 주고받으며 마음을 담아 보냈고 詩文으로 唱和하면서 감정을 표현하고 그리움을 기탁하였다. 이들 교류의 배후에는 가족과 士人 집단의 그림자가 있었는데 이는 서로간의 서신왕래를 통해 나타났으며 새 시대의 새 특징을 보여주는 것이라 할 수 있다.

Ⅲ. 李尚迪과 張曜孫으로 대표되는 淸士人 그룹의 교의(交誼)

이상적(李尚迪)은 道光 9년(1829)에 처음으로 북경을 방문한 후, 同治 3년(1864)에 마지막으로 북경에 올 때까지 35년 동안 12번 방문하였다. 이 것은 조선사행 인원 중에서는 상당히 드문 일이다. 그는 통역관으로 한어(漢語)가 능숙하여 청인(淸人)과의 교류에는 전혀 문제가 없었다. 그가 적극적이고 능동적으로 청조사인(淸朝士人)과 교류할 때마다 오래된 친구들과 만날 뿐만 아니라 새로운 친구들과도 친교를 나눴다. 한번 만난 사람과는 여러 가지 수단을 강구하여 관계를 유지하도록 하였다. 북경에 올 때마다 오랜 친구들을 만날 수 없다 해도 편지나 예물(禮物)을 남겨 두고 북경에 주재하는 친구에게 전해 줄 것을 부탁하였다. 그는 친교를 맺은 중국인 친구들 사이에 상호적인 소개가 이루어짐으로써 그룹이 형성되고, 서로를 연결하는 네트워크가 구성되었다.

실제로, 당시 청조(淸朝)의 문인 사이에서는 자주 시회(詩會)나 문회(文會)가 거행되고 있어서 시사단체(詩社団体)도 형성되어 있었다. 예를 들면, 嘉慶 9년(1804)에는 남방의 성(省)을 본적으로 하는 소경관(小京官)과 문인(文人)이 북경에서 선남시사(宣南詩社)를 창설하고, 잇따라 입사한 사람으로는 도주(陶澍), 주지기(周之琦), 전의길(錢儀吉), 포계성(鮑桂星), 주위필(朱為弼), 반증기(潘曾沂), 오숭량(吳嵩梁), 임칙서(林則徐) 등 30여 명이 있다. 이상적이 최초로 북경에 왔을 때에는 오숭량과 알게 되어 좋은 친구가 되었다.

그 때문에 선남시사(宣南詩社)의 활동에도 몇 번이나 참가하고, 청인(淸人)과의 교제의 범위를 한층 넓혔다. 後来又有 "江亭文人", "是指道光九年至二十年以北京宣南'江亭'為中心, 由修禊、雅集活動而形成的士人群体."。 주로 왕희손(汪喜孫), 황작자(黃爵滋), 부조륜(符兆綸) 등이 이상적의 교우관계에 있어서 또 하나의 중요한 그룹이 되었다. 30년 이상에 이르는 청대 문인과의 교류에 있어서 이상적은 선남시사(宣南詩社), 완원학파(阮元学派), 「강정아집(江亭雅集)」, 상주(常州)지역 문인, 「고사아계(顧祠雅禊)」 문인과 광범위한 관계를 쌓아 올렸다.

장요손(張曜孫)은 상주(常州)지역의 중요한 문인이고, 그 외의 사단(社団)과도 밀접한 관계를 갖고 있었다. 이상적이 청조(清朝) 문인과 알게 되는 방법은 주로 청대 문인의 「아회(雅会)」에 참가하는 것이었다. 아회가 열릴 때 청인(清人)과 시를 읊고 부(賦)를 짓고, 글씨를 쓰고 그림을 그리며 화제시(畵題詩)를 창화(唱和)하는 것이 그들의 중요한 교류 스타일이 되었다. 장요손(張曜孫)과 이상적(李尚迪)의 교류에 대한 에피소드를 분석함으로써 당시의 조선사행(朝鮮使行) 인원과 청조사인(清朝士人)의 교류 스타일을 해부할 수 있다.

이상적의 거처는 「해린서옥(海隣書屋)」이라고 불리었다. 이상적의 제자인 김석준(金奭准)이 편집한 『우선정화록(藕船精華録)』에 김석준이 쓴 『이우선선생전(李藕船先生伝(李藕船先生伝)』이 수록되어 있다. 其曰：「噫，卅余載与中州人交游寖寖者(王鴻尺牘)，自公卿大夫以至山林詞客，咸有投贈，顔其書屋曰海隣(《顧盧紀事》)。乃自題一聯曰：懷粤水呉山燕市之人，交道縦横三万里；藏斉刀漢瓦晋磚于室，墨縁上下数千年(符葆森《国朝正雅集詩注》)。」여기에서 알 수 있듯이, 이상적은 자신이 서방을 「해린서옥(海隣書屋)」이라 칭하고, 청인(清人)이 이상적에게 쓴 편지를 수록한 『해린척소(海隣尺素)』에 50인 이상의 청인이 이상적에게 보낸 편지를 수록하고 있는데, 장요손(張曜孫)의 편지가 가장 많고, 장요손이 이상적에게 보낸 편지 21통 중에 『해린척소(海隣尺素)』는 10통을 발초하고 있다. 그것과는 별로도 청인과 이상적이 창화(唱和)했던 시문인 『해린서옥수장중주시(海隣書屋收藏中州詩)』도 있어 초본(鈔本)이 전해지고 있다. 모두 100여 페이지, 그 중에는 장요손이 이상적에게 보낸 시문 31수(篇)가 수록되어 있어 가장 많다. 이상적은 그 문집에도 장요손에게 보낸 많은 시문을 수록하고 있다.

장요손(張曜孫)과 이상적(李尚迪)의 교류에 관한 에피소드는 『해객금존도(海客琴尊図)』, 『해객금존제이도(海客琴尊第二図)』, 『춘명륙객도(春明六客図)』라는 세폭의 「아집도(雅集図)」에 충분히 자세하게 나타나 있다. 이미 앞에서 언급한 바와 같이 이상적이 장요손과 알게 된 것은 丁酉(1837)년 이름 봄에 이상적이 3번째 북경을 방문했을 때이고, 같은 해 여름에 이상적이 4번째 방문했을 때 친교를 맺었다. 李尚迪自言："丁酉夏,

君与余燕集于偉卿留客納涼之館。"。장요손 누나의 남편인 오정진(吳廷
鉁)의 집에서 거행된 아회(雅会)에서의 교제이다. 그후 오정진은 이 때의
아회(雅会)를 한폭의 그림으로 그려『해객금존도(海客琴尊図)』라 이름지
었다. 이것이 장요손과 이상적의 사귐을 증명한다. 장요손은 이 그림을
매우 중시했다. 道光 19년(1839)에 그는 특별히『자제해객금존도(自題海
客琴尊図)』라는 시 한수를 썼다.

> 黄金台空马骨死，此地胡为著张子；十年作赋思问天，不信天门竟
> 万里。一车碾破长安尘，挥洒不惜丹壶春；士安多病辑灵素，扁鹊鬅
> 技游齐秦。朝出都门暮九陌，溽暑严寒苦相逼；满目疮痍望救心，微
> 权斟酌回天力。儒冠儒术诚无用，倒屣公卿绝矜宠；卤莽时名得失
> 休；消磨心力年华送。莺花尺五东风天，玉骢金勒多少年；主人怜我
> 苦抑轖(谓吴比部伟卿留客纳凉之馆)，手辟三径供流连。一笑纷纷皆热
> 客，歌笑无端激金石；野性难辞轸盖喧，同心零落岑苔迹。忽然海客
> 天外来，握手便觉忘形骸；漂流人海渺一叶，眼底直已无群材。招要
> 裙屐蓬门开，胜赏那复辞深杯；高吟一篇琴一曲，天风海水浮蓬莱。
> 欢宴方阑促征役，客归我亦还江国；倦侣栖迟白下游，神交浩荡沧溟
> 隔。吴君知我忆旧游，写出新图增感激；事业中年剩友朋，遭逢一例
> 伤今夕。青山青青白日白，良会浮生几回得；但结清欢便不孤，苦求
> 知己终何益。批图我正感索居，驿使忽送双鱼书；謪仙文彩秀东国(时
> 适得朝鲜李藕船书，索作分书并刻印石)，爱我翰墨如明珠。鲸波千丈
> 招灵桴，银台琼馆神仙都；挥弦独赏伯牙曲，痛饮好卧长房壶。相携
> 世外足千古，局促尘壤胡为乎？呜呼，局促尘壤胡为乎，古来骐骥骎
> 耳多盐车。(道光十九年三月张曜孙自题于白门节署，右拙诗呈政并乞
> 题赐征咏。)

이 시는『해객금존도(海客琴尊図)』의 유래를 정확하게 설명하고 있다.
즉, 오위경(吳偉卿)이 장요손을 위해서 그린 그림이다. 道光19년(1839) 3
월에 장요손은 이 시를 쓰고, 이상적과의 친교를 맺었을 때의 일을 깊이
표현했다. 그의 마음속 격동은「忽然海客天外来，握手便觉忘形骸；漂流

人海渺一叶，眼底直已无群材」。이상적과의 교우(交友)라는 기쁨의 정은 표현하기 어려운 일인 동시에 이상적에 대한 경의와 교제하고 싶은 희망을 나타내고 있다.

장요손은 이 시를 이상적에게 보내고, 이상적도 창와(唱和)할 시를 썼다. 其日：「有酒如澠琴一曲，竹深荷净无三伏。醉来握手貴知音，后会宁嘆難再卜。靑衫何事滯春明，書劍飄零誤半生。痛飲离騷為君読，大海茫茫移我情。」．같은 감정을 나타내고 있다. 후마 스스무(夫馬進) 선생님이 언급한 바와 같이, 홍대용(洪大容)과 엄성(嚴城)의 교류에 있어서는 동아시아의「情」의 세계가 나타나 있는데 장요손과 이상적이 교류할 때 이러한「情」의 세계가 이어지고 있다.

道光 25년(1845) 정월에 이상적이 7번째 북경을 방문했을 때 장요손과 청 사인은 다시 아회(雅會)를 거행했다. 장요손이 편지에서 말한「自道光乙巳(二十五年)，与閣下重晤于京師，作《海客琴尊弟(第)二図》」。이것은 그들의 세 번째 대면이자 마지막 대면이었다. 그 후, 그들은 더이상 재회할 기회가 없었지만 친구사이인 그들에게 아무런 영향을 미치지 않았다. 이 대면 후, 장요손은 오관영(吳冠英)에게『해객금존도(海客琴尊図)』의 제2도를 그리도록 부탁했다. 그림에는 18명이 그려 있었다. 이상적은 말한다. 「入画者比部吳偉卿、明府張中遠、中翰潘順之補之及玉泉三昆仲、宮賛趙伯厚、編修馮景亭、庄衛生吏部、姚湘坡工部、汪鑒斋明経、張石州孝廉、周席山、黄子乾侍御、陳頌南、曹艮甫、上舍章仲甘、吳冠英。冠英画之，共余為十八人也」。이 아회(雅會)에는 18명이 참가하고 이상적을 뺀 17명은 모두 청조(淸朝)의 사인(士人)이고 그들은 하나의 그룹을 구성하고 있었다. 이상적의 시이다.

十载重揩眼，西山一桁青。题襟追汉上，修稧续兰亭。颜发俱无恙，庄谐辄忘形。今来团一席，昔别隔层溟。记否怀人日(尝于癸卯燕馆人日，得张中远、王子梅书，有诗记其事)，依然逐使星。马谙燕市路，槎泊析津汀。往迹寻泥雪，良缘聚水萍。延陵佳邸第，平子旧居停(燕集于吳伟卿此部留客纳凉之馆，时中远寓此)。冻解千竿竹，春生五叶蓂(时乙巳新正五日也)。胜流皆国士，幽趣似山扃。投辖从君饮，

焦桐与我听。杯深香滟滟，调古韵泠泠。此日传清散，何人赋罄瓶。
愿言钟子赏，休慕屈原醒。北海存风味，西园见典型。古欢等观乐，
中圣剧谈经。文藻思焚笔，词锋怯发硎。已知交有道，矧感德惟馨。
海内留图画，天涯托性灵。百年几相见，万里即门庭。

　　장요손과의 두터운 우의(友誼)가 깊이 표현되어 있다. 당시 장요손은
이미 북경을 떠나 호북(湖北)에 상주하여 교통이 불편했기 때문에 이상
적의 소식을 들을 수가 없었다. 장요손은 1849년이 되어 『은송당집(恩誦
堂集)』에 있는 이 시를 읽고, 간신히 『독은송당집차존제해객금존제이도
시운(読恩誦堂集次尊題海客琴尊第二図詩韵)』을 지어 시에서 말했다. 「初
識藕船，犹未通籍，甲辰奉使来都，秩三品矣」。此詩曰：「天外伝詩册，披
吟眼倍青。壮懷千万里，游迹短長亭……」。之後再接 『奉懐再次前韻』曰：
「三載東瀛梦，滄波万里青；旧歓留画卷、別思恋旗亭……」。
　　이 시의 뒤에는 이렇게 적혀 있다. 「七言近体及前首，皆前蔵之作，冗雑
未能奉寄，頃以振灾居村寺者半月，稍得余暇，因写前詩并綴此編。夜寒呵
凍，不复成字。己酉冬至后十日曜孫并記」。이 시는 己酉(道光29년, 1849
年) 겨울에 지어졌다. 이 때 장요손은 호북(湖北)에서 재해를 입은 사람들
을 구제하고 있었다. 하늘은 춥고 땅은 얼어붙는 시기에 여전히 이상적
의 시와 창화(唱和)하는 것을 생각하고 있었다. 시에서는 절절한 마음과
감격스런 정을 표현하고 있다. 두 번의 아회(雅會)를 통해서 아회의 정황
에 근거하여 그림을 그리고 다시 이 그림을 위해서 저쪽과 이쪽에서 시
를 지어 주고 받으며 그리움의 정을 표현하는 것이 그들의 교류 스타일
이 되었다. 수 천리를 사이에 두고 헤어져서 수년 동안 소식을 알 수 없었
음에도 불구하고 그들의 마음속에는 쭉 멀리 있는 친구가 자리잡고 있었
다. 이 한 폭의 그림과 시 몇 수가 그들의 친밀함을 증명하는 것이었다.
　　1845년 봄에 있었던 북경에서의 만남은, 이상적과 장요손에게 있어서
상당히 중요한 것이었고, 이상적과 청조학인(淸朝學人)의 교류에 있어서
중요한 해이기도 하였다. 『해객금존제이도(海客琴尊第二図)』외에 오관
영(呉冠英)은 『춘명륙객도(春明六客図)』를 그리고, 공헌이(孔憲彝)는 『제
춘명륙객도병서(題春明六客図并序)』를 만들었다. 「乙巳(1845)春，余与

張仲遠、陳梁叔、黃子乾三君，同応部試在京。王子梅走書介仲遠，乞貌于
是図，以事未果。既而，余与三君皆報罷，仲遠詮武昌令，将先后出都。仲
遠復申前請，遂合写一卷，寄子梅于済南。六客者，仲遠、梁叔、子梅与
余，及朝鮮使臣李君藕船也。余与李君実未識面，今読子梅自記之辞曰：風
瀟雨晦，独居岑寂之時，展視此図，不啻見我良友，何其情之篤欤？率賦二
截句以志意。他日春明重聚，或践六客之約，則此卷以為嚆矢矣。」。

　여기에서 알 수 있듯이『춘명륙객도(春明六客図)』는 1845년에 그들이
북경에서 만난 것을 제재로 창작된 한 폭의 그림이다. 그들이 이상적과
교류하고 있을 때 장요손 등 4명은 북경에서 있을 회시(會試)에 참가하려
던 응시자였고, 이상적은 조선 사신의 통역관이었다. 북경에서의 회시
(會試)에 참가한 응시자인 엄성(厳誠), 육비(陸飛), 반정균(潘庭筠)은 홍대
용(洪大容)과의 교류는 충분히 친밀했지만, 장요손 등이 이상적과 알게
된 때도 역시 회시에 참가했던 응시자였고, 그들도 또한 이상적과의 교
류를 열망하였다. 조선인의 입장에서 보면, 지금껏 과거에 급제하여 이
름을 떨친 적이 없는 그들 중국유생과의 교류는 더 좋은 진심을 얻을 수
있고 좋은 교우관계가 될 수 있었기 때문에 그들은 진심으로 기뻐하며
교류하였다. 처음으로 알게 되었을 때에는 가난하고 쓸쓸한 선비였기 때
문에 이후의 교류도 보다 진지한 사귐이 되었다.

　그 후, 왕홍(王鴻)은 이상적에게 보낸 글에서 그에게『춘명륙객도(春明
六客図)』의 정황을 설명하고 있다.「《春明六客図》, 呉冠英所画，甚佳。
中首坐阮太偉書，卷首君也。次仲遠、次弟及陳良叔、孔繡山、黃子乾也，
皆則坐水石樹竹間。包慎伯作記，秦澹如、孔繡山皆各有文，余則海内名流
公卿題咏，吾兄題詩于此紙，以便裱于卷中……兄詩如写不完，此紙乞転懇
貴国工詩書者，題于后亦可。兄書字不必大，紙長可多請几位名人書之。
不然，卷子太大太粗，不能再乞名人題耳。」『춘명륙객도(春明六客図)』의
유래 및 구체적인 내용과 시를 짓고 읊은 정황을 소개하고 있는데, 그 외
에 보다 중요한 것은 이상적에게도 이『춘명륙객도(春明六客図)』에 시를
지어 주기를 바라는 것이다.「前画兄真面并仲遠、子乾、澹如、梁叔与弟
六人。仲遠書首曰《春明六子図》, 仿古人竹林七賢、竹渓六逸也。五人序
記題咏，随后録寄。吾兄可先寄一詩否？」。그 후, 이상적의 서간(書簡)에

는 이 『춘명륙객도(春明六客図)』에 그려진 사람들의 운명이 자주 언급된
다.   即如：「仲遠久不得音信，存亡未卜，曹艮甫亦然。六客図中，惟孔繡
山、黃子乾在，春明晨星寥落，展卷浩嘆」。왕홍(王鴻)은 이상적에게 창
화(唱和)를 바라고, 이상적은 「子梅自靑州寄詩，索題春明六客図」를 만들
어서 거기에 응답했다.

실제로 이러한 아집도(雅集図)는 중국 역사상 가장 긴 전통을 갖고 있
고, 일반적으로는 사대부(士大夫), 문인(文人)이 비공식적인 장소에서 사
이좋게 교류하는 모임의 정경을 그린 것으로 참가자의 신분, 행위, 활동,
집회 전체의 분위기가 강조되었다. 중국에서는 대체로 삼국시대의 「문
회도(文會図)」가 생기고, 그 후에 동아시아 지역의 공통현상이 되었다.
청대의 문인생활에 있어서 아집(雅集)은 불가결한 것이었다. 조선사행
인원의 가입으로 인해 아집의 국제적인 의의는 한층 증폭되었다. 중조학
인(中朝学人)의 교류 스타일은 당시의 중조학인의 교류가 그룹화의 양상
을 보이고 있었던 것을 설명하는 것이다. 장요손과 이상적이 교류한 두
폭의 『해객금존도(海客琴尊図)』에서 「해객(海客)」이라는 두 글자가 강조
되어 있는 것은, 이상적의 중요성을 선명하게 보여주고 있는 것이다. 또
는 이러한 아집도(雅集図)는 원래 이상적을 중심으로 하여 만들어진 것
일 수도 있어 청대문인 그룹에서의 그의 중요한 위치를 강조하고 있다는
점에서는 『춘명륙객도(春明六客図)』도 그것과 비슷한 의미를 포함하고
있는 것 같다. 장요손과 이상적의 교류는 이상적과 청대문인 그룹과의
교류 모습의 축소판이었다.

Ⅳ. 장요손의 남하(南下) 및 그 가족과 이상적의 교의(交誼)

1845년에 장요손과 이상적이 서로 알게 된 후 그 다음 해에 장요손은
호북후보도(湖北候補道)를 얻고 무창지현(武昌知県)을 넘기고, 무창(武
昌)으로 남하(南下)한 후에는 오랫동안 호북(湖北)에서 관직에 있었다.
그 후, 그들은 두 번 다시 만날 일이 없었지만 계속 관계를 유지하고 오랫

동안 만나지 못했음에도 불구하고 서로를 생각하고 있었다. 장요손과 이상적의 교류에 있어서는 깊은 가족의 정표가 있었다. 장요손은 자신의 가족을 대표해서 이상적과 교류하고 있었다고 말할 수 있다.

당시 장요손이 관직에 있었던 호북(湖北)은 평화롭지 못했다. 태평천국이 급속하게 퍼지고, 광서금전(広西金田)에서 궐기한 후, 북상하여 호남장사(湖南長沙), 악양(岳陽)을 공략하고, 咸豊2년(1852) 11월에는 무창(武昌), 한양(漢陽)을 공격했다. 함풍(咸豊)황제는 서둘러 청군(清軍)에게 명하여 포위하게 했다. 且令"漢陽同知張曜孫素称得民心, 請督令辦理团練堵剿". 함풍황제는 큰 기대를 했지만, 태평군(太平軍)의 맹렬한 공격에 다음 해 1월에 무창(武昌), 한양(漢陽)이 함락당했다.

장요손은 자결하려 했지만 실패하고 파면당했지만 여전히 한양에 머물렀다. 같은 해 8월 咸豊帝再諭："兹复据該署等奏称現擬買船更造, 委已革同知劳光泰、張曜孫估買江船五十只, 改造戦船。駱秉章亦飭属買釣鈎等船五十只, 运赴湖北, 一律改造。". 장요손은 여전히 죄를 짊어진 채 직무에 임했다. 咸豊4년(1854)에 청군은 무창과 한양을 탈환했다. "以克复湖北武昌、漢陽二府城, 賞……同知張曜孫……等花翎……余升擢有差。" 군이 본래의 직무에 복귀했을 뿐 아니라 화령(花翎)을 포상으로 받았으며 후에 호북서량도(湖北署粮道)에 올랐다. 咸豊9년(1859) 11월 "戸部奏道員(張曜孫)欠完米石, 飭詞扢延", 咸豊帝下諭："湖北署粮道張曜孫于应征武昌県任内南米, 借口迭遭兵燹飭詞捏票, 実属有心延宕, 著交吏部从重議処, 以示儆戒。其欠完米四千九百余石, 勒令赶緊完解, 入册造報。官文、胡林翼听信該員捏報, 率行題咨, 著一并交部議処"。장요손은 다시 면직되었다. 그는 호북에서 십몇년동안 관직에 있었고 두 번 파직당했다. 전쟁으로 고생하고 관계(官界)는 순조롭지 못했다. 이상적이 멀리 조선에 있어 오랫동안 만나지 못했다고 해도 여전히 그를 걱정하고 있었다.

사실 그들 두 사람은 떨어져 있었지만 그 교류는 단절된 적이 없었다. 道光23년(1843)에 장요손은 "刻其三十六歳像于古硯之阴, 并識郷籍生年、月、日及与余車笠之誼, 寄自阳湖"。李尚迪は毎年六月初九日の張曜孫の誕生日に際して、"供此硯為仲遠初度寿", 銘曰："貽我一方硯, 覿君万里面。端人与端石, 德性两无間。以此著書等其身, 以此証交転其神。望江南

兮荷花節，年年袍笏拜生辰。" 張曜孫は漢陽の同知に任じられてから、李尚迪に紫泥水盃を送った。李尚迪作詩日："交淡如水，官清如水。濯之江漢，泥而不滓。" 이 시는 이 두사람의 관계가 군자의 사귐이고, 진지한 마음이며 그 역사가 긴 것을 비유하여 나타내고 있다. 道光25년(1845) 그들이 북경에서 만난 이후 다시 재회하지 못했다. 장요손은 서간(書簡)에서 말했다 "自道光乙巳(二十五年)，与閣下重晤于京師，作《海客琴尊弟(第)二図》。其明年(二十六年)，曜孫授武昌令出都，戊申(二十八年)得呉偉卿書，知復与閣下相晤，又寄到《恩誦堂集》刊本。曾次韵奉題五言長律一篇，又次韵奉懐五言一篇，又七言律一篇，并近作十数篇，寄呂堯仙転交東便。自后遂絶，不得音耗。" 그러나 이상적은 언제나 그를 생각하고, 북경에 도착하면 장요손의 근황을 묻고 예물(礼物)을 남기고 다른 사람에게 부탁했다.

　전쟁으로 인해 편지 왕래도 어려워져 이상적은 한동안 장요손의 편지를 받지 못해 장요손의 상황을 알지 못했다. 그는 중국남방의 태평천국의 전란에 대해 듣고 이상적은 언젠가 작은 상자를 뒤집어서 나부산(羅浮山)의 도사황월진(道士黄越塵)의 시와 승려 달수(達受)가 탁본을 뜬 이기문자(彝器文字)를 찾아내었고 장요손을 배려하여 시를 썼다. "故人消息杳難知，南国干戈満地時。篋里眼青如見面看，六舟金石越塵詩。""起看橄槍卧枕戈，宦游多難奈君何。几時重続琴樽会，同听王郎斫地歌。" 깊은 사념과 정감을 표현함과 동시에 근심을 전했다. 咸豊 5년(1855)에 이상적은 왕홍(王鴻)의 편지를 받지만, 거기에는 장요손이 초지(楚地)에서 순절(殉節)했다고 써 있어 이상적은 매우 비통해 했다. "為之慟哭盡者弥日。乃于季夏九日，仲遠覧揆之辰，供仲遠画象硯，茶酒以奠之。" 在家為之祭奠，祭祀詩日："殉節張司馬，風声継渭阳(君母舅湯雨生将軍，癸丑殉金陵之難)。有文追魏晋，余事作循良。血化三年碧，名伝万里香。須眉見平昔，雪涕硯池傍。" 깊은 추도의 정이 나타나 있다. 咸豊 7년(1857)에 이상적은 『속회인시(続懐人詩)』57편을 지었다.

　　序日："曩在道光壬辰秋，余有《懐人詩》廿八篇，盖寄懐海内朋旧之作也。其后又屡入春明，交游益广，較之壬辰以前，不趨倍蓰。而

今于数紀之頃，歷数諸人，或遺忘其姓名，或聞声相求，愛而不見者
則幷闕之。作《続懷人詩》五十七篇，以志暮年停云之思。" 其中有懷張
曜孫詩曰："言語文字外，相許以知己。偶作武昌宰，除夕呼庚癸。楚
氛近何如，无路問生死。

2년 전에 이상적은 이미 장요손이 순절했다는 부보(訃報)를 알고 있었
지만, 「지기(知己)」의 정을 쭉 잊지 못하고, 그가 순절했다고 믿으려 하지
않은 부분도 있어 시사(詩詞)에는 깊은 근심이 나타나 있다. 咸豊 8년
(1858)에 李尚迪再賦詩曰："海外犹存白首吾，金蘭消息滯阳湖。"注釈曰：
"自粤寇滋擾后，不聞張仲遠、呂堯仙音信久矣，二友俱阳湖人。" 그들 두
사람을 생각하는 마음을 나타냈다.

咸豊 9년(1859)이 되어 장요손은 이상적의 『은송당집(恩誦堂集)』을 손
에 넣고 이상적이 자신을 위해서 만들어 준 것을 알게 되어 즉시 이상적
에게 긴 편지를 썼다. "集中《松筠庵宴集》、《題春明話旧図》、《春明六客
図》、《种青藤歌》、《続懷人詩》、《懷人詩》并及鄙人，复以子梅伝訛之
耗，于生日供画象設奠，賦詩哭之，惓惓風義，并世所希。感愧之余，涕泪
橫集。古云一死一生，乃見交情，然未有能親見良朋之哀挽者！曜孫何幸，
而得閣下用情若此耶……曜孫為武昌令五年，調漢陽令一年，擢漢陽同知，
時咸丰二年壬子春也。" 그리고 나서 그는 호광(湖広)에 있는 홍수전(洪秀
全)의 태평군(太平軍)과의 작전정황을 진술하고 최후에는 가인(家人) 구
우(旧友)의 정황을 적었다. 이상적이 이 편지를 손에 넣었을 때는 이미 咸
豊 8년(1860) 중추절 이후가 되었지만, 정말로 기대 이상으로 기뻐하며
곧 시 네 수를 적어 그 정을 나타냈다.

序曰："中秋望后二日，得張仲遠観察客冬至月自湖北督粮使署寄
書，乃十余年寇乱以来初有之信也。喜而有作，率成四律。右三首略
綴仲遠兵間経歷之状，末一首即自述近況尔。" 其中一首曰："為君十載
几沾襟，乱后音書抵万金。好在琴尊経百劫(君所藏書籍碑版書画，悉
毀于兵燹，惟海客琴尊図尚无恙云耳)，還從戎馬惜分阴(寄示近作《惜
分阴齋稿》，卷首有印文曰'戎馬分阴')。満頭蕭瑟霜華冷，落笔淋漓剑

气深。暇日女嬰聯唱地，一般憂国見丹心。

십수 년 소식불통이었지만, 여전히 상대를 마음에 생각하고 있었다는 것을 알 수 있다. 십수 년 만나지 못했지만, 여전히 좋은 친구이고『해객금존도(海客琴尊図)』는 그 교류의 증거가 된다. 그 후, 그들은 다시 편지 왕래를 하였고 그것은 세상을 떠날때까지 이어졌다. 同治 원년(1862)에 이성적은 60세가 되어「六旬初度，述懷示天行」의 시를 썼지만 그 중에 다음과 같은 시구가 있다. "朋旧記賤齒，書画遠介眉(謂張仲遠、孔繡山)。多少風樹感，煩冤説与難。"。 장요손은 공수산(孔繡山)과 함께 그에게 서화(書画)를 보내고 장수를 기원하였다.

홍대용(洪大容)이 북경에 왔을 때에는 적극적으로 청조학인들과 교류하여 교류시대를 창출했다. 이덕무(李德懋), 박제가(朴齐家), 박지원(朴趾源) 등이 이어받아 그 교류를 발전시켜 갔다. 동시에 유금(柳琴)이 북경에 와서 청조학인인 이조원(李調元)과 반정균(潘庭筠)에게『한객사가시(韓客四家詩)』의 서문을 써 달라 부탁한 후에는 조선학인이 청조학인에게 자기의 문집이나 시집에 서문을 부탁하는 일이 유행하게 되었다. 조선의 대제학(大提學) 홍양호(洪良浩)가 청조의 예부상서(礼部尚書)의 대문호 기윤(紀昀)에게 그의 문집과 시집의 서문을 부탁하는 것과 같은 일이 한 시대의 풍조가 되었다. 道光·咸豊年間이 되자, 조선학인이 청조학인에게 서문을 써 줄 것을 계속 부탁하는 것 이외에 청조학인도 또 김정희(金正喜), 이상적 등과 같은 청조학인에게 서문을 부탁하게 되어 교류가 한층 더 깊어지고 상호작용의 시대가 되었다. 게다가 이 교류는 단순히 두 사람의 교류자의 활동에 그치지 않고 두 가족의 상호교류이기도 하였다. 장요손과 이상적의 교제에는 특히 이러한 특징이 명확히 나타나 있다.

앞에서 언급한 바와 같이 장요손은 시서(詩書) 가문의 출신이고, 그의 백부(伯父),부, 모, 4명의 누나 및 그의 조카들은 모두 시문(詩文)과 서화(書画)에 뛰어났다. 장요손과 이상적의 교류에 있어서 거의 항상 가족 중 누군가의 모습을 찾아볼 수가 있다. 장요손은 항상 아들이나 조카의 서화작품을 이상적에게 보냈고, 동시에 누나들을 위해서 김정희와 이상적에게 서문이나 발문을 써 달라고 부탁했기 때문이다. 이하에 제시한 것은 그들의 서간이나 관련자료를 바탕으로 장요손의 가족과 이상적의 교제를 표로 나타낸 것이다.

表一 张曜孙家人与李尚迪交游表

姓名	张曜孙之亲戚	张曜孙向李尚迪之推介	李尚迪所写相关诗文	备注
汤修业	外祖父	文集《与竹公弃稿》让其读。	《追题春明话旧图》	国子监生，一生未中举。有《赖古斋文集》。
张惠言	伯父			清代词人、散文家。嘉庆四年进士，改庶吉士。六年，散馆，改翰林院编修。卒于官。有《茗柯文》
张琦	父亲			清代著名词人，有《宛邻集》、《宛邻词》
汤瑶卿	母亲	《断钗唫》介绍给李尚迪读。		汤瑶卿出身常州名门，27岁嫁入张家。知书能诗，教习四女成才。有《蓬室偶吟》。
汤雨生	舅舅	汤雨生作《春明话旧图》赠之。求给《吟馆图题辞》与《竹居弃稿》题辞。	《追题春明话旧图，寄仲远大令》	《续集》诗卷一："汤雨生将军，仲远母舅也。余尝从仲远得读其外祖与竹公弃蘽及汤节母断钗唫，钦诵久矣。顷于甲辰冬，雨生自金陵作此图见遗，盖为余与仲远有重逢之喜……"
包孟仪	妻子	夫人画赠之。	《棣华馆画册序》	字令是。清文人包世臣女。通文墨，善绘画，工分书。
李紫畦	侍姬	侍姬画赠之。	《棣华馆画册序》	棣华馆，乃张曜孙建于武昌之馆舍。张曜孙亲授诗文，三年能诗。
张成孙	堂兄	与李尚迪为朋友。	《续怀人诗》，密友。	张惠言子，国子监生，通小学，工历算。有《端虚勉一居文集》。
张褔英	大姐	书函多次提及。有《寄送涧香女甥护夫柩归葬兼寄孟缇女兄》四首寄之。	《仲远重刻伯姊孟缇夫人澹菊轩诗集，属题一言》	字孟缇，自幼勤奋好学，有《澹菊轩诗稿》4卷、《澹菊轩词》1卷，编《国朝列女诗录》(佚)。

姓名	张曜孙之亲戚	张曜孙向李尚迪之推介	李尚迪所写相关诗文	备注
吴廷鉁	大姐夫	书函多次提及。密友。书函往来甚多。	密友。书函往来甚多。《续怀人诗》。	字伟卿，道光六年进士。"戊申春1848，吴伟卿比部为余刊恩诵堂集，藏板于焦广成货铺。"(《续集》文卷二《书周菊人(达) 手札后》)《同声集》录其词。
张㳟册英	二姐	书函提及。	《题中远三姊绿槐书屋肄书图》	字，纬青。幼聪慧，年二十，嫁江阴章政平，生子。三十而卒。有《纬青遗稿》1卷。
张纨英	三姐	书函多次提及。赠之诗集。	《题中远三姊绿槐书屋肄书图》	字若绮。自幼聪慧，诗文较多。有《邻云友月之居诗稿》4卷、《餐枫馆文集》2卷。张曜孙合刻《阳湖张氏四女集》，录入其姐五种诗文集。
王曦	三姐夫	书函提及。		诸生，入赘张家，久困场屋，贫不自存，依张曜孙。《同声集》录其词。
张纶英	四姐	书函多次提及。赠之书法作品。	《题中远三姊绿槐书屋肄书图》	字婉紃。三十学诗，善书法，得父真传。亲教四女。有《绿槐书屋诗稿》7卷。
孙劼	四姐夫	书函提及。		国子监生，入赘张家，久困场屋，贫不自存，依张曜孙。
王采苹、王采蘩、王采藻、王采蓝	外甥女(张若绮女儿)	《寄送涧香女甥护夫柩归葬兼寄孟缇女兄》四首	《棣华馆画册序》、《种青藤歌，示以堂》	乃"王氏四女"。采苹，字涧香；采蘩，字筥香；采藻，字筲香。"张仲远女甥王筥香，尝昼寄青胜。"王采苹有《读选楼诗稿》。
张祥珍	女儿	书函提及。赠之画。	《棣华馆画册序》	字俪之。
张晋礼	儿子	书函提及。赠之画。	《棣华馆画册序》	字执之。
张少婉	孙女	书函提及。赠之画。	《棣华馆画册序》	

이 표에서 알 수 있는 것은 첫째, 장요손은 이상적이라는 조선 친구를 소중히 여기고 자기 가인(家人)들을 이상적에게 소개하고 가인들의 정황을 알리고 있었다는 것이다. 이상적은 장요손 한사람만의 친구가 아니라, 장요손 일가 전체의 친구였다고 말할 수 있다. 장요손은 이상적에게 자신의 손윗사람들을 소개하는 동시에 부인, 자식, 심지어 첩과 형제자

매, 조카까지도 소개하였다. 이상적도 장요손과의 우정을 소중히 여겨
그 가족들에게 열심히 답장을 보냈다. 이것은 과거 중조사인(中朝士人)
의 교류에서는 좀처럼 보기 드문 일이다.

　두 번째, 장요손의 가인(家人)들이 이상적에 대해 매우 잘 알고 있었다.
장요손의 집안 사람 중에 이상적과 직접 교류가 있었던 사람으로는 그의
사촌 형인 장성손(張成孫)과 누나의 남편인 오정진(吳廷鉁)이 있고, 특히
오정진(吳廷鉁)은 북경에서 관직에 있었기 때문에 이상적과 대면할 기회
는 장요손보다도 많아 그 교류가 시작된 것 또한 장요손보다 먼저였다.
장요손과 이상적이 처음 대면한 것은 오정진의 집이었다. 오정진과 이상
적의 우정도 충분히 친밀한 것이었다. 앞에서 언급한『해객금존도(海客
琴尊図)』는 오정진이 그린 그림이고, 그 또한 그림 속의 인물 중 한사람이
었다. 장요손은 북경에 자주 없었고 외지에서 관직을 하였기 때문에 이
상적이 북경에 왔을 때 만나는 것은 어려웠다.

　그들의 편지왕래는 자주 누나의 남편인 오정진에 의해 전달되었다. 오
정진은 이상적에게 보내는 편지에서도 항상 장요손의 근황에 대해 적고,
장요손과 이상적의 교류의 중요한 중개자가 되었다. 예를 들면 "仲遠去
秋力疾入闈, 荐而未售, 冬間加劇, 至今未痊, 有春融北上之説, 能否成
行, 未可必也, 复書当再促之。""仲遠因県境被水, 勉力辦灾。甚為竭蹶。"
"舍親張仲遠因両江陶制府相延治病, 敦促起程, 于去歲(十八年, 1838)十
一月初旬, 馳装南下, 瀕行有奉寄図章四方、印色両合, 属附東便寄塵。仲
遠甫行, 東使适至, 木匣二件, 謹代收存。即日附便寄南, 秋后当有報書
矣。""惜仲遠南旋, 运卿游幕下, 不得同聚。" 이상적에게 장요손의 근황을
알리는 내용이 그들의 편지 속에 빠지지 않는 사항이 되었다. 오정진은
그들 두 사람의 관계를 잘 알고 있었고, 두 사람이 서로를 더 깊이 이해하
고 보다 친밀한 관계를 맺게 해 주었다.

　세 번째, 장요손이 이상적에게 가인(家人)들을 소개할 때에 그 정황과
장유(長幼)의 순서에 따라서 그 소개 방법이 달랐다. 道光 29년(1849)에
누나의 남편인 오정진이 타계했을 때 장요손은 이상적에게 편지를 써서
집안 사정에 대해 언급하고 있다. "偉卿之卒, 在今歳五月中。家孟緹女兄
以袝殯未帰, 尚居京邸。曜孫少悲銜恤, 終鮮兄弟, 惟三女兄相依為命, 今

皆煢煢孤子, 飄泊无家。叔、季兩女兄已迎居官舍。明季, 偉卿歸魂故山之后, 亦当迎之, 以聯肉骨之歓……子女二人, 甥輩子女五人, 及婢妾之解文翰者, 女兄督課之, 読画、評詩、論文, 染翰門以内凡十二人, 煮茗傾觴, 怡然足楽。" 누나의 정황을 확실하게 설명하고 그 3명의 누나들을 모두 가까이 맞이하여 돌보아 주었다. 조카들은 누나들의 지도아래 「그림을 그리고, 시를 품평하고, 문을 논하는」, 실로 선비의 가문이었다. 그 후 십수년의 교류 동안 장요손은 이상적에게 그 가족의 정황을 숨기지 않고 전하며 가족의 근황을 소개하였다. 이상적 자신은 장요손의 가족을 전부만났다고는 할 수 없지만, 장요손이 이상적에게 보낸 편지에는 매번 가족의 근황을 언급하였다.

예를 들면 咸豊9년의 편지에서는 "女兄孟緹居常熟, 婉紃、若綺仍居官舍。婉紃之子慈慶, 已成立, 有二孫, 若綺之子臣弼以知州官此, 均尚能督子女, 読書賦詩, 臨池作画。曜孫一子晋礼, 从戎得県令, 尚未令謁送也"。 이상적에게 집안 사람들의 상황을 끊임없이 이야기하며 친밀함이 넘치고 있다. 咸豊11년(1861)에 이상적에게 보낸 편지에 "女兄三人, 尚同居无恙, 以翰墨相歓娯。去年寇乱呉中, 孟緹先期全家来楚, 未与其難, 甥輩并為小官, 所謂為貧而仕也。女甥輩読書為詩画, 并与年倶進。惟皆遣嫁, 各処一方, 不复能如前此致執経絡帳矣。其境遇亦多枯瘁, 或歌寡鵠, 或困薤鹽, 詩能究人, 殆有然耶"。 장요손의 4명의 누나들은 모두 시집을 갔는데 세째와 네째 누나는 데릴사위를 얻어서 장요손 일가와 함께 계속 거주하고 있었다. 첫째 누나도 남편인 오정진이 사망한 후 가인들과 함께 친정으로 돌아와 장요손을 의지하며 살았다. 장요손은 끊임없이 가족의 정황을 소개하고 집안 상황을 알리고자 하였다.

네 번째로, 장요손의 4명의 누나들은 모두 재주 있는 여성들이었기 때문에 장요손은 누나들을 소개함과 동시에 그녀들의 시문집을 위한 서문을 써 줄 것을 여러 번 이상적에게 부탁하였다. 그는 가끔 누나들의 시문집 및 조카들의 그림이나 글, 사생작품을 이상적에게 보내어 함께 공유하였다. 장요손은 조카들의 교육을 매우 중요시하였고 남녀를 불문하고 모두 글을 읽고 쓸 수 있도록 독려하였다.

누나인 장환영(張紈英)은 말한다. "余幼好詩書, 窃愧不学, 瀏覧経史不

能尽通其意。慨班氏教男不教女之説，念女子不読書終不獲明義理之精，習
俗易揺而性情易縦。因命長女采萍、次女采蘩入家塾読書，及笈出塾，仲遠
弟复教之，遂粗能詩画。" 1862년에 이상적이 60세를 맞이했을 때 장요손
은 아들인 장환지(張纨之), 딸 려지(儷之), 그 외에 조카인 왕우성(王右星)
에게 함께 그림을 그리게 하여 그것들을 멀리 조선에 있는 이상적에게
보내어 축하하였다. 이상적은 그것을 받고 바로 시를 지어 칭찬하였다.
환지(纨之)의 예서(隷書)에 대하여 "君今年几何，游蓺得深造。即此八分
書，駸駸欲跨灶。" 娘の写生を賞賛して言う："有煒一枝笔，写生妙八神。
誰知散花手，游戲現前身。" 말 사이에 친밀함과 기대감이 유달리 눈에 띈다.
  그들이 서로 알게 된지 얼마 안 되어 장요손과 그 누나들은 시문을 창
화(唱和)하고「비옥련음도(比屋聯吟図)」를 지었다. 道光 27년(1842)에 이
상적은 부탁에 응하여 여기에 시를 지었다. 李尚迪曾言："中遠有比屋聯
吟図，即与諸令姊妹唱酬之作也，嘗属余題句"。其詩曰："步屧从容三两
家，唱妍酬麗写烟霞。梦残春草池塘后(君从兄彦惟殁已五年矣)，无恙東風
姊妹花。是処朱陳自一村，宦游人有滞金門。大家消息三千里，欲寄郵筒更
断魂。(君姊兄吴偉卿比部从仕京師，而澹菊軒夫人工詩有集，時人擬之曹
大家。)金刀莫報四愁詩，話雨燕山未有期。我亦帰田多楽事，東西屋里読書
詩"。시문에서 그의 누나들을 칭찬하고 있다. 장요손 일가가 시서(詩書)
를 즐기고 있다는 것을 이상적은 충분히 이해하고 있었고 후에 이렇게
칭찬하였다.

  吾友张大令仲远，以名父之子，邃传家之学，与四姊氏均工诗文，
各有其集。而叔姊婉紃夫人受书法于馆陶君，深得北朝正传。妻包孟
仪夫人笔意，亦有乃父慎伯之风。虽使班昭复作于九原，卫铄并驱于
一世，庶无愧焉。仲远近自武昌，寄示其女儷之，女甥王澗香、筥
香、锜香，孙少婉及侍姬李紫畦写生共十二幅、各系题款，不惟秀韵
逸致，直造乎宋元以上，别有分势草情，沈酣于汉魏之间，则岂无所
本而能哉。原夫夙承庭训，无忝宗风。慈竹覆阴，棣华联韡，为歌淑
女君子之什，延誉幼妇外孙之辞，夕酬和于盐絮，朝挥洒以簪花。相
与诵诗礼之清芬，宁止逓绘事于彤管。嗟乎！古之才女子， 专精一艺

者，故自不乏，兼工三绝则未之或闻。乃者，仲远之门，人人凤毛，家家骊珠。无施不可，有为若是。何其才福之全，而风雅之盛也！诗曰绳其祖武，传曰人乐有贤父兄，此之谓乎。涧香、筥香、少婉、俪之诗篇诸作，余尝读寒柳唱和之卷，而诧为玉台嗣响，心窃钦仪者久矣，因牵连以书之。

장요손은 자신이 직접 일족의 여성들을 그린 그림을『체화관화책(棣華館画册)』이라고 이름지어 이상적에게 보내서 서문을 써 줄 것을 부탁하였다.「체화관(棣華館)」에 대하여 장요손은 이렇게 말하고 있다. "官舍一室，榜日棣華館，為女兄燕集之所。書楹帖日：禄不逮親欣有姊，世真知我更何人". 체화관은 한양에 있는 관사 안의 한 방으로 오로지 누나들이 시와 문장을 짓고 즐기거나 그림을 연습하는 곳이었다. 그녀들의 그림을 모아서 책 한 권을 만들어『체화관화책(棣華館画册)』이라 이름 지은 것이다. 일반적으로 이 시대에는 집안 여자들이 외부 사람에게 알려지는 일이 없었을 뿐 아니라 알려지는 것을 기피하는 분위기였기 때문에 외국인에 대해서는 더욱 그러하였다.

그러나 장요손은 이상적에게 그녀들을 숨기지 않았을 뿐 아니라 주도적으로 그녀들의 화책을 증정하였다. 이것으로 그들의 친밀한 관계를 볼 수 있는 것이다. 서문에 언급된 장요손의 여성들이라는 것은, 장요손의 네째 누나인 완순부인(婉紃夫人), 부인인 포맹의(包孟儀)부인, 딸 려지(儷之), 사희(侍姬) 이자휴(李紫畦)、조카 왕간향(王澗香), 거향(筥香), 기향(錡香), 손녀 소완(少婉) 이렇게 8명. 그녀들은 모두 서화(書画)에 능하고 진실로 학문을 좋아하는 가문이고, 그녀들의 재주는 사람들에게 알려지고 "仲遠之門，人人鳳毛，家家驪珠". 모두 시에도 재능이 있어 사람들이 부러워하는 가족이었다.

장요손의 넷째 누나인 장윤영(張綸英)은 글씨를 잘 썼다. 장요손은『녹괴서옥이서도서(綠槐書屋肄書図序)』에서 말했다. "綠槐書屋者，館陶官廨之内室，叔姊婉紃受書法于先府君之所也。庭有古槐因名，后遂以名其所居之室……府君論書，多与包先生相合……姊独心領手閑，能伝府君之法，宜府君之深喜也。姊性婉柔，体瘦弱，若不勝衣，而下笔輒剛健沈毅，不可

控制。為方二三寸正書，神彩駿発，端厳遒麗；為分書，格勢峭逸，笔力沉厚⋯⋯姊一女子，生当其間，負殊絶之姿，得親承先府君指授，功力勤奮，又足以相副而有成，殆非偶然也已。姊其勉之哉！姊始学書年三十一，今年四十七矣。姊以衰老将至，大惧无成，辱府君之訓，因作是図以自励，且志感焉。" 김정희는 문집 안에 「제장요손사저록괴서옥도(題張曜孫四姐緑槐書屋図)」에서 이렇게 말했다. "閨藻天然古北碑，更従隷法点波奇。緑槐影里伝家学，龍虎雄強属黛眉。" 李尚迪亦賦詩曰："見説清風林下吹，薪伝家法北朝碑。琉璃硯畔槐陰緑，停笔還思授字時⋯⋯記否簪花伝墨妙，一時声价重鶏林。" 후에 장요손은 특별히 이상적에게 보내는 편지를 써서 그에게 큰 누나 장맹제(張孟緹)의 『담국헌시(澹菊軒詩)』를 위한 제사(題辞)를 부탁했다. 其曰："孟緹女兄，年七十矣。前刻《澹菊軒诗》四卷，板毀于楚中。今又得続稿四卷，擬幷前稿刻之。閣下辱為昆仲交，又与偉卿有縞紵之 疋，敢乞賜題一言，為千秋増重，至至懇懇！" 이상적은 기쁘게 시 한수를 지었다. 그 시에서 "伝看詩笔惊四座，腕力能扶大雅輪。漢魏之間得嗣响，班左以降視下陳。誰家幼婦工鹽絮，百篇无此醇乎醇。一時紙貴争先覩，廿年前已付手民"。극히 높이 평가하였다. 누나들을 위해서 서문을 부탁하고, 그녀들의 시문집을 조선에 전달하여 조선에서 명성을 얻고 국제적인 영예를 얻었다.

그때까지는 조선문인이 중국문인에게 서문을 부탁하는 일은 있어도 중국문인이 조선문인에게 서문을 부탁하는 일은 거의 없었다. 이상적은 이렇게 말했다. "噫，中朝士大夫与我東人投贈翰墨，不以外交視者。自唐至元明，若杜工部之于王思礼，高駢之于崔致遠，姚燧之于李斉賢，李侍中之于李崇仁，皆能延誉无究。近代則紀暁嵐叙耳渓之集，陳仲魚刊貞蕤之稿，風義之盛，由来尚矣。未聞有求其詩文之序于東人。" 이것은 단순히 서문을 부탁하는 행위가 아니라 그 배후에는 깊은 의미가 있었다.

이것은 일종의 문화적 회류일 뿐만이 아니라 새로운 교류 스타일이었다. 장요손의 가족들, 특히 그의 누나들은 조선연행사인과 직접 접촉할 수는 없었지만 장요손을 통해서 자신들의 명성을 조선에 전할 수 있었을 뿐 아니라, 조선사인들의 주목을 받을 수 있었다. 동시에 조선사인들의 서문과 발문을 얻을 수가 있었기 때문에 중국에서의 명성도 어느 정도 높이는 계기가 되었다. 당시 강남(江南)일대에는 여성 시인들이 많았지만, 국제적인 주목을 받는 사람은 적었다. 그러므로 이러한 조선과의 교류를 통해서 자신들의 영향과 지명도를 확대시킨 것이다. 장요손과 이상적의 교류의 배후에는 장요손의 가족들의 정황이 구체적으로 나타나게 된다.

V. 이상적과 장요손 등 청인(淸人)의 교류에 있어서의 심리상태

이상적은 21번 북경에 와서 거의 매번 청조사인(淸朝士人)들과 적극적 또한 능동적으로 교류하였다. 수십 년에 걸쳐서 편지왕래를 계속해 온 청인은 백 명에 이른다. 장요손과 대면한 것은 평생 동안 3, 4번에 지나지 않지만 두 사람 사이에는 특별한 우정이 있었다. 수년간 공백이 있었음에도 불구하고 두사람은 여전히 멀리 수천 리를 사이에 둔 친구를 쭉 마음에 생각하여 왔다. 그들의 이 교류에는 어떠한 심리상태가 존재하는 것일까? 그들의 우정은 당시 청인과 조선인의 교류에 있어서 보편적인 것인가 아니면 특별한 것인가? 道光·咸豊年間에 조선학인은 이미 적극적, 능동적으로 청조학인과 교류하고 있었지만 이상적의 20번의 사행(使行)을 예로 본다면 이상적과 같은 조선사행인원은 결코 많지 않았다. 거대한 사단(使團)속에서 이상적은 필경 특별한 사례이기 때문에 그들의 교류의 배후에 있는 심리상태를 고찰하는 것이 필요할 것이다. 아래 표에 있어서 분석한 이상적의 12번의 북경사행 인원의 정황은 우리에게 시사하는 바가 있을 것이다.

表二　李尚迪十二次出使清朝情况及相关记载年表[1]

使行次数	时间	使行名义	正使	副使	书状官	备注
1	纯祖29年(1829)十月至30年三月	冬至兼谢恩使	柳相祚	洪義瑾	赵秉龟	李尚迪为译官。
2	纯祖31年(1831)七月至十二月	谢恩使行	洪奭周(《北行录》)	俞应焕	李远翊	洪奭周《源泉集》中有《北行录跋》、《书北行录后》,其燕行录名为《北行录》,录于《燕行录全集续集》。其文集中有若干首燕行途中所作之诗。
3	宪宗二年(1836)十月至三月三月	冬至兼谢恩使行	申在植(《相看编》)	李鲁集	赵臣昇	《相看编》有黄爵滋丁酉序、申在植跋。乃收录燕行途中申在植、李鲁集、赵臣昇、李凤宁、崔宪秀、郑焕构、任百渊、李尚迪六人唱和诗歌。
4	宪宗三年(1837)四月至八月	奏请兼谢恩使行	金贤根(《玉河日记》)	赵秉铉	李源益	金贤根乃驸马,《玉河日记》录入《燕行录全集日本所藏编》,其曰:"译官十人,首译知事金相淳,公乾李尚迪上通事兼上房。"
5	宪宗七年(1841)十月至八年三月	冬至兼谢恩使	李若愚	金东健	韩宓履	
6	宪宗八年(1842)十月至九年三月	冬至兼谢恩使	兴寅君李最应	李圭祊	赵凤夏(《燕蓟纪略》)	《燕蓟纪略》录入《燕行录全集日本所藏编》,赵凤夏乃赵秉铉之子。
7	宪宗十年(1844)十月至十一年三月	奏请兼谢恩使行	兴完君李晸应	权大肯	尹穧	
8	宪宗十三年(1847)十月至十四年三月	冬至兼谢恩使行	成遂默	尹致定	朴商寿	此行及以后李尚迪升为首译。
9	哲宗四年(1853)三月至九月	进贺兼谢恩使行	姜时永(《輶轩三录》)	李谦在	赵云卿	《輶轩三录》录入林基中编《燕行录全集》中,书中载录李尚迪与诸使臣唱和诗歌多首。

---

1 关于李尚迪来华十二次使行表资料,来源于李尚迪《恩诵堂集》、《朝鲜王朝实录》、《燕行录全集日本所藏编》。相关研究参见千金梅:《〈海邻尺素〉研究》,韩国延世大学大学院国语国文学科硕士论文,2006年。李春姬:《19世纪韩中文学交流:李尚迪을 中心으로》,首尔:学文社,2009年。

使行次数	时间	使行名义	正使	副使	书状官	备注
10	哲宗九年(1858)十月至十年三月	谢恩兼冬至使行	李根友	金永爵	金直渊(《燕槎日录》)	《燕槎日录》录入《燕行录全集日本所藏编》。
11	哲宗十四年(1863)二月至六月	陈奏使行	尹致秀	李容殷	李寅命	
12	高宗元年(1864)正月至五月	告讣请谥兼承袭奏请行	李景在	李肯洙	洪必谟	

　　이 표에서 알 수 있듯이 이상적의 12번의 사행은 사은(謝恩)의 명분을 겸하여 갖고 있었다. 조선사행에 있어서는 매년 동지사(冬至使)가 가장 중요한 사행이었다. 조선은 명조(明朝)에 대해서는 매년 동지(冬至), 정조(正朝), 성절(聖節), 천추(千秋) 이렇게 4개가 가장 중요한 사행이었다. 청조(淸朝) 초년에 있어서는 천추사(千秋使)가 없는 대신에 세폐사(歲幣使)가 있었다. 『통문관지(通文館志)』曰“自崇德以来，无千秋使而有歲幣使，至順治乙酉，因勅諭乃并三節及歲幣為一行，而必備使、副使、書狀官三員，名之曰冬至使，歲一遣之。”『통문관지(通文館志)』는 조선사단(朝鮮使団)의 인원들의 일 분담에 대해서 보다 자세하게 소개하고 있다.

　　冬至行使一员(正二品结衔从一品)、副使一员(正三品结衔从二品)、书状官一员(正五品结衔正四品，随品兼台纠检一行。书状官逐日记事，回还后，启下成文院。出《经国大典》。国初赵文刚末生回自京师，以耳目所观记，别为条启。书状官为闻见事件自此始)。堂上官二员(……万历壬寅为重使事，传命周旋之地，权设递儿随事赴京，而不限其职品)、上通事二员(汉、清学各一员，后仿此)、质问从事官一员(……)、押物从事官八员(……)、押币从事官三员(……)、押米从事官二员(……)、清学新递儿一员、医员一员、军官七员、偶语别差一员、湾上军官二员。

　　조선사단의 멤버 중에서 가장 중요한 세 사람은 정사(正使), 부사(副

使), 서상관(書狀官)이다. 그들은 사행임무 집행의 책임자이고 그 외의 인원들을 위해서 잡무를 하는 사람들이다. 이상적의 12번의 연행(燕行)은 모두 통역의 임무였고, 8번째부터 그는 통역관들의 리더로 승격되었다. 모든 사행단(使行団)에게 있어서 그는 사무적인 인원이었고 지위는 높았다. 이성적의 12번의 사행에 있어서 그 외의 사행인이 청인과 교류한 사례는 있었지만 이상적 만큼 열심히 청인과 교류한 사람은 아무도 없었다. 위의 표에 나타난 바와 같이, 전해진 연행록에는 삼사(三使)가 청인과 교류한 기록이 있지만 대수롭지 않은 교류였고 우연한 일에 지나지 않았다. 이상적과 같이 필요한 임무 외에 많은 시간과 정력을 할애해서 청인과 교류하는 형태는 아니었다. 매번 사행인원은 이삼백 명이었기 때문에 이상적과 같이 열심히 청인과 교류하는 사람은 극히 특수한 사례이다.

이상적이 이처럼 열심히 청인과 교류한 것은, 첫째 그가 한문에 능통하여 청인과의 교류에 어떠한 장애도 없었기 때문이고, 동시에 그가 중화문화에 대한 동경을 품고 있었던 것도 연관이 있다. 乙卯(1855), 李尙迪 作詩曰 : "藐余三韓客, 生性慕中華。中華人文藪, 自笑井底蛙。俯仰三十載, 屢泛桸津槎。交游多老宿, 菁莪際乾嘉。" 청조문인과의 교류에 있어서 그는 중화문화의 깊이, 광대함을 깨달았고 그리하여 그는 중화문화를 전파하는 중요한 사자(使者)를 담당하려고 하였다. 다른 면에서 말하면, 보다 중요한 것은 청인과의 왕래에 있어서 그가 존중받고 그의 사상이 공명과 긍정을 얻을 수 있었다는 것이다. 조선왕조는 계급의 구별이 엄격한 사회이기 때문에 양반귀족이 조정을 장악하고 이상적은 한낱 중인, 즉 서인(庶人)으로 넘치는 재능과 학식에도 불구하고 조선의 조정에서는 인정받지 못해 승진의 가능성이 없었다.

조선사신인 김영작(金永爵)이 말했다. "国俗……專尙世閥, 名分截然, 等級极多。士夫世世為士夫, 庶人世世為庶人。庶人雖有才德, 无以為用……階級一定, 十世不得免。如李慧吉者, 文才实可進用, 乃拘于門閥, 屈于象訳, 是可恨也。" 이성적 때문에 불평을 품고 있었다. 이상적 또한 뜻을 얻지 못하고 이렇게 말했다. "余素嗜酒, 非酒无以澆磈礧, 而但家貧不能常得耳。" 술을 빌려 근심을 떨쳐버릴 수 밖에 없었다. 그러나 청인과의 교류에 있어서는 "交満中朝, 盛名冠世", 청인의 존경과 경의를 받을 수

있었다. 그의 학생인 김석준(金奭准)은 청조사인에게 받은 편지와 관련문헌을 가지고 『이우선선생전(李藕船先生伝)』을 쓰고 이렇게 말했다.

　　藕船者，朝鲜李尚迪(《海客琴樽图》梅曾亮题辞))。字惠吉，藕船其号也(张曜孙书)。容仪飘隽(吴嵩梁诗语)，其气春温，其神秋清(吴昆田赞先生像)。文采风流，令人心醉(温忠翰尺牍)，以簪缨世胄(孔宪庚尺牍)，养才以待时，积学以砺俗。不循名，不躁进，陶性情于圣贤书卷之中(雷文辉尺牍)。尝为金秋史侍郎高足(吴式芬尺牍)，文望日隆(王鸿书)。诗有初日芙蓉之目(祁寯藻诗话)，书有赵、董之骨(王鸿书)。及前席君王诵其诗篇，令秘阁锓梓，固辞之(温忠彦诗注)。其恩遇旷古罕有(叶志诜笔谈)，冯誉骥谓人日：吾读《恩诵堂集》，益深倾慕(孔宪彝尺牍)，求之海内，亦不多得(周达手札)。与吴兰雪嵩梁、祁春圃寯藻、黄树斋爵滋、张仲远曜孙、王子梅鸿、孔绣山宪彝、何子贞绍基、冯鲁川志沂、许海秋宗衡，先后各以文燕酬接(《春明雅集图》程祖庆记)。墨彩云飞，英词电发(邓尔恒尺牍)。时以道义相勖(王鸿尺牍)，不斤斤于著占聚雪为叹也(王鸿书)。于是交满中朝，盛名冠世(王鸿尺牍)。咸丰庚戌太夫人弃养，昼宵读《礼》(叶名澧尺牍)。孝思毁瘠(韩韵海尺牍)。与弟尚健友笃(冯志沂尺牍)。其燕居也，四方来学者踵门(仪克中书)。寿考文章，为国人所瞻仰(孔宪彝书)。奋如掾之笔，立不朽之言(吕佺孙尺牍)。续刊诗文集九编(王宪成尺牍)，流传亦广，长安纸贵(张曜孙尺牍)。同治壬戌，授知中枢府事之职(孔宪庚《顾卢纪事》)。癸亥，以国王先系源流，仍沿前明传闻之讹，奏请刊正，特命来京办理此事。时年六旬，不复充使事之劳。国王以辩讹之事重大，遴选名望素著老臣，故破格用之，乃不辱使命以还(《顾卢纪事》)。凡奉使已十二次矣(《饯春迎客图》王宪成诗注)。勤劳王事，宠锡无数(王拯尺牍)。出宰温州，民有五袴之谣(潘曾绶尺牍)。噫，卅余载与中州人交游寢寐者(王鸿尺牍)。自公卿大夫以至山林词客，咸有投赠，颜其书屋日海邻(《顾卢纪事》)。乃自题一联日：怀粤水吴山燕市之人，交道纵横三万里；藏齐刀汉瓦晋砖于室，墨缘上下数千年(符葆森《国朝正雅集诗注》)。乙丑(1865)夏，疾剧。八月初五日骑鲸呜呼(王鸿尺牍)。先

生为三韩名家之最(王拯尺牍), 经明行笃性命之学, 抉其精奥(汪憙孙
尺牍)。文如长卿, 诗似青莲(王鸿尺牍)。其冥契于神明, 而显征于事
物；其托辞于讽谕, 而归义于忠孝。深之于学问, 积之于阅历。率天
理之感召, 达人心之微茫。其所散布为境, 且万而穷源竟委, 靡不本
乎情之真, 因其情之真, 可以知其文之至(许宗衡序《恩诵堂续集》)。
功成身隐, 乐志于泉石翰墨之间, 可谓出处泰然, 进退以礼者矣(张曜
孙尺牍)。东国儒林传万言写不足(王鸿挽诗)。使海内之人, 千载乎而
谈其心迹则(王宪成尺牍)。伊川东坡笠吾以想先生(吴昆田赞先生像)。

그의 생애의 업적은 청조사인의 편지, 평가의 글을 사용하는 것으로써
개괄할 수 있다. 중조문화교류사에 있어서 이 레벨에까지 이른 것은 아
마 그의 스승인 김정희(金正喜)뿐이고, 그 외에는 누구와도 비교되지 않
는다. 이상적은 道光·咸豊時期의 청조문인의 생각 속에 가장 최고로 중요
한 조선사신이었고, 이처럼 많은 청인으로부터 일제히 칭찬받는 일은 자
고 이래로 드문 일이었다.

이것과 동시에 이상적의 문집 또한 종종 청인의 원조를 얻어 북경에서
간행되고, 그가 세상을 떠날 때까지 4번 간행되었다. 『은송당자식(恩誦
堂自識)』에 의하면 이상적이 문집을 편찬한 것은 조선의 헌종(憲宗)왕을
알현했을 때 헌종이 그 시를 읊고 깊이 감동했기 때문이고 그리하여 1847
년 북경에 있을 때 그는 시문집의 편집을 시작하여 『은송당집(恩誦堂集)』
이라 이름지었다.

尚迪少承家学, 壮资师友。粗涉文艺, 略有撰著。上下三数十年,
交游唱酬遍海内外。属草盈箧, 而未尝有收录焉。顷者前席, 承聆玉
音, 琅然唫诵臣旧作。继以文笔之近, 于中国颇嘉之。荣感惶恧, 曷
有至极！噫, 古所谓藏之名山, 传之其人者, 犹足为词林文苑之所羡
慕无穷, 而况特受华衮于人主也乎！窃敢不计谤劣, 手辑诗文若干
卷, 自署其首曰《恩诵堂集》, 盖纪恩也已。

헌종(憲宗)이 그 시를 읊은 덕에 자신의 시문집을 편집하게 된 것에서

이 도서를 『은송당집(恩誦堂集)』이라고 이름짓고 「盖紀恩也」。편집이
끝난 후에 청에 있는 친구의 도움으로 북경에서 간행되었다.

  필자는 하버드 연경도서관선본서고(燕京図書館善本書庫)에서 이전에
4종의 『은송당집(恩誦堂集)』,『속집(續集)』의 판본을 본 적이 있다. 이 4종
의 판본은 道光 27년(1847), 咸豊 3년(1853), 咸豊 9년(1859), 同治 원년
(1862)에 간행된 것이고 서명에 대해서 말하자면 제1판은 『은송당집(恩誦
堂集)』, 제2판은 『은송당집속집(恩誦堂集續集)』, 제3판은 『은송당속집(恩
誦堂續集)』, 제4판은 『은송당집(恩誦堂集)』이라고 이름지었다. 내용면에
서는, 제1판의 『은송당집』은 시집 10권, 문집 2권. 제2판은 제1판을 기초
로 하여 문 1권, 시 1권이 증보되었다. 제3판은 편집이 다른 시집 5권으로
연대별로 배열되어 있다. 시가(詩歌)가 모두 연대로 배열되어 있어서 이
들 시가가 만들어진 연대를 확실히 알 수 있다. 제4판은 제3판의 내용을
기초로 하여 시집 4권, 문집속문 1권을 증보하였다. 장정(裝丁)면에서는
제4판만이 조선 장정이고 책의 내용 자체는 이전 판과 완전히 동일하다.
추측하면, 이 책이 조선에 전해진 후 어떤 사람이 이 책을 새롭게 장정해
서 조선의 봉면지(封面紙)를 덧붙여 조선식의 장정을 사용했다. 그 때문
에 이 책은 다른 장정으로 되었을 것이다.

  판(板)에 대해서 보면 이 4종류의 판본은 동일한 각판(刻板)으로 만들
어 졌고, 단지 간행 한 시기가 달랐을 뿐이다. 이 4개의 판본은 같은 장소
에서 간행되어 동일한 각판으로 간행된 것이고, 제2판 속집에는 정확하
게 "咸豊三年秋七月刊藏于海隣書屋"라고 찍혀 있어 이 책을 간행한 장소
가 "해린서옥(海隣書屋)"이라는 것을 알 수 있다. 앞에서 언급한 바와 같
이 "해린(海隣)"은 이상적의 서옥 이름이고 그가 북경에서 간행한 『은송
당집(恩誦堂集)』도 그 자신이 북경에 있었던 시기에 청조의 친구들의 도
움으로 간행한 것이다.

  道光 27년(1847) 제1판의 봉면(封面)에는 "恩誦堂稿 陽湖呂佺孫題"라는
제목이 적혀 있다. 2권 중에는 양부거(楊夫渠)가 지은 서명 및 이상적의
「自識」이 있고, 당시 여전손(呂佺孫)과 양부거(楊夫渠)가 서명을 쓴 것을
알 수 있다. 실제로 장요손 누나의 남편인 오정진(吳廷鉁)이 이 책의 간행
에 구체적인 책임을 지고 있었다.

이 두 사람이 쓴 서명은, 咸豊3년(1853) 판본 중에서는 계속 보존되고 있었다. 그러나 咸豊 9년(1859)의『은송당속집(恩誦堂続集)』에 있어서는 이 두사람이 쓴 서명은 없어지고 봉면은 "恩誦堂続集"으로 되어 제목을 쓴 인물은 기록되어 있지 않다. 1책에는 "咸豊九年正月大興劉銓富署"라 는 문자가 있고, 전에는 "上元許宗衡海秋甫序"라고 되어 있어 이 책의 편 집간행 과정을 밝히고 있다. 同治원년의 판본은 변화한 부분이 있는데, 봉면에는 "恩誦堂集 何紹基書題簽"라고 제목이 적혀 있고, 양부거(楊夫 渠)가 쓴 서명은 그 중에서도 아직 보존되어 있었지만, 여전손(呂佺孫)이 쓴 서명은 없어졌다. 제4판은 조선인의 개장(改装)을 거쳤기 때문에 원래 간본(刊本)이 어떠했는지는 알 수 없다. 이렇게 5명의 조선학인과 문집의 간행이 관련되어 있다는 것을 알 수 있다. 즉, 오정진(吳廷鈐), 여전손(呂 佺孫), 양부거(楊夫渠), 하소기(何紹基) 그리고 허종형(許宗衡)이다. 이 5 명과 이상적과의 우정은 매우 두텁고 그들은 많은 편지를 주고받았다.

또 한 사람의 대흥인 유전부(大興人劉銓富)는 추측하건대 목수 또는 서 장(書匠)이었을 것이다. 이전의 조선사행인원은 청조문인과 알게 되어 청조문인에게 서문을 부탁하는 일은 있어도 자신의 문집을 북경에서 간 행하는 사람은 없었다. 그것도 십수 년 동안에 무려 4번이나 간행한다는 것은 이상적이 유일한 사례이다. 이 일은 한편으로는 그가 청조사인의 마음 속에 자리잡고 있는 특별한 위치를 설명함과 동시에 다른 한편으로 는 道光·咸豊時期에 청조문화의 교류가 새로운 계급에 속했던 것을 구체 적으로 나타내고 있다.

매회 이삼백 명의 조선연행사단에 대해서 말하자면, 적극적이고 능동 적으로 중조문화에 몸을 던진 이성적은 특별한 사례이고, 대다수의 사람 들은 열심이 아니었다. 이상적은 사단(使団)에서 통역으로서는 중요했 지만 사행임무를 담당하는 "三使"의 맴버는 아니라 사행업무에 종사하 는 일원이었다. 그는 중인 출신이었기 때문에 능력은 매우 뛰어나고 중 조교류(中朝交流)에 공헌이 많았음에도 불구하고 중용(重用)되지 못해 그 때문에 내심 고민에 빠져 있었다. 중화문화를 경모(敬慕)했기 때문에 이상적은 적극적으로 청조사인의 교류에 몸을 던져 조선왕조에서는 얻 을 수 없었던 존중과 존엄을 손에 넣고, 청조사인들도 그를 극히 존경하여 매우 높은 명성을 획득하였다. 청인과의 교류에 있어서 그는 "情"의 진지함을 맛보고, 학문도 인정받아 청조사인도 그를 칭찬하였다. 그의 시문집은 청에 있는 친구인 방조(幇助)에 의해 북경에서 4번이나 간행되었는데 이것은 중조문화교류사상 드문 일이었고, 청대에 있어서의 중조 문화의 교류가 새로운 단계에 접어들었다는 것을 보여주고 있다.

VI. 결론

清代의 中朝文化交流史를 살펴보면 조선 北学派의 선구자 洪大容은 乾隆 30년(1765)에 "融冰之旅"(양국의 얼어붙은 관계를 녹이는 여행)를 개시함으로써 清의 浙江 举人 严诚, 潘庭筠, 陆飞 등과 함께 두 나라의 "情"의 세계를 구축했다고 할 수 있다. 이어서 北学派 朴趾源, 朴齐家, 李德懋 등이 잇달아 북경에 도래하여 清 士人들과의 교류 무대를 확장시켰다. 그들은 청 사인들과 사상을 교류하고 학술을 탐구하며 詩文을 評點하고 时政을 논평하였다. 그들은 조선에 돌아간 뒤 "尊周"를 반대하고 "北学"을 제창하였으며 현실정치에 대한 개혁을 주장하였다. 도광, 함풍 연간 金正喜, 李尚迪 사제를 대표로 하는 시기에 이르러 청 사인들과의 교류는 더는 시문을 읊조리고 사상을 교류하고 학술을 탐구하는 것에만 그치지 않았다. 그들은 동시에 서로의 사상을 인정하고 개개인의 가치를 찾는 것을 중요시 하였는데 이는 이 시기에 나타난 새로운 풍조라고 볼 수 있다.

사실상 청대 중조학술문화교류사에서 朝鮮과 清朝를 막론하고 적극적으로, 주동적으로 교류에 나선 사람들은 대부분 하급관리들이었다. 조선 측의 洪大容, 朴趾源 등은 단지 사행단의 수행인원에 불과했지 사행단의 공식 구성원은 아니었다. 김정희와 이상적 역시 하급관리였으며 이상적은 12차례의 사행에서 줄곧 통역을 담당하였는데 바로 그들이 교류에서 가장 적극적으로 활동한 사람들이었다. 조선쪽에도 徐浩修, 洪良浩와 같은 양반 출신 관원들이 있었으나 그 수는 제한적이었다. 청의 상황도 마찬가지였다. 严诚, 潘庭筠, 陆飞 등은 당시 상경하여 과거를 보는 응시자에 불과하였으며 张曜孙도 李尚迪과 알게 되었을 당시에는 會試에

참가한 응시자였다. 나중에 관직에 올랐으나 그 역시 중하급관리일 뿐이
었다.

　朴趾源 은《热河日记》에서 清 고급관리의 냉막함과 中下级官吏의 친절
함에 대해 분명하게 묘사한 적이 있다. 潘庭筠을 일례로 보면 그는 응시
자였을 때엔 그야말로 열정적으로 홍대용과 교류하였으나 进士에 합격
한 후 조선인과의 교류에서 경계심을 다분히 드러냈다. 비록 礼部尚书
纪昀이 친히 朝鲜馆을 방문하여 柳得恭과 朴齐家를 찾았던 것 같은 아름
다운 일화가 있지만 결국은 매우 드문 것이었다. 李尚迪과 교류한 백명이
넘는 청 사인들도 대부분이 중하급관리였다. 清 大学士 祁寯藻와 같은 고
급관료도 있었지만《海邻尺素》에는 그의 내신이 수록되지 않았으니 청
의 기타 중하급관리와는 역시 구분이 되는 것이다.

　洪大容, 严诚을 시작으로 笔谈과 詩文唱和는 中朝 学人 교류의 일관적인
주요 방식이었다. 조선인들은 시문집에 대한 序를 지어줄 것을 청 사인
들에게 요구하였는데 이는 한 때 하나의 풍조로 자리 잡았다. 당시의 교
류에서 조선인들은 늘 적극적이고 주동적이었으며 청 사람들은 어떻게
보면 수동적인 응대와 적극적인 회답으로 볼 수 있었다. 그러나 이러한
양상은 道咸 时期에 이르러 쌍방이 모두 적극적이고 주동적이게 되는 상
황으로 변화하였다. 교류는 더는 두 사람만의 일이 아니었으며 두 그룹
간의 것으로 발전하였다. 李尚迪이 张曜孙과 교류한다는 것은 사실상 장
요손을 중심으로 한 그의 청나라 친구들과 동시에 교류하는 것이었다.

　장요손 역시 이상적과 교류할 때 그를 통해 그 스승인 金正喜 등과 교
류하였던 것이다. 교류의 방식을 보면 그들은 북경에서 얼굴을 익히고
사귀면서 雅会를 열었으며 그 후에 그것을 도화(圖畵)로 그리고 詩文으로
唱和하였으며 편지를 주고받았다. 이렇게 오랫동안 끊임없이 교류하였
는데 여러 해 만나지 못하였지만 여전히 서로를 그리워하고 걱정하였다.
참되고 진지한 우정이었다. 李尚迪은 清人과의 교류 과정에서 인정과 위
로를 받았으며 청 사인들의 도움을 얻어 北京에서 그의 시문집인《恩诵
堂集》을 간행하였는데 4차례나 간행되기도 했었다. 이는 아주 특별한 것
이다. 반대로 张曜孙 등 清人들도 李尚迪이 그들의 시문집을 위해 序를 지
어줄 것을 요구하였다. 양측의 교류는 쌍방향이며 상호 역동적이고 피차

모두 적극적이고 주동적인 단계로 올라섰던 것이다.

洪大容과 严诚의 교류, 纪昀과 洪良浩의 교류에서 모두 가족의 그림자를 엿볼 수 있다. 严诚이 세상을 하직한 후에도 홍대용과 엄성의 형, 아들은 서로 편지를 주고받았다. 洪良浩의 아들이 북경에 왔을 때에는 纪昀을 만나보았으며 그의 손자가 북경에 왔을 때에도 역시 기윤의 자손들과 왕래가 있었다. 그러나 이때까지 이러한 교류는 단지 父子지간의 계승관계였을 뿐이었다. 하지만 张曜孙과 李尚迪의 교류는 다르다. 가족의 그림자는 거의 동시에 그들의 교류과정에 나타나고 있었다. 张曜孙은 이상적과의 편지에서 번거로움도 마다하지 않고 가족들의 상황을 언급하였는데한 사람도 예외 없이 남녀노소 불문하고 거의 모든 가족이 그의 편지 속에 등장하였다. 이상적에게 가족의 시문집을 위해 서를 지어달라고 요구한 것은 예전의 중조 학인 교류에서는 그 일례를 찾아보기 힘들다. 张曜孙이 가족을 대표하여 이상적과 교류하고 있었음을 알 수 있으며 이상적역시 기꺼이 그 부탁을 받아들이고 그에 부합되는 적당한 찬송을 보냈던것이다.

이와 같이 道咸 时期의 中朝文化交流史는 새로운 단계로 진입하였으며새로운 한 시대를 열었다. 温兆海는 清代文人과 朝鮮文人의 교류를 3개의단계로 나누었다. 1단계는 洪大容과 杭州 文人과의 교류단계로서 양국의문화교류의 문을 열었다고 볼 수 있다. 2단계는 朴趾源, 朴齐家, 李德懋, 柳得恭을 대표로 하는 朝鮮文人과 清朝文人과의 교류단계로서 중국의 纪昀, 彭元瑞, 孙星衍, 翁方纲, 罗聘, 阮元 등 유명한 문인, 학자, 화가와의 교류가주를 이루었다. 3단계는 金正喜, 申纬를 대표로 한다. 金正喜는 翁方纲, 阮元과 师生의 情谊를 나누었다. 이 부분에 대해서는 温兆海《朝鮮诗人李尚迪与晚清文人交流的历史价值》(《延边大学学报》2012年第5期); 温兆海《清代中朝文化交流的历史視國：以乾嘉时期为中心》(《东疆学刊》, 2006年 第4期)를 참조하기 바란다.

张曜孙과 李尚迪의 교류에 관해서 중 일 한 삼국은 모두 적지 않은 논저를 발표하였다. 일본은 일찍이 60년대에 벌써 藤塚鄰著, 藤塚明直의《清代文化の東傳－嘉慶、道光學壇と李朝の金阮堂》(东京：国书刊行会, 昭和50年, 第473－478页)을 출판하여 张曜孙과 金正喜, 李尚迪의 交游를 전문적

으로 다루었다.

한국은 李春姬의 《19世纪函中文学交流：李尚迪을中心으로》(首尔学文社，2009年)을 출판하였는데 이 책은 해당 저자의 박사논문을 수정하여 출판한 것이다. 이춘희는 2005년에 박사논문 《藕船 李尚迪과晚淸文人의 文学交流 研究》로 서울대 박사학위를 받았다.

한국에서 李尚迪에 대한 연구는 아주 많다. 학위논문만 보더라도 정확한 통계는 아니지만 김진생 《藕船李尚迪诗研究：诗理论을中心으로》(成均馆大学校 大学院 석사학위논문, 1985) ; 정후수 《李尚迪诗文学研究》(东国大学校 박사학위논문, 1989)가 있다.

그 외 소논문으로는 정후수 《张曜孙과太平天国의亂：『海邻尺素』所载记事를중심으로》(《东洋古典研究》, 16집, 2002年) ; 郑后洙 《『海邻尺素』转写本考察》(《东洋古典研究》, 19辑, 2003年) ; 郑后洙 《『海邻尺素』13种 转写本 对照》(《东洋古典研究》, 第20辑 2004年) 등이 있다.

중국 학술계는 비록 전문적인 저서는 아직 출판되지 않았지만 논문은 많이 발표 되었다. 徐雁平 《玉沟春水鸭江波：朝鲜诗人李尚迪与淸国文士交往研究》(《风起云扬：首届南京大学域外汉籍研究国际学术研讨会论文集》, 北京：中华书局，2009年)

中国学界에는 李尚迪에 관한 연구가 적지 않다. 温兆海는 씨리즈로 논문을 발표하였는데 《"异苔知己在，画里接芳邻"：朝鲜诗人李尚迪与晚淸仪克中的交游》(《东疆学刊》2009年第2期), 《朝鲜诗人李尚迪的思想文化特征》(《东疆学刊》2008年第1期),《朝鲜诗人李尚迪与淸代"江亭文人"的雅集》(《延边教育学院学报》2012年第5期),《朝鲜诗人李尚迪与晚淸诗人祁寯藻的交游》(《延边大学学报》2011年第3期),《朝鲜诗人李尚迪与晚淸诗人张曜孙交游行述》(《东疆学刊》2013年第1期,《朝鲜诗人李尚迪与晚淸文人交流的历史价值》(《延边大学学报》2012年第5期),《朝鲜诗人李尚迪与晚淸学人刘喜海》(《延边大学学报》2008年第1期) 등이다.

이 외에도 李春姬 《朝鲜诗人李尚迪与道咸文人的交游》(《外国问题研究》, 2010年第2期); 文炳赞 《朝鲜时代的韩国以及淸儒学术交流：以阮堂金正喜为主》(《船山学刊》2011年第1期); 张维 《淸道咸时期中朝文人交往方式探析：以李尚迪为中心》(《延边大学学报》2008年 第3期) 등이 있다.

6

조선 통신사 교류의 동아시아적 의미
﹣王仁의 한고조 후예설을 중심으로﹣

이혜순(이화여대 명예교수)

Ⅰ. 문제제기

조선통신사의 일본 사행은 처음 몇 회를 제외하면 문화적 교류가 중심이 된 것으로 알려졌다. 사행에 참여한 인사들은 그들의 직책이나 전문 영역과 관련된 인사들을 만나 필담을 나누고 대화하면서 새로운 지식이나 깨우침을 주고 받은 것으로 보인다. 조선 사신들은 일본 문사들에게 글씨, 그림, 한시 작품 등을 주기도 하고 심지어는 이를 강제적으로 요구받기도 했거니와, 이러한 과정에서 조선의 사신들과 일본의 문사들 간에는 자연스럽게 서로의 문화를 체험했다.

이러한 점에서 본다면 두 나라가 조선통신사들의 연구에서 무엇을 주고받았으며, 이러한 수용을 통해 얼마나 당대 양국 문화에 영향을 끼쳤는지에 대한 탐구는 매우 중요할 것이다. 특히 조선통신사들의 사행은 17, 18, 19세기라는 근대로 향하는 매우 중요한 시기에 있었던 것이어서 이 시기에 형성된 한일 두 나라 시대정신에는 이러한 교류가 알게 모르게 중요한 역할을 했을 것으로 추측된다. 무엇보다 영향이나 수용은 일

방적일 수는 없다는 점을 간과할 수 없거니와, '수용하기'와 '수용되기'
는 언제나 함께하기 마련이어서 준 것과 받은 것, 그리고 그것들의 역할
과 의미를 찾는 것은 그렇게 단순하지는 않아 보인다. 이것은 조선 측이
나 일본 측이나 마찬가지일 것이다.

그러나 한 가지 중요한 사실은 조선통신사가 한·일 양국의 교류이기는
하지만, 이것이 단순히 두 나라의 문제라기보다 한·중·일 삼국과 관계되
는 것이라는 점이다. 본고에서 대상으로 한 왕인이 그 한 가지 예로, 왕인
은 우리나라 문헌에는 기술되어 있지 않고 대신 일본 사서에 등장한다.
그에 대한 고찰은 조선통신사행을 통한 한일 양국간의 교류와 관계되어
있지만, 이것이 두 나라를 넘어 한중일 삼국에 걸친 문제가 된 것은 무엇
보다 왕인이 일본 사서에 처음 기록된 이후 7,80년을 경과하면서 한고조
의 후예라는 '漢人 출신설'이 뒤에 나오는 또 다른 사서에 새롭게 첨가되
었기 때문이다. 왕인을 漢人으로 보는 인식은 일본의 문학사, 역사인물
사전과 같은 최근의 저술에까지 이어지고 있다. 한인후예설과 연관해서
왕인을 『고금주』에 수록된 악부시〈陌上桑〉의 남편과 동일시하는 관점
이 제기된 것도 왕인 주제가 점차 한중일 삼국이 다룰 대상으로 확대되
고 있음을 보여 준다. 왕인이 일본에 갈 때 가져 간 논어, 천자문과 같은
전적에 관한 것 역시 동아시아적 관점에서의 접근이 요구된다.

왕인은 한국과 일본 양국에서 학문(유학)을 일본에 전파하여 일으킨
지식인으로 존숭되고 있다. 荻生徂徠(1666-1728)는 "내가 일찍이 선정 부
자(先正夫子)들에 대해 논하면서 사문(斯文)에 크게 공덕을 끼친 분을 들
어 말하기를, '아득한 옛날에 우리 동방의 나라 사람들은 아무것도 모른
채 지각이 없었다. 그러다가 왕인씨가 있은 뒤에야 백성들이 비로소 글
자를 알았고, 황비씨(黃備氏)가 있은 뒤에야 육경이 비로소 전해졌으며,
관원씨(管原氏)가 있은 뒤에야 문사(文史)에 통할 수가 있었고, 성와씨(惺
窩氏)가 있은 뒤에야 사람마다 말을 할 때에 천(天)을 말하고 성(聖)을 말
하게 되었다. 그러니 이 네 분의 군자는 비록 학궁에서 대대로 제사를 지
내더라도 괜찮다.'라고 하였다."[1]는 사실을 기록한 바 있다. 17세기 말 松

---

1 荻生徂徠, 徂徠集, 권27, 與都三近

下見林(1637-1703)은 왕인을 정학이 실전되지 않도록 후세에 길이 공을 끼친 '만대의 儒宗'(1687)으로 일컬었고,[2] 20세기 말 猪口篤志는 "왕인이 일본교육사에 끼친 공적은 천고에 찬란하다."고 했다.[3]

한국의 역사에서 오래 실종되었던 왕인이 다시 살아나게 해 준 것은 일본의 사서이고 지식인들이며, 이를 다시 끄집어내어 조선 통신사신들에게 확인시켜 준 것은 일본에 직접 가서 그 역사와 문화를 체험하게 한 사행과 그들이 만난 일본문사였다. 이와 같이 왕인의 재인식은 바로 조선통신사행을 통한 양국 교류의 소중한 성과로 볼 수 있으나 그럼에도 왕인에 관해서는 여전히 그 역사적 실체에 대한 회의가 존재할뿐더러 이에 대한 연구 역시 충분하지 않다.[4] 본 연구는 일단 왕인을 일본 사서에 기록된 대로 백제에서 건너가 유학을 일으킨 인물이라는 전제 하에 그의 한고조[고제] 후예설에 초점을 두어 그 출현 배경과 동아시아적 의미를 논하고자 한다.

II. 왕인의 선조에 관한 일본 측의 기록 변화

1) 일본 사서에 나타난 왕인 기사의 원형과 확장

왕인은 일본의 가장 오래된 사서인 『고사기(古事記)』(712)와 그보다 약간 뒤에 나온 『일본서기(日本書紀)』(720) 모두에 기재되어 있고, 그가 백제인이라는 점도 차이가 없다. 『고사기』(중권)에는 천황이 백제국에

---

2 松下見林(1687), 『異稱日本傳』 권6, 中之三. 刊寫者未詳, 1693, 국립중앙도서관 디지털본.
3 猪口篤志(1983), 『日本漢文學史』, 심경원·한예원역, 소명출판, 2200, p.26.
4 김선희는 2011년도 연구에서 해방 이후 왕인에 대한 연구가 채 10편이 안된다고 했다. 전근대 왕인전승의 형성과 수용, 『일본문화연구』 Vol.39, no-, p.42. 2013년도 현재 시점에서도 박균섭, 왕인 관련사료와 전승검토: 식민교육과 주체성교육 문제, 『한국교육사학』 Vol.34, No.2, 2012, 정태욱, 근세의 왕인 전승: 왕인이 가져온 한적에 대한 논의를 중심으로, 『일본학연구』, Vol.35, No-, 2012 외 몇 편 되지 않는다. 필자는 『전통과 수용: 한국고전문학과 해외교류』, 돌베개, 2010 pp.22-32에서 고금주와 왕인을 중심으로 자료에 대한 동아시아적 접근의 필요성을 제기한 바 있다.

청하여 만약 어진이가 있다면 함께 오라고 하였더니 명을 받아 온 사람이 和邇吉師이고, 그를 통해 논어 10권 천자문 1권 모두 11권이 일본에 전해지게 되었다는 사실이 전한다.『일본서기』(권10)에서는 응신천황 16년 봄 2월에 왕인이 왔는데 태자 菟道稚(雅)郎子가 그를 스승으로 삼아 전적을 배워 통달하지 않은 것이 없었다고 했다.

이에 따라『고사기』의 화이길사가 왕인과 동일인으로 추정된 전래의 견해를 받아들인다면 두 기록 모두 아직기가 먼저 좋은 말을 갖고 일본에 갔고, 일본의 천황이 그에게 백제의 인재를 추천하여 보내 달라고 부탁해서 오게 된 사람이 왕인이라는 점을 보여 준다.『고사기』에서는 아직기의 학문에 대한 언급이 없으나『일본서기』에는 그가 경전의 독해 능력이 있어 왕자가 그를 스승으로 삼았다고 했고, 왕인은『고사기』에서는 '현인'으로, 일본서기에서는 빼어난 '박사'로 묘사되었다.『고사기』에서는 왕인이 가져간 서적의 이름이 명시되고, 반면『일본서기』에는 서적 이름은 빠졌으나 왕인을 초청하기 위해 보낸 사절 이름, 왕인의 일본 도착 시기와 그의 태자교육에 관한 것이 기록되어 있다.

『고사기』와『일본서기』보다 7, 80여년 뒤에 나온『속일본기』에는 왕인의 가계가 새롭게 첨가되었다.

> 最弟 등이 말하기를 왕인은 한나라 고제의 후예로 鸞이라 부릅니다. 난의 후손 王狗가 옮겨다니다가 백제에 이르렀습니다. 백제의 구소왕 때에 사신을 파견하여 문인을 부르니 구소왕은 즉시 왕구의 손자 왕인을 보냈습니다. 이가 곧 문, 무생의 조상입니다.(권40, 환무천황 연력 10년 4월조)

왕인의 가계가 한나라 고제에 연결된 것은『속일본기』의 기사부터인데, 여기서 이를 처음으로 말한 사람이 왕인의 후손으로 문서를 담당했던 백제계의 최제(最弟)라는 사람이다. 그가 사성(賜姓)을 청하면서 왕인의 가계를 언급한 것은 연력 10년(791)이고, 왕인이 일본에 온 것으로 되어 있는 응신천황 16년은 서기 285년으로 500여 년이 경과되었던 시기이다. 왕인 당대에는 물론 8세기 전반『고사기』,『일본서기』에도 언급이 없었던 것이 500여 년이 지난 후 이러한 새로운 자료가 첨부된 것이다.

　그러나『속일본기』에서 더 주목된 것은 최제가 사성을 청하기 1년 전에 나와 있는 진손왕의 기사이다.

　　응신천황이 황전별을 백제에 사신으로 보내어 학식이 높은 사람[有識者]을 초빙했는데, 백제 귀수왕은 부탁을 받아 종족 중에서 골라 그 손자 진손왕(일명 지종왕)을 일본에 보냈고, 응신천황은 그를 황태자의 스승으로 삼았다. 이로서 처음 전적을 전하고 유풍을 크게 열었으며, 문교의 일어남은 진실로 여기에 있다.(권40, 환무천황, 연력9년 7월조)

　지손왕은 왕인과는 별도의 인물로 쓰여졌으나 왕인의 기록과 차이가 없다.

　『대일본사』(1657-1720, 1906)에서는『속일본기』에서 최제가 말한 왕인 가계를 그대로 썼다. 왕인 열전(권213, 文學一)이 포함되었으나 내용은 왕인이 일본어에 능통했다는 것 외에는 모두 앞의 사서들에서 나온 것들이다. 왕인이 일본어에 정통했다는 주장은 아래에서 기술할『이칭일본전』에 나온다. 왕인이 〈難波津歌〉를 지었다는 것을『고금화가집』서에 근거해서 기술했으나『고금화가집』서에는 "난파진의 시가 천황에게 헌정되었다"라고만 하고 왕인과의 관련성은 나와 있지 않다. 이중천황(履中天皇, 400-405) 때에는 창고를 만들어 관청의 물품을 보관했는데 아직기와 백제 박사 왕인에게 그 출납을 기록하게 했다는『고어습유』의 내용을 포함했다. 17세기 후반 이후에는 왕인 관련 단편적인 기록들을 모두 수합하려는 노력이 보인다.

　이와 함께『대일본사』에서는 왕인 다음 열전에 수록된 선진이전이 더 주목된다. 선진이(船辰爾)는 본래 성씨가 왕이고, 그 조상은 백제 사람이었다. 이전에 응신황제가 황전별에게 명하여 지식이 있는 사람을 백제에게 구했고, 백제의 임금 귀수왕은 손자 진손왕(일명 지종왕)을 이에 응해 사신을 따라 일본에 가게 했는데, 응신황제가 그를 좋게 여겨 황태자의 스승이 되어 유풍을 크게 열었다는 내용이다. 이 구절은『속일본기』의 자료를 그대로 인용한 것이다. 그러나 『대일본사』 편자는 이 구절 아래 그의 사적이 크게 왕인과 유사하여 동일인인 것으로 생각되나 고찰할 수 가 없다는 주를 달아놓은 점에서[5] 『속일본기』보다 좀 더 정밀한 고찰을 했 다. 왕인의 가계와 선진이의 가계까지 기술했으면서도 왕인의 실체에 대 해서는 여전히 의혹된 점이 남아 있었던 것으로 보인다.

2) 『이칭일본전』 『화한삼재도회』의 기록과 그 의미

왕인에 대한 일본측의 관심이 크게 나타나기 시작한 것은 17세기 이후 일본에 유학사상이 발달하기 시작한 때부터로 간주된다. 위에서 거론한 대로 왕인을 재인식한 학자가 17, 8세기를 살았던 荻生徂徠(1666-1728)이 었고, 왕인의 묘역이 새롭게 정비된 것도 교토의 유학자인 並川誠所(1669-1738)에 의한 것이라는 점도 이를 보여 준다. 특히 이 시기는 자국 역사와 문화에 대한 일본문사들의 관심이 제고되고 있었다. 『이칭일본 전(異稱日本傳, 1687)』과 『화한삼재도회(和漢三才圖會, 1712)』는 바로 유 사한 시기에 간행되어서 그간 왕인에 대한 전승 기록들의 집합이 자국문 화의 원류에 대한 관심과 함께 점차 강화되고 있었던 민족주의적 의식의 성과였다는 점도 유의할 만하다.

이 두 책은 18세기 후반부터 특히 자국 관련 자료 수집에 몰두했던 한 국의 지식인들이 유서를 편찬할 때에 주로 참고한 서적들이었다. 이로 보면 조선보다 일본이 자국의 전통과 역사적 자료 수합에 대한 구체적인 작업이 우리나라보다 반세기 이상 빨랐던 것으로 볼 수 있다. 그러나 『이 칭일본전』이 언제 조선으로 유입되었는지는 이 책이 출간된 후 신묘(1711), 기해(1719), 무진(1748), 계미(1763) 사행이 연이어 있었으므로 확 실하지는 않으나 이 사행 중 하나에 들어왔을 가능성도 있다. 그러나 이 책이 우리나라 문헌에 등장한 것은 1780년대로, 1763년 계미사행 후 『日 本錄』과 『和國志』를 저술한 성대중과 원중거는 이 책을 언급하지 않았다.

松下見林의 『異稱日本傳』(1687)은 일본에 관한 한국과 중국 서적 125부 를 참고하여 편찬한 책이다. 왕인이 새롭게 재인식된 17세기 말 18세기

---

5 『대일본사』 권213 열전140 문학1

는 전술한 대로 일본 지식인들의 자국문화에 대한 의식이 차츰 강화되던 때로, 조선 통신사들에 대한 일부 인사들의 비판이 엿보이는 것도 바로 이 시기였다. 이 책에는 왕인에 대한 기사가 세 번 나온다. 주목되는 것은 편자가 왕인을 거론할 때마다 그가 한 나라 고조의 후손, 또는 한인의 후손임을 되풀이해서 쓰고 있다는 것이다. 이러한 강조는 이 책을 기반으로 일본의 자료를 모은 이덕무나 한치윤의 저서로 곧 바로 수용되었다.

왕인에 관한 첫 번 째 글은 명나라 劉仲達이 "고려의 학문은 기자에게서 시작하고, 일본의 학문은 서복으로부터 시작했고, 안남의 학문은 한나라에서 시작되었다"[6]라고 한 데 대한 송하견림의 논평으로, 일본과 서복의 긴밀한 관계를 보여주는 중국인의 기술에 상당히 비판적인 시선을 보여 준다. 그는 왕인이 '萬世의 儒宗'이라는 평가를 내리면서 유중달이 자신의 견해를 보지 못함이 한스럽다고까지 했다. 왕인이 '한고제의 후손'으로 方士 徐福과는 차원이 다른 인물이라는 관점은 그[또는 일본인]의 자존심과도 무관해 보이지 않는다.

두 번 째 글은 왕인이 일본어에 능통했다는 점을 칭찬한 것이다. 왕인은 일본어로 일본인들을 훈도했는데 이것은 일본에 관해 기록한 중국인들이 일본어를 몰라서 오류가 많은 것과는 매우 대비된다는 것이다. 세 번 째 글은 『東國通鑑』에 수록된 일본 관련 자료를 제시한 후 삼한 사람들이 근세의 조그마한 일들을 번잡하게 적느라 상세의 큰 일들을 빠트렸다고 한탄하면서 삼한인들은 과거 좋지 않은 역사적 사실들을 미워하여 기록하지 않다가 이러한 아름다운 일도 알지 못한다고 비판한 것이다. 송하견림은 7차 임술 사행(1682) 시 조선 사신들과 창화한 기록이 남아 있어 왕인에 관한 '삼한인들'의 무지에 대한 비판은 사신들과의 직접 접촉에 근거한 것으로 간주된다.[7] 그가 거론한 '아름다운 일'이란 두 황자의 선양(禪讓)에서 수행한 왕인의 역할과 〈난파진가(難波津歌)〉를 지어 大

6　劉仲達, 鴻書 권8, 刊寫者, 刊寫年 미상, 국립중앙도서관 디지털본.

7　송하견림은 홍세태에게 주는 시 '奉呈滄浪公館下'를 남겼다. 詩序에 "일찍이 일본 서기 등의 책을 읽은 적이 있는데 삼한과 일본의 우호는 오래되었습니다. 오늘 다행히 만나뵙는 영광을 얻게 되어 절구 한 수를 드려 감사합니다."라고 하여 이 시기 이미 이칭일본전의 기반을 닦고 있었음을 보여 준다. 구지현 역주, 화한창수집 수, 보고사, 2013, p.55.

鷦鷯 황자의 즉위를 권한 사실이다. 전자의 내용은『일본서기』에 기재되어 있으나 왕인을 인덕천황의 즉위와 和歌의 저작에 관련지은 후자의 자료는 10세기에 편찬된『古今和歌集』(905)에 근거한다. 이 노래가 왕인의 작이라는 데에는 이론이 있기는 하지만 仁德천황의 즉위에 왕인을 결부시킨 것은 왕인이 토도치랑자 황자의 사부였다는 점에서 자연스러워 보인다. 만약 왕인이 〈난파진가〉의 작자라면 그가 일본어에 능통했다는 진술을 뒷받침하는 증거가 될 수 있다.

　이로 보면 왕인에 대한 송하견림의 존경과 찬예가 얼마나 큰가를 알게 해준다. 왕인은 학자이면서 문사였고 정치적 안목과 능력을 가진 사람이었다. 그러나 문제가 되는 것은『이칭일본전』의 편자가 왕인을『고금주』에 수록된〈맥상상(陌上桑)〉의 여주인공 진나부의 남편으로 "고을 천승"인 왕인과 동일시한 것이다. 송하견림이 백제의 왕인을 최표『고금주』에 기재된 왕인과 연결시킨 근거는 아마도 전술한『속일본기』에 나오는 한고조의 후예라는 기사가 크게 작용했을 것으로, 특히 〈맥상상〉의 왕인이 '千乘'이라는 것도 한고조 후예설을 확인하는 근거자료가 되었을 것으로 보인다.[8]

　그러나 송하견림은 왕인을『고금주』의 왕인으로 추측함으로서『속일본기』에 기록된 왕인의 가계를 오히려 불신하는 모순을 보여준다.『속일본기』에서는 왕인의 가족이 할아버지 때에 옮겨다니다가 백제에 왔다고 했으므로 왕인의 출생지가 백제였는지는 확실하지 않으나 그가 학문을 연마하여 이름을 날린 곳은 백제였음은 의문의 여지가 없다.『고금주』의 저작연대와 왕인이 일본에 온 시기(285)가 유사한 것도 문제이다. 아직 확실하지는 않지만 저자 최표를 진 혜제(290-306) 시대 사람으로 볼 경우 이 시기는 바로 일본의 응신천황(270-309) 시대로 최표가 왕인과 동 시대 사람이 된다는 것이다. 그 후 그가 언제 백제로 건너와 자리를 잡고, 다시 아직기의 천거를 받아 일본에 갈 수 있었겠는가?. 더 나아가 일본서기의 연대가 120년 소급되었다는 사실을 감안하면 왕인의 渡日 시기(405)와

8　古今注에 관한 부분은 이혜순,『전통과 수용: 한국고전문학과 해외교류』, 돌베개, 2010, pp.22-27.

고금주의 연대는 더 멀어진다.

『이칭일본전』보다 15년 뒤에 나온『和漢[倭漢]三才圖會』는 조선조후기 문사들이 전자보다 더 많이 사용했던 책이다. 18세기 여성 학자인 이빙허각이 쓴『규합총서』에도 참고문헌에 포함되었다. 빙허각이 남편의 장서를 통해 이 책을 참고한 것을 보면 그 시기『화한삼재도회』가 조선 지식인들에게 상당히 널리 확산되었던 것으로 추정된다. 영조 24년(1748)의 무진 사행 시 통신사로서 일본을 다녀온 조명채가 작성한『봉사일본시견문록(奉使日本時聞見錄)』에는 藤原惺窩에 관한 기사 중 "倭之三才圖書"란 구절이 나온다. 1763년 계미사행 때 제술관이었던 南玉(1722-1770)은 이 책에 의거해 황궁의 "크고 사치함"을 기술했다. 18세기 후반부터는 이 책이 국내학자들에 의해 많이 인용되거니와, 왕인에 관한 기록은 이 책의 여러 곳에 산재되어 나온다.[9]

『화한삼재도회』는『일본서기』를 인용한 구절에서는 왕인의 한고제 후손설을 쓰지 않았으나『속일본기』의 인용문에서는 한고조 말손임을 밝혔다. 그러나 왕인이 관상에 능해서 황자의 즉위에 일조한 것으로 왕인의 위상을 보여준 것은 그동안 왕인과 관련된 자료들이 전승되면서 그에 관한 정보가 좀 더 축적되어 정착되고 있었음을 보여준다. 아직기가 가져온 책을『역경』,『효경』,『논어』,『산해경』으로 명시하여, 그가 유학의 일본 전파에 절대적인 기여를 한 점 등도 분명하게 밝혔다. 아직기가 경전을 이해하고, 황자가 그에게 경전을 익혔으나 왕인의 지도를 받은 후에는 경전에 통달하지 않음이 없었다는 문구로 보아 아직기가 자신보다 뛰어난 인물로 지목한 왕인의 학문이 어떠했는가도 잘 보여 주고 있다. 왕인은 박사였고 그로부터 일본 유학의 시작이 이루어졌다는 것이 18세기 일본 지식인들의 확고한 인식이었던 것으로 간주된다.

---

9 寺島良安 편,『왜한삼재도회』, 국학자료원 권7, 人倫類 儒士, 人倫類 相人, 권13 異國 人物 朝鮮, 권15 藝財.

Ⅲ. 왕인에 관한 조선통신사의 사행록 자료와
한일문사의 필담

1) 사행록이 보여준 왕인에 대한 정보

통신사행록에 기록된 왕인 관련 자료는 17세기 중반 서장관으로 일본에 갔던 南龍翼의 문견별록에서부터이다. 그간 圃隱처럼 일본에 다녀와 시를 남긴 이는 있으나 일본 관련 자료를 책으로 기록한 사람은 신숙주(1417-1475)의 『해동제국기』(1471)가 처음인데 이 책에는 왕인 관련 내용은 없다. 『해동제국기』 중 일본국기의 천황대서 장의 응신천황 조를 보면 "15년 갑진에 백제에서 서적을 보내었다. 16년 을사에 백제 왕태자가 왔다."고 했다. 15년(284)은 아직기가 책을 갖고 일본으로 건너 간 해이고, 16년(285)에는 왕인이 아직기의 추천과 일본천황의 부탁으로 일본에 간 시기이다. 이 기록으로 보아 신숙주는 왕인의 이름이 명시된 『일본서기』는 참고하지 못하고, 대신 진손왕의 기사가 있는 『속일본기』를 보았을 가능성이 크다. 『속일본기』에는 최제 등이 언급한 왕인의 세계는 나와 있으나 당시 왕인이 일본에 전적을 가져온 인물이라는 점을 밝히지는 않아서 『일본서기』를 보지 못했을 경우 진손왕의 행적과 유사한 왕인에 대한 지식이 없을 수도 있다.

『해동제국기』에는 비록 왕인의 이름이 나와있지 않았으나 응신천황 15, 16년의 기사는 통신사 중 처음 왕인을 기술한 남용익(1628-1692)에게 반영된 것으로 보인다. 남용익은 그의 나이 28세 때에 조선통신사 제6차 을미사행(1655) 시 종사관으로 참여했다. 그는 사행일록에 부록된 문견별록 중 응신황 항목에 "갑진년에 백제가 또 경전과 여러 박사들을 보냈으며, 을사년에 백제가 왕자 왕인(王仁)을 보냈다."[10]라는 구절이 있어 왕인의 이름을 거론했으나 그를 왕자라 하여 『일본서기』의 왕인과 『속일본기』의 진손왕을 동일시하는 관점을 보여 준다.

왕인이 다시 거론된 것은 제9차 사행의 제술관으로 일본에 다녀온 신유한의 『해유록』 문견록에서이다. "왜국은 옛적에 문자가 없었는데, 백

10　신숙주, 『해동제국기』 일본국기 天皇代序.

제왕이 문사 왕인과 아직기 등을 보내어 비로소 문자를 가르쳐서 여러 해 강습을 시켜서 대략 전한 것이 있었다."[11]라고 했다. 상당히 간결하지만 신숙주의『해동제국기』와 남용익의 문견별록에서는 사라졌던 아직기를 명기한 점, 일본에 문자를 전해준 인물들이 바로 왕인과 아직기라는 점을 확인시킨 점에 의의가 있다. 왕인을 '문사'라 하여 '왕자'라는 기존의 통신사행록보다는 일본의 문헌자료에 더 의존했음을 보여준다. 이 시기는『이칭일본전』과『화한삼재도회』가 이미 세상에 나온 이후여서 왕인에 관한 자료를 일본의 문사나 서적을 통해 인지했을 수도 있을 것이다. 아래에서 논하겠지만 신유한의 9차 기해사행 직전의 사행인 신묘사행 때에는 왕인이 양국문사의 필담 주제의 하나였다.

왕인의 이름은 1763년 계미사행 때 다시 등장한다. 이 사행에는 양국 문사간의 갈등이 컸지만 그럼에도 문사들간 심도 있는 교류가 이루어지면서 조선 측 사행록도 풍성하게 나왔다. 그러나 왕인에 대한 정보나 인식이 더 나아진 것 같지는 않고 어떤 점에서 더 퇴보한 인상을 준다. 이 사행 때의 정사였던 趙曮은 "일본이 처음에는 문자를 숭상하지 않다가 응신천황에 이르러서 백제가 경전과 여러 박사를 보내 주었다.", "백제 사람 왕인과 아직기는 어느 때 들어갔는지 알 수 없으나 일본에서 처음으로 서적을 가르쳤다."라고 하여, 아직기와 왕인을 백제 사람으로 그들이 일본에 간 시기를 미상이라고 함으로서 응신천황 때 백제가 여러 박사를 보내주었다는 사실과 별도의 일로 다루었다.[12] 성대중은 일본 사행 일기 후에 일본에 관한 정보를 적으면서 "일본의 문학은 왕인, 아직기에서 시작되니 모두 백제사람이다."[13] 라 했으나, 대부분을 신유한의 문견록을 요약하는 것으로 대신했다. 왕인에 대해서도 "왜국은 옛날에 문자가 없었는데 백제왕이 문사 왕인과 아직기 등을 보내어 비로소 문자를 가르치니 여러 해 동안 강습하여 대략이나마 전수한 바가 있었다."[14]라고 문

---

11   신유한,『해유록』附聞見雜錄, 민족문화추진회, 국역해행총재Ⅱ.
12   조엄,『海槎日記』, 민족문화추진회편, 국역해행총재 5, 6월 18일(무술).
13   성대중,『日本錄』, 홍학회 옮김,『부사산 비파호를 날듯이 건너』, 소명출판, 2006, 권2 웅야산 p.164.
14   성대중,『일본록』, 홍학희옮김,『부사산 비파호를 날듯이 건너』, 권2, p. 243.

견록의 내용을 전재했다.

　신유한과 성대중 모두 왕인의 가르침을 통해 "대략이나마 전한 바가 있었다粗有所傳"고 하여 일본 측 기록에서 왕인에게 가르침을 받은 황자가 '막불통달'이라고 한 것과 대조된다. 막불통달은 황태자의 총명을 말하기 위한 과장이 포함되기는 하지만 덧붙여 가르치는 스승의 학식을 높인 구절이기도 하다. 신유한이나 성대중은 자국 출신의 학자를 높이려는 민족주의적 입장보다 실제 가능성에 더 중심을 둔 것으로 보인다. 『해동제국기』부터 남용익, 신유한, 조엄, 성대중의 사행록까지는 왕인의 한고조 후예설이 거론되지 않았다. 이들에 비해 성대중과 함께 계미사행 시 서기로 사행한 원중거는 그의 『화국지』에서 『일본서기』, 『속일본기』, 『이칭일본전』, 『왜한삼재도회』의 일본 자료들을 대부분 섭렵했음을 보여준다.[15] 아직기가 가져온 책 종류는 『왜한삼재도회』의 기록을 그대로 옮겨 썼고, 『속일본기』의 기록을 받아들여 왕인이 도일했던 백제 당대의 임금이 구소왕 시대임을 밝혔다. 단지 백제에 구소왕이 있었는지에 대한 고찰을 하지 못한 점에서는 이덕무만큼의 정밀성을 갖추지 못했다.[16] 무엇보다 원중거는 통신사행록에서 처음으로 왕인의 한고조 후예설을 받아들였다. 이것은 구소왕 시대라는 『속일본기』의 기록을 받아들인 것과 맥을 같이한다.

　그러나 12차 통신사행 이후 19세기 말 이후에 도일했던 이들의 기록물인 李鑣永(1837~1910)의 『일사집략(日槎集略), 1881』, 김기수(金綺秀, 1832-?)의 『일동기유』(日東記游, 1877)에는 왕인의 한고조후예설이 나오지 않는다.

---

15 원중거, 『和國志』, 박재금 옮김, 『와신상담의 마음으로 일본을 기록하다』, 소명출판, 2006, 羅麗濟通史 권1 p.168.

16 국역청장관전서 淸脾錄二, 왜시(倭詩)의 시초 이덕무는 "상고하건대, 백제에는 구소왕이 없었으니, 이는 구모신왕(久慕辛王)의 와전인 듯싶다. 그러나 구모신왕은 중국의 유송(劉宋) 세대에 해당하고, 응신천황은 동한(東漢)의 말엽에 해당한다. 만일 응신천황의 세대가 옳다고 본다면 백제의 구수왕(仇首王)과 고이왕(古爾王) 두 왕의 연간에 해당하므로, 고(古)와 구(久)는 음과 뜻이 서로 가깝고 또 동사(東史)에 의하면 고이(古爾)를 고이(古尒)로도 썼으므로, 이(尒)와 소(素)가 혹 서로 비슷하게 보여서 구소(久素)로 와전된 것이 아닌가 싶다."고 했다.

2) 한일문사의 필담에서 드러난 왕인에 대한 인식

사행록에 나오는 이러한 왕인 관련 자료는 아마도 그들이 가까이 접한 일본 서적에 의거했을 가능성이 크지만 두 나라 문사간 접촉에서 보이기도 하는데, 1711년 신묘사행시 正數[17]와 東郭 李礥간의 필담이 그 예이다. 일본 문사들의 경우 대체로 박식한 사람일수록 조선과 일본과의 역사적 관계에 대한 잘못된 지식을 갖고 있는바, 이것은 자국의 역사서에 대한 기록을 지나치게 신빙한 데서 오는 것이다. 무엇보다 그들이 들고 나오는 것은 삼한 조공설인데, 그러나 우리 문사들은 이에 이의를 제기하거나 따지지 못했을 뿐 아니라, 왕인 등 일본에 문화를 전수한 원조가 되는 우리측 인물에 대해서도 확실하게 설명하지 못했다.

필담 중 일인문사 정수는 일본 應神天皇이 다스릴 때 백제국 왕인이 일본에 와 유도를 크게 천명하여 皇子 菟道稚郎子가 그를 스승으로 삼아 학문을 배웠고, 그 후 菟道와 형 大鷦鷯가 서로 위를 사양하여 마치 백이 숙제 같은 행위를 했으며, 황자가 죽은 후 대초료가 애통하여 슬퍼하자 이때 왕인이 和歌를 바치며 즉위를 권했는데 인덕천황이 바로 그 분이라는 내용을 들면서, 조선의 사록에도 역시 왕인에 대한 사실이 있는지를 물었다. 정수의 왕인에 대한 지식은 사서나 전승 기록을 통해서도 습득할 수 있었겠지만, 아마도 그가 말한 내용으로 볼 때 필담이 있기 15년 전 발간된 송하견림의『이칭일본전』의 내용에 근거했을 가능성이 큰 것으로 보인다. 이에 대해 동곽은 우리『東諺傳』에 백제 왕인이 일본에 갈때『천자문』과『논어』일부를 가져 가 선비들을 가르쳐 일본이 문자가 있게 된 것이 이로부터였다고 하나, 그러나 백제의 멸망이 몇 천 년이 되고 사적이 전하지 않아 고구할 수 없다는 정도의 대답을 했을 뿐이다.[18]

정수와 필담을 나눈 이현(1654-?)은 일본 문사들에 의해 통신사들 중 문학이 뛰어난 자로 존숭되었던 인물이다.[19] 그럼에도 한국문학사에서

---

17 遠州 濱松 尾見氏 濱松武臣.

18 『계림창화집』권12. 이에 대해서는 이혜순,『조선통신사의 문학』, 이대출판부, 1996, p. 299.

19 『長門癸甲間槎』(1763)에서 産根淸은 과거 통신사들의 문장을 논하면서 신묘사행

는 그 이름이 보이지 않는 문사로, 그를 재인식하게 한 것은 사행을 통해 일본 문사들과의 만남이 가져다 준 성과였다. 그는 58세라는 고령으로 신묘(1711) 사행에 제술관직을 맡아 일본에 갔다. 정수에 대한 이현의 답변을 보면 그는 왕인에 대해 어느 정도의 지식은 갖고 있었던 것으로 보인다. 이현은 무엇보다 왕인이 갖고 간 전적을 거론했고, 왕인이 일본의 지식인들을 가르쳤으며, 일본이 문자가 있게 된 것이 왕인으로부터 시작한다는 것을 알고 있었다. 여기서 동곽 이현이 말한『東諺傳』이『삼국사기』나『동국통감』같은 우리나라 사서를 의미하는지, 또는 중국 사서의「동이전」류를 지칭하는 것인지 확실하지 않으나 일단 이러한 한중 사서들에는 왕인에 대한 기록이 전하지 않는다.[20] 단지 그가 남용익의 문견별록은 읽었을 가능성이 크거니와. 이러한 점에서 그가 말하는 동언전은 우리나라에서 전해 내려오는 이야기의 뜻을 지녔을 가능성이 크다. 양국 문사들의 왕인 관련 필담은 정수와 이현 외에도 있을 것으로 보이나 아직 찾지 못했다.

　　지금까지의 논의를 살펴보면 조선통신사들이 왕인을 주목하게 된 데에는 그들의 사행이 큰 역할을 한 것으로 보인다. 물론 왕인을 한 나라 출신 인물로 받아들인 것은 원중거와 그와 가까웠던 이덕무, 그리고 이들과 거의 유사한 시기의 한치윤에게서 나오고 있다는 점에서 이것은 18세기 후반 19세기 전반 문헌에 근거하는 실사구시적 학문적 자세에 기반한 것일 수도 있다. 반면 19세기 후반 열강, 특히 일본과 첨예한 갈등이 야기되던 시기 일본에 사행했던 이들에게서는 왕인의 한고조후예설이 전혀 언급되지 않은 것은 이를 몰라서거나 우연이 그렇게 되었다기보다는 민족적 자존심에 근거한 것이 아니었을까.

때의 이현이 '超乘'하였고 계미사행 때의 남옥과 성대중을 巨擘으로 평가했다. 초승은 춘추 시대에 진(秦)나라 군사들이 주(周)나라 서울의 북문(北門)을 지날 때에, 전차의 좌우에 탔던 전사들이 투구를 벗고서 달리는 삼백대가 되는 수레에서 내려 천자에게 경의(敬意)를 표하고는 다시 뛰어 탔다는 고사에서 나온다.《春秋左氏傳 僖公33年》이현의 문장이 민첩하고 용력이 있음을 의미한 것으로 보인다.
20　이혜순,『조선통신사의 문학』, 이대출판부, 1996, p.300.

IV. 한고조후예설의 비판과 동아시아의 수용 양상

1) 한고조 후예설의 비판

전술한 대로 왕인의 한고조 후예설은『속일본기』(797)에서 나오고, 그의 가계를 제시한 것은 백제계 최제였다.『고사기』와『일본서기』의 기록에 의하면 왕인은 3, 4세기에 걸쳐 살았던 인물이고, 이를 기록한 두 책은 8세기 전반에 완성된 것이다. 그렇다면 왕인에 대한 전승은 약 400년간 이루어졌던 것이어서 위 두 책은 그간의 왕인에 관해 전래된 이야기들은 대체로 포함했을 것으로 보인다.

『속일본기』(797)는 8세기 말에 나왔으므로 왕인의 이름이 명시된『일본서기』로부터 약 70여년이 지난 후 백제의 박사 또는 왕자의 신분에서 한고조의 후예로 변형된 것이다. 그렇다면 그간 새로운 자료가 나온 것일까, 아니면 8세기에 그의 후손들이 자신들을 한고제의 후예로 포장하는 것이 유리하다는 점에서 조작한 것일까. 그 경우 왜 하필 한고제를 끌어들였을까.『속일본기』(권40)의 연력 9년 7월조의 기사를 보면 응신천황이 황전별(荒田別)을 백제에 보내 학문이 있는 사람을 초빙할 때 온 사람이 왕인이라는『일본서기』의 기록과는 달리 이때 온 사람이 귀수왕 손자 辰孫王〈一名智宗王〉이라 했다. 또한 응신천황이 그를 황태자의 스승으로 삼았으며 "이에 비로소 서적이 전해지고 유풍이 크게 일어났다. 문교가 발흥한 것은 진실로 이에 있다"라고 했다.『대일본사』에서도 진손왕의 사적이 왕인과 유사하다는 점에서 두 사람이 같은 사람일지도 모르나 근거가 없다고 했다.[21] 그러나 최제는 왕인을 백제왕이나 왕족의 가문에 연결시키지 않고 혈통과 나라가 완전히 다른 나라 황제의 후손이라 진술했다. 왜 그랬을까.

여기서 알 수 있는 것은 첫째 응신천황 시 이후 적어도『속일본기』저술 시기까지 왕인은 별로 주목의 대상이 아니었다는 것이다.『일본서기』와 달리『속일본기』에서는 왕인이 아닌 진손왕을 유풍을 일으킨 인물로 보았는데, 최제 이전 왕진이 계열이 바로 진손왕을 그들의 조상으로 선

---

21 『대일본사』권213 열전 140, 문학 1 船辰爾傳.

택한 것이다. 金恩淑은 왕인의 한고제후예설이 형성된 배경을 다음과 같이 설명한다. 8세기 초 성립한『고사기』『일본서기』에서 조상의 도래전승을 남긴 귀화씨족은 倭漢氏, 西文氏, 秦氏 등 세 씨족이었다. 특히 왕인 후예씨족인 서문씨의 동족을 주장하는 씨족은 많지 않아서 8세기에 이들 씨족의 세력이 약화되었다고 추측한다. 서문씨는 河內 지방의 문필관계씨족을 총칭하는 것으로 오래된 도래인인 書首(또는 文首)와 비교적 새로운 도래인인 王辰爾계의 船史, 津史, 白猪史 등이 있는데, 이들은 하내 지방을 중심으로 거주하며 동족계보를 형성하여 왕인도래전승을 공유하였을 것으로 보인다. 그러나 8세기 말경 왕진이계 출신인 津連眞道가 등장하고 그가 菅野朝臣으로 개성되자 다른 왕진이계 사람들이 連津, 船, 葛井씨가 본래 한 씨족임을 내세워 왕인을 조상으로 하는 전승을 버리고 백제왕자 辰孫王의 도래전승을 만들어 宿禰로 賜姓을 받는다. 김은숙은 최제 등이 왕진이계에서 제외되었으므로 왕진이계와는 다른 계보를 만들어 사성을 청할 수 밖에 없었던 것으로 판단한다.[22] 왕진이는『대일본사』의 왕인 열전 다음에 나오는 船辰而 열전의 주인공과 동일인으로 진손왕의 高孫으로 나온다. 본래 성씨가 왕씨였다는 점도 그가 새로운 계보를 형성하기 위해 왕인계에서 이탈한 것임을 보여 주는 증거가 된다.

왕진이계가 사성을 받은 때가 환무천황 연력 10년 춘정월 계유로, 바로 3개월 후인 연력10년 하사월 무술에 최제의 사성 청원이 이루어진다. 이로 보면 진손왕과 왕인이 동일인이거나 아니면 전승과정에서 여러 사실들이 서로 혼재된 별개의 인물일 수 있으나 이들이 후손의 계보에 따라 점차 분화가 이루어졌고, 이렇게 해서 왕인의 한고조후예설은 자연스럽게 정착된 것이라는 판단이다. 당시 사서에는 백제 도래인들이 자신들을 백제왕이나 한나라 황제의 인척으로 포장한 기사가 자주 등장한다. 아마도 최제는 같은 서문씨였던 왕진이계가 백제왕의 후손임을 주장했으므로 자신들은 그들보다 더 우월하거나 아니면 적어도 그들과 맞설 수 있는 출신이 필요했고, 그렇게 해서 선택된 사람이 한나라 고조였을 것이라는 추측이다. 그렇다고 하더라도 한고조 유방의 후손이라고 하면서

22　金恩淑, 西文氏의「歸化」傳承,『역사학보』118집, 1988.6, pp. 79-80.

왕씨인 것은 아직도 해결되어야 할 문제로 남아 있다. 한나라 역대 황제의 왕비 중 왕씨가 있으나(한나라 원제) 외척이 한고제 말손으로 볼 수 있을지도 의문이다. 최제는 왕인 가문의 정착이 아버지 왕구 대에 이루어졌다고 했는데, 이를 그대로 받아들여 본다면 할아버지 왕난은 아직 중국에 있었던 것으로 간주될 수 있다. 왕난이란 이름도 사서에 보이기는 하나 시대가 맞지 않는다. 왕난, 왕구가 모두 사서에 이름이 오를만한 인물들이 못되거나 잘못 누락된 것일 수도 있으나 모두 허구일 가능성이 더 커 보인다.

그렇다면 왜 하필 한고조를 선택했을까? 김은숙은 이들이 어느 특정한 황제대를 조상의 出自로 정한 것은 중국사서의 동이전 및 중국인의 한반도진출기사에 근거한 것으로 본다. 즉, 이들 귀화씨족들은 『고사기』『일본서기』에서는 백제에서 도래한 것으로 되어 있는데, 백제왕의 계보에는 결합할 수 없었으므로 중국계를 주장하면서 백제에서 도래했다는 기록과의 모순을 없게 하려면 중국인의 한반도 진출기사를 이용할 수 밖에 없었다는 주장이다. 이들이 황제의 후예임을 주장한 것은 백제 고구려의 왕족에 대한 당시 일본의 사성정책에 영향을 받았기 때문이라는 것이다.[23] 왕인의 한고조후예설은 시정되어야 한다.

2) 한고조 후예설의 동아시아 삼국의 관점과 의미

왕인은 백제의 중요 인물이면서 일본의 사료가 아니었다면 매몰될 수도 있었다. 통신사행을 통해 살아난 이러한 역사적 인물이나 전적 등의 환기는 특히 우리나라 역사에서 중요한 의의를 갖는다. 『삼국사기』나 『동국통감』이 왜 이를 누락했는지 역사기록에 대한 진지한 반성이 있었는지는 모르나 이 점에서 통신사행에 대한 의의가 더 커 보인다. 과거 세 나라의 역사 기록에는 자국 중심적 역사인식을 보여주는 것이 많아서 삼국의 역사를 포괄적으로 살펴 그 기록의 신빙성에 대한 검토가 요구된다. 특히 왕인의 경우 일본 유학사에서 차지하는 위상이라는 측면에서 볼 때 그가 한나라 출신이라는 주장은 삼국이 함께 고찰해 보아야 할 중

---

23 김은숙, 서문씨의 귀화전승, 『역사학보』 118집, 1988.6, pp.80-81.

요한 연구 대상이다. 조선에서는 일천 몇백 년 전 이전에 잃어버렸다가 갑작스럽게 등장한 우리의 자랑스러운 조상에 대해 지식인들의 관심이 그렇게 큰 편이 아니었다는 것도 놀랄만한 일이다.

　조선 후기 한중일 삼국 모두 다른 국가의 문헌에서 자국 관련 자료를 뽑으는 일이 성행하게 된 배경은 다양하겠으나 이를 가능하게 한 것은 무엇보다 사행을 통한 삼국간의 소통이었다. 유서 편찬자들은 대부분 연행에 참여했거나 통신사행을 한 이들이었다. 정조 2년(1778) 청나라에 연행했고, 계미사행에 통신사로 일본에 갔던 원중거의 인척이기도 한 이덕무(1741~1793)는 그간의 논의를 총합해서 한고조 후예설, 왕난에서 왕구에서 왕인으로 이어지는 세계를 서술했다.[24] 정조 3년(1779) 연행했던 한치윤 역시 왕인이 한고조 말손으로 왕난 왕구로 이루어졌다는 왕인의 세계를 동일하게 썼고, 특히『왜한삼재도회』상인 조의 왕인이 사람들의 관상을 잘 보았다는 이야기와 응신천황 15년 백제의 구소왕(久素王)이 아직기를 파견하였다는 일본 사서의 구절에서 구소왕이 구수왕(仇首王)의 잘못이라는 점을 덧붙였다.[25]

　그러나 이덕무, 한치윤 두 사람은『이칭일본전』에서 삼한 사람들이 백제에 이러한 인물이 있었음을 알지 못한다는 일본 측의 비판에 대해 이의를 제기하지 않았고, 우리나라 출신 인물이 일본의 유종이 된다는 사실이 조선의 미사임을 강조하지도 않았다. 단지 한치윤은 일본의 전적에 보이는 백제의 인물이 더 있으나 모두 드러낼 만한 사실이 없고, 또 교빙지(交聘志)에 모두 실려 있으므로 생략하고, 왕인은 일본에서 학문을 창시하여 일본의 유종(儒宗)이 되었으므로 특별히 갖추어 실었다고 하여 그 중요성을 함축했을 뿐이다. 이에 비해 이들보다 조금 뒤에 나온 이덕무의 손자 이규경은 왕인에 의해 일본에서 유교가 비로소 행하게 되었다고 했으나[26] 한인설, 한고조후예설을 쓰지 않았다. 19세기 후반에 이르면 한고조후예설은 표명되지 않는다. 단지 추사 김정희(金正喜, 1786~1856)

24　이덕무, 청장관전서 제33권 청비록 2(淸脾錄二) 왜시(倭詩)의 시초와 청장관전서 제64권 청령국지1 인물.
25　한치윤, 해동역사 제67권.
26　李圭景,『五洲衍文長箋散稿』경사편 1 - 경전류 1.

가 왕인에 관한 자료 제공에서 한 걸음 더 나아가 특이하게 일본에 보존
된 경서의 서체에 주목하고 이것이 왕인이 가져간 책에 근거한 것으로
추측했을 뿐이다.[27]

일본은 대체로 『이칭일본전』 이후 왕인의 한인후예설이 고정되어 있
는 듯 했다. 최초의 조선의 역사 연구서로 알려진 林泰輔의 『朝鮮史』
(1892)에는 왕인을 언급했으나 그의 한고제후예설은 전혀 드러내지 않
았다. 그러나 역사 인물 사전에는 왕인이 언제나 한인의 후예로 나와 있
다. 일제강점기 조선총독부 중추원에서 간행한 『朝鮮人名辭書』(1937)는
왕인을 당시 백제왕의 손자인 진손왕과 함께 온 문사로 보면서 이 두 사
람을 별개의 인물로 기술한 『속일본기』나, 동일인일지 모른다는 추정을
했던 『대일본사』와는 또 다른 관점을 보여 주었다. 그러나 이 사전에는
왕인이 백제인이면서도 조선의 역사에는 그의 이름이 보이지 않는다는
것, 한고조의 후손으로 구, 난으로 이어지는 왕인의 세계, 『고사기』와 『일
본서기』, 『속일본기』의 내용, 유풍을 크게 천명하여 일본에 문교를 일어
나게 한 왕인의 위상과 역할, 그가 전해 준 『논어』와 『천자문』, 인덕천황
즉위를 축하한 화가의 저작 등 사서에 나오는 왕인 관련 자료와 그 밖의
전승 자료들을 모두 통합해서 기록했다. 『조선인명사서』는 동경제국대
사학과 출신의 동양사학자로 총독부에 재직하고 있었던 小田省吾와 그
밖의 일본의 사학자들이 편찬했으므로 아마도 당시까지 일본 사학계의
왕인에 대한 관점을 대변한 것으로 볼 수 있다.

『日本史事典』(1989)에는 왕인을 고대 백제로부터 온 도래인이라 하면
서 "전승에 의하면 한고조의 자손이라고 한다. 4세기말 응신천황 때 일
본에 왔다. 『논어』 『천자문』을 가지고 왔다고 한다. 고대를 통해 학문의
조상으로 불린다."[28]라고 기록하고 있다. 사전에서도 비록 "전승에 의하
면'이라 하여 확실한 근거를 제시하지 못했지만, 전승을 내세워 그가 순
수한 백제인이 아니라는 점을 드러내려 한 의도가 보인다. 猪口篤志는
『대일본사』가 왕인과 진손왕을 동일인일지 모른다고 한 것[29]에 대해 왕

---

27 『阮堂集』 「雜識」 제8권.
28 『日本史事典』, 평범사, 1989 초판제5쇄, p.444.
29 『대일본사』 권213 열전140 문학 ― 선진이.

인이 한고조의 후예라는 점을 내세워 백제왕의 종족인 진손왕과는 서로 다른 사람일 것이라는 판단의 근거로 삼기까지 했다.[30] 왕인이 백제에 귀화한 중국인이라는 주장은 이렇게 현대에까지 영향을 미치고 있는 것이다

왕인의 한인후예설은 그가 일본에 가지고 간 중국 서적의 독음에 대한 논의에도 영향을 끼친다. 왕인은 일본인을 가르칠 때 중국어와 일본어 두 언어를 다 알아서 잘 가르칠 수 있었다는 것이다. 등익근(藤益根)이 「효경범례(孝經凡例)」에서, 무릇 왕인이 경사를 읽을 적에는 반드시 위·진의 음으로 읽어 태자에게 전수하였을 테고, 속어를 쓰고 한어(韓語)로 답하여 읽는 것을 잘못되게 하지 않았을 것임이 분명하다고 했다.[31] 왕인은 백제 학자이지만 한국어나 일본어가 아닌 중국음으로 교수했다는 것이다. 이러한 가정은 한고조 후예로 왕인의 선조가 쯥나라에서 살았을 것이라는 추측에 근거하거나, 아니면 아마도 송하견림이 말한 대로 왕인을 최표의『고금주』에 연계시킨 사실에 기인된 듯하다. 송하견림은 모원의(茅元儀)가 쓴『무비지(武備志)』에는 일본말을 통역한 것이 대부분 잘못되었는데 그것은 중국 사람들이 일본어를 몰라서로, 이에 비해 왕인은 백제에서 일본에 왔는데도 화어에 능통하여 나라 사람들을 가르쳤으니, 참으로 후세 사람이 미칠 바가 아니라고 크게 평가했다.(권9 中之六) 猪口篤志 역시 왕인의 중국음 직독설을 받아들인다.[32] 왕인이 경전을 중국어 음으로 가르쳤다는 것이다.

이와 같이 왕인을 중심으로 살펴볼 때『고금주』는 한국·중국·일본 삼국간 논의의 중심에 놓여지고 있어 자료 확인을 위한 동아시아 삼국의 통합적 접근이 요구된다. 현재 최표의『고금주』는 마호(馬縞)의『중화고금주(中華古今注)』가 부록되어 함께 전해지고 있다. 송하견림이 참고한『고금주』역시 마호의『중화고금주』이다. 오대 사람인 마호는 최표의 책이 위나라 문제 시대인 黃初(220-226)에 이르러 이미 알려지지 않게 되어 주를 첨가하고 뜻을 해석해서『중화고금주』삼편을 편찬했다고 했다. 그러나 사고전서 편찬자들은 양자간의 차이가 별로 없어서 주를 첨가하고 의

---

30   猪口篤志(1983),『일본한문학사』, 심경호, 한예원 역, 소명출판, 2000.1, p.25.

31   韓致奫,『海東繹史』제67권 인물고(人物考) 1 왕인(王仁).

32   猪口篤志(1983),『日本漢文學史』, 심경원·한예원 역, 소명출판, 2200, p.26.

리를 해석하는 일은 전혀 없으나 후대의 총서들은 최표의 책만을 인용하거나(太平御覽) 마호의 책만을 언급하고 있다(文獻通考)고 밝혔다.[33]

최표의 생애에 대해서 유효표(劉孝標)는 『세설신어(世說新語)』의 주에서 최표의 자를 정능(正能)으로 진나라 혜제 시 태부를 지냈다고 했다. 마호는 최표의 자가 정웅(正熊)으로 정웅과 정능이 글자가 비슷해 유효표가 오인한 것으로 보았다. 마호가 『중화고금주』 서에서 황초에 이미 이 책이 찾기 어렵게 되었다 했으므로 그는 최표를 위나라 사람으로 본 것이다. 최표의 책이 오래 망일되고 마호의 책이 늦게 나왔으므로 후인들이 위나라 이전의 일들은 거짓으로 최표의 『고금주』에 귀속시키려 했을 가능성도 보인다. 현재 서목 중에는 위나라 최표로 표기한 것도 있지만 일반적으로는 그는 晉나라 사람으로 간주되고 있다. 『永樂大典』에 수록된 소악(蘇鶚)의 〈소씨연의蘇氏演義〉가 이 두 책과 절반 이상이 유사한데, 소악은 당나라 僖宗 시 光啓(885-887) 진사이고, 마호는 後梁과 後唐에 걸쳐 등과, 벼슬한 사람이어서 사고전서 提要에서는 이것이 최표의 책이나 마호의 책 모두가 원본일 수 없다는 증거로 본다.[34] 소악이 마호보다 조금 앞서 살았으므로 마호의 『중화고금주』는 그 신뢰도를 잃게 되는 것은 사실이나, 그러나 『소씨연의』와 『고금주』의 관계는 여전히 문제로 남는다.

왕인은 이렇게 한중일 삼국이 관련된 대상으로 확대되었다. 중국에서 왕인에 대한 기술은 19세기 말 이후 일본관련 저서가 나오면서부터이다. 그러나 황준헌의 『日本國志』(1887), 楊守敬의 『日本訪書志』(1900), 謝六逸의 『日本文學史』(1929) 등에서 일본이 모두 왕인을 통해서 한자와 경전이 들어와 공부하게 되었음을 기록하고 있으나 왕인을 한인으로 보지는 않았다. 왕인의 한고제출신설을 중시하지 않아서이거나 아니면 근거 없고 불합리하다고 판단해서일지는 확실하지 않다.

---

33 『欽定四庫全書』(전자판) 子部 + 고금주 중화고금주 提要.
34 『欽定四庫全書』(전자판) 子部 + 고금주 중화고금주 提要.

V. 결론

본고는 일본에서 유종이라 불려지기도 한 왕인이 한고조 후예의 자손이라는 설을 고찰하면서 사행을 통한 한중일의 고전 문화와 학술이 동아시아의 관점에서 접근해야 할 필요성을 제기하기 위해 시도된 것이다.

백제에서 일본에 건너간 왕인의 출신이 한인이라는 주장은 결국 한·중·일 삼국이 얽혀있는 관점이기도 하다. 이상에서 살펴본 대로 왕인과 한인과의 관련은 허구일 것임은 확실해 보이나 그렇다고 하더라도 왕인이 가져온 책이나 학문은 당대 백제의 유학적 기반이나 배경에서 나오는 동시에 그 원류가 중국과의 교류와 무관하지 않다는 것도 확실하다. 그러나 백제가 일본에 전달한 것은 백제화된 학문이고 문화일 것이고, 이렇게 백제로부터 일본이 받아들여 발전시킨 것 역시 일본화된 학문이고 문화일 것이다. 따라서 왕인의 한고조후예설을 근거로 중국음 직독설을 거론함으로서 중국문화의 일본에의 직접 전수를 암시하려는 것은 문제가 있어 보인다.

왕인이 토도치랑자 형제의 삶과 천황의 즉위에서 수행한 이야기를 살펴보면 그의 유학은 단순히 이념적이고 관념적이기보다는 실생활과 밀접히 연결되고 융합된 것이었다.『일본서기』는 토도치랑자 형제의 선양은 아름다워 백이숙제의 행실에 비견된 것으로 묘사하고 있다. 연대기에서는 응신사후 인덕천황의 즉위까지 4년간 공백으로 되어 있는데 이것은 치랑자와 대초료의 왕위쟁탈전 때문으로 일본서기는 그것을 미화했다는 주장이 있다. 이것이 사실이라 하더라도 왜 이 미화에 왕인을 결부시켰을까를 더 주목할 필요가 있다. 토도치랑자의 스승이면서도 그의 형인 대초료의 즉위에 도움을 준 것이어서, 아마도 왕위계승에 요구되는 유학 정신의 구현자로서 왕인의 위상이 가장 알맞았기 때문이 아니었을까.

한 가지 의문시 되는 것은 아직기에 관한 것이다.『고사기』와『일본서기』에서 왕인은 공통적으로 아직기와의 관계에서 서술되고 있었다. 아직기는 말을 가지고 온 사람으로 되어 있으나 후에 기술할『화한삼재도회』에서는『역경』,『효경』,『논어』,『산해경』등을 갖고 왔고[35] 그가 역시 태자를 가르쳤다는 것을 보면 학자였다. 이것은 『일본서기』에서 자신보다 더 나은 박사가 있느냐는 질문에 왕인을 추천한 데에서도 알 수 있거니와, 이로 보면 그 역시 박사일 가능성이 크다. 왕인을 추천해서 부른 사람이 아직기였다는 점에서 두 사람 사이를 경쟁 관계로 보기보다는 그들이 각기 자신의 전문 영역을 개척해서 가문의 전통을 만들어 준 사람들로 볼 수 있다.

그러나 『古語拾遺』에서 왕인과 아직기가 이중천황 시 함께 창고의 출납을 보았다는 전승을 보면 그들 두 사람의 긴밀한 관계는 오래 지속되었다고 볼 수 있다. 확실한지는 알 수 없으나 인덕천황은 재위기간이 87년이고 이중천황은 인덕천황을 이어 황위에 올랐으므로 이 때 두 사람의 나이는 100세가 넘었을 것이다. 이 전승대로 두 사람이 동일한 공무에 배당되었다면 그것은 왕인과 아직기의 위상이 유사했다는 의미이다. 그럼에도 후대에 왕인과 달리 아직기는 이름을 날리지 못했다. 왜 그럴까. 일본 고대에 활약했던 백제국 귀화 지식인의 문제는 여전히 재론할 여지가 많거니와, 아직기 역시 그 중의 하나이다. 그러나 아직기의 후손은 사성을 청하면서 왕인을 빛내고자 했던 그 후손들만큼 적극적인 역할을 하지 못한 것은 분명해 보인다.

<참고문헌>

古事記 日本書紀 續日本記 大日本史 四庫全書(전자판).
『鷄林唱和集』(2012) 『長門癸甲間槎』(1763).
金恩淑, 西文氏의 「歸化」傳承, 역사학보 118집, 1988.
남옥 지음, 김보경 옮김, 붓끝으로 부사산 바람을 가르다[日觀記], 소명출판.
茅元儀, 武備志. 1621, 국립중앙도서관 다지털본.
寺島良安 편(1712), 倭漢三才圖繪, 국학자료원(영인본), 2002.
松下見林(1687), 異稱日本傳, 1693, 刊寫者미상, 국립중앙도서관 디지털본.
成大中 지음, 홍학희 옮김, 부사산 비파호를 날듯이 건너[日本錄], 소명출판.
申叔舟, 海東諸國記, 민족문화추진회 역 해행총재 I.
申維翰, 海遊錄 문견록, 민족문화추진회 역 해행총재 I.

---

35 원문에서는 백제왕이 사신을 시켜 『역경』, 『효경』, 『논어』, 『산해경』을 보냈다고 하면서 또 사신 아직기라고 했으므로 이들 책을 가져온 사신, 또는 사신들 중 하나가 아직기인 것으로 이해된다.

元仲擧 지음. 박재금 옮김, 와신상담의 마음으로 일본을 기록하다[和國志].

李圭景, 五洲衍文長箋散稿, 민족문화추진회 역.

李德懋, 靑莊館全書 제33권 청비록 2(淸脾錄二), 민족문화추진회 번역본.

이혜순, 전통과 수용, 돌베개, 2010.

林泰輔, 朝鮮史, 1901, 刊寫者미상, 국립중앙도서관 디지털본.

猪口篤志(1983), 『日本漢文學史』(1983), 심경호, 한예원 역, 소명출판, 2000.

荻生徂徠, 與都三近, 徂徠集, 1736-40, 刊寫者미상, 국립중앙도서관 디지털본.

총독부 중추원편, 朝鮮人名辭書 서울 : 경인문화사, 1976 영인본.

趙曮, 海槎日記, 민족문화추진회 역 해행총재 Ⅶ.

韓致奫, 海東繹史 한국고전번역원 고전DB.

『日本史事典』, 평범사, 1989 초판제5쇄, p.444.

⑦

1711년 辛卯通信使行과 加賀藩의 文化交流

-加賀藩 文士 伊藤薪野를 중심으로 -

河宇鳳(전북대학교 교수)

I. 머리말

근세에는 조선·중국·일본 모두 海禁體制 하에서 정부의 공식적인 사절단의 왕래를 제외하고는 민간의 교류가 철저히 금지되었다. 이러한 상황 하에서 조선의 通信使와 燕行使는 동아시아를 관통하는 情報通路이자 문화교류의 導管이라고 해도 과언이 아니다. 淸과 일본이 외교적으로 단절된 상태에서 조선의 통신사를 통해 얻은 정보와 교류의 내용이 燕行使를 통해 청으로 전달되었다. 역의 경우도 마찬가지이다. 이런 점에서 통신사와 연행사를 매개로 한 교류를 통해 삼국의 학술과 문화적 정보가 어떻게 수용되고 상호 교차하였는가를 밝히는 것은 중요한 연구과제이다. 이와 관련해 통신사행과 일본의 加賀藩과의 문화 교류에 대한 흥미로운 사실을 살펴보고자 한다.

임진전쟁 이후 조선의 통신사가 일본으로 파견된 것은 양국의 국내정치적 동기와 국제정치적 상황의 산물이었다. 그러나 17세기 중반 이후 중국에서는 청나라가 정치적 안정을 되찾고, 朝·日 간에도 평화가 정착되자 통신사행이 지니는 본래의 정치적 의미는 점차 줄어들었다. 대신 문화교류라는 부수적인 기능이 부상하였다. 그런 만큼 통신사행에는 製述官·書記·良醫·畫員·寫字官·樂隊 등 문화교류를 담당하는 인원들이 다수 편제되었다. 이 점은 다른 사행에서 類例를 찾아보기 힘든 통신사행만의 특징이다. 500여 명에 가까운 대규모의 인원으로 편성된 통신사행이 8개월에 걸쳐 일본을 관통하면서 각지에서 실로 다양한 형태의 문화교류가 전개되었다. 또한 통신사행을 통해 서적을 비롯한 다양한 문물이 상호간에 전래되기도 하였다. 200여 년간에 걸친 이러한 교류는 양국의 사회와 문화의 발전에 큰 영향을 주었다. 이것은 동아시아적 관점에서 볼 때도 매우 중요한 의미를 지니는 현상이라고 할 수 있다.

조선 후기 통신사가 일본의 본주를 지나갈 때 德川幕府와 연로상의 각 번을 중심으로 교류가 이루어졌다. 그런데 17세기 후반 이래 문화교류가 활성화되면서 연로상에 위치하지 않은 번에서도 文士와 儒官을 파견해 교류하도록 장려하였다. 당시로서 儒學과 漢文學, 醫學 등에서는 조선의 우위가 인정되었기 때문에 각 번에서 통신사행원과의 교류를 통해 적극적으로 배우고자 하였다.

加賀藩에서도 1711년 신묘통신사행 때 文士를 파견하여 통신사 일행과 교류하였다. 당시의 唱和의 내용을 수록한 唱和集이 伊藤薪野의『正德和韓唱酬錄』이다. 이것은 加賀藩의 文士가 단독으로 저술한 筆談唱和集으로 加賀藩과 조선의 문화교류사를 이해하는데 매우 중요한 자료이다.

II. 加賀藩의 文士와 통신사행원과의 교류

통신사 일행이 입국하면 각 번의 유학자들과 문화인들이 몰려들어 대화를 나누기 원하였다. 통신사행 일행이 통과하는 지역은 물론이고 그렇지 않은 藩에서도 儒官과 文士를 파견하여 문화를 흡수하도록 장려하였다. 1711년 통신사행 때 大坂과 京都의 客館에는 北陸, 中國, 四國, 九州 등 전국에서 허다한 문사와 유학자들이 교류를 위해 몰려들었다. 이 가운데 加賀藩의 인물도 있었다. 그들은 유학자 稻生若水·靑地浚新·伊藤薪野를 비롯해 坂井順元·河島南樓 등이다.

한편 加賀藩의 文士들은 다른 지방의 사람과 비해 큰 혜택을 받아 통신사 일행을 직접 만날 수 있었다. 여기에는 특별한 이유가 있다. 당시 以酊庵輪番僧으로 통신사를 護行한 祖緣上人¹이 있었기 때문이다. 그는 본래 金澤 출신으로서 加賀藩의 5代 藩主 前田綱紀의 후원을 받고 있었다. 또 對馬藩의 記室로 통신사를 護行하면서 응접을 주선하였던 雨森芳洲와 松浦霞沼는 加賀藩의 유학자로서 德川幕府에 발탁된 木下順庵에게 학문을 배웠다. 藩主의 내락 하에 大坂·京都로 갔던 加賀藩의 문사들은 祖緣上人과 對馬藩의 두 사람의 주선으로 통신사 일행을 접견할 수 있었던 것이다.

다음으로 加賀藩의 인사들과 통신사행원의 교류내용을 살펴보자.

1711년 辛卯通信使 일행은 1711년 7월 5일 釜山을 출발한 후 海路를 거쳐 9월 14일 大坂에 도착해 本願寺에서 27일까지 머물렀다.

祖緣上人은 9월 15일 本願寺로 가서 三使를 비롯해 四文士들과 詩文唱酬를 하였다. 祖緣은 伊藤薪野 등과 함께 통신사를 따라 京都로 동행하였다.

통신사 일행은 28일 京都에 도착해 本國寺에 머물렀는데 여기서 기다렸던 稻生若水와 靑地浚新은 10월 1일 四文士를 면접할 수 있었다. 若水는 製述官 李礥에게 인사를 건네면서 편찬 중인 『庶物類纂』에 도움이 되는 질문을 하고 싶다고 하였다. 그는 李礥과 書記 洪舜衍에게 물고기에 관해 질의하였고, 良醫 奇斗文에게는 『東醫寶鑑』을 인용하면서 藥草에 관해 대화를 나누었다.²

여기서 稻生若水(1654-1715)에 대해 간단히 소개할 필요가 있겠다. 그는 江戶에서 출생하여 유학과 의학을 연찬하였다. 20세에 大坂에 나가 古林見宜에게 의학을 배우고, 京都에서 伊藤仁齋에게 유학을 배웠다. 23세

1　加賀藩의 佐佐木家 출신으로 金澤에서 출생하였다. 字는 別宗, 號는 頤神이다. 일찍이 出家하여 相國寺에 들어가 住職에 올라 紫衣를 받았다. 1711년 통신사행 때는 相國寺의 元老로서 慈照院에 머무르고 있었다. 본래 詩에 능하였으며, 중세 叢林 가운데서 高德과 詩才로 이름이 높았다. 또 그의 두 형인 定賢과 定保는 모두 加賀藩主 前田綱紀의 近侍로 있었기 때문에 祖緣은 자주 藩主를 접견하면서 총애를 받았다.
2　이들이 나눈 필담의 내용은 『雞林唱和集』 권5에 상세히 기술되어 있다.

에『皇明經世文編』을 편찬하면서 本草學에 뜻을 두게 되었다. 그 후 木下順庵과 貝原益軒을 통해 학술을 존중하고 格物窮理에 깊은 관심을 지닌 加賀藩主 前田綱紀에게 포부를 전하고자 하였다. 藩主가 그의 뜻을 듣고 초빙해 숙원사업이었던『庶物類纂』을 전담시켰다. 그는 국내외의 典籍 12만 권을 모으면서 편찬한 지 20년 만에『庶物類纂』362권을 저술하였다. 加賀藩主가 이것을 德川幕府에 헌상하자 8代 將軍 吉宗은 若水의 제자들에게 增修하라고 명해 1735년에 이르러 완성하였다. 증보된『庶物類纂』은 1,054권이나 되는 방대한 저작물로 당시 최고의 百科事典으로 평가받고 있다. 이로써 若水는 일본 본초학의 宗匠으로 인정받게 되었다. 若水는『庶物類纂』을 편찬하는 과정에서 1711년 통신사행을 만나 본초학에 관해 필담을 하였다. 또 製述官 李礥에게는 序文을 부탁해 받았으며, 이 글은 후일『庶物類纂』에 그대로 실렸다.

통신사 일행은 京都에서 4일간 체재한 후 江戶를 향해 출발하였다. 祖緣은 接伴僧으로서 동행하는데, 伊藤薪野가 같이 수행하기로 하였다. 통신사 일행이 다시 京都로 돌아온 것은 12월 4일이었다. 若水와 浚新은 이튿날인 5일 賓館을 방문하였다. 若水는『庶物類纂』의 편찬에 관해 다시 필담을 나누었고, 李礥에게 서문을 부탁하였다.[3] 浚新은 李礥에게 보내는 질의서를 미리 작성해와 토의하였고, 스승 室鳩巢의 저서인『大學新疏』를 기증하였다. 加賀藩의 名醫였던 坂井順元도 12월 7일에 객관을 방문해 良醫 奇斗文과 필담을 나누었다.

Ⅲ. 伊藤薪野와『正德和韓唱酬錄』

伊藤薪野는 金澤에 있던 중 祖緣上人이 接伴僧으로서 통신사를 호행한다는 소식을 듣고, 좋은 기회라고 생각하며 먼저 京都에 도착하였다. 그는 9월 초순 祖緣과 함께 大坂에 가서 14일 통신사 일행이 淀河口에 도착할 때 영접하였으며, 그 후 祖緣을 따라 통신사와 함께 江戶까지 왕복하는

---

3 松田甲(1931), 「正德朝鮮信使と加賀の學者」, 『續日鮮史話』 제2편, 原書房. 81面.

숙원을 이루었다. 3개월 정도 통신사 일행과 같이 동행한 그의 행동은 매우 이례적이며, 그가 얼마나 통신사행원과의 교류에 열성적이었나를 잘 보여주는 사실이다. 그 후 薪野는 12월 중순 大坂에서 통신사 일행을 환송하였다. 통신사행원과의 교류의 시종을 기록한 것이 『正德和韓唱酬錄』이다.[4]

1) 伊藤薪野(1681-1736)의 생애와 학문

본명은 祐之, 字는 順卿, 薪野는 號이다. 그는 京都에서 출생하였고, 유학자 伊藤萬年이 그의 養父이다. 『燕臺風雅』의 저자인 富田景周는 "무릇 加賀藩의 유학자라고 칭하는 자는 반드시 木下順庵과 室鳩巢 두 사람을 宗으로 삼는다. 두 사람이 江戶로 간 이후로 붉은 旗幟를 세운 자는 오직 順卿뿐이다."라고 評하였다.

대개 加賀藩의 文敎는 京都의 松永尺五를 모셔 흥기하였다고 한다. 그런데 藤原惺窩의 제자인 松永尺五의 유학은 아들 昌易을 거쳐 伊藤萬年-薪野로 이어졌기 때문에, 薪野는 尺五學脈의 正統에 해당하였다. 또 그는 加賀藩에서 큰 영향을 끼친 木下順庵과 室鳩巢 이후로 유학의 嫡統을 잇는 위상을 인정받았다.

요컨대 薪野는 藤原惺窩로부터 시작하는 日本朱子學의 정통의 한 맥을 계승한 유학자였다. 그는 詩文에도 능하였으며, 加賀藩 五代 藩主 前田綱紀의 문교정책에 일익을 담당하였다. 또 그의 行狀을 보면, 그가 藩主로부터 신임을 받게 된 중요계기가 신묘통신사행을 만난 것이라는 사실을 알 수 있다.

2) 『正德和韓唱酬錄』의 내용

이 책은 伊藤薪野가 신묘통신사행의 제술관 李礥 등과 大坂에서 江戶까지 往還하면서 詩文唱和를 하고, 필담을 나누었던 내용을 기술한 唱和集이다. 1책의 筆寫本으로 현재 金澤市立圖書館에 소장되어 있다.

加賀藩의 文士가 통신사행을 직접 만나 교류한 일은 매우 희귀한 사례

---

4 그의 교류 사실은 『鷄林唱和集』, 『兩東唱和後錄』 등에도 부분적으로 기술되어 있다.

이다. 1711년 신묘통신사행과 연관된 筆談唱和集이 刊本 10종과 筆寫本 14종이 일본에서 편찬되었지만,[5] 그 가운데서 통신사가 통과하지 않는 번의 문사로서 창화집을 남긴 사례는 伊藤薪野의『正德和韓唱酬錄』이 유일하다. 그런 만큼 이 책은 신묘통신사행의 필담창화 양상뿐만 아니라 加賀藩과 조선 사이의 문화 교류의 모습을 엿볼 수 있는 귀중한 자료이다.

책의 체재를 보면, 1711년 9월 14일 大坂에서 통신사 일행과 처음으로 대면하기부터 12월 18일 이별할 때까지의 왕환과정에서 薪野와 李礥을 비롯한 통신사행원과의 시문창화와 필담의 내용을 月日順, 旅程順으로 기술하였다.

수록된 詩의 숫자는 次韻詩를 합해 51首이다. 유형별로는 五言絕句 4首, 七言絕句 33首, 五言律詩 2首, 七言律詩 12首이다.[6] 작자별로는 薪野 18首, 李東郭 16首, 南泛叟 6首, 嚴龍湖 5首, 洪鏡湖 5首, 趙平泉 1首 등이다. 시의 주제는 友誼, 往還路의 風景, 旅情 등이다.[7]

『正德和韓唱酬錄』의 내용을 서술된 순서를 따라 보면 다음과 같다.

① 大阪前錄 : 초대면에서의 상호인사, 자기소개

② 辛卯之菊秋 : 詩文唱和와 筆語問答

③ 西京筆語 : 京都에서 나눈 필담

④ 辛卯陽月上澣 : 富士山에 대한 창화

⑤ 辛卯孟冬 : 江戶 체재중의 교류

⑥ 辛卯初冬 : 淸見寺에서의 창화와 필담

⑦ 大阪後錄 : 再會와 惜別

---

5 具智賢(2011),「18세기 筆談唱和集의 양상과 교류 담당층의 변화」,『通信使 筆談唱和集의 세계』, 보고사, 226-230면.

6 薪野의 시를 집대성한『白雪樓集』에는「大阪後錄」이 있는데, 내용은 약간 더 자세하며 唱和詩 19首와 筆談 2개소가 증보되어 있다.

7 片倉穰(1998),『日本人のアジア觀』, 明石書店.

Ⅳ. 伊藤薪野의 교류와 조선 인식

1) 통신사행원과의 교류

(1) 통신사행원과의 初對面

伊藤薪野는 9월 15일 大坂 本願寺에서 통신사행의 製述官 李礥, 書記 南聖重과 처음 대면하였다. 이 자리에서 서로 인사하고 자기소개를 하였다. 薪野는 本願寺에 祖緣上人과 같이 머물렀기 때문에 16일과 17일에도 객관을 방문하였다. 그는 3일간 四文士와 두 차례 창화시를 교환하였다. 이어 薪野는 加賀藩主 前田綱紀의 명을 받아 李礥에게 『大明律講解』를 비롯한 7종 서적의 印本의 유무를 질문하였다.[8]

(2) 사행 중의 교류

「西京筆語」「辛卯陽月上澣」에서는 大坂을 떠나 京都를 거쳐 江戸까지 가는 도중에 나눈 詩文唱和와 筆語問答에 관해 서술하였다. 薪野는 江戸까지 동행하게 해 준 것에 대해 감사하였고, 富士山에 대해 시문을 주고받았다.

(3) 江戸에서의 교류

통신사 일행은 10월 18일 江戸에 도착하여 客館인 東本願寺에 旅裝을 풀었고, 薪野도 祖緣上人과 함께 근처에서 머물렀다.

신묘통신사행 때에는 新井白石가 주도한 聘禮改變으로 인한 갈등과 國諱 논쟁 등으로 인해 통신사 일행의 江戸 체재가 길어졌다. 통신사 일행은 11월 19일 江戸를 출발하기까지 1개월 동안 머물렀다. 그런 만큼 교류의 기회는 많았고, 『正德和韓唱酬錄』에도 많은 분량의 창화시와 필담 내용이 기술되어 있다.

주요한 필담 내용에 관해 소개하면 ① 觀文堂 揮毫[9], ② 祇園南海와의

---

8 이 기사는 당시 加賀藩主가 大明律에 관련된 문헌에 깊은 관심을 지니고 있다는 사실을 보여 준다. 前田綱紀는 젊은 시절부터 일본과 조선의 律例를 講究하였고, 특히 明律에 조예가 깊어 德川幕府 8代 將軍 吉宗에게 자문을 해주었다고 한다. 近藤磐雄(1980), 『加賀松雲公』 中, 文獻出版, 702-709面.

9 薪野가 자신의 호이기도 한 '觀文堂'이란 글자를 李礥에게 써달라고 요청해 받았다. 薪野는 大筆로 써진 이 글자를 후에 板刻하여 서재에 걸었다.

교류 주선, ③ 諺文에 관한 문답, ④ 日本文士에 대한 평가[10] 등이다.

(4) 歸路에서의 교류

駿府에 있는 淸見寺에서 薪野가 正使 趙泰億에게 시를 보내었고, 李礥과
도 창화하였다.[11]

(5) 惜別

12월 8일 薪野는 祖緣上人과 함께 京都에서 大坂으로 갔고, 12월 10일 大
坂에서 통신사일행과 재회하였다. 석별하기 전 날인 17일, 그는 四文士에
게 送別詩를 주고 和詩를 받았다.[12] 이때 주고받은 唱和詩를 보면, 모두 이
별을 아쉬워하는 마음이 절실하게 표현되어 있다.

2) 伊藤薪野의 조선 인식

(1) 조선문화에 대한 관심과 동경

『正德和韓唱酬錄』를 보면, 곳곳에서 薪野의 통신사행원과의 교류, 나
아가 조선의 문화에 대한 뜨거운 熱意를 감지할 수 있다. 그는 통신사행
원과 동행하면서 三使 및 四文士와의 唱和를 간절히 희망하였다. 또 薪野
가 조선의 諺文과 樂浪의 음악에 관해 질의한 사실 등은 그의 조선문화에
대한 관심의 깊이를 잘 보여 주는 사례이다.

薪野는 조선을 '東華'라고 표현하였다. 大坂에서 李礥과 南聖重을 처음
만났을 때 "동쪽의 中華國에 두 豪傑 선비가 있다는 것을 처음 알았네(初
識東華有二豪)"[13]라고 하였다.

(2) 인간적 교류와 상호 존중

薪野와 李礥은 3개월 동안 同行하면서 인간적 신뢰와 함께 두터운 交分

---

10 薪野가 李礥에게 이번 사행에서 교류한 일본의 文士 중 가장 뛰어난 인물은 누구
    인가라고 묻자 李礥은 室鳩巢와 祇園南海 등이라고 대답하였다.
11 『正德和韓唱酬錄』「東武歸路過淸見寺 奉次通信正使」.
12 『正德和韓唱酬錄』「大阪後錄」.
13 『正德和韓唱酬錄』「大阪前錄」.

을 쌓았던 것 같다. 12월 18일 淀河口에서 이별할 무렵, "東郭이 나의 손을 잡고 통곡하였고, 나 또한 눈물이 하염없이 나왔다"고 기술하였다. 두 사람 간의 정이 매우 두텁게 쌓였음을 말해주는 광경이다.

또 『正德和韓唱酬錄』의 서술태도를 보면, 이 시기 다른 창화집에 보이는 바와 같은 경쟁의식이나 민족적인 선입견이 거의 드러나지 않는다. 시종 필담창화에 관한 사실적이고 객관적인 기술로 구성되어 있으며, 필담에서도 정치적인 주제는 일체 언급되지 않았다. 富士山에 대해 唱和를 할 때도 다른 사행 때 흔히 있었던 것과 같은 조선의 白頭山, 金剛山과 비교하면서 우위를 다투는 내용이 전혀 없었다.

기본적으로 상대국의 문화에 대한 배려와 존중이 깔려 있었다고 느껴진다. 薪野가 조선에 대해 '東華'라고 하면서 존숭감을 나타내자, 李礥도 "일본의 문명이 바야흐로 성한다(日域文明當盛際)"라고 하였고, 南聖重도 "바야흐로 일본의 문화가 번성함을 알게 되었다(方知和國文華盛)"라고 和答하였다.[14] 또 李礥은 薪野의 시에 대해서도 '佳作'이라고 하면서 긍정적으로 평가하였다.

V. 맺음말

1711년 신묘통신사행 때 加賀藩과 조선의 통신사행과의 교류에 있어서 주목할 만한 사실은 加賀藩主 前田綱紀의 적극적인 태도이다. 기본적으로 加賀藩 인사들이 통신사 일행과 교류할 수 있었던 데에는 藩主의 강한 권유가 있었기 때문에 가능하였다. 1711년 사행에서 통신사가 통과하지 않는 藩의 文士로서 唱和集을 남긴 사례는 伊藤薪野의 『正德和韓唱酬錄』이 유일하다. 이것은 그만큼 加賀藩에서 통신사행과의 교류에 적극적으로 나섰음을 보여주는 사례이다.[15]

---

14 『正德和韓唱酬錄』「大阪前錄」.
15 加賀藩에서는 1711년뿐 아니라 1748년 戊辰통신사행時에도 文士를 보내 통신사행과 學術的 交流를 하였다. 卽 1748년 使行 때 歸路에 大坂에서 6월 28일 金澤 出身의 本草學者인 龍元周가 製述官 朴敬行과 필담을 하였다. 이 필담의 내용에 관해서

또 薪野가 東郭에게 『大明律講解』를 비롯한 7종 서적의 印本의 유무를 질문하면서 이것은 藩主의 명을 받아 하는 것이라고 기술하였다. 이는 藩主가 통신사행과의 교류에서 뚜렷한 목적의식을 가지고 있었다는 사실을 보여주는 것이다.

1711년 신묘통신사행 때 伊藤薪野는 31세였다. 그는 接伴僧 祖緣上人의 주선으로 大坂과 江戸 사이를 왕복하는 사이 통신사 일행과 동행하는 행운을 가질 수 있었다. 沿路에 있는 藩의 文士나 儒官의 경우에도 그 지역에서 교류하는 것이 원칙임에 비추어볼 때 薪野의 경우는 매우 희귀한 사례이다. 여기에는 薪野의 적극적인 열의가 바탕이 되었지만, 통신사행원 또한 그의 시문이나 유학의 수준에 대해 인정하였기 때문에 지속적인 교류가 가능하였을 것이다.

신묘통신사의 내빙과 통신사행원과의 교류는 薪野에게 실로 행운의 기회였다. 薪野가 후일 번주의 권유에 의해 書堂을 개설해 후진을 양성하였고, 加賀藩을 대표하는 유학자로 평가받기까지 한 것도 통신사행과의 교류 사실과 『正德和韓唱酬錄』의 내용을 번주가 높이 평가한 것에 기인한다고 볼 수 있다.

는 자신의 文集인 『班荊閒譚』의 下卷에서 記述하였다.

具智賢(鮮文大)

8

許筬, 許篈 兄弟의 朝天行과 通信使行의 經驗

Ⅰ. 머리말

　허엽(許曄, 1517-1580)은 나식(羅湜, 1498-1546)의 제자로, 학통을 따지면 정몽주(鄭夢周, 1337-1392)·길재(吉再, 1353-1419)를 정통으로 하여 김종직(金宗直, 1431-1492), 김굉필(金宏弼, 1454-1504), 김안국(金安國, 1478-1543)과 조광조(趙光祖, 1482-1519)로 이어지는 도학파에 기반을 두고 있으며, 정치적으로는 1575년 동서분당 이후 동인의 중추가 되었던 인물이다. 『조선왕조실록(朝鮮王朝實錄)』에는 허엽의 "세 아들인 성(筬)·봉(篈)·균(筠)과 사위인 우성전(禹性傳)·김성립(金誠立)은 모두 문사로 조정에 올라 논의하여 서로의 수준을 높였기 때문에 세상에서 일컫기를 '허씨(許氏)가 당파의 가문 중에 가장 치성하다.'고 하였다.[三子筬, 篈, 筠, 女壻禹性傳, 金誠立, 皆以文士登朝, 論議相高, 故世稱許氏爲黨家最盛。]"고 기록되어 있다. 허엽은 첫 번째 부인에게서 허성(許筬, 1548-1612)과 두 딸을 얻었고, 두 번째 부인에게서 두 아들 허봉(許篈, 1551-1588)과 허균(許筠, 1569-1618), 딸인 허난설헌(許蘭雪軒, 1563-1589)을 얻었다. 우성전(禹性傳, 1542-1593)은 첫 번째 부인에게서 난 딸의 남편이고, 김성립(金誠立, 1562-1592)은 허난설헌의 남편이다. 허균의 모반사건으로 집안이 몰락하였으나, 당대의 허엽 일가는 조선 문단 및 정가의 중심에 있던 집안이었다.

(가) 기묘년에 선비들이 화를 당한 후로는 인가(人家)에서 『소학(小學)』과 『근사록(近思錄)』을 말하기를 꺼렸고 자제들에게 배우지 못하도록 금하였다. 나의 선친께서는 젊었을 때에 장음(長吟) 나식(羅湜)에게서 배웠다. 한번은 외가에 갔다가 낡은 함 속에서 좀이 슬고 다 떨어진 《소학(小學)》 네 권을 보았다. 펴서 읽어 보고는 학자가 반드시 읽어야 할 책이라는 것을 알았다. 그리하여 첫째 권을 소매 속에 넣고 나공(羅公)에게 가서 보이니, 공이 깜짝 놀라면서, "네가 어디서 이런 귀신 붙은 물건을 얻었는가?"하고는 눈물을 흘리며 사화로 죽은 전현(前賢)들의 불운을 슬퍼하였다. 선친께서 이를 배우기를 청하니, 나 공이 매우 칭찬하고는 『소학』과 『근사록』을 가르쳤다. 그러나 남에게 알리지 못하게 하였다.

(나) 옛날 학문에 뜻을 두고도 방도를 몰랐다. 가정(嘉靖) 신축년(1541) 선생이 동궁에게 시강할 때 『심경부주(心經附註)』 읽기를 청하였다. 그런 연후에 내가 비로소 이 책이 있는 줄 알게 되었고, 즉시 친구 허충길에게 구하여 삼가 통독하였다. 완독하고 체험하니 마음 속에 주로 할 바가 있는 듯 하였고 경전과 사서를 열독하니 문맥을 조금 알게 되었다. 지금까지 악에 떨어지지 않은 것은 선생이 주신 것이 아닌 것이 없어, 항상 선생으로 여기니 내가 들어서 배운 스승이시다.

위 인용문을 통해 허엽의 학문적 연원을 짐작해 볼 수 있다. (가)는 아들 허균의 기록으로, 허엽이 스승 나식을 통해 배운 글은 『소학』과 『근사록』으로, 조광조에서 이어지는 도학파의 기본수양서였다. 기묘사화로 인해 『소학』과 『근사록』은 금기시하는 책이 되었으나, 허엽은 남몰래 공부하였던 것이다.

(나)는 허엽이 쓴 이언적(李彦迪, 1491-1553)의 문집 발문에서 발췌한
것이다. 이언적은 이황(李滉, 1501-1570)의 주리설 성립에 지대한 영향을
미친 학자이다. 여기에서 언급한『심경부주(心經附註)』는 명나라의 정민
정(程敏政, 1445-1499)이 송나라 때 학자 진덕수(陳德秀,1178-1235)의『심
경(心經)』에 주석을 붙여 1492년 처음 간행된 책이다. 이황이 "『심경(心
經)』을 얻고 나서, 비로소 심학(心學)의 근원과 심법(心法)의 정밀하고 미
묘함을 알았다. 그러므로 나는 평생에 이 책을 신명(神明)처럼 믿었고, 이
책을 엄한 아버지처럼 공경하였다."라고 제자에게 말했을 정도로, 퇴계
학의 기초가 되는 책이다.

곽정례는 허엽의 교유 관계에 대해 "화담[徐敬德] 문인들을 주축으로
재야사림 계열의 학통을 이은 인물들과 활발히 교류하였고, 후에 이황의
문인들과도 교분을 맺음으로써"인맥을 넓혀갔고, 그의 교유양상은 "학
통과 밀접히 관련된 것으로서 그와 친분을 쌓은 대다수의 인물들이 주자
성리학을 중심으로 하면서도 노장이나 불교 등의 이단적 사상에 관심을
보이고 잡학적 성향이 강했다"고 정리하였다.

그러나 학문적인 개방성을 보이기는 하였으나, 근간을 주자학에 두는
것에는 매우 엄격했던 것으로 보인다. 허엽은 57세 때 성균관 대사성으
로 있으면서,『근사록』을 유생들에게 통독을 시키는 등 사림의 학풍 정
립에 크게 기여하였다. 아들들도 이러한 인맥과 학통 속에 학문을 해나
갔다. 22세의 젊은 나이에 문과에 급제하여 벼슬에 나선 허봉은 이황에
게 "봉(篈)의 생각에는 반드시『근사록』,『소학』,『심경』,『대학』가운데
한 책을 골라 잠심하여 보며, 이것을 읽을 때는 감히 다른 책은 건드리지
말고 반드시 이 한 책에 대해 처음부터 끝까지 어느 정도 얻은 것이 있고
난 뒤에 널리 배우는 공부를 한다면 어떻겠습니까?"라고 학습법에 대해
질문하는 편지를 보낸 적이 있다. 그리고「心經」이라는 시에는 "한가한
창가에서 천 번을 읽었네.[閑擲小窓千遍讀]"라고 읊은 바 있다. 세 살 위였
던 형 허성 역시 "십년 세속 먼지 비로소 씻어내니『심경』1부에 진정한
한가로움 있구나.[始滌十年塵土累 心經一部有眞閑]"라고 읊었다. 허성 형
제에게 성리학의 기본 수양서는 도학파를 계승하면서 퇴계학과 접해있
었다고 할 수 있다.

허엽 일가는 정치적, 학문적으로 당대의 중심 집안답게, 모두 명나라
로의 사행 경험이 있었다. 그 가운데 일찍 벼슬에 나선 허봉은 1574년 자
원하여 서장관으로 명나라에 다녀왔고, 그 경험을 『조천기(朝天記)』에
상세히 남겼다. 그로부터 16년 후인 1590년 허성은 43세의 나이로, 통신
사 서장관으로서 일본에 다녀왔다. 이들 형제의 사행에서 눈길을 끄는
것은 학문적인 교류이다. 허봉은 국자감(國子監)을 찾아 중국 문사들과
만나 성리학에 관한 대화를 나누었고, 허성은 이후 일본 최초의 유자(儒
者)가 된 藤原惺窩(1561-1619)와 만났다. 여기에서는 학문적 연원을 같이
하는 형제가 양명학이 휩쓴 명나라와 성리학이 싹트기 전의 일본에 가서
어떠한 태도를 보였는지 살펴보고자 한다.

II. 아우 許篈의 중국 사행에 보이는 학문적 엄격성

허봉의 연보(年譜)에 따르면 22세에 정시(庭試)에 급제하였고, 이듬해에
는 호당(湖堂)에서 사가독서(賜暇讀書)를 하였다. 24세에 예조좌랑(禮曹佐
郞)에 제수되었고, 이때 서장관을 자청하여 성절사(聖節使) 박희립(朴希立,
1523-?), 질정관(質正官) 조헌(趙憲, 1544-1592)과 함께 중국에 다녀왔다.

조선인에게 있어 명나라 사행은 학문과 제도에 대한 지식을 습득하는
중요한 통로였다. 명나라 신종(神宗)의 생일을 축하하는 성절사이기는
하지만 질정관이 함께 하였고, 질정관이었던 조헌은 『東還封事』의 서문
에, 국경을 나서기 전에 "質正事"20조목을 통사로부터 미리 듣고 준비해
갔다고 하였다.

> 옥하관(玉河館)에 도착하여 출입을 할 수가 없으므로, 통사(通事)
> 에게 사람을 통해 질정하여 오게 하였더니 해석하는 말이 『사성통
> 해』의 범위를 벗어나지 못하였습니다. … 길에서 사인(士人) 왕지부
> (王之符)를 만나 모두 질정하니 그 중 세 가지를 대략 설명하고 비웃
> 으며, "질정하러 온 것이 고작 이 일 때문입니까? 이 같은 일들은 방
> 술지사(方術之士)라면 다 알 수 있는 것입니다. 굳이 듣고 싶어한다

면 성문(聖門)에 있어서는 완물상지(玩物喪志)가 되고 우리 유자(儒
者)에게 있어서는 많이 아는 소인이 됩니다."라고 하였습니다. 신은
이 말에 적이 부끄러웠습니다.

　중국에 이르자마자 조헌은 성실하게 질정하는 일에 매달린 것으로 보
인다. 그러나 이전 신숙주가 조사했던 것보다 더 나은 정보를 얻을 수 없
었다. 그가 질정하려던 조목이 무엇인지 전체를 알 수는 없지만, 왕지부
가 대답해준 세 가지 조목은 허봉과 대조하여 찾아볼 수 있다. 세 가지는
"黃花菜", "楗棗", "馬蹄鹽"으로, 『本草綱目』에 나오는 물명이다. 허봉의
기술을 통해 나머지 역시 이러한 물명이었을 것으로 추정된다. 조헌은
"구구하게 이런 것을 할 겨를이 없습니다."라는 왕지부의 말에 부끄러움
을 느꼈다. 그리고 명나라의 "大公至正之制"와 "長治久安之術"에 대해 연
구하여, 돌아와 선조에게 올린 것이 『동환봉사』이다. 『동환봉사』의 8조
목은 "聖廟配享", "內外庶官", "貴賤衣冠", "食品宴飲", "士夫揖讓", "師生接
禮", "鄕閭習俗", "軍師紀律"로, 명나라의 정치, 문화, 풍속 전반을 아우르
는 것이었다.
　허봉은 왕지부의 비판에 매우 공감하는 태도를 보인다. 조헌이 사행을
통해 "질정"이라는 임무에 대해 자각하는 것과 달리 허봉이 중국사행을
자청한 목적은 본래 학문적인 욕구에 있었다. 그러나 중국 문사들과 접
촉하여 깊은 대화를 나누는 일이 쉽지는 않았던 것으로 보인다.

　　지금은 황조가 우리나라를 대하는 것이 이와 달라서, 문을 겹겹이
치고 자물쇠를 엄하게 하여 출입을 막아 마치 도적놈을 보듯 하면서 벌
벌 떨며 오직 털끝만치라도 방자할까 두려워한다. 그러므로 학사 대부
(學士大夫)와 진신선생(縉紳先生)들 가운데 읍을 하고 나아가고자 하
는 이가 있으나 경서[典墳]를 토론하고 풍속을 찾고 물을 만한 제대로
된 사람이 없었다. 그러나 조정의 금령이 있었으므로 어찌할 수 없다.

　허봉이 원하는 것은 중국인과 "討論典墳", "詢訪風俗"하는 데 있었으
나, 위 인용문을 통해 보듯, 명나라 조정에서 엄격히 금하고 있었으므로,

질문에 대답을 해줄 수 있는 학식 있는 학자나 경험 많은 관료들을 조선 인이 만나기는 어려웠다. 허봉은 명나라의 금령에 대해 매우 안타까워하 며 『조천기』를 "단지 가는 길의 멀고 가까움을 기록했을 뿐 다른 것에 미 친 것이 없는 것은 이 때문이다.[只記其道里遠近。而他無所及焉者此也。]" 라고 평가하였다.

그러나 이러한 상황에서도 허봉은 중국의 문사들과 만나려고 노력했 다. 연보에는 "중국의 대부들과 주륙(朱陸)의 분별에 대해 논하였는데, 진신선생들이 감히 굽히지 않았고 모두 탄복하였다.[與中州士大夫。論 難朱陸之辨。薦紳先生莫敢屈。咸歎服焉。]"라고 기록하고 있는데, 그나 마 만날 수 있었던 중국의 문사들이 토론을 피하지 않고 응대하였음을 짐작할 수 있다.

> 섭본(葉本)과 마주치고 왕지부(王之符)와 만나고 정학서원을 들 르고, 수선지관(首善之館)에 머물 때 홀로 정대한 논의를 앞서 주장 하여 뭇사람들의 말에 대항하되 동요되지 않았고 꺾이지도 않았다. 이른바 '스스로 돌이켜서 옳다면 비록 천만 사람의 앞이라도 나는 갈 수 있다.'는 것이 아니었겠는가. 더욱 존경할 만한 일이다.

위 서문에 보이듯 여러 중국 문사들을 만나 토론을 나눈 점은 유성룡 (柳成龍, 1542-1607)도 높이 평가한 부분이다. 1574년 6월 26일 허봉 일행 은 요동(遼東)의 정학서원(正學書院)을 들렀다가, 위자강(魏自强), 하성 시(賀盛時)·하성수(賀盛壽) 형제, 여충화(呂沖和) 등 네 사람을 만나 필담 을 나누었다. 이때 처음 허봉은 왕수인(王守仁, 1472-1528) 비판을 전개하 면서, "왕수인의 논저를 하나하나 정밀히 살펴서 세세하게 검토하였다 [守仁之所論著。僕皆一一精察而細核。]"고 하였다. 허봉은 양명학의 근원 이 본래 "석씨(釋氏)에서 나와 머리를 고치고 얼굴을 바꾼 것이며," "육 씨(陸氏)의 여론(餘論)을 주워 모아서 공공연하게 방자히 헐뜯는"지경에 이르렀다고 보았다. 아울러 당시 양명학이 성행하여 왕수인을 문묘(文 廟)에 배향하려는 것에 대해 심한 우려를 드러냈다. 8월 2일 계주(薊州)를 지나 하점(夏店)에서 머물 때 우연히 국자감(國子監)의 생도 섭본(葉本)을

만났다. 허봉은 "양지(良知)"가 선(禪)의 방식과 유사함을 지적하였고, 왕
수인을 추존하는 섭본은 良知良能說을 역설하였다.

이튿날인 8월 3일, 허봉은 거인(擧人) 왕지부(王之符)를 만나, 양명학
에 대한 견해를 물었다. 왕지부는 양명학을 "위학(僞學)"이라 칭하며 왕
수인의 문묘 배향에도 비판적인 입장을 지니고 있었다. 처음으로 같은
의견을 지닌 인물을 만난 것이다. 이들은 각자 지역의 정주학자(程朱學
者)에 대해 소개하였다. 여기에서 허봉은 도통의 시작으로 고려의 정몽
주를 꼽았고, 조선에서는 김굉필, 조광조, 이언적, 서경덕을 들었고, 근세
에서는 이황을 태산북두로 칭하였다.

8월 20일 허봉은 조헌과 함께 "수선지관(首善之館)", 즉 국자감을 구경
하였다. 이날 양수중(楊守中)을 비롯한 20여 명의 생도들과 필담을 나누
었다. 양수중과의 필담을 통해, 양명학이 남쪽에 주로 성행하고 있고 북
쪽에서는 배척하기 때문에 왕수인의 문묘 배향은 정해진 것이 아님을 알
게 되었다. 그러나 국자감의 기풍에 대해서는 매우 실망하였다. 예문(禮
文)에 대해 물어도 대답을 하지 못하고, 예물로 준 물건을 서로 가지려 다
투는 모습은 "예의와 염치가 무엇인지를 알지 못하여, 학교가 퇴폐하고
타락함이 이에 이르렀으니, 인재(人材)는 옛적만 같지 못한 것이 마땅하
다. 아아, 슬프도다!"라는 탄식을 불러 일으켰다.

허봉의 중국 사행은 이단을 배척하고 정통을 확인하는 과정이었다. 연
보에서 말한 "朱陸之辨"은, 陸九淵을 이은 양명학을 배격하고 주자학을
정학(正學)으로 천명하는 것이었다. 이러한 과정이 왜 필요했는가에 대
해서는 사행 내내 함께 한 조헌의 『동환봉사』를 통해 짐작할 수 있다. 제
1조인 "聖廟配享"의 궁극적인 목표는 김굉필, 조광조, 이언적, 이황을 문
묘에 배향하는 것이다. 정학서원과 국자감의 제도를 관찰하고, 양명학
을 추종하는 중국문사들과의 논변 경험은 결과적으로 조선의 정학이 무
엇인지를 돌이키게 하였고, 명의 제도를 조선에 어떻게 적용할 것인지를
고민하게 만들었던 것이다.

허봉의 중국 사행 경험 가운데 양명학 변척을 주목할 수밖에 없는 것
은, 중국 사행의 의미가 조선 학계의 진전에 따라 단순한 물명의 질정에
서 제도와 문물의 관찰을 통한 조선으로의 적용으로 바뀌었음을 의미하

기 때문이다.

Ⅲ. 형 許筬의 일본 사행에 보이는 학문적 유연성

아우 허봉이 중국 사행을 다녀온 이듬해인 1575년에 이른바 동서분당 (東西分黨)이 일어나고, 아버지 허엽은 김효원(金孝元, 1532-1590)과 동인 의 중심으로 활약하였다. 동서분당에서는 여러 논의가 있겠으나, 기본 적으로는 도학을 바탕으로 한 사림세력(士林勢力)이 정치적 이상의 실현 을 위해서 훈척세력(勳戚勢力)의 재등장을 막기 위한 논의가 갈라지면서 생긴 것으로 볼 수 있다. 동인은 외척정치에 강경한 입장을 고수하였는 데, 주로 이황과 조식(曺植, 1501-1572)의 학문을 계승한 영남지역의 인 사들이 중심이 되었고, 온건적인 입장을 지닌 서인은 이이(李珥, 1536- 1584)와 성혼(成渾, 1535-1598)의 문인들이 중심이 되었다. 학파가 정치 세력인 붕당(朋黨)으로 변화했다는 것은, 정치사상에는 각 학파의 성리 학적 우주론 및 인성론이 배경이 되었기 때문이었다. 1574년 중국 사행 에서 보여준 양명학 辨斥을 넘어, 주자학적 전일성(專一性) 안에서 내부 분화가 이루어졌던 것이다.

1583년 허봉은 당시 병조판서였던 이이를 탄핵하다가 유배되었고, 2 년 후 풀려나긴 하였으나 도성으로 들어오는 것이 금지되었다. 결국 방 랑생활을 거듭하다가 1588년 38세의 젊은 나이로 병사하였다. 형 허성은 1568년 아우 허봉과 같은 해 생원시(生員試)에 급제하였으나, 과거시험 에서는 여러 번 좌절을 겪었다. 1574년 승가사(僧迦寺)에서 이십여 일을 머물며『性理大全』을 통독하고 여러 사람들과 수창(酬唱)한 기록을 찾아 볼 수 있는데, 대부분의 시간을 독서와 교유로 보낸 듯하다. 그리고 공교 롭게도 아우 허봉이 갑산(甲山)으로 유배당하게 된 날인 1683년 8월 28 일, 그의 과거 합격방이 붙었다고 한다.『荷谷集』에는 「送舍兄朝天」이라 는 시가 실려 있는데, 허봉이 금강산 유람을 떠나기 직전인 1587년 가을 즈음 허성은 명나라 사행을 떠났던 것으로 추정된다. 그러나 이 사행에 대한 자세한 기록은 찾아보기 어렵다.

實錄에 보이는 허성에 대한 기사는 1589년 8월 1일에 보인다. 豊臣秀吉에게 通信使를 보낼 것인가를 논의하는 자리에서 허성만이 적극적으로 응해줄 것을 주장하였다. 임진왜란 후인 1606년 德川家康 쪽에서 통신사를 요청했을 때도 허성은 일본과의 화친을 주장하였는데, 백성의 희생을 줄이기 위한 현실론자의 입장을 취하였다. 이런 연유에서인지 1590년 허성은 통신사 서장관에 임명되어 일본으로 떠났다.

일본 사행 중 가장 대립하는 양상을 보인 것은 당이 달랐던 정사 황윤길이 아니라 같은 동인인 허성과 김성일(金誠一, 1538-1593)임이 지적된 바 있다. 이것이 주자학과 반주자학에 입각한 현실 대응의 차이인지에 대해서는 재론의 여지가 있겠으나, 같은 학문적 연원을 지닌 같은 당(黨)의 인사일지라도 중국이 아닌 일본이라는 낯선 상대국에 왔을 때 어떻게 대처할 지에 대해서 다른 의견을 지닐 수 있다는 점은 흥미로운 부분이다.

1574년 허성의 아우 허봉은 요동의 정학서원에 쓰인 "魁"를 보고, 장원하는 것을 학문의 목적으로 하는 것을 천하게 여기는 기록이 있는데, 1577년 김성일 역시 같은 장소에서 같은 글자를 보고 개탄하였다. 중국에서의 문물 관찰에서 보이는 감개와 비판은 이런 예처럼 유사한 경향을 보이는 것에 비해, 일본에서는 "權道"에 따를 것인지 "常道"에 따를 것인지조차 일치된 의견을 낼 수 없었던 것이다. 이는 허성과 김성일이 지닌 주자학적 세계관 밖에 일본이 놓여있었기 때문이라고 할 수 있다.

일본 최초의 儒者로 일컬어지는 藤原惺窩조차 당시 "비록 불서를 읽으나 뜻은 유학에 둔[雖讀佛書志在儒學]"승려였다. 이로부터 8년 후인 1598년 藤原惺窩가 강항(姜沆, 1567-1618)을 처음 만났을 때, 일본의 유학은 여전히 "유자와 박사가 예로부터 한나라와 당나라의 주소(註疏)만을 읽어 경전에 점을 찍고 왜훈(倭訓)을 더하였으나 정주의 책에 이르면 십분의 일도 모르기 때문에 성리학에 대해 아는 자가 드문"상황이었다. 주자학이 전래되지 않은 것은 아니었지만, 五山을 중심으로 禪學의 한 형태로서 이해되는 종속적인 것이었다.

이러한 상황에서 허성은 藤原惺窩에게 「柴立子說」을 지어주었고, 이것이 藤原惺窩를 본격적으로 유학을 향하게 하는 하나의 계기가 되었다고 평가된다. 그리고 이 글에 보이는 허성의 인식에 대해서도 자세한 연구가 진행된 바 있다. 여기에서 주목해 보려는 것은 허봉의 중국 사행과 비교하여 허성이 藤原惺窩에게 보인 말하기 태도이다.

허봉의 경우 불교와 비슷한 것은 辨斥의 주된 이유였다.

> 양명은 양지설을 주장하여, 무릇 날마다 쓰고 응접(應接)하는 일과 고금의 성현들의 글을 일체 방치하고서 사려(思慮)에 받아들이지 아니하며, 다만 한 가지의 양지(良知)만을 상상(想像)하여 이로 하여금 홀연히 순간에서 깨달음이 있게 할 뿐이니, 이것은 석씨(釋氏)가 일을 멀리하고 물(物)을 끊는 것이 아니고 무엇이겠으며, 공자와 맹자의 교훈에서 헤아려 본다면 같겠습니까, 다르겠습니까?

위 인용문은 허봉이 섭본(葉本)에게 양명학을 비판한 말이다. 독서를 버리고 정좌묵식(靜坐黙識)을 추구하는 점에서, 양명학이 불교와 비슷하다는 주장이다. "良知"라는 개념은 "覺於霎爾之頃"을 이루는 점에서 불교의 돈오(頓悟)와 같다는 것이다. 따라서 양명학은 성인의 가르침을 계승한 것이 아니라 불교와 같은 이단의 범주에 들어간다.

그런데 허성은 불교의 교리를 언급하는 것에 대해 매우 유연한 태도를 보인다.

> 유교와 불교의 도는 나아가는 바가 비록 달라도 힘쓴 공은 역시 다를 수가 없습니다. 참을 쌓고 힘쓰기를 오래하면 하루아침에 확 트인 경지에 나아가게 되니 우리 유자들의 이른바 "지지(至知)"라는 것이고 불자들의 이른바 "계오(契悟)"라는 것입니다. 벽돌을 가는 것은 본래 거울을 만드는 방법이 아니지만 거울의 밝음을 얻는 것 역시 본래 가는 자의 공입니다. 이른바 말이 떨어지자마자 깨닫는다는 것은 그 말이 나를 깨닫게 만드는 것이 아니라 모두 내가 뜻을 세우고 꿋꿋이 서 있는 공입니다. 참을 쌓고 힘쓰기를 오래하였는데 그 말이 마침 내 마음의 터득함에 닿은 것이고 계발의 길도 만나게 될 것이니 자립의 공은 본래 속일 수 없습니다.

「柴立子說」에서 "磨甎"과 "言下領悟"등 불교용어를 끌어들여 설명하였다. 벽돌을 갈아 거울을 만들 수 없듯이 참선을 열심히 한다고 부처가 될 수 없다며 마조(馬祖)를 깨우친 남악(南嶽)의 가르침과 조계(曹溪)의 육조대사(六祖大師)를 만나 말을 다 듣기도 전에 깨달음을 얻고 돌아갔다는 현각(玄覺)의 고사는, 불교의 돈오(頓悟)를 보여주는 대표적인 이야기이다. 그런데 허성의 비유는 거울이 될 수 없는 "甎"보다는 "磨", 즉 연마한다는 행위에 방점이 있다. 또한 "言下領悟"는 "吾立志立脚之功"이라고 하면서 "眞積力久"를 다시 거론한다. "眞積力久"는 공자가 曾子에게 말한 "吾道一以貫之"라는 『論語』 구절에 주자가 증자를 평가한 말이다. 수양과 실천을 중요시하던 이황이 『자성록(自省錄)』 등의 저서를 통해 자주 거론하던 말이기도 하다. 儒家의 "至知"와 佛敎의 "契悟"를 같은 것이라 同値시킨 것은 결국 이 "眞積力久"의 중요성을 설명하고 "頓悟"의 허구성을 드러내기 위한 전제였던 것이다.

  그대는 석씨의 부류이고 나는 성인의 문도이니 마땅히 거리를 두기에 바빠야 하나 도리어 도가 다른 자를 위해 도모하였으니 성인의 계율을 범한 것이 아니면 스스로 이단에 빠진 것이리라. 그러나 남에게 글을 써주는 것은 인자(仁者)의 일이고 나의 말이 본래 그대의 도에서 발명할 수 없는 것이니 겨우 훗날 얼굴 대신할 자료로 삼을 수 있을 뿐이다.

위는 「시립자설」의 마무리 부분이다. "爲道不同者謀焉"이란 바로 승려인 藤原惺窩의 요청에 따라 「시립자설」을 써주는 것을 가리킨다. 이에 대한 변명으로 글을 주는 것이 "仁者"의 행위라는 점과, "나의 말이 그대의 도에서 발명할 수 없다"는 점을 들고 있다. 즉, 유교와 불교는 결코 섞일 수가 없으며, 그가 기술한 「시립자설」의 말도 불교와는 관련이 전혀 없음을 분명히 하는 것이다. 「시립자설」에 보이는 허성의 불교에 대한 인식은 확고한 주자학적 인식을 기반으로 한 것으로, 불교에 관한 언급은 藤原惺窩가 익숙한 개념을 통해 주자학의 도를 설명하려는 하나의 장치에 불과한 것이었다.

결국 허성은 김성일과 달리 藤原惺窩와 같은 일본인과 직접 만나 글을 써 주고 필담을 나누기도 하였다. 그러나 허성이 아우 허봉이 보인 양명학에 대한 주자학적 엄격성에서 벗어나 있었던 것은 아니다. 다만, 성리학으로서는 맹아기에 있었던 일본에서, 儒學에 관심을 가진 승려에게 학문적으로 유연한 태도를 보인 것이었다.

IV. 맺음말

16세기 조선은 사림(士林)이 대두하고 성리학이 정치철학으로서 탐구되던 시기였다. 당시 허엽 일가는 신진 지식을 받아들이고 정치적으로 활동하는 중심에 있었던 가문이다. 노장사상과 불교 뿐 아니라 육구연(陸九淵)이나 왕수인의 학문 역시 탐구의 대상이었다. 이러한 연구를 바탕으로 주자학이 정학으로서 자리 잡기 시작하였다. 이 시기 아우 허봉과 형 허성은 15년 정도의 차이를 두고 각기 명나라와 일본에 사행을 다녀왔다. 양명학이 융성한 명나라에서 허봉은 적극적인 비판 의견을 개진하였고, 유자(儒者) 자체가 존재하지 않는 일본에서 승려 藤原惺窩를 만난 허성은 매우 유연한 태도로 주자학을 설명하였다. 그러나 결과적으로 주자학을 기반으로 이단에 대한 엄격성은, 이들 형제에게 동일하게 견지되고 있었다.

<참고문헌>

郭貞禮,『許氏五文章家의 文學的 背景과 活動에 關한 硏究』, 경희대 박사논문, 2011.
郭貞禮,「岳麓 許筬과 에도(江戶) 儒學의 勃興」,『語文硏究』38권 3호, 語文硏究會, 2010, 411-437면.
金東珍,「許筠의 對明使行과 陽明學 變斥」,『文化史學』21집, 2004, 825-853면.
金貞信,「16世紀末 性理學 理解와 現實認識」,『朝鮮時代史學報』13, 조선시대사학회, 2000, 1-31면.
설석규,『朝鮮中期 士林의 道學과 政治哲學』, 경북대 출판부, 2009, 147-167면.
成海俊,「일본 주자학의 전래와 수용」,『南冥學硏究』15, 경상대 남명학연구소, 2003, 313-350면.
阿部吉雄,『日本朱子学と朝鮮』, 東京大学出版会, 1965.

⑨

조선전기 통신사의 文化使節로서의 성격[*]

韓泰文(부산대)

I. 서론

조선시대 일본에 파견된 交隣外交使節이자 文化使節인 통신사에 대한 연구는 그동안 국내에서 硏究叢書가 엮어질 정도로 활발하게 이루어졌다. 하지만 통신사가 조선시대 全般에 걸쳐 파견되었음에도 불구하고 그동안의 연구성과는 대체로 조선후기 통신사에 집중된 것이 사실이다.[1] 이는 조선전기 통신사가 조선후기에 비해 관련 文獻資料가 상대적으로 부족한데 기인한 결과로, 임진왜란의 상흔을 딛고 대규모로 파견된 조선

---

[*] 필자는 워크샵을 위해 「福禪寺 소장 통신사 遺墨 관련자료 연구」라는 논문을 완성했다. 하지만 연구범위가 너무 협소하여 조선전기 통신사에 대한 三國 학자들의 관심을 촉구하는 의미에서 이미 출간된 「庚寅通信使(1590)의 文化使節로서의 성격」(『동양한문학연구』 36집, 동양한문학회, 2013)을 수정하여 발표하기로 하였다. 따라서 보다 자세한 내용은 본 논문을 참고하기 바란다.

[1] 총 13권으로 된 『조선통신사 사행록 연구총서』(조규익·정영문 엮음, 학고방, 2008)는 문학·외교·역사 분야 등 총 67명 135편의 논문이 수록되어 있는데, 여기서도 조선전기 통신사에 관한 논문은 10여 편에 불과하다.

후기 통신사의 善隣友好 정신에 대한 집중적 조명도 한몫 했다.

다행히 최근에는 이와 같은 연구의 편향성을 극복하기 위해 조선전기 통신사를 조명하는 연구성과도 점차 나타나고 있다.[2] 본 연구는 이같은 연구경향을 잇는 연장선상에서 조선전기 통신사의 문화사절로서의 성격을 庚寅通信使(1590)를 통해 구체적으로 살피고자 한다. 경인통신사는 使行錄이 거의 남아 있지 않는 이전 통신사나 戰亂期에 중국의 요청에 의해 파견된 丙申통신사(1596)와 달리, 自意로 파견된 데다 副使로 참여한 金誠一의『鶴峯全集』에 사행 관련 기록이 많이 수록되어 있기 때문이다. 따라서 경인통신사가 펼친 문화교류 활동의 구체적인 양상을 통해 조선전기 통신사의 문화사절로서의 성격을 밝히고자 한다.[3]

II. 庚寅通信使의 파견배경과 使行路程

1) 파견배경과 규모

1587년 9월 1일 일본을 통일한 豊臣秀吉은 關白에 이어 太政大臣에 임명된 후, 橘康廣을 일본국왕사로 파견하여 조선 조정에 通信을 청하는 國書를 보낸다.[4] 조선 조정은 바닷길을 잘 알지 못한다는 이유를 들어 秀吉에 파견 불가를 통보하지만, 秀吉은 다시 博多의 聖福寺 승려인 景轍玄蘇를 정사로, 對馬島主의 아들 平義智를 부사로 한 25명의 國王使를 보내어

---

2 대표적인 연구성과로 金聲振,「조선전기 한일간 문학교류의 한 양상」,『동양한문학연구』14집, 동양한문학회, 2001; 한태문,「戊申通信使(1428)와 朴瑞生」,『열상고전연구』29집, 열상고전연구회, 2009 등이 있다.
3 사행관련 시문이 許筬의『岳麓集』에는 보이지 않고 車天輅의『五山集』에도 <松源院與金鶴峯誠一許山前筬賦七夕聯句>·<醉席用岑字韻聯句>·<醉中聯句>·<杆城詠月樓> 등만 수록되어 있을 뿐이다.『鶴峯全集』은 크게『鶴峯集』·『鶴峯續集』·『鶴峯集附錄』·『鶴峯逸稿』·『鶴峯逸稿附錄』으로 이루어져 있는데, 이후 본문과 각주에는 각각『鶴峯』·『鶴續』·『鶴附』·『鶴逸』·『逸附』등으로 약칭하고 그 뒤에 卷數를 표기하기로 한다. 다만『鶴峯逸稿附錄』에 수록된「年譜」는 중요도를 감안하여『年譜』로 적기로 한다.
4 『宣祖修正實錄』卷21, 宣祖 20年 9月 1日. 이하『朝鮮王朝實錄』을 본문과 각주에서 인용할 때는 ·'宣祖(또는 宣修)'21, 20(1587)/09/01'로 표기하기로 한다. 日本國王使橘康廣來聘…遂康廣 來求通信.

바닷길에 밝은 對馬島主의 아들 平義智를 '바다길의 指南針'으로 사용할 것을 권한다. 변명거리가 없어진 조선 조정은 다시 1587년 왜구의 전라도 損竹島 침략 때 이를 유도한 조선 叛民 沙乙蒲同과 왜구 우두머리 소환 및 被虜人의 刷還을 파견의 전제조건으로 제시한다.[5]

하지만 일본은 곧장 被虜人 116인의 刷還 및 叛民 沙乙蒲同과 緊時要羅 등 왜구 우두머리를 바친다. 이에 더 이상 통신사 파견을 미룰 명분이 없어진 조선 조정은 答禮가 예의인 데다 일본의 動靜을 살피는 것도 失計가 아니라는 이유로 9월 21일 파견을 결정한다. 김성일이 자주 언급하듯 乙亥통신사(1479) 이후 약 100여 년 만에 통신사가 재개된 것이다.

그런데 사행록마다 <員役名單>이 포함되었던 조선후기 통신사와 달리 경인통신사를 비롯한 조선전기 통신사는 사행록도 드문데다 남아 있는 사행록조차 <원역명단>이 없어 그 규모를 가늠하기 힘들다. 다만 직전 사행인 乙亥통신사 파견 때 禮曹에서 올린 <日本國通信使事目>에 따르면, 약 100명의 인원이 4척의 배에 올라 사행을 떠난 것으로 나타난다.[6] 이를 통해 경인통신사의 규모를 가늠할 수도 있지만 『實錄』과 『鶴峯全集』에는 보다 구체적인 단서가 많이 발견된다. 곧 4척의 배에 탄 格軍 10여 명이 전염병으로 앓아눕고 짐 싣는 배가 2척이 있었으며, 일본의 弄奸에 속은 琉球國이 300명의 통신사를 조선에서 항복해온 사람들로 중국에 잘못 보고했다는 기록 등이 그것이다.[7]

결국 300여 명이 정사와 부사가 지휘하는 大船 2척과 짐을 실은 中船 2척에 나누어 탔음을 알 수 있다. 게다가 詩文에서 가려낸 것이지만 사행원의 존재도 다음과 같이 드러난다.

---

5 『宣祖』23, 22(1589)/08/04.
6 『成宗』100, 10(1479)/01/20.『世祖』19, 06(1460)/01/03에는 庚辰통신사(1460)가 日本國王使船 2척과 對馬島倭船 2척의 호위 아래 사신을 비롯한 1백여 명이 3척의 배에 나누어 타고 출발한 것으로 나타난다.
7 ①舟中染疾 連作四船 十餘人臥痛(『鶴續』4, 書, <寄諸姪>), ②有兩卜船(『鶴峯』5, 書, <與許書狀>), ③倭奴等以犯上國之言 亦布於琉球且言 朝鮮亦已屈伏 三百人來降 方造船爲嚮道云云(『宣祖』25, 24(1591)/10/24). Fróis 저, 松田毅一・川崎桃太 譯, 『日本史』2(中央公論社, 1977, 60쪽)에 "조선왕의 사절이 3백 명 이상의 從者를 데리고 도성에 왔다."고 적었고, 직후인 丙申통신사(1596)도 309인이었음을 고려하면 300여 명으로 봄이 옳겠다.

製述官(車天輅), 文士(白大鵬·黃葺), 寫字官(李海龍), 醫官(孫文恕),
譯官(陳世雲·尹嗣壽·林春茂), 軍官(金命胤·崔光順·洪季男·黃進·成天
祉·南霽雲·南金雲·閔勳), 樂工(林桓·全漢守·全希福·崔伶·楊男), 格軍
(金應邦)

직전 통신사에 비해 구체적인 實名이 거론되고, 製述官·文士·寫字官
등 문학과 書畫에 뛰어난 인물 및 말타기·활쏘기에 능한 軍官의 기용이
눈에 띤다. 게다가 격군 가운데 유일하게 실명이 거론된 金應邦도 사실은
佛像을 만드는 匠人이다.[8] 이처럼 경인통신사는 사행인원의 증가에서 보
듯 다분히 일본인과 문화교류를 염두에 둔 人選이었을 것으로 짐작된다.

2) 사행 노정

<員役名單>의 부재 못지않게 경인통신사의 노정 또한 출발일자조차 3
월 1일(『宣修』24)·3월 5일(『年譜』)·3월 6일(『宣祖』24) 등 문헌에 따라 다
를 정도로 구체적으로 알려진 것이 없다. 다행히 『鶴峯全集』에는 1726년
李栽가 편찬한 「年譜」와 김성일의 使行詩文이 수록되어 있어 사행노정을
어느 정도 가늠할 수는 있다. 사행노정을 再構하면 다음과 같다.

(1) 往路

구분	일자	일정 내용	증빙 문헌
국내	1590.03.05	서울 출발	<三月初五日丙子賜酒闕庭>(『鶴峯』2)
	03.08	陽之 도착	<初八日宿陽智縣次許書狀韻>(『鶴續』1)
	03.11	用安 출발	<十一日朝發用安驛>(『鶴逸』2)
	03.13	獺川 경유	<十三日過獺川望劍巖有感>(『鶴續』1)
	03.14	安保 출발	<十四日出安保驛先向永嘉時同行諸君子直往東萊>(『鶴逸』2)
	03.15	聞慶 경유	<踰鳥嶺>·<聞慶途中>(『鶴峯』2)/<午憩龍湫院>(『鶴逸』2)
	03.16	安東 도착	'十六日行至家'(『年譜』)

---

8 『鶴峯』2, 詩, <題金應邦帖>. 技藝奪天工 萬佛能手幻.

	03.23	義城 도착	<二十三日發向山抵聞韶舘次東軒韻>(『鶴逸』2)
	03.24	義興 도착	<龜山南溪上有小亭…>(『鶴逸』2)
	1590.03.25	靑鷺 점심	<二十五日午憩靑鷺驛…>(『鶴峯』2)
	03.27	新寧 도착	<二十七日到新寧舘次題竹軒>(『鶴峯』2)
	03.29	慶山 출발	<二十九日發慶山達城伯權灝元文海暨主倅李靜可會餞>(『鶴峯』2)
	03.30	楡川 도착	<三十日到楡川鰲山鰲山太守次山字韻贈行再和却寄>(『鶴逸』2)
	04.01	密陽 도착	<四月初一日次凝川樓舡韻留贈主人>(『鶴峯』2)
	04.02	梁山 도착	<過梁山龍堂>(『鶴逸』2)
	04.03	東萊 도착	<初三日入東萊舘>(『鶴峯』2)
일본	1590.04.27	釜山 출발	'二十七日發船 宿多大浦蓑笠山下海口'(『年譜』)
	04.29	對馬島 大浦	<二十九日渡海到大浦舘朝起書一律示車五山>(『鶴逸』2)
	05.01	大浦 출발	'五月一日發船 水宿三日'(『年譜』)/<過愁未要時記所見韻>(『鶴逸』2)
	05.04	對馬府中 도착	'初四日到對馬島 傳命島主'(『年譜』)
	06.?	壹岐島 도착	'六月發船 泊一岐島'(『年譜』)
	06.16	大堺濱 도착	'十六日渡海次界濱舘引接寺'(『年譜』)/<到大界濱乘舟泛河指國都>(『鶴逸』2)
	07.22	京都 도착	'七月(補)二十二日 入日本國都'(『年譜』)
	11.07	國書 전달	'十一月七日始傳命'(『年譜』)

　往路의 경우 『年譜』의 서술태도는 확연히 다르다. 곧 국내노정에서는 서울 출발, 安東과 東萊 도착 노정만 기록한 데 비해, 일본 노정은 상대적으로 비교적 상세히 기록하고 있다. 그런데 국내 노정은 엄밀하게 말하면 김성일 개인의 노정이다. 김성일이 임금으로부터 先塋의 省墓를 허락받아 3월 14일 安保驛부터 使行團과 길을 달리 하여 고향인 安東府 臨河縣 川前里로 향했기 때문이다. 『年譜』에는 3월 19일에 자신이 지은 石門精舍에 올라 黃汝一 등과 시를 나누고, 21일에 다시 고향으로 돌아와 家廟를 배알하고 先塋에 성묘한 뒤 23일 집을 나선 것으로 되어 있다.[9] 하지만 이

9　『年譜』. 十九日 上石門精舍 黃內翰汝一適來相訪 先生賦五言詩一篇以見志…二十一

후부터 노정은 비록 일시는 다르지만 도표에서 보듯 원래 사행단의 노정을 그대로 밟았다고 볼 수 있다.

일본 노정은 4월 27일 부산포를 출발해 多大浦의 養笠山 바다에서 묵고, 28일 木島를 지나다 다시 바람을 만나 多大浦로 돌아와 묵은 뒤 29일 對馬島에 도착한 것으로 나타난다. 그런데 『年譜』는 壹岐島 도착 이후 바로 오늘날 大阪 堺市인 大堺濱의 引接寺에 숙박한 것만 기록하고 있어 중간 노정이 빠져 있다. 하지만 이 역시 <次十八首>(『鶴逸』2)에서 그 단서를 찾을 수 있다. 곧 각 시의 끝에 '是日向兵庫關'·'右赤間關'·'右竈戶關'·'右道毛津'·'右室津浦' 등 주석을 달고 있고, 시구에도 '牛窓過午南風正'이라 언급하고 있다. 따라서 경인통신사는 이전 사행과 조선후기 통신사처럼 瀬戸內海의 대표적인 港町인 赤間關-竈戶關(上關)-道毛津(韜浦)-牛窓-室津-兵庫를 거쳐 大坂에 이르렀음을 알 수 있다.

(2) 復路

구분	일시	일정 내용	증빙문헌
일본	1590.11.11	京都 출발 堺濱 도착	'十一日 出次堺館引接寺'(『年譜』) /<次山前十一日發天瑞寺宿鳥羽村韻>(『鶴逸』2)
	12.11	兵庫關 도착	'十二月十一日 發船還次兵庫關'(『年譜』)/<次五山兵庫關雪花大如乎分韻>(『鶴逸』2) *6일간 체류
	12.17	藍浦 도착	'十七日 泊藍浦'(『年譜』)/<朧月旣望之一日自兵庫關暮夜揚帆行數十里泊藍浦>(『鶴峯』2)
	12.20	赤間關 도착	'二十日 發藍浦過竈戶關 次赤間關阻風旬餘'(『年譜』)
	1591.01.06	藍島 도착	'本月初六日 到藍島'(<與上副官對馬島主>(『鶴峯』5)
	01.10	對馬島 도착	'正月十日自一岐島還次對馬島'(『年譜』)/<登馬島鶴嶽城次五山韻>(『鶴續』1)
국내	1591.01.28	釜山 도착	'二月初渡海次釜山'(『年譜』)/'通信使正月二十八日出來'(『宣祖』25, 24(1591)/02/06) *기록의 차이
	02.말	서울 復命	'是月還朝復命'(『年譜』)/'通信使黃允吉等 回自日本倭使平調信等偕來'(『宣修』25, 24(1591)/03/01) *기록의 차이

日 歸川前 省家廟掃先塋.

왕로 노정에 비해 復路 노정은 상대적으로 기간도 짧고 기록 또한 소략
하다. 오랜 사행으로 심신이 지친 데다 한시라도 빨리 復命하겠다는 마음
에서 노정을 빨리한 데다, 이미 지나갔던 길이기에 자세하게 수록하지
않으려는 태도가 작용한 결과로 보인다. 이는 조선후기 통신사 사행록에
서도 흔히 발견되는 특징이다. 하지만 왕로와 마찬가지로 김성일이 남긴
시문을 통해 어느 정도 노정을 가늠할 수는 있다. 먼저 일본 노정의 경우
일본의 회답국서 受領과 바람 때문에 약 1달간 지체했던 堺濱을 떠나 '淀
城'을 경유하여 兵庫關에 도착했고, 室津을 떠난 이후에는 순풍을 만났으
며, 竈戶關을 지나 赤間關에 도착한 뒤 다시 바람 때문에 10여 일을 머문
것으로 나타난다.[10] 곧 堺濱(大坂)-淀城-兵庫關-藍浦-室津-竈戶關-赤間關의
노정이 드러난다.

또 국내 노정은 먼저 "倭 절에서 해 넘길 때 소식이 끊겼는데 / 이 밤에
는 높은 臺서 웃으면서 말하네(經年野寺聲音別 此夜高臺笑語同)"라 읊은
<次鳳凰臺韻>(『鶴峯』2)과 "먼 나그네 만릿길 갔다 이제 왔네(遠客初回萬
里程)"라 읊은 <題西岳書院>(『鶴峯』2)등을 통해 사행이 경주의 鳳凰臺와
西岳書院을 유람했음을 알 수 있다. 또 "일본에서 돌아와 상경할 때 지었
다(自日本上京時)"고 주석을 붙인 <題永川鄕序堂>(『鶴逸』1)이나 <還自扶
桑過龜城大醉贈權景初>(『鶴逸』1) 등에서도 永川과 龜城(龍仁)의 노정이
드러나기도 한다.

이상에서 보듯 경인통신사는 목적지가 江戶(東京)가 아닌 京都라는 점
에서 차이가 있지만 조선후기 통신사의 서울~京都 왕복 노정을 거의 그
대로 밟고 있음을 알 수 있다.

Ⅲ. 문화교류 활동의 諸 樣相

王仁·阿直岐의 일본 파견과 易博士·曆博士·醫博士의 일본 왕래에서 보

10　①堺濱一月滯歸楫(『鶴逸』2, <次阻風一絕>), ②歸意先過大坂城(『鶴逸』2, <過淀御
城>), ③自離室津之後 風利舟快'(『鶴峯』5, <答平調信>), ④二十日 發藍浦過竈戶關
次赤間關 阻風旬餘(『年譜』).

듯 예부터 한일간의 문화교류는 사람에 의한 교류였다고 해도 과언이 아
니다. 특히 경인통신사는 직전 통신사에 비해 대규모 인원이 참여하였기
에 오랜 국내 전쟁으로 異國文化를 접하기 힘들었던 일본인의 이목을 자
극하는 중요한 행사였을 것으로 짐작된다. "6월에 堺濱에 머무니 오랑캐
가 천 명 만 명 모여들었다."는 詩句나, "都城에 들어갈 때 사람들이 모두
나와서 구경하고 궁녀와 高官들도 대궐 아래서 뚫어지게 쳐다보았다."
는 기록 등[11]은 그 사실을 입증하는 대표적인 예라 할 수 있다. 경인통신
사가 일본인을 상대로 한 문화교류의 흔적은 문학, 예능, 의학·풍속 등 다
양한 방면에서 발견된다.

1) 문학

조선후기 통신사처럼 조선전기 통신사도 文才가 뛰어난 인물들이 구
성원으로 선발되었다. 성종 6년(1475) 詩才가 없다는 이유로 통신사 書狀
官 表沿沫을 蔡壽로 교체하고, 軍官조차 武才만이 아닌 詞章을 잘하는 자
로 선발한 것이 그 대표적인 예이다.[12] 경인통신사도 예외가 아니어서
"글 잘하는 것으로 正使로 임명된" 黃允吉을 비롯하여 "저술하려고 붓을
들면 바로 문장이 된" 부사 金誠一, 그리고 "문장이 간략하면서도 무게가
있어" 가족과 함께 '許氏五文章家'로 불린 서장관 許筬 등 세 사신 모두 당
대에 文名을 날리던 이들이었다.[13]

게다가 車天輅와 白大鵬도 참여했는데, 차천로는 이전 사행에 魚無迹·
曹伸 등 文辭에 능한 선비가 참여했다는 玄蘇의 말을 받아들여 황윤길이
임금께 주청하여 발탁한[14] 인물이다. 김성일이 남긴 使行詩의 대부분이

---

11 『鶴逸』2,<贈獻玄蘇>. 六月次堺濱 蠻群千萬隊;『鶴峯』6, 雜著, <入都出都辨>. 是日也
    都人士女 傾國出觀 至於宮娃達官 看殺闕下 而瞻前顧後.
12 『成宗』57, 06(1475)/07/16. 書狀官表沿沫…其爲詩不敏. 臣等以爲 使副使及書狀官雖
    未盡得詩人 一人必須能詩者 乃可名爲大國使.;『成宗』100, 10(1479)/01/19. 上日 今日
    之選 不可徒取武才 須擇善爲詞章者以啓.
13 『宣修』25, 24(1591)/03/01. 允吉本鄙人 以辭華應選使价.;『鶴續』2, <行狀>. 凡有著
    述 援筆成章.; 許筠,『惺所覆瓿稿』卷24, 說部3,『惺翁識小錄』下, <我家門之文章學問
    節行>. 文章亦簡重.
14 『宣祖』23, 22(1589)/12/03. 通信使黃允吉啓曰…云先朝時 日本奉命之人率一時能文
    之士 如魚無迹曹紳亦嘗往來 云故車天輅欲爲率去 敢稟 答曰依啓.

차천로의 시에 대한 次韻詩이고, 차천로가 文名으로 일본인들이 우러르
는 존재가 되었다는 申維翰의 기록 등에서[15] 그의 활약상을 짐작할 수 있
다. 또 宣祖朝의 委巷詩社 '風月香徒'의 핵심인물인 白大鵬 역시 평소 劉希
慶과 함께 그의 詩才를 눈여겨보아 온 허성이 일본문사들을 상대할 인물
로 발탁한 것이다.[16]

경인통신사행에서 이루어진 양국 문사의 문학교류를 살피면 다음과
같다.

작자	상대자	작 품
金誠一	玄蘇	<次倭僧玄蘇韻>(『鶴日』1)/<次玄蘇一絕>·<次玄蘇燕席一絕>(『鶴逸』2) 외 17題
〃	平義智	<副官送達官金畫扇請題詩書詠畫二絕還之>·<贈副官平義智四首幷序>(『鶴峯』2)
〃	柳世俊	<次瑞俊一絕>(『鶴峯』2)/<次世俊侍奉用玄蘇韻>·<次贈世俊侍奉>(『鶴逸』2)
〃	蒲庵古溪 (宗陳)	<寄古溪和尙二首>·<謝古溪送桃>·<次五山韻謝蒲菴和尙携酒來訪>(『鶴峯』2)/<古溪長老設餞席於假山下賦得一絕次贈>·<臨行古溪又惠一詩次之>·<以黃布一端毛穎楮生寄贈古溪長老>(『鶴逸』2)
古溪和尙	金誠一	<八月初旬鶴峯山前兩大人遊五山之諸寺記所見子亦追次其韻效顰僧宗陳>(『鶴逸』2)
金誠一	宗珍	<次大仙院僧宗珍一絕>(『鶴峯』2)/<次正受院僧宗珍韻>·<次宗珍上人送別韻>·<次堺濱僧宗珍韻>(『鶴逸』2)
〃	竹溪	<次竹溪酬上官韻>(『鶴峯』2)/<次倭僧竹溪韻>(『鶴逸』1)
〃	宗長	<題松源院長上人江雪小障子四絕>(『鶴峯』2)/<次贈松源院長上人>·<九日松源院僧宗長來謁作一絕次贈>(『鶴逸』2)
〃	玉甫紹琮	<謝玉甫長老送松蕈及別儀茶二絕>(『鶴峯』2)/<次摠見院僧玉甫韻二絕>(『鶴逸』2)
〃	玉仲長老	<次玉仲長老送別韻兼謝贈扇>(『鶴逸』2)
〃	壽上人	<次五山韻贈壽上人>(『鶴峯』2)/<次贈壽上人>(『鶴逸』2)

---

15 申維翰, 『海遊錄』上, 1718年 1月 某日. 揮灑詩筆 聲華甚暢 爲蠻俗之所欣仰.
16 柳夢寅, 『於于集』권6, 「列傳」, <劉希慶傳>. 名儒許筬愛之特甚 當其使日本也 欲與白
大鵬泊生偕 生以養老辭 獨以大鵬行.

작자	상대자	작품
金誠一	秀上人	<別秀上人>·<次倭僧宗秀韻>·<次秀上人近體一首>(『鶴逸』2)
〃	哲上人	<引接寺次五山韻贈哲上人>(『鶴峯』2)
〃	瑞貞	<十月初一日與山前五山同坐有倭瑞貞者各獻一詩以求和次其韻贈之>(『鶴逸』2)
〃	宗太	<次大德寺僧宗太韻七言一絶>(『鶴逸』2)
〃	宗慧	<次摠見院宗慧韻>·<又次一絶>(『鶴逸』2)
〃	雲師	<次贈雲師>(『鶴逸』2)
〃	近衛殿	<重陽日與五山對酌…付傳詩者以贈之>(『鶴峯』2)
〃	宗蕣	<相國寺僧宗蕣以一詩一扇投謁次其韻贈之>(『鶴峯』2)/<詠庭松贈唐人韻>(『鶴逸』2)
宗蕣	金誠一	<贈鶴峯>(『惺窩先生文集』)
〃	黃允吉	<贈松堂>(『惺窩先生文集』)
〃	許篈	<次韻山前以詩見示>·<菊花副詩贈山前>·<贈山前>(『惺窩先生文集』)
許篈	宗蕣	<柴立子說贈蕣上人>·<山人柴立子袖詩見訪遠客之幸不可無答玆依元韻拾拙>·<謝柴立子見訪仍以詩投贈>·<次柴立子再疊韻>·<三疊柴立韻索和>·<謝柴立子贈菊花副以淸詩一絶仍用元韻>(『惺窩文集』)
宗蕣	車天輅	<贈五山>(『惺窩先生文集』)
車天輅	宗蕣	<次蕣上人見詩韻>(『惺窩文集』)
宗蕣	白大鵬	<和大鵬>·<疊韻答大鵬>(『惺窩先生文集』)
白大鵬	宗蕣	<奉次山前謝柴立子贈菊韻仍贈柴立子博粲>·<次贈柴立子>(『惺窩文集』)

　시문의 贈與·唱和 대상이 對馬島主 平義智와 近衛殿을 제외하고는 대체로 사행이 머물렀던 京都 大德寺의 塔頭인 正受院·大仙院·松源院·摠見院·天瑞院의 승려들이다. 김성일은 특히 조선과의 외교교섭을 맡은 對馬島 以酊庵의 外交僧으로, 경인통신사의 訪日을 총지휘한 玄蘇와 시를 많이 주고받았다. 그는 宣祖로부터 "倭人 가운데 시 짓기를 좋아해서 문장에 능한 사람이라야 능히 대응할 수 있는 인물"로[17], 김성일로부터도 "고

---

17 『宣祖』24, 23(1590)/01/17. 傳日…況玄蘇倭人中頗通文字 而喜作詩 又必能文 然後可

상한 정취와 빼어난 운치 모두 금하기 어렵네(高情絶致兩難裁)"(『鶴峯』2,
<頃在皮多加地浦…却寄蘇僧>)라 평가받을 정도로 文才가 뛰어난 인물이
었다.

또 1585년 京都 相國寺의 首座가 된 승려 宗蕣과 통신사의 교류도 주목
할 만하다. 宗蕣은 일본 朱子學의 창시자이자 德川幕府 3백년 文運의 개척
자로 평가되는[18] 藤原惺窩의 法名으로, 그와 통신사의 만남 역시 1590년 8
월 15일 京都 大德寺에서 이루어졌다.[19] 宗蕣은 세 사신과 필담창화를 나
누었고 특히 허성과는 긴밀한 관계를 유지했다. 그것은 허성이 세 사신
중 최연소자인 데다, 약 2달간 사귀면서 "만나면 저절로 기쁜 얼굴이 될
(相逢不覺自歡顔)"(<和次柴立子再疊韻>) 정도로 마음을 허락하는 사이가
되었기 때문이다. 그 결과 宗蕣은 허성에게 자신의 호 '柴立'의 뜻을 설명
해줄 것을 요청했고, 허성은 <柴立子說贈蕣上人>을 통해 유교와 老佛은
서로 용납할 수 없음을 강조하여 유교에 전력할 것을 권한다. 이후 宗蕣
은 姜沆을 만나 퇴계의 학문을 접한 뒤 1600년 德川家康 앞에서 儒服을 입
고 주자학을 강의하는 유학자로 변신한다. 五山 제일의 禪僧이 통신사와
의 만남을 계기로 주자학을 지향하게 된 것이다. 시문창화의 교류가 사
상의 전환으로까지 연결된 대표적인 예이다.

이밖에 黃允吉의 堂姪 黃葺과 군관 南霽雲은 사행에서 지은 시로 詩帖
을 만들기도 했으니,[20] 당시 사행원들의 문학교류가 일본인을 대상으로
활발하게 전개되었음을 알 수 있다.

2) 예능

(1) 書畵

경인통신사의 구성원 중 이전 사행에 없던 새로운 직책이 承文院 소속

以應之.

18 이노구치 아츠시(猪口篤志) 저, 沈慶昊·韓睿媛 역, 『일본한문학사』, 소명출판,
2000, 281~285쪽.

19 林羅山, <藤原惺窩行狀>, 『林羅山文集』下(ぺりかん社, 1979) 卷40, 先生往見三使 互
爲筆語且酬和詩 時先生字號柴立子 許筬之爲之說以呈焉.

20 『鶴逸』2에 수록된 김성일의 시 <用五山韻題黃秀才葺帖>·<題南霽雲叔詩卷>가 그
예이다.

의 寫字官이다. 사자관은 처음에는 글씨를 잘 쓰는 文臣이 맡았지만, 宣祖
에 이르러 士·庶人을 막론하고 글씨 잘 쓰는 이에게 軍職을 주고 매일 근
무하게 하였다. 韓石峯·李海龍이 첫 수혜자였다.[21]

(가) 왕께서 하교하시기를, "倭僧이 제법 문자를 알고 琉球사신도 항
상 왕래를 한다고 들었다. 그대들이 만약 서로 만나 시문창화할 때
글씨도 마땅히 졸렬해서는 안되니 그것에 유념하라." 하였다. 우리
는 모두 용렬하여 본디 문장과 글씨의 재주가 모자라고 일을 만나면
갈피를 못잡아 생각이 여기에까지 미치지 못했다. 왕명을 듣고 놀랍
고 두려워 서로 함께 왕명에 부응할만한 자를 찾아 사자관 李海龍을
함께 보내 주기를 청하니, 왕께서 그러라고 하였다.

(나) 왜인들이 비록 비루하지만 / 그들 또한 명필 글씨 보배로 알아
/ 앞다투어 달려와서 글씨 구하니 / 그 값이 萬金보다 더 중하다네 / 빈
랑잎 부채에다 써 준 글씨 이미 많고 / 편액 글씨 성문 위에 빛나니 /
오랑캐 서울에 종이값이 뛰고 / 명성은 뭇사람 입에 진동하였네(蠻
人雖鄙野 亦知墨妙珍 奔波乞其書 重之萬金緡 蒲葵題已遍 扁額照城闉
夷都紙價高 名字雷衆脣) - <贈寫字官李海龍并序>(『鶴峯』2)

이는 김성일이 사자관 李海龍에게 준 시를 편의상 나눈 것이다. (가)는
사자관의 사행참여가 일본 승려와 琉球 사신 등과의 시문창화에 대비한
것임을, (나)는 사자관 이해룡의 일본내 활약상을 보여주고 있다. 사자관
이해룡의 활약은 부산을 출발하면서 시작된다. 곧 對馬島를 향해 바다를
건널 때 강풍으로 닻줄과 돛대가 파손되자 김성일이 쓴 절구 한 수를 돛
에 크게 써 무사히 건널 수 있었다.[22] 그리고 對馬島에 도착해서는 玄蘇의
요청에 의해 西山寺와 國本寺의 현판 글씨를 남겼고, 현소는 그 글씨를 보

---

21 李肯翊,『練藜室記述』, 別集 卷7, 官職典故, 承文院. 國初無寫字官 而文臣中善書者爲
  之 後以文臣善書者鮮少 故自宣祖朝 無論士庶善書者 付軍職冠帶常仕 李海龍韓濩卽
  其始也.
22 『鶴續』1, <二十九日渡海颶風忽作碇絕檣摧令寫字官李海龍大書詩一絕于帆面>.

배롭게 여겨 현판에 새겨 영원히 전하겠다고 약속한다. 이는 西山寺의 대웅전 扁額인 '萬松山'과 國本寺의 堂額인 '福利山'이 모두 이해룡의 글씨였다는 丁未통신사(1607)의 사행록[23]에서 확인된다.

京都 도착 후 이해룡의 활약은 더욱 두드러진다. 그에게 글씨를 요청하는 이들이 구름처럼 모여드는 바람에 2달 동안 "숙소의 문간이 시장바닥 같이(館門如市)" 되어버렸다. 일행이 이를 괴롭게 여겨 문을 닫자 나무를 타고 담을 넘어 들어오기도 했고, 이해룡이 며칠 앓아눕자 부모를 대하듯 병문안하는 이가 줄을 잇기도 했다. 이를 보고 김성일은 "당초에 이해룡이 사행에 끼었을 때 나라 사람들이 모두 집닭처럼 여겼더니 이국에서 이렇게까지 귀하게 대접받을 줄을 어찌 생각이나 했겠는가?"[24]라며 그 인기에 놀란다. 이처럼 이해룡은 사행에서 사자관의 역할은 물론 對日 문화사절로서의 직무도 충실히 수행하였던 것이다.

그런데 비록 구성원 가운데 畵員의 존재는 찾을 수 없지만, 경인통신사행에서는 일본측이 소장한 그림에 대한 품평이 이루어진 흔적도 보인다.

> 일천 숲에 서리 내려 가을 기운 차가운데 / 새매는 날개 펴서 호기를 뽐내누나 / 별안간 날아올라 하늘 위로 치솟았다 / 갑자기 들판에서 피와 터럭 뿌리누나 / 붕새조차 바다에서 어찌할 줄 모르는데 / 세굴 판 토끼야 그 어찌 도망치랴 / 애석하여라 사냥꾼의 그물에 잘못 걸려 / 풍진 속에 날개 처져 매인 끈을 못 푸네(霜落千林秋氣高 胡鷹並翼擅雄豪 瞥然一擧凌霄漢 忽地平原灑血毛 鵬擊重溟猶失措 兎營三窟可能逃 惜哉誤掛虞人網 側翅風塵未解條) -<次五山詠宋道君畫鶻>(『鶴峯』2)

對馬島 國本寺 벽에 걸린 송골매 그림에 대한 감상을 읊은 것이다. 이 그림은 丁未통신사(1607)가 對馬島主의 집 벽 중간에서 보았고, 丙子통신사(1636)가 對馬府中 북쪽 벽에서 보았다고 하던 송나라 徽宗 황제의 <白

---

23 慶暹, 『海槎錄』上, 丁未(1607) 03/06. 來路歷入西山寺…殿額有萬松山三字 李海龍 庚寅夏 隨黃允吉來此所寫也 又往國本寺…堂額亦有李海龍所書福利山三字.

24 『鶴峯』2, <贈寫字官李海龍并序>. 當初海龍之行也 國人皆以家鷄視之 豈料其見貴異邦 至於此耶.

鷹圖>로 짐작된다. 송 휘종은 중국고대 정치사에서는 亡國之君의 오명을 지니지만, 중국고대 예술사에서는 자신이 개척한 서체인 瘦金體나 意境이 심원한 회화작품으로 회화의 황금시대를 구축한 중심인물로 평가받고 있다.

이 그림은 乙未통신사(1655) 종사관 南龍翼의 지적처럼 對馬島主가 "商船을 따라 온 絕寶를 통신사에게 자랑하려는" 의도에서 내놓은 것[25]이라 할 수 있다. 이밖에 송나라 화가 王詵이 그린 송골매 그림과 京都 松源院의 승려 宗長이 그린 <江雪圖> 병풍에 대한 감상을 읊은 시도 있다.[26] 이처럼 경인통신사행에는 비록 소장품에 대한 품평에 그치고 있지만 그림을 통한 양국 문사간 교류의 흔적도 살필 수 있다.

(2) 音樂

경인통신사에는 음악 관련 인원이 적어도 5명 이상 참여하였던 것으로 보인다. 이는 직전 사행인 乙亥통신사(1479)에 樂工 3명, 吹螺赤 2명 등 총 5명이 참여했고, 직후 사행으로 전란 중에 파견된 丙申통신사(1596)조차 吹螺赤이 12명이나 포함되어 있기 때문이다.[27]

> 악공 다섯 예복을 갖추어 / 왜놈들의 뜨락에 꿇어앉았네/ 오랑캐의 마음 기쁘게 하기 위해서라 하지만/ 사리와 체면이 어찌 이리도 구차할꼬(五伶具禮服 庭跪鹽奴末 縱日悅夷心 事體何屑越) - <有感>(『鶴峯』2)

7월 22일 사행은 國都에 도착했지만 秀吉이 小田原城의 北條氏를 정벌

---

25 南龍翼, 『扶桑錄』, 乙未年(1655) 06/28. 蓋從商船中來者 而眞絕寶也 下列文房之具 雜以書畫之軸 以爲誇衒之地.

26 『鶴逸』2, <次五山詠宋道君王晉卿畵鶻五首>; 『鶴峯』2, <題松源院長上人江雪小障子四絕>.

27 임란 이후 파견된 통신사행에는 이보다 훨씬 확대되어 掌樂院 소속의 정6품 雜職인 典樂 2명을 비롯하여 吹手 18명, 馬上鼓手 6명, 銅鼓手 6명, 大鼓手 3명, 細樂手 3명, 錚手 3명, 風樂手 18명 등 총 59명으로 늘어난다. 이에 대해서는 『增訂交隣志』, 卷5, 志, 通信使行을 참조.

하러 떠났다는 이유로 國書를 전하지 못했다. 드디어 9월 3일 秀吉이 돌아
왔지만 일본측은 이번에는 殿閣이 완성되지 않았다는 이유로 사행의 접
견을 허락하지 않았다. 그 와중에 對馬島主가 樂工을 빌려주길 청했는데,
국서전달 전에 음악 연주 불가를 주장한 김성일의 반대에도 불구하고 正
使와 書狀官은 허락해버린다. 이 시는 그때의 섭섭한 심정을 읊은 것이지
만, 시 내용 속에 5명의 樂工이 對馬島主의 요청에 의해 공연을 했음이 드
러난다.

　　㈎ 秀吉이…便服 차림으로 어린 아기를 안고 나와서 堂上에서 서
성거리더니 밖으로 나가 우리나라 樂工을 불러서 여러 음악을 성대
하게 연주하게 하여 들었다.[28]

　　㈏ 林桓의 열두 줄 가야금 / 孤雲이 타는 법 전해주었고 / 漢壽의 비
파 馬上樂을 연주하매 / 이국땅에 슬픈 바람 일어나는 듯 / <關山明
月> 한 곡조 소리가 기니 / 希福의 옥피리 다정도 하고 / 凉州의 百面雷
를 두드려 대니 / 楊男의 장구 기묘한 재주로세 / 피리 불던 崔伶이 생
황을 불자 / 商調 羽調 맑은 소리 귀를 스치고 / 호드기로 <世番> 불어
軍樂이 울리니 / 징과 나팔 구름 속을 뚫고 울리네 / 여러 악공 밤낮으
로 연주하니 꼴 먹던 말은 목을 빼어 울고 고기는 물에서 나와 춤추
네…많고 많은 오랑캐들 어찌 헤아리랴 / 성 안 사람 모두 와서 백 겹
이나 둘렀으니(林桓十二絃伽倻 儒仙指法傳於爾 漢壽琵琶馬上音 龍沙
颯颯悲風起 關山明月一聲長 希福玉笛多情思 打徹凉州百面雷 楊男腰鼓
呈奇技 觱篥崔伶囀笙簧 商羽瀏瀏未盈耳 金笳世番動軍樂 鐃吹迴徹重雲
裏 群伶日夕迭相奏 馬仰其秣魚出水…蟲沙蠻衆何足數 來繞百匝傾都市)
- <按樂于扶桑贈諸樂師>(『鶴峯』2)

글㈎와 ㈏는 통신사 악공들이 11월 7일 국서 전달 후 秀吉의 앞에서 연

---

28 『宣修』25, 24(1591)/03/01. 秀吉…便服抱小兒出來 徘徊堂上而已 出檻外招我國樂工
　盛奏衆樂而聽之.

주한 상황을 묘사한 것이다. 특히 (나)는 林桓(가야금)·全漢守(비파)·全希
福(옥피리)·楊男(장구)·崔伶(피리/생황) 등 樂工의 실명과 특기, 그리고
<馬上樂>·<關山月> 등 공연 악곡명까지 구체적으로 거론하고 있는 것이
특징이다.

　　당시 조선 악공의 공연은 김성일이 <副官請樂說>(『鶴峯』6)에서 밝혔
듯이[29] 철저히 宴享의 자리에서 일본인들을 위해 베풀어진 공식 공연의
형식을 띠고 있었으며, 그 반향은 대단했던 것으로 보인다. 그것은 성 안
사람들이 백 겹이나 둘러 구경하였다는 詩句와 김성일이 이들 개인에
게 　<贈樂師林桓>·<用五山韻贈琵琶師全漢守>·<次五山韻贈笛師全希福>
(『鶴逸』2) 등과 같은 贈詩를 남기고 있는 데서도 확인된다.

(3) 馬上武藝

　　마상무예는 騎兵이 활이나 칼 혹은 여타의 兵仗器를 운용하며 말과 함께
무예훈련을 했던 신체활동의 집합체로, 조선후기 통신사가 펼친 馬上才와
射藝 등이 이에 속한다. 일반적으로 조선의 마상무예가 일본에서 펼쳐진
것은 1635년 4월 20일, 德川家光의 참관 하에 江戸의 八代須河岸에서 도감
별대 소속의 金貞과 張孝仁이 馬上才를 펼친 것이 시초로 알려져 있다.[30]

　　그런데 이때의 마상재 공연은 천하제일로 알려진 조선의 騎馬術을 한
번도 본적이 없음을 안타깝게 여긴 家光의 특별요청에 의해 對馬島主가
주선한 것임에[31] 주목할 필요가 있다. 곧 일본 關白이 알고 있을 정도로
1635년 이전에 이미 조선의 마상무예가 일본에 널리 알려졌다는 이야기
다. 이는 "활쏘기·말타기·題詠은 그들에게 가볍게 보여줄 수 없으니 반
드시 强請을 기다린 후에 행할 것"[32]이라는 <日本國通信使事目>에서도

29　『鶴峯』6,<副官請樂說>. 김성일은 京都 摠見院에 머물 때 對馬島主가 두 번이나 우
　　리 음악을 청했으나 國書를 전하지 않았다는 이유로 부탁을 거절했다. 이때 客이
　　이를 비꼬아 조선 조정이 사행단에 음악을 포함시킨 이유를 묻자 김성일은 연향
　　에 쓰려고 대비한 것이고 왜인들에 대한 공연을 위한 것임(朝廷必爲之賜樂者何 日
　　以備宴用也 日宴必用樂者 爲我耶倭耶 日爲倭也)을 분명히 밝히고 있다.
30　金東哲,「통신사 수행 마상재의 구성과 활동」,『조선통신사연구』3호, 조선통신
　　사학회, 2006, 34쪽.
31　『邊例集要』권1, 別差倭, 甲戌. 吾殿下 年少好遊 招島主言內 朝鮮騎馬之才 天下第一
　　尙未一見 良可歎也 願島主爲我求來云.

확인되는 부분이다. 실제 경인통신사도 일본인을 상대로 마상무예를 펼친 흔적이 보인다.

軍校들이 편 갈라 활쏘기를 하니 / 쏘는 족족 화살 과녁에 적중하네 / 왜인들 앞다투어 환호하고 / 무릎 치며 눈여겨보니 / 平義智도 활솜씨에 탄복한 듯 / 스스로 큰 술잔에다 술을 따르네(軍校射分耦 發發矢連帳 群倭競歡呼 擊節爭屬眸 義智服穿楊 手自酌兕觥) - <對馬島記事>(『鶴峯』2)

조선의 軍官들이 對馬島人 앞에서 편을 나누어 射藝를 펼치고 일본인들이 이를 보며 환호하는 장면을 읊고 있다. 射藝는 먼 거리의 과녁을 맞히는 '遠的'과 말을 달리면서 짚 허수아비를 맞추는 '騎射'로 나누어진다. 특히 騎射는 조선전기를 대표하는 기병의 마상무예로 武科 실기시험의 합격 여부를 판가름하는 중요한 과목이기도 했다. 게다가 일본 역시 6세기쯤 騎馬풍속이 시작된 이래 平安시대엔 騎射가, 鎌倉시대엔 무사들에 의해 流鏑馬·傘懸·犬追物·騎射三物 등의 馬術이 인기를 누리고 있었다.[33]

경인통신사의 마상무예는 金命胤·崔光順·洪季男·黃進·成天祉·南霽雲·南金雲·閔勳 등과 같은 군관들에 의해 펼쳐진 것으로 보이는데, 이들은 『鶴逸』2에 贈詩의 대상자로 등장하기도 한다. 곧 김명윤은 楚나라의 명궁 養由基처럼 "버들잎과 이도 꿰뚫는 활솜씨를 지녔고(蝨貫楊穿藝自成)"(<次五山韻贈軍官金奉事命胤>), 남제운은 당나라의 명궁 南霽雲처럼 "젊었을 때 弓術과 馬術을 익혔으며(少小學弓馬)"(<題南霽雲叔詩卷>), 최광순은 "어깨에 烏號弓을 둘러매었고(臂掛烏號弓)"(<贈崔光順>), 민훈은 "馬場의 뛰어난 재주로 왜국땅에 사행의 위엄을 보인(老去猶輕汗馬場 憑汝可能威百越)"(<次五山贈破陣軍閔勳韻>) 인물로 묘사된다. 특히 홍계남은 임란이 일어나자 倭陣에 죽어 있는 아비의 시체를 거두어왔는데, 당시 왜적들이 사행에서 펼친 그의 騎射를 기억하고 감히 대항하지 못했다

32 『成宗』102, 10(1479)/03/25. 射御題詠 不可輕易示人 必待强請然後爲之.
33 김용안, 『키워드로 여는 일본의 響』, J&C, 2004, 462~463쪽.

는[34] 기록도 전한다.

이처럼 마상무예는 경인통신사가 일본인을 대상으로 펼친 공연의 하나로, 당시 일본인에게 강렬한 인상을 남긴 조선의 대표적인 演戲文化로서의 구실을 수행했음을 알 수 있다.

3) 醫學과 풍속

(1) 의학

조선후기 통신사의 경우 의술에 정통한 良醫 1명과 典醫監과 惠民署에서 뽑힌 2명 등 총 3명이 참여했다. 이들은 사행원에 대한 치료는 물론, 일본 醫員들과 '醫事問答'을 벌였다. 그 결과 『桑韓醫談』(1711)·『桑韓鏘鏗錄』·『韓客治驗』(1748)·『倭韓醫談』(1763) 등 의학관련 필담집이 산출될 수 있었다. 경인통신사에도 양국 의원간 교류의 흔적이 발견된다.

⑦그대는 험난함을 꺼리지 않고 / 먼 길 사신 깃발 따라서 왔네 / 어찌 다만 내 몸만 보살피랴 / 실로 능히 온 뱃사람 보살폈네 / 인술 효험 이미 다 드러났고 / 마음가짐 또한 허물없었지(汝能不憚險 萬里隨征旆 豈徒扶余身 實能專一船 仁效旣已著 秉心又不愆) - <醫官孫文恕故御醫士銘之子也…賦一詩以與之>(『鶴峯』2)

㈐섬나라 어디서고 친절한 이 못 봤는데 / 병중에 어느 누가 八寶春蕩 보내 줬나 / 한 봉지 신묘한 약이 나를 살렸으니 / 객지에서 그댈 만난 게 어찌 다행 아니랴(海中無處見情親 病裏誰回八寶春 一劑靈丹能濟我 客居何辛見吾人)- <次書狀贈唐人韻>(『鶴峯』2)

㈎는 김성일이 醫書를 두루 통달하고 약을 쓰면 효험이 많아 세상 의원들로부터 추앙을 받았다는 醫官 孫文恕에게, ㈐는 일본에서 의원 노릇을 하다 시를 幣帛으로 사행을 방문한 중국인 稽玉泉에게 준 시다. 손문서는

---

34 『宣修』 26, 25(1592)/07/01. 庶人洪季男起兵討賊…有膽勇善騎射 屬禁軍從通信使入日本 倭人觀其騎射 記其名 至是彦秀起義兵 擊倭敗死 季男馳入倭陣 收其屍歸 倭人知爲季男 不敢相格.

『鄕藥集成方』의 뒤를 이어 조선 중기를 대표하는 醫書인『醫林撮要』를 편찬한 선조조의 御醫 孫士銘의 아들이다. 그리고 稽玉泉은 1578년 바다를 건너 福建으로 향하다 풍랑으로 표류하여 南蠻國에 도착한 뒤 다시 중국 商船을 타고 일본으로 와 정착한 南京의 太學生이다. 특히 계옥천은 의술에 통달하여 關白이 倭女를 아내로 삼게 한 데다 사행과의 만남도 關白의 아우인 大納言에게 청해 이루어졌다는[35] 점에서 幕府의 의관일 가능성이 크다. 게다가 두 사람 모두 의관의 신분으로 김성일의 병을 치료했다는 공통점이 있다. 이는 사행의 중심자인 副使의 병환을 두고 양국 의원의 협력치료를 엿볼 수 있는 대목으로, 이때 어느 정도 의술의 교류는 이루어졌을 것으로 짐작된다.

(2) 풍속

풍속은 예로부터 그 사회에서 행해져 온 생활전반에 대한 습관이 고착화된 것이다. 따라서 이국인에겐 가장 이질적인 요소가 되는 동시에, 반대로 그 문화의 독자성을 쉽게 파악할 수 있는 단서가 되기도 한다. 게다가 "水路의 遠近과 산천의 險夷, 배의 모양과 풍속을 견문한 대로 기록하고 그림으로 그릴 것"이라는 <日本國通信使事目>(1479)의 조항도 있었다.[36] 그 결과 김성일도 "괴이한 풍속을 스님에게 묻고(異俗憑僧問)"(『鶴峯』2, <次韻>)·"이땅에 사는 백성의 풍속을 채록하는(域內民風聊一探)"(『鶴逸』2, <題摠見院>) 등 사행 내내 일본의 풍속에 지대한 관심을 가진다. 하지만 지대한 관심과는 달리 정작 申叔舟의『海東諸國記』처럼 구체적인 관찰기록은 남기지 않았다. 대신 일본에 전해진 明나라 지리서인『大明一統志』에 수록된 조선의 역사와 풍속을 두고 일본 승려와 교류를 가진다.

승려 宗陳이 와서『대명일통지』를 보였는데, 거기에 기재된 우리나라의 연혁과 풍속이 비루하고 근거 없는 것이 많았다. 공이 우리나

---

35 『鶴峯』2, <唐人南京太學生稽玉泉…數年前又來于此關白憐之 資給衣食 且以倭女妻之云 聞使臣之行 請于關白之弟大納言者 以詩爲贄而來謁…仍次其韻以贈之>.

36 『成宗』102, 10(1479)/03/35. 水路遠近 山川險夷 泊船形勢及一應風俗 隨所聞見 或錄或畫.

라에서 통행하는 禮俗을 들어 각각 그 아래에 주석을 달아 그릇된 것을 辨析하여『朝鮮國風俗考異』라는 한 책을 만들어 주었다. 宗陳이 감격하여 기뻐하면서 마땅히 關白에게 보이겠다 하였다. - <行狀>(『鶴附』2)

『대명일통지』는 1456년에 편찬된 119권의『寰宇通志』를 바탕으로 1461년 明나라 英宗때 李賢이 90권으로 편찬한 것이다. 명나라 지방지의 典範 역할을 한 지리서로[37], 권89「外夷」편에 '朝鮮國'을 필두로 女眞·日本國·琉球國·西蕃 등 조공국의 <沿革>·<風俗>·<山川>·<土産> 등의 내용을 담고 있다. 그런데 김성일은 조선의 연혁과 풍속에 대한『대명일통지』의 오류를 발견한 뒤 주석을 달고『朝鮮國風俗考異』라는 책으로 만들어 宗陳(蒲庵古溪)에게 준다. 게다가 조선의 例에서 보듯 일본풍속에 대한 기록도 부실한 것이 많을 것이니 잘못 기록된 것이 있으면 반드시 적어 보여 주기를 청하기까지 한다.[38] 이에 대해 宗陳은『朝鮮國考異』를 통해 조선 풍속의 실상을 다 알았으므로 깊이 감사한다는 편지를 보낸다.[39]

이처럼 경인통신사행에는 중국의 지리서에 잘못 기술된 조선과 일본의 풍속을 매개로, 양국의 문사들 사이에 풍속에 대한 상호교류도 자연스레 이루어졌다고 할 수 있다.

V. 맺음말

이상으로 庚寅통신사(1590)를 통해 조선전기 통신사의 문화사절로서의 성격을 살폈다.

그 결과 경인통신사는 문학, 서화, 음악, 마상무예, 의학, 풍속 등 다양한 분야에서 일본인을 상대로 교류활동을 전개하였음을 알 수 있었다. 먼저 문학은 주로 승려들과 필담·창화를 통해 교류하였는데, 특히 宗舜

37　안장리,「『新增東國輿地勝覽』의 <新都八景>과『大明一統志』의 <京師八景> 비교」,『역사민속학』36호, 한국역사민속학회, 2011, 168쪽.

38　이는『鶴峯』6에「朝鮮國沿革考異」·「風俗考異」라는 이름으로 실려 있다.

39　『鶴峯』6, <附宗陳答書>. 蒙示朝鮮國考異一册 貴國風俗 一擧目可得其實 深荷深荷.

은 許筬과의 교류를 통해 승려에서 유학자로 변신하는 계기를 마련했다.
서화는 사자관 李海龍의 눈부신 활약과 對馬島主가 소장한 그림에 대한
품평을 중심으로, 음악은 技藝에 뛰어난 5명의 악공이 공식연회 석상이
나 일본인의 요청에 의한 공연으로, 실력이 뛰어난 軍官들의 馬上武藝도
일본인을 대상으로 한 공연을 펼쳤다. 또한 의학은 사행 도중 발병한 전
염병으로 양국 의원간의 협력치료 활동이 펼쳐졌고, 『大明一統志』를 매
개로 양국 풍속의 교류도 이루어졌다.

　따라서 비록 경인통신사를 통해 살핀 것이긴 하지만 조선전기 통신사
도 조선후기 통신사에 못지않은 문화교류 사절로서의 성격을 충분히 지
니고 있었다고 할 수 있겠다.

<참고문헌>

『鶴峯全集』,『宣祖實錄』·『宣祖修正實錄』,『增訂交隣志』,『海行摠載』소재 통신사 使行錄
谷澤 明,『瀨戶の町並み-港町形成の研究』, 未來社, 1991, 29~31쪽.
郭貞禮,「岳麓 許筬과 에도(江戶) 유학의 발흥-후지와라 세이카(藤原惺窩)와의 唱酬詩
　　와「柴立子說」을 중심으로」,『語文研究』38, 한국어문교육연구회, 2010, 425~
　　426쪽.
金聲振,「조선전기 한일간 문학교류의 한 양상」,『동양한문학연구』14집, 동양한문학
　　회, 2001, 28-29쪽.
金貫雄,「풍류황제 송 徽宗은 어디에 묻혀 있는가?」,『만주연구』11집, 만주학회, 2011,
　　150~151쪽.
金東哲,「通信使 遂行 馬上才의 구성과 활동」,『조선통신사연구』3호, 조선통신사학회,
　　2006, 34쪽.
金 澈,「朝鮮後期 通信使와 韓日 醫學交流-筆談錄을 중심으로」,『조선통신사연구』6호,
　　조선통신사학회, 2008, 35~71쪽.
三宅英利 저 孫承喆 역,『近世 韓日關係史 研究』, 이론과 실천, 1991, 87~92쪽.
阿部吉雄,『日本朱子學と朝鮮』, 東京 大學出版會, 1965, 43쪽.
安章利,「『新增東國輿地勝覽』의 <新都八景>과 『大明一統志』의 <京師八景> 비교」,『역
　　사민속학』36호, 한국역사민속학회, 2011, 168쪽.
呂運弼,「鶴峯 金誠一의 삶과 시」,『한국한시작가연구』7집, 한국한시학회, 2002.
吳準浩 외,「醫林撮要 鍼灸法의 醫史學的 고찰」,『대한경락경혈학회지』23, 2006, 2쪽.
이노구치 아츠시(猪口篤志)저, 沈慶昊·韓睿媛 역,『일본한문학사』, 소명출판, 2000,
　　281~285쪽.
李俊杰,『조선시대 일본과 서적교류 연구』, 弘益齋, 1986, 272쪽.
崔炳國,「朝鮮後期 騎兵의 馬上武藝 研究」, 중앙대학교 박사학위논문, 2011, 2쪽.
Fróis 저, 松田毅一·川崎桃太 譯,『日本史』2, 中央公論社, 1977, 60쪽.
韓泰文,「戊申通信使(1428)와 朴瑞生」,『冽上古典研究』29집, 열상고전연구회, 2009.

⑩

燕行使와 通信使가 본 中國과 日本의 演劇

金文京(京都大)

Ⅰ. 들어가기

中國의 明淸 兩代에 걸쳐, 朝鮮은 朝貢國으로서 中國에 每年과 같이 使節을 派遣했다. 北京까지 간 이들 燕行使는, 『燕行錄』이라고 불리는 厖大한 旅行 見聞 記錄이 남아 있다.[1] 그 중에는 當時의 中國 宮廷 및 民間에서 그들이 본 演劇 記錄이 포함되어 있어, 外國人의 눈으로 본 偏見도 있으나, 同時代의 中國의 記錄에는 없는 事實을 포함하고 있어, 硏究上 重要한 資料가 되고 있다. 또한 이 시대의 조선은 일본과도 국교가 있어, 잘 알려진 바와 같이 에도시대를 통해 12번의 통신사가 일본에 파견되었으나, 그들이 남긴 사행록 중에는 일본 연극과 아악에 관한 기술을 볼 수가 있다.

『燕行錄』중의 중국 연극자료에 대해서는, 이미 많은 硏究가 이루어져 있으나,[2] 本稿에서는 『燕行錄』의 中國 演劇 資料를 통해, 먼저 當時 朝鮮人

---

1 그 대부분은 林基中編 『燕行錄全集』 100卷(東國大學校 2001)에 수록되어 있다.

2 磯部祐子 「朝鮮使節の見た中国戯曲と戯曲観(朝鮮 使節이 본 中國 戱曲과 戱曲觀)」 (『青丘学術論集』第8集 1996. 3), 王政堯 「略論燕行錄与淸代戱曲文化」(『中国社会科

의 中國 演劇觀의 特質을 논하고, 이어서 1765年(乾隆30年, 朝鮮英祖41年)
에 北京에 간 朝鮮實學派의 代表的인 學者, 洪大容이 본 北京 劇場에서의 演
劇에 관한 한글에 의한 자세한 記錄을 紹介하고, 또한 1790年(乾隆55年),
乾隆帝80歲의 生日을 축하하기 위해서 派遣된 朝鮮 使節이 본 宮廷演劇에
관한 記述을, 같은 시기의 베트남 使節의 記錄과 比較, 分析하여 朝鮮 使節
과의 交流에 대해서 논하고자 한다. 마지막에 일본 통신사가 본 일본의
能과 歌舞伎 연극 및 아악에 관한 자료를 소개하고 그것을 燕行使의 中國
演劇觀과 比較함으로써, 演劇이 當時의 東아시아 文化交流에 있어서, 어떤
의미를 가지고 있었던 것인지, 그 一端을 생각해 보기로 한다.

II. 朝鮮 使節이 본 中國의 演劇

　한반도 사람들이 中國의 演劇에 접한 것은, 지극히 오래되었을 것이라
고 생각된다. 周知하는 바와 같이, 中國 歷史上, 本格的인 演劇이 成立한 것
은, 13世紀 元代의 이른바 元曲에 있어서였으나, 이 時代의 高麗人이 만든
中國語會話 敎科書『朴通事』에는, 當時의 北京 拘欄(劇場)에 관한 記述, 그
리고 元曲의 歌詞에서 引用이 있다.[3] 이어 明代가 되면 朝貢 使節이 中國에
서 演劇을 본 것은 물론, 특히 壬辰倭乱 때, 援軍으로서 朝鮮에 온 明의 軍隊
가 演劇을 공연하고, 國王 宣祖까지도 그것을 보았다. 宣祖는 明軍의 要請
에 의해 세워진 서울의 關羽廟 儀禮에 出席하게 되어, 거기서 演劇을 보았
다. 國王에게 隨行한 臣下들은, 元來, 儒敎的 禮敎 觀念 입장에서 演劇에는
否定的이었으나 이러한 體驗을 通해, 더욱 中國 演劇에 대해 違和感과 反感
을 갖게 되었다.[4]

学院研究生院学報』1997-3), 葛兆光「不意于胡京复见汉威仪--清代道光年间朝鮮
使者对北京演戏的观察与想像」(『北京大学学报』2010-1), 程芸「《燕行录全集》演劇
資料輯録」(『九州学林』2010·春夏季).
3　『朴通事諺解』卷中(亞細亞文化社影印本 1973) 139쪽. 記事의 主體는 雜技이나,「諸
般唱詞的」이라고 되어 있는 것은, 演劇이었을 가능성도 있다.
4　『宣祖實錄』卷100, 31年(1598, 萬曆26年) 5月 14日: 上親祭于關王廟. 上進跪焚香, 連
奠三爵. 上前後各行再拜禮. 禮畢, 遊擊設庭戱, 邀上共賞. 司諫院啓曰,「接見至嚴之地,

明代의『燕行錄』에는, 演劇에 관한 記錄은 많지 않지만, 예를 들어, 許筠 (1569-1618)은, 1615年(萬曆43年), 中國에 갔을 때, 道中에서『西廂記』의 공연을 보고 七言絕句二首(「路左有演西廂戲者」)를 지었다.[5]『西廂記』는 1506年(正德元年, 朝鮮 燕山君12年)에는, 이미 朝鮮에 輸入되었고,[6] 通俗文 學에 理解가 있었던 許筠은 그 텍스트도 읽었을 것이라 생각되나, 詩 속에 는,「崔娘의 불명예스러운 평판이 지금까지 전한다」,「항상 微之(元稹)가 傳奇를 만든 것을 못마땅히 여겼다」라고 비판적이다.

清朝가 되면서『燕行錄』속의 演劇記事는 俄然 增加했으나, 이 시기의 朝 鮮使節은, 滿洲人의 淸朝를 夷狄視하고, 스스로를 中華文明의 正統인 繼承 者로 하는, 이른바 小中華思想을 濃厚하게 지니고 있었으니, 그 점이 演劇 觀에도 강하게 反映하고 있다. 예를 들어 1713年(康熙52年, 朝鮮 肅宗38) 2 月21日, 永平府(河北省唐山)의 戲屋에서,「班超万里封侯」,「秦檜上本」등을 본 金昌業은,

　　觀客은 모두 금전을 베풀고, 그 費用은 싸지 않다. 그러나 연기하 는 것은 모두 前代의 歷史나 小說로, 그 內容에는 善惡 모두 있어 보는 사람에게 善을 권하고, 惡을 응징하는데 충분하다. 그리고 演劇中 前 代의 衣冠制度나 中國의 風俗에는, 볼 만한 것이 많다. 오늘날, 漢人의 젊은이가 中華의 制度를 그리워하는 것은, 觀劇의 덕분이라고도 할 수 있을 것이다. 그러한 점에서 말하자면, 俳優도 또한 必要하다(觀者 皆施錢財, 費亦不貲. 然其所演, 皆前史及小說, 其事或善或惡, 使人見之, 皆足以勸懲. 而前代冠服制度, 中國風俗, 可觀者多. 如今日漢人之後生, 尤羨慕華制者, 未必不由於此. 以此言之, 戲子亦不可無也.)[7]

設以優倡雜戲, 自上親臨, 極爲未安.」…答曰,「天將前措辭, 不可如是爲之. 任其所爲, 豈爲大段.」

5　『乙丙朝天錄』(1615) 10月：(一)假裝雌服舞翩躚. 擂鼓吹簫鬧市塵. 扮出西廂新雜劇, 崔娘遺臭至今傳. (二)少年曾讀會真詩. 常鄙微之作傳奇. 紀實換名真技倆, 可憐名節最 先虧. (『燕行錄全集』 7권 298쪽).

6　『燕山君日記』卷62, 12年(1506) 4月13日壬戌：傳曰, 剪燈新話, 剪燈餘話, 效顰集, 嬌 紅記, 西廂記等, 令謝恩使貿來. 틀림없이『西廂記』現存最古의 版本인 弘治本일 것 이다.

7　金昌業『燕行日記』二月二一日,『燕行錄全集』 32권 167쪽.

라고 感想을 말하고 있다. 清朝에서의 漢人의 衣服, 風俗이 모두 滿洲人의 것이 되어버린 가운데, 演劇에서는 오히려 漢人 本來의 衣服이 이용되고 있으니, 風俗이 보여지는 점을 評價한 것이다. 또한 1765年(乾隆30年, 英祖41年), 北京에서 演劇을 본 洪大容이,

　　「場戲」는 어느 時代부터 시작된 것인지는 모르나, 明末에는 지극히 왕성했다. …그 淫靡한 雜劇은, 王政에서 반드시 禁止해야할 것이나, 다만 明이 멸망한 以來, 漢官의 威儀나 歷代의 章服은, 演劇에 의해 遺民들이 볼 수 있어, 後王의 본보기가 될 것이니, 결코 하찮은 것이 아니다. (場戲不知倡自何代, 而極盛於明末. …此其姪靡雜劇, 王政必所禁. 惟陸沉以來, 漢官威儀, 歷代章服, 遺民所聳瞻, 後王所取法, 則非細故也.)[8]

라고 말하는 것도 같은 생각이다. 當時의 朝鮮人은, 中國의 衣服이 滿洲化한 데 대해, 朝鮮이 예로부터의 制度를 유지하고 있는 것에 多大한 優越感을 가지고 있었다. 李押의 『燕行紀事』(1777)에는,

　　清人의 冠服은, 그들 自身도 한심하게 생각하고 있으니, 우리들도 그것을 웃음 거리로 삼았다. …그들과 이야기할 때마다, 그 衣服 制度를 물으면, 漢人은 얼굴을 붉히며 매우 부끄러워하는 것이었다. (清人冠服, 渠輩自視歉然. 我人亦笑之. …每與渠輩語, 問其衣服之制, 則漢人輒椒然有慚色.)[9]

라고 하고 있어, 그들이 자주 服裝을 話題로 삼아 漢人을 욕보이고 있었다는 것을 알 수 있다. 그런데 여기에 생각지도 않은 함정이 있었다. 1798年(嘉慶3年, 正祖22年)의 徐有聞『戊午燕錄』1月27日에,

---

8　洪大容 『湛軒燕記』 卷4 「燕行雜記」 四 「場戲」, 『燕行錄全集』 42권 412쪽.
9　『燕行錄全集』 53권 52쪽.

　　無知한 이들은, 우리들의 服裝을 보면, 배우와 같다고 웃으니, 억울할 일이다. (無識之彼人, 見我服色, 則必笑曰戲子一樣. 豈不可惜.)[10]

1801年(嘉慶6年, 純祖1年), 李基憲의 『燕行詩袖』「戲子棚」에,

　　길가의 극장에는 사람이 많이 모여, 배우가 中華 古代의 衣冠을 입고 있으니, 우리 朝鮮人을 보며, 배우와 같다고 한다. 우리들은 크게 웃으며, 우리들의 진짜 衣冠을 보았다면, 왜 너희들의 僞物을 버리지 않는 것이냐, 하고 큰 소리로 비난했다. (路傍戲棚人如山, 乃著華人古衣冠. 見我朝鮮人, 謂是與戲子恰一般. 我人大笑相與罵, 見我真衣冠, 胡不棄爾假意者.)[11]

또한 1785年(乾隆50年, 正祖9年) 著者未詳의 『燕行錄』 1月8日, 盛京(瀋陽)의 條에는,

　　그 흔히 넓은 소매에 모자를 쓰고 노는 것을 高麗 춤이라고 한다. 그들은 배우와 같다고 우리들을 놀리려고는 것인가? 朝鮮에는 모범이 될만한 스스로의 衣冠이 있으니, 그것을 배우의 道具로 간주하다니, 놀라운 일이 아닌가. (其俗目闊袖加帽而戲者曰高麗舞. 彼欲以倡優戲我耶. 東 國自有衣冠可法, 而竟為倡市戲具, 豈不可駭耶.)[12]

라고 하고 있다. 清朝도 中期以降가 되자, 漢人들은 滿洲人의 衣服에도 완전히 적응하여, 그것을 부끄러이 여기는 마음도 줄어들었을 것이다. 朝鮮人의 衣服을 보며, 도리어 배우인 듯하다며 웃게 된 것이다. 小中華를 自負하는 朝鮮人으로서는, 참으로 울분을 참을 수 없는 事態였다. 그러나 마지막에 눈길을 끈 「東國自有衣冠可法」라고 하는 記述에서는, 朝鮮쪽에서도, 자기 자신의 服裝은 반드시 中華의 繼承이 아니라, 固有한 것이라고 하

10 『燕行錄全集』 62권 247쪽.
11 『燕行錄全集』 64권 443쪽.
12 『燕行錄全集』 70권 93쪽.

는 意識이 싹트고 있었던 것인지도 모른다. 이러한 狀況속에서, 從來의 儒教思想이나 華夷觀念에서가 아니라, 中國 演劇의 背景에 있는 商業의 發展이나 文化의 多樣化를 간파하려고 하는 움직임도 드러났다. 1828年(道光8年, 純祖28年), 著者未詳의『赴燕日記』(1828) 6月13日의 条에,

> 식사후, 崇文門을 걸어 나와 연극을 보았다. 城內外의 劇場은 百을 세고, 그 廣大한 建物과 매우 호화스러운 道具, 服装이나 器具는, 결코 우리나라에서는 할 수 없는 것이다. (飯後步出崇文門觀倡戲. 城內外倡戲之樓數百其所, 而屋制宏, 器具侈, 服色與器械決非我國可辦也)[13]

또한 同書에는,

> 우리나라의 俳優는 혼자서 많은 역할을 하는 것에 비해, 中國의 俳優는 각각의 역할을 分担하니 몇십 명이나 된다. (我國倡優以一人而兼作諸般態戲, 而彼倡戲, 各設所掌, 不知幾數十人.)[14]

라고 하는 記述도 보인다. 이것은, 朝鮮에는 當時 아직 판소리와 같은 혼자 하는 설창예능 밖에 없었고, 또 서울에는 劇場이 없었던 狀況을 比較하면, 中國 演劇의 發達과 그것을 유지하는 經濟力에 注目한 것이다. 이렇게 從來의 固定的인 觀念에 의해 자기 자신의 優位를 자랑하는 것이 아니라, 當時의 清朝의 現實을 있는 그대로 인정하고, 그 先進性으로부터 배우려고 하는 態度는, 특히 18世紀以降의, 實學派, 北學派라고 불리는 사람들 사이에 현저하게 나타난다. 그 하나의 예로서 代表的인 實學者의 한 사람인 洪大容의 中國 演劇體驗을 다음에서 살펴보고자 한다.

13　『燕行錄全集』85권 57쪽.
14　同上 151쪽.

III. 洪大容이 본 北京의 劇場

1) 『乙丙燕行錄』(한글)과 『湛軒燕記』(漢文)의 北京 演劇記事

洪大容(1731-83, 號는 湛軒)은, 1765年(乾隆30年, 英祖41年) 叔父, 洪檍이 燕行使의 書狀官이 되어 그 子弟軍官으로 隨行하여, 11月2日에 漢城(서울)을 出發, 12月27日에 北京에 到着, 다음해 3月1日에 北京을 出發하여, 5月2日에 서울에 돌아왔다. 北京에서는, 宣武門外의 天主堂을 찾아, 宣敎師로 淸朝의 欽天監에 근무하고 있던 劉松齡(A.Von Hallerstein)과 鮑友官(A.Gogeisl)과 面會하고 西洋의 文物이나 기독교에 대해서 問答을 주고 받았으며, 또 杭州의 文人, 嚴誠, 潘庭筠, 陸飛와 交流하는 등, 活潑하게 見聞을 넓혔다. 歸國後, 그는 그 體驗을 이미 引用한 漢文의 『湛軒燕記』에 정리했으나, 그 외에 그에게는 한글로 쓰여진 『乙丙燕行錄』이 있다. 한글로 쓴 것은, 어머니에게 읽게 하기 위해서였다라고 한다. 兩者의 內容은 대체로 겹치나, 漢文版이 項目別인 것에 비해, 한글版은 日記의 體裁를 취하고 있으며, 內容은 보다 詳細하다.

『乙丙燕行錄』全10卷은, 現在, 韓國學 中央硏究院藏書閣과 崇實大學 基督敎 博物館에 각각 寫本이 所藏되어 있으며, 兩者에 근거하는 校注本이 2종류 出版되었다.[15] 以下, 1766年1月4日, 그가 正陽門外의 劇場에서 구경한 演劇에 관한 部分(卷三)을 引用한다.

> 문을 나와 두어 골목을 돌아 한 집에 이르자, 안에서 풍류소리가 진동하며 바야흐로 놀음을 베푸는 것이다. 큰 문 안에 대여섯 사람이 교의에 앉았고, 앞에 긴 탁자를 놓아 돈과 셈판(주판)과 발기책(사람이나 물건의 이름을 적은 책)을 놓았다. 모두 의복이 선명하고 인물이 준수하니 이는 희자의 주인이었다. 대개 희자(戱子)라 하는 것은 우리나라의 산대(山臺)놀음과 같다. 소설 중에서 옛날 좋은 사적을

---

15 『주해을병연행록』(태학사1997)은, 原文을 翻字한 것, 『홍대용의 북경 여행기〈을병연행록〉-산해 관 잠긴 문을 한 손으로 밀치도다』(돌베게 2001)는, 原文을 現代 韓國語로 翻譯한 것. 觀劇의 記事는 前者는 218쪽 이하, 後者는 104쪽 이하로 보인다. 또한 藏書閣所藏本의 影印은, 『燕行錄全集』 卷43에 수록되어 있다.

모방하여 거짓 의관으로 거짓 사람의 모양을 각각 만들어 그 거동을 하니, 그 사적을 아는 이는 짐짓 그 거동을 보는 듯하였다. 이러므로 사람의 이목을 극진히 혹하게 하여 중국에 이 희롱이 생긴 지 오래되었고 대명 적에 극히 성행하였다. 여항(閭巷:여염)에서 할 뿐만 아니라, 궁중이 마을(관청)에 베풀어 주야로 익혀 천자(天子)의 놀음으로 삼았다. 그때 여러 명신(名臣)들이 간(諫)하였지만 종시 없애지 못하였으니, 사람을 혹하게 하는 줄을 알 것이다.

또 전에 들으니, 이 오랑캐가 처음으로 중국을 통일할 때의 국왕(누르하치)은 황제(청 태종)의 아버지이고 천하 영웅이었다. 제 손으로 천하를 평정하였지만 황제의 자리를 취하지 않고 애초에 물러가려 하였다. 그때 국왕이 천하의 유명한 희자를 다 모아 수일 동안 크게 놀게 하고, 수십 척 배에 사람과 기물을 실어 거짓으로 놀러 가노라 하였다. 그리고는 밤에 물 가운데 들어가 사람으로 하여금 가만히 여러 배에 구멍을 뚫어 일시에 사람과 기물이 다 물에 잠기게 하였다. 이것이 백성의 부질없는 허비를 금하고 황제의 어지러운 놀음을 막고자 한 일이라 하였다. 그러나 종시에 끊어지지 않아서 근간에 더욱 성하고 황제가 놀음을 또한 자주 베푼다 하였다.

이 놀음에는 다 주관하는 사람이 있어 물력(物力)을 내어 집을 먼저 장만하고, 온갖 기명과 집물을 갖추어 주야에 놀음을 베풀고 구경하는 사람들에게 돈과 은을 받아 그것으로 생리(生理:생계)를 삼는다. 작게 해도 은 6, 7만 냥이 들고, 크게 차리려고 하면 십여만 냥이 든다 하였다. 세팔이 들어가 주인에게 구경하기를 청하니 주인이 말하기를, "구경하는 사람이 다 예약{前期}하여 맞추었으므로 오늘은 낮을 곳이 없어 못 볼 것이다"라고 하였다. 세팔이 여러 번 간청하니, 주인이 안에 있는 사람을 불러 무슨 말을 하고 세팔에게 말하기를, "군이 보고자 하거든 너희 노야 한 명만 들어가되 값을 먼저 낸 후에야 들어갈 수 있다"고 하였는데, 한 사람이 종일 보는 값이 소전(小錢) 닷 돈이었다. 즉시 닷 돈을 내어 탁자에 놓자, 주인이 발기책에 기록하고 작고 붉은 종이 한 조각을 내어 두어 자를 써 주어 보니, '사람 하나에 닷 돈씩 받았으니 구경을 허락해라' 하는 말이다. 여러 글자

를 판에 새겨 박은 것이고, 사람 수와 돈 수만을 임시로 메우게 한 것
이었다. 그 홍지(紅紙)를 가지고 안문으로 들어가니 또 한 교의에 사
람이 앉아 홍지를 내라고 해서 내어주자, 그 사람이 보고 사다리로
올라가며 따라오라고 하였다.

그 뒤를 따라 올라가면서 먼저 그 차린 제도와 구경하는 절차를 보
니, 집 제도는 열세 길이고 사면이 열대여섯 칸이다. 동쪽 벽을 의지
하여 희대(戲臺:연극무대)를 만들고 서너 칸 장막을 꾸몄으며 삼면
에 비단 장막을 드리워 문을 내고 문에 비단 발을 드리웠는데, 이것
은 희자(戲子:배우)들이 드나드는 문이다. 장막을 의지하여 그 밖으
로 두어 칸 탁자를 높이 꾸미고 그 위에 여러명 사람이 늘어앉았는
데, 이는 풍류하는 사람을 앉히는 곳이다. 생황과 현자(弦子:거문고)
와 저와 호금(胡琴)과 작은 북과 큰 징과 검은 아박(牙拍)은 다 풍류하
는 기계였다. 탁자 아래는 넓이가 예닐곱 칸으로, 삼면에 기교하게
생긴 난간을 둘렀고, 그 안에 비단 자리를 깔고 온갖 시물을 벌였으
니, 이는 희자를 놀리는 곳이다. 장막 앞으로 두 현판을 붙여 채색을
기이하게 꾸미고 금자로 각각 네 자를 썼는데, 하나는 '옥색금성'
(玉色金聲)이라 하고 다른 하나는 '윤색태평'(潤色太平)이라 하였다.

희대 가장자리에 돌아가며 각색의 기이한 등을 걸었다. 유리등은
혹 둥글고 혹 실어 각각 빛이 다르고, 양각등은 온갖 화초를 진채(眞
彩)로 영롱히 그렸다. 사등(紗燈: 비단으로 거죽을 바른 등)은 화류
(樺榴)로 우리를 만들고 가는 깁(명주실로 조금 거칠게 짠 비단)을 바
른 것으로, 그 위에 담채(淡彩)를 조촐히 써서 산수와 인물을 그렸다.
여러 가지 등에 오색실로 총총히 유소(流蘇:깃발이나 승교 따위에
다는 술)를 매어 줄줄이 드리웠으니, 이는 다 기구를 갖추어 사람의
눈을 혼란하게 함이었다.

희대 앞으로 대여섯 걸음을 물려서 난간을 세우고 그 안에 여러 줄
의 반등을 벌였다. 위층에는 삼 면으로 다락을 만들고 또한 난간을
둘렀으니, 합하여 수십 칸이 되었다. 또한 총총히 반등을 놓았는데,
아는 다 구경하는 사람을 앉게 한 곳이다. 앞에는 반등을 겹겹이 앉
아도 앞이 막히지 않게 함이었다. 세 반등씩 귀를 맞추어 한 반등에

세 사람이 앉게 하고, 가운데 탁자 하나를 놓아 아홉 사람이 한 탁자를 같이 쓰니, 이는 몸을 의지하여 쉬도록 함이었다. 탁자의 삼면에 각각 세 개의 홍띠를 붙였는데, 이는 밖에서 맡아온 것으로 각각 사람의 자리를 표하는 것이다. 홍띠를 붙이고 자리를 비워도 사람이 앉지 않는 곳이 있으니, 이것은 남이 정한 곳을 잡되게 앉지 않고 자리를 비워 임자를 기다리는 것이고, 탁자 위 작은 접시에 풀을 담아 놓았는데 이는 홍띠를 붙이기 위한 것이다.

큰 접시에 검은 수박 씨를 가득히 담았는데, 이것은 여러 사람이 같이 먹게 하기 위함이다. 차 보아(작은 사발)를 각각 놓아 찻잎을 담고 두어 사람이 차관(茶罐:찻물을 달이는 그릇)에 물을 끓여 돌아가며 빈 보아마다 끊어지지 않게 연하여 부어 놓으니, 이는 구경하는 사람에게 차를 권하는 것이다. 나무 바탕 가운데에 가는 기둥을 세우고 철사로 세 벌의 줄을 매어 그 위에 실 같은 향을 가득히 감고, 한끝에 불을 붙여 저물도록 끊어지지 않게 하였으니, 이는 사람의 담뱃불을 예비하기 위한 것이다. 사람이 천 명에 가까웠는데, 사면이 적요(寂寥)자여 희자(배우)의 노래와 말하는 소리가 역력히 들리니, 이는 풍속이 간정(簡淨:간단하고 깨끗함)하여 훤화(喧譁:지껄여 떠듦)를 즐기지 않기 때문이다.

누 위에 삼면으로 광창(光窓:채광을 위한 창)을 내어 햇빛을 통하게 하였는데, 이는 안이 어둡지 않게 하기 위함이다. 2층 삼면에 다 붉은 장막을 덮은 듯하여 눈이 부셔 뜨기 어려웠는데, 이것은 뭇사람의 머리 위에 드리운 붉은실의 영자(纓子:붉은빛의 가슴걸이)였다. 간간이 각색 징자를 붙인 사람이 있었으니, 이것으로 벼슬이 있는 사람이 구경을 부끄러워하지 않음을 알 수 있었다. 희자의 거동이 극히 우스운 장면에 이르자 홀연히 벽력이 울려 집이 무너지는 긋하였는데, 이는 뭇사람이 일시에 웃는 소리였다.

그 사람이 홍띠를 가지고 두루 살피는데 한 곳도 빈 데가 없는 것이다. 홍띠를 도로 주며 말하기를, "앉을 데가 없으니 훗날 오십시오"라고 하였다. 어쩔 수 없이 반등 뒤로 섰는데, 평중과 여러 하인이 다 위격으로(억지로) 올라앉는 것이었다. 내 앞에 빈자리 하나가 있고 탁자 위에 홍띠만 붙어 있어서 세팔을 불러 그 자리를 빌려보라 하였다. 세팔이 나아가 그 옆에 앉은 사람에게 말하기를, "우리 노야 께서는 처음 들어온 사람이기에 이곳을 구경코자 하여 왔더니 자리 를 얻을 길이 없어 보지 못하십니다. 이 빈자리를 잠깐 빌려 앉았다 가 맡은 사람이 오거든 즉시 비워드림이 어떠하겠습니까?"라고 하 니, 그 사람이 자기가 알 바 아니니 아무렇게나 하라고 하였다. 극히 구차하였지만 할 수 없이 잠깐 들어가 앉으니, 옆에 앉은 사람이 다 싫어하는 기색이 있어 외국 사람과 한데 앉는 것을 괴롭게 여기는가 싶었다. 접시에 담긴 수박씨를 서로 까며 집어 먹기에 나도 또한 두 어 개를 집어 먹으며 그 노는 거동을 아래로 바라보았다. 한 사람이 여자의 모양을 꾸몄는데, 의복과 수식이 찬란할 뿐 아니라 자색(姿 色)이 또한 절승하였다. 난간 안으로 다니며 공중을 향하여 손을 저 으며 무슨 사설(辭說)을 무수히 하는데 원망하는 기색을 띠었으니, 하는 말이 서러운 사연인가 싶었다. 몸을 두루 틀며 때때로 턱을 받 치고 머리를 기울여 온갖 요사스런 태도를 부리니, 분명 음란한 여자 가 지아비에게 뜻을 얻지 못하여 원망하는가 싶었다. 으윽히 말을 하 다가 소리를 높여 노래를 부르는데, 탁자 위의 여러 가지 풍류 기계 를 일시에 연주하여 그 곡조를 맞춘다. 노래가 그치자 풍류 또한 그 쳤는데 노는 법이 그러한가 싶었다.

이윽고 한 사람이 안에서 나오는데, 나올 때면 종을 여러 번 요란 히 빠르게 쳤으니, 이것이 또한 법이었다. 그 사람은 얼굴에 먹으로 광대처럼 흉하게 그리고 좌우로 뛰놀며 그 여자를 어루었지만, 그 여 자는 본체를 안하고 무슨 말을 일양(一樣)해대었다. 안에서 어떤 사 람이 나오는데 관원의 모양이었다. 머리에 망건을 쓰고 사모관대를 갖춘 모양이 은연한 우리나라의 의관이었는데, 이것은 대명 때의 제 도인가 싶었다. 이곳 사람이 걸음을 지에하는(뛰는) 일이 없었는데, 이 관대 입고 사모 쓴 사람은 문을 나가며 어깨를 높이고 배를 내밀 어 극히 진중히 걸었다. 이것으로 보면 희자 놀음이 비록 잡된 희롱 이나 한관(漢官)의 위의(威儀)를 징험(徵驗)할 만하여 기특한 일이었 다. 그 사람은 나이가 젊고 얼굴이 동탁(童濯: 씻은 것같이 깨끗함)하였으며, 털로 수염을 만들어 턱에 끼워 극히 우스웠다. 그 사람이 나오는데 뒤에 추종 같은 사람이 따라와 교의를 내다가 올려 앉히니, 여자가 그 관원을 보며 더욱 원망하는 기색이 있고 무슨 말을 연하여 하는 것이다.

내 곁에 앉은 사람이 말하기를, "당신의 나라에서도 이 놀음이 있습니까?"라고 하기에, 내가 말하기를. "있으나 법이 다르다"고 하였다. 그 사람이 말하기를, "저 여자가 어떠합니까?" 하기에, 내가 "얼굴은 아주 자비로우나 진짜 여자가 아니니 볼 것이 어이 있겠는가"라고 하였다. 그 사람이 머리를 흔들면서 "진짜 여자이지, 남자는 아닙니다"라고 하였는데, 이것은 내가 외국 사람이라 하여 업신여겨 속이려고 하는 뜻이었다.

이윽고 그 관원이 교의에 누워 자는 모양을 하자, 비단 휘장을 앞으로 가리고 여러 사람이 장막 밖으로 모시었다. 드디어 장막을 헤치고 관원이 일어나 앉았는데 심히 분노한 기색이다. 이때는 그 여자가 들어가고 안에서 깃발과 군악 기구를 들고 제제(濟濟:많고 성한 모양)히 나와 관원의 앞에 늘어섰는데, 무슨 일인지를 알지 못하니 매우 무미하고 말도 노래도 알들이 없었다. 곁의 사람에게 물으니, 대명 정덕황제(正德皇帝)의 비취원(翡翠園)고적이며 그 관원은 찰원(察院:지방의 公站)벼슬이라 하였다.

이윽고 자리의 임자가 들어와서 내 즉시 일어나 자리를 주고 그 밖으로 끼어 섰는데 극히 피곤하고, 기괴한 거동이 색색이 나오나 사실을 알 길이 없으니 또한 볼 것이 없었다. 곧 여러 사람을 데리고 누를 내려오니, 그 아래는 적이 빈 곳이 있었다. 여럿이 머물러 보았지만 종시 무미해서 돌아오려 하는데, 차관을 든 사람이 차 값을 내고 가라 하였다. 차를 먹은 일이 없기에 내가 말하기를, "너는 차를 주지 않고 공연히 값을 받고자 하느냐? 한 그릇을 가져오면 내 먹고 값을 주리라." 하니, 좌우에 듣는 사람이 다 웃었다. 그 사람이 차를 부어 와서 먹은 후에 소전 한 푼을 주고 문을 나와 큰 길을 쫓아왔다. (중략)

역관 하나가 말하기를, "정양문 밖에 희자 노는 곳이 많고 그중 큰 곳이 하나 있는데, 이는 황제가 장만하여 준 곳입니다. 해마다 그 세

(稅)를 받아 쓰는 까닭에 기물과 음식이 매우 사치하므로, 그곳은 다 형세가 좋고 부유한 사람이 모이고 가난한 사람들은 감히 참여{參 預}하지 못합니다. 하루 노는 데 한 사람의 음식 값으로 은6,7냥을 받 는데, 그 음식이 또한 극히 풍비하여 도저히 먹지 못합니다," 라고 하 였다.

以上의 內容은, 漢文版인『湛軒燕記』「燕行雜記」四「場戲」와 거의 같은 內容이나,[16] 漢文版에 있었던 遺民의 聳瞻하는 대목, 後王이 取法하는 대목 등 觀念的인 措辭는 여기서는 보이지 않으나, 그 대신 具體的인 事實이나 描寫는 보다 詳細하다. 예를 들어 淸朝가 中國을 統一했을 때, 皇帝의 아버 지로 스스로는 帝位에 오르지 않은 天下의 英雄이, 俳優를 배에 태워 물에 가라앉혔다고 하는 記述은 漢文版에는 없다. 이것은 順治帝의 攝政王이었 던 多爾袞을 가르키고 있다고 생각된다 (따라서 아버지가 아니라 叔父). 또한 皇帝가 만든 劇場에 대해서도 한글版에만 보인다. 이러한 事實은, 물 론 中國 資料에는 보이지 않으나, 아마 洪大容이 現地에서 들은 소문일 것 이다.

2) 乾隆年間의 北京의 劇場

乾隆末期, 北京의 劇場은, 食事를 提供하는 酒館 形式에서, 茶菓만의 茶 園 形式으로 移行하고 있었다. 洪大容이 말하는 皇帝가 만든 호화로운 劇 場은 酒館이며, 그 자신이 直接 見聞한 劇場은 茶園에 相當한다. 그 時期, 이 름을 알 수 있는 茶園劇場은, 萬家樓, 同慶樓, 方和樓, 中和樓, 裕興樓, 慶豊樓, 長春樓, 慶樂樓의 8군데로, 주로 正陽門外에 있었다.[17] 洪大容은, 안타깝게 도 자신이 간 劇場名은 기록하지 않았으나, 아마 이 중에 하나일 것이다.

從來, 北京의 茶園에 관한 가장 빠른 記錄은, 1777年(乾隆42年)에 쓰여

---

16 『燕行錄全集』42권, 412-417쪽, 그리고『湛軒書』外集卷十「燕記」(『韓國文集叢刊』 卷248, 303쪽).

17 以上, 茶園劇에 관해서는, 廖奔『中国古代劇場史』(中州古籍出版社 1997) 第七章第 五節「酒館向茶園 劇場的過great」, 廖奔·劉彦君『中国戲曲発展史』(中国戲劇出版社 2010) 第四卷, 第九章第三節「茶園的興 盛」參照.

236 燕行使와 通信使 | 韓國語

진 李緑園의 小說『岐路灯』의 第10回 다음 부분에 있다고 한다.[18]

> 宋雲岫은 車 앞쪽에 앉아, 곧장 同樂樓까지 와서 내리며, 車馬를 茶園의 지배인에게 맡기고, 두 손님을 案內하며, 누각을 올랐다. 하나의 큰 卓子에 座席이 세 개 있으며, 하복이 옆에 대기하고 있었다. 卓子 上에는 각양각색의 간식이 갖추어져 있으며, 수박 씨앗을 집어 먹으며, 손으로 茶잔을 들어 올려 아래 쪽을 보니, 舞台 정면으로 조금도 가로막는 것이 없다. 때마침 징, 북이 울리며 연극이 시작됐다. 上演物은,「唐玄奘西天取經」의 女兒國을 지나가는 段이다. (雲岫坐在車前, 一徑直到同樂樓下來, 將車馬交與管園的. 雲岫引着二公, 上的樓來. 一張大桌, 三個座頭, 僕廝站在傍邊. 桌面上各色点心俱備, 瓜子兒一堆, 手擎茶杯, 俯首下看, 正在當場, 秋毫無礙. 恰好鑼鼓饗處, 戲開正本, 唱的是唐玄奘西天取經, 路過女兒國.)

劇場內의 모습 등, 洪大容이 말하는 것과 共通되나, 洪大容의 記述이 더 자세하며, 게다가 『岐路灯』보다 12年 빠르다. 北京의 劇場史를 알 수 있는, 貴重한 資料라 할 수 있겠다.

3) 『翡翠園』 – 洪大容이 본 연극

이 때, 洪大容이 본 연극은, 漢文版, 한글版 모두 『翡翠園』이었다고 기술되어 있다. 『翡翠園』은, 明末 清初의 蘇州 劇作家로, 『十五貫』의 作者로서 有名한 朱素臣의 作品으로, 『古本戲曲叢刊』 3集에 中國 國家圖書館所藏의 寫本 影印이 수록되어 있으며, 그 외에 中國藝術研究院戲曲研究所에 三慶班의 抄本이 있다고 한다.[19] 內容은, 明의 正德年間에 일어난 南昌의 寧王의 反亂을 背景으로 한, 南昌의 士人, 舒得溥과, 그의 자식으로 1517年(正德12年)의 狀元이었던 舒芬이, 寧王府의 長史, 麻逢之에 의해 冤罪를 뒤집어 씌웠으나, 按察副使의 胡世寧, 麻逢之의 딸 翡英 및 보석팔이 여자 翠

---

18 『岐路灯』(中州書画社 1980) 上108쪽. 注17前掲書 參照.
19 郭英德『明清傳奇綜錄』(河北教育出版社 1997) 上, 656-659쪽.

兒의 盡力에 의해 구제되는 事件을 엮은 것이다.

1795年(乾隆60年) 刊의 『消寒新詠』 卷3에는, 當時의 俳優, 李增兒와 潘巧齡官이 『翡翠園』의 「盜令牌」와 「賣翠」 장면을 상연하는 모습을 노래한 詩가 보이며,[20] 또한 1770(乾隆35) 刊 『綴白裘』6集 卷4에는, 『翡翠園』의 「預報」「拜年」「謀房」「諫 父」「切脚」「恩放」「自主」「副審」「封房」「盜牌」「殺舟」「脫逃」 등의 장면이 수록되어 있어[21], 當時 이 作品이 자주 공연되었던 것을 알 수 있다.

洪大容은, 물론 이 作品에 관한 子備知識은 전혀 없었으며, 게다가 中國語는 몇 마디밖에 理解할 수 없었기 때문에, 그가 기술하는 舞台 모습이 不正確한 것은 當然하다. 그러나 대체로 劇의 內容에 일치하는 듯하니, 그것이 어느 場面인가를 推測할 수가 있다. 洪大容이 말하는 舞台 場面은, 거의 以下의 네 部分으로 나눌 수 있다.

① 女裝한 美人이, 欄干을 왔다 갔다하며, 원망하는 듯하는 氣色으로, 무엇인가를 자꾸만 호소하는 場面 ― 이것은 보석팔이의 翠兒(脚色은 貼)이, 主人公의 舒得溥을 구하려 고민하는 場面(「拜年」), 또는 麻逢之의 딸 翡英(旦)이, 舒得溥의 무죄를 호소하는 場面(「諫父」)이라고 생각된다. 洪大容이, 「淫亂한 여자가 남편의 뜻을 얻지 못하니 원망하고 있다」라고 생각한 것은 誤解이다.

② 먹을 칠한 익살꾼이, 여자에게 쓸데없는 참견을 하니, 여자는 상대하지 않으며, 무엇인가를 호소하는 場面 ― 翠兒가 麻逢之의 저택에 들어가려 하는 상황, 문지기 (付)가 그것을 가로막으며, 翠兒를 놀리는 장면이다(「切脚」).

③ 官員이 많은 從者와 함께 등장하여, 여자가 그 官員에게 호소하는 場面 ― 官員은 按察副使의 胡世寧(外)일 것이다. 洪大容이 옆의 觀客에게 묻는 상황에서는, 「官員은 察院」이었다. 胡世寧은 舒得溥이 冤罪인 것을 알아차리나, 麻逢之의 壓力으로 死刑이 確定된다(「副審」).

20 『京劇歷史文獻匯編』(鳳凰出版社 2011) 「淸代卷」 壹, 130쪽.
21 汪協如校 『綴白裘』(中華書局 1955) 六集, 195-246쪽.

다만 翠兒가 胡世寧에게 호소하는 場面은, 現存 텍스트에는 없으니, 洪大容의 착각 또는 記憶의 잘못이라고 생각된다.

④ 官員이 交椅에 누워 자고, 일어나서 역정 내나, 여자는 이미 안에 들어갔다고 하는 場面ー이것은 麻逢之(淨)의 저택에 간 翠兒가, 麻逢之가 자고 있는 사이에, 死刑 執行에 必要한 令牌를 훔쳐내는 場面(「盜牌」)임이 틀림없다. 洪大容은 胡世寧과 麻逢之를 混同한 듯하다.

洪大容의 記述에는 많은 誤認이 있으나, 그래도 1766年1月4日, 北京 正陽門外의 劇場에서, 『翡翠園』의 以上 場面이 공연된 것은 틀림없을 것이다, 麻逢之가 交椅에 누워 자고 있었다라는 등의, 具體的인 행동 描寫도 있으니, 乾隆末期의 北京 劇場事情을 알 수 있는, 지극히 貴重한 資料라 할 수 있겠다.

洪大容에 의하면, 이 때의 燕行使節은, 中國의 거문고와 笙簧의 習得을 위해, 掌樂院의 樂士를 帶同했었다[22]. 中國의 當時의 演劇에는 冷淡하고 批判的이었던 朝鮮도, 특히 雅樂에 대해서는 關心을 가지고 배우려고 했던 것이다.

Ⅳ. 乾隆帝의 八旬萬壽節에서의 演劇記錄과 朝鮮·베트남의 交流

1790年(乾隆55年, 正祖14年), 乾隆帝의 80歲 生日을 축하하기 위해 派遣된 朝鮮 使節은, 祝賀 儀式과 함께 행하여진 演劇 공연에 관한 자세한 記錄을 남기고 있다. 副使 徐浩修의 『燕行紀』가 그것이다.[23]

徐浩修(1736-99)는, 1776年(乾隆41年, 英祖52年)과 1790年에 두번, 進賀兼謝恩 副使로 燕行하고, 또한 國內에서는 宮中 圖書館인 奎章閣의 直提學으로서 「奎章 閣總目」을 編輯함과 동시에, 淸朝에서 『古今圖書集成』등 多

---

22 注15前揭, 『홍대용의 북경 여행기〈을병연행록〉』142쪽.

23 注2前揭, 磯部論文 參照.

數의 書籍을 가지고 돌아와, 當時의 이른바 實學, 北學派에 큰 影響을 준 人物로 알려진다. 또한 이 때의 正使는 黃秉禮, 書狀官은 李百亨으로, 書記로서 朴齊家(1750-1805)가 隨行하고 있으나, 朴齊家는 前後 세번, 燕行使의 隨員으로 北京에 갔으며, 그 見聞에의해 清朝의 制度를 배워 朝鮮을 改革할 것을 主張한『北學議』를 저술한 것으로 알려진 北學派의 代表的인 人物이다.

또한 이 乾隆帝의 八旬萬壽節에는 베트남 西山朝의 國王, 阮光平의 일행도 와 있었으며, 그 때 베트남 俳優에 의한 演技가 披露되고, 朝鮮 使節과도 交流가 있었다는 것이, 베트남측의 記錄에 의해 확인된다.

일행이 그 때 본 宮廷演劇의 記錄은, 熱河의 離宮에서 7月16日부터 19日까지 3日間, 北京 圓明園에서 8月1日부터 6日까지와, 10日의 7日間, 그리고 萬壽節 당일인 8月13日, 紫禁城에서의 記錄과 計12日間에 달한다. 以下, 徐浩修『燕行紀』에 의거하여, 觀劇의 狀況을 서술해 보겠다.[24]

① 7月16日(『燕行紀』卷2「起熱河至圓明園」)

이날, 使節은 禮部侍郎 鐵保의 引導하에, 熱河離宮에서 乾隆帝를 알현하고, 三層 舞台인 清音閣에서 觀劇했다. 演目은, 「清平見喜」「合和呈祥」「愚感蛇神」「文垂 鳳彩」「多收珠露」「共賞氷輪」「壽星既醉」「仙侶傾葵」「籠罩乾坤」「氤氳川岳」「鳩車竹馬」「檀板銀箏」「修文偃武」「返老還童」「芬菲不斷」「悠久無疆」의 모두 16章이다. 이것은 皇帝의 生日등에 공연되는, 「九九大慶」이라고 하는 慶祝 劇이다.[25] 劇은 卯正 六分(午前8時경)에는 시작되어 未正一刻 五分(午後2時가 지남)에 끝났다. 전체 약 6時間, 하나의 演目은 20餘分이다.

觀劇의 행열에 낀 外國使節은, 朝鮮 이외에, 安南, 南掌, 緬甸등의 使者이었으나, 上席은 朝鮮 使節에게 내주었다. 이 外에도 多數의 清朝 王侯貴族

24 『燕行錄全集』第51권 17쪽 이하.

25 丁汝芹『清代内廷演戲史话』(紫禁城出版社 1999), 王政堯『清代戲劇文化史論』(北京大学出版社 2005), 梁憲華「乾隆時期萬壽慶典九九大戲」(『歷史檔案』2007-1) 參照.

이 있었다. 觀劇에 앞서 乾隆帝를 알현하는 자리에서, 다음과 같은 대화를 나누고 있다.

> 皇帝, 「國王은 잘 있는가?」. 三使가 叩頭하고, 正使가 대답하기를, 「陛下의 은총 덕분에 잘 있습니다.」. 皇帝, 「國王은 男子를 올렸는가?」. 三使가 叩頭하고, 正使가 대답하기를, 「今年 설날에 陛下의 宸翰을 하사받은 것은, 실로 예로부터 예가 없는 榮譽로, 國王은 感激하여 밤낮으로 빌었사온데, 과연 6月18日에 男子가 태어났습니다. 陛下의 덕택입니다.」. 皇帝는 웃으며 말하기를, 「그러한가, 매우 기쁘도다.」.
> (皇旨曰「國王平安乎」. 三使叩頭後, 正使對曰, 「荷皇上洪恩. 平安矣」. 皇旨曰, 「國王擧男乎」. 三使叩頭後, 正使對曰, 「今年元正, 特頒福字宸翰, 實屬曠古之殊典. 國王感戴銘鏤, 日夕頌祝, 果然於六月十八日擧男. 此卽皇上攸賜也」. 皇上笑曰, 「然乎, 大喜大喜的」.)

알현의 儀式과 觀劇의 지시를 한 것은, 當時 絶大한 權力을 자랑했던 廷臣 和珅이었다. 徐浩修는 이 一連의 과정을 詳細하게 記錄하고 있으나, 演劇에 대해서는, 「짐작하건데 지금의 天下는, 모두 滿洲의 衣冠에 따르나, 유독 연극만은 여전히 중국 제도를 간직하고 있다. 다음 王者는 꼭 이 방법을 따를 것이다. (按今天下, 皆遵滿洲 衣冠. 而獨劇演猶存華制. 後有王者, 必取法於此.)」라 하고, 앞에서 본 洪大容과 같은 感想을 말하고 있다. 「다음 王者」가 漢民族王朝의 復活을 가리키고 있는 것은 말할 것도 없다.

② 7月17日
전날과 거의 같아, 卯正 三刻에 開演, 未初一刻 五分에 終演. 演目은 「稻穗麥秀」「河圖洛書」「傳宣衆役」「燕衍耆年」「益友談心」「素蛾絢綵」「民盡懷忱」「天無私覆」「重譯來朝」「一人溥德」「同趨禹甸」「共醉堯樽」「煎茗逢仙」「授衣應候」「九如之慶」「五嶽之尊」의 16章이다.

③ 7月18日

전날과 같은, 卯正 十分에 開演, 未正 二刻에 終演. 演目은 「寶塙凌空」 「霞
觴湛露」 「如山如阜」 「不識不知」 「天上文星」 「人間吉士」 「花甲天開」 「鴻禧日永」
「五色抒華」 「三光麗彩」 「珠聯璧合」 「玉葉金柯」 「山靈瑞應」 「農政祥符」 「瑤池
整轡」 「碧落飛輪」의 16章. 開演後, 鐵保의 指示로, 安南王과 朝鮮 使臣이 皇
帝의 어전에 가니, 먼저 安南王이 알현한 後, 和坤이 皇旨를 전하고, 朝鮮
使節이 알현, 다음과 같은 문답이 있었다.

皇帝, 「그대들은 무더운 季節에 關外로부터 왔으니, 필시 고생이
많았을 것인데, 어떻게 왔는가?」. 나와 正使, 書狀官이 叩頭하고 대답
하기를, 「陛下의 鴻恩 덕분으로, 무사하게 왔습니다.」. 皇帝, 「그대의
나라에는 滿洲, 蒙古語를 할 수 있는 이가 있는가?」. 正使가 대답하기
를, 「使節과 同行하여 온 이가 있으나, 모두 盛京에서 直接, 北京에 갔
습니다.」. 皇帝, 「연극이 끝나면 짐도 北京에 돌아가나, 그대들은 먼
저 가서 기다리고 있거라.」. (皇旨曰, 「爾等適當潦暑, 由口外來, 不服水
土, 道路艱辛, 何以得達」. 余與正使書狀叩頭後對曰, 「賴皇上洪恩, 無擾
得達矣」. 皇旨曰, 「爾國有滿洲蒙古話者乎」. 正使對曰, 「陪臣等行中亦有
帶來者. 而皆自盛京直向燕京矣」. 皇旨曰, 「戲畢後朕當回鑾. 爾等可先往
京都等待」.)

이 때, 알현한 安南王은, 西山朝의 第二代皇帝, 阮光平(原名은 阮惠,
1788-92在位) 이라고 되어 있었으나, 실은 그의 남동생이 가장한 가짜였
다. 淸朝에서는, 그것을 알면서, 모르는 체하고 接待한 것이다.[26]

④ 7月19日

전날과 같은, 卯正一刻 五分에 開演, 未正三刻 十分에 終演. 演目은, 「壽

---

26 『淸史稿』卷527 「越南」(中華書局標点本48권, 14640쪽)에, 「(乾隆)五十五年, 阮光平
來朝祝釐, 途次封其長子阮光纘爲世子. 七月, 入覲熱河山莊, 班次親王下, 郡王上, 賜御
製詩章, 受冠帶歸. 其實光平 使其弟冒名來, 光平未敢親到也. 其譎詐如此.」라고 되어
있다.

域無疆」,「慈光有兆」,「紫氣朝天」,「赤城益籌」,「霓裳仙子」,「鶴髮公卿」,「化身拾得」,
「治世如來」,「齊回金闕」,「還向丹墀」,「偕來威鳳」,「不貴旅獒」,「爻象成文」,「竈神
旣醉」,「太平有象」,「萬壽無疆」의 16章. 이날, 安南의 吏部尚書, 潘輝益과 工部
尚書, 武輝瑨이, 각각 七言律詩 한 수를 朝鮮 使節에게 보이며, 唱和를 요청
했다. 徐浩修는 和詩를 만들어 扇十柄, 淸心元十丸을 첨부해서 두사람에
게 선물했다.[27] 이에 대해서는, 베트남 使節의 潘輝益『星槎紀行』에도, 以
下와 같이 關聯된 記錄이 보인다.

「恭和御詩」: 七月十一日, 陛見熱河行宮, 奉御賜國王詩章. …十六日,
侍宴清音閣.[28]

「東朝鮮國使」: 朝鮮正使駙馬黃秉禮, 副使吏曹判書徐洗(浩)修, 書狀
宏文館校理李百亨, 與我使連日侍宴, 頗相款洽, 因投以詩.[29]

⑤ 8月1日－6日

그 후, 使節은 北京에 가서, 이날, 圓明園內의 同樂園에 있었던 三層 舞台,
이름은 熱河와 같은 淸音閣에서 觀劇했다. 演目은『唐僧三藏西遊記』, 즉
『昇平宝筏』로, 卯時에 시작되어 未時에 끝났다. 以後, 6日까지 같은 時間에
『昇平宝筏』이 공연 되었으나, 그 동안에 다른 演目이 揷演되기도 했다. 예
를 들어 5日의 記事에는,「西遊記」를 하는 사이에「黃門戲」즉 宦官에 의한

27 潘詩曰: 居邦分界海東南. 共向明堂遠駕驂. 文獻夙微吾道在, 柔懷全仰帝恩覃. 同風
   千古衣冠制, 奇遇連朝指掌談. 騷雅擬追馮韋舊, 交情勝似飮醇甘. 武詩曰: 海之南與
   海之. 封域雖殊道脉通. 王會初來文獻並. 皇莊此到觀瞻同. 衣冠適有從今制, 縞紵寧無
   續古風. 伊昔使華誰似我, 連朝談笑燕筵中. 余和送二詩, 各致扇十柄, 淸心元十丸. 和潘
   詩: 何處靑山是日南. 灣陽秋雨共停驂. 使華夙昔修隣好, 聲敎如今荷遠覃. 法宴終朝
   聆雅樂, 高情未暇付淸談. 新詩讀罷饒風味, 頓覺中邊似蜜甘. 和武詩曰: 家在三韓東
   復東. 日南消息杳難通. 行人遠到星初動, 天子高居海旣同. 桐酒眞堪消永夜, 飛車那得
   溯長風. 知君萬里還鄕夢, 猶是鈞陳豹尾中.(『燕行錄』卷51, 60-61쪽)
28 『越南漢文燕行文獻集成』(復旦大学出版社 2010) 第6권 231, 234쪽.
29 同上336-337쪽. 以下詩는 徐浩修의 記錄과 같지만, 潘輝益의 詩인「夙徵」이「夙藏」
   에,「帝恩」이「聖恩」으로 되어 있어, 武輝瑨의 詩가 아니다. 또한 徐浩修가 詩인「灣
   陽」을「漁陽」에,「中邊」을「中懷」로 만든다. 그 외에 徐浩修의 和詩에 대해, 또 다음
   의 詩를 보냈는데, 이것은 徐浩修의 記錄에는 보이지 않는다.「客況迢迢出嶺南. 薰
   風無意送征驂. 友聲豈爲三韓隔, 文脉從知四海覃. 執玉位同王會列, 鄰香情在御筵談.
   萍蓬遭晤非容易, 珍誦來章道味甘.」

연극이 있었으나, 그것은 男女가 서로 희롱하는 舞踊이나, 階段 밑에 세운 기둥 위에서 아이가 물구나무서기 등을 하는 雜技였다. 이에 대해 徐浩修 는, 「天子의 어전에 萬國의 使者가 來朝한 엄숙한 宮庭에서, 어찌하여 이 러한 淫褻한 행동을 하는가, 歷史家의 批判을 기다릴 것도 없이, 나는 이 미 얼굴을 붉혔다」라고 非難하고 있다.[30]

⑥ 8月10日
이날은 圓明園에서, 王侯貴族, 各國의 使節이 列席하여 九九大慶宴이 개 최되어, 卯時부터 未時까지, 「八洞神仙」「九如歌頌」「象緯有徵」「遐齡無量」 「仙子效靈」「封人祝聖」「海屋添籌」「桃山祝嘏」「縮紋盈千」「淸寧得一」「百齡 叟百」「重譯人重」「慶湧琳宮」「瑞呈香國」「日徵十瑞」「桃祝千齡」, 역시 16章의 「九九大慶」戲이 공연되었다.

1日부터 10日까지 圓明園에서의 觀劇에 대해서는, 베트남의 潘輝益『星 槎紀行』에도 記事가 보이나, 每日, 四更에 入朝해서 卯刻부터 未刻까지 觀 劇하였다고 할 뿐, 徐浩修의 記錄과 비교하면, 훨씬 簡略하다.[31] 단 이 때, 潘輝益은 다시 同席한 朝鮮 使節과 詩의 応答을 했다.『星槎紀行』에는, 「三 東朝鮮徐判書」「朝鮮李校(理)和詩, 再贈前韻」「附錄李校理和詩」「朝鮮書記 樸(朴)齊家携扇詩就呈, 即席和贈」「附錄樸(朴)齊家詩」등의 記事가 있다.[32]

⑦ 8月13日
이날은 乾隆帝의 生日, 즉 萬壽節이었다. 使節은 北京의 紫禁城, 太和殿 에서의 儀禮에 參加한 後, 三層 舞台인 暢音閣에서, 辰時(午前8時)부터 午時

---

30 演西遊記, 間設黃門戲. 黃門十餘人戴高頂靑巾, 着闊袖黑衣, 擊鼓鳴鉦, 廻旋而舞, 齊唱 祝禧之辭. 或二丈餘長身男女, 俱着闊袖淡黑衣, 男戴靑巾, 女戴髫髻, 翩躚狎嬲. 或豎三 丈餘朱漆雙柱于殿階下, 柱頭爲橫架, 七八歲小兒着短衫, 緣柱而升, 捷如猱, 掛足橫架, 倒垂數刻. 天子高居, 萬國來朝, 而肅肅宮庭, 胡爲此淫褻, 不待史氏之譏, 余已赧顏. 『燕 行錄』卷51, 145-146쪽.

31 「圓明園侍宴紀事」: 八月初一至初十日連侍宴看戲. 每夜四更趨朝, 候在朝房, 卯刻奉 御寶座. 王公大臣, 內屬蒙古, 靑海, 回回, 哈薩克, 喀喀諸酋長, 外藩安南, 朝鮮, 緬甸, 南掌, 臺灣生蕃諸使部, 排列侍坐, 未刻 戲畢(『越南漢文燕行文獻集成』第6권237-238쪽).

32 『越南漢文燕行文獻集成』第6권239-242쪽.

(12時)까지,「蟠桃勝會」「萬仙集錄」「王母朝天」「喜祝堯年」「昇平歡洽」「樂宴中秋」「萬國來譯」「回回進寶」「五代興隆」「五穀豐登」「家門清吉」「羣仙大會」모두 12章의 演劇을 鑑賞했다. 이것으로 이번 觀劇은 終了한다.

⑧ 베트남·中国 俳優의 共演

以上 본 바와 같이, 熱河, 圓明園, 紫禁城에서의 一連의 儀式과 觀劇에 있어서, 朝鮮과 베트남의 使節은 始終 同席하고, 때로 詩의 應酬를 하며 交流했다. 그러나 兩者의 演劇에 대한 態度에는 顯著한 차이가 있다. 朝鮮의 徐浩修는, 그동안 구경한 宮廷 儀禮에 대하여 批判的이기는 했으나, 베트남의 潘輝益과 비교하면 훨씬 詳細한 記錄을 남겼다. 이것만을 놓고 보면, 潘輝益 등의 베트남 使節은, 中國의 演劇에 대하여 冷淡했던 것처럼 보이나, 사실은 그렇지 않았다. 潘輝益『星槎紀行』에,「欽祝大萬壽詞曲十調」라고 제목을 붙인 以下의 注目할 만한 記事가 있다.[33]

봄에 中國行이 결정되었을 때, 나는 祝賀 노래 十調를 만들어, 먼저 金箋에 쓰고, 表文과 함께 進呈했다. 이에 대하여 청의 皇帝 취지가 내려저, 베트남의 俳優10名을 뽑아, 그 曲을 練習시켜, 使節과 함께 中国에 데리고 갔다. 北京에 도착하여, 宮廷의 宴会에 列席했을 때, 中国의 禮部官이 우리나라 俳優를 데리고 들어가 노래를 부르게 하니, 乾隆皇帝은 기뻐하며, 포상으로 銀幣를 하사하고, 또한 太常官에게 命해서 梨園의 俳優10名을 뽑아, 우리나라 俳優와 같은 服裝을 시켜, 秀才의 帽子에 交領의 의복을 입고, 琴笛笙鼓등의 樂器가 모두 갖추어지자, 우리나라 俳優를 禁中에 불러, 中国 俳優에게 베트남語의 發音을 가르치고, 노래 練習을 시켰다. 數日이 지나 習熟하자, 宴會 때 베트남과 中國의 俳優가 두 줄로 마주 서서 노래하였으니, 그 모습은 잘 조화되어 있었다. (春季入觀議成, 余奉擬祝嘏詞十調, 先寫金箋, 隨表文投遞. 清帝旨下, 擇本國伶工十名, 按拍演唱, 帶隨觀祝. 至是, 欽侍御殿開宴,

---

33 同上 275쪽. 文中,「清帝」는 베트남 皇帝를 가리키고 있을 것이다. 혹은 誤字일 지도 모르겠다.

禮部引我國伶工前入唱曲. 奉大皇帝嘉悅, 厚賞銀幣. 命太常官選梨園十
人, 依我國伶工裝樣, 秀才帽, 交領衣, 琴笛笙鼓齊就, 召我伶工入禁內, 敎
他操南音, 演曲調. 數日習熟, 開宴時引南北伶工分列兩行對唱, 體格亦相
符合.)

이에 의하면, 베트남은 乾隆帝의 萬壽節에 使節을 보내는데 있어, 베트
남의 俳優를 同行시켜, 淸의 宮廷에서 노래를 披露하니, 그것을 본 乾隆帝
는, 中国의 宮廷俳優에게 그것을 배우게 하여, 兩者가 合同하여 공연하게
된다.[34] 이에 대해서 中國側에는 對應하는 史料가 없는 것 같으나, 만약 이
것이 事實이라고 한다면. 베트남 使節은 周到한 準備를 하고 中國에 온 것
이 된다. 이미 말한 대로, 이 때 來朝한 國王은 가짜이며, 俳優의 同行과 베
트남 歌曲의 공연 등은, 그 僞裝을 감추기 위한 하나의 手段이었을 지도
모른다.

그러나 그랬다고 한들, 베트남이 中国의 演劇, 歌曲에 대해서 잘 알고
있었던 것은 事実일 것이다. 베트남의 使節은 北京에 오기까지 道中各地
에서, 地方官에 의한 演劇上演의 接待를 받고 있었으나,[35] 이것은 朝鮮 使
節에게는 없는 일이었다. 또 潘輝益의『星槎紀行』에 의하면, 乾隆帝은 이
때, 베트남 使節에게 淸朝의 冠服을 下賜했으나,[36] 朝鮮 使節에게는 주지
않았다. 이렇게 朝鮮은 政治的으로는 淸朝에 종속하면서도, 그 演劇文化
에 대해서는 批判的이었으나, 베트남은 国内에서 皇帝를 稱하여 政治的으
로는 面從腹背의 態度를 취하면서, 淸朝의 演劇文化에는 親和的 이었으니,
兩者의 태도는 매우 對照的이라 할 수 있겠다.

---

34 이것에 대해서는, 陳正宏「越南燕行使者的淸宮游歷与戲曲觀賞 - 兼述其与琉球使
    者的交往」(2011年 3月 5日,「淸朝宮廷演劇의 硏究(淸朝宮廷演劇의 硏究)」沖縄硏究
    會發表論文) 參照.
35 『淸高宗實錄』卷1423乾隆58年2月 庚辰諭에,「向來安南使臣来京瞻觀, 經過沿途省
    會. 該督撫等例 有筵宴演戲之事」라고 되어 있다. 陳正宏 前揭 論文 參照.
36 奉穿戴天朝冠服, 惕然感懷(『越南漢文燕行文獻集成』第6권 235쪽).

V. 朝鮮 通信使가 본 日本의 演劇

壬辰倭亂 後의 1607年(慶長12年, 宣祖40年)부터 1811年(文化8年, 純祖11年)에 이르기까지 計12번, 朝鮮의 通信使(最初 3번은 回答兼刷還使)가 일본을 방문한 것은 잘 알려져 있는데, 一行을 대접하기 위해서 江戸城 또는 対馬(쓰시마)의 藩邸에서 日本의 演劇, 雅樂, 舞踊 등이 개최되는 일이 있었다.

1. 1636年(寬永13) 第4回 通信使來訪 때, 江戸城에서 能이 공연된 것은, 『通航 一覽』(卷76)에「「時に御能を催さる。御馳走御能の事、ここに初て見ゆ。(이 때 能을 상연했다. 能의 상연은 여기에 처음 본다)」라고 있다. 단 그 자세한 演目 등은 불분명해서, 朝鮮側에도 對應하는 記事는 없다.

2. 1643年(寬永20) 第5回 때에는,「式三番」「蟻風流」, 能「高砂」「紅葉狩」「養老」, 狂言「ゑびす(야만인)」「毘沙門」「うつぼ猿(곰치 원숭이)」(『通航一覽』卷76)이 상연되었다. 이것에 대해서는 朝鮮側의 『癸未東槎錄』(著者不明) 7月19日의 条에,「이날, 演劇이 있어 하루종일 공연되었다. 북이나 피리 소리가 울려 퍼지고, 연기자가 각각 기예를 披露하였다. 盛했으나, 들어도 보아도 理解가 가지 않으므로, 시끄러울 뿐이니 보고 싶지 않았다. (是日設雜戲, 終日為之. 鼓笛喧轟, 戲者各呈技藝, 雖云盛禮, 耳目不及, 其為雜亂不欲觀)」라고 되어 있어, 좋은 印象은 받지 못했던 것 같다.

3. 1711(正德元年) 第8回 때에는, 新井白石의 提案에 의해 雅樂「振鉾」「長保樂」「三台塩」「仁和樂」「央宮樂」「古鳥蘇」「太平樂」「林歌」「甘州」「納曾利」「陵王」이 연기되었다. 그 중「仁和樂」「長保樂」「古鳥蘇」「林歌」「納曾利」는 高麗樂으로, 朝鮮 使節에게 보이기 위해서 意識的으로 고른 것이라는 것을 쉽게 想像할 수 있다. 白石은,「韓客의 모두가 感服하니, 특히 高麗樂이 日本에 전해져 그 나라에 전해지지 않은 것을 원망한 일이, 鷄林唱和 등에 많이 보인다」라고 말하고 있다. 또 正使 趙泰億과의 사이에 以下의 대화가 나누어졌다.

「長保樂」

白石 : 이것은 高麗部의 音樂입니다. 貴國에도 아직 이런 춤이 있
　　　습니까? (即是高麗部樂. 貴邦猶有是舞耶?)

趙泰億 : 亡國의 音樂은, 지금은 이제 없습니다. (勝國之音, 今則亡矣.)

「陵王」

白 : 이것은 北齊의 蘭陵王長恭이 北周의 軍을 金墉城下에서 무찔
　　렀을 때의 것으로, 즉 蘭陵王入陣曲입니다. (「陵王」齊人蘭陵王
　　長恭破周師於金墉城下者, 即蘭陵王入陣曲.)

趙 : 高氏의 北齊 音樂이 어떻게 貴國에 전해졌습니까? (高齊之樂,
　　何以傳播於貴邦耶?)

白 : 本朝가 隋唐에 使節을 派遣했던 時代에 전해진 것입니다. (天
　　朝通問於隋唐之日所傳來也.)

趙 : 이 樂譜들은 中國 古代의 聖人 音樂이 아니라, 隋唐以後의 것입
　　니다만, 天下에 전해지지 않은 曲을 유독 전하고 있는 것은 참
　　으로 귀중합니다. (此等樂譜雖非三代之音, 隋唐以後音樂. 獨傳
　　天下不傳之曲, 誠可貴也.)

白 : 本朝는 하늘과 함께 시작해, 그 系譜는 하늘과 같이 永遠합니
　　다. 天皇이야말로 참된 天子로, 中國 歷代의 君主가 사람으로
　　하늘을 잇고, 姓을 바꾸어서 교대로 王朝를 세우는 것과는 다
　　릅니다. 그러므로 禮樂制度는 万世 不變합니다. 古代 聖人의 禮
　　樂도 참고하기에 충분하니, 어찌 隋唐以後의 것만입니까? (天
　　朝與天為始, 天宗與天不墜, 天皇即是真天子, 非若西土歷代之君,
　　以人繼天, 易姓代立者. 是故禮樂典章, 萬世一制. 若彼三代禮樂,
　　亦有足徵者, 何其隋唐以後之謂之哉.)

趙 : 이러한 禮, 이러한 音樂이 있다면, 一變하여 中華에 이를 수가
　　있지 않겠습니까? (有禮如此, 有樂如此, 乃不一變至華耶?)

白 : 이 曲의 演奏者는, 先祖가 高句麗人이니, 狛을 姓으로 하고 있
　　습니다. 그는 성악에 있어서 당대 제일로 가면도 수백 년 된 것
　　입니다. (奏是曲者, 其先高麗人, 因以狛為姓. 其於声楽当代第
　　一, 其仮面亦数百年之物也) (以上『通航一覽』卷82).

이 때의 高麗樂은 朝鮮側에 있어서도 印象 깊었던 것 같으며, 副使 任守幹『東槎錄』의 11月 3日의 條에는, 「무릇 高麗樂을 하는 者는, 혹은 高麗人의 子孫이라고 한다. (凡爲高麗樂者, 或有高麗人子孫云)」라고 기술되어 있다.

4. 1719年(享保4年) 第9回 때에도 能이 상연된 듯하다,『異本朝鮮物語』에 「御能拜見被仰付候事」(『通航一覽』83)이라고 되어 있는 데서 헤아려지나, 日本側의 正式記錄과 朝鮮側의 記事는 없다. 단 이때, 使節一行은 江戶의 対馬 藩邸에서 招宴에 있어서, 當時의 歌舞伎(가부키)와 비슷한 舞踊劇을 보고 있다. 正使, 洪致中의『東槎錄』10月 9日의 條에, 다음 기사가 보인다.

> 이날, 対馬島 주인 집에 가려고 하는데, 섬 주인이 연극을 연기하고 싶다고 하니, 밖의 마루에 앉았다. 樂士가 琵琶를 타고, 피리를 불고, 북을 치니, 아름다운 少年 10명이 예쁜 着物(기모노)를 입은 여자로 분하여, 서로 춤을 추었다. 연기자가 각각 演技를 하고, 10정도의 演目이 있었으나, 중에는 자주 男女가 희롱하는 場面이 있으니, 首席의 通譯을 시켜 日本人에게, 「猥褻한 연극은 보고 싶지 않으니, 그만두었으면 좋겠다」라고 말하게 했다. 무릇 音樂은 모두 들을만한 것이 없고, 노래는 梵語인 듯하고, 춤은 劍을 겨루게 하는 것으로, 道具는 巧妙하게 만들었으나, 볼 만한 것은 없다. 是日將赴島主家, 島主請陳戲具. 遂出坐外堂. 樂工彈琵琶, 吹笛, 擊缶. 美童十人扮作綵衣女人狀, 迭相獻舞. 戲子陳各技, 殆至十餘種. 往往有男女調戲之戲. 使首譯謂倭人曰：褻慢之戲, 所不欲觀, 即令禁止之. 大抵音樂皆不足聽, 歌是梵音, 舞有擊刺之勢, 而呈戲之具雖多奇巧之狀, 亦無可觀.

또한 同席한 製述官 申維翰『海游錄』의 같은 날의 條에도 다음과 같은 기록이 있다.

> 또 장면이 바뀌어 男女가 恋情을 보이며 곁눈질로 보는 모습을 연

기했다. 奉行 平直長이 나에게 말했다. 「이것은 日本의 娼家 연기인데, 朝鮮의 妓樓에도 이러한 것이 있습니까?」 내가, 「服裝은 다르나, 마음을 나타내는 모습은 마치 그림과 같군요.」라고 대답하자, 平直長이, 「學士님도 평소 이러한 興趣를 아십니까?」라고 물으니, 「세상에 벽창호는 없지요, 왜 모르겠습니까. 단지 스스로 두려워 할 뿐입니다.」라고 대답하자, 直長은 큰 소리로 웃었다. 보는 것 모두 점점 역겨워지니, 正使가, 「음란한 연극은, 모두 보고 싶지 않다.」라고 말하며, 곧 退場시켰다. 又轉爲男女垂情流眄之態. 奉行平直長謂余曰：此即日本娼家兒情色中光景, 未知朝鮮妓樓亦有如許狀否? 答曰：服色雖異, 意態如畫. 又問：學士平日亦解這間興趣否? 曰：世無鐵心石腸人, 何爲不知? 第自畏耳. 直長大笑而已. 所見漸褻, 使臣分付曰：淫僻之戲, 皆不欲觀, 即令綴退.

요컨대 朝鮮 使節은 日本의 能, 歌舞伎에는 전혀 興味를 내보이지 않고, 특히 歌舞伎의 남녀 연정의 연기에 대해서는 嫌惡의 情을 드러내고 있는 것이다. 단지 雅樂에 대해서만은 상당한 關心을 드러냈다. 이는 물론 高麗樂이 연기되었기 때문이기도 하나, 基本的으로는 儒敎的인 禮樂思想에 의한 것임은, 白石과의 問答에서도 알 수 있다. 이러한 태도는 燕行使가 中國 演劇에 冷淡하고, 批判的이었는데도 불구하고, 雅樂에는 關心을 보인 것과 같다고 할 수 있겠다.

VI. 맺음

東아시아에 있어서의 文化交流는, 書籍을 通한 儒敎經典이나 古典 文學 등 上層文化가 주된 對象이었고, 世俗的인 下層文化의 交流는 低調했다. 演劇과 같이 人的往來에 의해 연극을 보지 않으면 理解할 수 없는 文化는, 더욱 그러하다. 近世의 東아시아에서는 中國 元明淸代의 雜劇, 傳奇, 京劇 등, 日本의 能이나 歌舞伎 등 演劇文化가 발달하나, 서로간의 交流는 거의 없었던 것이다. 그러한 狀況 속에서 中國, 日本과 國交를 가지고 있었던 朝鮮

의 使節은, 中國, 日本의 演劇을 直接 볼 수 있는 機會를 가졌으며, 특히 中
國 演劇에 대해서는 자세한 記錄을 남기고 있다. 그러나 그들의 演劇에 대
한 態度는 지극히 否定的, 批判的이었다. 이것은 當時의 朝鮮에는 獨自적
인 演劇이 없었던 것, 그리고 무엇보다도 朝鮮의 知識人이 儒敎的 觀念에
의해 演劇을 蔑視 혹은 罪惡視하고 있었기 때문일 것이다.

　近世에 있어서의 東아시아 각 地域間의 演劇을 둘러싼 交流는 低調했으
나, 전연 없었던 것은 결코 아니다. 베트남의 使節이 中國의 演劇을 좋아
하여 鑑賞하고, 또 自國의 俳優를 中國에 帶同한 것은, 이미 본 바와 같다.
鎖國에 의해 中國과의 往來가 폐쇄된 江戶 時代의 日本에 있어서도, 太田
南畝와 같이 長崎에서 中國 演劇을 보고 興味를 가진 者가 있었으며, 또 長
崎를 通해서 明淸의 俗樂이 受容된 것이다. 또한 琉球에 있어서도 中國 演
劇이 受容되었다. [37] 그들에 비해 朝鮮의 演劇觀은 지극히 特殊했다고 할
수 있다.

37　『沖縄と中国芸能(沖縄와 中國 藝能)』(喜名盛昭·岡崎郁子著, ひるぎ社「おきなわ文
　　庫13」, 1984年)

燕行使と通信使

– 燕行・通信使行に關する韓・中・日三國の國際ワクショプ –

日本語

刊行辭

　本書は、朝鮮時代の燕行使・通信使に関する韓・中・日三カ国の国際ワークショップで発表された論文を一冊の本として編成したものである。ワークショップは、韓中研の韓国学振興財団によって実施された韓国学世界化Labの支援を受け、京都大学のプロジェクトチームが企画して主催したものである。

　本書は、2014年5月31日に高麗大学民族文化研究院によって開催された「朝鮮時代＜燕行使・通信使＞に関する韓・中・日三カ国の国際ワークショップ」の発表予稿集を発表者の同意を得て修正・補完したものである。論文の掲載順番はこのワークショップの発表の順に沿って編成されているが、論文掲載を遠慮する日本側の発表者が一人いたため、その論文は掲載されていない。

　本来、主催側としては、ワークショップに招待した30名程度のこじんまりとした研究会を予想して場所と予稿集を用意したが、案外大勢の聴衆が集まり、会場を大講堂に移しただけではなく、100部の予稿集は開会と同時にすぐなくなり、結局予稿集が足りない状況となっていた。予稿集をお渡しできなかった参加者からの要望もあり、近いうちに本として出版することを約束せざるを得なかった。本書はその時の約束を守るために刊行したものである。

　しかし、本書の刊行において最も大きな障害は論文の翻訳に対する信頼の問題であった。ワークショップの予稿集には発表原稿が三カ国語に翻訳されているが、その中には、発表者が翻訳者に直接依頼して翻訳してもらったものもあれば、主催側が発表者の代わりに依頼して翻訳してもらったものもあ

る。しかし、あまりにも急いで翻訳されたこともあり、きちんと翻訳されているかどうか気になる部分もあるが、本書に掲載されている発表者の原文と翻訳文を照らし合わせながら参考にしてほしい。

　本書の刊行にあたってのもう一つの難点は、商業性のない本を刊行してくれる出版社を見つけることであった。幸いなことに筆者と長年お付き合いの博文社が快く引き受けてくれた。この場を借りて博文社の尹錫鉉社長に感謝の意を表す次第である。

　ワークショップは、朝鮮時代の燕行使と通信使について韓・中・日三カ国の研究者が集まり、本格的な学術討論を行う最初の試みであった。本書もそのつながりとして刊行されたものである。本書を通してこのような研究が三カ国の研究者たちによってもっと盛り上がることを切に願う次第である。

2014年8月25日
編者代表 鄭 光

目　次

①

朝鮮帰国後、洪大容の中国知識人との文通と『医山問答』の誕生

－朱子学からの脱却過程を中心に－

夫馬進(京都大)

Ⅰ

洪大容は実学思想家として、なかでも北学派知識人の先駆者として、韓国ではなはだ有名である。そして彼の思想を語る場合、必ず取りあげられるのが『医山問答』である。

私が『医山問答』に関心を持つのは、地転説すなわち地球自転説の主張や華夷観の否定、あるいは人間と動物とは等しいという主張がそこに見えるからではない。そこにはたとえば次のような言葉が見えるからである。

古代の周王朝以来、王道は次第に失われ、仁義を口実にする者が皇帝となり、兵力の強い者が王となり、知恵を用いる者が高い地位につき、上手いこと媚びる者が栄華を楽しんでいる。君主と臣下とは一面ではたがいに疑いながら、一面では共謀して私欲を遂げている。君主が支出を倹約し税金を免除するのは、人民のためではない。賢者を尊び能力ある者を登用するのは、国家を思ってのことではない。反乱者や罪ある者を討伐するのは、暴力を禁じようとするからではない。中国が外国にわずかな物を朝貢させ、お返しとしてたっぷりプレゼントを持たせるのは、諸外国をいたわるからではない。ただただすでに獲得した地位を保全したいがためである。自分が死ぬまで尊

ばれ栄華を保ち、これをどこまでも子孫たちに伝えようとして、そうするの
だ。これこそが賢明な君主と言われる者がうまくやりおおせることであり、
忠臣の上手い謀りごとである[1]。

　これはまた大胆なことを言ったものである。そもそも『孟子』では「力を以っ
て仁に仮りる者は覇、……徳を以って仁を行う者は王」(公孫丑上)とあるとお
り、仁義を口実とする者が覇者であり、王者とははっきりと区別される者で
あった。洪大容は王者と称する者も覇者と同じであり、ともに兵力が強い者
に他ならないと言う。これは『孟子』を否定したのと同じである。
　さらには、そこでは現実の中国は完全に否定されている。清朝だけではな
く明朝も否定されている。そこには、中国清初の黄宗羲が『明夷待訪録』で主
張したような、民本主義的な君主論をはるかに超えた過激な国家論と君臣論
が展開されている、と言ってよいであろう。
　しかし一方、「仁義を口実にするものが皇帝となり、兵力の強いものが王と
なる」と言い、皇帝そのもの国王そのものを否定するのであれば、中国の皇帝
だけではなく李成桂が打ち立てた朝鮮国そのものをも否定することになりは
しないか。無欲で人民思いの君主はあり得ない、と彼は言う。「君主が支出を
倹約し税金を免除するのは、人民のためではない」と言う。とすれば、彼が仕
える「賢明な君主」正祖その人をも否定することになりはしないか。『医山問答』
はこのような重大な問題をはらんでいるのである。
　ではいったい、この『医山問答』は洪大容のいかなる思想遍歴の過程で生み
出されたものなのか。どのような思想状況の中で書かれたものなのか。そも
そも『医山問答』とはいったい何なのか。実はこの問題は、これまで『医山問答』
が大きく取りあげられながら、そしてそれが今述べたように重大な問題を孕
むにもかかわらず、ほとんど明らかにされなかった。『医山問答』は虚子と実
翁という二人の問答で話が展開する。この虚子について、「隠居し読書するこ
と三十年」、その後「西のかた北京に入り、中国の紳士たちと交遊し談話した」
と記すところから、一七六五年に三十五歳で燕行し、翌年帰国した直後まで

1　『湛軒書』(『韓国文集叢刊』第二四八輯、ソウル、景仁文化社、二〇〇〇)頁九九下。
　自周以來、王道日喪、覇術横行、假仁者帝、兵彊者王、用智者貴、善媚者榮。君之
　御臣、啗以寵祿、臣之事君、餂以權謀、半面合契、隻眼防患、上下掎角、共成其
　私。嗟呼咄哉。天下穰穰、懷利以相接。傯用鐲和、非以爲民也。尊賢使能、非以爲
　国也。討叛伐罪、非以禁暴也。厚往薄來、不寶遠物、非以柔遠也。惟守成保位、沒
　身尊榮、二世三世傳之無窮。此所謂賢主之能事、忠臣之嘉猷也。

の若き日の洪大容その人が戯画化されたものである、とされる。

　一方、実翁とは大いに変貌を遂げた後半世の彼、すなわちこの書を著したころの彼自身であるとされる。ところが洪大容の思想を論ずる場合、この変貌すら無視され、前半生の彼と後半生の彼を混同して論じることが現在でも続いている。あるいは彼が書き著した作品がそれぞれ何時書かれたものであるかを論ずることなく、論者の都合に合わせて自由自在に勝手放題に切り貼りして論じられる。

　これは洪大容が帰国後、つまりその後半世においてどのような思想的な遍歴をたどったのか、これまでまったく論じられなかったからである。さらに言うなら、彼の思想遍歴から見て『医山問答』がいつ頃書かれたものであるのか、推定を試みることすらなされなかったからである。

　この『医山問答』がどのようにして誕生したのかという問題が、これまで問題にすらならなかったのは、その答えを見いだそうにも、ほとんど材料がないからであった。史料をもとに答えを出すのが、ほとんど不可能だからであった。と言うのは、洪大容あるいはその思想を論ずる場合、これまで彼の著作集『湛軒書』をほとんど唯一の史料としてきたからである。それは彼の五代の孫、洪栄善が編纂し一九三九年に出版されたものである。そこに収集された洪大容による著作あるいは手紙には、何年何月のものか記されない。さらには収録された手紙が極めて少ないのであるから、彼が思想的な変遷をどのように遂げたのか、ほとんどつかめなかったのである。

　ところがスンシル大学基督教博物館には『乾浄後編』二巻と『乾浄附編』二巻が蔵される。前者は洪大容が帰国した後、北京で筆談を交わした厳誠、潘庭筠、陸飛に送った手紙とその返信を主に収録する。『乾浄附編』には彼が帰国の途次に知り合った孫有義、鄧師閔、趙煜宗三人との往復書簡を主に収録する。それらの書簡にはそれを発送した年月を、または受け取った年月をほとんどすべて記している。しかも『乾浄後編』『乾浄附編』には『湛軒書』には収録されない多数の書簡を収録する。『湛軒書』に収録される中国人との往復書簡は、両者の約三分の一あるいは四分の一程度でしかないであろう。

　『湛軒書』は両者を底本として編纂されたに違いないが、重要な書簡を収録しないだけではなく故意にやったと考えるほかない書き換えと削除のほか、大きな錯簡さえある。私はすでに『湛軒書』外集、杭伝尺牘に巻二、巻三として収録される『乾浄衕筆談』がいかに杜撰な編纂物であるか述べたことがある[2]。『湛軒書』外集、杭伝尺牘、巻一は中国知識人との往復書簡からなるが、これまたさらに杜撰な編纂物である。『湛軒書』だけに頼っていては、彼の思

想的な変遷過程を明らかにできるはずはない。

　さて、洪大容がどのように朱子学から脱却して行くのか、『医山問答』に何が書かれているのかを考える上で、注意しておくことが二つある。その一つは、彼の書いたものの中に朱子による言説、また朱子学の前提となった程顥、程頤らの言説に対するあからさまな批判を探そうとしてはならないことである。彼が生きた十八世紀朝鮮では、朱子に対する批判はまったく許されなかった。一七六四年に日本へ来た異端児李彦瑱は「朝鮮の国法では宋儒によらずに経典を説く者は厳重に処罰される」と述べ、彼自身が朱子学を本当のところどう考えるのか、これを朝鮮ならぬ日本においてさえ一切語らなかった[3]。そこは朱子が孔子と同格な者として併称される世界であって、日本の伊藤仁斎や荻生徂徠らが、また中国の戴震らがそうであったように、朱子の言説を直接取りあげてこれに完膚なきまで徹底した批判を加えるなどありえなかった。当時において朝鮮で朱子学を批判することは、中国で満州族を批判したり、日本でキリシタン支持や尊皇倒幕を表明するのと同様、「厳重に処罰され」たのである。

　このような情況の中では、朱子をあからさまに批判しその説を否定する言葉は語られないし記されない。たとえば洪大容『桂坊日記』は後に国王となる正祖が皇太子の時代にその教育係となった彼の日記である。そこには、彼の後半世にあたる一七七四(英祖五十、乾隆三十九)年から翌年にかけて、彼が東宮で見聞きしたことや皇太子との問答を記している。しかし、その中で彼が朱子学にもとづき経書を皇太子に講じ、『詩経』を解釈していたとしても、この時期の彼が朱子学者であったと決して判断してはならない。彼は俸給を得て生きんがために東宮へ出仕していたからである。

　注意すべき第二のこと、それは『湛軒書』に収録される洪大容の論説や手紙

2　拙稿「홍대용의『乾浄衙会友録』과그改変─숭실대학교기독교박물관장본소개를겸해저-[洪大容『乾浄衙会友録』とその改変－スンシル大学キリスト教博物館蔵本の紹介を兼ねて]」(『동아시아삼국, 새로운미래의　가능성[東アジア三国の新しい未来の可能性]』ソウル、문예원、二○一二)頁一七七～一八四。中文訳：「朝鮮洪大容『乾浄衙会友録』及其流変－兼及崇実大学校基督教博物館蔵介紹」(『清史研究』二○一三年第四期)頁九四～九七。

3　拙稿「一七六四年朝鮮通信使と日本の徂徠学」(『史林』第八九巻五号、二○○六)頁二五。ハングル訳：「1764년조선통신사와일본의소라이학」(『연행사와통신사』ソウル、신서苑、二○○八)頁二四九。中文訳：「一七六四年的朝鮮通信使与日本的徂徠学」(『朝鮮燕行使与朝鮮通信使：使節視野中的中国·日本』上海、上海古籍出版社、二○一○)頁一三七。

のうち、それが何年頃に書かれたものか明らかでないものについては、さしあたり考察の対象から外さねばならないことである。我々は『乾浄後編』と『乾浄附篇』とを主な材料として、まず彼の思想的な変遷過程を確定し、その後各年代について類似した思想傾向をもつ論説や手紙を探り出し、これをもとにして始めて年代不明のものがいつ頃書かれたのかを類推する必要がある。『医山問答』がいつ頃書かれたのかについても、我々はこのような方法を取ることによって、はじめて推定が可能になるのである。

Ⅱ

　洪大容が燕行をはたした一七六五年の時点で、彼が典型的なまでの朱子学者であり、朱子信奉者であったことは、北京での筆談交遊記録である『乾浄筆譚』から見て疑いを容れない。これについては、彼が「情」という問題についてどう対処しようとしたのか、という問題に即して、すでに明らかにしたところである[4]。

　洪大容が典型的なまでの朱子学者であったことは、帰国してからも変わらなかった。これを示すのは第一に一七六六(乾隆三十一)年十月に陸飛に宛てて書いた手紙である。彼はここで朱子の格物窮理説に則り、王陽明の心即理や致良知、さらにその仏教に近い性格を攻撃する。「陽明は俗を嫉(にく)んで致良知を唱えるに至った」と一方では高く評価しながら、しかし結論としては、「陽明は荘子と同じく異端である」と断じている[5]。

　洪大容は厳誠にもこれとまったく同じ論調の手紙を送った。それは四千字近くにもなる長大なものである。それは北京で別れてから、厳誠のことを思い焦がれ、月日がたてばたつほど苦しいと訴えつつも、自分は夏以降に憂い

4　拙稿「一七六五年洪大容の燕行と一七六四年朝鮮通信使－両者が体験した中国・日本の「情」を中心に」(『東洋史研究』第六七巻第三号、二〇〇八)頁一六〇～一七一。中文訳：「一七六五年洪大容的燕行与一七六四年朝鮮通信使－以両者在中国和対"情"的体験為中心」(『朝鮮燕行使与朝鮮通信使：使節視野中的中国・日本』(上海、上海古籍出版社、二〇一二)頁一七六～一八二。

5　『乾浄後編』巻一、与篠飲書(冬至使行入去)。ほぼ同文は『湛軒書』頁一〇四下。
　嗚呼、七十子喪而大義乖、迂儒曲士、博而寡要、荘周憤世、養生斉物、朱門末学、徒尚口耳、記誦訓詁、泊其師説、陽明嫉俗、仍致良知。此其憫時憂道之意、不免於矯枉過直、而横議之弊、無以異於迂儒曲士、正道之害、殆有甚於記誦訓詁、則竊以為陽明之高、可比荘周、而学術之差、同帰於異端矣。

と病が重なり、焦って奔走するばかりで一字の書も読めなくなっている、と歎く。しかし、実践的な朱子学者たらんとするところは、北京で見せた彼の言動とまったく同じである[6]。

この手紙には長大な論説が加えられている。それは陽明学を断固として斥けず、仏教に親近感を表明した厳誠に対する一つの論戦でもあった。彼はまず、古学こそが実学であり正学であるとしつつ、「正学を扶けて邪説を息む」ことこそ重要であり、これこそ厳誠や自分たちの任務であると言っている。ここで言う正学とは朱子学そのものであり、邪説とは陽明学及びこれに近い仏教であること、明らかである。厳誠と潘庭筠が郷里杭州の隠士呉西林(呉穎芳)先生を尊敬して語ったのに対して、洪大容は彼が仏教信者である点で強く批判する[7]。

ところが洪大容は、朱子学者としての立場から、厳誠の姿を批判する一方でそのような批判に自ら疑問を感じたらしい。というのは、手紙に添えて「発難二条」と題する大問題大疑問を発し、厳誠の返答を仰いでいるからである。その一つは、儒教、道教、仏教三教は、あい近いものではないか、という大疑問である。あと一つは、仏教を排斥するのに厳であった名儒たちが、老子思想や仏教思想を持つ者をも高く評価したのは何故か、という大疑問である[8]。それは朱子学一辺倒に対する疑問というよりは、儒学のほか仏教や道教にも真理があるのではないか、という疑問であって、彼がその後、荘子などに傾倒して行く萌芽を自らの内に宿していたことを示す点で興味深い。

さて厳誠は北京で洪大容と分かれた後、会試に失敗し郷里の杭州へ帰っ

<hr />

6 『乾浄後編』巻一、与鉄橋書。ほぼ同文は『湛軒書』頁一〇五上～一〇六下。また『鉄橋全集』第五冊、九月十日与鉄橋。引用は『鉄橋全集』による。"不審入秋来、上奉下率、啓居適宜、看書講学之外、体験践履之功、益有日新之楽否。…嗚呼、人非木石、安得不思之、思之又重思之、終身想望、愈久而愈苦耶。容夏秋以来、憂病相仍、焦遑奔走、不能偸片隙読一字書、以此心界煩乱、少恬静怡養之趣、志慮衰颯、少彊探勇赴之気、別来功課潅落、無可道者、奈何。…伏願力闇鑑我無成、益加努力、憫我不進、痛賜警責、得以鞭策跛躄、追躡後塵也。"

7 『鉄橋全集』巻五冊、九月十日与鉄橋、書後別紙。"功利以襍其術、老仏以淫其心、陸王以乱其真、由是而能卓然壁立于正学者尤鮮矣。…(今力闇)平日好観近思、以僑論陽明為極是、知楞厳・黄庭不若儒書之切実、則亦可以壁立于正学矣。…扶正学息邪説、承先聖牖後学、匹夫之任亦其重且遠、力闇勉之哉。窃聞西林先生以宿徳重望、崇信仏氏、精貫内典、好談因果、諒其志豈如愚民之蠢然于福田利益哉。…如力闇之初年病裏、誦呪愛看楞厳、吾知其有所受之也。其知幾明決、不遠而復、亦何望人人如力闇乎。嗚呼、寿夭命也、窮達時也。"

8 同前書、又発難二条。

た。そして父親の命により生活の資をかせぐため、福建提督学政の招へいを受け、塾師となって福建省都福州へ行った。ところが厳誠は福州へ赴任した直後に病気に罹ってしまう。洪大容の四千字に及ぶ手紙を受け取ったのはこの時であった。厳誠は洪大容に宛てた返信中で「瘧を病むこと二ヶ月余りになるが良くならず、毎日寒気と高熱が交互におこり、筆を執っては手がふるえ、まともな字にはならない」というとおり、病床にあった。彼が死去するのはこの年の十一月五日、わずか三十六歳であった。

　一方、洪大容の方はちょうど同じ頃に父を亡くした。十一月十二日のことである。厳誠が病床で書いた手紙を受け取ったのは、その翌年つまり一七六八(乾隆三十三)年五月のことであった。この手紙を洪大容は、厳誠の死を伝える潘庭筠らの手紙と同時に受け取った。彼はこの年の春から、自宅から二十里はなれた墓所の近くに廬を置き生活していたから、その最中のことである。

　厳誠からの手紙も、三千字に及ばんばかりの長文であった。それは洪大容を暖かく励ますとともに、彼の北京での発言や今回の手紙に照らして、彼の思想の一面的なところや行き過ぎのところを厳しく批判するものであった。「湛軒の持って生まれた性質は全く問題ない」としながら、「その見解は拘泥にわたる」つまり一面的な考え方をしすぎて堅すぎるとするものであった。

　反論はおおよそ四点にわたる。第一は洪大容が詞章・訓詁・記誦すべてを害になるとしたのに対する反論である。なかでも「漢儒訓詁の功はもっとも偉大である。あまりに非難することは、おそらく間違いだ。訓詁に引っぱられることがよくないだけだ」というのは、当時、中国江南地方で勃興し始めた漢学、すなわち考証学の影響を伝える言葉として、注目される[9]。

　第二は宋儒・道学・陽明学に対する評価である。「ただ我々の胸中で、始めから道学の二字にやみくもに取りつくことは、断じて不可である」とする。また「道学先生なんてものは、一体何だ。王陽明が新説を唱えたのは、まことに恨むべきことではあるが、今や陽明学の残り火はすでに消えさって久しい」ともいう。これは朱子学に凝り固まる洪大容に注意を与えるとともに、陽明学は今や中国ではほとんど問題ではない、と中国学界の現状を伝えたものである。清朝政権が中国で誕生してから洪大容の燕行にいたるまで、朝鮮知識人

9　同前書、同冊、附鉄橋丁亥秋答書。また、『乾浄後編』巻二、鉄橋書(戊子=乾隆三十三年五月使行還、浙書附来)。
　湛軒性情無可議者、其所見以稍渉拘泥。…湛軒挙詞章・訓詁・記誦之事、皆以為害道、弟不能無疑。…而訓詁二字、則経学之復明、漢儒訓詁之功尤偉。恐不可以厚非、牽于訓詁則不可耳。

と中国知識人との学術交流はほとんどなかった。このため洪大容は、陽明学という「邪説」が中国で明末以来ずっと流行していると思い込んでいた。北京で筆談したときも、ソウルから書き送った手紙でも、彼は陽明学を過度に問題とした。それと察した厳誠は、陽明学を重く捉えるのは今や時代錯誤である、と冷水を浴びせたのである[10]。

　第三には、仏教評価である。厳誠によれば、これまで偉大な人物はしばしば仏教信者であった。「道学を講ずる先生方には、天にも地にも明らかな彼らの偉大な事業を弁別できない、まさにこれが心配だ」、そして「わが洪大容さんが人を知り世を論ずるに際して、いま少しその拘泥の見を破ってくださらないか、切に望む」という。

　厳誠による仏教評価は、洪大容が佞仏であるとして批判した杭州の隠士、呉西林に及んだ。厳誠によれば呉西林とは「博雅好古にして隠居し自分一人で喜んでいる君子にすぎず、その日常生活でも大いに見るべきものがない人物」であった。世間に何の影響力もないのだから、彼が仏教信者であろうとなかろうと、問題にもならない、と言うのである。北京で筆談したときには、厳誠は潘庭筠とともに呉西林の高雅で絶俗なところ、とくに杭州へ赴任してきた高官が訪問することすら拒絶すること、音韻学や文字学に打ち込むその姿を絶賛していた。しかし内実はもう少し複雑であり、厳誠はむしろこのような考証学にのめり込む人物を小バカにしていたのである[11]。

　第四には老子と荘子に対する評価である。厳誠はこの二人を高く評価し、「老子・荘子は二人とも天から受けた資質がなみはずれている。…(彼らが発した言葉の)大半は、時を憤り俗を嫉むがため、こらえ切れずにそう言ったにすぎない」、「目をうつろにし心を痛めた究極として(蒿目傷心之至)人を驚かすような過激な発言をしたに過ぎない」、と言った[12]。また「正学を扶ける、邪説

10　同前書。
　　今湛軒有得于宋儒緒言、知安身立命之有在、則甚善矣。但吾輩胸中断不可先横着道学二字。…而此外別有所謂道学先生何為者也。王文成倡其新説、貽悞後人、誠為可恨。然其事功自卓絶千古、今則道徳一、風俗同之世、姚江(王陽明)之餘焔已熄久、無異言横決之患。吾輩為賢者諱、正不必時借此以為弾躬之資。

11　同前書。
　　如宋之富彦国(富弼)・李伯紀(李綱)諸公、晩年皆篤信仏氏、安得以此而遂掩其爲一代偉人。正恐講道学先生不能辦此軒天掲地事業也。弟此時已不爲異学所惑、豈故為此両岐之論。良欲吾湛軒于知人論世之際、少破其拘泥之見耳。若西林先生之佞仏、則其人不過博雅好古隠居自得之君子、其生平亦無大可観者、弟豈必爲之廻護哉。知交之中、強半皆非笑之者、可無慮其従風而靡也。

を息む、人心を正すことは、我々にその責任があるとはいえ、根本的なところを考えず、このような言説をなさんと自負するのであれば、大言をもって世を欺くのに近いのではないか、これが心配だ」と言う[13]。要するに、朱子学以外にもっと寛容になれ、偏狭に他の思想を異端であると決めつけて語るのは、むしろ世を欺くに近いと言うのである。

洪大容はこの逐条にわたる反論の手紙を読んで、これは厳誠が自分一人に宛てて書いた遺言状であることをただちに理解したであろう。その手紙には「筆を執るも手がふるえ、字をなさない」と記されるから、恐ろしく字の乱れた手紙であったと考えられるが、それがまた洪大容にとって衝撃であったに違いない。

ちょうどそれから一年後、洪大容は陸飛からの返信をも受け取った。それは、厳誠の死去を悼むととともに、先に洪大容が荘子と陽明とを異端であるとして論じた考えに対して、次のように記すものであった。

陽明先生について論じられた別語については、白黒をつける時間がありません。わたくし思いますに、良知であれ致知であれ、まじめにやってゆき、根本のところに立脚できるのであれば、天下の理を全部が全部窮めつくせないとしても、正しい人となるのに問題はないと考えます。そうでなければ、その弊害は浮ついた文章遊びよりひどいものがあります。もし煩悩を除去し生死を同じく空と観じようと欲するならば、荘子の斉物が近か道でありましょう。わたくしめは、儒を逃れて墨に入ろうとしております。洪大容さんはいかがお考えでしょうか[14]。

12　同前書。
老荘皆天資超絶、度其人、非無意于世者、不幸生衰季而発其汗漫無稽之言、大半憤時嫉俗、有激而云然耳。彼豈不知治天下之需仁義礼楽哉、蒿目傷心之至、或則慨然有慕于結縄之治、或則一死生而斉物我。…然二千餘年来、排之者亦不一人、而其書終存、其書存而頗亦無関于天下之治乱。蓋自有天地以来、怪怪奇奇何所不有、而人心之霊又何所不至。…吾輩直視為姑妄言之之書、存而不論、可耳。必取其憤激駭聴之言、如絶聖棄智剖斗折衝之類、曉曉焉逞其撃断、究竟何補于治、而老荘有知、転暗笑于地下矣。此是講学人習気人云、亦云落此窠臼、最為無謂。

13　同前書。
此刻偶有所見、遂書以質諸湛軒、不審以為何如。吾輩且須照管自己身心、使不走作。若扶正学息邪説正人心、雖有其責任、恐尚無其本領、遽以此自負、近于大言欺世、弟不敢也。

14　『乾浄後編』巻一、篠飲書(己丑＝乾隆三十四年五月使行還、浙信附来)。なお、『燕杭詩牘』収録の同文では、陸飛はこの手紙を一七六七(乾隆三十二)年十二月一日に書いたとする。
陽明先生別語、不暇辨也。愚意無論良知致知、只是老実頭做去、従根本上立得住

　ここで言う「儒を逃れて墨に入る」の墨とはその前で煩悩や一空生死、あるいは荘子の斉物に言及していることから明らかなように、墨子その人やその思想とは全く関係ない。要するに儒教を逃れて仏教あるいは荘子思想のような「異端」に即くことである。これまた寛容を説くものであった。

　中国の思想界の動きを伝える二つの手紙は、朝鮮の空気とあまりに違うものであった。厳誠が求道者的であり、陸飛がより高踏的であるという違いはあったが、ともに洪大容の姿勢と考えをあまりに堅すぎる、朱子に対してであれ陽明に対してであれ、あまりに拘泥しすぎている、という点では、完全に一致していた。洪大容はこの二つの手紙、なかでも厳誠のそれから大きな衝突を受けた。これらの手紙はその後彼が思想的な変貌を遂げる大きな契機となった。以上に紹介した厳誠と陸飛の言葉は、その後洪大容の書いた文章の中に何度もリフレインのごとく登場するから、記憶にとどめていただきたい。

　洪大容が二つの手紙を受け取った前後に書いた手紙が残っている。それは、明らかにこれらの手紙から大きな影響を受けたに違いないことを示すものである。『湛軒書』内集、巻三に収録する「与人書二首」がそれである。それは金鍾厚にあてた手紙二つを一緒に収録したものである。

　金鍾厚の『本庵集』には、この時に洪大容にあてて書いた手紙が収録され、己丑(一七六九、英祖四十五、乾隆三十四)年に書かれたと記される。これを「与人書二首」と照らし合わせると、まず金鍾厚が礼書を研究すべきこと、とくに礼書の研究にあたってこれにかかわる古訓を研究すべきことを洪大容に教える手紙を与え、これに対して第一の手紙をもって反論したことが明らかである。これに金鍾厚は『本庵集』に収録する手紙をもって反論した。これに対して洪大容が再度批判したのが、第二の手紙である。第一の手紙は、その内容から見て一七六八年の夏以降に書かれた。つまり、厳誠の手紙を受け取ったのが一七六八年五月のことであったから、ちょうどこの頃である。この第一の手紙が厳誠の手紙を受け取った前か後かはわからないが、そこには厳誠の手紙から影響を受けたとみられるところはまだ一つもない。

　ところが第二の手紙になると、これには明かなその影響を読み取ることができる。その内容から推して、これが一七六九年春に書かれた金鍾厚の手紙、すなわち洪大容の反論に対して論駁を加えたものを受け、この年の夏以降、より正確にはおそらく秋から冬にかけて書かれたものであった。金鍾厚

脚、雖未能窮尽天下之理、無害其為正人。否則其弊更有甚於文士之浮華者。若欲剗除煩悩、一空生死、則荘生斉物庶幾近道。愚将逃儒而入墨、老弟以為何如。

の主張によれば、人が牛馬ではない以上、礼なしには生きられない。「礼に
則っておこなう階段で上り下りの一つ一つ、相手に対する挨拶の一つ一つが
すべて天理である」から、礼の研究が必要である。自分は実際の生活で礼の一
つ一つをどうやるのが正しいかわからないので、『朱子家礼』を見てみるのだ
が、『朱子家礼』は『儀礼』なしでは読むことができない。ところが『儀礼』で言
う各々の礼については諸説紛々であるから、その注疏を読まねばならない。

　ところがこの注疏を読むためには、これに対する徹底的な研究が必要であ
る、というものである。朝鮮では朱子学をそのままにした点では全く違うも
のの、ここでも様々なテキストをもとにして注疏まで徹底して研究をすべき
だとする点で、この頃から中国で全盛を迎えることになる考証学と極めてよ
く似た動きがあった。洪大容の第二の手紙はこれに全面的な反論を加えたも
のである。三千字以上にのぼるその反論は、礼の研究をむしろ有害であると
し、またそのような必要もないことをするのは、結局のところ売名行為では
ないかと激しく非難するものであるが、そこに次のような一節があるのが注
目される。

　　　ああ、孔子の直弟子七十人が死んでから、大義とは何かわからなくなっ
　　た。荘子は世を憤り、養生を説き斉物を説いた。朱子の末学どもが師匠の説
　　に拘泥して抜け出せなくなると、王陽明は俗を嫉んで致良知を説いた。ただ
　　二人の賢者にして、自分の方から門戸を分かち、甘んじて異端となったのだ
　　ろうか。彼らもその憤嫉の極みとして誤りを正してあまりに率直すぎただけ
　　である。わたしのような庸劣な者が言えることは、何もありませんが、生ま
　　れつき気が変なほどに頑固で世に媚ることができませんから憤嫉するところ
　　あり、荘子と陽明が勝手気ままに議論したことに対して、実にわが意をえた
　　りと不遜にも考え、心ひかれて見つめ、ほとんど儒を逃れて墨に入らんと欲
　　するばかりです[15]。

　さて、この文章ほとんどは、一七六六年十月に陸飛に宛てて書いた手紙と
同じであることは誰にもわかる。ところが決定的に違うところがある。それ

15　『湛軒書』内集、巻三、与人書二首(頁六九上)。
　　嗚呼、七十子喪而大義乖、荘周憤世、養生斉物、朱門末学、泪其師説、陽明嫉俗乃
　　致良知。顧二子之賢、豈故為分門甘帰於異端哉。亦其憤嫉之極、矯枉而過直耳。如
　　某庸陋、雖無是言、賦性狂戇、不堪媚世、将古況今、時有憤嫉、妄以為二子横議、
　　実獲我心、怳然環顧、幾欲逃儒而入墨。

は、一七六六年十月の段階では荘子と陽明とは結局のところ「迂儒曲士」と同じであり、「同じく異端である」と断罪していたものが、一七六八年夏以降に書いた手紙になると、荘子と陽明の言葉をわが意を得たりと考えるにいたり、さらには「ほとんど儒を逃れて墨に入らんと欲するばかりである」と述べるように、むしろ肯定的に述べるに至ったことである。「逃儒而入墨」が陸飛の言葉をそのまま用いたこと、ほとんど疑いを容れない[16]。洪大容がこの陸飛の手紙を受け取ったのが、この年の五月であったから、彼はただちにこの言葉を転用したのである。『儀礼』に見える礼の一つ一つがどうかなどという小さな問題に齷齪する金鍾厚に対して、「纏繞拘泥」と批判する「拘泥」という語も、もしかしたら厳誠が自分を評し批判した時に用いた言葉をここで転用したのかもしれない。

　洪大容は北京での筆談で中国の友人、なかでも厳誠の影響を大きく受けただけではない。彼は帰国後も、彼からの手紙を通じてその後半世を決定するような大きな影響を受けたのである。

Ⅲ

　ところがこの厳誠の遺言書とも言うべき重要な手紙が、『湛軒書』には収録されない。洪大容は一七六八(乾隆三十三)年十月の燕行使出発に合わせて、陸飛に手紙を書いている。そこには「厳誠は福州から手紙を寄こしたが、これはその死のわずか数ヶ月前のことである。病気で体が震え困憊する中、なお手紙は数千字に及び、わずかな点も漏らしておらず、心力は絶人、処事の真実なること、ますます人をして痛恨せしめ、心を折れさせる」と記してあった。

16　박희병『범애와평등－홍대용의사회사상[汎愛と平等－洪大容の社会思想]』(ソウル、돌베개、二〇一三)頁六九－七四ではこの「逃儒而入墨」をもとに、「注目されるのは湛軒(洪大容)が何度も"墨に入りたい"ということを明らかにしている事実である」とし、洪大容が墨子を重視していた論拠とする。しかし「韓国文集叢刊」「中国基本古籍庫」「四庫全書」データベースで検索するかぎり、「逃儒入墨」「逃儒帰墨」などの語は孟子の時代を直接述べるものでないかぎり、ほとんど例外なく「儒教を棄てて異端に走る」ことを意味し、より具体的には「仏教に走る」ことを「入墨」と表現している。ここで実際に問題とされているのは荘子あるいは王陽明の学であって、墨子そのものではまったくない。他に論拠とされる「老墨」の語も老子と並称され、儒教以外を意味するにとどまるし、「楊氏為我、…墨氏兼愛」も楊子と並称される。洪大容が特に墨子に関心を向けていたようには、まったくない。

洪大容がどんな気持ちで厳誠の手紙を読んだのかは誰もが理解できよう[17]。しかもこれは『湛軒書』にも収めてある。

　ところが『湛軒書』には、この厳誠が洪大容にあてた重要な手紙を収録しない。おそらくこれは、洪栄善ら二十世紀の編纂者たちが故意にやったことである。洪大容と厳誠は無二の親友であり、国境を越えて影響し合った。これは『乾浄筆譚』から洪大容が死去する直前までに書いたものを読めば、誰にも理解できた。ところが二十世紀の編纂者にとっては、二人のうちどちらがより大きな影響を受けたかと言えば、洪大容ではなく厳誠の方であった。どうやら彼らにとっては、より影響を与えたのは洪大容の方でなければならなかったようである。そうでなければ、何故こんな二人の関係を示す重要な手紙を収録しないことがあろうか。彼らをそのように導いたのは、おそらく彼らの持つナショナリズムであったと考えられる。

　ところがこのナショナリズムは、もう少し根が深いようである。と言うのは『湛軒書』には洪大容の従父弟つまりいとこにあたる洪大応が書いた思い出の記が収録される。その一条によれば、洪大容は朝鮮人の著作の中では李珥(李栗谷)の『聖学輯要』と柳馨遠の『磻渓随録』とが経世有用の学である、と語っていた。中国杭州の学者厳誠が朝鮮儒学者の性理学に関わる書を求めたので、洪大容は『聖学輯要』を贈り、ついには厳誠をしてその尊崇する陸象山・王陽明の学を棄てさせ、正学に帰らせたと言う[18]。

　しかしこの話には、いくつかの誤り、あるいは絶対にあり得ない部分が含まれる。まず厳誠は特別に陸王の学、つまり陽明学を尊崇してはいなかった。この点については、すでに紹介した洪大容に与えた最後の手紙に明瞭に記されているから、多くを語る必要はない。厳誠が陽明学を尊崇しているとしたことは、洪大容が厳誠の遺言書を受け取るまで考えていた誤解であったが、これがそのとおり『乾浄筆譚』に記されているから、中国の学者は朱子学でなければ陽明学を信奉しているとする朝鮮知識人の当時の一般認識も手伝って、この誤解が洪大応にも共有されていたらしい。

17　『乾浄後編』巻二、与篠飲書(戊子=乾隆三十三年十月作書、附節行)。『湛軒書』頁一一五上。
　　鉄橋南闈寄書、距死前只数月、病癯困頓之中、猶一札数千言、繊悉不漏、可見心力絶人、処事真実、益令人痛恨而心折也。

18　『湛軒書』附録、従兄湛軒先生遺事(頁三二三下)。
　　東人著書中、以聖学輯要・磻渓随録為経世有用之学。杭州学者厳誠求東儒性理書。先生贈以聖学輯要、終使厳誠棄其所崇陸王之学而帰之正。

　厳誠が陽明学を尊崇しているとの話は『湛軒書』所収『乾浄衕筆談』の最後に
収める「乾浄録後語」にも記されているから、これを読んだ者はいよいよそれ
を信じて、疑わなかったであろう。これはその文面から見て、洪大容が書い
たに違いないからである。しかしこの「後語」は、実は一七六六(乾隆三十一)年
九月以前に書かれたものであった[19]。すなわち「後語」は彼が『乾浄衕会友録』を
書いた直後につけられたものであって、当然この段階では洪大容自身も厳誠
は陽明学信奉者だとばかり思っていたのである。厳誠の遺言書を受け取った
一七六八年以降であれば、洪大容はこんなことを語ったはずはない。

　最も大きな誤りは、洪大容が陽明学信奉者の厳誠を説服して朱子学に帰さ
せた、とする点である。この誤りは厳誠の最後の手紙を読んだわれわれから
すれば、明々白々である。厳誠は朱子学に帰らなかったばかりではなく、朱
子学一辺倒の洪大容を逆に「拘泥している」と最後の最後まで批判して死んで
いった。さらに言うなら、『聖学輯要』を厳誠に送ったのだが、これを受け取
る前に死んでしまった、だからやむなくこの書を厳誠の兄厳果に代わって受
け取ってくれるように、と洪大容自身が手紙を書いているのだから、こんな
話を洪大応に語ることは決してありえないのである[20]。おそらくは中国知識
人が朝鮮朱子学に敗北した話として、これは洪楽善ら近代朝鮮の知識人の間
で語り継がれていただけではなく、すでに洪大容が生きたのと同じ時代、あ
るいはその死からしばらくして、すでに生まれていたのであろう。

　以上によって、一七六八年に厳誠と陸飛から手紙を受け取ったのが、彼が
朱子学から脱却することになる決定的な契機であったことは明からかであ
る。これ以降、少なくとも、彼が比較的率直に彼の思想や精神状況を語りえ
た中国人に対する手紙の中には、彼が一七六六年に北京で語ったような、あ
るいは帰国後に厳誠や陸飛に与えた手紙にあるような、硬直した朱子学賛
美、朱子学擁護の言葉は見えなくなるし、朱子学的な修養を語る言葉も見え
なくなる。『医山問答』にも朱子学的な考え方はまったく見えない。これとと
もに、彼の変貌と苦闘が始まることになる。

19　『乾浄後編』巻一、与秋庯書(丙戌[乾隆三十一年]冬至使入去作書付訳官辺翰基)。別
　　紙。この手紙は『湛軒書』頁一〇七上に「与秋庯書」として収録されるが、のち「別紙」
　　は削除される。そしてこれは『乾浄衕筆談』の最後に独立した文章として、「乾浄録
　　後語」と名付けて収録される。
20　『鉄橋全集』第五冊、与九峰書。『湛軒書』頁一一六下、与九峰書。
　　これによれば、厳誠が死去したため、前に彼に送った『聖学輯要』四巻を厳果が代わ
　　りに受け取ってくれ、と言っている。厳誠に『聖学輯要』は届かなかった。

IV

　さて喪が明けたのは、一七七〇(乾隆三十五)年春のことである。彼はこの間、天安郡寿村(長命里)の自宅から出て、墓所の近くに廬を建てて生活していた。彼は国内外の知人に書き送った手紙で、しばしば父の死、あるいはこれを契機とする疲労困憊が彼の人生を変えたかのごとく語る。もちろん父の死も大きな原因であったであろうが、ちょうど喪に入って間もなくして受け取った厳誠の手紙こそが、彼が変貌する大きな契機であったと考えるべきであろう。先に挙げた金鍾厚にあてた二つ目の手紙は、一七六九年の秋から冬にかけて書かれたと考えられるが、そこでは「すでに別人となった」と記している[21]。あるいは、この廬にあったことが、彼が新しく思想形成を遂げるための格好の時間と場所を提供したのかも知れない。一七六八年秋に中国の知人孫有義に送った手紙でも、父の死にもかかわらず自分は死なずにいる、廬での生活が哀しく苦しいと訴えながらも、「自分は廬に居り、窮郷にあって紛華から遠ざかり、朝晩『論語』『孟子』の諸書を取り誦読している」と書いている[22]。おそらく一から勉強し直さなければならないと考えたのであろう。

　彼が喪中の間、科挙を受けなかったことは言うまでもないが、喪が明けるとともに科挙を捨て去ることを決断する。一七七〇(乾隆三十五)年秋に、これまた中国の知人趙煜宗(梅軒)に送った手紙では、「幸い先祖が残してくれた数頃の田土があるからこれで食っていける」と記す。かつまた、「暇な日には古訓に努力し、大丈夫たる者が本来持つべき豪雄さに心を遊ばせている」と記している。喪が明けても、猛然と勉強を続けていたのである[23]。

　このような手紙を読む限り、彼は外界と遮断された環境の中で、新しい自分を求めて、闊達にそして溌剌として邁進していたかに見えるが、実はそうではなかった。

　後年一七七四(乾隆三十九)年十月に、やはり中国の知人鄧師閔(汶軒)にあて

21　『湛軒書』頁六九上。
22　『乾浄附篇』巻一、与蓉洲書。
　　某近居廬、窮郷跡遠紛華、早晩取論孟諸書、随力誦読、反躬密省、験之日用、無味之味、劇於嚼蝋。
23　『乾浄附編』巻一、梅軒書。
　　弟苫塊餘生、衰象已見、功名已途、揣分甚明。且幸籍先蔭有数頃薄田、可以代食、将欲絶意栄顕、随力進修、康済身家、以其暇日、努力古訓、玩心於大丈夫豪雄本領、此其楽、或不在禄食之下。

た手紙では、この頃の自分を回想して、次のように記している。

　自分は有名にならんとする野望を捨て、科挙受験のための勉強をやめ、門
をとざして琴をひいたり書を読んだりし、政治問題は口にせず目にも耳にも
入らない。他人がこれを見たなら、淡然として静寂なことだときっと思うに
違いない。しかし、その心中をよくよく見るなら、あるいは愁いや憤りが心
を焦がすことを禁じ得ぬのであって、このためこれを詩句に発し、強いてひ
まな無駄話をしているのである[24]。

　では、このように新しい情況の中で、彼はどこにたどり着いたのであろう
か。その一つは、荘子思想であったと考えられる。

　『荘子』秋水篇に見える河伯と北海君との問答が、『医山問答』における虚子
と実翁との問答のベースになったとの説がある[25]。これは卓見であると思
う。というのは、洪大容は燕行する以前から一貫して『荘子』を愛読していた
からである。虚子とは普通、真実を悟った実翁に対して、虚妄の世界に生き
る人物として捉えられている。しかし実は、虚子はすでに『乾浄
筆譚』の中に、洪大容自身が「拘墟子(拘虚子)」と呼ばれて登場する。この
「拘墟子」とは『荘子』秋水篇に出て来る「虚(墟)に拘る」に由来する言葉である。

　「拘墟子」の語は『乾浄筆譚』(『乾浄衕筆談』)二月十七日に登場する。この日
に先んじて、洪大容は郷里においた別荘および庭園のすぐれたところ八ヶ所
について、「八景小識」という小文を厳誠に送っていた。八景につきそれぞ
れ、これに因んだ詩を作ってくれるよう求めるものであった。八景の一つは
「玉衡窺天」と題するもので、小識には籠水閣に渾天儀すなわち天文機器を設
け、そこで天体観測をしていると書かれていた。この「玉衡窺天」にちなんで
厳誠が作った詩の一節には、次のようにあった。

　狭苦しいことよ、かの外界を知らないお方(拘墟子)は。終身、井戸の中に
座って天を見てござる[26]。洪大容はこの「拘墟子」が『荘子』秋水篇にちなむも

24　同前書、巻二、与汶軒書(甲午＝乾隆三十九年十月)。同文は『湛軒書』頁一二七上。
　　三十七歳、奄罹茶毒、三年之後、精神消落、志慮摧剝、望絶名途、廃棄挙業、将欲
　　洗心守静、不復遊心世網。惟其半生、期会卒未融釈、雖杜門琴書、時政不騰口、不
　　除目、不剽耳、自他人観之、非不澹且寂也。夷考其中、或不禁愁憤薫心、以此其発
　　之詩句、強作関談之套語、未掩勃谿之真情。

25　宋栄培「홍대용의 상대주의적 思惟와 변혁의 논리－특히『荘子』의 상대주의적 문
　　제의식과의 비교를중심으로－[洪大容の相対主義的思惟と変革の論理─特に『荘
　　子』の相対主義的問題意識との比較を中心として─](『韓国学報』第二〇巻第一号、
　　一九九四)。

26　『乾浄衕筆譚』二月十七日(頁五九)。

のであることを、ただちに理解できたはずである。と言うのは、彼はこの『荘子』秋水篇をよくよく読んでいたからである。同じく『乾浄筆譚』(『乾浄衕筆談』)二月二十六日に潘庭筠が別荘愛吾廬を訪ねたいと言ったのに対して、洪大容は「お来しになりたいとは言っても、鼈の膝がひっかかるでしょう」と言ってまぜかえし、潘庭筠に大笑いさせているからである。この「東海の鼈」の話も『荘子』秋水篇に出てくる。井戸の底の蛙が東海に住む鼈に対して、井戸から飛び出る快感を語り一度入ってごらんなさい、と言った。

　スッポンは井戸の中に入ろうとしたが左足が入らないうちから右膝がつかえてひっかかり、そこで、大海原である東海の楽しみを語って聞かせた、という話である。東海とは朝鮮に掛けてある。筆談の席で即妙に「鼈膝」の語を出せたのは、よほど『荘子』秋水篇に親しんでいなければありえないことである。とすれば、『医山問答』に出て来る虚子とは自分の若い頃のあだ名である拘墟子、実翁とは彼をからかった厳誠であると見ることもできよう。このほか『乾浄筆譚』の中には、「天機」(二月十二日大宗師篇)、「越人無用章甫」(二月十二日、逍遙遊篇)、「芻狗」(二月二十三日)、「魚相忘於江湖」(二月二十四日、大宗師篇)など、いずれも『荘子』にちなむ言葉を洪大容自身が使っている。燕行以前から彼はよほど『荘子』に近親感を持っていたらしい。

　しかし、彼が荘子に傾倒と言ってもよいほどあこがれを持っていたことを示すのは、一七七三(乾隆三十八)年七日に孫有義にあてた手紙に見える「乾坤一草亭小引」であろう。この文章は『医山問答』との関わりで重要である。

　洪大容はその前年、ソウルの竹衚に転居し、その西園に一間の草屋を設け、乾坤一草亭と名付けた。小引はこの時つくられたものである。それは次のような文句で始まっている。

　「この世界で秋の獣の毛先ほど大きなものはなく、泰山ほどちっぽけなものはない(『荘子』斉物論篇)」とは、荘子が憤激して言ったのである。今わたしは、天地(乾坤)を一本の草と同じようなものだと見なす。わたしは荘子の学をなさんとしているのだろうか。三十年の間、聖人の書を読んできたのに、わたしは儒学から逃れて墨に入ったりしようか。風俗が衰えた世にあって父を亡くし、目をうつろにし心を痛めた究極の果てに、こんなことを言うのである。ああ、物にも自分にも成(生、完成)と虧(滅、毀損)があることも知らず

陋彼拘墟子、終身乃座井。なお『荘子』はテキストによって「拘於墟」「拘於虚」と二通り書かれる。「拘墟子」も韓国銀行蔵『乾浄筆譚』とソウル大学奎章閣韓国学研究院蔵一本『乾浄筆譚』では、「拘虚子」と作る。

に、なんで貴賤や栄辱を論じようか。生まれたかと思えば死んでゆくのだから、蜉蝣が朝生まれ晩には死んでゆくのよりひどいではないか。逍遥としてこの草亭に寝そべり、この身を造物者に還すことにしよう[27]。

「乾坤一草亭小引」とはもと「乾坤(天地)の間に一つの草亭」という杜甫の詩にちなむ。しかし洪大容はこの杜甫の詩を用いながら、万物斉同を説く荘子によりながら、この草屋に「乾坤すなわち天地は一本の草にほかならない」という意味を寓して名付けた。この小引には『荘子』に見える言葉が数多く散りばめられている。彼はここで「三十年の間、自分は聖人の書を学んできたのに、儒から逃れて墨に入ろうなどとするだろうか」と言う。ここでの「墨」も墨子ではなく、端的に荘子であることは言うまでもない。

自分が乾坤一草亭と名付けたのは、荘子がこの世を憤激して斉物論を書いたのと同様、自分も憤激し傷心のあまりこのように名付けたのだという。「蒿目傷心之極」とは、かつて厳誠がその遺言書で老荘の言葉を「蒿目傷心之至」と記したそのままである。あれからすでに五年ほどたっていたが、その言葉は洪大容の心に深く刻まれていた。確かに洪大容は、自分は荘子の徒ではな

27　『乾浄附編』巻一、与蓉洲書(癸巳＝乾隆三十八年七月)。
第昨年移宅、近坊曰竹衙、宅西有園、倚園而有一間草屋、層砌雕欄、結構頗精、乃命以乾坤一草亭。…偶成小引、仍譜十韻、一二同人従而和之。并以径寸小紙書掲楣間、此中何可少蓉洲一語耶。引与詩在下。其粗漏処、祈教之、即賜和詩為祷。
大秋毫而小泰山、荘周氏之激也。今余視乾坤為一草、余将為荘周氏之学乎。三十年読聖人書、余豈逃儒而入墨哉。処衰俗而閔喪威、蒿目傷心之極也。嗚呼、不識物我有成虧、何論貴賤与栄辱、忽生忽死、不啻若蜉蝣之起滅已焉哉。逍遥乎寝臥斯亭、逝将還此身於造物。
なお、この小引は『湛軒書』内集、巻三(頁三四下)に「乾坤一草亭主人」と題して収めるが、年月が記されない。またこの「与蓉洲書」は『湛軒書』頁一二〇下に収めるが大幅に削除され、ここで引用した文章も削っている。
小引が一七七三年に作られたことは、この「与蓉洲書」によっておおよそ推定できるが、さらに『乾浄後編』巻二にはたまたま乱丁があり、いくつかの詩文の目録が紛れ込んでいることからもわかる。そこでは「題乾坤一草亭小引并小引」は癸巳つまり一七七三年の作と記す。
『乾浄附編』では、小引に続いて、洪大容作の賦十韻を記す。さらに「次蓉洲寄秋庫詩韻」を続けて記し、北京でなした筆談が楽しかったこと、厳誠と自分とは自分と他人という区別なしに交わったこと、などを記し、その思い出は「一心に結ばれて解けず、多情は真に自分に属す」と記す。「小引」は『湛軒書』付録(頁三二六下)で「乾坤一草亭題詠小引」と題して重複して収録する。『湛軒書』頁三二七上で「亭主(洪大容)題詩原韻」のあと、李鼎祜、李徳懋、朴斉家、柳得恭、孫有義、李淞、金在行の次韻を記す。孫有義のそれは、この洪大容の求めに応じて贈られたものと考えられる。

い、あくまで儒者であると言ってはいる。しかしこの小引からは、彼がこの
一七七三年の頃にいかに荘子に傾倒していたかを読み取りうるだけである。
そして『医山問答』を同時に仔細に読むならば、そこには憤激する彼の思いを
ここかしこに読み取ることができるであろう。先ほど、『荘子』秋水篇に見え
る河伯と北海君との問答が、『医山問答』における虚子と実翁との問答のベー
スになったとの説を卓見であると言った。それは『医山問答』が『荘子』とよく
似た相対主義で貫かれているからというだけではない。また虚子が『荘子』の
「拘墟(虚)」に由来するからだけでもない。『医山問答』が『荘子』と同じく、憤激
の書であると考えられるからである。洪大容その人の言葉を借りて言うな
ら、「『医山問答』とは洪大容が憤激して作った」ものと考えられる。

V

　『医山問答』が『荘子』と同じく、憤激の書ではないかと思うのは、そこに甚
だしい常識的な見方に対する反発と否定があるからである。始めに挙げた、
「仁に仮りる者は王」とは、もともと『孟子』に見える「仁に仮りる者は覇」を大
胆にも借用しながら、これとまったく違う価値を盛り込んだものであった。
これは当時の常識を逆なでするかのようである。清朝だけではなく、明朝を
も否定する論理を持ち込んだのは、常識的な考えに慣れた者をあざ笑うかの
ようである。さらに言えば、朝鮮国をも否定する論理を盛り込んでいるの
は、尋常の沙汰ではない。しかしそれでいて、すべて道理が通っている。そ
こには『荘子』に見えるのと同じような哄笑が聞かれる。『医山問答』には単な
る相対主義を超えた、『荘子』との類似性が見られる。それは洪大容自らが言
う時代に対する憤激である。
　「乾坤一草亭小引」が書かれた一七七三年の頃から、中国の知人にあてた手
紙には、自分は腹を立てているという言葉が幾度となく現れるようになる。
これは『医山問答』の誕生と深い関係があるであろう。もちろん洪大容は一七
六九年に金鍾厚に宛てて書いた手紙に見られるように、彼はこの時でも腹を
立てていた。いや、厳誠の遺言書を受け取った頃から、のべつ腹を立ててい
たと言ってよいようである。しかし『乾浄後編』と『乾浄附篇』による限り、彼
の腹立ちは一七七三年頃から顕著になり、一七七六(乾隆四十一)年にピークを
迎えたかのごとくである。その後は収まったかに見受けられる。たとえば一
七七四年十月に孫有義に送った手紙では、自分は元々狂狷なところがある

が、「さらに貧乏暮らしで鬱屈し、時に憤慨をたくましくし、病気であるのに分に安んじて養生できないでいる」、と語る[28]。

　彼はどうやら体質的に体が弱く、しばしば病気にかかっていた。この体調不良から来る不快感もあったであろう。一七七三年十月に鄧師閔にあてた手紙では自分は最近重い風邪にかかって「病気で十分に睡れない」と語る。さらには、家族と団欒しているときも憂いや怒りがこみあげ、周りに当たりちらしていると語る[29]。そこではもはや情に過不足が生じないようにと、存心居敬にはげんでいた燕行前の朱子学者としての面貌をまったく見いだすことができない。

　彼が時にイライラし時に怒りを爆発させていたのは、この体調不良のほか思想上の問題が大きく作用していた。中国人の知人鄧師閔は次のような手紙を洪大容に書き送っている。すなわち「あなたと交際を始めてから以後、いただいた手紙をつらつら観るなら、常に不平の中に抑鬱の思いが見えかくれしている。盛世に冤民なしと言うから、よくよくお気をつけてください[30]。」

　では洪大容は何によって鬱屈し、何に腹を立てていたのか。すでに一七七〇(乾隆三十五)年に書いた「雑詠十首」の一つで、彼は次のように詠う。

　真の文章を得んと欲すれば、須らく真の意思あるべし。賢聖人とならんと欲すれば、須く賢聖の事を作すべし。

　　　聯編として富麗を誇り、燦然たり班馬の字。危言もて瞻視を矜り、儼然たり程朱の位。

　　　傀儡もて真態を假り、綵花に生意なし。人を欺き以て自ら欺けば、俯仰して能く愧ずるなし。

　　　須らく知るべし、名外の名こそ乃ちこれ利外の利たるを。憧々たり隠微の間、安排すれば陰秘するに足る。

　　　褊心たりて実に忍びざれば、中夜に驚悸を発す。安んぞ真実の人を得て、ともに真実の地に遊ばん[31]。

28　『乾浄附編』巻二、与孫蓉洲書。『湛軒書』頁一二四下。
29　『乾浄附編』巻一、与汶軒書。
　　弟近患重感、杜門調治、苦無佳況、病中少睡。毎念此一時感冒、已非大症、骨肉囲聚、食物足以自養、猶不免憂厲薫心、嗔喝暴発。
30　『乾浄附編』巻一、汶軒答書(甲午＝乾隆三十九年五月)。
　　然自訂交以来、統観前後所言、毎於不平之中稍露牢騒之言。盛世無冤民、万祈吾兄慎之。

　この一首全体が怒りの固まりである。彼が何を怒っていたのかは、ここにおいて明かである。真実を隠すこと、假を真のごとく見せかけること、人を欺き自らをも欺くこと、これである。「賢聖人とならんと欲すれば、須く賢聖の事を作すべし」とは、口先だけで聖賢のことを言うが内実が伴わない形骸化した当時の朝鮮儒教を言うであろうし、「危言もて瞻視を矜り」とは、政治の諸問題について、いかにも我が身の危険を顧みずに侃々諤々と正論を吐いているかのごとく見せかけながら、実は虚栄に駆られてやっている当時の政治家を批判したものであろう。

　「儼然たり程朱の位」とは、美辞麗句をもって文章を作る者が決まって典拠にするのが程子と朱子の言葉であること、あるいは危言を吐く政治家が相手を倒すために論拠として持ち出すのが、これまたいつも程子と朱子の名前であったことを言うに違いない。「儼然たり程朱の位」という表現に、程子と朱子の名前が常に虚偽を隠すための隠れ蓑に使われていることに対するいらだち、さらに言うならば程子と朱子に対する反発と嫌悪感をも我々は読み取るべきであろう。程子と朱子の地位は揺るぎなく、誰もが批判できなかった。洪大容はこれに腹を立てていた。このため夜中でも心臓が激しい動悸に見舞われることがあった。「真実の人を得てともに真実の地に遊ばん」としても、これができないところに彼の抑鬱の根本原因があったのである。

　また「贈元玄川帰田舎二首」は一七六四年通信使に書記として随行した元重挙に贈ったものであるが、おそらく一七七三(乾隆三十八)年の作と考えられる[32]。そこでは、伊藤仁斎を鳳挙すなわち鳳鳥であるとして褒め、荻生徂徠を鴻儒すなわち大儒として褒めるばかりか、その返す刀で「韓人は狭い心を誇りとし、むやみやたらと異端だとして誹る」と当時の朝鮮学術界を批判する。

31　『乾浄附編』巻一、雑詠十首。
　　欲得真文章　須有真意思　欲為聖賢人　須作聖賢事　聯編誇富麗　燦然班馬字
　　危言矜瞻視　儼然程朱位　傀儡假真態　綵花無生意　欺人以自欺　俯仰能無愧
　　須知名外名　乃是利外利　憧々隠微間　安排足陰秘　褊心実不忍　中夜発驚悸
　　安得真実人　共遊真実地。
32　注27で記した詩文目録では、「雑詠十首」は庚寅すなわち一七七〇年の作とする。
　　なお『湛軒書』頁七七上、雑詠四首として収録されるのは、十首のうちの四首である。ここで引用する詩は、ここでも削除されている。
　　『湛軒書』頁七七下。
　　伊藤既鳳挙、徂徠亦鴻儒、…韓人矜褊心、深文多譏評。
　　『湛軒書』にはその製作年代が記されない。注27に記した詩文目録では、「題乾坤一草亭小引」以下「贈元玄川帰田舎二首」までの三首を癸巳の作とする。癸巳とは一七七三(乾隆三十八)年である。

　異端に対して寛容であれという主張は、一七七六(乾隆四十一)年に中国の
孫有義に与えた手紙に最も詳しく見える。それは「異端擁護論」と言うべきレ
ベルのものである。ここではただ一点だけ、『医山問答』との繋がりを暗示す
る部分だけ紹介しておこう。それは放伐にかかわる問題である。
　『医山問答』では始めに問題とした「仁義を口実にするものが皇帝となり、兵
力の強いものが王となる」と述べるに先立ち、殷の湯王、周の武王による桀紂
の放伐を論じている。そして、「ここで初めて人民が下剋上でお上を犯すよう
になった」と述べる。洪大容は、殷の湯王、周の武王による放伐とは弑殺で
あったとし、何ら擁護も正当化もしない。なかでも武王が殷の紂王を殺すこ
とによって成立した周王朝について、「天下を利益として我がものとしようと
する心がなかったなど、ありえようか」と喝破している。洪大容にとっては、
儒教にあっては伝統的に聖人とされてきた周の武王も、まさしく「兵力の強い
者が王となった」一例に過ぎなかった。紂が極悪な国王であったかどうかなど
は、そこではまったく問題にされず、やはり自分の利益のためにこれを弑殺
したのではないかとするのである。
　ところで孫有義に与えたこの「異端擁護論」でも、異端には流弊が現れると
いう正統の立場に立つ者がする非難に対して、何にでも流弊は付きものであ
るとしたうえで、「放伐の流弊は弑つまり下剋上である」と明言する。ではこ
の明々白々な弑殺にほかならない事実を小賢しい輩がどうするかというと、
聖人の不偏不党な正義を口実にして正当化してしまうと言う。放殺つまり放
伐とは悪を討伐する正義の行為であるはずであるが、その実、それは下克上
である弑殺を隠す口実となっているという[33]。まさしく「仁義を口実にするも

33　『乾浄附編』巻二、与孫蓉洲書(丙申＝乾隆四十一年十月)。『湛軒書』頁一二八上。
　　孟子距楊墨、韓子排仏老、朱子闢陳陸、儒者之於異端、如此其厳也。乃孔子師老氏
　　友　原壌与狂簡、只云攻乎異端斯害也已。又曰、後世有述焉吾不為之矣。此其語比
　　諸子不
　　啻緩矣。此将何説。
　　今之闢異端、未嘗不以流弊為説。然天下事曷嘗無流弊。禅譲之流其弊也簒、放殺之
　　流其弊也弑、制作之流其弊也侈、歴聘之流其弊也遊説。以聖人大中至正、小人之仮
　　冒猶如此。異学之流弊、亦何足説哉。
　　是以異学雖多端、其澄心救世、要帰於修己治人則一也。在我則従吾所好、在彼則与
　　其為善、顧何傷乎。
　　世儒有志於学者、必以闢異端為入道之権輿。某於此積蘊排憤、茲以奉質于大方、乞
　　賜条破。
　　なお、右に掲げた最終行「世儒有志於学者」以下は、『湛軒書』ではこれまた削除され
　　ている。

のが皇帝となる」のである。『医山問答』に見える論理と同じものが、この一七
七六年に書かれた手紙に見える。

　さらにこの手紙と『医山問答』との繋がりを示唆するのは、「異端擁護論」
の最後につけられた次のような言葉である。

　世間の儒者たちのうち学問に志す者は、必ず異端を排撃することを真理の
道に入るためまずやらねばならないことだと考えている。私はこれに対して
口ではうまく表現できないほど、怒りが積もりに積もっている。

　これまた、『医山問答』の冒頭で見せる実翁が虚子に対して発する怒りと同
じではないか。自分が虚飾の世界にいるにもかかわらずそれと気づかず、自
らが正しいと信じ込んで誇り、異端攻撃を当然のことだとする虚子たちに対
して、彼がぶつける腹立ちと同じではないか。実翁はこれを「道
術の惑」と語っている。「道術の惑」とは「周孔の業を尊び、程朱の言を習
い、正学を扶けて邪説を斥け、仁以って世を救い、哲以って身を保つ」こ
とを儒者のなすべきこととして考え、何の疑問の感じないことである[34]。一
七七六年の頃、このような「道術の惑」に対する怒りが、ちょうどピークに
あったらしい。

　この手紙を書いたのと同じ一七七六年、鄧師閔に対して次のような手紙を
送った。洪大容がちょうど司憲府監察となり、翌年に泰仁県監という地方官
となって転出する頃である。

　ただ間もなく県の地方官となりますから、軍民のことに努力し、国王正祖
のご恩に報い、あわせて地方官としての俸給をいただき食べていこうと思い
ます。かつ紙代と筆墨代とを得て、これまで見聞したところを書き記し、後
世の人を待とうと思います。あと二十年借りられれば、ついに事業は完成
し、志願を遂げることができます[35]。

　彼は「あと二十年欲しい、あと二十年かけて著述を完成させたい」と述べて
いる。時に洪大容は四十六歳、その死去まで七年を残すのみであった。

　『医山問答』は短編であり、とても二十年かけてやっと成るようなもので
はない。洪大容ほどの高い能力をもってすれば、数日間で完成するであろ
う。少なくとも我々が目にしているものは、そうである。ただ彼がこの頃、

34　『湛軒書』頁九〇上。
　　崇周孔之業、習程朱之言、扶正学斥邪説、仁以救世、哲以保身。此儒門所謂賢者也。
35　『乾浄附編』巻二、与鄧汶軒書(丙申＝乾隆四十一年十月)。
　　惟早晩一県、庶可努力軍民、酬報恩遇、兼籍邑俸以供澥㵢。且得其紙墨之資、亦将
　　記述見聞以俟後人。假我二十年、卒成此事、志願畢矣。

怒りをその胸にたぎらせながら、あと二十年かけて著作を完成させようとしていたこと、それは当座の公開を目的とするものではなく、後世の人に伝えようとするものであったことは、間違いない。『医山問答』もはじめに述べたように、たとえばその政治論を取ってみれば、はなはだ過激なものであった。簡単に言えば、公開するにはあまりに危険であった。とすれば、『医山問答』とは二十年かけて完成させようとしていた著作の一部であるか、その習作であった可能性が強いのではないか。習作であるとすれば一七七六年より前の著作であったかも知れない。しかしそれは洪大容の憤激の書であった。とすれば、彼の怒りが顕著になる一七七三年、すなわち「乾坤一草亭小引」を書いた頃から、その怒りがピークに達し、さあこれから大きな著作をなそうとしていた一七七六年までの前後に、『医山問答』が誕生したと考えるのが可能であろう。

VI

　洪大容のおい洪大応は、そのエピソードとして次のような話しを伝える。洪大容が次のように語ったことがあるという。

　中国では朱子に背き、誰も彼もが陸王の学すなわち陽明学を尊崇している。ところが、これをもって正統学問に反しているということで処罰された者がいるとは、聞いたことがない。思うにそれは中国が広大なため、公平に観（なが）め何でも抱擁できるからである。狭い場所に拘らわれた（拘墟）者が、狭い見方（とら）しかできないのとは違う[36]。

　ここでもまた「拘墟」の二文字が登場する。

　しかし、中国では誰も彼も陽明学の徒であるなどと、洪大容は語るはずがない。少なくとも後半世の彼がそのように語るはずがない。当時の朝鮮における学術界の偏狭さ、異端に対する排撃の強さに腹を立てていた洪大容は、あるいは洪大応などにはわかりやすくこのように語って、中国では異端に対して寛容であることを述べたのかも知れない。

　洪大容は陽明学派の人物であったという説がある[37]。しかし彼が書いたも

36　『湛軒書』附録、従兄湛軒先生遺事（従父弟　大応）。
　　中原則背馳朱子、尊崇陸王之学者滔滔皆是、而未嘗聞得罪於斯文。蓋其範囲博大、能有以公観並受、不若拘墟之偏見也。

ののなかには、彼が陽明学に心酔していたことを窺わせるものは片言隻句も
ない。我々は彼においてどのような過程で朱子学から脱却したのかを見てき
た。その過程において、陽明学が彼の変貌を大きく促したようにはまったく
ない。むしろ一七六八年に受け取った厳誠の遺言書でも、中国ではいまや陽
明学は重大な問題になっていないと冷や水を浴びせるとともに、何者にも拘
るなと教えていた。彼が最も近づいた思想はと言えば、『荘子』からもたらさ
れるものであったと考えられる。陽明学とは後半世の彼にとって、学術で自
由な中国の象徴的な存在でしかなかったであろう。

　また、『医山問答』に現れる人と動物とを同じだとする見方の淵源を、朝鮮
で戦わされた湖洛論争のうちの洛論に求める考え方がある。その主な論拠と
されるのは、『湛軒書』に収める「心性論」であるが、洪大容の後半世において
朱子学的概念である心、性、理、気などの諸概念をもって事物を論じた文章
があることを、私は知らない。この「心性論」あるいはこれに類する「答徐成之
論心説」などは、彼の燕行後の思想遍歴からすればこの時期に書いたとは考え
られず、必ずや燕行以前であるか、遅くとも燕行直後の作である[38]。

　『医山問答』に洛論の影響を見るべきではないであろう。

　本日は『医山問答』が東アジアでどのような位置を占めるか、また洪大容に
とって日本とは何であったのか、さらには『医山問答』の誕生に密接に関係す
る彼の天文学の進展という重要な問題について、まったく触れることができ
なかった。報告者の不手際をお詫びするとともに、またの機会を待つことに
したい。

37　鄭寅普『陽明学演論』(ソウル、三星文化財団、一九七二)頁一八三。
38　『湛軒書』頁五上、心性論、頁五下、答徐成之論心説。

②

名称・文献・方法
－'燕行録'研究に関する諸問題－

張伯偉(南京大学 域外漢籍研究所)

　高麗時代から朝鮮時代末までの600余年の間、中国を訪れた使節団の中で多くの人々が使行記録を残しているが、その全体数は700種以上に上ると推定される。

　韓国の学者らは早くからこれらの文献について関心を持って整理をし始め、既にいくつかの大型叢書が出版されていた。例えば、成均館大学の大東文化研究院で編纂した『燕行録選集』(1960－1962)、民族文化推進会(現 古典翻訳院)で編纂した『国訳燕行録選集』(1976－1982)、林基中教授が編纂した『燕行録全集』(2001)、そして林基中教授と日本の夫馬進教授が共に編纂した『燕行録全集日本所蔵編』(2001)、成均館大学の大東文化研究院で編纂した『燕行録選集補遺』(2008)、林基中教授が編纂した『燕行録続集』(2008)などがある。そして、2013年には韓国で再度、データベース版『燕行録叢刊増補版』を出したが、そこには455種の作品が収録されている。

　このような文献については、中国と台湾でもずっと以前より関心を持ってきたが、ここ最近になって一層盛んになっている。かつて台湾の珪庭出版社から『朝天録』(1978)が出版されたこともあり、中国の広西師大出版社では2010年から『燕行録全編』を引き続き出版しており、復旦大学出版社でも『韓国所蔵漢文燕行文献選編』(2011)を出版した。このような比較的大型の資料集の出版は韓国でも中国でも全て元の資料を影印する方法を採っていた。又、筆

者は南京大学の域外漢籍研究所で‘高麗朝鮮時代中国行紀資料彙編’というプロジェクトを主管しているが、約80種の代表的な文献資料を選び、標点を付け整理すると共に解説と索引も添え、それも既に大方完成している。

　以上の詳細な状況から見ても、韓国、日本、中国の学者らがこのような資料について非常に重視している事実が容易に分かるだろう。しかしながら、このような資料をどのように見るか、どのように使うかの点においては、未だに多くの重要な問題が残っている。このような問題について各国の学者が、より詳細に緻密な討論を経て初めて共通の認識に達し、資料をより有効に利用できるようになるであろう。本文はその中で重要だと考えられる問題について筆者の初歩的な意見を提示し、皆さんの批評、もしくは参考資料としたい。

Ⅰ. 名称

　高麗末期から始まり20世紀初めの朝鮮時代が終わるまで、朝鮮半島から中国へ渡る使節団は途切れることはなかった。その中で、一部の人々は往来途中に多くの使行記録を残した。このような記録を明代では常に‘朝天録’と呼んでいたのが、清代になってからはこれを‘燕行録’と変えて呼ぶようになった。現代の学者らも同様にこのような文献を使ったり、この総体について言う際は、‘燕行録’と称するのが最も一般的である。さらに、『越南漢文燕行文献集成』(復旦大学出版社、2010)の様に朝鮮以外の他国の人々が中国へ往来した使行記録文献にまでも拡大して‘燕行録’と呼ぶほどである。[1]

　この他に少し違った呼称もあるものの、さほど広く使われてはない。[2]した

1　韓国のみならず中国・台湾においてもこれまで既に出版された各種の関連文献の整理は全て‘燕行録’(時には‘朝天録’も使用する)と呼んでおり、ベトナムの中国使行記録文献までも‘燕行’の名前をつけたものもある。しかし実際にはベトナム使臣の記録はほとんど‘北行’という名称を使っており、或いは広州、或いは天津、或いは北京まで到った。

2　例えば、張存武先生が1992年に発表した「推展韓国的華行録研究」(『韓国史学論叢』に収録、ソウル：探求堂、1992)では‘華行録’という名称を使うべきと主張した。確かに朝鮮時代の末期の‘華行’と命名した相当の記録も存在する。徐東日の『朝鮮使臣眼中的中国形象－－以‘燕行録’、‘朝天録’為中心』(中華書局、2010)ではこのような文献に‘使華録’という名前を付けた。また楊雨蕾も彼の本『燕行与中朝文化関係』で時々‘入華行紀’という名称を使ったが、特別に"この文の総称においては主に

がって、この様に'燕行録'という名称が流行し、又、学術界でも馴染んでいた
ものであることは確かである。しかしながら、筆者はこれは適当なものでは
ないことから、変更する必要性を考える。適当な名称ではないというその理
由が何かを述べてみたい

　朝鮮半島と中国間の往来は古く、その間の一部始終については洪敬謨が『燕
槎彙苑総叙』で次のように概括的に言及した。

> 　朝鮮、東海小国也。建国肇自檀君，遣使通中国又自其時……箕子代檀氏以
> 王，白馬朝周，亦載於史……自三韓之時至羅、済之初，皆詣楽浪、帯方二郡貢
> 献，而未嘗達於中国……至晉唐南北朝時，百済始遣使……而皆非歳以為常者
> 也。及夫高麗統三為一，伝国五百，南事宋而北事契丹，又事金、元。程里最近
> 於諸国，故比年一聘……曁我本朝与皇明并立，而皇都在金陵，故航海而朝天。
> 成祖皇帝之移都于燕京也，乃由旱路歴遼東、穿山海関而入皇城，盖自我太宗朝
> 己丑始也。皇朝中華也，吾初受命之上国也……崇禎甲申，清人入主中国，我以
> 畏天之故，含忍而又事之如皇明。[3]

　使行文献の出現は、高麗時代から始まり朝鮮時代で大きく興盛するが、こ
れは両国家間の往来が頻繁になることと密接な関連がある。明代初期には“皇
宮が金陵あったので船に乗って行って朝貢したのだが(皇都在金陵, 故航海而朝
天)”明の成祖が都を燕京に移したので、太宗9年(1409)からは、経路を変えて
遼東を経由して燕京に入った。当時のいくつかの使行文献には仮に'燕行'とい
う名前が付けられていたこともあったが、大部分の文献での名称は依然とし
て'朝天'であった。それはこの時に仮に'燕'を使っていたとしても、依然とし
て'朝天'という一般的な感情を抱いていたということである。例えば、明代万
暦年間に李民宬が書いた「題壬寅朝天録後」では“燕今為天子之邑，　四方之取極
者于是，九夷八蛮之会同者于是，其宮室之壮，文物之盛，固非前代之可擬，斯亦偉
矣！”[4]だと言った。

　明・清交代以後には、本の名前に'燕行'を使う人たちが大部分であり、'朝

　　学術界で馴染みのある'燕行録'という名称を採用した”と説明を付け加えている。
　　(１７頁、上海：上海辞書出版社、2011)
　3　『冠巖全書』冊十二、『韓国文集叢刊』続第113冊、336頁、ソウル：韓国古典翻訳
　　　院、2011。
　4　『敬亭集続集』巻四、『韓国文集叢刊』第76冊、523頁、ソウル：韓国民族文化推進
　　　会、1991。

天'という名称はほとんど見られなくなった。この様に名称が変わっていくのは、単なる偶然の現象ではない。その後ろで一種の文化概念がこれを裏付けていたのだ。唯一例外として張錫駿が同治3年(1864)に清代の使行を『朝天日記』だと言った。しかしながら、これを仮に彼の『春皐遺稿』に収録された「朝天時贐行諸篇」と共に閲覧してみると、彼が言った'朝天'とは、相変わらず自ら'明代の遺臣である(有明遺臣)'[5]だと自負し、'明代の先皇帝の昔の都(皇明先帝旧城壕)'[6]に行くことであり、大明に対する'300年の朝貢の使行(三百年朝天之行)'[7]の伝統を継承することであったという事実がすぐ分かる。見送る人は、それにもまして次の様な期待感を持っていた。

> 吾聞皇明之遺民, 往往混跡於屠沽之間, 而多感慨悲歌之士。吾子其彷徨察識於眉睫之間而得其人, 因執策而語之曰：今天下貿貿焉皆入於腥穢氈裘之俗, 而惟吾東国独保皇明礼楽之教, 祀而崇大報壇, 花而種大明紅, 紀年而先掲崇禎号。天王之一脈王春, 独在於檀箕故国我后之朝鮮矣。[8]

　そして著者にとって最も遺憾なのは"明代の昔の家の遺民たちと共に筆談をして、悲憤慷慨を吐露し、亡国の恨みを歌い、昔の都を哀悼できない(不得与皇明古家遺裔吐筆舌、叙感慨、唱黍離、吊故都)"[9]という事実であった。それゆえに書名の中で使った'朝天'は満清王朝を認めたことではなく、大明故国に対する懐かしさを表現したのである。間違いなく'朝天'という名称には'事大之誠'という概念が含まれている。これは高麗時代からほぼ全ての君臣らが中国の皇帝に対して約束を誓う習慣的な表現となっており、ここには深い政治的な意味を内包しているということも明らかである。'燕行'を一つの地理的な位置を表わす意味として簡単に理解することもできる。しかしながら、明・清の交代期に'朝天'から'燕行'への全体的な変化の中で見ると、ここでは朝鮮の士大夫たちが清代に対して"耐えながらも、また大国として仕える(含忍而又事之)"というやむをえない感情を表わしている。(例えば鄭太和の『飲冰録』と蔡済恭の『含忍録』などがある)そうして、もう一方では彼らが清代を野蛮視して、このような政権を'天朝'だと呼ぶにはふさわしくないと認識していたとい

5　『朝天日記』十二月十二日、『春皐遺稿』巻一、三〇a頁、韓国中央研究院図書館蔵。

6　「李能燮贈詩」、『春皐遺稿』巻一、四九a頁。

7　「柳致任贈序」、『春皐遺稿』巻一、六〇a頁

8　「李宗淵贈序」、『春皐遺稿』巻一、六三b頁。

9　「朝天日記跋」、『春皐遺稿』巻一、四六b頁。

う点も内包している。特に'燕行'と'朝天'の二つの名称を比較する時、このような概念的表現がより一層はっきりとしている。このような例は多くの資料でも確認できる。例えば、李夏鎮は「燕山述懐」で"朝天旧路行行愧，不是当年玉帛将。"[10]、李敏叙は「送沈可晦赴燕」で"此路朝天前日事，遺民思漢至今悲。"[11]、柳尚運は「燕行録·呈正使案下」で"今行非復朝天路，随遇宣為感旧吟。"[12]、崔錫鼎は「送李参判光佐赴燕」で"昔我衡王命，十年再赴燕。衣冠今変夏，槎路旧朝天。"[13]、宋相琦は「送冬至副使趙令錫五」で"莫説烏蛮館，生憎鴨水船。北来唯古月，西去豈朝天？"[14]だと表現している。そうして申光洙の「洪君平名漢燕槎続詠序」では、次の様に論じている。

　　不佞観国朝前輩朝天詩多矣，方皇朝全盛時，赴京者多名公卿，与中国学士大夫揖譲上下，富礼楽文章之観，故其詩率忠厚和平，有渢渢之音。左袵以来，入燕者徒見其侏㒣渾[15]酪之俗，如皇極之殿，石鼓之経，辱諸腥穢，故其詩皆黍離也。所謂金台易水、漸離荊卿之跡，不過借為吾彷徨蹢躅之地，人人而有悲憤不平之音……聞単于近益荒淫，或者天厭其穢，真主復作，君平奉国命入朝，睹中華文物之盛，雍容東帰，則於是乎又必有朝天録，不佞願一寓目焉。[16]

　この様な対比を通して、'朝天'という名称には古の美しさを表現したり、或いはこれからへの期待が込められており、これに反して'燕行'にはその当時の悲憤を吐露したものとして、甚だしくは清代の皇帝を'単于'とまで呼んでいたと言う事実が容易に分かる。したがって'朝天'から'燕行'へ名称が変わったのは、決して単なる一つの地理的な位置を表わすものではない。これは充満した政治的な意味と文化的な立場を表わす特殊な名称である。学術研究の視覚から言えば、この様に強烈に政治色を帯びた名称を使うには'朝天'も'燕行'も両方とも適当ではないと思われる。

10　『六寓堂遺稿』冊二、『韓国文集叢刊』続第39冊、68頁。ソウル：韓国民族文化推進会、2007。
11　『西河集』巻四、『韓国文集叢刊』第144冊、61頁。ソウル：景仁文化社、1997。
12　『約斎集』巻二、『韓国文集叢刊』続第42冊、442頁。ソウル：韓国民族文化推進会、2007。
13　『明谷集』巻六、『韓国文集叢刊』第153冊、547頁。ソウル：景仁文化社、1997。
14　『玉吾斎集』巻四、『韓国文集叢刊』第171冊、301頁、ソウル：景仁文化社、1998。
15　原文では誤って'潼'に記録してあるのを、ここではその文の意味に従って筆者が直した。
16　『石北集』巻十五、『韓国文集叢刊』第231冊、482頁、ソウル：景仁文化社、2001。

　筆者が考えるには、最も適当な名称は'中国行紀'である。1998年8月に筆者は「韓国歴代詩学文献綜述」(『文学糸路――中華文化与世界漢文学論文集』に収録)という論文を書いたのだが、この論文で7種類の書籍の中の関連文献を列挙した。その中の一つが'行紀'で、これは'朝天録'又は'燕行録'などの名前を付けた著書を示す。数年前に出版した『域外漢籍研究入門』[17]という本でも筆者はこの問題について再度言及したことがあるが、ここでも'中国行紀'と名前を付けたものは、中国以外の地域の人々が中国へ使行へやって来た時に記録した文献であると明確に主張した。

　この様な文献を'行紀'として概括したのは、日本の学者中村栄孝であった、中村は1930年に発表した「事大紀行目録」[18]で、朝鮮時代の中国行の使行記録を掲載している。たとえ完全な資料ではなかったにしても、最初にこのような資料に関心を持って蒐集したものである。ただ、'行紀'の前に'事大'という単語を付け加えているので、比較的強い政治色を帯びている。筆者が'中国行紀'を使ってこのような文献を概括しようと提唱するのは三つの理由がある。1．この名称が比較的中立的で客観的な用語として学術討論で使うのに適合している。2．最も重要な理由であるが、その根源を考察してみると、このような文献には当初より'行紀'という名前が付けられていた事実が存在する。3．'行紀'は現代学術研究において使用される公の名称である。ここでは最も重要だと思われる2の理由について筆者の見解を提示してみたい。

　古代の天子は天下の全てをあまねく知る為に国家の外交を管掌する'小行人'の職責を規定したのだが、その中の一つがまさに'五書'を作ることであった。賈公彦は、これを概括して"ここで言う小行人は四方を見まわし、風俗の良し悪しを蒐集し、これを各項目別に記録してそれぞれ一冊の本を作り、上奏する"[19]だと言った。孫詒譲は、"軽快な馬車に乗る使者が、ほかならない行人であり、五つの事項についての文は間違いなく馬車に乗る使者が上奏した本の文である。"[20]だと言った。このことから、その当時すでに使臣が自身の見聞を本として作成する制度があったことが分かる。

　今現在分かる最初の関連文献は、西漢陸賈が書いた「南越行紀」(別名は「南中行紀」)である。とはいえ、その当時には定まった名前がなく、南北朝時代に

17　上海：復旦大学出版社、2012。
18　『青丘学叢』第1号に掲載、1930年5月。
19　『周礼正義』巻七二、『十三経注疏』上冊、894頁、北京：中華書局影印本、1980。
20　『周礼注疏』巻三七、3007頁、北京：中華書局、1987。

このような著述が増え始めた。そして、書名は同様に‘記’あるいは‘行記’と付けられている場合が多かったが、李徳輝の『晉唐両宋行記輯校』によると、『東夷諸国行記』・『董琬行記』・『南海行記』・『輿駕東行記』・『封君義行記』・『江表行記』などがある。ここには国内へ行ったものもあるし、国外へ行ったものもある。これと共に僧侶らの著作も少なくないが、いわゆる“漢代から梁代まで本当に長い歴史を経て”、その中でも“四方を歴遊して残した記録”[21]があるのだが、例えば『仏国記』と『宋雲行記』がそうである。唐・宋時代になってからは、外国との交通が日々頻繁になることによってこのような文献も大量に表に出てきた。李徳輝はこれらの文献を著者の身分に従って4つの類型に区分した。つまり、外国使臣行記、僧人行記、文臣行記、並びに彙纂類行記である。その統計によると、宋代の人々が書いた外国行記は56種に上り、国内行役記も24種あるということだ。記録方法では、すでに中唐時期から以前の行程に従って記録する方法から脱皮し、日程に従って記述する方法を採っている。李翱の『来南録』がまさにその例であり、宋代になるとこのような記述方法が一層普遍化されたようだ。[22]記述内容が非常に煩雑で記述方法も一致していないので、歴代目録学的な分類も多様である。大部分は史部の地理類に入るが、又、比較的複雑な状況もある。例えば、陳振孫の『直斎書録解題』では、これをそれぞれ偽史類・雑史類・伝記類・地理類に分類している。『宋史・芸文志』では、史部の故事類・伝記類・地理類に入っており、又、子部の小説類に入っていることもある。

　宋代以後には‘語録’と命名した‘行紀’もあるが、寇瑊の『生辰国信語録』、富弼の『富文忠入国語録』、劉敞の『使北語録』などがそうである。現代の学者の中には‘語録’として全ての使行記録文献を概括しようと主張する人もいるが、[23]筆者はこれにあまり賛成はしない。使行文献で‘録’は‘記録’の‘録’として、当然、記行もいいし、記事もいいし、又、記言もよい。これ以外にも‘語録’の意味は非常に豊富である。禅宗の語録があるし、儒門の語録もある。詩話を語録だと言う人もいるし、筆記を語録だと言う者もいる。それ故に、‘行紀’よりも単純・明瞭ではない。

　宋代ではもう一つ違う行紀があるのだが、‘日記’、‘日録’という名前を付け

21　『高僧伝序録』巻十四、湯用彤校注本、523頁、北京：中華書局、1992。

22　『晉唐両宋行記輯校・前言』、1－20頁、瀋陽：遼海出版社、2009参考。

23　傅楽煥『宋人使遼語録行程考』、『遼史叢考』に掲載、1－28頁、北京：中華書局、1984参考。

ているもので、例えば宋代周必大の『帰廬陵日記』、楼鑰の『北行日録』などがある。明代の賀復徴は'日記'について、"日付を追って記録し、気持ちの赴くままに筆を任せながら、細かく雑多であり、ありとあらゆるものまで整えたものを巧妙だと感じる (逐日所書，随意命筆，正以瑣屑畢備為妙)"[24]だと定義した。しかしながら、彼が日記体の根源を考察する際は、"欧陽脩の『于役志』、陸游の『入蜀記』から始める。(始於欧公于役志, 陸放翁入蜀記)"[25]とし、直接紀行と関連づけている。これは少なくとも'紀行'又は'日記'の一種だと表明したものである。朝鮮の行紀文献の中でも張子忠の『判書公朝天日記』、蘇巡の『葆真堂日記』、鄭崑寿の『赴京日録』、金海一の『判書公朝天日記』、韓泰東の『燕行日録』などがあるが、このような命名方式もしばしば見受けられることが分かる。しかしながら、日記の内容は非常に広範囲であり、"政治家は朝廷を論じ、使行に出る者は行程を記録し、邊境に派遣される者は貶謫を叙述し、科挙試験を受ける者は科場を談論し、旅人は行蹤を叙述し、戦争へ行く者は戦況を記載する。"[26]だと言った。朝鮮時代でも同様に'日録'という名前が付いていたが、実際、紀行と何の関係もない文献も大量に存在している。その為にこれを紀行類の文献の総称としては採用できない。

唐代の中国の学者の中でも顧愔の『新羅国記』の様に新羅について記録したものもあるが、朝鮮半島の文人らとの本当の交流往来は実際は宋代から始まった。例えば、北宋淳化4年(993)に陳靖一行が記録した『使高麗記』があり、宣和5年(1123)に徐兢が使節として高麗へ行った後、『使高麗録』を残した。一方、金富軾は靖康元年(1126)に"北宋へ行って皇帝の登極を祝い(如宋賀登極)"、[27]『奉使語録』を編纂したのが、『宋史・芸文志』史部'伝記類'に著録された。これを見ると、宋代の行紀文献に根源があることが分かる。[28]

朝鮮時代の'朝天'、'燕行'などの文献を考察してみると、その命名方式は大

24　『文章弁体彙選』巻六三七、文淵閣四庫全書本、台北：台湾商務印書館影印。

25　以上、巻六三九。

26　陳左高が編纂した『中国日記史略』「緒言」の言葉、1頁、上海：上海翻訳出版公司、1990。

27　金宗瑞《高麗史節要》巻九、213頁。ソウル：明文堂影印本、1981年版。

28　『高麗史』巻九十八「列伝」、巻十一「金富軾伝」に"宋使路允迪来、富軾為館伴、其介徐兢見富軾善属文、通古今、楽其為人、著《高麗図経》、載富軾世家、又図形以帰。奏於帝、乃詔司局鏤板以広其伝、由是名聞天下。後奉使如宋、所至待以礼。"(下冊、180頁、ソウル：亜細亜文化社影印本、1983)という記録がある。これを通して金富軾と徐兢『高麗図経』(『使高麗録』含め)との関わりを知ることが出来、彼の『奉使語録』も徐兢の指導と影響を受けたと思われる。

部分が中国の唐宋時代の紀行と一脈相通ずる。前述したこと以外にも'奉使'という名称で書いた作品がある。例えば、宋代趙良嗣の『燕雲奉使録』、姚憲の『乾道奉使録』、朝鮮時代権近の『奉使録』がある。そして'于役'という名称を使った作品もある。例えば、唐代張氏の『燕呉行役記』、宋代欧陽修の『于役志』、朝鮮金允植の『析津于役集』がある。又、'道里記'、'行程録'という名称もある。例えば、唐代程士章の『西域道里記』、宋代許亢宗の『宣和乙巳奉使行程録』、朝鮮時代申欽の『甲午朝天路程』、李基敬の『飲冰行程暦』などがある。それ以外に、朝鮮時代崔演の『西征録』、李夏鎮の『北征録』、魚允中の『西征記』なども中国の行紀文献で類似した題目を見つけることができる。ある作品はそのまま'紀行'(つまり'行紀')という名前を付けた。例えば、麟坪大君の『燕途紀行』、李魯春の『北燕紀行』、洪良浩の『燕雲紀行』、鄭昌聖の『燕槎紀行』、安光黙の『滄槎紀行』がある。ある本では'行紀'といる名称を使わない場合にはその理由を提示している。例えば、曹偉は「三魁先生観光録序」で、"'観光'と言うのは何か？中国の文化·風俗を見ることである。'紀行録'と言わず'観光'と言うのは中国を重んじているからである。('観光'者何？観光者何？観上国之光也。不曰'紀行録'而曰'観光'者，重上国也)"[29]と言った。又、徐慶淳は「夢経堂日史序」で、"何故、'日史'と言うのか？紀行であろう。何故、'行'と言うのか？燕行であろう。(曷謂之日史？紀行也。曷行？燕行也)"[30]と言った。以上を総合すれば、朝鮮時代のこのような文献に対する命名方式は非常に多様であるが、これは'行紀'として概括するのが最も適当である。朝鮮18世紀に鄭昌順などが編纂した『同文彙考』の『補編』部分ではこの様な文献について言及すると同時に'使行録'という名前を付けているが、これは'行紀'の意味と非常に近い。

'行紀'という名称でこのような文献を称したが、これは実際に現代学術史での共通した名称であり、又、筆者がこの名称を使うべきだと主張する三つ目の理由でもある。かつて20世紀40年代に王国維が『古行紀校注』[31]という本を出版し、80年代には楊建新が『古西行記選注』[32]の編集を主管した。数年前に賈敬顔が整理した『五代宋金元人邊疆行記十三種疏証稿』[33]があり、陳佳栄、銭江、張広達が共に編集した『歴代中外行紀』[34]では、中国、朝鮮、日

---

29 『丙辰観光録』巻首、林基中編纂『燕行録続集』第101冊、112頁、ソウル：尚書院、2008。
30 林基中編纂『燕行録全集』第94冊、154頁、ソウル：東国大学校出版部、2001。
31 上海：商務印書館、1940。
32 銀川：寧夏人民出版社、1987。
33 北京：中華書局、2004。

本、越南と関連した文献も収録した。李徳輝も『晉唐両宋行記輯校』という本を出版した。日本の僧侶円仁は承和5年(唐文宗開成3年、838)に入唐し、『入唐求法巡礼行記』を編纂した。この本は『大唐西域記』、『馬可・波羅行紀』と共に'東方三大旅行記'に入るが、やはり'行記'という名前を付けた。それ故に、'行紀'と言う名称であれば、中国、韓国、日本、越南、さらには西洋の関連文献にまでも一つの総称を簡単に付与できるのである。これは学術研究において非常に重要なことである。

Ⅱ. 文献

　1960年代から『燕行録選集』を代表とするこのような紀行文献が学術界の注目を受け始めた。しかし、『国訳燕行録選集』が韓国語翻訳と索引が添付されていることを除くと、大部分の作業は未だに昔の本を影印する水準に終わり、整理作業は未だ初級段階に留まっている。その中で文献に対する問題においては、大部分の学者の研究が主に文献を整理する際、(林基中が編集した『燕行録全集』に集中する) 現れた誤謬を訂正することである。例えば、左江の「燕行録全集考証」[35]、漆永祥の「燕行録全集考誤」[36]などがこれに該当する。そして、たったいくつかの少数の文だけで、整理者の問題を言及しながら、同時にこのような文献自体の問題について研究したものもある。例えば、夫馬進「日本現存朝鮮燕行録解題」[37]がこれに該当する。ここでも文献自体の問題について検討をする考えである。

　韓国では中国紀行文献は500年間、間断なく編纂されてきており、このような文献は言うまでもなく相当に高い価値がある。しかしながら、このような文献自体に存在する問題も指摘する必要があり、そうして初めてこれらの資料をより有効的に利用できるようになる。

　最初の問題は、付和雷同である。傳楽煥は宋人たちの紀行文献を全て'語録'に分類させた。彼は「宋人使遼語録行程考」で次のように指摘した。

34　上海：上海辞書出版社、2008。
35　張伯偉編『域外漢籍研究集刊』第四輯に掲載、北京：中華書局、2008。
36　高麗大学中国学研究所編『中国学論叢』第二十四輯に掲載、ソウル：高麗大学、2008。
37　日本『京都大学文学部研究紀要』第42号に掲載、京都：京都大学、2003。

　　彼らは帰国後に慣例に従って、『語録』を制作し、政府へ奏上した。『語録』
には主に彼らが遼朝朝廷からの応対·酬答状況を報告して、付加的に彼らが
通過した地域並びに各地方の事情や風俗などを記録した……。使臣を毎年派
遣することで、『語録』も途切れることなく出現した。だから、当時の人々は
このような同時代の人々たちの記録に常に慣れ親しんでいることで官様文章
になっているので、特別に重視することがない。[38]

　このような'官様文章'は中国だけにあったものではない、朝鮮時代の外交
使行でも使臣らが朝鮮に帰国後、同様の慣例に従って、国王へ報告しなけれ
ばならないものから、類似した状況がしばしば見られる。例えば、崔晛は『朝
天日録·書啓』で

　　為聞見事, 臣跟同上使臣申渫·副使臣尹暘前赴京師, 竣事回還, 凡所見聞, 逐日
開坐。[39]

だと言ったが、同様に洪翼漢の『花浦先生朝天航海録』巻末でも

　　為聞見事件事, 臣跟同臣使李德泂·吳翽, 前赴京師, 今已竣事回還, 一路聞見,
逐日開坐。為此謹具啓聞。[40]

だと言っており、李永得の『燕行雑録』内篇第1巻'入彼地行中諸般事例'でも

　　使臣還……書状与首訳各修聞見事件(彼中政令及異聞異見略録之), 復命時
納於承政院。[41]

だとし、続いて張錫駿の『朝天日記』巻末でまでも

　　即日詣闕, 奉納彼地聞見録与日記。[42]

38　『遼史叢考』、1−2頁。
39　『燕行録選集補遺』上、10頁、ソウル：成均館大学大東文化研究院、2008。
40　『燕行録全集』第17冊、322頁。
41　『燕行録全集』第79冊、50−51頁。この本では徐有素『燕行録』となっているが、実
　　は誤ったことで、これに対する考訂は下の文章を参考。
42　『春皐遺稿』巻一、四六b頁。

だと言っているように、このような報告はまた普遍的な現状であった。

　朝鮮使臣らが北京へ行く際に通る経路はおおよそ3つある。一つは、鴨緑江を渡って、柵門、鳳凰城、遼陽、鞍山、耿家荘、牛家荘、盤山、広寧、錦州、山海関、深河、永平、豊潤、玉田、薊州、通州を経て北京に到着する道である。二つ目は、鴨緑江渡って、柵門、鳳凰城、遼陽、奉天、鞍山、耿家荘、牛家荘、盤山、広寧、錦州、山海関、深河、永平、豊潤、玉田、薊州、通州を経て北京に到着する道である。三つ目は、鴨緑江を渡って、柵門、鳳凰城、遼陽、奉天、孤家子、白旗堡、小黒山、広寧、錦州、山海関、深河、永平、豊潤、玉田、薊州、通州を経て北京に到着する道である。この路線は全て中国で定め、朝鮮は自由に変更することはできなかった。路線が似ており、又後人たちが以前の記録をたくさん見た。したがって、特別に考証癖がある少数の人々は、時には以前の人々の誤謬を訂正したであろうが、大部分の人たちはほとんど以前の人々の話を踏襲することから、付和雷同を免れることは難しかった。かつて金景善は「燕轅直指序」でこのような紀行文献の中で最も代表的なものとして三人の記録を挙げた。

　　　適燕者多紀其行, 而三家最著：稼斎金氏、湛軒洪氏·燕巖朴氏也。以史例則稼近於編年而平実条暢, 洪沿乎紀事而典雅續密, 朴類夫立伝而贍麗閎博。[43]

　そして、金景善は"三名を標準としてそれぞれ一つの文体を選んだ。つまり老稼斎が日·月·年の順序で物事を記録したもの、湛軒が事実に対して本末を全て整えたもの、燕巖が時折自身の志を論じたものである。(則就準於三家各取其一体, 即稼斎之日系月·月系年也；湛軒之即事而備本末也；燕巖之間以己意立論也)"[44]と具体的に提示した。しかしながら、この様に明らかに文体について考慮する人はさほど多くはなかったことから、この数名の紀行も特に注目されるに値するものであろう。

　二番目の問題は書き写し(剽窃)である。ある面ではこれもまた付和雷同のもう一つの表現である。あるものは直接引用し、あるものは間接その引用である。引用したと明確な表示があるなら容易に分かっても、その内情については一貫的に論じることができない。例えば、金昌業の『老稼斎燕行日記』、

43　『燕行録全集』第70冊、246頁。
44　以上、247頁。

崔徳中の『燕行録』、李海応の『薊山紀程』、金景善の『燕轅直指』などは全て『荷谷朝天録』を引用したが、決して原本をそのまま書き写したものではない。一つの例として『老稼斎燕行日記』第1巻'表咨文呈納'では次ようの様に記載した。

　　　旧例：入京翌日, 使以下具公服, 奉表咨文, 詣礼部。先行見官礼於尚書訖, 使奉咨文跪告曰："国王咨文。"尚書命受之。復曰："起来。"然後使起退出, 還坐歇所。令通事呈表文于儀制司後, 使以下歴往主客儀制両司, 行礼而罷帰(出『荷谷朝天録』)。今則尚書 (或侍郎) 与郎中具服, 面南立于大庁, 大通官引三使奉表咨文跪進, 郎中受, 安于卓子上, 通官引使以退。[45]

　上の文は、つまり『荷谷朝天記』で8月9日に北京で朝鮮国王の咨文を明代の朝廷へ奏上する過程について概括しているものとして、元来文章は比較的複雑であるものの、ここでは非常に簡略されている。'今則尚書'以下の内容はつまり金昌業の言葉で、古今の対比が表れている。再度崔徳中の『燕行録』中の'表咨文呈納'を調べてみよう。

　　　旧例：入京翌日, 使以下具公服, 奉表咨文, 詣礼部。先行見官礼於尚書訖, 使奉咨文跪告曰："国王咨文。"尚書命受之。復曰："起来。"然後使起退出, 還坐歇所。令通事呈表文于儀制司後, 使以下歴往主客儀制両司, 行礼而罷帰(出『荷谷朝天録』)。今則尚書(或寺郎)与郎中具公服, 面南立于大庁, 大通官引三使奉表咨文跪進, 郎中受, 安于卓子上, 通官引使以退。[46]

　ここで仮に'旧例'又は『荷谷朝天録』で出てきたと表明したが、崔徳中が許筲の本来の言葉を引用したと言うよりは、金昌業の言葉を直接引用したとする方が良いであろう。'今則尚書'以下の文章も同様に金昌業の本と完全に同一のものと見れば、明らかに『老稼斎燕行日記』から直接書き写したものに違いない。又、金景善の『燕轅直指』第2巻'礼部呈表咨記'でも次の様に記載している。

　　　『荷谷朝天録』曰：入京翌日, 使以下具公服, 奉表咨文, 詣礼部。先行見官礼於尚書訖, 使奉咨文跪告曰："国王咨文。"尚書命受之。復曰："起来。"然後使起

---

45 『燕行録全集』第32冊、309頁。
46 『燕行録全集』第39冊、400-401頁。

　　　　退出, 還坐歇所。令通事呈表文于儀制司後, 使以下歴往主客儀制両司, 行礼而
　　　　罷帰云。[47]

　　上の文で金景善は仮に『荷谷朝天録』で出ていたと予め説明したが、彼が許篈
の本から直接引用したとは考えられない。金昌業、或いは崔徳中の本から
書き写したものに違いない。
　　もう一つ違う例を挙げてみよう。『老稼斎燕行日記』第1巻‘入京下程’で次の
ように記載されている。

　　　　旧例：只自光禄寺送米一石八斗, 猪肉三十六斤, 酒九十餅, 茶五斤十両, 塩醤
　　　　各九斤, 油四斤八両, 花椒九両, 莱蔘十五斤 等物, 五日一次(出『荷谷朝天録』)。
　　　　順治以後, 戸部供粮料, 工部供柴炭, 馬草, 器皿, 光禄寺供各様饌物。[48]

ところで、許篈の原本を見ると、『朝天記』(上) 8月8日の日記では次の様に記録
している。

　　　　光禄寺珍羞署送下程銭粮：白米一石八斗, 酒九十瓶, 葉茶五斤十両, 塩醤各
　　　　九斤, 香油四斤八両, 花椒九両, 菜参十五斤。凡此物件, 五日送一次, 循旧例
　　　　也。[49]

そして8月9日の日記には

　　　　光禄寺大官署送猪肉三十六斤, 亦五日一次之例也。[50]

　　だと分かる。上の内容を見ると金昌業は許篈の二日間の日記を合わせて一
篇に作り、又、原書のまま書き写したのでもなかったのだろうと分かる。‘順
治以後’と言う部分も金昌業が以前と現在を比較して言った言葉である。再び
崔徳中の記録『崔徳燕行録』を見てみると、‘入京下程’章で次の様な記載をして
いる。

47　『燕行録全集』第71冊、172-173頁。
48　『燕行録全集』第32冊、306頁。
49　『燕行録全集』第6冊、223頁。
50　以上、228頁。

　　　旧例：只自光禄寺送米壱石捌斗, 猪肉三十六斤, 酒九十瓶, 茶五斤十両,塩醤
　　　各九斤, 油四斤八両, 花椒九両, 菜蔘十五斤等物, 五日一次(出『荷谷朝天録』)。
　　　順治以後, 戸部供粮料, 工部供柴炭・馬草・器皿, 光禄寺供各様饌物。[51]

また『燕轅直指』3巻'留館録'上'留館下程記'では次の様に記録している。

　　　『荷谷朝天録』曰：自光禄寺送米一石八斗, 猪肉三十六斤, 酒九十瓶, 茶五斤
　　　十両,塩醤各九斤, 油四斤八両, 花椒九両, 菜蔘十五斤等物, 五日一次云。而順治
　　　以後, 自戸部供糧料, 工部供柴炭・馬草・器皿, 光禄寺供各様饌物。[52]

また『薊山紀程』5巻'食例'においても次の様に記録している。

　　　旧例：凡於入京日, 自光禄寺送米一石八斗, 猪肉三十六斤, 酒九十瓶, 茶五
　　　斤[53]十両,塩醤各九斤, 油四斤八両, 菜蔘十五斤等物, 間五日一給(出『荷谷朝天
　　　録』)。順治以後, 戸部供糧料, 工部供柴炭・馬草・器皿, 光禄寺供各様饌物。[54]

　　以上の幾つかの段落の文章は何箇所かの誤謬と差異を除けば、基本的には
ほぼ一致しており、同じテキストから引いているのが明らかである。しかし
"『荷谷朝天録』曰"または"出『荷谷朝天録』"と表明しても、実際は皆原書を参
考しているのではなく、『老稼斎燕行日記』を引用しているのである。しか
し、彼らは誰一人こうした事情について説明していない。こうした事例を通
じて紀行文献の前後踏襲が常に存在していた事実が分かる。
　　現存する紀行文献の中で分量が一番多いのは、徐有素の『燕行録』16巻(冊)
であり、林基中編『燕行録全集』の第79~84冊に収録されている。しかし、この
『燕行録』自体には問題が多いので検討すべきである。
　　まず、著者の問題である。徐有素は朝鮮の純祖22年(1822)10月冬至謝恩使
の書状官で、正使は金魯敬、副使は金啓温である。この年の10月20日にソウ
ルを出発し、11月25日に鴨緑江を渡り、12月24日に北京に到着した。その翌
年2月4日に北京を離れ帰京の道を上り、3月17日にソウルに着く。『燕行録全

51　『燕行録全集』第39冊、399頁。
52　『燕行録全集』第71冊、218頁。
53　原文では誤って'升'となっているのを筆者がその文の意味に従って直した。下の文
　　字も同じである。
54　『燕行録全集』第66冊、483－484頁。

集』には徐有素の作であり、彼の生卒年は未詳としている。この本の'三使以下
渡江人員'の記録を見ると、"書状官徐有素、字公質、号冷泉、乙未生、仮衛執
義。"[55]という内容が見えることから、彼が英祖51年(1775)に生まれたことが
分かる。ところで、もっと重要なのは、彼は決してこの本の著者ではないとい
いうことである。この本の初めには"壬午冬、余従使者作燕行……沿路所見、
留館時遊覧者並録如左云。"[56]という記録がある。書状官は'三使'の中の一人
であるのに、ここで著者が既に'従使者'と言っていることから、著者本人が使
者ではないことは明らかである。北京に到着してから玉河館に宿泊し、各自
の泊まるところを"大庁之北為上房、正堂五間、有東西両炕、東炕上使処之。
……上房之北為副房、屋宇規模与上房同、正堂東炕副使処之。　副堂之北為三
房、正堂七間、西二炕書状官処之"[57]と記録している。三使随行員の泊まる所
も概ねこれに従っているが、上房には軍官、日官、訳官、乾糧官、写字官が
上使の左右前後に泊まり、副房もそうである。書状官の随行員は3名で、軍官
李槊、伴倘李永得、乾糧官尹鴻徳である。その中で尹鴻徳は上房の軍官金振
鏞と一緒に上房の西側廊下の南側部屋を使い、著者は李槊と共に三房の東側
の部屋を使用した。同じ部屋を使うというのは地位が同じだからである。三
房随行員の中、既に他の二人の名前が記述されていることから、この本の著
者はおそらく伴倘李永得であろう。そして目次及び本文の内容からすると、
書名は『燕行雑録』とすべきであり、内・外篇と分かれ、内篇は1巻から12巻ま
でで、13巻以後が外篇となる。また韓国国立中央図書館に所蔵された金魯敬
の『燕行雑録』16巻(冊)も、この本の内容と一致しているので、著者と題目の間
違いであろう。

　二つ目は編纂時期である。『燕行録全集』、『燕行録叢刊』は1822、1823年に
作成したとされるが、部分的な意味からすると間違っていないと言える。初
めのところで'壬午冬'と言い、第6巻「日記」部分では純祖22年(道光2年壬午)10
月20日辛酉から始まり、第8巻純祖23年3月17日に至り終わっている。西暦に
計算すると、すなわち1822年から1823年までだった。しかし『燕行雑録』は16
巻(冊)であり、決して一時に完成したのではないだろう。この本の巻帙は相当
多いのだが、実際著者が直接書いたのは第6巻から8巻までの日記内容と、第
1、2巻の一部分内容であり、これを除いてその他の部分は皆他書から書き写

55　『燕行録全集』第79冊、24頁。

56　以上、246頁。

57　『燕行録全集』第81冊、75－76頁。

したのである。書き写した人間が著者本人であるか、他の人であるかは今の
ところは確認できない。ただ現在と同じ形態の本になったのはいくら早くで
も「日記」よりも50余年遅れる高宗13年(光緒2年、1876)以後であろう。

　試みに『燕行雑録』13巻外篇の‘外国’を見ると、初めに日本が出るが、その
中の‘日本世系’の一番最後の部分である‘今天皇’には、“明治元年即大清同治
七年戊辰”と明確な記録が見える。また次の様な記録もある。

> 明治六年癸酉一月一日, 以神武帝即位之年為紀元, 因置紀元節, 自神武紀元
> 之年至此, 凡二千五百三十三年。三月, 令許与外人婚。天皇断髪, 王后落黛。
> 明治九年, 遣黒田清隆、井上馨等通好, 更定『修好条規』, 日人留朝鮮。[58]

　ここで‘明治九年’は高宗13年(1876)である。既にこうした歴史記録が記載
されているので、これを記録した時間は必ずこれより以後となり、書き写し
た時間は更に遅れるはずである。故に、全体から見ると1823年をこの本の編
纂年度とするのは間違いと言えるだろう。

　書き写した(剽窃)所の出典においては中国の本もあり、また朝鮮の本もあ
る。これらを考察した結果、第2巻の‘測候’から‘銓政官考’までの内容は全て
『大清会典』から、第3巻の‘燕京天文’から第5巻までは清朝の呉長元の『宸垣識
略』から、第9巻から12巻の‘歴代彊域’までは明朝の陸応陽が編集し、清朝の蔡
方炳が増補した『広輿記』から、第13巻の‘日本’は朝鮮南竜翼の 『聞見別録』、
姜沆の『看羊録』、申維翰の『海槎東游録』と『海游聞見雑録』からそれぞれ抄録
したのである。また第14巻の‘合国’(安南、琉球等を包含)は『広輿記』から、第
15巻の‘燕都雑咏’と第16巻の‘燕都記聞’は『宸垣識略』から、第16巻の‘明清文
評’は『四庫全書簡明目録』から書き写したのである。この様に書き写した部分
は分量にしてもかなり多いと言えるが、もしこれを彼本人の編纂と誤認する
とすれば、きっと正確な学術判断にも影響が及ぶだろう。

　書き写しについて言うと、また様々な状況に分けられる。ある所は段落を
書き写したもので、例えば‘燕京天文’は『宸垣識略』から書き写した。ある所は
原文全体を書き写したもので、例えば‘明清文評’は『四庫全書簡明目録』から書
き写した。あるいは一部を選んで書き写したもので、‘燕都雑咏’は『宸垣識略』
から選んで書き写した。このほか、書き写した過程で彼が添加した部分もあ
り、削った部分もある。添加した部分は彼の主観的感情をよく表している。

---

58 『燕行録全集』第83冊、259頁。

例えば、'日本'部分は『海游聞見雑録』中の次の様な話を書き写した。

> 松前守看管之地, 悪不可居, 人皆面黒有毛, 不識文字, 蠢軟愚迷, 便同禽獣。
> 日本人皆不歯於人類。[59]

これを申維翰の原作に比較して見ると、'蠢軟愚迷'と"日本人皆不歯於人類"
という二つの句節はすなわち書き写した人が添加した議論である。他の部分
と比較して見ると、作家の中国と日本に対する別の感情と態度が読み取れ
る。例えば、第1巻の'人物風俗'篇では次のように記載している。

> 所至見満人, 其衣服外様, 皆非貧婁者, 且其人身長貌偉, 個個健壮。人品仁善
> 平坦, 多率性径情, 少陰騺邪曲, 待人恩厚款曲, 処物慈諒平善。蓋其天性本然, 而
> 又其習俗使之然也。[60]

朝鮮人は満洲人に対してもとから好感が持っていなかったので、こうした
記録は非常に珍しい。また'礼貌'篇では

> 中国人規模大抵多恭謹, 少倨傲。満人始見若偃蹇驕亢, 及与接話, 則其恭過
> 於漢人。……余輩欲見彼中人士, 至其家, 使馬頭修刺(彼俗訪人必修刺, 不遇則
> 留刺焉), 則無不出迎, 或出戸, 或降階, 或至外門, 位高皆然。[61]

と記載しており、また'言語'篇においても

> 中国言語, 即所謂漢語也。中国人雖目不識丁之類, 其言語則無非文字, 可謂
> 発言成章。[62]

と記載している。
　以上は外貌、礼貌、言語文字の三つの方面から見たが、皆日本と比較して
いる。書き写した人が添加した幾つかの言葉には全て中国人を貶下する感情

59　『燕行録全集』第83冊、35頁。
60　『燕行録全集』第79冊、129頁。
61　以上、170頁。
62　以上、171−172頁。

を表している。

　日本部分の'倭皇世系'では上段の空白部分に不知何人という校勘の言葉が
あるが、毎度'原本云'と言い差異点と類似点を明らかにしたところが12則もあ
る。'原本'とは南龍翼の『聞見別録』を指している。残念ながらこの校勘もとて
も簡略で、その差異点と類似点にほとんど注意していない。例えば、'後円融
院'下篇に"丁亥、高麗使鄭圃隠来"とある。鄭夢周が日本に出使したのは高麗
辛禑3年(明太祖洪武十年丁巳)であり、原本では'丁巳'とあるので、'丁亥'と書
いたのは間違いである。そして'仙洞院'下篇では甲子年(1624)の朝鮮通信使の
名前を挙論したところに'鄭弘重'と言う人がいるが、これもまた'姜弘重'の誤
謬である。また'後西院'以下の五つの天皇は南龍翼が記録していないので、こ
れはすなわち他のテキストによるものであろう。

　第7巻の日記部分で、著者は癸未年正月11日に北京の琉璃廠の文盛堂書店で
あったことを次の様に記録している。

> 鋪主出一冊示之, 名曰『簡明目録』, 即乾隆所編輯『四庫全書』目録也, 其書極
> 博。……文盛堂冊肆人曾昕謂余曰:"安南·琉球嘗買此書全帙以去, 而以貴国之
> 右文, 尚未聞買此, 誠為欠事。"其言実愧, 遂強答曰:"此書不無冗雑者, 如道家·
> 釈家·雑家·術数等書, 非儒者所可玩。経史·兵農·医薬之書, 我国已有之, 不須此
> 書。"曾頗然之。[63]

　中国人の前で面子は潰していなかったが、心の奥深いところでは依然とし
て恥ずかしい思いが残っていた。[64] それで『燕行雑録』で『四庫全書簡明目録』の

63　『燕行録全集』第81冊、160-161頁。

64　文盛堂の書籍商曾昕が当時朝鮮は『四庫全書簡明目録』を購入していないというのは
　　証拠にならない。『奎章総目』巻二"総目類"に『四庫全書簡明目録』十二本という記録
　　があり、考証によると現存する『奎章総目』は徐浩修が編纂し、朝鮮正祖五年(1781)
　　に完成したものである。また『大畜観書目』にも『四庫全書簡明目録』十二冊という記
　　録があり、これもまた『四庫全書簡明目録』を指している。なので、朝鮮王室での収
　　蔵図書がすでに一セットに止まらなかったことが分かる。また洪奭周が純祖十年
　　(1810)に編纂した『洪氏読書録』は彼の家に収蔵していた本の中で弟の読書指導の為
　　の'推薦書目録'であるが、その中にも『四庫全書簡明目録』二十巻が入っている。こ
　　れは19世紀初にこの本が既に朝鮮士大夫たちの図書収蔵目録に入っていることを
　　証明している。従って道光年間に至るまで朝鮮でこの本を購入していないというの
　　は有り得ない。曾氏の目的は書籍販売にあるが為に彼の言葉は全く信用出来ないの
　　で、いたずらに弁論する必要も無いだろう。以上の書籍目録については張伯偉編
　　『朝鮮時代書目叢刊』第一冊、第二冊、第八冊、北京：中華書局、2004参考。

　明・清文人の文集に対する評論を書き写したのは、おそらく少しでも足りない
ところを補おうという意志であったろう。比較的原本をそのまま書き写した
ので、これは当時の朝鮮人が明・清文人の文学創作を理解するのにある程度裨
益になったのであろう。ところで、もしこれを作家自身の評論であると誤解
したり、若しくはこれを通してこれら明・清文人の文集全てが当時既に朝鮮ま
で伝来していたと推論すると、これは大きな間違いである。

　著者があちこちから書き写した(雑抄)部分になるとしばしば前後の乱れが
あり文章のつながりが良くない。例えば第13巻の'日本'部分を見ると、これは
『海槎東游録』と『海游聞見雑録』から必要な部分を選んで書き写している。前
者は日記体であり、後者は記事体であるので、これをあちこちから適当に書
き写したので二つの本の内容が混じっている。また第16巻'燕都記聞'では『宸
垣識略』5巻の'識余'部分を書き写したが、'貴州畢節県'から'明代諸儒文評'に
至るまでの大量の記録は皆燕都とは何の関係も無いのである。

　しかしながら、この本に収録された内容が原本とは違うと言えども、注目
すべき記録もある。もっとも顕著なのは、第13巻の日本部分の'関白世系'篇で
ある。この部分の最後のところには、"自良房至基実、相継執政者二百余年。
基房以下、則不得干預国事、只存関白之号而已、凡三十八世而絶"[65]とある
が、この内容は南龍翼の『聞見雑録』から出た。原本の最後には"猶存関白之
号、故並録之、凡三十八世"[66]と記した。実際原本には良房以下の24代だけが
記録しているのに対し、この本では抜けなく全て記録している。すなわち'基
通'以下、'師忠'以前の"師家、兼実、良経、家実、道家、教実、兼経、良実、
実経、兼平、基平、基忠、忠家、家経"等の14代を補って列挙したが、これは
'三十八世'と言う記録と附合している。

　この本の文献出典については以上の考察でその殆どが明らかになったが、
幾つかの条目に対してはまだ考証が必要である。例えば、第13巻の'燕行雑録
外編'の註解では"此本得之於日本史記中、此本想必正本、故録之、以便後考
焉。"[67]と言い、既に'書き写した(録之)'と明確に表している。しかし、以下の
'日本世系'の出典は依然として分からない。また上と同じく'日本伝'の題目の
註解には"作者姓名失之未録"[68]と記しているが、これまたその出典が分から

65　『燕行録全集』第83冊、18頁。
66　『海行総載』第3冊、433頁、京城：朝鮮古書刊行会、大正三年(1914)。
67　『燕行録全集』第83冊、243頁。
68　以上、260頁。

ない。要するに、この本の内容は非常に豊富であるが、書き写した内容がかなり多く、書き写す過程で発生した誤謬もまた少なくない。それ故、もしこうした関聯資料を参考しようとすれば原本に基づくべきであろう。この本の中で本当に価値がある部分は著者が直接作成した文章、つまり'日記'3巻(第6巻から8巻まで)部分である。

　これまで朝鮮時代の中国紀行文献中の問題について例を挙げながら説明してきたが、これからは研究者たちがこうした文献にもっと注意を払い、荒唐な誤謬が発生しないことを期待する。

Ⅲ. 方法

　高麗、朝鮮時代の中国紀行文献は、まさに筆者が言う'域外漢籍'に属する。域外漢籍研究について筆者はかつて方法論的な側面から説明を試みた。2009年に筆者は「作為方法的漢文化圏」[69]を発表したところである。2011年には、『作為方法的漢文化圏』という本が中華書局から出版された。昨年には筆者は又「再談作為方法的漢文化圏」[70]を発表した。筆者はこの様な命題について、実践の中で常に補充をし、改善をし、修正をするべきであり、その学術的な意義についても持続的に解析をし、明らかにして広める必要があると考える。

　禅宗の'随病設方'[71]という説法を借りるとすれば、一つの研究方法を提起しようとすると、おのずと狙いを定めるところがなければならないが、これは現在の学術界の'病'に焦点を定めて一つの'薬'を投じようとするものである。東アジアの学術界が現在直面している問題について早くから多くの学者たちがその反省を提起してきた。

　ジョン・キング・フェアバンク(John K。　Fairbank)とジョセフ・レベンソン(Joseph　R.Levenson)に代表されるアメリカの中国学の主流観点に対して、ポール・コーエン(Paul A. Cohen)は『中国で発見する歴史(Discovering History

---

69　『中国文化』に掲載、2009年秋季号。

70　『文学遺産』に掲載、2014年第二期。

71　ここでは日本江戸時代の僧侶独庵玄光の言葉を借りた。『独庵玄光護法集』巻三「自警語」、日本駒沢大学図書館蔵本参考。元の意味は概ね『鎮州臨済慧照禅師語録』の、"山僧説処、只是一期薬病相治、総無実法。"(『大蔵経』第49冊、498頁)、"山僧無一法与人、只是治病解縛"(『大蔵経』第49冊、500頁)から見える。

in　China)』で、'中国中心趨勢'としての転換を定義した。彼は"19,20世紀の中国の歴史を正確に理解しようとすれば、必ずこの段階の歴史を外部勢力の産物として見るべきであると言うだけでなく、同時に君主制時代最後の数百年の内部変化の産物として見通す必要もある"[72]と指摘した。同時に、彼は"中国の史学者たちはマルクス主義者であろうがなかろうが関係なく、彼等自身の過去の歴史を再建する際、西洋から借りてきた誤謬と概念、そして分析の型に行き過ぎる程頼ってきた。そのせいで、西洋の史学者たちは我々の様な異国人の観点以外には採用する方法がなく、そのほかでは西洋で自身らが作った有力な観点を採用できるのである。"[73]と遺憾を表わした。'中国がない中国学'を狙って日本の学者溝口雄三先生は'方法としての中国'を提案した。彼は'中国の内部から中国の現実と結合して中国を考察したいし、又一つのヨーロッパ原理に対応する中国原理を発見したい'とした。[74]余英時は、百年間の中国の学術の状況について'中国人文研究の再出発'を提唱した。彼は"全体的に見れば、20世紀の中国人文研究で目立ってきた西洋中心の趨勢が非常にはっきりしている……今は中国人文研究が西洋中心の趨勢から抜け出て、再出発する時に来た。……'西洋の書籍を神聖に見'る心理状態必ず'他山の石にして間違いを正すことができる'と代わらなければばらない。"[75]と言った。ゆえに、'再出発'の一つの手段として視線を再び東アジアへ向けなければならないということである。

　2012年6月に台湾中央研究院で主管した第4回国際漢学学術大会で王汎森は開幕式で'漢学研究の動向'という主題で講演をしたが、大きく主題、資料、道具など三方面から21世紀以来の新しい発展を概括した。その中で、主題について言うと、東アジアは既に一つの新しい趨勢になったということであった。筆者がここで言いたいのは、この主題においてより重要なことは、研究方法の変化が際立ってきたということである。

　韓国で白楽晴に代表される民族文学論並びに『창작과 비평(創作と批評)』という雑誌を通じて主導した'東アジア論'は、その内容が学術だけに限定されてはいなかった。しかしながら、単なる学術的な側面、或いはもっと縮小して

72　林同奇訳、『中文版前言』、3頁、中華書局、1989。
73　同書「序言」、1頁。
74　李甦平等訳、書名は『日本人視野中的中国学』と改正、94頁。北京：中国人民大学出版社、1996。
75　「試論中国人文研究的再出発」、彼の『知識人与中国文化的価値』に収録、295-297頁、台北：時報文化出版公司、2007。

文学批評と研究について言おうとすると、彼らが提唱するのは、"第3世界の自我意識の基盤に立脚して、自国の文学、中国並びに本文学の研究を進行"し、東アジアの文学が"単なる西洋文学の周囲で彷徨う"[76]現状を変えなければならないということである。仮に西洋文学を読んだとしても、又"可能な限り、我々の耳で彼らの話を聞いて我々自身の目で彼らが見た現実を見通さなければならない。"[77]と主張する。ここで現れてくる問題は、グローバル化時代に東アジアの知識生産がどの様に独立的で知識主体性を構築し、同時に西洋の知識生産体制の追求にどのように介入して徐々に変わっていくかである。

台湾の陳光興は竹内好の『方法としてのアジア』と溝口雄三の『方法としての中国』を基盤とした上、一歩進みて'アジアは方法として(亜洲作為方法)'という主張を披瀝した。彼は"アジアは方法としてという命題を簡単なスローガン、掛け声ではなく、積極的な一つの実践であり、このような実践で一番基本的なことは読解の対象を多元化してアジアの各地へ拡張することである"[78]と指摘した。

日本の学者静永健は「中国学研究の新しい方法」で中国本土で興起した'域外漢籍研究'を高く評価した。彼は、"本国の文学についての研究をいくら深く洞察したとしても、同時代の同じ文化圏に属する周邊地域の文化、政治の連動について関心を持たなければ、我々の研究は結局、自高自大したり、井戸の蛙の様な悲劇的な運命に陥ることを免れないであろう。……'域外漢籍研究'は世間の注目を惑わせる奇異且つ幻想的な学術ではなく、これとは逆で、つまり我々が中国並びに東アジアの全ての地域を理解する一種の近道の様な研究方法論である。"[79]と言った。

以上では、'方法としての漢文化圏'を提起した歴史的な背景を略述した。この方法としての内容は概ね次の様ないくつかがある。最初に、歴史上、漢字で記録された文献を一つの全一体として見なければならない。ある一種類の文献を研究しても全ての空間上の他の地域(中国、朝鮮、日本、越南など)を重要視するだけでなく、さらに他の種類の文献との関係も重視するべきである。要は、一種の全体的な視覚を持たなければならないのである。二つめ

76 「看第三世界文学的眼睛」、白永瑞、陳光興編、李旭淵訳・校正『分断体制·民族文学』に収録、64頁。台北：台湾聯経出版事業公司、2010。
77 「如何看待現代文学」、彼の『全球化時代的文学与人』に収録、金正浩、鄭仁甲訳、227頁、北京：中国文学出版社、1998。
78 『去帝国――亜洲作為方法』、405頁、台北：行人出版社、2007。
79 『東方』第348号に掲載、2010。

に、漢文化圏の内部から文化伝播であれ観念旅行であっても、全てのものは主に書籍の流伝と読解に頼っているのである。故に、'還流'という観念で書籍の読解と誤読を調べ直して、文化の相互間の参考と同化の道を探索することである。そして三つめに、人間の内面の体験と精神世界を目標に中心と周邊を貫通させて、各地域の漢籍文献を同等な位置に上げて、その間の内的な関連を模索することである。四つめに、文化的な意味の解説を重視し、他の言語環境の中での同じ文献の他の意味を重視し、互いに違う地域、階級、性別、時間単位で人々の思考方式の統一性と多様性を重視することである。この様な命題を提起し、一方ではこれを通じて百年来の西洋学術の統制の下にあった窮地から抜け出すことを期待することであり、もう一方では百年来、西洋学術から受けた恩恵を適当に返せるように願うことである。方法は個別の事例を研究する基盤の上で立てて、異論は西洋学術との対話の中から量産し、最終的に西洋学術と分離されても、孤立しない一つの理論と方法を作り上げることである。

　各国の紀行文献について言えば、朝鮮の燕行使·通信使、紀行であれ、日本の僧侶の巡禮、参拝行紀であれ、或いは越南の文臣らの北使行紀であれ、その中で提供された記録は全て、新鮮で生動的である。これは我々に実感を湧かせるような歴史的な一場面に触れさせてくれるが、又、研究者たちをある大きな趣旨とは無関係な極小さな危険に陥らせることもある。したがって、我々は漢文化圏に対する全般的な視野がより一層必要である。そうすれば、この様な漢文化圏という枠の中で、ある一つの具体的な問題を研究しても、唐代の船子僧が『撥棹歌』で言った"一波纔動万波随"[80]の様な境地に到達できるであろう。我々はこの様な総合的な研究が必要である。この場所におられる夫馬進先生の朝鮮燕行使と朝鮮通信使に関する研究や、金文京先生の東アジアの訓読に関する研究は我々にとって総合的な研究の凡例を提示してくださっている。

　最近20年間、欧米の人文研究で最も影響がある分野として'新文化史'が挙げられる。これは年鑑派(Ecole des Annales)歴史学の巨視的な書写方式を捨てて、研究者たちが各種の違った文化と自身の言語で、互いに違う時代、互いに違う国と民族の文化を再度見て、理解できるようになるだろうと強調する。これは'ヨーロッパ中心論'の固定された思考方式が相当に変化したものである。ヨーロッパ史研究を専攻している英国の歴史学者ピーター·バーク

80　『船子和尚撥棹歌』、21頁、上海：華東師範大学出版社影印本、1987。

(Peter Burke)はかつて、アジア、アフリカ、アメリカ、オーストラリアに関する研究を列挙したことがある。彼は"今最も感動的な文化史研究は邊境から出現している"、"このような邊境での研究作業は我々とは違う人々にインスピレーションを与えている。"と指摘した。そうして'文化の衝突と相互の影響'は"新文化史の主要研究対象にならなければならない。"、"相互参考し、同化する過程は二度と周邊的ではなく、核心的ものだ。"[81]と指摘した。21世紀以来、世界の漢学の趨勢は東アジアと域外漢籍の研究にかかっており、これは'核心的な存在'になるであろうことも明らかである。しかし、'新文化史'の研究は弊害もあるので、'歴史'という名の大木について、その'木の葉'を研究することが非常に重要視されるのである。人々から最も指摘を受けることとして、一つは歴史研究の'閉鎖化'[82]であり、もう一つは、資料の不足がもたらす行き過ぎた解釈である。しかし、'方法としての漢文化圏'の提起は全般的な視野を強調し、又、中心と周邊の境界の打破を追求する。したがって、東アジアの各地域文化の多様性を明らかにすると同時に'閉鎖化'を克服し、内在的な統一性を達成することに有理であるのだ。

鄭墡謨(南京大学外国語学院)訳

81　「文化史的統一性与多様性」、彼の『文化史的風景』に収録、豊華琴、劉艶訳、楊子校正、227、233頁、北京：北京大学出版社、2013。

82　フランスの歴史学者フランスアドーズ(Francois　Dosse)の『砕片化的歴史学――従年鑒₂到'新史学'』、馬勝利訳、北京：北京大学出版社、2008参考。

3

子弟軍官と譯官たちの使行時代

金泰俊(東国大)・金一煥(東国大)

I.「燕行録の三家」から李彦瑱まで

　かつて金景善(キム・ギョンソン、1788~1853)は『老稼齋燕行錄』(1712年使行。使行とは使臣のお出ましのこと―訳注)の金昌業(キム・チャンオプ、1658~1721)、『湛軒燕記』(1765年使行)の洪大容(ホン・デヨン、1731~1783)と『熱河日記』(1780年使行)の朴趾源(バク・ジウォン、1737~1805)を燕行録作家の三家として評価したことがある。ところで、彼が指して称した「燕行録の三家」は、皆「子弟軍官」だという点で興味深い。特に彼ら三人は皆「父兄に仕える」という任務ではなくて、「世相」を「見物」するための旅行者として、そして他の国の学者たちとの「出会い」のために使行の旅を成し遂げた、見物のための旅行者だという共通点を持っている。このような「旅行のための旅行者」たちの見聞と現地の知識人たちとの疎通の旅行体験[物書き]は、朝鮮王朝後期の実学のような思想革新はもちろん、中国と日本の知識人たちと共に疎通する東アジアの新しい時代を予備していた。

　このように朝鮮の知識人たちの思考と思想をことごとく変えることができた、700余編を数える[大旅行(grand tour)]の記録は、中国を行き来していた「燕行」からのみ産み出されたわけではない。総12回に渡って朝鮮が日本へ派遣し

た通信使の「海行録」群もまた、東アジアの教養人たちの共通言文として「漢文」と「漢詩文」の疎通をよく示している。この通信使行は壬辰亂7年の役と、近世「鎖国」の桎梏を乗り越える壮大なる疎通の薫風であった。特に北京にまで行き来した慣れた燕行の道とは違って、3千里にも及ぶ険しい海路を渡らなければならない危険千万な海行であるにも関わらず、自発的な旅行者たちが少なくなく存在した。本国ではまともに認められていない文章と学問をまともに見せるために乗り出した「若き譯官(訳官とは通訳を担当した官吏のこと―訳注)」の李彦瑱(イ・オンジン、1740〜1766)と、十数回を越える燕行の経験に基づいて日本の見物に乗り出した「老いた譯官」の吳大齡(オ・デリョン、1701〜?)がそういう人であった。

　彼らは1763年から翌年に渡って成された第11次癸未使行として日本に行ってきたが、彼らと同行した庶孼出身の書記と製述官たち、特に元重擧(ウォン・ジュンゴ、1719〜1790)や成大中(ソン・デジュン、1732〜1809)は、「燕行録の三家」である洪大容や朴趾源と交流したことのある進歩的知識人たちであった。彼らの異国体験はすぐ翌年にあった洪大容の燕行や、15年後にあった朴趾源の燕行に自然とその影響を及ぼしたであろう。[1]　李彦瑱から、海行の海体験を書いた「海覽篇」の評価を依頼されたことがあり、彼の死後、「虞裳傳」を書いた朴趾源にも李彦瑱が残した旅行の成就は、少なくない印象を残したという推定も可能であろう。それだけでなく、8,200余句の長篇紀行歌辭『日東壯遊歌』を書き残した金仁謙(キム・インギョム、1707〜1772)もこの通信使行の書記であったし、洪大容もまた、自分の燕行体験を『乙丙燕行録』という膨大な日記体のハングル紀行文としてまとめたことがある。[2]

　今回の発表で注目したい対象は、「子弟軍官」と「譯官」である。その中でも中国に行ってきた経験をもって日本を眺める訳官「李彦瑱」と「吳大齡」を通じて、18世紀の朝鮮人が行った東アジア旅行の意味を見てみることである。彼ら二人の訳官は皆「漢学」を専攻したので、日本人通訳官たちと癒着される可能性が少なかったし、訳官を「手段」として見なす三使や、「訳官」を利益なん

1　夫馬進はかつて燕行をした洪大容と、日本に行ってきた元重擧が共に「情」の世界を発見し、「感染」されたことを論じたことがある。夫馬進、「一七六五年洪大容の燕行と一七六四年朝鮮通信使-兩者が體驗した中國・日本の'情'を中心に」、『東洋史學研究』67、東洋史研究會、2008参照。

2　金泰俊、「海行の精神史」、蘇在英・金泰俊編、『旅行と體驗の文学―日本篇』、民文庫、1985。この論文は「韓日文学の交流様相」を総合的に見てみた金泰俊、『韓國文學の東亞細亞的時角 2』に関連論文と共に再録されている。

か図る商人[商譯]として見なす庶孼文士たちとも共有意識を持ちにくかった。特に文章と学問を自負しない呉大齡の場合は、日本の文士／學者たちとの対決意識も持つ必要がなかった。実に使行員役のなかで最も気楽な人だと言えよう。呉大齡の書き残した日記『溟槎錄』と、李彦瑱との筆談を交した日本人文士がまとめた『東槎餘談』と、洪大容が書いた燕行と関わる作品、そして通信使行のなかで多様な身分の様々な筆者たちの体験記録を共に読んでいきながら、新しく出現した18世紀の「自由な旅行者」たちの思想史を見てみたい。

Ⅱ. 燕行、海行をあまねく体験した朝鮮人たち

通信使行が始まってから日本と中国をすべて行ってきた人として、このことと関わる記録を書き残した人物たちは次のようである。

	氏名	日本	中国	備考
1	黃㦿 (1604~1656)	1636, 從事官 「東槎錄」(漢詩)	1651, 謝恩副使 「燕行錄」(漢詩)	
2	南龍翼 (1628~1692)	1655, 從事官 『扶桑錄(上下)』(日記)	1666, 謝恩兼陳奏副使 「燕行錄」(漢詩)	「壯遊」(歌辭)
3	金指南 (1654~1718)	1682, 漢學譯官 『東槎日錄』(日記)	1692, 冬至使 譯官 『新傳煮硝方』(1698) 1710, 冬至使 譯官 1712, 白頭山定界碑設置 譯官 『北征錄』(日記)	『通文館志』
4	呉大齡 (1701~?)	1763~1764, 漢學上通事 『溟槎錄』(日記)	1731, 冬至使, 譯官 北京10回, 瀋陽2回, 鳳城1回	1731 副使 趙 㬞綱(1681~ 1746)は趙曦 の父親
5	李彦瑱 (1740~1766)	1763~1764, 漢學押物通事 「海覽篇」等 漢詩	時期不明, 2回[3]	
6	金善臣 (1755~?)	1811, 正使書記	1805, 瀋陽問安使, 隨行員 1822, 冬至使 正使軍官	北京で付き 合った人物た ちと手紙を取 り交わす[4]

3　日本人と交した筆談から出た言葉であるが、明確な証拠はない。
4　藤塚鄰、『日鮮清の文化交流』、中文館書店、1947；李元植、『朝鮮通信使』、民音

Ⅲ. 訳官二人の海行体験と日本認識―李彦瑱と呉大齡

1) 李彦瑱、海を見物する(海覧篇)

漢学訳官として李彦瑱はかつて中国に行く燕行使行に二回行ってきたことがあり[5]、癸未通信使行の際にもこのことで内外の話題を集めた訳官であった。かつて彼の祖父である李世仮(イ・セグプ)が22歳の歳で漢學訳科(訳科とは朝鮮王朝時代、通訳官を先発するために行った雑科の一つ―訳注)に合格した1717(肅宗43)年以後、彼の家柄は訳官の家柄であったし、李彦瑱は20歳の時、漢学訳科に合格して中国と日本を行き来しながらその名を揚げ、28歳の時に夭折した。李彦瑱が訳官として癸未使行で博した名声は、使行の途中、彼の言行と筆談の内容が載せられた、日本文人の劉維翰の『東槎餘談』で少なくない神話を残した。この本で劉維翰はこの際自ら会った朝鮮通信使節15名の人物紹介と肖像画と共に、特に若い訳官として李彦瑱についていろんな情報を伝えてくれている。

それによれば、李彦瑱は天才で、所願もまた無限であって、「天下の奇異なる本と、天下の素敵な学者と、天下の有名な山水」をすべて見ることが三つの大きな所願だと公言したと言う。[6]　こういう意味で彼の語ったところ「天下の有名な山水」に注目すると、通信使行の一員として海路に就いて書いた「海を見物する(海覧篇)」という彼の詩は、発表とともに傑作として話題を集めたことがわかる。それにこの詩は彼が初めて経験した「海」体験であるのみでなく、「海」といえば早くから「觀海難水」(『孟子』)と習ったはずの彼にとって、もしかしたら慎重を要する詩の題材であったかも知れない。このような旅行体験を「海覧」と名付けて、「海を見物する」という海体験として形象したことであろう。これこそ自ら「三つの大きな所願」だと語ったというその「天下の有名な山水」の一つとして理解してもよかろう。

社、274～276頁；夫馬進、ジョン・テソプ訳、「朝鮮燕行使の申在植の『筆談』に現れた漢学・宋学論争」、『燕行使と通信使』、2008；シン・ロサ、「金善臣の生涯と彼の著作に関する一考」、『東方漢文學』36輯、東方漢文学会、2008。

5　李彦瑱が日本に行く前に、中国を二回も行ってきたという言及が多く見られる。このために「18世紀の朝鮮の文人知識人のなかで中国と日本をすべて見回った唯一の人」(朴熙秉、『李彦瑱評伝』、ドルベゲ、105頁)という評価も受けている。だが、その二回の燕行が正確にいつ成されたかは明らかになっていない。

6　龜井南冥、『泱泱餘響』

詩の冒頭に出るいくつかの句を見てみよう。

地球の数多くの国々が	乾坤內萬國
碁石と星のように散りばめられている。	碁置而星列
越の国ではまげを結い、	于奥之魁結
印度では髪を刈る。	竺乾之祝髮
:	
群れによって分けられ、仲間同士で集まって暮らし、	群分而類聚
地球上にすっかり人間だらけだね	遍土皆是物
:	
日本のその位置は	日本之爲邦
波に乗って揺れ動く。	波墊所瀁瀁.[7]

　同じ癸未使行に書記として参与した元重擧は、訳官の李彦瑱のこの詩をいろんな人と一緒に回覧してから、「雅正ではないが、奇異で明るい」としながら、このような人材がなぜ訳官をやっているかという評を残している。製述官であった南玉(ナム・オク、1722〜1770)も李彦瑱の<海覽篇>など、何編の古詩を読んで、「学識と文体が該博燦爛であり、人もまた優れていて優に「泥のなかの蓮の花」と言えよう」と評した。

　特にこれが12月の1日(癸未)、風本浦で風波が静まるのを待ちながら書いたと明かしていて注目される。風本浦といえば、対馬の勝船浦から海路で480余里もあるという一岐島の北側の隅の港、対馬とは東南と西北で向かい合っている玄界灘の一つの拠点港である。元重擧の日記にはこの港で風が静まるのを待ってからすでに18日も経った事情を伝えており、こういう海の風浪と船が壊れる島民たちの生の危険のなかで眺めて感じた、自らの「海」体験を李彦瑱は詩で形象化したことであろう。

　李彦瑱は<海覽篇>を<一岐島>、<壹陽舟中念惠寰老師言>などの詩編とともに、燕巖・朴趾源に送って評価を頼んだ。李彦瑱の詩評請託に酷評をしたことのある燕巖もまた、この詩を絶賛して、百数十年の間、何回も通信使行が日本を行ってきたが、ただ李彦瑱のみがこの詩で日本の山河を秀でて形容したと絶賛したことがある。蟬橘堂・李德懋(イ・ドクム)も尹可基(ユン・ガギ)から李彦瑱の詩と日記三枚を受け取って読んだ所感を書き残したことがある。

7　李彦瑱,<海覽篇>、《国訳青莊館全書》48、<耳目口心書>。

　彼は「虞裳の詩は深くて広いが過ぎず、奥ゆかしくて奇異であるが怪異ではないし、簡略でありながらも短くなく、また筆の勢いが真っ直ぐで力強い」とした。このように彼のこの詩が、世の中に広く知られる切っ掛けとなった作品であることがわかる。この証言によると、李彦瑱はこの海行の際に詩はもちろん、日記も書いたという。この日記の初稿の一部が李彦瑱の生存の時にすでにいろんな人に読まれていたという事実は、李德懋が尹可基を通じてその日記三枚を読んで、その字の秀でた姿に感心したという記録からもわかる。

　そして、この詩に対するこのような話題と好評は、上下に幅広く伝えられ、一々枚挙に暇がないほどである。後日、鄭寅普(ジョン・インボ)が丹齋史學を論じる文章のなかで引用したし(『薝園國學散藁』)、心山・金昌淑(キム・チャンスク)は＜漢陽の昔のことを回想しながら、李虞裳の＜海覽篇＞の韻を使って書く＞という長編詩を書き残したことがある。

2)　呉大齡、中国を観た目で日本を観る(溟槎錄)

　若い訳官の李彦瑱が詩文でもってその名を馳せたとしたら、「老いた訳官」の呉大齡は豊かな経験でもって険しい旅程においても比較的余裕を見せた。彼は『溟槎錄』の所々で日本と中国を比較しているが、これは同行した人々に日本の文化的水準を推し量る基準として思われたりもした。従事官の書記として呉大齡と一緒に従事官の船に乗っていた金仁謙の『日東壯遊歌』にその痕跡が見える。

> 天下にこのような景色がまた他のどこにあるというか
> 北京を観た訳官が行中に来ているが
> 中原の壮麗なこと、これより劣っていると言うね。[8]

　呉大齡の日記が持つ特徴は、旅行客としての面白さ[客中滋味]を充分に満喫することである。実務者として夢中で忙しい日程であったが、「観光」のため機会があるごとに外出をしたし、正使が施すいろんな行事を思う存分楽しんでいた。趙曮(ゾ・オム)は自分が企画した行事なので日記で重要に言及する

8　金仁謙、『日東壯遊歌』の一部。

のは当然だから論外にして、残りの書記たちや製述官はそのようなことが
あったのを事実的に記録するだけであった。吳大齡は文章力が優れてはいな
かったので、当の場面を詳しく描写することはできなかったが、具体的にそ
の「場」の興趣を言及している。支供としてもらった鹿の肉を趙曮が主導して
「ボンゴジゴル(氈鐵)」に調理して食べる場面がその一つである。「ボンゴジゴ
ル(氈鐵)」は当時、北側から入ってきて流行っていた食事のやり方であった。[9]
三司を始め、文武員役が皆同じ場所に集まって、実に「団欒」と座って一緒に
肉を焼いて食べる姿を演出している。

　吳大齡は観察者としての面貌もよく示しているが、日本ではなく同行した
使行団を観察する際、異彩を放っている。吳大齡が持続的に観察し、叙述し
ている対象は正使の趙曮である。趙曮はそれに先立って慶尙道観察使として
務めたので、對日關係に一定の水準以上の理解と関心を持っていたであろう
が、前後の通信使たちと比較すると、彼が使行で見せたリーダーシップと準
備は断然抜群であった。吳大齡は終始正使の趙曮が使行のすべての構成員たち
を几帳面に世話していたことを強調し、それと共に下部の構成員たちもこのよ
うな世話に深く感動していることを述べている。吳大齡は正使の指示とその指
示が履行される過程、そして「恩を施す者」ではない「恩を受ける者」の立場で記
述している特徴を見せている。書記や製述官たちの使行記録にもこのような姿
が見えないわけではないが、吳大齡の記録ほど詳しくない。

Ⅳ. 洪大容の使行と思想

　洪大容のハングル燕行録『乙丙燕行録』には冒頭にハングルの歌詞を一編載
せていて注目に値する。

　　　天が人を生み出す時は、皆使うところがあるはずだ。
　　　私のような窮生はどんなことを成し遂げたか。
　　　昨夜夢を観たが、遼野を飛び渡って

9　肉を切って氈鐵に並べておいて／数人ずつ火炉を囲んで座って／じりじり焼いて適
　当に裏返していたが／箸を伸ばしてみると肉はすでに無くなった／全国に流行る新
　しい料理法は／近頃、女眞から入ってきた風俗／衣冠を備えて美味しく食べるが／
　君子なら厨房は遠ざけるべき. 截肉排氈鐵 分曹擁火爐 煎膏略回轉 放筯已虚無 擧國
　仍成俗 新方近出胡 衣冠甘餔餟 君子遠庖廚. 申光河(1729~1796)、「詠氈鐵煮肉」

　　　山海關の閉められた門を一手で押し開けた。

　このように中国の地を踏む感激を「一曲調狂った歌」をもって詠んだ朝鮮旅行者の感激と、「山海關」のような「境界」は重要な主題を成すと言えよう。洪大容の重要な著作として「醫山問答」の地理的背景であり、題目を成している醫醫閭山もまた、山海關から遠くない境界の地として、虚子が實翁に出会う地として作品の主題につながる。

　旅行が思想に与えた影響は、歴史を変える原動力であり、17世紀末から18世紀の初めに及んでは西洋でも中国旅行が新しい歴史の舞台として評価された。中国皇帝の愛を受けたキリスト教の神父たち、例えば、洪大容より1、2世紀前の時代のマテオ・リッチ(利瑪竇、1552～1610)から始まる西洋人の中国旅行は、「思想の地理において中国ほど大きな位置を占める国はなかった」という評価を受けた。[10]

　洪大容の中国理解は彼の晩年の著作「醫山問答」の一つの主題として「華夷論」で明らかなように、人、自然、文明と宇宙に対する平等の意識が一つの中心を成す。そして「晩年の洪大容が到達した人間、自然、文明と宇宙に対する圧縮的網羅」として社会意識が居座っている。[11]　これまで学界で注目してきた彼の自然科学思想や研究までも、究極のところ社会思想に向かっており、まさにこの点がわが学界と社会に投げかける重要なメッセージと言えよう。

　一方、洪大容が燕行から帰ってきて書いた『林下經綸』は、朝鮮という国の経済、行政、教育など社会制度の改革、身分世襲の問題など、朝鮮を改革する制度と方案の大綱を論じていると言えよう。特に民権の伸長とこれと関わる身分世襲の被害と、すべての人民が労働をすべきだという平等主義を主張した。このことはこの文章で最も精彩を放つくだりで、そのために教育の機会均等を構想したはずである。朴熙秉(バク・ヒビョン)教授は朝鮮後期の學人のなかで、身分の世襲を否定した人は柳壽垣(リュ・スウォン、1694-1755)と洪大容のただ二人しかいないと断言した。朴教授は洪大容の華夷論否定や、こういう社会平等思想は朝鮮思想史ではもちろんのこと、近世東アジアの思想史の地形でもそれ位の意識水準に達した思想家は見い出しにくいという評価をした。

10　Hazard, Paul、野澤協 譯、『ヨ-ロッベ精神の危機, 1680-1715』、法政大學出版局、1978、27頁。

11　朴熙秉、『汎愛と平等—洪大容の社会思想』、ドルベゲ、2013、406頁。

　これは特に朝鮮後期の改革的思想家たち、丁若鏞(ジョン・ヤクヨン)や鄭齊斗(ジョン・ゼドゥ)、それから朴趾源など、いわゆる北學派との関連に対しては<洪大容の社會思想と北學論の關聯>という一章を設けてその混乱を解明している。いわゆる北學派が洪大容から触発されながら、清国の先進技術の導入などを大きく重視したならば、洪大容は平等な社会と変革を重視した思想家だと言えるし、このことを今の言葉で言うと急進左派に当たるはずだと言った。洪大容の中国読み、彼の<華夷論>は、朴熙秉教授の表現を借りるならば、「それ以前の朝鮮知識人の誰とも、そしてそれ以後の朝鮮知識人の誰とも異なる」湛軒の中国理解、朝鮮の中国読み、中国発見の膨大なる歴史であり、平等の社会思想だと言うに値する。

V. むすびに—子弟軍官と訳官たちの使行時代

　「筆談」は言葉が通じない人との間で、文字に書いて疎通する「字の言葉」である。字の言葉は口の代わりに紙と筆を持ってやりとりする手の言葉なので、話を取り交わすように早く字で書いてこちらの考えを示す語りであり、口で話すように手で言葉を書いて、取り交わす初稿[手口錄]がうずたかく積もるに決まっている。筆談は漢文を共有する東アジア文明で特徴的な中世的疎通の方式として、朝鮮燕行使と中国の間ではもちろんのこと、朝鮮通信使と日本との間、あるいは琉球との間でも幅広く行われてきた疎通の方式であった。ただ「漢文」で主に筆談が成されるためには、中国以外の国々では自国語の他に漢文で意思疎通が可能な能力を必要とした。[12]

　癸未通信使行が藍島に及んだとき、朝鮮訳官の李彦瑱と筆談した地方の儒醫、龜井南冥との筆談集としては『泱泱餘響』が伝えられる。「泱泱」という言葉は「音が渋くつながること」を表わす言葉であり、「余響」もまた、筆談の雰囲気を表わした言葉であるはずだ。李彦瑱が龜井南冥など日本の学者たちと交わした筆談では、科擧制度による朝鮮学問の沈滞を批判し、王世貞と李攀龍が尊重される徂徠學派とこれに同調する李彦瑱の学問傾向が東アジア的疎通の筆談として繋がった。若くて進歩的な訳官、李彦瑱の思想と海行の精神史が共に見てみられる海行の最後の風景だと言えよう。

12　金泰俊、「筆談の文明性」、『虚學から失學へ』、東京大学出版會、1988、75頁。

朝鮮時代の燕行・通信使行と訳官教材の修訂

鄭 光(高麗大)

Ⅰ. 緒論

1.0 高麗王朝時代の後期から朝鮮半島では中国語の学習が重要な課題であった。蒙古の元が北京に都を定め、その地域で通用していた漢児言語が帝国の公用語として定められると、従来四書五経や仏経で学習していた中国語、すなわち雅言や通語とは全く違う漢語を学習しなければ中国との疎通が難しかった。このような理由により、元以後の高麗では、漢語と蒙古語を別途に教育する通文館を忠烈王2年(1276)に設置して訳官を養成していた[1]。

高麗後期のこのような外国語教育は訳学と言ったが、元代の漢語を学習する訳学は、すでに儒教経典や仏経を通じて雅言と通語に長けていた儒生と仏僧たちにとっては気に入らない分野の教育であったので、非常に賤視したようである。すなわち、高麗後期には学問を10の分野に分け、各官署でこれを教育したが、『高麗史』(巻77)「志」(第31)「百官」2、「諸司都監各色」の「十学」条に

---

[1] これについては『高麗史』(巻76)「志」(第30)「百官」(1)の末尾にある、「通文館、忠烈王二年始置之。令禁内学官等参外年未四十者習漢語。{禁内学官秘書、史館、翰林、宝文閣、御書、同文院也。式目、都兵馬、迎送謂之禁内九官。}時舌人多起微賎、伝語之間多不以実、懐奸済私。参文学事金坵建議置之。後置司訳院以掌訳語。」という記事参照。

　　恭譲王元年置十学、教授官分隷、礼学于成均館、楽学于典儀寺、兵学于
軍候所、律学于典法寺、字学于典校寺、医学于典医寺、風水陰陽等学于書雲
観、史学于司訳院。- 恭譲王元年に十学を置いて教授官を分け、次のように
属するものとした。礼学は成均館に、楽学は典儀寺に、兵学は軍候所に、律
学は典法寺に、字学は典校寺に、医学は典医寺に、風水・陰陽等は書雲観
に、史学は司訳院にそれぞれ隷属させた。

として、恭譲王元年(1389)に礼学、楽学、兵学、律学、字学、医学、風水、
陰陽学、史学の十学を置き、教授官を各官司に分けて隷属させたと言った
が、ここには訳学が抜けていた。

　拙著(2014)では、これに対して、『増補文献備考』の「臣謹按麗史十学、教授
分隷于各司、而所臚列者只是八司。雖以風水陰陽分為二学、猶不満十学之
数、可疑。- 臣が高麗史の10学をそれぞれ官司に分けて隷属させたということ
を謹んで考えても、順に配列したのがかろうじて8つの官司です。もし風水陰
陽学を二つの学問に分けたとしても十学を満たすことができないため、疑わ
しいです」という記事を挙げ、訳学が抜けたものと見ている。あえて十学に訳
学を入れようとしなかった高麗後期の風土が感知される。

　1.1 後日司訳院と改名された通文館の外国語教育は、朝鮮でもそのまま継承
され、次第に拡大された。朝鮮王朝では、太祖2年(1393)9月に司訳院を設置
し(『太祖実録』巻4、太祖2年9月辛酉条)、華言、すなわち中国の漢語を学習さ
せた。すなわち、『太祖実録』(巻6)太祖3年11月条の記事に、

　　司訳院提調偰長寿等上書言:「臣等竊聞、治国以人才為本、而人才以教養為
先、故学校之設乃為政之要也。我国家世事中国、言語文字不可不習。是以殿
下肇国之初特設本院、置禄官及教官教授生徒、俾習中国言語音訓 文字体式、
上以尽事大之誠、下以期易俗之効」。[後略] - 司訳院の提調である偰長寿等
が奏上するに、"臣 等が聞きますには、国を治めるためには人材が土台にな
るため、人材を教えて育てることが優先であるので、学校を設置することは
政治の重要な部分です。我が国は中国に仕えており、[中国の]言語と文字を
学ばなけれ　ばなりません。これにより殿下が国を建国するときに、特に司
訳院を設置して禄官と教官、教授、そして生徒を置き、中国の言語と文字の
発音と意味、そして文字の体系を学ぶようにしたので、上には事大の誠意を
尽 くし、下には容易に拡大する効果を望んだのです。[後略]"とした。

として、司訳院の復置が朝鮮の建国初期にあったことがわかる。

　司訳院が設置された太祖2年(1393)10月に、学問分野を‘兵学、律学、字学、訳学、医学、算学’の六学に分け[2]、良家子弟をしてこれらを学習させたのであり、このうち訳学の教育はこれより1ヶ月前に設置した司訳院で担当したものと思われる。

　1.2 高麗王朝後期における司訳院の外国語教育は、もちろん漢語教育の漢学と蒙古語の蒙学が中心であったが、朝鮮時代には、日本語の倭学と女真語の女真学が追加された。

　まず日本語教育、すなわち倭学は、太宗14年(1415)10月に司訳院に設置される。『太宗実録』(巻28)太宗14年10月丙甲条に、"命司訳院習日本語。倭客通事尹仁輪上言:日本人来朝不絶、訳語者少、願令良家子弟伝習。従之。"という記事があり、太宗14年(1415)10月に司訳院で日本語を教育するように命じたことがわかる。また、『世宗実録』(巻49)の12年8月丁酉条に、

> 礼曹啓: "去乙未年受教設倭学、令外方郷校生徒良家子弟入属、合于司訳院、依蒙学例遷転。本学非他学之例、往還滄波剣戟間、実為可憚。故求属者少、而生徒三十余人、唯用一遍児遷転、故生徒多托故不仕。雖或一二人僅存、不解文字只通言語、非従通事者難継、訳解倭書、恐将廃絶。請従初受教依蒙学例、加給一遍児、毎二人遷転、以勧従来。"従之。

という記事があり、乙未年(太宗15年乙未、1416)に正式に倭学を司訳院に設置し、日本に行くのを避け、その言語の学習を忌避しようとするので、人数を増やして教育しなければならないことを強調している。

　女真語を教育する女真学が司訳院に設置されて四学が完備されたのは、『経国大典』でのことである。『経国大典』(巻3)「吏典」「正三品衙門」の末席にある、"司訳院、掌訳諸方言語、[中略] 正九品副奉事二員、漢学訓導四員、蒙学、倭学、女真学訓導各二員。[下略]"という記事によれば、女真学が設置されて女真語教育が司訳院で実施されていたことがわかる。　しかし、この女真学は、丙子胡乱(1636)以後、康熙丁未(1667)に満洲語教育の清学に変わる。

2　本文は『太祖実録』(巻2)太祖2年10月条の"設六学、令良家子弟肄習。一兵学、二律学、三字学、四訳学、五医学、六算学。"である。

Ⅱ. 訳官教材と司訳院訳学書

2.0 外国語教育には学習教材が必要である。司訳院では四学、すなわち漢学、蒙学、倭学、女真学の教材を具備し、言語の変遷によって絶えず修訂、補完したり、新しい教材に変更していた。拙著(1988)では、これらの訳官教材の変遷を草創期、定着期、改訂増補期の3時期に分けて考察している[3]。

2.1 草創期の訳官教材、すなわち司訳院の訳学書は、『世宗実録』(巻47)の12年(1430)3月戊午条に収録されている詳定所の啓に収録されたものと、『経国大典』(巻3)の「礼典」「諸科」に見られる訳科出題書のことを言う。まず、『世宗実録』のものは、女真学が設置される前なので、漢学、蒙学、倭学の学習教材だけが摘示されているが、これをここに引用すれば次の通りである。

　　訳学
　　　漢訓: 書、詩、四書、直解大学、直解小学、孝経、少微通鑑、前後漢、
　　　　　 古今通略、忠義直言、童子習、老乞大、朴通事
　　　蒙訓: 待漏院記、貞観政要、老乞大、孔夫子、速八実、伯顔波豆、土高
　　　　　 安、章記、巨里羅、賀赤厚羅、書字: 偉兀真、帖児月真
　　　倭訓: 消息、書格、伊路波、本草、童子教、老乞大、議論、通信、庭訓
　　　　　 往来、鳩養物語[4]

『経国大典』の訳科科試書として登録されたものは、『世宗実録』のそれと類似している。但し、訳科漢学とは別に漢吏学を置いたが、これは漢吏文を試験するものである。それに対する出題書として、"魯齋大学*、成齋孝経*、吏学指南、大元通制、至正條格、御製大誥、事大文書謄録、製述:奏本・啓本・咨文"が挙げられている[5]。

蒙古語教育の蒙学でも、『経国大典』の訳科蒙学の出題書と『世宗実録』の諸学取才の蒙訓に見られるものは類似している。但し、同じ教材の漢字が異な

3　草創期は初期の訳学書で、建国初期から〈経国大典〉までの訳学書をいい、定着期は中期のもので、〈経国大典〉から〈続大典〉までの訳学書、そして改訂増補期は後期のもので、〈続大典〉から甲午更張までの訳学書を言う(拙著、1988)。
4　ここで漢訓、蒙訓、倭訓は漢学、蒙学、倭学を言う。
5　漢吏文については拙稿(2012)を参考にする。*を付けたものは訳学のものと類似している教材である。

るのであるが、『経国大典』(巻3)の「礼典」「訳科初試」に"王可汗、守成事鑑、御
史箴、高難加屯、皇都大訓、老乞大、孔夫子、帖月真、吐高安、伯顔波豆、
待漏院記、貞観政要、速八実、章記、何赤厚羅、巨里羅"のようにいくつかが
増加し、「土高安」が「吐高安」に、「賀赤厚羅」が「何赤厚羅」に蒙古語の表音漢
字が変わっている。

　日本語教育の倭学教材は、やはり『経国大典』に"伊路波、消息、書格、老乞
大、童子教、雑語、本草、議論、通信、鳩養物語、庭訓往来、応永記、雑
筆、富士"等の14種が倭学書として登載されており、『世宗実録』の倭訓11種よ
り3種多い。大典に追加された倭学書「応永記、雑筆、富士」については拙著
(1988)で詳細に考察されているが、日本室町時代の寺子屋等で使用していた
訓蒙教科書を輸入して使用したものと思われる。

　女真語教育の教材は『経国大典』だけに見られる。すなわち、大典「訳科」「女
真学」に"千字、天兵書、小児論、三歳児、自侍衛、八歳児、去化、七歳児、
仇難、十二諸国、貴愁、呉子、孫子、太公尚書"とあり、14種の女真語教材が
科試書として規定されている[6]。やはり女真族の金で使用していた童蒙教科書
を輸入したものと思われる。

　2.2　これらの司訳院の訳官教材は、文禄慶長の役と丁卯・丙子胡乱を経て、
大々的な改編が行われる。彼我の言語が歴史的に変遷したためでもあるが、
戦乱を通じて、司訳院の上記の教材で学んだ言葉が実際の通話にあまり役に
立たないことに気付いたのである。そのため、実用的な会話中心の教材を司
訳院で直接編纂する、というのがこの時代の訳学書に見られる特徴である。
戦乱中に捕虜として相手国に長い間抑留されてから戻って来た人たちが新し
い教材の編纂を主導することになる。

　上述した通り、女真学は満州語教育の青学に変わった。そのため、戦乱後
の司訳院四学は漢学、蒙学、倭学、清学であり、一時期清学が序列上蒙学の
前に来ることもあった。したがって、『続大典』の訳科科試書は次のように大
幅に整理され、縮小される。

6　『通文舘志』(巻2)「科挙」「清学八冊」条には、"初用千字文、兵書、小児論、三歳児、
　自侍衛、八歳児、去化、七歳児、仇難、十二諸国、貴愁、呉子、孫子、太公尚書、
　並十四冊。"として、冊数と書名に部分的な違いを見せている。したがって、『経国
　大典』のここでの「千字、天兵書」は「千字文、兵書」の誤字であると思われる。

漢学: 四書、老乞大、朴通事、伍倫全備記
蒙学: 蒙語老乞大、捷解蒙語
倭学: 捷解新語
清学: 八歳児、小児論、清語老乞大、三訳総解

　特にこの時代には、上記の購読教材に加えて、辞典の役割を果たす類書類の類解という語彙集が編纂されて使用された。すなわち、漢学の〈訳語類解〉、蒙学の〈蒙語類解〉、倭学の〈倭語類解〉、そして清学の〈同文類解〉がそれである

　2.3 朝鮮後期に入り、これらの訳官教材は何度も修訂、補完されることになる。例えば〈四書〉〈経書正音〉は儒学の経典である四書を訓民正音で発音をつけて刊行され、〈老乞大〉と〈朴通事〉は中国語の変遷によって〈原本老乞大〉、〈刪改老乞大〉、〈新釈老乞大〉、そして〈重刊老乞大〉に改編される。〈原本〉は元の漢児言語を反映しており、〈刪改本〉は明の南京官話を反映したものであり、〈新釈本〉は清代のマンダリンを、そして〈重刊本〉は北京官話を反映している。〈朴通事〉も同一であるが〈重刊本〉はなかった。語彙集である〈訳語類解〉も補完されて〈訳語類解補〉が刊行された。
　他の訳学、すなわち蒙学、倭学、清学の教材も同一である。蒙古語の変遷によって〈蒙語老乞大新釈〉と〈新釈捷解蒙語〉が刊行され、元々の蒙古語教材が修訂された。倭学の〈捷解新語〉も2回にわたる〈改修捷解新語〉があり、〈重刊捷解新語〉が最後に刊行されて甲午更張で司訳院が閉鎖されるまで使用された。満州語教材も〈清語老乞大〉と〈三訳総解〉が新釈され、重刊された。

　2.4　ローマ教皇庁のバチカン図書館に所蔵されているStefano Borgia(1731～1804)の旧蔵本のうち、「伊呂波」という名前の漢籍資料(整理番号Borg.cin.400)がある。拙稿(2013)によれば、この本は中国の北京で宣教していたフランシスコ修道会のRomuald修士が現地で購入し、Borgiaに寄贈したものである。Borgiaは1804年に死去しているので、Romuald修士は遅くとも1798年にはローマに戻ったものと考えられるため、それ以前にこの日本語教材を購入したものと思われる。
　Borgiaの死後2年が経つ1806年に、バチカンの布教聖省(Sacra Congregatio de Propaganda Fide)に彼が所蔵していた蔵書を寄贈する。Romuald修士が東洋で

購入したものもここに所蔵されてから、バチカン図書館に移されたようである。バチカン図書館所蔵の〈伊呂波〉には、布教聖省の蔵書であったことを示す蔵書印(SAC.Cong.De.Prop.Fide)が押されており、〈伊呂波〉の末葉(8裏)に次のような内容のラテン語が書かれており、この本について誰がどこで購入したものであるかを伝えている。

Litteræ Japonicæ cum Sinicis、quas quidam Minister Coreæmisit mihi Fr.Romualdus Refr.-漢字が入っている日本語の文献、ある朝鮮の使者が私にこれを贈与した。プランシスコ会修道士Romualdus.

ここで'Minister Coreæ'は、朝鮮から派遣された使節、すなわち燕行使の一員と思われ、これにより燕行使における訳官教材の修訂の為に日本語教材を持って行ったものと推測される[7]。したがって、燕行使で朝鮮の訳官たちは漢語教材に限定せず、他の外国語教材も一緒に持って行き、修訂したものと見なすことができる。

このように、訳官教材を修訂するために、燕行、通信使行に訳官たちが随行しながら教材を現地で修訂した。次に、このことについて考察することにする。

Ⅲ. 燕行使の質正官と漢学書の修訂

3.0 朝鮮時代において外国に送られる使行は、中国へ行く燕行使と日本に行く通信使があった。中国に送られる燕行使行(赴京使行とも言う)は、1年に4回の冬至使、正朝使、聖節使、そして千秋使という正規使行以外にも、謝恩使、奏請使、進賀使、陣慰使、進香使等は事あるごとに送られた。したがって各使行の人数も一律的に決まっておらず、『経国大典』では正使、副使、書状官、従事官の品階だけが定められている[8]。

この赴京使行に随行する訳官は、各使行によって少しずつ人数の増減が

---

7 この資料は拙稿(2013)で紹介され、拙稿(2014)で詳しく議論された。

8 これについては『通文館志』(巻3)「事大」(上)「赴京使行」条に、"国初遣朝京之使. 有冬至、正朝、聖節、千秋四行、謝恩、奏請、進賀、陳慰、進香等使則随事差送. 使或二員、一員而不限品、従事官或多或少而無定額. 故経国大典只書使、副使、書状官、従事官従人之品、乗駄而未言諸数. [後略]"という記事を参照。

あった。冬至使行の場合には、堂上訳官2人、上通事2人、質問従事官1人、押物従事官8人、押幣従事官3人、押米従事官2人、清学新遞児1人で、全部で19人の訳官が随行した。他にも医員(1)、写字官(1)、画員(1)、軍官(7)、湾上軍官(2)と共に偶語別差(1)がおり、冬至使行に参加する訳官の数は20人を数えていた⁹。偶語別差の場合は、司訳院の漢・蒙・清学の偶語庁で1人を選抜して差遣した。堂上官は元遞児1窠と訓上堂上及び常仕堂上で順番に送る1窠、すなわち一席があった。

中国に行く赴京使行の場合、『通文館志』(巻3)「事大」(2表-3裏)に規定された派遣人数を表で示せば、次の通りである。

[表1] 燕行使行の構成¹⁰

使行の官名	人数	品階	選抜 部署(人数)	任務	備考
正使	1	正2品 従1品			
副使	1	正3品 従2品			
書状官	1	正5品 従4品		逐日記事　回還 後啓下承文院	以上、経国大典

9　写字官は承文院の書員で、表や国書を侍帯し、湾上軍官は行中に毎日飲み食いする食糧と飲料を管掌した。

10　『通文館志』(巻3、2表-3表)「冬至行」条に、"使一員{正二品、結御従一品}、副使一員{正三品結御従二品}、書状官一員{正五品、結御正四品}、随員兼台斜検一行。書状官逐日記事回還後啓下承文院出経国大典){[中略]堂上官二員{元遞児、別遞児}[中略]上通事二員{漢、清学各一員、後倣此}、質問従事官一員{教誨中次第居先者、按稗官雑記旧例別差文官一員随去、謂之朝天官、後改曰質正官。令承文院抄給、吏語方言之未解者註釈。而諱其官号、塡以押物、嘉靖乙未始以質正塡批文、丁酉以後改以院官、名曰質問。而随其職為第幾従事官}、押物従事官八員{年少聡敏一員、次上元遞児一員、押物元遞児一員、別遞児二員、偶語別遞児一員、清学被選一員、別遞児一員}、押幣従事官三員{教誨一員、蒙学別遞児一員、倭学教誨聡敏中一員}、押米従事官二員{教誨一員、蒙学元遞児一員}、清学新遞児一員、掌彼地門出入及支供饌物等事。以上十九員、自本院差送。而内三員差管廚官掌三行乾糧一員差掌務官掌行中文書故押幣押米等官若差其則以押物官八員内移差勾管}医員一員{両医司交差}、写字官一員{侍表帯、承文院書員一人}、画員一員{以上各其司差送。医画員則同参於方物領去}、軍官七員{正使帯四員内一窠、以書状官所辟塡差、副使帯三員、使臣皆自望。}、偶語別差一員{為漢蒙清偶語学習、自本院差送}、湾上軍官二員{掌整頓三行、下処及行中逐日糧料等事、以義州人差定。以上謂之節行、毎年六月都政差出、十月終、至月初拝表、以赴十二月二十六日封印、前到北京都政。雖有故差退使臣、必於六月内差出、康熙辛巳受教。"という記事参照。{ }は夾註。

使行の官名	人数	品階	選抜 部署(人数)	任務	備考
堂上訳官	2	正3品以上	元遞児, 別遞児　各1名	通訳	訳官
上通事	2		漢·清学　各1名	〃	〃, 後にも同様
従事官	1		教誨のうち最優秀者, かつては文官も同行した	訳学書の修訂	文官が行けば「朝天官」訳官は「質正官」
押物従事官	8		年少聡敏 1名, 次上 元遞児 1名, 押物 元遞児 1名, 別遞児1名, 偶語別遞児1名, 清学 被選1名, 別遞児1名の合計8名		
押幣従事官	2		教誨 1名, 蒙学 別遞児 1名, 倭学教誨·聡敏のうち1名		
押米従事官	2		教誨1名, 蒙学 元遞児1名		
清学新遞児	1			門出入及び支供饌物 等事	以上19名 司訳院 差送
医員	1		典医監·内医院 交差	同参方物領去	
写字官	1		承文院 書員1名	侍表帶	
画員	1			同参方物領去	以上 各其司差送
軍官	7				正使 帶4人(1人は帶書状官), 副使 帶3人
偶語別差	1		司訳院 漢·蒙·清学	偶語 学習	司訳院 差送
灣上軍官	2		義州府	使行の整頓,下処行中糧料 等事	義州人 差定

3.1 このように、燕行使においては、上述した訳官教材を修訂するために質正官を必ず同行させていた。燕行使に質正官を随行させることについて、『通文館志』(巻3)「事大、赴京使行」「質問従事官一員」条に

　　教誨中次第居先者。按稗官雑記、旧例別差文官一員随去、謂之朝天官、後改曰質正官。令承政院抄給、吏語方言之未解者註釈。而諱其官号、填以押物、嘉靖乙未始以質正填批文。丁酉以後改以院官、名曰質問、而随其職為第幾従事。-[質問従事官1人は]教誨のうち、順位の上の者とする。〈稗官雑記〉によれば、昔は文官を個別に1人随行させており、朝天官と言ったが、後に質正官に変わった。承政院で選抜し、吏語や方言で解読できないものを注釈させた。その官職の呼称を忌諱して押物で埋め、嘉靖乙未(1535)から質正官をして文章を直させた。丁酉からは司訳院の訳官に変えたが、名前を質問と

言い、その職によって第何々従事官と呼んだ。

　という記事があり、元々文臣を送っていた質正官は朝天官と言ったが、嘉靖丁酉(1537)から訳官がこれを代行しており、名称を質問従事官と呼んだことがわかる。

　文臣が行っていた質正官を訳官が代わりにするようになったのは、中宗の時の訳官崔世珍が関連している。すなわち、『国朝文科榜目』(奎106、巻5)の燕山君9年(1503)癸亥8月の封世子別試に第2等第2人で合格したことを示しながら、"崔世珍、同知精於吏文華語、{未登第以質正官朝天、台諫以非旧例為言、成廟曰:我作古例何妨} - 崔世珍は同知の官職を務め、漢吏文と中国語に精通していた。{科挙に及第せずに質正官として中国に行ったことに対して、台諫らが過去の例にそぐわないと言うと、成宗曰く、'余が古例を作れば何が妨害するというのか'とした"({ }の中のものは夾註である)」という記事が載っており、崔世珍が科挙にも及第していない時に質正官として使行に随行したことがあることを示している。[11]

　3.2 朝鮮初期の中国語は明代の南京官話が公用語であったが、永楽帝が北京に遷都し、元代の漢児言語が依然として勢力を持っていた。したがって、朝鮮初期の訳官教材は、以前のように漢児言語、すなわち漢語の教材がそのまま使用された[12]。

　この漢語の訳官教材として最も有名なのは、言うまでもなく〈老乞大〉と〈朴

11　成宗が旧例にとらわれず、崔世珍を抜擢して質正官として中国に派遣したのは、非常に有名な話であり、『中宗実録』にも登場している。『通文館志』(巻7)「人物」「崔世珍」条にも、"[前略]既数年親講所業大加奨歎、特差質正之官、言官啓曰:「以雑職而補質正之官、古無比例」。上曰:「苟得其人、何例之拘?自予作古可也」。累赴京師。[後略]-[前略]、すでに数年間[王が]所業を親講する時に大いに誉めた。特別に質正官として送るので、言官らが奏上するには　'雑職で質正官を補するのはかつてなかったことです'。王曰:　'真にその人物を得たというのにどうして旧例に縛られようか。自ら余が古例を作るのが正しい'とされる。数回北京に行く"という記事があり、すでに成宗の時に、中国語に長けており、王の寵愛を得て、文官が行ける質正官として中国に行ってきたことがわかる。以後は司訳院の訳官が質正官として中国に行く使行に随行するのが正式となった(拙著、1988)。

12　「漢児言語」という名称は、〈老朴〉に登場する。発表者によって学界に紹介された{原本}〈老乞大〉によれば、"恁是高麗人、却怎麼漢児言語説的好好?俺漢児人上学文書來的上頭、些小漢児言語省的有。"(1表9〜10行)や、"如今朝廷一統天下、世間用著的是漢児言語、過的義州漢児田地裏來、都是漢児言語有。"(2表5〜8行)で、当時の中国が「漢児言語」を使用していることが語られている。

通事〉(以下〈老朴〉と略称する)を挙げることができる。この漢語教材は、中国
での言語変化に応じて、何度も改訂されている。まず、元代の漢児言語を反
映した{原本}『老乞大』は、紙質や板式、字形から見て、朝鮮王朝太宗の時に
刊行されたものと鑑定された(鄭光・南権煕・梁伍鎮、1998、1999)。この本は
世宗の時にも印刊された。

　すなわち、『世宗実録』(巻20)世宗5年癸卯6月条に、"礼曹拠司訳院牒啓：
「老乞大、朴通事、前後漢、直解孝経等書、縁無板本読者伝写誦習，請令鋳字
所印出。」従之。- 礼曹で司訳院の牒文に基づいて啓するに、「老乞大・朴通事・
前後漢・直解孝経等の本の板本がなく、読む者が書き写して暗唱して学んでい
ます。鋳字所に命じて印出することを請います」とした。それに従う"という
記事があり、世宗5年(1423)6月に鋳字所に〈老朴〉を印刊するように命じたこ
とがわかる[13]。

　この〈老朴〉は世祖と成宗の時にも刊行されたという実録の記事がある[14]。
しかし、成宗11年に明の使臣の一員として朝鮮に来た戴敬が、〈老朴〉は元代
の言葉であるので、今の中国と多くの点で違っているとし、〈老朴〉の改訂が
始まる[15]。

　3.3 実際に〈老朴〉の改訂は、成宗11年(1480)にやはり明の使臣の一員である
迎接都監郎庁の房貴和と頭目葛貴の助けを得て南京官話への改訂が遂行され
るが、〈老朴〉の原本を多くの部分切り取って直す、すなわち刪改の作業に
よって行われた[16]。

13　実際に刊行したのは世宗16年(1434)のことであり、『世宗実録』の世宗16年甲寅6月
　　条に、"頒鋳字所印老乞大、朴通事于承文院、司訳院、此二書訳中国語之書也。- 鋳
　　字所で印刊した老乞大・朴通事を承文院と司訳院に分配する。この2冊の本は中国
　　語を翻訳した本である"という記事がある。

14　『世祖実録』の世祖4年(1458)1月条の記事と『成宗実録』の成宗7年(1476)の記事を参
　　照。

15　『成宗実録』の成宗11年(1480)10月条にある、"御書講、侍読官李昌臣啓曰: 前者承命
　　質正漢語於頭目戴敬, 敬見老乞大、朴通事曰: '此乃元朝時語也, 與今華語頓異, 多有
　　未解処.' 既以時語改数節, 皆可解読, 請令能漢語者尽改之。曩者領中枢李邊與高霊府
　　院君申叔舟, 以華語作為一書, 名曰訓世評話。其元本在承文院。上曰:「其速刊行, 且
　　選其能漢語者刪改老乞大朴通事。"いう記事参照。

16　これについては、『成宗実録』の成宗14年(1483)9月条にある、"先是命迎接都監郎廳
　　房貴和, 従頭目葛貴, 校正老乞大、朴通事。至是又欲質直解小学, 貴曰: '頭目金廣妬
　　我, 疑副使聴讒, 故我欲先還, 恐難譬校若使人謝改正朴通事, 老乞大之意, 以回副使之
　　心, 則我亦保全矣.'"という記事参照。

　この時に修訂された{刪改}〈老朴〉が、崔世珍が翻訳した{翻訳}〈老朴〉の台本である。現在ソウル大学奎章閣等に所蔵されている文禄慶長の役以前の〈老朴〉は、すべてこの時の{刪改}〈老朴〉であり、文禄慶長の役以後の奎章閣本「奎5159」と肅宗29年(1703)に刊行された山氣文庫本の〈老乞大〉も刪改本である。

　中宗4年(1509)頃に、崔世珍はこの刪改本を底本として〈老朴〉を正音、すなわちハングルで翻訳する。これが韓国の国語学界で中期朝鮮語の最後の資料として広く利用される{翻訳}〈老朴〉である。但し、{翻訳}〈朴通事〉は上巻だけが現伝しており、中、下巻が失伝している。上巻は乙亥字本の翻刻本であり、現在国会図書館に所蔵されている。{翻訳}〈老乞大〉は個人の所蔵で現伝している。

　3.4〈老朴〉を清代の公用語である北京のマンダリンで新釈したのは、朝鮮王朝の英祖の時のことである。〈老乞大新釈〉は英祖37年(1761)に金昌祚と邊憲等が清の公用語に改訂して刊行したが、洪啓禧が書いた序文にこの本が刊行された経緯が説明されている。

　〈朴通事〉の新釈は、洪啓禧の序文によれば、乾隆乙酉(1765)に平壌の訳官金昌祚によって試みられ、〈朴通事新釈〉の巻末に附載された編纂者の諸訳衙名によると、邊憲と李湛が主導して漢陽の司訳院で刊行されたことがわかる。

　この諸訳衙名に金昌祚の名前が見られないことから見て、平壌監営で刊行されたものとは別の〈朴通事新釈〉であると見るべきである。また、現伝するソウル大学中央図書館一簑文庫に所蔵されている〈朴通事新釈諺解〉の第2巻(地)の末尾に「乙卯中秋本院重刊」という墨書があり、この時にソウルの司訳院で再刊されたものと見ることができる。

　したがって、正祖乙卯(1795)に司訳院で〈重刊老乞大〉と〈重刊老乞大諺解〉を刊行しながら、〈朴通事新釈〉と〈朴通事新釈諺解〉を重刊したものと思われる。この時に、邊憲と李湛(後の李洙)の2人が中心となって〈朴通事〉の新釈を完了したものと見ることができる。これは、徐有榘の『鏤板考』にも「朴通事新釈一巻諺解三巻 [中略] 司訳院官邊憲等重訂司訳院蔵印紙六牒二張」という記事があり、これを確認することができる。

　3.5〈老乞大〉の重刊は、正祖19年(1795)に李洙等が清代に定着した北京官話を反映し、〈老乞大新釈〉を修訂して司訳院で刊行したものである。この重刊に参加した人が版本の後に記されており、検察官に李洙の外6人、校整官に洪

宅福の外9人、書写官に崔城の外9人、監印官に張寿等である。出刊年代は巻末に「乙卯仲秋本院重刊」という刊記があり、正祖乙卯(1795)に司訳院で重刊されたことがわかる。

　この版本は、その後の諺解本と共に最も多く残っており、本文の漢語も最も新しく、かつよく選択されている。現在ソウル大学奎章閣と伽藍・一簑文庫、延世大学、国立中央図書館等にいくつかの異本が所蔵されている。

　3.6 燕行使で質問従事官の資格で使行に随行した訳官たちが、漢語教材の難解句、難解語を質問して調査したものは、司訳院で重要な資料として保全されたようである。崔世珍が〈老朴〉を翻訳する際に質問から解析を借りて来たものが彼の〈老朴集覧〉に入っている。すなわち、彼が〈老朴〉を翻訳しながら、問題となるものを集めて一冊の本に編纂したものが『老朴集覧』である。ここには〈質問〉という引用書があり、質問従事官が使行に随行しながら漢語教材の難解な言葉を質問したものが、実際に訳官教材を理解するときに役立ったと思われる[17]。

　『老朴集覧』は、中宗4年(1509)に崔世珍が〈老朴〉を翻訳し、ここから抽出された難解語句815項目(落丁部分を復元した17標題項を含む)について注解したのを集めたものである。この本を著述するようになった理由について、崔世珍は巻頭の8項目の凡例で明らかにしている。この本は、著者が〈老朴〉を翻訳する際に参考にした「字解」をはじめ、「音義」、「集覧」、そして「質問」のような司訳院漢学研究の参考ノートの中から、〈老朴〉に関連したものだけを抽出し、自ら新たに註釈を付け加えたものである。

　ここで〈質問〉という項目は、まさしく燕行使で質問従事官として同行した訳官たちが、現地で質問して調査した難解語、難解句であると思われる。すなわち、『老朴集覧』の巻頭に附載された〈老朴集覧凡例〉で

17　東国大学図書館に所蔵されている天下の唯一本〈老朴集覧〉は、書名が表紙に書いてある通り「集覧」として知られてはいるが、他の諸資料に『老朴輯覧』として明記されているので、これを書名としなければならない(鄭光・梁伍鎮、2012:417)。但し、「輯-集」は通用字なので「老覧」と「朴覧」の版心及び巻首・巻尾書名のように「集覧」で統一して〈老朴集覧〉をその基本書名とする。この本は、〈老朴〉に関する難解語句の「集覧」だけでなく、〈老朴〉に関する「字解」も共に添付されており、東国大学所蔵の〈老朴集覧〉は「凡例」、「字解」、「累字解」、「老覧」、「朴覧」の順に編綴された。「老覧」と「朴覧」の間に「音義」の一部を書き写した1葉が入っているが、その版心がやはり「老乞大集覧」なので「音義」を個別に追加したものではないと思われる(鄭光・梁伍鎮、2012:423~424)。

　　　質問者、入中朝質問而来者也。両書皆元朝言語、其沿旧未改者、今難暁
　　解。前後質問亦有抵捂、姑并収以袪初学之碍。間有未及質問、大有疑碍者、
　　不敢強解、宜竢更質。- 質問とは、中国に入国して質問して持ってきたもので
　　ある[18]。[〈老乞大〉、〈朴通事〉]2冊の本は、すべて元国の時期の言語である
　　ので、昔のものをそのまま従い修訂していないものは、今日理解し難い。先
　　にした質問と、後にした質問も互いに食い違うことがある。共に収録し、初
　　学者たちにとって困難な部分を減らすことにする。時折まだ質問ができてい
　　ないものの中で非常に難解なものは、あえて無理に解釈しない。後の訂正に
　　任せることにする。

という解説があり、使行で行われた訳官教材の質問が実際に重用されたこと
がわかる。

Ⅳ. 通信使行と〈捷解新語〉および〈倭語類解〉の修訂

　4.0 中国に送る燕行使と共に日本にも通信使を派遣したが、文禄慶長の役以
降、朝鮮と日本は一時的に国交が断絶されていた。しかし、対馬側の懇請に
より、光海君元年(1609)に己酉条約を結んで国交を再開した。日本との通交
は、宣祖40年(1607)に呂祐吉を正使にし、初めて回答兼俘虜刷還のための使
行が日本に行ってきた後、数回にわたり、文禄慶長の役の被虜人を刷還する
ために俘虜刷還使が往還し、国交が再開された。その後日本の慶吊に派遣さ
れる通信使に変わると共に、朝鮮王朝と日本の江戸幕府との外交接触が継続
していった。
　日本からは、日本国王の送使をはじめ、畠山送使、大内送使、小二送使、
左武衛送使、右武衛送使、京極送使、細川送使、山名送使、受図書遣船人、
受職人等の使臣が朝鮮に来ており[19]、対馬では島主の歳遣船(25隻)をはじめと
して、宗熊満の歳遣船(3隻)、宗盛氏と受職人の歳遣船(各1隻)が毎年釜山浦に

18　ここで〈質問〉は、朝鮮時代初期に成三問等が質問したものと歴代の訳官たちが質
　　問して記録したものがあったものと思われる。〈老朴〉を理解するために作った訳
　　官たちの学習ノートと言える。現伝するものはなく、後代の司訳院にこれと似た「
　　物名」という語彙集が伝わっている。
19　これらの日本語名称ははっきりしない。明らかに訓読する漢字もあるであろうが、
　　原文のままとする。

来ていた(『通文館志』、巻5「交隣上」参照)。しかし、朝鮮からは、日本側の要請によって通信使が派遣され、必要な場合に対馬を通じて江戸幕府と接触しただけである。したがって、朝廷から派遣される通信使行を除いては、対馬に慶弔事がある際に、問慰行で礼曹参議の書契を持った堂上訳官が差送された。

日本に派遣される通信使行には、倭学堂上訳官として堂上官3人が随行しており、倭人たちはこれを上上官と呼んだ。上通事(3人)は漢学訳官1名が参加し、次上通事(2人)は倭学教誨の中から選抜された。押物官(3人)には漢学訳官1人が含まれており、倭学訳官は教誨や聡敏の中から出身者(訳科に及第した者)を選んだ。したがって、通信使行に随行する訳官は11人で、そのうち9人が倭学訳官であった。

通信使行において、正使、副使、書状官の三使をはじめ、上述の11人の訳官と製述官(1)、良医(1)、写字官(2)、医員(2)、画員(1)、子弟軍官(5)、軍官(12)、書記(3)、別破陣(2)を上官と言い、馬上才(2)、典楽(2)、理馬(1)、熟手(1)、伴倘船将(各3人、三使がそれぞれ1人ずつ連れて行く)を次官と言った。

それ以外に、卜船将(3)、陪小童(17)、奴子(49)、小通詞(10)、礼単直(1)、庁直(3)、盤纏直(3)、使令(16)、吹手(18)、節鉞奉持(4)、砲手(6)、刀尺(7)、沙工(24)、形名手(2)、毒県手(2)、月刀手(4)、巡視旗手、令旗手、清道旗手、三枝槍手、長槍手、馬上鼓手、銅鼓手各6人ずつ、大鼓手、三穴銃手、細楽手、錚手各3人ずつを中官と言った。そして風楽手(12)、屠牛匠(1)、格軍(270)を下官と言い、400人以上が使行に参加した(『通文館志』、巻6「交隣下」参照)。

これをまとめると次の通りである。

上上官-- 三使(正使, 副使, 従事官), 堂上訳官
上　官-- 上通事, 次上通事, 押物通事, 製述官, 良医, 写字官, 医員, 画員, 子弟軍官, 軍官, 書記, 別破陣
次　官-- 馬上才, 典楽, 理馬, 熟手, 伴倘船将
中　官-- 卜船将, 陪小童, 奴子, 刀尺, 沙工, 形名手, 毒県手, 月刀手, 旗手, 槍手, 鼓手, 銃手, 楽手
下　官-- 風楽手, 屠牛匠, 格軍

倭学訳官にとっては、通信使行の随行よりも、礼曹参議の書契を携帯して対馬に派遣される問慰行でより重要な役割を果たしていた。このときには彼らを監督する文臣がおらず、堂上訳官が代表となり、外交業務を遂行していたためである。参考までに、『通文館志』(巻6)「交隣」「問慰行」条の記事に規定

された構成を見ると、次の通りである。

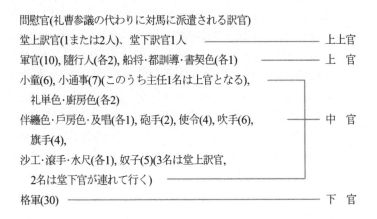

　これを見ると、倭学堂上訳官1人、または2人が問慰官となり、上上官、上官、中官、下官等60人近い人を率いて対馬に行き、朝鮮を代表して外交業務を遂行したことがわかる。このときの堂上訳官は、一郡の郡守や県令よりは地位が高いと言える。これについては、日本の訳官たちの記録である『象胥紀聞』に

　　　右訳官倭清漢学トモニ堂上崇祿大夫マテ登リ候テモ正三品ノ衆人ニ及ズ
　　　文官ノ従三品ニ鈞合郡県令ニ同ジト云ドモ使臣ノ命ヲ受候テハ県令ヨリハ少
　　　シ重シト云 - この訳官たちは、倭学、清学、漢学がすべて堂上官である崇祿
　　　大夫(従一品)まで上がるとしても、[文臣の]正三位の群れに及ばず、文官の
　　　従三品に匹敵する郡守·県令と同じであると言うが、使者の命を受けた際に
　　　は県令より少し高いと言われている。

という記録があり、当時の訳官たちの地位をある程度把握することができる。しかし、訳官の地位は、時代によってある程度の変化があり、後代になるほどその地位は向上し、役割も増大したものと思われる。
　日本に派遣される問慰行については、『通文館志』(巻6)「交隣」「問慰行」条に

　　　壬辰変後、島倭求和甚力。朝廷不知其意真出於家康、丙午乃遣倭学堂上
　　　金継信、朴大根等、於対馬以探之。崇禎壬申島主平義成與其副官平調興相

構、頗有浮言、又遣崔義吉以探之。及丙子義成自江戸還島、報調興坐黜之
状。乃請賀价欲誇耀於島衆、特遣洪喜男以慰之。自是島主還自江戸{或因慶
弔}、差倭報請則軋許差送、乃為恒例。- 壬辰変(文禄慶長の役)以後、対馬の
倭人たちが力を尽くして和親を求めた。朝廷ではその旨が本当に徳川家康か
ら出たものかを知ることができないため、丙午年に倭学堂上金継信と朴大根
等を送り、対馬で探聞させた。崇禎壬申(1632)に対馬の島主である平義成と
その副官である平調興が、示し合わせて流言を広く広めたため、さらに崔義
吉を送って調べさせた。丙子年に至り、義成が江戸から対馬に戻り、調興が
追い出されたことを報告した。これを祝う使者を[朝鮮に]求め、島の人たち
に自慢するため、特別に洪喜男を送って慰労した。この時から対馬の島主が
江戸から帰れば{あるいは慶弔事の場合にも}、差倭をして知らせ、訳官を
送ってくれることを求めたときには送ることを許可したが、これが恒例と
なった。

という記事があり、問慰使行が平調興の事件[20]後、対馬の島主が江戸から
帰ってきて、朝鮮の朝廷に報告するときに、または慶弔事があったときに、
これを慰問するために、問慰の使行は恒例として行われるようになったこと
がわかる。

4.1 上述した日本語学習のための倭学教材、すなわち倭学書も、訳官教材の
変遷によって朝鮮中期に大々的な改編が行われ、草創期の倭学書を『捷解新
語』に代替した。この教材は、文禄慶長の役の時に拉致されていて、後に刷還
された康遇聖が編纂したものである。戦乱中に日本に拉致されて長い間抑留
されていて、その後刷還された文禄慶長の役の被拉人の中には、相当期間日
本に滞在しながら、日本語が上手になった刷還被拉人が多く、彼らによっ
て、より実践的な日本語教育が行われた。その中で秀でていた人物は、晋州
人康遇聖である。彼は壬辰年(1592)に拉致されて10年間日本に抑留されてい
たが、後に刷還された。光海君元年(1609)に訳科に及第し、東萊釜山浦で倭
学訓導として舘倭の接待と倭学訳生の教育に従事した[21]。また、光海君9年

---

20 「平調興事件」とは、文禄慶長の役以後、対馬藩が朝鮮との国交正常化を渇望した余
   り、国書を偽造した事件をいう。
21 『仁祖実録』(巻20)仁祖7年5月丁酉の記事によれば、康遇聖は光海君5年(1613)から
   同7年(1615)まで釜山浦の倭学訓導であったことがわかる。

(1617)に回答使兼俘虜刷還使である呉允謙に随行して第1次として渡日したことをはじめ、仁祖2～3年(1624～5)、仁祖14～5年(1636～7)の3回にわたる通信使行に随行した[22]。

　康遇聖はこのような倭学訳官の経験をもとに、舘倭の接待と通信使行の随行において必要な倭語の対話を集め、『捷解新語』という日本語会話の教科書を編纂した。この『捷解新語』の編纂については多くの研究があるが[23]、拙稿(1984)によれば、康遇聖が釜山浦の倭学訓導であった時(1613～5)、舘倭を相手にしながら酬酢したときの話を会話体にして作成し、釜山浦の倭学徒生に日本語学習の教材として使用したのが、その濫觴である[24]。この藍本は、萬暦戊午に完成し、その後3回の通信使行に随行しながら、使行が日本を旅行する時に起きた出来事と日本で見聞したことをやはり会話体で構成し、上述した藍本と合編して『捷解新語』の草稿を完成したのである。

　この草稿は筆写されて、彼が再び釜山浦の倭学訓導であったときに、そこの訳生たちの日本語教材として使用され、外任が解けて彼が内職である司訳院の訓上堂上に陞次し、司訳院の日本語教育を掌握するときに司訳院でこの教材を使用したものと思われる[25]。このように非公式に使用されてきた『捷解新語』は、康熙庚戌(1670)に当時領議政として司訳院都提調を兼任していた陽坡鄭太和の啓請により、校書館で刊行されることになったが、倭学堂上安慎徽が淨書し、肅宗

22　康遇聖の第1次渡日に関しては、李石門の『扶桑録』(1617)と呉允謙の『東槎上日録』に記録されており、第2次渡日は正使鄭昱に随行したもので、副使姜弘重の『東槎録』という記録があり、第3次渡日は正使任絖の『丙子日本日記』に記録されている。

23　{原刊}『捷解新語』の編撰に対する研究としては、小倉進平(1940)、森田武(1955及び1957)、大友信一(1957)、亀井孝(1958)、中村栄孝(1961)、李元植(1984)等がある。

24　『重刊捷解新語』の凡例に、「新語之刊行、雖在肅廟丙辰、而編成則在萬暦戊午間。故彼我言語各有異同、不得不筵稟改正。」という記事があり、『捷解新語』の刊行が肅宗丙辰(1676)にあったが、その編成は萬暦戊午(1618)にあったと述べている。しかし、これは『捷解新語』の1部(巻1～4、巻9の前半部)が光海君10年(1618)に編成されたことを言っているものと思われる(拙稿、1984)。

25　康遇聖の官職は『通文館志』(巻7)「人物」「康遇聖」条にある「凡再赴信使、五任釜山訓導、官至嘉善」という記事と、『訳科榜目』(巻1)にある「康遇聖、辛巳生、本晋州、倭学教誨、嘉義」によれば、嘉義大夫(従2品)にまで昇進していたことがわかる。司訳院の職制によると、堂上訳官(正3品以上)を訓上堂上と呼び、司訳院の堂下訳官や訳学生徒たちの教育を担当した。また、堂上訳官は司訳院の考講、院試の試官にもなっており、訳科でも参試官として参加して司訳院の中心となった。訓上堂上は元々漢学だけに存在していたが、文禄慶長の役以後は倭学にも2窠を置いた(拙著、1988)。

2年(康熙丙辰、1676)に活字で印行された[26]。

4.2　この倭学教材は3回にわたって改編されるが、すべて通信使行に随行した倭学訳官により行われた。まず、『捷解新語』の改修は2次にわたり行われたが、第1次改修は、英祖23年丁卯(1747)に朝廷で洪啓禧を正使とする通信使を送ったとき、すでに歳月が古くなり、語音に違いが生じ、酬酢と対話に扞格と矛盾が生じた[27]『捷解新語』を、倭学教誨をして修整するように命じたことから始まっている。

　　この丁卯通信使の正使である洪啓禧が、その翌年(戊辰、1748)に日本から帰ってきて英祖の諮問に奉答する筵言で、

　　　　戊辰八月初五日、通信三使臣入。侍時通信正使洪啓禧所啓："交隣惟在訳舌、而近来倭訳全不通話。以今番使行言之苟簡特甚、蓋以倭訳所習捷解新語、與即今倭語全不相似。故雖萬読爛誦、無益於通話。臣於辞朝時、以釐正仰請矣、今行使行中訳官、逐一釐改今成全書。以此刊行何如?" [中略] 上曰："此則正使之勧也。行中己持来耶?" 啓禧曰："押物通事崔鶴齢主其事、而以礼単輸運事落後、故其書未及持来。待其上来、使写字官繕写、使崔寿仁、崔鶴齢更為校正、自芸閣開刊、自明年大比初試始用、而明年則先用三巻以上、似宜矣。" 上曰:依為之。[28]

という対話があり、丁卯通信使行に随行した崔寿仁と崔鶴齢が、〈捷解新語〉の釐改を受け持って完遂し、これを写字官に繕写した後、上の二人に再び校正させ、芸閣で刊行するようにしたことがわかる。これが『捷解新語』の戊辰改修本である。

　　この改修本は、次の年の訳科初試に使用されるが、まず3巻を使用してみるのはどうかと聞いたところ、英祖の許可が下り、その後英祖24年(戊辰、1748)に校書館で活字で印行される[29]。これがいわゆる『捷解新語』の第1次改

26　この芸閣印行の活字本『捷解新語』は、現在ソウル大学奎章閣に貴重本として所蔵されており、今日までこれを原刊本と呼んできた。この原刊本『捷解新語』(巻10)末尾に「康熙十五年丙辰孟冬開刊」という刊記がある。

27　季湛の「重刊捷解新語序」にある、「[前略]是書用於科試、而歳月寝久、與之酬酢率多、扞格而矛盾。逮至丁卯通信使行、使臣承朝命、往質之。」という記事参照。

28　この対話は、『改修捷解新語』巻頭にも洪啓禧の序文と共に附載されている。

29　フランス・パリ東洋語学校図書館所蔵本の『改修捷解新語』巻頭に洪啓禧の序文があ

修本であり、従来戊辰本と呼ばれていたものであるが、フランス・パリ東洋語学校(現在パリ第3大学に並設されている)に所蔵されていたものが、安田章(1987)によって初めて学界に紹介された。

　4.3 『捷解新語』の第2次改修は、やはり崔鶴齢によって行われた。すなわち、『重刊捷解新語』の巻頭にある季湛の序文に

　　　　[前略]逮至丁卯通信之行、使臣承朝命往質之。崔知枢鶴齢、崔同枢寿仁在
　　　行中寔主其事、與倭人護行者互相質難、逐段釐改、帰告于朝、令芸閣印布。
　　　而語音雖尽讐正、倭語大字猶仍旧本、而未及改。其後崔知枢以公幹在莱州、
　　　又従通事倭人、博求大坂江戸間文字、参互而攷証、凡点画偏傍之不合其字法
　　　者、一皆正之。斯編始為完書、仍以私力活字印行、其前後用心之勧、於是乎
　　　益著。[後略]

とあり、第1次改修本が芸閣で印布された後、これを再び崔鶴齢が倭諺大字までも当時日本の大坂と江戸で使用されていた仮名の字法に合うように讐正し、私力で活字で印行したことがわかる。この第2次改修の活字本は今日発見されていないが、それを底本とした重刊本が多く伝わっている[30]。

　この崔鶴齢の第2次改修本には、巻末に日本の仮名文字の学習のために、「伊呂波」の真字、半字、吐字、草字、簡格語録等を附載させたものと思われる[31]。これは、日本の貝原篤信の『和漢名数』所載の「伊呂波」を転載したものであり、季湛の重刊序にある「又従通詞倭人、博求大坂江戸間文字、参互而攷証」という節から見られるように、『和漢名数』とその他の仮名遣いに関する日本

るが、その末尾に「上之二十四年戊辰八月下澣」という刊記が見える。

30　李湛の重刊捷解新語序文に、"[前略]而但書成既久、印本散逸、新学未免撤業、講
　　試亦患苟簡。乃者栢谷金相国十年提挙、勧課有方爰採象論、図所以広布而久伝。適
　　金君亨禹願、捐財鳩工慕活字而刊諸板、蔵之院閣、用備後学印読之資。相国之嘉惠
　　是学、亦豈偶然也哉　[後略]"とあり、金亨禹が活字本を持って覆刻し、木板本で刊
　　行してその板木を司訳院に備置し、後学が利用できるようにしたことがわかる。小
　　倉進平(1940)は第2次改修本を重刊本と同一のものと見たが(同書pp.423～25)、上
　　の記録によると、重刊本は木板本でなければならないが、崔鶴齢の第2次改修本は
　　活字本であるので同一のものとは言えないであろう。

31　やはり李湛の「重刊序文」にある、"其字法語録源流之同異、及同音各字通用之凡
　　例、亦崔知枢所纂。而並附于巻端、読字当自解之、不復贅焉。"という記事がこれ
　　を示している(安田章、1970;拙著、1985)。

の書籍を参考にしたものと思われる[32]。

　『捷解新語』の第2次改修本を通じて、「伊呂波」や「五十音図」のような初歩的な仮名遣いから館倭の接待や通信使行の随行の際に行われる会話に至るまで、そして各種書契の作成と日本州郡の名称に至るまで、司試院倭学訳官と任務遂行に必要な日本語をすべて『捷解新語』だけで学習できるようにした。しかし、この第2次改修本とそれを底本とした重刊本からも学ぶことができなかったのは、真仮字の草書体に対する表記法と解読であった[33]。

　4.4 日本語学習教材である倭学書も、他の言語の教材のように、辞典の役割を果たす『倭語類解』を編纂して使用した。しかし、この教材がいつ、どのように編纂されたのか、まだはっきりしていない。

　拙著(2004)では、今日伝わる『『倭語類解』が1800年代初頭に刊行された韓廷修の讐正本であり、これは1700年代初頭に洪舜明が編纂したとされる類解を祖本とし、これを讐正したものと見ている[34]。洪舜明が18世紀初め、または17世紀末に編纂した「類解」が現伝する『倭語類解』と同一のものと見ようとする仮説がM.Courant(1894～6)と金沢庄三郎(1911、1933)、小倉進平(1940)、浜田敦(1958)等で主張された。

　拙著(2002)では、洪舜明が編撰した「類解」は、印刊されないまま司訳院から伝わっていた「倭語物明冊子」であると推定した。この「倭語物名」は、英祖癸未(1763)の通信使行の堂上訳官として随行していた崔鶴齢、李明尹、玄泰翼と同使行の堂上訳官であった玄啓根、劉道弘がこれを校正したことがあり[35]、その後英祖丙戌(1766)に対馬の致賀兼致慰使として再び渡海した堂上訳官玄泰翼、李命尹と堂下訳官玄泰衝が、再びこれを讐正して『同文類解』(1748)

---

32 『倭漢名数』、そしてこれを後代に増補した『和漢名数』が朝鮮に伝えられたのは、18世紀中葉と思われる。李瀷の『星湖先生全集』(巻15)に収録された「答洪錫余戊寅」に、"聞有和漢名数一書至国。日本人所撰、極有可観。"という記事がある。そしてこの事実を李瀷に伝えた弟子安鼎福(1712～1791)の『順菴先生文集』(巻2)「上星湖先生書戊寅」に、"[前略]倭書有和漢名数為名者二巻、即我粛廟庚午年、貝原篤信之所著也。[後略]"という手紙がある。これによれば、安鼎福が彼の師匠である李瀷に英祖戊寅(1758)頃に『和漢名数』を紹介したものであることがわかる。

33 そのために嘉慶元年(1796)に訳官金建瑞によって『捷解新語文釈』が刊行された。

34 『通文館志』(巻7)「人物」「洪舜明」条に、"[前略] 公質于日本人雨森東、作長語及類解等書、用於課試。[後略]"という記事があり、「長語」と「類解」のような倭学書を彼が作ったことを知ることができる。

35 趙曮が正使になり、英祖癸未(1763)に日本へ行ってきた通信使行の顛末を綴った、『海槎日記』(1763年成大中の序)の英祖癸未12月16日の記事参照。

と『蒙語類解』(1768)を刊行する時に一緒に印刷しようとした。

　しかし、これらが途中で破船して湮没したため、これは徒事に終わり、その結果『倭語類解』だけが『蒙語類解』、『同文類解』とは違って後代に刊行されるようになったのである(拙稿、1987)。但し、洪舜明の〈倭語物名〉、すなわち上述した「類解」は、現伝する『倭語類解』の祖本であり、洪命福が編纂した『方言集釈』(1778)の日本語にその痕跡を残していると見る説が有力である(中村栄孝、1961;宋敏、1968;安田章、1977)。

　現伝する『倭語類解』は、日本に伝わる金沢庄三郎博士の旧蔵本(現在日本駒沢大学所蔵)と韓国国立中央図書館の所蔵本があるが、拙稿(1987)によれば、この2冊の『倭語類解』は同一板本であるが、金沢旧蔵本は後代に刷出した後刷本であり、6葉の板木がなくなって筆写して補綴したものであり、多くの誤字、脱字、誤校正が見られる。

　『倭語類解』のような語彙集に、中国語、満州語、蒙古語と共に日本語を具録した『方言集釈』や李儀鳳の『古今釈林』(1789)に収録された『三学訳語』があったが、司訳院で日本語学習に実用されたことはないと思われる。このほかにも、日本の対馬藩の象官たちが朝鮮語の学習用に編纂した『隣語大方』を、崔鶴齢が正祖14年(1790)に購入して司訳院で開板したことがあるが、この本が司訳院の日本語教育で実用的に使用されたという記録は見られない。

Ⅴ. 結語

　5.0 以上、燕行、通信使行と訳官教材、すなわち外国語学習教材の修訂について考察した。朝鮮人たちは四書五経と仏経の漢文で学んだ中国語が元代の漢語と違いがあることから、中国語の時代的変遷を知るようになった。言語は時間の流れによって変わるものであり、このような言語の歴史的変化に合わせて司訳院の言語学習教材も修訂と改編を重ねた。

　そのため、司訳院の四学、すなわち漢語学習の漢学と蒙古語の蒙学、日本語の倭学、満州語の清学では、外国に行く使行を通じ、継続的に自分たちの言語教材を言語の変遷に合わせて修訂した。燕行使と通信使は、こうした言語の変遷を現地で確認する最も適切な機会であったためである。

　5.1 初期には、漢語教材を修訂するために、文臣たちが燕行使に随行してい

たが、彼らの名称は朝天官、または質正官であった。しかし、成宗の時に科挙を経ていない崔世珍が質正官として燕行使に随行して漢語と漢吏文の教材を修訂してきてからは、訳官たちが文臣の代わりに訳官教材の修訂のためという名目で使行に随行した。但し、中宗32年(1537)から訳官教材の修訂のために派遣された訳官は、その名称を文臣の朝天官を忌諱し、質問従事官と言った。

　本発表では、燕行使を通じて修訂した〈老乞大〉と〈朴通事〉の例を挙げて、訳官教材の修訂がいかにして行われたのかを見つめ、この二つの漢語教材が〈原本〉から〈刪改本〉に、そして再び〈新釈本〉に改編される事実を考察した。〈老乞大〉の場合は、これを再度修訂し、〈重刊本〉まで刊行される経緯を追跡した。

5.2　通信使行の場合も、訳官教材の修訂は同一であった。文禄慶長の役以後、ほぼ独占的に日本語の教材として使われていた『捷解新語』も、第1、2次にわたる改修と重刊を経て、これを修訂する際には必ず現地に行って直すようにした。英祖は、訳官たちが現地で修訂したものを直接見ようとするほど、使行における訳官教材の修訂に関心を持っていた。

　これは、韓半島が持つ地政学的な理由から、周辺民族の言語を学習して彼らとの接触において、言語による不通を避けようとする強力な言語教育の政策があったためと考えられる。このような政策により、朝鮮の司訳院の外国語教育方法とその教材は、今日の現代的な方式による言語教育に比べて遜色がなかった。忠烈王2年(1276)に通文館が設置されて以来、甲午更張(1894)で司訳院が廃止されるまで、700年以上にわたり一貫して専門言語教育機関として維持し、発展させた民族は世界のどこにもないであろう。

　特に、『倭語類解』の例で見たように、現地で校訂されていない教材は校書館での刊行が許可されなかったのは、言語の現実性、地域性、効用性を強調したものである。このような結果により、司訳院の訳官教材はこれまで人類の言語教材の中で最も実用的で効用性に長けている、という評価を受けるようになった。

引用文献〉ハングルの가나다順

金沢庄三郎(1911);『朝鮮書籍目録』, 東京

＿＿＿＿＿(1933);『濯足庵蔵書六十一種』, 金沢博士還暦祝賀会, 東京

Courant(1894～6); Maurice Courant: Bibliographie Corèenne, Tableau littèraire de la Corèe contenant la nomenclature des ouvrages publièment dans ce pays jusqu'en 1890, ainsi que la description et l'annalyse dètaillèes des principaux d'entre ces ouvrages. 3 vols. Paris

中村栄孝(1961);「捷解新語の成立.改修および倭語類解成立の時期について」,『朝鮮学報』第19輯

宋敏(1968);『方言集釈』の日本語「ハ」行音転写法と『倭語類解』の刊行時期,『李崇寧博士頌寿紀念論叢』, 乙酉文化社, ソウル

安田章(1977);「類解攷」,『立命館文学』No. 264 これは安田章(1980)に再録された

＿＿＿＿(1980);『朝鮮資料と中世国語』, 笠間書院, 東京

＿＿＿＿(1987);「捷解新語の改修本」,『国語国文』第56巻第3号

小倉進平(1940);『増訂朝鮮語学史』, 刀江書院, 東京

鄭光·南權熙·梁伍鎭(1998);「新発掘訳学書資料元代漢語〈旧本老乞大〉」, 第25回国語学会共同研究会個人研究発表, この論文は鄭光·南權熙·梁伍鎭(1999)で再度発表された

＿＿＿＿＿＿＿＿(1999);「元代漢語〈老乞大〉-新発掘訳学書資料〈旧本老乞大〉の漢語を中心に-」,『国語学』(国語学会), 第33号, pp. 3～68

拙稿(1984);「捷解新語の成立時期に関する諸問題」,『牧泉兪昌均博士還甲紀念論文集』, 大邱

＿＿＿＿(1985);「『捷解新語』の伊路波と『和漢名数』」,『徳成語文学』(徳成女大国語国文学科) 第2輯

＿＿＿＿(1987);「『倭語類解』の成立と問題点-国立図書館本と金沢旧蔵本との比較を通じて-,"『徳成語文学』(徳成女大国語国文学科) 第4輯

＿＿＿＿(2012);「元代漢吏文と朝鮮吏文」,『朝鮮學報』(日本朝鮮學會), 第224輯pp. 1~46

＿＿＿＿＿(2013);「司訳院の倭学における仮名文字教育」, 第5回国際訳学書学会開幕基調講演, 日時: 2013年8月2日 10:15～11:15, 場所: 日本京都大学人文学研究所, この論文は修訂を経て『朝鮮学報』(日本朝鮮学会), 第231集(2014)に収録される予定

＿＿＿＿(1988);『司訳院倭学研究』, 太学社, ソウル

＿＿＿＿(2002);『訳学書研究』, J&C, ソウル 700面

＿＿＿＿(2014);『朝鮮時代の外国語教育』, キムヨン社, ソウル

浜田敦(1958);「倭語類解解説」,『倭語類解』影印(本文·国語·漢字索引), 京都大学文学部国語学国文学研究室編, 京都

5

清の道光・咸豊時期における中朝学人の 交誼
－張曜孫と李尚迪の交流を中心として－

孫衛国(南開大学歴史学院)

　1637年、朝鮮は清朝への臣従を迫られて、清朝の藩国となった。しかし、朝鮮の君臣はかなり長い時期にわたって強い反清感情を有しており、政治上は清朝の藩国であったとはいえ、文化心情の面では長く「尊周思明」の大旗を掲げ、清人を夷狄と見なし、清朝のことを文化心情において蔑視していた。乾隆三十年(1765年)になって、洪大容が北京で厳城ら三人の浙江挙人と知り合い、「七日雅会」を催したことから、朝鮮士人と清朝学人の交流のブームが始まった。朝鮮燕行使は洪大容を踏襲して、燕行に際しては北京にやってきて積極的かつ能動的に清朝学人と交流した。詩を吟じ文を論じ、学術を探求し、思想を交流し、情感を切々と語り、中朝学人の大交流時代に入っていく[1]。道光・咸豊の時期になって、中朝学人の交流には新しい特色が現れてきた。双方の交流において、対面しているかどうかはすでに重要ではなく、全然

1　温兆海将清代文人与朝鮮文人的交往分为三个阶段：第一阶段是洪大容与杭州文人的交往阶段，正是开启中朝两国文化交流的大门。第二阶段是以朴趾源、朴齐家、李德懋和柳得恭为代表的朝鮮文人与清朝文人的交流阶段，与中国的纪昀、彭元瑞、孙星衍、翁方纲、罗聘、阮元等著名文人、学者与画家的交往。第三阶段是以金正喜、申纬为代表。金正喜与翁方纲、阮元有师生情谊。参见温兆海：《朝鮮诗人李尚迪与晚清文人交流的历史价值》，《延边大学学报》2012年第5期。温兆海：《清代中朝文化交流的历史视閾：以乾嘉时期为中心》，《东疆学刊》，2006年第4期。

会ったことがない場合でさえ、書簡の往来が長期にわたって保たれた。交流は
たんに二人のあいだの事柄には留まらず、グループ化・家族化のスタイルを呈し
ていた。張曜孫と李尚迪の交流はまさにこの一時期の典型である。すでに中国
や韓国の学術界では彼ら二人の交遊をめぐって多くの論考が発表されており[2]、
それらは示唆に富んだものであるけれども、筆者は新しい視角から、彼ら二人
の交流を中心にしながら道光・咸豊時期の中朝学人の交流についての新しい特徴
を示したいと思う。

Ⅰ. 張曜孫の家世、及び李尚迪との最初の出会い

李尚迪(1803－1865年)、字は惠吉、号は藕船。朝鮮王朝の太祖李成桂の後
裔であり、いわゆる「簪纓世冑」である。彼の職業は通事であり、翻訳官を担

2　有关张曜孙与李尚迪的交往，中、日、韩三国皆发表了不少论著。日本早在上世纪六
　十年代就出版了藤塚鄰著、藤塚明直編：《清代文化の東傳－嘉慶、道光學壇と李朝
　の金阮堂》(东京：国书刊行会，昭和50年，第473－478页)就有专题讨论张曜孙与金
　正喜、李尚迪之交游。韩国出版了李春姬：《19세기函中文学交流：李尚迪을中心으
　로》，首尔：学文社，2009年。此书乃是在作者博士论文基础上改编修订而成。李春
　姬2005年，以博士论文《藕船李尚迪과晚清文人의文学交流研究》，获得首尔大学博
　士学位。韩国关于李尚迪的研究甚多，就学位论文而言，据不完全了解，尚有：김
　진생：《藕船李尚迪诗研究：诗理论을中心으로》(成均馆大学校大学院석사학위논
　문，1985)；정후수：《李尚迪诗文学研究》，东国大学校박사학위논문，1989。另外，
　相关发表的论文有：정후수：《张曜孙과太平天国의亂：『海邻尺素』所载记事를중
　심으로》(《东洋古典研究》，16집，2002年)；郑后洙：《『海邻尺素』转写本考察》
　(《东洋古典研究》，19辑，2003年)；郑后洙：《『海邻尺素』13种转写本对照》(《东洋
　古典研究》，第20辑2004年)等等论文。中国学术界尽管尚未见专著出版，但发表了
　许多论文。徐雁平：《玉沟春水鸭江波：朝鲜诗人李尚迪与清国文士交往研究》(《风
　起云扬：首届南京大学域外汉籍研究国际学术研讨会论文集》，北京：中华书局，
　2009年)。温兆海发表了一系列论文。即如《"异苔知己在，画里接芳邻"：朝鲜诗人
　李尚迪与晚清仪克中的交游》(《东疆学刊》2009年第2期)、《朝鲜诗人李尚迪的思想文
　化特征》(《东疆学刊》2008年第1期)、《朝鲜诗人李尚迪与清代"江亭文人"的雅集》
　(《延边教育学院学报》2012年第5期)、《朝鲜诗人李尚迪与晚清诗人祁寯藻的交游》
　(《延边大学学报》2011年第3期)、《朝鲜诗人李尚迪与晚清诗人张曜孙交游行述》(《东
　疆学刊》2013年第1期、《朝鲜诗人李尚迪与晚清文人交流的历史价值》(《延边大学学
　报》2012年第5期)、《朝鲜诗人李尚迪与晚清学人刘喜海》(《延边大学学报》2008年第
　1期)、李春姬：《朝鲜诗人李尚迪与道咸文人的交游》(《外国问题研究》，2010年第2
　期)、文炳赞：《朝鲜时代的韩国以及清儒学术交流：以阮堂金正喜为主》(《船山学
　刊》2011年第1期)。张维《清道咸时期中朝文人交往方式探析：以李尚迪为中心》(《延
　边大学学报》2008年第3期)。

当していたが、朝鮮王朝のような階級社会では地位は決して高くはなかった。金正喜に学び、詩画を善くした。彼は朝鮮王朝と清のあいだの通訳を担当し、純祖二十九年(1829年)、純祖三十一年(1831年)、憲宗二年(1836年)、憲宗三年(1837年)、憲宗七年(1841年)、憲宗八年(1842年)、憲宗十年(1844年)、憲宗十三年(1847年)、哲宗四年(1853年)、哲宗九年(1858年)、哲宗十四年(1863年)、高宗元年(1864年)の十二回にわたって来華し、多くの清朝の官員や士大夫と交わりを結んだ。李尚迪は『懐人詩』と『続懐人詩』を書いて、自分と交遊を結んだ清朝士人を追憶したが、その人数は百人の多きにのぼる。その情は真率で、読む者を感服させる。張曜孫との交流はそのなかでも突出しており、李と清朝学人の交流を分析するうえでの事例になり得るかもしれない。

　張曜孫(1807-1862年)は江蘇武進の人で、学問を好む家柄であった。その伯父は張惠言(1761-1802年)といって、清代の著名な詞人にして散文家であった。嘉慶四年(1799年)に進士、庶吉士となって実録館纂修官を担当した。嘉慶六年、散館、皇帝の命を受けて部下の官員を用いた。朱珪の奏上によって翰林院の編修となった。官のまま死んだ。張惠言は若いころに経学を治め、駢文辞賦に巧みであった。後に桐城派の劉大櫆の弟子・王灼らの影響を受けて、同郷の惲敬とともに唐宋古文を治め、駢文・散文の長所を合わせようということで、陽湖派を創立した。張曜孫の父である張琦(1764-1833年)はその兄張惠言の早逝によって「遂嗒然意尽，棄諸生以医自寓」[3]。張琦は医者を生業とした。嘉慶癸酉(1813年)に挙人となり、甲戌(1814年)に進士となった。道光癸未(1823年)に知県に叙せられ、鄒平県を担当した時にはすでに六十歳であった。張惠言と張琦はいずれも清代晩期の著名な詞人であり、常州詞派の重要な代表者であった[4]。張琦夫人の湯瑶卿(1763-1831年)は常州の名門の出身であり、書を知り詩を善くした。彼らは二男四女を育て、長子は早くに亡くなったが、四人の娘はみな才があり、頗る名声があって、みな詩文集を後世に伝えた。長女の張㳻英には『澹菊軒初稿』四巻、詞一巻があり、澹菊軒夫人と称された。次女の張姗英には『緯青遺稿』一巻があったが、嫁いだ後まもなく没した。三女の張綸英には『緑槐書屋詩』三巻があった。四女の張紈英には『隣雲友月之居詩』四巻、『餐楓文集初編』二巻があった。張㳻英は『国朝列女詩録』を撰し『擷芳集』と『正始集』の不足を補った[5]。張曜孫は末子であっ

3　包世臣：《斉民四术》巻三《农三》。

4　黄暁丹：《常州词派的早期创作对张惠言词学理想的継承与拓展》，《西北大学学报》，2011年第4期。

た。「貧弱不達而為名族，称大南門張氏」[6]。張曜孫はこうした詩書の家の出身
であった。

　張曜孫、字は仲遠、号は昇甫、晩号は復生。嘉慶十二年(1807年)に生ま
れ、道光二十三年(1843年)に挙人となり、同二十六年に湖北の候補道とな
り、武昌の知県を授かった。翌年、知州位を加えられた。咸豊元年(1851
年)、漢陽の知県に転任し、漢陽の同知に抜擢された。翌年、太平軍が漢陽、
武昌を落とした。自縊しようとして果たせず、官を免ぜられたがまもなく官
に復した。『楚寇紀略』がある。咸豊五年(1855年)に胡林翼によって督粮道に
任命された。七年、補用道員。咸豊十年、免官。同治二年(1863年)、曽国藩
の軍務を司った。張曜孫はただ挙人の功名を得ただけであり、一生涯地方の
小官であって、清朝の官界では中下級官員にすぎなかった。

　実際のところ、張曜孫は多芸多才であった。彼は父の医業を継承して、医
学にも非常に造詣が深かった。彼の父親は彼の医術のことを高く評価してい
た。「曜孫生而知医，君以為勝已。」[7]。父親は息子の医術が自分に優っている
と思っていた。関外本『清史稿』によれば「陽湖張琦、曜孫，父子皆通儒，以医
鳴。取黄元御扶陽之説，偏于温。曜孫至上海，或勧士雄往就正，士雄謝之。
号葉氏学者，要以士雄為巨擘，惟喜用辛凉，論者謂亦稍偏云。」[8]。婦産科の領
域でとりわけ貢献があり、『産孕集』は後世に伝わり、全二巻が道光年間に初
刊された。張曜孫は道光庚寅(1830年)の自序に言う。

　　岁在己丑(1829)，家君宰馆陶，余随侍官廨，民有疾苦，踵门求治，辄为除
　　之。而难产之患，同于江左……由此观之，无辜而死者盖多已。夫杀卵妖夭，
　　先王所禁，况在人类？体仁利物，儒者之事，况在斯民！用是考核原委，该约
　　大旨，著为此书。冀以绝其流弊，豫为常变。穷理之士，或无诮焉？[9]

5　有关张家诸才女的研究，参见曼素恩(Susan Mann)：*The Talented Women of the Zhang Family*《张家才女》，University of California Press, 2007。黄晓丹：《早期常州词派与毗陵张氏家族文化研究》，苏州大学2007年硕士论文。黄晓丹：《清代毗陵张氏家族的母教与女学》，《长江师范学院学报》，2008年第5期。
6　包世臣：《皇敕授文林郎山东馆陶知县加五级张君墓志铭》，张琦《宛邻集》卷六。《续修四库全书》本。
7　包世臣《齐民四术》卷三《农三》。
8　赵尔巽等：《清史稿》卷五百二《张曜孙传》，关外二次本。
9　张曜孙：《重订产孕集》之《重订产孕集序》，参见《珍本医书集成》第八册《外科妇科儿科类》，上海：上海科学技术出版社，1986年，第798页。此书有史丙荣于道光丁酉(1837)所作跋。

　書物全体は十三篇に分かれており、上下二巻であった。張曜孫が世を去っ
てからまもなく、この書は重刊された。同治七年(1868年)、包誠『重訂産孕集
序』曰「陽湖張氏仲遠，以名孝廉服官楚北，所在有声。幼精医理，奉母湯太夫
人命，著《産孕集》。其卷分上下，為類一十三門。条析病状，援据方書，臚列
治法，約略已備……仲遠生前曾向予言，此集雖已行世，所惜遺漏尚多，今后
有暇，続作補遺，因循未果，每以為憾。今集重訂刊成，予据所見所聞，博采
約收，更作補遺，以続其后」[10]。光緒二十四年(1898年)有重刊本。
　張曜孫の医術に対しては、李尚迪の師である金正喜も非常に敬服してい
た。金正喜自身は張曜孫に会ったことがなかったが、別の人間への手紙でこ
う書いている。「張仲遠世守黄法。仲遠父子，医理極精。第以燥土降逆暖水蟄
火之法，為問得其薬方，并叩現証，要一良剤似好，伏未知如何？燥土降逆之
法，恐有相合処矣。卸却重担，夬理閉装，消揺林泉，寔為勝服清凉几剤，然
未敢知果能諧此否。」[11]。金正喜は喘息に苦しめられ、身体は日増しに良くない
ので、友人と治療の方法を相談していて、張曜孫の医術に言及した。先に北
京に行った朝鮮人の友人に頼んで、張曜孫に教えを請うて、病気を治療する
方法を求めさせた。張曜孫が医術を解していたことも、彼と朝鮮学人の交流
の技能となっていたことが分かる。
　張曜孫は小説、詩文、篆刻の方面にも非常に造詣が深かった。著書には『謹
言慎好之居詩集』十八巻があり、さらに『続紅楼夢』二十回があるが、未完の稿
本である。原本は周紹良先生の珍蔵であり、周先生の『紅楼夢書録』の提要に
よれば「張曜孫撰。二十回。稿本共九冊。第一冊末題："徐韵廷抄"。書前有簽
云："此書系張仲遠観察所撰，惜未卒業，止此九冊，外間無有流伝。閲後即送
還，勿借他人，致散失為要。閲後即送北直街信誠当舗隔壁余宅，交趙姑奶奶
(即万保夫人)。"正文毎面八行，行二十五字」[12]。彼の篆刻もまた金正喜の賞賛を
得た。金正喜は権彝斎に宛てた書簡のなかでこう述べている。「東海循吏印，
自家仲転示，聞是張曜孫所篆云，大有古意，是完白山人嫡伝真髄，恨無由多
得幾顆。従前以劉柏隣為上妙者，尚属第二見矣，覧正如何。」[13]。張曜孫の篆
刻の水準に対して、きわめて高い評価を与えている。彼の印章を得たこと

10　張曜孙：《重订产孕集》之《重订产孕集序》，第798页。后有同治辛未(1871)八月吴大
　　彬、潘志厚跋。
11　金正喜：《阮堂先生全集》卷三《与权彝斎》，韩国民族文化推进会编刊《影印标点韩
　　国文集丛刊》第301册，第55页。
12　張曜孙：《续红楼梦》之《说明》。
13　金正喜：《阮堂先生全集》卷三《与权彝斎》，第54页。

は、金正喜の篆刻方面に関わる人物についての見解をも改変したのである。

　張曜孫の友人たちは、彼をきわめて高く評価した。楊淞は李尚迪に宛てた書簡で、張曜孫を賞賛して言う。「仲遠叔，今往京陵，其医、其詩詞、其駢文，当世有識者咸重之。而其人行誼可風，五倫中幾無遺憾。相知中，未有能及者。恐世人未尽知，坿告執事，当必謂然」[14]。評価の高さは比類なかった。

　李尚迪が初めて通事の身分で来華したのは、道光九年(1829年、純祖二十九年)のことであり、冬至兼謝恩使に随行して北京に赴いた。張曜孫と知り合ったのは、彼の三度目の来華の折である。彼らが最初に知り合ったときの成り行きについて、潘曾瑋はこう述べている。

　　　吾友仲远者，皋文先生犹子，前馆陶令翰风先生仲子也。世其家学，道光丙申游京师，主吴伟卿比宅。宅故襄平蒋相国旧居，其中有园、有亭、有台、有池，而仲远遂日以吟咏啸傲其间。是冬，朝鲜使者入都，访仲远居，不能得，后访于汪君孟慈，乃得之见。则致金君所赠楹联，辞中述渊源所自，末署丙申初夏书。仲远异之，以其时尚未抵京师，无缘得闻于海外也。自是遂相往还，后之奉使来者，必造访焉。而与李藕船尚迪最相契，书问酬答，至今不绝。[15]

　道光丙申(1836年)冬、李尚迪は張曜孫の居所を訪れたが、張曜孫に会うことはできなかった。このとき張曜孫がいたのは呉廷鉁の邸宅であった。李尚迪と呉廷鉁は古馴染みであったから、推測するに、李尚迪は呉廷鉁のもとを挨拶に訪れ、最初に張曜孫と対面したのは汪喜孫(孟慈)の家であった。張曜孫は自らこう言っている。「道光丁酉(道光十七年，1837)孟春，与藕船仁兄相識，匆匆握別，未暢所懐。越六月，復以使事来都，晤于客館。意外之遇，喜慰無量，爰賦五言一章奉贈，以志踪迹，即乞削正，而見答焉。」[16]。張曜孫と李尚迪が初めて会ったのは、道光十七年(1837年)の孟春の時期であったが、彼らは知り合ったものの、多く歓談することはなかった。六ヶ月後、李尚迪が四回目に来華したときに、彼らは思いがけず客館(汪孟慈の家)で遭遇し、ことのほか喜び、友人付き合いを開始し、詩歌を唱和した。張曜孫の詩にいう。「論交合行蔵，所志在道德。大廷与空谷，同気皆莫逆。況逢遠方才，業術互賞析。清懐感蕙茝，高義訂金石。萍踪寄天壤，暌合慨浮迹……盛時无中

14　《海邻尺素》中之杨淞函。
15　潘曾玮：《自镜斋文抄》上《张仲远海客琴尊图记》，光绪丁亥刻本。页1b-2a。
16　《海邻书屋收藏中州诗》，梦华斋抄本。5a。

外，薄海同一域。所嗟迫人事，塵网各覊勒……滄波鑒此盟，相要永无极」[17]。
彼らは二度目の出会いにおいて親交を結び、親密な交流を開始し、世を去る
まで三十年近くの長きにわたって友情を育んだことは、ひとを感服させるも
のである。それ以前の中朝学人の交流と比べても、彼らの交流には新しい特
徴があった。

　張曜孫と李尚迪の交流はおおよそ三つの段階に分けられる。第一段階は
1837年に最初に知り合って友人となったときのこと、当時の張曜孫はまだ功
名を得ていなかった。第二段階は1842年から1846年まで。彼らは北京で二度
会って二度の雅会を催した。『海客琴尊図』『海客琴尊第二図』及びそれに関す
る詩文が残っている[18]。この時期、張曜孫は1843年に挙人となり、官途を歩
み始めた。第三段階は1846年以後で、張曜孫は南下し、北京を離れ、湖北の
候補道となり、武昌の知県に選ばれた。これより以降は再び二人が出会う機
会はなかった。しかし、この二人の情感は日に日に篤く、相手への思いは日
に日に深まり、書簡をやりとりし、胸の内を打ち明けた。詩文を唱和し、情
感を表現し、思念を託した。彼らの交流においては、その背景として家族と
士人グループの影があり、それは彼らの往復書簡を通じて表に浮かび上が
り、私たちに新時代の新しい特徴を示してくれる。

Ⅱ. 李尚迪と張曜孫に代表される清士人グループの交誼

　李尚迪は道光九年(1829年)に初めて北京を訪れてから、同治三年(1864年)
に最後に北京に来るまで、三十五年間に十二度の来華を果たした。これは朝
鮮使行人員のなかでは、かなり稀なことである。彼は通訳であり、漢語がう
まく、清人との交流はまったく障害がなかった。彼が積極的かつ能動的に清
朝士人と交流するたびに、古い友人たちと会うだけではなく、新しい友人た
ちとも親交を結んだ。一度会った人間とは、いろいろと手段を講じて関係を保
持することを考えた。北京に来るたびに、たとえ古い友人たちに会えなかった
としても、書簡や礼物を残して北京在住の友人に手渡してくれるように頼ん
だ。彼と親交を結んだ中国人の友人のあいだに相互的な紹介が生じたことで、
グループが形成され、彼我を交わらせるネットワークが構成された。

17　《海邻书屋收藏中州诗》，梦华斋抄本。页6a-b。
18　《海客琴尊图》的"尊"字，亦作"樽"。

　実際のところ、当時の清朝の文人のあいだでは、しょっちゅう詩会や文会が挙行されていて、詩社団体も形成されていた。例えば、嘉慶九年(1804年)には、南方諸省を本籍とする小京官と文人が、北京にて宣南詩社を創設し、相前後して入社したものには陶澍、周之琦、銭儀吉、鮑桂星、朱為弼、潘曾沂、呉嵩梁、林則徐ら三十余人がいる[19]。李尚迪が最初に北京にやってきたときには呉嵩梁と知り合い、良き友人となった。そのために、宣南詩社の活動にも何度も参加し、清人との交遊の範囲をよりいっそう広げた。後来又有"江亭文人"，"是指道光九年至二十年以北京宣南'江亭'為中心，由修禊，雅集活動而形成的士人群体。"[20]。主に汪喜孫、黄爵滋、符兆綸らのひとびとが、李尚迪の交友におけるもう一つの重要なグループとなった。三十年以上に及ぶ清代文人との交流において、李尚迪は宣南詩社、阮元学派、「江亭雅集」、常州地域文人、「顧祠雅禊」文人と、広範な関係を築いた。張曜孫は常州地域の文人の重要なメンバーであり、その他の社団とも密接な関係を有していた[21]。李尚迪が清朝文人と知り合いになる方法は、主に清代文人の「雅会」に参加することであった。雅会のあいだ、清人と詩を吟じ賦を作り、揮毫し作画し、画題詩を唱和することが、彼らの交流の重要なスタイルとなった。張曜孫と李尚迪の交流に関するエピソードを分析することによって、当時の朝鮮使行人員と清朝士人の交流スタイルを解剖することができる。

　李尚迪の居所は「海隣書屋」と名付けられた。李尚迪の弟子である金奭准の編集した『藕船精華録』のなかに、金奭准の書いた『李藕船先生伝』が収められている。其曰：「噫，卅余載与中州人交游瘠瘵者(王鴻尺牘)，自公卿大夫以至山林詞客，咸有投贈，顔其書屋曰海隣(《顧盧紀事》)。乃自題一聯曰：懐粤水呉山燕市之人，交道縦横三万里；藏斉刀漢瓦晋磚于室，墨縁上下数千年(符葆森《国朝正雅集詩注》)」[22]。ここから分かるように、李尚迪は自分の書房を「海隣書屋」と称しており、清人が李尚迪に宛てた手紙を収めた『海隣尺素』のなかには、全部で五十人以上の清人が李尚迪に宛てた手紙を収めているが、張曜

19　参見陈玉兰：《清代嘉道时期江南寒士诗群与闺阁诗侣研究》，人民文学出版社，2004年，第280页。

20　温兆海：《朝鲜诗人李尚迪与清代"江亭文人"的雅集》，《延边教育学院学报》2012年第5期。

21　参见温兆海：《朝鲜诗人李尚迪与晚清文人交流的历史价值》，《延边大学学报》2012年第5期。

22　李尚迪著、金奭准编：《藕船精华录》之金奭准《李藕船先生传》(仿史传集句之例)，页3a。

孫の手紙が最も多く、張曜孫が李尚迪に宛てた手紙二十一通に言及し、『海隣尺素』にはそのうちの十通を抄録している[23]。それとは別に、清人と李尚迪の唱和した詩文である『海隣書屋收藏中州詩』もあり、鈔本が伝わっている。全部で百余頁、そのなかには張曜孫が李尚迪に宛てた詩文三十一首(篇)が収められており、これも最多である。李尚迪はその文集においても張曜孫に宛てた多くの詩文を収録している。

　張曜孫と李尚迪の交流に関するエピソードは、『海客琴尊図』、『海客琴尊第二図』それに『春明六客図』という三幅の「雅集図」において、充分に具体的に現れている。すでに先に言及したように、李尚迪が張曜孫と知り合ったのは、丁酉(1837)年の孟春に李尚迪が三度目の来華を果たしたときであり、同年の夏に李尚迪の四度目の来華に際して親交を結んだ。李尚迪自言："丁酉夏，君与余燕集于偉卿留客納涼之館。"[24]。張曜孫の姉の夫の呉廷鉁の家で挙行された雅会での交友である。その後、呉廷鉁はこのたびの雅会を一幅の絵として描いて『海客琴尊図』と名づけた。これが張曜孫と李尚迪の交遊の証明である。張曜孫はこの絵画を非常に重視した。道光十九年(1839年)、彼は特に『自題海客琴尊図』という一首の詩を書いた。

　　黄金台空马骨死，此地胡为著张子；十年作赋思问天，不信天门竟万里。一车碾破长安尘，挥洒不惜丹壶春；士安多病辑灵素，扁鹊鸎技游齐秦。朝出都门暮九陌，溽暑严寒苦相逼；满目疮痍望救心，微权斟酌回天力。儒冠儒术诚无用，倒屣公卿绝矜宠；卤莽时名得失休；消磨心力年华送。莺花尺五东风天，玉骢金勒多少年；主人怜我苦抑郁(谓吴比部伟卿留客纳凉之馆)，手辟三径供流连。一笑纷纷皆热客，歌笑无端激金石；野性难辞轸盖喧，同心零落岑苔迹。忽然海客天外来，握手便觉忘形骸；漂流人海渺一叶，眼底直已无群材。招要裙屐蓬门开，胜赏那复辞深杯；高吟一篇琴一曲，天风海水浮蓬莱。欢宴方阑促征役，客归我亦还江国；倦侣栖迟白下游，神交浩荡沧溟隔。吴君知我忆旧游，写出新图增感激；事业中年剩友朋，遭逢一例伤今夕。青山青青白日白，良会浮生几回得；但结清欢便不孤，苦求知己终何益。批图我正感索居，驿使忽送双鱼书；謪仙文彩秀东国(时适得朝鲜李藕船书，索作分书并刻

23　《海邻尺素》现以钞本传世，藏于韩国多个图书馆和美国哈佛大学燕京图书馆，一共有十三个版本，每个版本抄录书信的数量不一，几乎每个版本中所抄录张曜孙的信都是最多的。这里说"十通"，只是大多数版本所录之数目。

24　李尚迪：《恩诵堂集续》卷七《张仲远(曜孙)嘱题比屋联吟海客琴樽二图》，韩国民族文化推进会编刊《影印标点韩国文集丛刊》第312册，第195页。

印石)，爱我翰墨如明珠。鲸波千丈招灵桴，银台琼馆神仙都；挥弦独赏伯牙曲，痛饮好卧长房壶。相携世外足千古，局促尘壤胡为乎？呜呼，局促尘壤胡为乎，古来骐骥骏耳多盐车。(道光十九年三月张曜孙自题于白门节署，右拙诗呈政并乞题赐征咏。)[25]

　　この詩は『海客琴尊図』の来歴をはっきりと説明している。すなわち、呉偉卿が張曜孫のために描いた画である。道光十九年(1839)三月、張曜孫はこの詩を書いて、李尚迪との交友を結んだときのことを深く表現した。彼の内心の激動は「忽然海客天外来，握手便觉忘形骸；漂流人海渺一叶，眼底直已无群材」。李尚迪との交友という歓喜の情は、言い表しがたいものであると同時に、李尚迪に対する敬意と交遊の希望を示している。張曜孫はこの詩を李尚迪に送り、李尚迪も唱和する詩を書いた。其曰：「有酒如澠琴一曲，竹深荷净无三伏。醉来握手贵知音，后会宁嘆難再卜。青衫何事滞春明，書剑飄零誤半生。痛飲离骚為君読，大海茫茫移我情。」[26]。同じ情感を示している。夫馬進先生が論及したように、洪大容と厳城の交流においては東アジア世界の「情」の世界が現れているが[27]、張曜孫と李尚迪が交流するとき、こうした「情」の世界が継続されている。

　　道光二十五年(1845年)正月、李尚迪が七度目に北京を訪れたとき、張曜孫と清士人は、再び雅会を挙行した。張曜孫の書簡のなかで言う：「自道光乙巳(二十五年)，与閣下重晤于京師，作《海客琴尊弟(第)二図》」。これは彼らの三度目の対面であり、最後の対面でもあった。その後、彼らはもう再会する機会がなかったが、しかし、彼らの交友には何ら影響を及ぼさなかった。この対面の後、張曜孫は呉冠英に『海客琴尊図』の第二図を描くように頼んでいる[28]。画中には十八人が描かれていた。李尚迪は言う。：「入画者比部吳偉卿、明府張中遠、中翰潘順之補之及玉泉三昆仲、宮賛趙伯厚、編修馮景亭、庄衛生吏部、姚湘坡工部、汪鑒斎明経、張石州孝廉、周席山、黄子乾侍御、陳頌南、曹艮甫、上舎章仲甘、吳冠英。冠英画之，共余為十八人也」[29]。この

25　《海邻书屋收藏中州诗》之张曜孙《自题海客琴尊图》，页7a。
26　李尚迪：《恩诵堂集诗》卷七《张仲远(曜孙)嘱题比屋联吟海客琴樽二图》，第195页。
27　参见夫马进：《朝鲜燕行使与朝鲜通信使：世界视野中的中国、日本》，上海古籍出版社，第183页。
28　李尚迪在诗中说："乙巳正月，张仲远倩吴冠英，绘《海客琴尊》第二图。"参见《恩诵堂集续集》诗卷一，第249页。
29　李尚迪：《恩诵堂集》诗卷九《追题海客琴尊第二图二十韵》，第200页。

雅会には十八人が参加し、李尚迪を除く十七人は皆清朝の士人であり、彼ら
は一つのグループを構成していた。李尚迪の詩にいう：

十載重揩眼，西山一桁青。題襟追汉上，修禊续兰亭。颜发俱无恙，庄谐
辄忘形。今来团一席，昔别隔层溟。记否怀人日(尝于癸卯燕馆人日，得张中
远、王子梅书，有诗记其事)，依然逐使星。马谙燕市路，槎泊析津汀。往迹
寻泥雪，良缘聚水萍。延陵佳邸第，平子旧居停(燕集于吴伟卿比部留客纳凉
之馆，时中远寓此)。冻解千竿竹，春生五叶葟(时乙巳新正五日也)。胜流皆国
士，幽趣似山扃。投辖从君饮，焦桐与我听。杯深香潋潋，调古韵泠泠。此日
传清散，何人赋罄瓶。愿言钟子赏，休慕屈原醒。北海存风味，西园见典型。
古欢等观乐，中圣剧谈经。文藻思焚笔，词锋怯发硎。已知交有道，矧感德惟
馨。海内留图画，天涯托性灵。百年几相见，万里即门庭。[30]

　張曜孫との厚い友誼が深く表現されている。当時張曜孫はすでに北京を離
れて湖北に常住し、交通が不便であったから、李尚迪の消息を得ることがで
きなかった。張曜孫は1849年になって、『恩誦堂集』中のこの詩を読み、よう
やく『読恩誦堂集次尊題海客琴尊第二図詩韵』を作り、そのなかで言う：「初識
藕船，犹未通籍，甲辰奉使来都，秩三品矣」[31]。此诗曰：「天外传诗册，披吟
眼倍青。壮懷千万里，游迹短长亭……」[32]。之後再接『奉懐再次前韻』曰：「三
載東瀛梦，沧波万里青；旧歓留画卷，别思恋旗亭……」。この詩の後にはこう
記される。：「七言近体及前首，皆前歳之作，冗雑未能奉寄，頃以振灾居村寺
者半月，稍得余暇，因写前詩并綴此編。夜寒呵凍，不复成字。己酉冬至后十
日曜孙并記」[33]。この詩は己酉(道光二十九年、1849年)の冬に作られた。この
とき張曜孫は湖北で被災者の救済にあたっていた。天寒く地は凍る時期、な
お李尚迪の詩と和することを考えていた。詩中では切々と思いと感激の情を
託している。二度の雅会を通じて、雅会の情況に基づいて画を作り、再びこ
の画のためにあちらとこちらで詩を作り唱和し、相思の情を表現すること
が、彼らの交流の重要なスタイルとなった。数千里を隔てて別れ別れにな
り、数年消息を得られなかったにもかかわらず、彼らの内心にはずっと、遠

30　李尚迪：《恩诵堂集》诗卷九《追题海客琴尊第二图二十韵》，第200页
31　《海邻书屋收藏中州诗》之张曜孙《读恩诵堂集次尊题海客琴第二图诗韵》，页9a。
32　《海邻书屋收藏中州诗》之张曜孙《读恩诵堂集次尊题海客琴第二图诗韵》，页9a。
33　《海邻书屋收藏中州诗》之张曜孙《奉怀再次前韵》，页9b-10a。

方の朋友のことがひっかかっていた。この一幅の絵画、数首の詩が彼らの情
誼の証明であった。

　1845年春の北京における対面は、李尚迪と張曜孫にとって相当重要なこと
であり、李尚迪と清朝学人の交流の重要な年にもなった。『海客琴尊第二図』
の他に、呉冠英は『春明六客図』を描き、孔憲彝は『題春明六客図并序』を作っ
た。その序にいう：「乙巳(1845)春、余与張仲遠、陳梁叔、黄子乾三君，同応
部試在京。王子梅走書介仲遠，乞貌于是図，以事未果。既而，余与三君皆報
罷，仲遠詮武昌令，将先后出都。仲遠復申前請，遂合写一巻，寄子梅于済
南。六客者，仲遠、梁叔、子梅与余，及朝鮮使臣李君藕船也。余与李君実未
識面，今読子梅自記之辞曰：風瀟雨晦，独居岑寂之時，展視此図，不啻見我
良友，何其情之篤欤？率賦二截句以志意。他日春明重聚，或践六客之約，則
此巻以為嚆矢矣。」[34]。

　ここから分かるように、『春明六客図』は1845年に彼らが北京で出会ったこ
とを題材として創作された一幅の画である。彼らが李尚迪と交流していたと
き、張曜孫ら四人は都での会試に参加しようとする挙人であり、李尚迪は朝
鮮の使臣にして通訳であった。北京での会試に参加した挙人である厳誠、陸
飛、潘庭筠は洪大容との交流は十分に密切であったが、張曜孫らが李尚迪
と知り合ったときもやはり会試に参加した挙人であり、彼らもまた李尚迪と
の交流を熱望した。朝鮮人から見ると、いまだ進士の功名のない彼ら中国儒
生との交流はよりいっそうの真情を得られ、良き友人関係になり得るもので
あったから、彼らは心から喜んで交流した。初めて知り合ったとき貧寒の士
であったから、以後の交流もより真摯なものとなった。

　その後、王鴻は李尚迪宛の書簡のなかで、彼に『春明六客図』の情況を説明
している。「《春明六客図》，呉冠英所画，甚佳。中首坐阮太偉書，巻首君也。
次仲遠、次弟及陳良叔、孔繡山、黄子乾也，皆則坐水石樹竹間。包慎伯作
記，秦澹如、孔繡山皆各有文，余則海内名流公卿題咏，吾兄題詩于此紙，以
便裱于巻中……兄詩如写不完，此紙乞転懇貴国工詩書者，題于后亦可。兄書
字不必大，紙長可多請几位名人書之。不然，巻子太大太粗，不能再乞名人題
耳。」『春明六客図』の来歴、および具体的な内容と題咏の情況を紹介している
が、それ以外により重要なのは、李尚迪にもこの図に題詩してくれるように
望んでいることである。「前画兄真面并仲遠、子乾、澹如、梁叔与弟六人。仲
遠書首曰《春明六子図》，仿古人竹林七賢，竹溪六逸也。五人序記題咏，随后

34　《海邻书屋收藏中州诗》之孔宪彝《题春明六客图并序》，页29b-30a。

録寄。吾兄可先寄一詩否？」。その後、李尚迪宛の書簡には、この図で描かれたひとびとの命運がたびたび言及される。即如：「仲遠久不得音信，存亡未卜，曹艮甫亦然。六客図中，惟孔繡山、黄子乾在，春明晨星寥落，展卷浩嘆」[35]。王鴻は李尚迪に唱和を求め、李尚迪は「子梅自青州寄詩，索題春明六客図」を作ってそれに応えた。[36]

　実のところ、こうした雅集図は中国の歴史上きわめて長い伝統を持つものであり、一般的には士大夫、文人が非公式的な場で仲睦まじく交流している会の情景を描くものであり、参加者の身分、行為、活動、集会全体の雰囲気が強調される[37]。中国ではだいたい三国時代の「文会図」に起こり、後に東アジア世界の共通現象となった。

　清代の文人生活において、雅集は不可欠のものであった。朝鮮使行人員の加入によって、雅集の国際的な意義はいっそう増幅された。中朝学人の交流のスタイルは、当時の中朝学人の交流がグループ化の様相を呈していたことを説明するものである。張曜孫と李尚迪の交流した二幅の『海客琴尊図』で「海客」の二字が強調されることには、李尚迪の重要性がくっきりと現れている。あるいは、こうした雅集図はもともと李尚迪を中心として作られたものかもしれず、彼の清代文人グループ中の重要な地位を強調している点では『春明六客図』もそれと似たような意味を含むものかもしれない。張曜孫と李尚迪の交流は、李尚迪と清代文人グループの交流の縮図であった。

Ⅲ. 張曜孫の南下及びその家族と李尚迪の交誼

　1845年に張曜孫と李尚迪が知り合った後、翌年には張曜孫は湖北候補道を得て、武昌知県を授かり、武昌に南下した後は、長年湖北で官についた。その後、彼らは二度と会うことはなかったが、ずっと関係を保ち続け、長年会わなかったにもかかわらず、お互いのことを気にかけていた。張曜孫と李尚迪の交流においては、深い家族のしるしがあった。ある程度まで、張曜孫は自分の家族を代表して李尚迪と交流していたと言える。

35　以上均見《海邻尺素》之王鴻函。

36　李尚迪：《恩誦堂集続集》詩卷二《子梅自青州寄詩，索題春明六客圖》，第258页。

37　参见金宝敬：《"雅集"绘画题材在李氏朝鲜的流布研究》，南京艺术学院博士学位论文，2009年。

当時張曜孫が官職についていた湖北は平和ではなかった。太平天国が急速に広がり、広西金田で決起した後、一路北上し、湖南長沙、岳陽を攻略した後、咸豊二年(1852年)十一月には、武昌、漢陽に迫った。咸豊帝は急いで清軍に命じて取り囲ませた。且令"漢陽同知張曜孫素得民心，請督令辦理団練堵剿"[38]。咸豊帝は大きな期待を寄せたものの、太平軍の猛烈な攻撃の下、翌年一月には武昌、漢陽は攻め落とされた。張曜孫は自縊しようとして果たせず、罷免されるがなお漢陽に留まっていた。同年八月、咸豊帝再諭："兹复据該署督等奏称現擬買船更造，委已革同知労光泰、張曜孫估買江船五十只，改造戦船。駱秉章亦飭属買釣鉤等船五十只，运赴湖北，一律改造。"[39]。張曜孫は依然として罪を負ったまま職務にあたっていた。

咸豊四年(1854年)下半年、清軍は武昌、漢陽を奪回した。"以克复湖北武昌、漢陽二府城，賞……同知張曜孫……等花翎……余升擢有差。"[40]官が原職に復しただけではなく、花翎を褒美として与えられ、後に湖北署粮道に昇った。咸豊九年(1859年)十一月、"戸部奏道員(張曜孫)欠完米石，飾詞拕延"，咸豊帝下諭："湖北署粮道張曜孫于応征武昌県任内南米，借口迭遭兵燹飾詞捏稟，実属有心延宕，著交吏部从重議処，以示儆戒。其欠完米四千九百余石，勒令赶緊完解，入册造報。官文、胡林翼听信該員捏報，率行題咨，著一并交部議処"[41]。張曜孫は再び免官された。彼は湖北で十数年官職にあって二度免職された。戦争に苦しめられ、官界は順調ではなかった。李尚迪は遠く朝鮮にあって長年会っていなかったとはいえ、依然として彼を心配していた。

事実、彼ら二人は千里を隔てていたものの、その交流は断絶することはなかった。道光二十三年(1843年)、張曜孫は"刻其三十六歳像于古研之阴，并識郷籍生年、月、日及与余車笠之誼，寄自陽湖"。李尚迪は毎年六月初九日の張曜孫の誕生日に際して、"供此研為仲遠初度寿"，銘曰："貽我一方硯，覿君万里面。端人与端石，徳性両无間。以此著書等其身，以此証交転其神。望江南分荷花節，年年袍笏拜生辰。"[42]張曜孫は漢陽の同知に任じられてから、李尚迪に紫泥水盃を送った。李尚迪作詩曰："交淡如水，官清如水。濯之江漢，泥而不滓。"[43]この詩は彼ら二人の関係が君子の交であり、情意は真摯であり、

38　《清文宗皇帝实录》卷七十六，咸丰二年十一月上乙丑，第995页。
39　《清文宗皇帝实录》卷一百四，咸丰三年八月下癸巳，第549页。
40　《清文宗皇帝实录》卷一百五十，咸丰四年十一月上丁卯，第626页。
41　《清文宗皇帝实录》卷三百一，咸丰九年十一月下辛卯，第397页。
42　李尚迪：《恩诵堂集续集》文卷一《张仲远画象砚铭·有序》，第232页。
43　李尚迪：《恩诵堂集续集》文卷一《水盂铭·有序》，第235页。

その歴史が長いことを寓意している。道光二十五年(1845年)、彼らが北京で
会ってから、一度も再会していなかった。張曜孫は書簡のなかでいう：“自道
光乙巳(二十五年)，与閣下重晤于京師，作《海客琴尊弟(第)二図》。其明年(二
十六年)，曜孫授武昌令出都，戊申(二十八年)得呉偉卿書，知复与閣下相晤，
又寄到《恩誦堂集》刊本。曾次韵奉題五言長律一篇，又次韵奉懐五言一篇，又
七言律一篇，并近作十数篇，寄呂堯仙転交東便。自后遂絶，不得音耗。”[44]し
かし、李尚迪はいつも彼のことを思い、北京に到着してから張曜孫の近況を
尋ね、礼物を残してひとに託した。

　戦争に苦しめられて書簡のやりとりも阻害されたために、李尚迪はしばら
くのあいだ張曜孫の書簡を受け取れず、状況が分からなかった。彼は中国南
方の太平天国の戦乱のことも聞くところがあり、李尚迪はあるとき小箱を
ひっくり返して、羅浮山の道士黄越塵の詩と僧・達受が拓本をとった彝器文字
を見つけ出し、張曜孫の心を思いやって詩を書いた：“故人消息杳難知，南国
干戈満地時。篋里眼青如見面看，六舟金石越塵詩。” “起看欃槍卧枕戈，宦游多
難奈君何。几時重続琴樽会，同听王郎斫地歌。”[45]深い思念や情感を表現する
と同時に、気がかりの念を寄せた。咸豊五年(1855年)、李尚迪は王鴻の書簡
を受け取ったが、そこには張曜孫が楚地で殉節したとあり、李尚迪は非常に
悲しみ傷んだ。“為之慟哭盡盡弥日。乃于季夏九日，仲遠覧揆之辰，供仲遠画
象硯，茶酒以奠之。”[46]在家為之祭奠，祭祀詩曰：“殉節張司馬，風声継渭阳(君
母舅湯雨生将軍，癸丑殉金陵之難)。有文追魏晋，余事作循良。血化三年碧，
名伝万里香。須眉見平昔，雪涕硯池傍。”[47]深い追慕の情が表現されている。
咸豊七年(1857年)、李尚迪は『続懐人詩』五十七篇を作った。序曰：“曩在道光
壬辰秋，余有《懐人詩》廿八篇，盖寄懐海内朋旧之作也。其后又屢入春明，交
游益广，較之壬辰以前，不趐倍蓰。而今于数紀之頃，歴数諸人，或遺忘其姓
名，或聞声相求，愛而不見者則并闕之。作《続懐人詩》五十七篇，以志暮年停
云之思。”其中有懐張曜孫詩曰：“言語文字外，相許以知己。偶作武昌宰，除夕
呼庚癸。楚氛近何如，无路問生死。”[48]二年前に、李尚迪はすでに張曜孫殉節
の訃報を得ていたが、ずっと「知己」の情を忘れなかったし、彼が殉職したと
は信じようとしないところもあって、詩詞には深い気がかりが寄託されてい

---

44 《海鄰尺素》之張曜孫函。
45 李尚迪：《恩誦堂集続集》诗卷二，第256页。
46 李尚迪：《恩誦堂集続集》诗卷二，第258页。
47 李尚迪：《恩誦堂集続集》诗卷二，第258页。
48 李尚迪：《恩誦堂集続集》诗卷四《续怀人诗(有序)·仲远张观察(曜孙)》，第269页。

る。咸豊八年(1858年)、李尚迪再賦詩曰："海外犹存白首吾，金蘭消息滞阳湖。"注釈曰："自粤寇滋擾后，不聞張仲遠、呂堯仙音信久矣，二友倶阳湖人。"[49]彼ら二人を気にかけていることを示した。

咸豊九年(1859年)になって、張曜孫は李尚迪の『恩誦堂集』を手に入れて、ようやく李尚迪が自分のためにやってくれたことを知り、すぐに李尚迪に長い手紙を書いた。："集中《松筠庵宴集》、《題春明話旧図》、《春明六客図》、《种青藤歌》、《続懐人詩》、《懐人詩》并及鄙人，复以子梅伝訛之耗，于生日供画象設奠，賦詩哭之，倦倦風義，并世所希。感愧之余，涕泪横集。古云一死一生，乃見交情，然未有能親見良朋之哀挽者！曜孫何幸，而得閣下用情若此耶……曜孫為武昌令五年，調漢陽令一年，擢漢陽同知，時咸丰二年壬子春也。"[50]それから、彼は湖広における洪秀全の太平軍との作戦情況を述べて、最後には家人旧友の情況を記した。李尚迪がこの手紙を手にしたとき、すでに咸豊十年(1860年)中秋節以降になっていたが、まことに望外の喜びであり、すぐに四首の詩を賦し、その情を示した。序曰："中秋望后二日，得張仲遠観察客冬至月自湖北督粮使署寄書，乃十余年寇乱以来初有之信也。喜而有作，率成四律。右三首略綴仲遠兵間経歴之状，末一首即自述近况尔。"[51]其中一首曰："為君十載几沾襟，乱后音書抵万金。好在琴尊経百劫(君所蔵書籍碑版書画，悉毀于兵燹，惟海客琴尊図尚无恙云耳)，還従戎馬惜分阴(寄示近作《惜分阴斎稿》，卷首有印文曰'戎馬分阴')。満頭蕭瑟霜華冷，落筆淋漓剣气深。暇日女嬃聯唱地，一般憂国見丹心。"[52]十数年、音信不通であったものの、依然として相手を気にかけていたことが分かる。十数年会うこともなかったが、依然として良き朋友であり、『海客琴尊図』はその交流の証明となっている。その後、彼らはまた書簡の往来を復活させ、それは世を去るまで続いた。同治元年(1862年)、李尚迪は六十歳となり「六旬初度，述懐示天行」の詩を賦したが、そのなかに次の詩句がある："朋旧記賤歯，書画遠介眉(謂張仲遠、孔繡山)。多少風樹感，煩冤説与難。"[53]張曜孫は孔繡山とともに彼に書画を送って、長寿を祝った。

洪大容が来華したときには、積極的に清朝学人と交流し、交流時代を創出した。李德懋、朴斉家、朴趾源らが引き続いてその交流を発展させていっ

49　李尚迪：《恩诵堂集续集》诗卷五《怀人用道暑韵》，第277页。
50　《海邻尺素》之张曜孙函。
51　李尚迪：《恩诵堂集续集》诗卷七，第291页。
52　李尚迪：《恩诵堂集续集》诗卷七，第291页。
53　李尚迪：《恩诵堂集续集》诗卷九《六旬初度，述怀示天行》，第304页。

た。同時に、柳琴が来華し、清朝学人の李調元と潘庭筠に『韓客四家詩』の序を書いてくれるように求めた後には、朝鮮学人が清朝学人に自己の文集や詩集に序を頼むことがブームになった。朝鮮の大提学・洪良浩が清朝の礼部尚書の大文豪・紀昀に彼の文集と詩集の序を頼んだようなものが、一時代の風潮となった。道光・咸豊年間になると、朝鮮学人が清朝学人に序を書いてくれるように引き続き求める以外に、清朝学人もまた金正喜、李尚迪らのような朝鮮学人に序を求めるようになり、交流はよりいっそう深く、相互作用の時代となった。しかも、この交流はたんに二人の交流者の活動に留まらず、二つの家族の相互交流でもあった。張曜孫と李尚迪の交際には、特にこの特徴が明らかに現れている。

　先に言及したように、張曜孫は詩書の家の出身であって、その伯父、父、母、四人の姉および彼の外甥、外甥女たちは、皆詩文書画に優れていた。張曜孫と李尚迪の交流において、ほとんどいつも家族のうちの誰かしらの姿を見出すことができる。というのも、張曜孫はいつも息子や甥の書画作品を李尚迪に送っていて、同時に姉たちのために金正喜と李尚迪に序や跋を書いてくれるようにいつも頼んでいたからである。以下に示すのは、彼らの書簡や関連資料をもとにして、張曜孫の家族と李尚迪の交際を表にしたものである。

表一　张曜孙家人与李尚迪交游表

姓名	张曜孙之亲戚	张曜孙向李尚迪之推介	李尚迪所写相关诗文	备注
汤修业	外祖父	文集《与竹公弃稿》让其读。	《追题春明话旧图》	国子监生，一生未中举。有《赖古斋文集》。
张惠言	伯父			清代词人、散文家。嘉庆四年进士，改庶吉士。六年，散馆，改翰林院编修。卒于官。有《茗柯文》
张琦	父亲			清代著名词人，有《宛邻集》、《宛邻词》
汤瑶卿	母亲	《断钗唫》介绍给李尚迪读。		汤瑶卿出身常州名门，27岁嫁入张家。知书能诗，教习四女成才。有《蓬室偶吟》。

姓名	张曜孙之亲戚	张曜孙向李尚迪之推介	李尚迪所写相关诗文	备注
汤雨生	舅舅	汤雨生作《春明话旧图》赠之。求给《吟馠图题辞》与《竹居弃稿》题辞。	《追题春明话旧图，寄仲远大令》	《续集》诗卷一："汤雨生将军，仲远母舅也。余尝从仲远得读其外祖与竹公弃藁及汤节母断钗唫，钦诵久矣。顷于甲辰冬，雨生自金陵作此图见遗，盖为余与仲远有重逢之喜……"
包孟仪	妻子	夫人画赠之。	《棣华馆画册序》	字令是。清文人包世臣女。通文墨，善绘画，工分书。
李紫畦	侍姬	侍姬画赠之。	《棣华馆画册序》	棣华馆，乃张曜孙建于武昌之馆舍。张曜孙亲授诗文，三年能诗。
张成孙	堂兄	与李尚迪为朋友。	《续怀人诗》，密友。	张惠言子，国子监生，通小学，工历算。有《端虚勉一居文集》。
张褟英	大姐	书函多次提及。有《寄送洞香女甥护夫枢归葬兼寄孟缇女兄》四首寄之。	《仲远重刻伯姊孟缇夫人澹菊轩诗集，属题一言》	字孟缇，自幼勤奋好学，有《澹菊轩诗稿》4卷、《澹菊轩词》1卷，编《国朝列女诗录》(佚)。
吴廷鉁	大姐夫	书函多次提及。密友。书函往来甚多。	密友。书函往来甚多。《续怀人诗》。	字伟卿，道光六年进士。"戊申春1848，吴伟卿比部为余刊恩诵堂集，藏板于焦广成货铺。"(《续集》文卷二《书周菊人(达)手札后》)《同声集》录其词。
张乡册英	二姐	书函提及。	《题中远三姊绿槐书屋肆书图》	字，纬青。幼聪慧，年二十，嫁江阴章政平，生子。三十而卒。有《纬青遗稿》1卷。
张纨英	三姐	书函多次提及。赠之诗集。	《题中远三姊绿槐书屋肆书图》	字若绮。自幼聪慧，诗文较多。有《邻云友月之居诗稿》4卷、《餐枫馆文集》2卷。张曜孙合刻《阳湖张氏四女集》，录其姐五种诗文集。
王曦	三姐夫	书函提及。		诸生，入赘张家，久困场屋，贫不自存，依张曜孙。《同声集》录其词。
张纶英	四姐	书函多次提及。赠之书法作品。	《题中远三姊绿槐书屋肆书图》	字婉紃。三十学诗，善书法，得父真传。亲教四女。有《绿槐书屋诗稿》7卷。
孙劼	四姐夫	书函提及。		国子监生，入赘张家，久困场屋，贫不自存，依张曜孙。

姓名	张曜孙之亲戚	张曜孙向李尚迪之推介	李尚迪所写相关诗文	备注
王采苹、王采蘩、王采藻、王采蓝	外甥女(张若绮女儿)	《寄送洞香女甥护夫柩归葬兼寄孟缇女兄》四首	《棣华馆画册序》、《种青藤歌，示以堂》	乃"王氏四女"。采苹，字洞香；采蘩，字筥香；采藻，字锜香。"张仲远女甥王筥香，尝昼寄青胜。"王采苹有《读选楼诗稿》。
张祥珍	女儿	书函提及。赠之画。	《棣华馆画册序》	字佩之。
张晋礼	儿子	书函提及。赠之画。	《棣华馆画册序》	字执之。
张少婉	孙女	书函提及。赠之画。	《棣华馆画册序》	

　この表から分かるのは、第一に、張曜孫は李尚迪という朝鮮の友人のことを大切にし、何も留保せずにさまざまな手段を使って家人を李尚迪に紹介し、家人の情況を了解してもらっていることである。李尚迪は張曜孫一人の朋友ではなく、張曜孫一家全体にとっての朋友であったと言ってよい。張曜孫は李尚迪に彼自身の長輩を紹介するのと同時に、彼の夫人、息子、さらには小妾や兄弟姉妹や外甥女のことも留保せずに紹介した。李尚迪も張曜孫との友情を大事にし、その家人に対して熱心に返答している。これは過去の中朝士人の交流のなかでは、滅多に見られないものである。

　第二に、張曜孫の家人が李尚迪について非常によく理解していたことである。張曜孫の家人のなかで、李尚迪と直接に交流のあった者としては、彼の従兄の張成孫と姉の夫の呉廷鉁がおり、とりわけ呉廷鉁は北京で官職にあったから、李尚迪と対面する機会は張曜孫よりも多く、その交流が始まったのも張曜孫より早かった。張曜孫と李尚迪が最初に対面したのは、呉廷鉁の家であった。呉と李の情感もまた十分に親密であった。先に言及した『海客琴尊図』は呉廷鉁の描いた画であり、彼もまた画中の人物の一人であった。張曜孫は北京にいることが少なく、外地で官についていたから、李尚迪が来京したとき、往々にして会うのが困難であった。彼らの書簡のやりとりは、しばしば姉の夫である呉廷鉁によって手渡された。呉廷鉁は李尚迪宛の書簡のなかでも、いつも張曜孫の足取りに言及していて、張曜孫と李尚迪の交流の重要な仲介者となった。たとえば"仲遠去秋力疾入闈，荐而未售，冬間加劇，至今未瘥，有春融北上之説，能否成行，未可必也，复書当再促之。""仲遠因県境被水，勉力辦灾。甚為竭蹶。""舍親張仲遠因両江陶制府相延治病，敦促起程，于

去歳(十八年，1838)十一月初旬，馳装南下，瀕行有奉寄図章四方、印色両合，属附東便寄塵。仲遠甫行，東使适至，木匣二件，謹代收存。即日附便寄南，秋后当有報書矣。""惜仲遠南旋，運卿游幕下，不得同聚。"[54]李尚迪に張曜孫の足取りを知らせることが，彼らの書簡中での不可欠の内容となった。呉廷鉁は彼ら二人の関係の密接さをよく知っており，二人の了解を深め，彼ら二人の関係をより親密にしたのであった。

　第三に，張曜孫が李尚迪に家人を紹介するにあたって，その情況と長幼の順序にもとづいて，そのやり方が違っていたことである。道光二十九年(1849年)，姉の夫呉廷鉁が没したとき，張曜孫は李尚迪宛に手紙を書き，家人のことに言及している："偉卿之卒，在今歳五月中。家孟緹女兄以袝殯未帰，尚居京邸。曜孫少悲銜恤，終鮮兄弟，惟三女兄相依為命，今皆熒熒孤子，飄泊无家。叔、季両女兄已迎居官舎。明季，偉卿帰魂故山之后，亦当迎之，以聯肉骨之歓……子女二人，甥輩子女五人，及婢妾之解文翰者，女兄督課之，読画、評詩、論文，染翰門以内凡十二人，煮茗傾觴，怡然足楽。"[55]姉の情況をはっきりと説明し，その三人の姉たちをみな身辺に迎えて世話した。甥っ子たちは姉たちの教導のもとで「画を読み、詩を評し、文を論じ」、まさに一門の書生であった。その後の十数年の交流のなかで，張曜孫は李尚迪にその家族の情況を包み隠さずに伝え，家族の近況を紹介した。李尚迪自身は張曜孫の家族に会ったとは限らないが，張曜孫の李尚迪宛の書簡のなかでは，毎回家族の近況に言及されている。たとえば，咸豊九年の書簡では："女兄孟緹居常熟，婉紃、若綺仍居官舎。婉紃之子慈慶，已成立，有二孫，若綺之子臣弼以知州官此，均尚能督子女，読書賦詩，臨池作画。曜孫一子晋礼，从戎得県令，尚未令謁送也。"[56]李尚迪に対して家人の状況を飽きることもなく語り，親密さを満たしていた。咸豊十一年(1861年)李尚迪への書簡にいう："女兄三人，尚同居无恙，以翰墨相歓娯。去年寇乱呉中，孟緹先期全家来楚，未与其難，甥輩并為小官，所謂為貧而仕也。女甥輩読書為詩画，并与年倶進。惟皆遣嫁，各処一方，不复能如前此致執経絡帳矣。其境遇亦多枯瘁，或歌寡鵠，或困薤鹽，詩能究人，殆有然耶。"[57]張曜孫の四人の姉はみなすでに嫁いでいたが、三番目と四番目の姉は婿を迎えての結婚であったから、ずっと張曜孫

54　以上呉廷鉁书函，皆出自《海邻尺素》。

55　《海邻尺素》中张曜孙函。

56　《海邻尺素》张曜孙函。

57　《海邻尺素》之张曜孙函(咸丰十一年)。

一家と一緒に居住していた。一番目の姉も夫の呉廷鉁の死後、家人とともに実家に戻ってきて張曜孫を頼った。張曜孫は留保することなく家族の情況を紹介し、家の情況を理解してもらおうとした。

第四に、その四人の姉たちは皆才女であったから、張曜孫は彼女らを紹介するのと同時に、彼女らの詩文集のために序を書いてくれるように何度も李尚迪に頼んだ。彼は折にふれて姉の詩文集および甥たちの絵や書や写生作品を李尚迪に送り、彼と共有した。張曜孫は甥たちの教育を非常に重視し、男女を問わず、一律に読書するように促した。姉の張纨英はいう："余幼好詩書，窃愧不学，瀏覧経史不能尽通其意。慨班氏教男不教女之説，念女子不読書終不獲明義理之精，習俗易揺而性情易縦。因命長女采萍、次女采蘩入家塾読書，及笈出塾，仲遠弟复教之，遂粗能詩画。"[58]1862年、李尚迪が六十を迎えたとき、張曜孫は息子の張纨之、娘の儷之、その外甥女である王右星に、一緒に書画を描かせ、それらを遠く朝鮮の李尚迪に送って慶賀した。李尚迪はそれを受け取って、すぐに詩を作り賞賛した。纨之の隷書について："君今年几何，游秇得深造。即此八分書，駸駸欲跨灶。"娘の写生を賞賛して言う："有煒一枝笔，写生妙八神。誰知散花手，游戯現前身。"[59]言辞のあいだに、親しさと期待がひときわ目立っている。

彼らが知り合ってからまもなく、張曜孫とその姉たちは詩文を唱和して「比屋聯吟図」を作った。道光二十七年(1842年)、李尚迪は求めに応じて、この図に詩を作った。李尚迪曾言："中遠有比屋聯吟図，即与諸令姊妹唱酬之作也，胥属余題句。"[60]其诗曰："步屧从容三两家，唱妍酬麗写烟霞。梦残春草池塘后(君从兄彦惟殁已五年矣)，无恙東風姊妹花。是処朱陳自一村，宦游人有滞金門。大家消息三千里，欲寄郵筒更断魂。(君姊兄吴偉卿比部从仕京師，而澹菊軒夫人工詩有集，時人擬之曹大家。)金刀莫報四愁詩，話雨燕山未有期。我亦帰田多楽事，東西屋里読書詩。"[61]詩文のなかで、彼らの姉たちが賞賛されている。張曜孫一門が詩書を好んでいたことを、李尚迪は十分了解しており、後に賞賛してこう言っている。

---

58 张纨英：《餐枫馆文集》卷一《棣华馆诗课书后》，清道光宛邻书屋刻本。

59 李尚迪：《恩诵堂集续集》诗卷九《仲远命哲嗣执之，令爱俪之夫人暨王甥右星各作书画见寄》，第304页。

60 李尚迪：《恩诵堂集》诗卷八《题中远三姊绿槐书屋肄书图》，第197页。

61 李尚迪：《恩诵堂集诗》卷七《张仲远(曜孙)嘱题比屋联吟、海客琴樽二图》，第195页。

　　吾友张大令仲远，以名父之子，邃传家之学，与四姊氏均工诗文，各有其集。而叔姊婉綷夫人受书法于馆陶君，深得北朝正传。妻包孟仪夫人笔意，亦有乃父慎伯之风。虽使班昭复作于九原，卫铄并驱于一世，庶无愧焉。仲远近自武昌，寄示其女俪之、女甥王涧香、筥香、锜香、孙少婉及侍姬李紫畦写生共十二幅、各系题款，不惟秀韵逸致，直造乎宋元以上，别有分势草情，沈酣于汉魏之间，则岂无所本而能哉。原夫凤承庭训，无忝宗风。慈竹覆阴，棣华联辉，为歌淑女君子之什，延誉幼妇外孙之辞，夕酬和于盐絮，朝挥洒以簪花。相与诵诗礼之清芬，宁止述绘事于彤管。嗟乎！古之才女子，专精一艺者，故自不乏，兼工三绝则未之或闻。乃者，仲远之门，人人凤毛，家家骊珠。无施不可，有为若是。何其才福之全，而风雅之盛也！诗曰绳其祖武，传曰人乐有贤父兄，此之谓乎。涧香、筥香、少婉、俪之诗篇诸作，余尝读寒柳唱和之卷，而诧为玉台嗣响，心窃钦仪者久矣，因牵连以书之。[62]

　　張曜孫は自らの一族の女性たちを描いた絵画を『棣華館画册』と名づけ、李尚迪に送り、序を書いてくれるように頼んだ。「棣華館」について、張曜孫はこう言っている。：“官舍一室，榜曰棣華館，為女兄燕集之所。書楹帖曰：禄不逮親欣有姊，世真知我更何人。”[63]棣華館は漢陽にある官舍の一室で、もっぱら姉たちが吟詩作賦したり、絵画の練習をしたりするところであった。彼女らの絵画を集めて一册に編んだことから『棣華館画册』と名づけた。一般的に言って、この時代には家中の女は外部の人間に知られなかっただけではなく、しばしば忌避されるところがあったし、外国人に対してはなおさらそうであった。しかし、張曜孫は李尚迪に対しては女たちを隠したりしなかっただけではなく、主導的に彼女らの画册を進呈した。ここに彼らの親密な関係を見ることができる。序中で言及される張曜孫家の女性たちというのは、張曜孫の四番目の姉の婉綷夫人、妻包孟儀夫人、女儿俪之、侍姫李紫畦、外甥女王涧香、筥香、錡香、孫女少婉の八人。彼女らは皆書画に巧みで、まことに学問好きの一家であり、彼女らの才気は人に遍り“仲遠之門，人人鳳毛，家家驪珠”。さらに、皆詩にも巧みで、ひとも羨む家族であった。

　　張曜孫の四番目の姉の張綸英は書をよくした。張曜孫は『緑槐書屋肄書図序』で言う：“緑槐書屋者，館陶官廨之内室，叔姊婉綷受書法于先府君之所也。庭有古槐因名，后遂以名其所居之室……府君論書，多与包先生相合……姊独心

62　李尚迪：《恩诵堂集续集》文卷一《棣华馆画册序》，第226页。
63　《海邻书屋收藏中州诗》之张曜孙《奉答春日得书见怀之作次原韵》，页8b。

領手閑，能伝府君之法，宜府君之深喜也。姊性婉柔，体瘦弱，若不勝衣，而下筆輒剛健沈毅，不可控制。為方二三寸正書，神彩駿発，端厳遒麗；為分書，格勢峭逸，筆力沉厚……姊一女子，生当其間，負殊絶之姿，得親承先府君指授，功力勤奮，又足以相副而有成，殆非偶然也已。姊其勉之哉！姊始学書年三十一，今年四十七矣。姊以衰老将至，大懼无成，辱府君之訓，因作是図以自励，且志感焉。"[64]金正喜は文集のなかの一首「題張曜孫四姐緑槐書屋図」でこう言っている："閨藻天然古北碑，更従隷法点波奇。緑槐影里伝家学，龍虎雄強属黛眉。"[65]李尚迪亦賦詩曰："見説清風林下吹，薪伝家法北朝碑。琉璃硯畔槐陰緑，停筆還思授字時……記否簪花伝墨妙，一時声价重鶏林。"[66]後に、張曜孫は特別に李尚迪宛に手紙を書き、彼に長姉の張孟緹の『澹菊軒詩』のための題辞をお願いしている。其曰："孟緹女兄，年七十矣。前刻《澹菊軒詩》四巻，板毀于楚中。今又得続稿四巻，擬并前稿刻之。閣下辱為昆仲交，又与偉卿有縞紵之乞，敢乞賜題一言，為千秋増重，至至懇懇！"[67]李尚迪は喜んで一首を作詩した。そのなかに言う："伝看詩筆惊四座，腕力能扶大雅輪。漢魏之間得嗣响，班左以降視下陳。誰家幼婦工鹽絮，百篇无此醇乎醇。一時紙貴争先覩，廿年前已付手民。"[68]評価はきわめて高い。姉たちのために序を求め、彼女らの詩文集を朝鮮に伝えて、朝鮮での名声を獲得し、国際的な栄誉を得た。

　それまでは朝鮮文人が中国文人に序を求めることはあっても、中国文人が朝鮮文人に序をお願いすることは、ほとんどなかった。李尚迪は自らこう言っている。"噫，中朝士大夫与我東人投贈翰墨，不以外交視者。自唐至元明，若杜工部之于王思礼，高駢之于崔致遠，姚燧之于李齐賢，李侍中之于李崇仁，皆能延誉无究。近代則紀暁嵐叙耳溪之集，陳仲魚刊貞蕤之稿，風義之盛，由来尚矣。未聞有求其詩文之序于東人。"[69]これはたんなる序を求める行為ではなく、その背後には深い意味があった。これは一種の文化的回流であるのみならず、新しい交流スタイルでもあった。張曜孫の家族たち、とりわけ彼の姉たちは朝鮮燕行使人に直接接触することはできなかったが、張曜孫

64　《海邻书屋收藏中州诗》之张曜孙《绿槐书屋肄书图序》，页49a-52a。
65　金正喜：《阮堂先生全集》卷十《题张曜孙四姊绿槐书屋图》，第182页。
66　李尚迪：《恩诵堂集》诗卷八《题中远三姊绿槐书屋肄书图》，第197页。
67　《海邻尺素》之张曜孙函(咸丰十一年)。
68　李尚迪：《恩诵堂集续集》诗卷九《仲远重刻伯姊孟缇夫人澹菊轩诗集属题一言》，第302页。
69　李尚迪：《恩诵堂集续集》文卷二《子梅诗草叙》，第245-246页。

を通じて、自分たちの名声を朝鮮に伝えることができただけではなく、朝鮮
士人たちの注目を集めることもできた。同時に、朝鮮士人たちの序跋を得る
ことができたので、ある程度まで彼らの中国での名声をも高めることになっ
た。当時の江南一帯には女性詩人が多かったが、国際的な注目を集める者は
少なかった。それゆえ、こうした朝鮮との交流を通じて、自分たちの影響と
知名度を拡大したのである。張曜孫と李尚迪の交流の背後には、張曜孫の家
族情況が具体的に現れてくるのである。

Ⅳ. 李尚迪と張曜孫ら清人の交流における心理状態

　李尚迪は十二度来華し、ほとんど毎回清朝士人たちと積極的かつ能動的に
交流した。数十年にわたって、ずっと書簡の往来を保持し続けた清人は百人
にのぼる。張曜孫と対面したのは生涯のなかで三、四回にすぎないが、二人
のあいだの関係には尋常ではない情感があった。数年のあいだ関係のブラン
クがあったにもかかわらず、二人は依然として遠く数千里を隔てた朋友を気
にかけ続けた。彼らのこの交流にはいかなる心理状態があったのだろうか？
彼らの情感は、当時の清人と朝鮮人の交流において普遍的なものなのか、そ
れとも個別的なものなのか？道光・咸豊年間の朝鮮学人はすでに積極的・能動
的に清朝学人と交流していたが、李尚迪の十二度の使行を例として見れば、
李尚迪のような朝鮮の使行人員は決して多くなかった。巨大な使団に対し
て、李尚迪は畢竟個別的な事例であったから、彼らの交流の背後にあった心
理状態を見通すことが是非とも必要であるように思える。下表において分析
した、李尚迪の十二度の来華使行人員の情況は、我々に示唆を与えてくれる
かもしれない。

表二 李尚迪十二次出使清朝情况及相关记载年表[70]

使行次数	时间	使行名义	正使	副使	书状官	备注
1	纯祖29年(1829)十月至30年三月	冬至兼谢恩使	柳相祚	洪羲瑾	赵秉龟	李尚迪为译官。
2	纯祖31年(1831)七月至十二月	谢恩使行	洪奭周(《北行录》)	俞应焕	李远翊	洪奭周《源泉集》中有《北行录跋》、《书北行录后》，其燕行录名为《北行录》，录于《燕行录全集续集》。其文集中有若干首燕行途中所作之诗。
3	宪宗二年(1836)十月至三年三月	冬至兼谢恩使行	申在植(《相看编》)	李鲁集	赵启昇	《相看编》有黄爵滋丁酉序、申在植跋。乃收录燕行途中申在植、李鲁集、赵启昇、李凤宁、崔宪秀、郑焕杓、任百渊、李尚迪六人唱和诗歌。
4	宪宗三年(1837)四月至八月	奏请兼谢恩使行	金贤根(《玉河日记》)	赵秉铉	李源益	金贤根乃驸马，《玉河日记》录入《燕行录全集日本所藏编》，其曰："译官十人，首译知事金相淳，公乾李尚迪上通事兼上房。"
5	宪宗七年(1841)十月至八年三月	冬至兼谢恩使	李若愚	金东健	韩宓履	
6	宪宗八年(1842)十月至九年三月	冬至兼谢恩使	兴寅君李最应	李圭祊	赵凤夏(《燕蓟纪略》)	《燕蓟纪略》录入《燕行录全集日本所藏编》，赵凤夏乃赵秉铉之子。
7	宪宗十年(1844)十月至十一年三月	奏请兼谢恩使行	兴完君李晸应	权大肯	尹穦	
8	宪宗十三年(1847)十月至十四年三月	冬至兼谢恩使行	成遂默	尹致定	朴商寿	此行及以后李尚迪升为首译。

70 关于李尚迪来华十二次使行表资料，来源于李尚迪《恩诵堂集》、《朝鲜王朝实录》、《燕行录全集日本所藏编》。相关研究参见千金梅：《〈海邻尺素〉研究》，韩国延世大学大学院国语国文学科硕士论文，2006年。李春姬：《19世纪韩中文学交流：李尚迪을 中心으로》，首尔：学文社，2009年。

使行次数	时间	使行名义	正使	副使	书状官	备注
9	哲宗四年(1853)三月至九月	进贺兼谢恩使行	姜时永(《輶轩三录》)	李谦在	赵云卿	《輶轩三录》录入林基中编《燕行录全集》中，书中载录李尚迪与诸使臣唱和诗歌多首。
10	哲宗九年(1858)十月至十年三月	谢恩兼冬至使行	李根友	金永爵	金直渊(《燕槎日录》)	《燕槎日录》录入《燕行录全集日本所藏编》。
11	哲宗十四年(1863)二月至六月	陈奏使行	尹致秀	李容殷	李寅命	
12	高宗元年(1864)正月至五月	告讣请谥兼承袭奏请行	李景在	李肯洙	洪必谟	

　　この表から分かるように、李尚迪の十二度の使行において、冬至使の名義
での出使が七回。十回の使行は謝恩名義を兼有していた。朝鮮使行において
は、毎年の冬至使が最重要の使行であった。朝鮮は明朝に対しては毎年の冬
至、正朝、聖節、千秋の四つが最重要の使行であった。清朝の初年において
は、千秋使がない代わりに、歳幣使があった。『通文館志』日"自崇德以来，无
千秋使而有歳幣使，至順治乙酉，因勅諭乃并三節及歳幣為一行，而必備使、
副使、書状官三員，名之日冬至使，歳一遣之。"[71]『通文館志』は朝鮮使団の人員
の仕事分担についてより細かく紹介している。

　　　冬至行使一员(正二品结衔从一品)、副使一员(正三品结衔从二品)、书状官
　　一员(正五品结衔正四品，随品兼台纠检一行。书状官逐日记事，回还后，启
　　下成文院。出《经国大典》。国初赵文刚末生回自京师，以耳目所观记，别为条
　　启。书状官为闻见事件自此始)、堂上官二员(……万历壬寅为重使事，传命周
　　旋之地，权设递儿随事赴京，而不限其职品)、上通事二员(汉、清学各一员，
　　后仿此)、质问从事官一员(……)、押物从事官八员(……)、押币从事官三员
　　(……)、押米从事官二员(……)、清学新递儿一员、医员一员、军官七员、偶
　　语别差一员、湾上军官二员。[72]

---

71 《通文馆志》卷三《事大》上，第85页。
72 《通文馆志》卷三《事大》上，第87--89页。括号中的字，原文乃小字，予以说明。

　朝鮮使団のメンバーのなかで、最重要の三人は正使、副使、書状官である。彼らは使行任務の執行の責任者であって、その他の人員は彼らのために雑務をやる者たちである。李尚迪の十二回の燕行はすべて通訳としてであり、第八回から彼は通訳のリーダーに昇格した。全部の使行団において、彼は事務的な人員であり、地位は高くなかった。李尚迪の十二回の使行において、その他の使行人が清人と交流した事例はあったけれども、李尚迪ほど熱心に清人と交流した者は誰もいなかった。上の表で示したように、伝わった燕行録のなかには、三使が清人と交流した記録はあるが、ささいな交流であって、偶然的な出来事にすぎなかった。李尚迪のように必要な任務外に、大量の時間と精力をさいて清人と交流するようなものではなかった。毎回の使行人員は二、三百人であったから、李尚迪のように熱心に清人と交流するような成員はきわめて特殊な事例であった。

　李尚迪がかくも熱心に清人と交流したのは、一つには彼が漢文に通じていて、清人との交流においてまったく障碍がなかったからであり、また同時に、彼が中華文化に対する憧れを抱いていたこととも関係する。乙卯(1855年)、李尚迪作詩曰："藐余三韓客，生性慕中華。中華人文藪，自笑井底蛙。俯仰三十載，屢泛枿津槎。交游多老宿，菁莪際乾嘉。"[73]　清朝文人との交流において、彼は中華文化の奥深さ・広大さを感得しており、それゆえに彼は中華文化を伝播する重要な使者を受け持とうとした。別の面から言えば、より重要なのは、清人との交往において、彼が尊重され、彼の思想が共鳴と肯定を得られたことである。朝鮮王朝は階級の区別の厳しい社会であって、両班貴族が朝政を掌握しており、李尚迪はたんなる中人、すなわち庶人であり、腹に満ちる才能と学識にもかかわらず、朝鮮の朝廷のなかでは肯定されず、地位の昇進も見込めなかった。朝鮮使臣の金永爵は言う："国俗……専尚世閥，名分截然，等級极多。士夫世世為士夫，庶人世世為庶人。庶人雖有才德，无以為用……階級一定，十世不得免。如李慧吉者，文才実可進用，乃拘于門閥，屈于象訳，是可恨也。"[74]　李尚迪のために不平を抱いていた。李尚迪もまた鬱々として志を得ず、自らこう言っている："余素嗜酒，非酒无以澆磈礌，而但家貧不能常得耳。"[75]　酒を借りて憂いを晴らすしかなかった。しかし、清人との交往においては"交満中朝，盛名冠世"[76]，清人の尊敬と敬愛を受けるこ

73　李尚迪:《恩誦堂集続集》诗卷二《子梅自青州寄诗，索題春明六客图》，第258页。

74　吴昆田:《漱六山房全集》卷六《朝鮮使者金永爵笔谈记》，光绪刻本。

75　李尚迪:《恩誦堂集》文卷一《贈李兼山序》，第213页。

とができた。彼の学生である金奭准は清朝士人からの書簡と関連文献を用いて『李藕船先生伝』一篇を書いて、こう言っている：

　　藕船者，朝鮮李尚迪(《海客琴樽图》梅曾亮题辞))。字惠吉，藕船其号也(张曜孙书)。容仪飘隽(吴嵩梁诗话)，其气春温，其神秋清(吴昆田赞先生像)。文采风流，令人心醉(温忠翰尺牍)，以簪缨世胄(孔宪庚尺牍)，养才以待时，积学以砺俗。不循名，不躁进，陶性情于圣贤书卷之中(雷文辉尺牍)。尝为金秋史侍郎高足(吴式芬尺牍)，文望日隆(王鸿书)。诗有初日芙蓉之目(祁寯藻诗话)，书有赵、董之骨(王鸿书)。及前席君王诵其诗篇，令秘阁锓梓，固辞之(温忠彦诗注)。其恩遇旷古罕有(叶志诜笔谈)，冯誉骥谓人曰：吾读《恩诵堂集》，益深倾慕(孔宪彝尺牍)，求之海内，亦不多得(周达手札)。与吴兰雪嵩梁、祁春圃寯藻、黄树斋爵滋、张仲远曜孙、王子梅鸿、孔绣山宪彝、何子贞绍基、冯鲁川志沂、许海秋宗衡，先后各以文燕酬接(《春明雅集图》程祖庆记)。墨彩云飞，英词电发(邓尔恒尺牍)。时以道义相勖(王鸿尺牍)，不斤斤于著占聚雪为叹也(王鸿书)。于是交满中朝，盛名冠世(王鸿尺牍)。咸丰庚戌太夫人弃养，昼宵读《礼》(叶名澧尺牍)。孝思毁瘠(韩韵海尺牍)。与弟尚健友笃(冯志沂尺牍)。其燕居也，四方来学者踵门(仪克中书)。寿考文章，为国人所瞻仰(孔宪彝书)。奋如掾之笔，立不朽之言(吕佺孙尺牍)。续刊诗文集九编(王宪成尺牍)，流传亦广，长安纸贵(张曜孙尺牍)。同治壬戌，授知中枢府事之职(孔宪庚《顾卢纪事》)。癸亥，以国王先系源流，仍沿前明传闻之诬，奏请刊正，特命来京办理此事。时年六旬，不复充使事之劳。国王以辩诬之事重大，遴选名望素著老臣，故破格用之，乃不辱使命以还(《顾卢纪事》)。凡奉使已十二次矣(《饯春迎客图》王宪成诗注)。勤劳王事，宠锡无数(王拯尺牍)。出宰温州，民有五袴之谣(潘曾绶尺牍)。噫，卅余载与中州人交游寝寐者(王鸿尺牍)。自公卿大夫以至山林词客，咸有投赠，颜其书屋曰海邻(《顾卢纪事》)。乃自题一联曰：怀粤水吴山燕市之人，交道纵横三万里；藏齐刀汉瓦晋砖于室，墨缘上下数千年(符葆森《国朝正雅集诗注》)。乙丑(1865)夏，疾剧。八月初五日骑鲸鸣呼(王鸿尺牍)。先生为三韩名家之最(王拯尺牍)，经明行笃性命之学，抉其精奥(汪意孙尺牍)。文如长卿，诗似青莲(王鸿尺牍)。其冥契于神明，而显征于事物；其托辞于讽谕，而归乂于忠孝。深之于学问，积之于阅历。率天理之感召，达人心之微茫。其所散布为境，且万而穷源竟委，靡不

76　李尚迪著，金奭准编：《藕船精华录》之金奭准《李藕船先生传》(仿史传集句之例)，页2a.

本乎情之真，因其情之真，可以知其文之至(许宗衡序《恩诵堂续集》)。功成身隐，乐志于泉石翰墨之间，可谓出处泰然，进退以礼者矣(张曜孙尺牍)。东国儒林传万言写不足(王鸿挽诗)。使海内之人，千载乎而谈其心迹则(王宪成尺牍)。伊川东坡笠吾以想先生(吴昆田赞先生像)。[77]

彼の生涯の事跡は、清朝士人の書簡、評価の言を用いることによって概括することができる。中朝文化交流史においてこのレベルにまで到ったのは、おそらく彼の師である金正喜だけであり、その他は誰とも比較にならない。李尚迪は道光・咸豊時期の清朝文人の心持ちにおいて、至高無上にして最も重要な朝鮮使臣であって、かくも多くの清人から一致して賞賛されたことは、古来稀に見るところである。

これと同時に、李尚迪の文集もまたしばしば清人の援助を得て北京で刊行され、彼が世を去るまでに前後四度刊行された。『恩誦堂自識』によれば、李尚迪が文集を編んだのは、朝鮮の憲宗国王に召見されたとき、憲宗がその詩を吟じて深く感動したためであり、それゆえ、1847年に北京にいるとき、彼は詩文集の編輯を開始するにあたって『恩誦堂集』と名づけた。其曰：

　　尚迪少承家学，壮资师友。粗涉文艺，略有撰著。上下三数十年，交游唱酬遍海内外。属草盈箧，而未尝有收录焉。顷者前席，承聆玉音，琅然唉诵臣旧作。继以文笔之近，于中国颇嘉之。荣感惶悚，曷有至极！噫，古所谓藏之名山，传之其人者，犹足为词林文苑之所羡慕无穷，而况特受华衮于人主也乎！窃敢不计谫劣，手辑诗文若干卷，自署其首曰《恩诵堂集》，盖纪恩也已。[78]

憲宗国王がその詩を吟誦したおかげで自己の詩文集を編輯することになったことから、この書物を『恩誦堂集』と名づけて「盖紀恩也」。編輯が終わってから、清の友人の助けによって、北京で刊行された。

筆者はハーバード燕京図書館善本書庫にて、以前四種の『恩誦堂集』、『続集』の版本を見たことがある。この四種の版本は道光二十七年(1847年)、咸豊三年(1853年)、咸豊九年(1859年)、同治元年(1862年)に刊行されたものであって、書名について言うと、第一版は『恩誦堂集』、第二版は『恩誦堂集続集』、

77　李藕船著、金奭准编：《藕船精华录》之金奭准《李藕船先生传》，页1-2ab、3a。
78　李尚迪：《恩诵堂集》之《恩诵堂集自识》(韩国民族文化推进会编刊《影印标点韩国文集丛刊》第312册，2003年)，第167页。

第三版は『恩誦堂続集』、第四版は『恩誦堂集』と名付けられている[79]。内容面では、第一版の『恩誦堂集』は詩集十巻、文集二巻。第二版は第一版を基礎として文一巻、詩一巻が増補されている。第三版はエディションの異なる詩集五巻で、年代ごとに排列されている。詩歌がすべて年代で排列されているので、これらの詩歌の作られた年代をはっきりと了解することができる。第四版は前三版の内容を基礎として、さらに詩集四巻、文集続文一巻を増補している。装丁面では、第四版本だけが朝鮮装丁で, 本の内容そのものは前の版と完全に同じである。推測するに、この本が朝鮮に伝わってから、ある人がこの本を新たに装丁して朝鮮の封面紙を加え、朝鮮式の装丁を用いた、そのためにこの本は違う装丁になったのだろう。板についてみれば、この四種類の版本は同一の刻板から作られていて、ただ刊印の時が違うだけである。この四つの版本は、同じ場所で刊行され、同一の刻板によって刊行されたものであり、第二版続集にははっきりと"咸豊三年秋七月刊藏于海隣書屋"と印字されており、この書を刊行した場所が"海隣書屋"だということが分かる。先に言及したように"海隣"は李尚迪の書屋の名であり、彼が北京で刊印した『恩誦堂集』も彼自身が北京にいた時期に、清朝の友人たちの助けのもとで刊行したものである。

　道光二十七年(1847年)の第一版の封面には"恩誦堂稿陽湖呂佺孫題"と題されていた。全書二冊のなかには楊夫渠の題した書名および李尚迪の「自識」があり、当時呂佺孫と楊夫渠が書名を書いたことが分かる。実のところ、張曜孫の姉の夫である呉廷鉁がこの書物の刊行に具体的な責任を負っていた。

　この二人の書いた書名は、咸豊三年(1853年)の版本のなかでは引き続き保存されていた。しかし、咸豊九年(1859年)の『恩誦堂続集』においては、この二人の書いた書名はなくなっており、封面は"恩誦堂続集"となって、題を書いた人物は記録されていない。1冊には"咸豊九年正月大興劉銓富署"という文字があり、前に"上元許宗衡海秋甫序"とあって、この書物の編輯刊行の経過を明らかにしている。同治元年の版本は変化したところがあり、封面には"恩誦堂集何紹基書題簽"と題され、楊夫渠の書いた書名はそのなかでもまだ保存されているが、呂佺孫の書いた書名はなくなっている。第四版は朝鮮人の改装を経ているので、もともとの刊本がどのようになっていたかは分からな

79　韓国学者鄭后洙在《北京刊〈恩诵堂续集〉出판경위：〈海邻尺素〉记事를중심으로》(《우리어문연구》，第28집)，以〈海邻尺素〉中的书信为中心，讨论了《恩诵堂续集》在北京刊行问题，指出续集的刊行主要由孔宪彝负责。

い。このように、五人の清朝学人と文集の刊行が関係していたことが分かる。すなわち、呉廷珍、呂佺孫、楊夫渠、何紹基、そして許宗衡である。この五人と李尚迪との交情は非常に篤く、彼らは多くの書簡をやりとりしていた。もう一人の大興人劉銓富とは、推測するに、刻工かあるいは書匠だろう。それ以前の朝鮮使行人員は、清朝文人と知り合って、清朝文人に序を書いてもらうことはあっても、誰も自分の文集を北京で刊行することはなかった。それも、十数年のあいだに何と四度も刊行するというのは、李尚迪が唯一の特例である。このことは、一方では彼が清の士人の心持ちのなかで占めていた特別な地位を説明するとともに、他方では道光・咸豊時期における中朝文化の交流が新しい段階に入ったことを具体的に示している。

　総じて、毎回二、三百人の朝鮮燕行使団について言えば、積極的かつ能動的に中朝文化交流に身を投げうった李尚迪は特例であって、大多数の成員は熱心ではなかった。李尚迪は使団において、通訳としては重要であったが、使行任務を担当する"三使"の成員ではなく、使行業務に携わる成員の一人であった。彼は中人の出身であったために、能力は非常に高く、中朝交流における貢献も多かったにもかかわらず、重用されることは難しく、それゆえに内心は苦悶に満ちていた。中華文化に対する敬慕ゆえに李尚迪は積極的に清朝士人の交流のなかに身を投じ、朝鮮王朝では得られない尊重と尊厳を手に入れ、清朝士人たちも彼のことをきわめて尊敬し、非常に高い名声を獲得した。清人との交流において、彼は"情"の真摯さを味わい、学問も肯定され、清朝士人も彼に賞賛を送った。彼の詩文集は清朝友人の帮助のもとで、北京で四度も刊行されたが、これは中朝文化交流史上稀に見ることであり、清代における中朝文化が一家のようになり、その交流が新しい時期に入ったことを明らかにしている。

Ⅴ. 余論

　清代中朝の文化交流史上において、朝鮮北学派の先駆である洪大容が乾隆三十年(1765年)に「融冰の旅」を開き、清代浙江の挙人である厳誠、潘庭筠、陸飛とともに両国の「情」の世界を建設した。北学派の人士である朴趾源、朴斉家、李徳懋らが陸続と北京にやってきて、清朝士人との交流の舞台を拡大し、清朝士人たちとひっきりなしに思想を交流し、学術を探求し、詩文を評点し、時政を議論した。彼らは朝鮮に戻って、「尊周」に反対し、「北学」を提

唱し、政治改革の主張を提出した。道光・咸豊の時代に入ってから、金正喜と李尚迪の師弟を代表として清人と交流したとき、詩文を唱和し、思想を交流し、学術を探求するのと同時に、彼我の思想的な承認、個人価値の体現が探求されたことも、新しい風潮となった。

　実のところ、清代中朝学術文化の交流史において、朝鮮だろうと清朝だろうと、積極的に交流に身を投じたひとびとというのは、中下級官吏を中心としていた。朝鮮においては、洪大容、朴趾源らは使団の随行人員にすぎず、使団における正式成員ではなかった。金正喜と李尚迪もまた下級官吏であった。李尚迪は十二度の使行においてずっと通訳を担当していたが、彼らは最も積極的に交流した成員となった。朝鮮側には徐浩修、洪良浩のような両班の官員もいたが、結局それは限られたものであった。清朝方面も同じであり、厳誠、潘庭筠、陸飛は当時北京で科挙を受けようとする挙人にすぎず、張曜孫も李尚迪と友人になったときは会試に参加する挙人であって、後に官職についたときも地方の中下級官吏であった。朴趾源『熱河日記』には清代の高級官吏の冷淡さと中下級官吏の熱心さがはっきりと描述されている。例えば、潘庭筠は挙人であったときには洪大容と非常に熱心に交流したが、進士になってからは朝鮮人と交流するときには強い警戒心を持つようになった。清人方面では、礼部尚書の紀昀が朝鮮館に自ら赴いて、柳得恭と朴斉家を訪問した佳話があるけれども[80]、結局はほんの一握りの事例にすぎない。李尚迪が交流した百人以上の清朝士人はその大多数が中下級官吏であって、そのなかには清の大学士である祁寯藻のような高級官僚もいたが、『海隣尺素』には彼の書簡は収められていない。その他の清の中下級官吏とはやはり区別があったことが分かる。

　洪大容、厳誠以来、筆談と詩文唱和はずっと中朝学人の交流スタイルであって、朝鮮人が清人に文集の序を頼むことも風潮となった。それまでの交流においては、つねに朝鮮人のほうが積極的に動いており、清人はある意味では受動的な応接と積極的な回応というポジションであったが、道光・咸豊時期においては、双方がいずれも積極的かつ能動的なポジションに変わった。交流はすでに二人の事柄というだけではなく、二つのグループの事柄であった。李尚迪は張曜孫と交流するとき、実際には張曜孫を中心とする彼の清人の朋友たちと交流していた。張曜孫が李尚迪と交流するとき、彼を通じてそ

80　参见祁庆富、金成南：《清代北京的朝鲜使馆》，《清史研究》2004年第3期，第113页。

の老師である金正喜らと交流していた。彼らが北京において知り合い、友人
関係を結び、雅会を催し、その模様を図画として描いて、詩文を唱和し、書
簡を往来し、たとえ長年会わなかったとしても依然としてお互いを気にかけ
るという交流スタイルは、真情と真摯さを体現するものであった。李尚迪が
清人との交流において、承認と慰藉を得て、清朝士人の助けによって北京で
詩文集『恩誦堂集』を四度刊行したのは、きわめて特別なことである。張曜孫
ら清人も逆に、李尚迪に自分たちの詩文集の序を求めた。双方の交流が双方
向的な活動となり、両者ともに積極的に活動する段階に入った。

　洪大容と厳誠の交流や、紀昀と洪良浩の交流においては、いずれも家人の
影があった。厳誠が世を去った後、洪大容と厳誠の兄、息子はみな手紙のや
りとりをした。洪良浩の息子が北京に来たときには紀昀に拝見し、彼の孫が
再びやってきたときにも、紀昀の子孫と交際した。しかし、こうした交流は
父子のあいだの継承に留まった。張曜孫と李尚迪の交流においては、家族の
影はほとんど同時に彼らの交流のなかに現れる。張曜孫は李尚迪宛の書簡の
なかで、煩を厭わず家人の情況に言及し、彼の家族のひとりひとりが、男女
老少を問わず張曜孫の書簡のなかに出てくる。李尚迪には家人の詩文集に序
を求めた。こうした情況はそれまでの中朝学人の交流のなかではほとんど見
られない。張曜孫はその家族を代表して李尚迪と交流し、李尚迪もまた彼ら
の要請を喜んで受け入れ、適切な賛辞を送ったのである。

　以上、道光・咸豊時期の中朝文化交流史は新しい段階に入り、新しい時代を
切り拓いたと言うことができるだろう。

▎翻訳：京都大学　福嶋亮大

6

東アジアにおける朝鮮通信使の交流の意味
－王仁の漢高帝後裔説を中心に－

李慧淳(梨花女大学名誉教授)

I. はじめに

　朝鮮通信使の日本使行は最初の数回を除けば、文化的な交流が中心となっていたと言われている。使行の参加者たちは自分達の役職や専門領域に関係のある人士と会い、筆談をしたり、言葉を交わし合ったりしながら、知らず知らずのうちに新しい知識や情報を取り交わしていたものと思われる。朝鮮の使臣は日本の文士たちに字、絵、漢詩の作品などを渡したり、甚だしくはこれらを渡すことを強制的に要求されたりもしたが、こうした過程の中で朝鮮の使臣と日本の文士は自然にお互いの文化を体験することができたのである。

　そのような意味で、両国が朝鮮通信使の日本使行の際に何を取り交わし、またそうした受容が当時の両国の文化において如何なる影響を及ぼしていたかについての研究は非常に重要になるだろう。とりわけ、朝鮮通信使の日本使行は17、18、19世紀という近代へ向かう非常に重要な時期に行われたものであって、この時期に形成された三国の時代精神にはそうした交流が何らかの形で影響を及ぼしたものと推測される。しかし、ここでいう「影響」や「受容」が一方的なものではないということも見逃してはならない。一般的に通信使は文学、芸術、儒学の側面で影響を与え、日本からは実用的な思想と文化の影響を受けたものと見なされている。しかし、「受け入れること」は常に「受

け入れられること」と対をなすものであって、あげたものともらったもの、そしてそれらの役割や意味を見いだすことは決して簡単なことではないと思われる。それは朝鮮側と日本側、どちらにも言えるだろう。

　しかし、一つの重要な事実は、朝鮮通信使自体は韓・日両国における交流ではあるが、それが単なる両国間の問題というより、韓・中・日の三国に関わる問題だという点である。本稿の研究対象である王仁がその一つの例であって、彼は韓国の文献には登場せず、その代わりに日本の史書にしばしば登場している。これに関する考察は朝鮮通信使の訪日による韓・日両国間の交流を参考にしなければならないが、それが両国に限らず韓・中・日の三国にわたる問題となったのは、何よりも王仁のことが日本の史書に初めて記録されて以来、7、80年が経ってから漢高帝の後裔という「漢人出身説」が後から出された日本の新たな史書に書き加えられたからである。王仁を漢人と捉える認識は文学史や歴史人物辞典のような最近の著述にまで及んでいる。漢人後裔説に関連して、王仁を『古今注』に収録されている楽府詩「陌上桑」の女主人公である秦羅敷の夫と同一人物と見る見解が提起されたのも、王仁という主題が次第に韓・中・日の三国の扱うべき対象として拡大されつつあることを示している。王仁が渡日の際に持参していた『論語』や『千字文』のような典籍に関することもやはり東アジア的な観点からアプローチしていかなければならないだろう。本稿では王仁の漢人後裔説に焦点を合わせ、その出現の背景について検討し、それによって韓・中・日の三国の交流における通信使の持つ意味を再確認したいと思う。

　王仁は韓国と日本の両国において学問(儒学)を日本に伝えた知識人として尊崇されている。荻生徂徠(1666-1728)は、「私はかつて先正(先賢)夫子について論じながら、斯文に大きな功績をあげた方々を取り上げ、『遥かな大昔、私たちの東方の国の人々は何も知らず、知覚がなかった。後に、王仁さんが現れ、民たちが初めて字が分かるようになり、黄備さんが現れてからはじめて六経が伝わり、管原さんが現れてから文史に通じるようになり、惺窩さんが現れてからはじめて人々がものを言う時に天と聖を口にするようになった。だから、この四人の君子は学宮で代々に祭られても大丈夫だ』と話した」[1]とい

1　荻生徂徠『徂徠集』巻27、与都三近「不侫嘗論説先正夫子有大功徳於斯文者而言曰:昔在邃古, 吾東方之国泯泯乎罔知覚, 有王仁氏而後民始識字, 有黄備氏而後経芸始伝, 有菅原氏而後文史可誦, 有惺窩氏而人　人言, 則称天語聖. 斯四君子者, 雖世尸祝乎学宮可也」

う内容を書き記している。17世紀末、松下見林(1637-1703)は王仁を、正学が失伝することのないように後世に功績を残した「万代の儒宗」[2]と称えており、20世紀末、猪口篤志は「王仁が日本教育史に及ぼした功績は千古に輝く」[3]と語った。

　韓国の歴史から長らく消えていたこのような人物を蘇らせたのは、日本の史書であり、日本の知識人たちであった。そして、彼の存在を朝鮮通信使の使臣に確認させたのは、日本に直接行ってその歴史と文化を体験するようにした日本使行であり、その時に使臣たちが出会った日本文士であった。このように王仁への再認識は朝鮮通信使の訪日による両国間の交流の貴重な成果に他ならないが、にもかかわらず、王仁については依然としてその歴史的な実体に対する懐疑のみが存在していて、これに関する研究もなお不十分である[4]。本研究では一応、日本の史書に記録されている通り、王仁が百済から日本へ渡り、儒学を伝えた人物だという前提の下で、彼の漢人後裔説に焦点を合わせつつ、その出現の背景とそれの東アジアにおける意味を考察しようと思う。

II. 王仁の先祖に関する日本側の記録の変化

1) 日本の史書に見られる王仁についての記事の原形とその拡張

　王仁については、日本最古の史書である『古事記』(712)とそれより少し遅れて出た『日本書紀』(720)に記録が残っており、彼が百済人だという点にも変りはない。『古事記』(中巻)には、もし賢者がいれば、百済国に要請して一緒に来

2　松下見林(1687)『異称日本伝』巻6(中之三)、刊写者未詳(1693)、国立中央図書館電子版。

3　猪口篤志(1983)『日本漢文学史』、シムキョンウォン・ハンイェウォン訳、ソミョン出版、2200、p.26。

4　キムソンフィは2011年度の研究で、1945年の独立以降の王仁に関する研究論文が10編にも達しないと指摘している(「前近代における王仁伝承の形成と収容」、『日本文化研究』Vol.39、no-、p.42)。2013年度においても、パクキュンソプの「王仁関連史料と伝承に関する検討-殖民教育と主体性教育の問題」(『韓国教育史学』Vol.34、No.2、2012)、チョンテウクの「近世の王仁伝承-王仁が伝えた漢籍に関する議論を中心に」(『日本学研究』、Vol.35、No-、2012)など数編しかない。筆者は「伝統と収容-韓国古典文学と海外の交流」(トルベゲ、2010、pp.22-32)で、『古今注』と王仁を中心に検討しながら、資料に対する東アジア的アプローチの必要　性を提起したことがある。

るようにと命じたが、その時に来た人の名前が和邇吉師で、彼によって『論語』
10冊と『千字文』1冊、合わせて11冊が日本に伝わった、とある。『日本書紀』
(巻10)には、応神天皇16年春の2月に王仁が来日したが、太子の菟道稚郎子が
彼を師匠にして諸々の典籍を習い、精通していないものは何もなかった、と
ある。

　これによって『古事記』の和邇吉師と王仁を同一人物と推定する伝来の見解
を受け入れれば、この二つの記録はいずれも阿直岐が先に良い馬をつれて日
本に渡っており、その後百済に人才を推薦して日本に送るよう要請し、その
要請によって来日した者が王仁だ、ということを表している。『古事記』には
阿直岐の学問に対する言及が述べられていないが、『日本書紀』においては彼
が経典の読解能力を持っていたため、太子が彼を師匠にしたと記されてい
る。王仁は『古事記』には「賢人」と、『日本書紀』には優れた「博士」と描かれて
いる。また、『古事記』には王仁が持って行った書籍の名前が明示されてお
り、反面、『日本書紀』には書籍の名前は記されていないが、王仁を招待する
ために送った使節の名前や王仁の日本到着の時期、彼の太子への教育に関す
る内容が記録されている。

　『古事記』と『日本書紀』より約7、80余年後に出た『続日本紀』には王仁の家系
が新たに追加されている。

　　　最弟らによれば、漢高帝の後裔として鸞と呼ばれる人がいた。鸞の子孫
　　である王狗が百済に渡来した。百済の久素王の時、聖朝が使臣を送って文人
　　を召集すると、久素王は直ちに王狗の孫である王仁を送った。これがすなわ
　　ち文、武生の先祖である(桓武天皇延暦9年7月条)[5]。

仁の家系が漢高帝に結び付けられたのは『続日本紀』のこの記事からである
が、ここでこれをはじめて語った「最弟」は王仁の子孫で、文書を担当してい
た百済系の人であった。彼が賜姓を請願しながら、王仁の家系を言及したの
は延暦10年(791)のことで、これは、王仁が来日したと見られる応神天皇16年
が西暦285年であるから、その後500余年が経った時期になる。王仁が生きて
いた時代はもとろん、8世紀前半の『古事記』と『日本書紀』にも言及されなかっ

5　最弟等言。漢高帝之後曰鸞。鸞之後王狗転至百済。百済久素王時。聖朝遣使徴召文
　人。久素王即以狗孫王仁貢焉。是文。武生等之祖也。於是最弟及真象等八人賜姓宿
　祢.(『続日本紀』巻40、桓武天皇延暦10年4月条)。

た事柄が、500余年が経ってから新たに追加されたのである。
　『続日本紀』の中で、さらに注目されるのは、「最弟」が賜姓を請願する一年前の辰孫王に関する記事である。

　　　応神天皇は荒田別を百済に使臣として送り、学識が高い人(有識者)を招いた。百済の貴須王はその要請を受け入れ、孫である辰孫王(別名智宗王)を日本に送っており、応神天皇は彼を皇太子の師匠にした。これによって初めて書籍が伝わり、儒風が大きく広められた。文教の隆盛はまさにここから始まる(桓武天皇延暦9年7月条)[6]。

　王仁のことを記るした個所ではないが、よく見てみると、王仁に関する記録とそれほど変わらない。
　『大日本史』(1657-1720、1906)では、『続日本紀』で「最弟」が話した、王仁の家系のことをそのまま書いている。『大日本社』には王仁の列伝(巻213、文学一)が加えられているが、その内容は王仁が日本語に堪能であったこと以外はすべて以前のの史書に出ているものである。王仁が日本語に精通していたという主張は、後述する『異称日本伝』にも出てくる。王仁が『難波津歌』を著わしたことを『古今和歌集』の序に基づいて記述しているが、ただ、ここには「難波津の詩が天皇に献呈された」と書かれているだけであって、王仁との関連は明記されていない。履中天皇(400-405)の時には倉庫を設け、そこに官庁の物品を保管していたが、阿直岐と百済の博士王仁にその出納を記録するようにしたという『古語拾遺』の内容が含まれている。17世紀後半以降は王仁関連の断片的な記録をすべて集めようとした痕跡が見える。
　また、『大日本史』では、王仁の次の列伝に収録されている船辰爾伝がさらに注目される。船辰爾は、本来の姓氏は王で、その先祖は百済人であった。以前の応神天皇が荒田別に命じて知識のある人を送ってくれるよう百済に要請し、それに応じて百済の貴須王は孫の辰孫王(別名智宗王)を使臣と一緒に日本へ行かせたのだが、応神天皇は彼のことが気に入り、皇太子の師匠にして儒風を大きく広めたという内容である。この話は『続日本紀』の資料をそのまま引用したものである。しかし、『大日本社』の編者はこの件の下に彼の歩み

6　応神天皇命上毛野氏遠祖荒田別。使於百済捜聘有識者。国主貴須王恭奉使旨。択採宗族。遣其孫辰孫王(一名智宗王)随使入朝。天皇嘉焉。特加寵命。以為皇太子之師矣。於是。始伝書籍。大闡儒風。文教之興。誠在於此。

が王仁のそれと酷似しているので、同一人物と思われるが、確認することができないという注釈を付けていて[7]、『続日本紀』よりはもう少し精密な考察を行っていたと言える。ただ、王仁の家系と船辰爾の家系まで記述しながらも、王仁の実体に対しては依然として疑惑を抱いていたように見える。

2) 『異称日本伝』・『和漢三才図会』の記録とその意味

王仁に対する日本側の関心が大きくなり始めたのは、17世紀以降、日本で儒学思想が発達し始めてからのことだと思われる。すでに取り上げたように、王仁を再認識した荻生徂徠は17、8世紀を生きた学者だったのであり、また王仁の墓地が新しく整備されたのも京都の儒者である並川誠所(1669-1738)によってであった。特に、この時期は自国の歴史と文化に対する関心が高まりつつあった時期である。『異称日本伝』(1687)と『和漢三才図会』(1712)はそれほど離れていない時期に刊行されていて、これらの本がそれまでの王仁に関する諸々の伝承記録を集めていたのは、単純に自国文化の源流に対する関心からであったわけではないように思える。つまり、その時期が民族主義的な意識の強まりつつあった時だったという点も考慮に入れる必要がある。

この二つの本は、18世紀後半から特に自国関連の資料収集に夢中になっていた韓国の知識人たちが類書を編纂する際に主に参照していた書籍である。その点からすれば、自国の伝統や歴史的な資料収集の具体的な作業は日本の方が韓国より半世紀以上早かったと言えよう。『異称日本伝』がいつ朝鮮に流入したのかは未詳であるが、この本が出刊されてから、辛卯(1711)、己亥(1719)、戊辰(1748)、癸未(1763)と、日本使行が続いていたので、この中のいずれかの使行の時に持ち込まれた可能性もある。とりわけ、この本が韓国の文献に登場しはじめるのが1780年代のことなので、癸未使行の時の使臣によって持ち込まれた可能性が高いが、使行の後に『日本録』を著わした成大中や『和国志』を著わした元仲挙がこの本について直接言及した記録は見当たらない。

松下見林の『異称日本伝』は、日本関連記録が載っている韓国と中国の書籍のうち、125冊を参考にして編纂したものである。王仁が改めて認識されるようになった17世紀末から18世紀にかけては日本の知識人の自国文化に対する意識が次第に強まりつつあった時期であった。朝鮮通信使に対する一部の人士たちの批判が現れ始めるのもまさにこの時期においてである。それを示し

---

7 「列伝140、文学1、船辰爾」『大日本史』巻213。

てくれるものの一つが『異称日本伝』の刊行であるが、この本には王仁に関わる記事が三カ所出てくる。注目すべきは、編者が王仁のことを取り上げる度に彼が漢高帝の子孫、または漢人の子孫であることを繰り返し強調しているという点である。このような強調は、この本に基づいて日本の資料を集めていた李徳懋や韓致奫の著書にそのまま反映されている。

　王仁に関する最初の言及は、明国時代の劉仲達が「高麗の学問は箕子から、日本の学問は徐福からはじまっており、安南の学問は漢国から始まっている」[8]と語ったことに対する松下見林の論評に現れている。彼は、日本と徐福との緊密な関係を示している中国人の記述に対して非常に批判的な眼差しを見せている。彼は王仁を「万世の儒宗」として評価しながら、劉仲達に自分の見解を言えないのが、恨めしい、とまで書いている。王仁が「漢高帝の子孫」で、方士の徐福とは次元の違う人物だとする彼の観点は彼自身、または日本人の自尊心とも無縁ではないように思える。

　二つ目の記事は、王仁が日本語に堪能であったことを誉める内容のものである。王仁は日本語で日本人たちを訓導するほど日本語が上手だったが、これは中国人が日本語が分からず、日本について記録する際に多くの誤りを犯していることと対照的だ、と記るされている。

　三つ目の記事は、『東国通鑑』に収録されている日本関連資料を提示したうえで、三韓人が近世の細やかなことばかり書いて、上古の大きな出来事を書き落してしまったと嘆きながら、三韓人は過去の良くない歴史的事実を憎んで記録せず、結局このような美しいことも見逃してしまう、と批判する内容のものである。松下見林が第7回目の壬戌使行時に朝鮮の使臣たちと唱和を繰り返したという記録が現存するので、王仁に対する三韓人の無知への彼の批判は使臣たちとの直接的な接触によるものであったと考えられる[9]。ここでいう「美しいこと」とは、二人の皇子の禅譲における王仁の役割と、『難波津歌』を著わし、大鷦鷯皇子の即位を勧めたことを指す。前者の内容は『日本書紀』に記載されており、仁徳天皇の即位と和歌の著作に王仁を関連付けている後

8　劉仲達『鴻書』巻8、刊写者・刊写年未詳、国立中央図書館電子版、p.48。
9　松下見林は洪世泰に与える詩「奉呈滄浪公館下」を残している。詩序に「かつて『日本書紀』などの本を読んだことがありますが、三韓と日本との友好関係は長らく続いてきました。今日、お目にかかれて光栄でございます。一句の詩を差し上げることができ、嬉しく存じます」とあり、この時期、すでに『異称日本伝』の基盤を整えていたことが示されている。ク・ジヒョン訳注、『和韓唱酬集』首、ポゴサ、2013、p.55。

者の場合は10世紀に編纂された『古今和歌集』(905)に基づいている。この歌を王仁の作と見る見解には異論もあるようだが、仁徳天皇の即位に王仁を結び付けていることは、王仁が菟道稚郎子皇子の師傅だったという点から見て不自然ではないと思われる。また、もし王仁が『難波津歌』の作者であれば、彼が日本語に堪能であったという記述を裏付ける証拠にもなるだろう。ともかくこれらはそれまでに知られた史書の記録に基づいて王仁に関する伝承が絶えることなく、伝わっていたことを物語っている。

これらの記事から見れば、松下見林の王仁に対する尊敬と礼賛が如何に大きなものであったかが分かる。王仁は学者でありながら、文士であったし、政治的な眼目と能力を備えた人物であった。しかし、問題は、『異称日本伝』の編者が王仁を『古今注』に収録されている「陌上桑」の女主人公秦羅敷の夫「村の千乗」である王仁と同一人物と捉えていることである。松下見林が百済の王仁を、崔豹の『古今注』に記るされている王仁に結び付ける際に根拠となったのは、恐らくは前述した『続日本紀』に出てくる漢高帝の後裔という記事であっただろうし、また「陌上桑」の王仁が「千乗」であったことも漢高帝後裔説を受け入れる根拠になったのであろう[10]。

しかし、松下見林は王仁を『古今注』の王仁と推定したため、『続日本紀』に記録されている王仁の家系をむしろ不信する矛盾を見せている。『続日本紀』には、王仁の家族が祖父の時代に住居を転々と変えるうちに百済に入り込んだとあるので、王仁の出生地が百済であったかどうかは定かではないが、彼が学問を修め、有名になったのが百済にいる時であったことには疑いの余地がない。『古今注』の著作年代と王仁の訪日の時期が同じだということも問題である。まだ確かではないが、著者の崔豹を晋恵帝(290-306)時代の人と見る場合、この時期はまさに日本の応神天皇(270-309) 時代であって、崔豹と王仁は同時代に生きていたことになる。その後、彼が百済に渡って定着し、また阿直岐の推薦を受けて日本へ行くということは時間的に無理であろう。さらに、『日本書紀』の年代が120年遡及されていることを考慮すれば、王仁の渡日時期と『古今注』の年代との間はより一層離れることとなる。

『異称日本伝』より15年遅れて出された『和漢[倭漢]三才図会』は、朝鮮王朝後期の文士たちが『異称日本伝』より広く利用していた本である。18世紀の女流学者である李憑虚閣が書いた『閨閤叢書』にも参考文献として取り上げられ

---

10 『古今注』については、拙著『伝統と収容-韓国古典文学と海外の交流』(2010、pp.22-27)を参照されたい。

ている。彼女が夫の蔵書の一冊であったこの本を参考にしたことを考えれば、当時この本が朝鮮の知識人の間で幅広く普及されていたことを推し量ることができる。『和漢三才図会』については、英祖24年(1748)の戊辰使行の時に使臣として訪日した曹命采が作成した『奉使日本時聞見録』に収録されている藤原惺窩に関する記事の中に「倭之三才図書」という形で出てくる。18世紀後半からはこの本が韓国国内の学者たちによって広く引用されるようになるが、王仁に関する記録はこの本の随所に散在している[11]。

　『和漢三才図会』は、『日本書紀』を引用した個所では王仁の漢高帝後裔説を取り入れていないが、『続日本紀』の引用文では漢高帝の末孫であることを明かしている。しかし、王仁に観相を見る能力があって、皇子の即位の際に一助となったことをもって王仁の位相を語っていることは、その間王仁に関する資料が伝わるうちに情報がさらに蓄積され、定着していたことを示してくれる。また、阿直岐が持って来た本を『易経』、『孝経』、『論語』、『山海経』と明示し、彼が儒学の日本への伝播に絶対的に貢献したことを明確に書いている。阿直岐が経典をよく読んだので、皇子が彼に経典を習ったが、王仁の指導を受けてからは経典について精通していないものがなかったという文章から、阿直岐が自分よりすぐれた人物として推薦した王仁の学問がどの位だったかが窺える。王仁は博士であり、彼から日本の儒学が始まったというのが18世紀の日本の知識人たちの確固たる認識であったと思われる。

Ⅲ. 王仁に関する朝鮮通信使の使行録資料と韓日文士の筆談

1) 使行録に見られる王仁に関する情報

　通信使行に王仁関連の情報が記録されるのは南竜翼(1628-1692)の「聞見別録」からである。それまでに圃隠のように訪日したことを詩で残した人はいるが、日本関連資料を本にして記録した人は『海東諸国記』(1471)の申叔舟(1417-1475)が初めてである。しかし、この本には王仁関連の記事は載っていない。ただ、『海東諸国記』の「日本国紀の天皇代序」の応神天皇条に、「15年甲辰に百済が書籍を送った。16年乙巳に百済の王太子が渡日した」とある。15年(284)は阿直岐が書籍を持って日本に渡った年で、16年(285)は王仁が阿直岐の

11　寺島良安編『和漢三才図会』巻7の人倫類儒士、人倫類相人、巻13の異国人物朝鮮、巻15の芸財、国学資料院。

推薦と日本天皇の要請によって訪日した年である。この記録から見て、申叔舟は王仁の名前が明示されている『日本書紀』は参考にすることができず、その代わりに辰孫王の記事が載っている『続日本紀』を読んでいた可能性が高い。『続日本紀』には最弟らが言及した王仁の世系は記録されているが、当時王仁が日本に典籍を伝えた人物だということは記るされていない。そのため彼が『日本書紀』を読んでいない場合、辰孫王の行跡と類似した行跡を持つ王仁に関する情報を持っていなかったかもしれない。

　『海東諸国記』には王仁の名前は出ていないが、応神天皇15、16年の記事は通信使のうち、初めて王仁のことを記述した南竜翼に影響を与えたようだ。南竜翼は28歳の時、第6次朝鮮通信使の乙未使行(1655)に書状官として参加している。彼は使行録に付録されている「聞見別録」の中の応神皇の項目で「甲辰年、百済がまた経典と多くの博士たちを送っており、乙巳年に王子の王仁を送った」[12]と、王仁の名前を取り上げている。王仁を「王子」と表現していることから見て『日本書紀』の王仁と 『続日本紀』の辰孫王を同じ人物と捉えていたようだ。

　王仁が再び取り上げられるのは、第9次己亥使行の製述官として参加した申維翰の聞見録『海遊録』においてである。ここには「倭国は昔、文字がなかったが、百済王が文士の王仁と阿直岐らを送ってやって、初めて文字を教え、多年にわたり講習させ、大体でも伝えた」[13]とある。非常に短い文章ではあるが、申叔舟の『海東諸国記』と南竜翼の「聞見別録」には書かれていない阿直岐を明記していること、日本に文字を伝えた人物が他でもなく王仁と阿直岐だということを明確に記るしている点に意義がある。王仁を「文士」と書いているので、「王子」と記述されている既存の通信使行録ではなく、日本の文献資料によっていることが分かる。『異称日本伝』と『和漢三才図会』がすでに世の中に出ていた時期なので、王仁に関する情報を日本の文士や書籍によって入手していたのかもしれない。後述するが、申維翰の第9次己亥使行の直前の使行である辛卯使行の時には王仁が両国の文士の間で行われた筆談の主題の一つであった。

　王仁の名前は1763年の癸未使行の時に再び登場する。この使行の時は両国の文士の間で大きな葛藤が起きたが、それでも文士の間で内実のある交流が行われ、朝鮮側の使行録も内容的に充実したものとなった。しかし、王仁に

12　申叔舟「日本国紀天皇代序」『海東諸國記』、民族文化推進会、国訳海行摠載I。

13　申維翰「附聞見雑録」『海遊録』、民族文化推進会、国訳海行摠載II。

対する認識や情報収集には進展がなく、ある意味ではむしろ退歩した印象を
受ける。癸未使行の正使の趙曮(1719~1777)は、「日本は、最初は文字を尊ん
でいなかったが、応神天皇に至って百済から経典と多くの博士が送られた」、
「百済人の王仁と阿直岐がいつ日本へ渡ったかは分からないが、日本で初めて
書籍の内容を教えた」と書いている。阿直岐と王仁を百済人と見ているが、彼
らが日本に渡った時期については未詳だといい、応神天皇の時に百済が多く
の博士を送ったという事実とは別の話として扱っている[14]。

　成大中は日本使行の日記の中で日本に関する情報を書きながら、「日本の文
学は王仁、阿直岐から始まっているが、いずれも百済人である」[15]と述べた
が、その内容の大半は申維翰の聞見録を要約したものに過ぎない。王仁につ
いても「倭国は昔、文字がなかったが、百済王が文士の王仁と阿直岐らを送
り、初めて文字を教え、多年にわたり講習させ、大体でも伝えた」[16]と、聞見
録の内容を転載した。申維翰と成大中はいずれも王仁の教えによって「大体で
も伝えた(粗有所伝)」と書いているが、これは日本側の記録に王仁の教えを受
けた皇子が「莫不通達」と表現されているのとは対照的である。「莫不通達」と
いう言葉には皇太子の聡明さを語るための誇張の意味が含まれているだろう
が、それに加わって教える師匠の学識の高さも示唆されている。申維翰や成
大中は自国出身の学者の優越さを主張しようとする民族主義的な立場より実
際の可能性に重点を置いたようだ。『海東諸国記』から南竜翼、申維翰、趙
曮、成大中の使行録に至るまでは、まだ王仁の漢高帝の後裔説は言及されて
いない。

　彼らに比べると成大中と一緒に癸未使行の時に書記として訪日した元仲挙
は『和国志』を書き記す際に『日本書紀』、『続日本記』、『異称日本伝』、『和漢三
才図会』の日本側の資料を多いに参考にしていたことが分かる[17]。阿直岐が
持って行った書籍の種類については『和漢三才図会』の内容をそのまま書き移
しており、また『続日本紀』の記録の内容を受け入れ、王仁が渡日したのは百
済の久素王時代のことであったと書いている。ただ、百済に久素王が実際に

14　趙曮『海槎日記』5、6月18日(戊戌)、民族文化推進会、国訳海行摠載。
15　成大中『日本録』、ホンハクフィ現代語訳、『富士山琵琶号を飛ぶように渡って』巻
　　2、ウンヤサン、p.164。
16　成大中『日本録』、ホンハクフィ現代語訳、『富士山の琵琶号を飛ぶように渡って』巻
　　2、p.243。
17　元仲挙『和国志』、パクジェグム現代語訳、『臥薪嘗胆の気持で日本を記録するる』、
　　ソミョン出版、2006、p.168。

存在していたかについて確認しなかったという点では、李徳懋ほどの精密さは備えていなかったと言える[18]。何よりも元仲挙の『和国志』は通信使行録の中で、はじめて王仁の漢高帝の後裔説を受け入れている。これは「久素王の時代」という『続日本紀』の記録を受け入れたのと同じ脈略である。

しかし、第12次通信使行以降、即ち19世紀末以降に渡日した使臣の記録物である李鑣永(1837～1910)の『日槎集略』(1881)や金綺秀(1832-?)の『日東記游』(1877)などには王仁の漢高帝後裔説が出てこない。

2) 韓日文士の筆談に現れている王仁への認識

使行録における、このような王仁関連の資料は恐らく、彼らが身近なところで接した日本書籍によっている可能性が高いが、両国の文士の間の接触によって持たされたものもある。1711年の辛卯使行の時、正数[19]と東郭・李礥の間で行われた筆談がその例である。日本の文士の場合、概して博識な人であればあるほど、朝鮮と日本の歴史的関係に対する誤った知識を持っているが、それは自国の歴史書にある記録を信用しすぎているがゆえに起こる現象である。何よりも彼らが取り上げる問題は三韓の朝貢説であるが、しかし韓国側の文士たちはこれに対して異意を申し立てることができなかっただけではなく、王仁など、日本に文化を伝授した元祖である韓国側の人物についてはっきりと説明することもできなかった。

筆談中、日本人文士の正数は応神天皇の治世中に百済の王仁が日本に来て儒道を闡明して、皇子の菟道稚郎子が彼を師匠にして学問を修めたこと、その後、菟道と兄の大鷦鷯が皇位を譲り合い、まるで伯夷・叔斉のような行動をしていたこと、皇子が死んでしまい、大鷦鷯が悲しんでいる時に王仁が和歌を捧げながら即位を勧めたが、仁徳天皇がまさにその方だということなどを語りながら、朝鮮の史録にもやはり王仁に関する記録があるかと尋ねた。正数の、王仁に対する知識は史書や伝承記録によって習得することも可能で

18　李徳懋は、「考えるに、百済には久素王が存在しないので、これは久慕辛王が間違って伝わったものであろう。しかし、久慕辛王は中国の劉宋時代の人であり、応神天皇は東漢の末葉の人である。仮に、応神天皇の時代が正しいと見るならば、百済の仇首王と古爾王の二人の王の年間にあたる。「古」と「久」はその音と意味が似ているし、また、東史によれば、古爾を古尒とも書いていたという。さらに「尒」と「素」が互いに似ているように見え、久素と誤って伝わったのではないかと思われる」と述べている。

19　遠州 濱松 尾見氏 濱松武臣。

あっただろうが、彼の話の内容から見て、おそらく筆談が行われる15年前に発刊された松下見林の『異称日本伝』の内容を根拠していた可能性が高い。この正数の質問に対して東郭は、朝鮮側の『東瀛伝』に百済の王仁が訪日する際に『千字文』や『論語』などを持って行って日本の文士たちを教えており、日本が文字を持つようになったのもその時からだ、と記るされているが、しかし百済が滅亡してから千数百年が経っており、史籍も伝わらないので、考究できないと答えるだけであった[20]。

　正数と筆談した李礥(1654-?　)は、日本の文士だちの間で通信使の中でも文学のすぐれた者として尊ばれていた人物である[21]。にもかかわらず、韓国文学史においては名の知られていない人物であるが、後に彼を再認識するようになったことは使行による日本文士たちとの出会いが齎した成果であったと言える。彼は当時58歳という高齢で、辛卯使行(1711)に製述官として参加していた。正数の質問にに対する李礥の返答を見てみると、彼は王仁についてある程度の知識を持っていたように見える。李礥は何よりも王仁が持っていった典籍について語っており、王仁が日本の知識人を教えていたこと、日本に文字を伝えたのが王仁であることを知っていた。ここで東郭の言った「東瀛伝」が『三国史記』や『東国通鑑』のような韓国側の史書を意味するのか、あるいは中国史書の「東夷伝」類を指すのかは明確ではないが、とりあえずこのような韓中の史書には王仁に関する記録は見当たらない[22]。ただ、彼が南竜翼の「聞見別録」を読んだ可能性が高いので、その意味で彼の言う「東瀛伝」は韓国側に伝わるものを意味している可能性が高い。両国の文士における王仁関連の筆談は正数と東郭・李礥の間のもの以外にもあるだろうが、まだ見つかっていない。

　ここまでの論議をまとめてみると、朝鮮通信使の参加者たちが王仁に注目するようになったことには、彼らの使行が大きな役割を果たしていたと言える。王仁を漢国出身と捉える説は、元仲挙や彼と親しかった李徳懋、そして

20　『鶏林唱和集』巻12。これについれは、拙著の『朝鮮通信使の文学』(梨花女子大学出版部、1996)を参照されたい。

21　産根清は『長門癸甲問槎』(1763)の中で、過去の通信使たちの文章を論じながら、辛卯使行の時に李礥が「超乗」したと書き記しており、また癸未使行の時の南玉と成大中を「巨擘」と評価している。「超乗」という言葉は、春秋時代、秦の兵士が周の首都の北門を通る時、戦車の左右に乗っていた兵士たちが兜を脱ぎ、三百台もある走る車から降りて天子に敬意を表し、再び車に飛び乗ったという故事による(『春秋左氏伝』、僖公33年)。李礥に文章力があり、また文章を書くのが手早いことを表したものと思われる。

22　拙著『朝鮮通信使の文学』、p.300。

彼らと同時代の人であった韓致奫から出ている。その点から、これは18世紀後半から19世紀前半にかける文献を根拠とする実事求是の学問的姿勢に基づいたものだと言える。反面、19世紀後半、特に日本との間で尖鋭な葛藤が生じていた時期に訪日した使臣たちからは王仁の漢高帝後裔説が全く言及されていない。それは、この説を知らなかったため、あるいは偶然にそうなったというより、民族的な自尊心からであったのではないかと思われる。

IV. 漢高帝後裔説への批判と東アジアの受容の様相

1) 漢高帝後裔説への批判

　前述した通り、王仁の漢高帝後裔説は『続日本記』(797)に載っており、彼の家系の情報を提供したのは百済係の最弟であった。『古事記』と『日本書紀』の記録によれば、彼は3世紀から4世紀にかける時代を生きていた人物で、それを記録したこの二つの本は8世紀前半に完成したものである。だとすれば、王仁に関する伝承は約400年にわたって伝わっていたことになり、この二つの本にはそれまでの王仁に関する伝来の内容がほとんど含まれていると考えられる。

　『続日本紀』は8世紀末に出ているので、王仁の名前が明示されている『日本書紀』から約70余年の間に百済の博士または王子から漢高帝の後裔にとその身分が変えられたことになる。だとすれば、その間に新しい資料が出てきたのだろうか。それとも8世紀に彼の子孫たちが自分たちを漢高帝の後裔に仕立てた方が有利だ判断し、捏造したのだろうか。この場合、なぜ漢高祖でなければならなかったのか。前述した通り、『続日本紀』の延暦9年7月条の記事には応神天皇の招聘に応じて百済から来た人は貴須王の孫の辰孫王(別名智宗王)であり、彼によって初めて日本に書籍が伝わり、儒風が大きく広められ、文教の隆盛をもたらした、とある。『大日本史』でも辰孫王の行跡が王仁のそれと類似していることから同一人物の可能性を提起している。しかし、最弟は王仁を百済王や王族の家門に結び付けず、血統の全く異なる他国の皇帝の子孫だと述べている。何故なのだろうか。

　ここから言えるのは、応神天皇の時から少なくとも『続日本紀』の著述の時点まで、王仁はあまり注目の対象ではなかったということである。それは、『日本書紀』とは異なり、『続日本紀』では辰孫王を儒風を起こした人物と見ており、最弟の以前の王辰爾系が王仁ではなく辰孫王を選択したことを考えれば

分かることである。金恩淑は王仁の漢高帝後裔説の形成の背景を次のように説明している。8世紀初頭に作られた『古事記』、『日本書紀』で先祖の到来伝承を残した帰化氏族は倭漢氏、西文氏、秦氏の三つの氏族である。特に王仁の後裔氏族である西門氏と同族であることを主張する氏族は少なく、8世紀には彼らの氏族の勢力が弱まっていたと推測される。西門氏とは河内地方の　文筆関係氏族を総称するもので、古い渡来人である書首(または文首)と、比較的新しい到来人である王辰爾係の船史、津史、白猪史などがいるが、彼らは河内地方を中心に居住しながら、同族系譜を形成しつつ、王仁の渡来伝承を共有していたものと考えられる。しかし、8世紀末頃、王辰爾係出身である津連真道が登場し、彼が菅野朝臣に改姓すると、他の王辰爾係の人々は連津、船、葛井氏が元々同じ氏族であると主張し、王仁を先祖とする伝承を捨て、百済王子の辰孫王の到来伝承を作り上げて宿禰という姓を賜った。金恩淑は最弟らが王辰爾係から除外されたため、王辰爾係とは異なる系譜を作って賜姓を請願するしかなかったと判断している[23]。

　王辰爾は『大日本史』の王仁列伝の後に出てくる船辰爾列伝の主人公と同一人物で、彼は氏姓が王である。王辰爾系の賜姓は桓武天皇延暦10年1月のことであるが、ちょうどそれから3ヶ月後の延暦10年4月に最弟の賜姓請願が行われる。ここからみると、辰孫王と王仁は同一人物であるかも知れないし、あるいは伝承の過程で諸々の事実が混在しただけで、本当は別個の人物であったかもしれないが、彼らが子孫の系譜によって次第に分化されていくにつれて、王仁の漢高帝後裔説も自然と定着していったという判断である。当時の史書には百済到来人たちが自分たちを百済王や漢皇帝の姻戚だと紹介する記事がしばしば登場しているが、おそらく最弟は同じ西文氏であった王辰爾係が百済王の子孫であることを主張したので、自分たちは彼らよりさらに優越した存在か、あるいは少なくとも彼らと対等な出身が必要であっただろうし、そうして選択された人物が漢高祖だっただろう、という推測である。それにしても、漢高祖の劉邦の子孫だと言いながら王氏であったことは、まだ解決すべき問題として残っている。漢の歴代皇帝の王妃の中に王氏が存在する(漢元帝)が、外戚を漢高祖の末孫と捉えうるかも疑問である。最弟は王仁家の定着が父の王狗の時のことであると語ったが、この話をそのまま受け入れるならば、祖父の王鸞はその時にまだ中国にいたと見ることができる。王鸞という名前は史書に載ってはいるが、時代が合わないので、王鸞と王狗いず

23　金恩淑「西文氏の『帰化』伝承」『歴史学報』118集、1988.6、pp. 79-80。

れも虚構の人物である可能性が高い。

　だとすれば、何故、漢高祖でなければならなかったのだろうか。金恩淑は、彼らがある特定の皇帝を先祖の出自として決めたことには中国史書の東夷伝、及び中国人の韓半島進出記事が影響していたと見ている。即ち、彼らの帰化氏族は『古事記』と『日本書紀』において百済から渡ってきたことになっているが、百済王の系譜には結び付けず、中国係であることを主張しながら百済から渡来したという記録に矛盾しないようにするため中国人の朝鮮半島進出記事を利用する必要があったという主張である。彼らが皇帝の後裔であることを自称することには、百済や高句麗の王族に対する賜姓政策が影響していたと見ているのである[24]。王仁の漢高帝後裔説は是正されなければならないだろう。

2) 漢高帝後裔説に対する東アジア三国の観点とその意味

　日本の史料がなかったら、王仁は百済の重要人物でありながらも歴史の闇に葬られたかもしれない。通信使行によって蘇ったこのような歴史的人物や典籍などへの喚起は特に韓国の歴史のなかで重要な意義を持つ。『三国史記』や『東国通鑑』になぜ、王仁に関する記録がないのか、またこのような歴史の記録漏れに対する真摯な反省があったかどうかは分からないが、その意味からも通信使行の意義はさらに大きいものと思われる。しかし、このような資料は一つの出発点であって、それが歴史の〈事実〉になるわけはない。過去の三国の歴史記録には自国中心的な歴史認識が反映されているものが多い。三国の歴史を包括的に探り、その記録に対する信憑性を検討する必要があるのは、そのためである。特に王仁の場合、日本の儒学史の中で占める位相という側面からすれば、彼の漢国出身という説は三国が一緒に考察して行かなければならない重要な研究対象である。千数百年の歴史の中で失われていた誇らしい先祖の思わぬ登場に対して朝鮮の知識人たちが示した関心がそれほど高いものではなかったことは驚きべきことであった。

　朝鮮王朝の後期、韓・中・日の三国はいずれも他国の文献から自国関連資料を集めることに熱心であった。その背景には様々な思惑があっただろうが、これを可能にしたのは、何よりも使行を介した三国間の疏通であったと言える。類書の編者はそのほとんどが燕行や通信使行の一員であった。正祖2年(1778)に明の燕行に参加し、癸未使行で通信使として訪日した元仲挙の姻戚

24　金恩淑「西文氏の『帰化』伝承」『歴史学報』118集、1988.6、pp.80-81。

であった李徳懋(1741~1793)はそれまでの議論をまとめて漢高帝後裔説、王鸞から王狗、王仁へつながる世系を記述している。正祖3年(1779)に燕行に参加した韓致奫も同じく王仁が漢高帝の末孫として王鸞と王狗につながっているという王仁の世系を記るしている[25]。さらに、彼は『和漢三才図会』の相人条の、王仁に人の観相を見る能力があったという話や、応神天皇15年に百済の久素王が阿直岐を派遣したという日本史書における久素王とは仇首王の誤りだという点を付け加えた[26]。

　しかし、李徳懋と韓致奫は『異称日本伝』における、三韓人は百済にこのような人物が存在していたことを知らないという日本側の批判に対して異を唱えておらず、韓国出身の人物が日本の儒宗になったという事実が朝鮮にとっては誇らしいことであることを強調していなかった。ただ、韓致奫は、日本の典籍に登場する百済人はほかにもいるが、これといった事柄がなく、また交聘志にすべて載っているので、ここでは省略するが、王仁は日本で学問を創始して日本の儒宗になったので、特別に書き記しておくことにした、と彼の重要性を示す文章を残している。また、彼らより少し後から出た李徳懋の孫の李圭景は、王仁によって日本に初めて儒教が伝わったことは指摘したが[27]、漢人説、即ち漢高帝後裔説は記述しなかった。19世紀後半に至ると漢高帝後裔説は現れなくなる。ただ、金正喜は王仁に関する資料提供から一歩進み、珍しいことに日本に保存されている経書の書体に注目し、それが王仁によって持たされた本に基づいていると推定していた[28]。

　日本では概して『異称日本伝』以降、王仁の漢人後裔説が定まっているようだ。最初の朝鮮の歴史研究書として知られている林泰輔の『朝鮮史』(1892)には王仁に関する記述はあるが、彼の漢高帝後裔説は全く言及されていない。しかし、歴史人物辞典類には常に王仁が漢人の後裔として紹介されている。日本の植民地時代、朝鮮総督府の中枢院より刊行された『朝鮮人名辞書』(1937)では、王仁を当時の百済王の孫である辰孫王と一緒に渡日した文士と捉え、この二人を別人として記述した『続日本紀』や同一人物であるかも知れないと推定した『大日本史』とは異なる観点を示している。しかし、この辞書には、王仁が百済人ではあるが朝鮮の歴史には彼の名前が現れないこと、彼が漢高

25　李徳懋「清脾録二」『青荘館全書』第33巻、「蜻蛉國志1人物」『青荘館全書』第64巻。

26　韓致奫「人物考1」『海東繹史』第67巻。

27　李圭景「五洲衍文長箋散稿」経史編1-経典類1。

28　金正喜「雑識」『阮堂集』巻8。

祖の子孫として鷲、狗へとつながっているということ、『古事記』や『日本書紀』、『続日本紀』の彼に関する内容、需風を大きく闡明して日本に文教を広めた彼の位相と功績、彼が伝えた『論語』や『千字文』のこと、仁徳天皇の即位を祝うために和歌を著作したことなど、史書に出てくる王仁関連資料とそのほかの伝承資料がすべてまとめられ記録されている。『朝鮮人名辞書』は東京帝国大学史学科出身でありながら、東洋史学者として総督府に在職していた小田省吾とそのほかの日本の史学者らが編纂したものなので、おそらく当時までの日本史学係における王仁への観点を代弁したものと捉えても差し支えがないだろう。

『日本史事典』(1989)では、王仁を古代百済から到来した人物であると紹介しながらも、「伝承によれば漢高祖の子孫だと言う。4世紀末応神天皇の時に日本へ来た。『論語』、『千字文』を持って来たと言う。古代を通して学問の先祖と呼ばれる」[29]と記録している。辞書で『続日本紀』の記録より「伝承」の方を大いに根拠としている点は問題になるはずだが、それにもかかわらずあえて伝承を持ち出していることから、王仁が純粋な百済人でないことを示そうとした意図が窺われる。猪口篤志は、『大日本史』において王仁と辰孫王が同一人物であるかも知れないと捉えられていること[30]に対して、王仁が漢高祖の後裔だという点を根拠として百済王の種族である辰孫王とは別人であると主張している[31]。王仁が百済に帰化した中国人であるという主張は、このように現代に至るまで反映されているのである。

王仁の漢人後裔説は彼が日本に伝えた中国書籍の読音についての議論にも影響を及ぼしている。王仁は日本人に書籍の内容を教える時、中国語と日本語の両方を上手に使っていたと言う。藤益根は「孝経凡例」で、凡そ王仁が経史を読む時には必ず魏・晋の音で読み、太子に伝授していたはずであって、俗語を使ったり、韓語で返事したりすることはなかったはずだと述べている[32]。王仁は百済の学者ではあったが、韓国語や日本語でない中国語の発音で教えていたというのである。このような推定は、漢高帝の後裔として王仁の先祖が晋国に住んでいたはずだという推測を根拠とするか、あるいは松下見林の指摘の通り、王仁を崔豹の『古今注』に結び付ける見解から起因してい

29 『日本史事典』(初刷り制5刷)、平凡社、1989、p.444。
30 「列伝140、文学、船辰爾」『大日本史』巻213。
31 猪口篤志(1983)『日本漢文学史』、シムキョンホ・ハンイェウオン共訳、ソミョン出版、2000、p.25。
32 韓致奫「人物考1、王仁」『海東繹史』第67巻。

るように思える。松下見林は、明国の茅元儀の書いた『武備志』における日本語の翻訳の部分はそのほとんどが間違っているが、それは中国人が日本語が下手だったからであり、それに比べると王仁は百済から日本へ来たのに和語が堪能で国の人々を教えたのだから、まことに後世の人が及ばないと高く評価した(巻9中之六)。猪口篤志もやはり王仁の中国音の直読説を受け入れている[33]。王仁が経典を中国語の発音で教えたというのである。

　このように王仁に焦点を合わせると、『古今注』は韓国・中国・日本の三国における議論の中心に置かれることとなり、資料確認のための東アジア三国の統合的な接近が求められる。現在、崔豹の『古今注』は馬縞の『中華古今注』が付録として付けられ、伝わっている。松下見林が参考にした「古今注」もはやり馬縞の『中華古今注』である。五代の人である馬縞は、崔豹の本が魏の文帝時代の黄初(220-226)に至ってすでに見つからなくなったので、註を付け加え、意味を解釈して『中華古今注』三冊を編纂するようになったと言う。しかし、四庫全書の編者たちは両者の間にあまり差がないので、註の追加や意味の解釈は行われておらず、後代の叢書は崔豹の本のみを引用するか(太平御覧)、馬縞の本のみを引用している(文献通考)と指摘した[34]。

　劉孝標は『世説新語』の註の中で、崔豹の生涯について述べながら、崔豹の字が正能で、晉の恵帝時代に太傅を勤めたと記るしている。馬縞は崔豹の字は正熊であるが、「正熊」と「正能」の文字が似ているので、劉孝標が間違って書いたものと見ている。馬縞は『中華古今注』の序で黄初にすでにこの本が見つからなくなったと言ったので、彼は崔豹を魏の人と見ていたのであろう。崔豹の本が長い間亡失し、馬縞の本は遅れて出たので、後世の人たちが魏以前の事柄については偽りで崔豹の『古今注』に結び付けていた可能性がある[35]。現在、書目の中には魏の崔豹と表記されているものもあるが、一般的には秦の人と見なされている。『永楽大典』に収録されている蘇鶚の『蘇氏演義』がこの二つの本と半分以上が類似しているが、蘇鶚は唐の僖宗時代の光啓(885-887)の進士であり、馬縞は後梁から後唐にかけて登科、官吏になった人なので、四庫全書の提要ではこれが、崔豹の本と馬縞の本がいずれも原本でないことの証拠になると見ている[36]。蘇鶚が馬縞より少し前の時代の人なの

33　猪口篤志(1983)『日本漢文学史』、シムキョンホ・ハンイェウオン共訳、ソミョン出版、2000。
34　拙稿「伝統と収容」。
35　「『蘇氏演義』解題」『四庫全書』。
36　『欽定四庫全書』(電子版) 子部十「古今注」「中華古今注」提要。

で、馬縞の『中華古今注』はその信頼を失うこととなるが、しかし、『蘇氏演義』
と『古今注』の関係の問題は依然として残る。

　王仁はこのように韓・中・日の三国に関わる研究対象である。中国での王仁
に関する記述は19世紀末以降の日本関連の著書が出てから現れ始める。しか
し、黄遵憲の『日本国志』(1887)、楊守敬の『日本訪書志』(1900)、謝六逸の『日
本文学史』(1929) などでは、いずれも王仁によって漢字と経典が日本に伝わっ
たことを記録しているが、王仁を漢人として捉えてはいない。王仁の漢高帝
後裔説を重視していなかったためか、あるいは根拠もなく不合理的だと判断
されたためであったかは定かではない。

Ⅴ. おわりに

　本稿は、日本において儒宗と称される王仁が漢高祖の後裔だという主張を
改めて考察しながら、使行を介して行われていた韓・中・日の古典文化や学術
の交流を東アジア的観点からアプローチする必要があることを提起したもの
である。

　百済から日本へ渡った王仁を漢人の出身と見る見解は結局、この問題が韓・
中・日の三国に関わるものであることを物語っている。今まで検討してきた通
り、王仁の漢人説は信憑性に欠けるものであるが、そうであっても王仁が日
本に伝えた本や学問は当時の百済の儒学的な基盤や背景から出たものであ
り、同時にそれらがその源流から見て中国と無関係ではないことも確かであ
る。しかしながら、百済から日本に伝わったものは、百済化した学問と文化
であるだろうし、同様に日本が百済から受け入れて発展させたものは日本化
した学問と文化だと言える。したがって、王仁の漢高帝後裔説を根拠としつ
つ、中国音の直読説を言及しながら中国文化の日本への直接的伝授を暗示し
ようとする姿勢は問題があると思われる。

　王仁が菟道稚郎子兄弟の人生と天皇の即位に及ぼした影響を探ってみる
と、彼の需学は単に理念的かつ観念的であったというより、実生活と密接に
繋がるものであったと言える。『日本書紀』では菟道稚郎子兄弟の禅譲を美し
いものとして伯夷・叔斉の行実に喩えて描写している。年代記から見ると、応
神天皇の死後から仁徳天皇の即位までは約4年間の空白があるが、それは実は
菟道稚郎子と大鷦鷯皇子の王位争奪戦のために生じたものであり、『日本書紀』
はこれを美化したという主張がある。この主張が事実だとしても、なぜこの

美化に王仁を結び付けていたのかにさらに注目する必要がある。おそらく王位継承には謙譲と節義という需学精神が求められており、その精神の具現者として最も相応しい人物が王仁であると判断されたからではなかろうか。

　一つの疑問として残るのは、阿直岐についてである。『古事記』と『日本書紀』において王仁は共通的に阿直岐と関連づけられ叙述されている。阿直岐は馬を連れてきた人物となっているが、後の『和漢三才図会』では『易経』、『孝経』、『論語』、『山海経』などを伝えており[37]、彼が太子を教えた、とあるので、おそらく学者であっただろう。それは、自分よりすばらしい博士があるかと質問された時に王仁を推薦したという『日本書紀』の記録からも分かることで、これらによれば彼もやはり博士であった可能性が高い。王仁を推薦して呼び寄せた人が阿直岐だったという点で、この二人は競争関係にあったというより自分の専門領域を開拓してそれぞれ家の伝統を作り上げた人物たちだと思われる。

　王仁と阿直岐が履中天皇の時、共に倉庫の出納を記録したという『古語拾遺』の伝承から見れば、この二人の緊密な関係は長く持続していたものと見られる。明確には分からないが、仁徳天皇は在位期間が87年に及んでいる。履中天皇は仁徳天皇の後を継ぎ皇位に就いているが、この時期に同一の公務を担当していたということは、二人の位相があまり変わらなかったことを示してくれる。にもかかわらず、王仁とは異なって阿直岐は後代に名を馳せることができなかった。なぜだろうか。日本古代に活躍した百済の帰化知識人の問題については依然として議論の余地が多く、阿直岐もやはりその中の一人である。賜姓を請願しながら王仁を讃えようとした彼の子孫たちに比べると、阿直岐の子孫たちは彼のために積極的な活動をしていなかったことだけは確かであろう。

37　原文には百済王が使臣に易經、孝經、論語、山海經を伝えさせたが、その時の使臣が阿直岐であったと記るされているので、これらの本を持ってきた使臣、あるいは使臣の中の一人が阿直岐であったと思われる。

7

1711年の辛卯通信使行と加賀藩の文化交流
－加賀藩文士・伊藤薪野を中心に－

河宇鳳(全北大学 教授)

Ⅰ. はじめに

　近世では、朝鮮・中国・日本とも海禁体制の下で、政府の公式的な使節団の往来を除いた民間の間での交流は徹底的に禁止されていた。この状況の下、朝鮮の通信使と燕行使は東アジアを貫通する情報通路であり、　文化交流のパイプ(導管)であったと言っても過言ではない。清と日本が外交的に断絶した状態で、朝鮮の通信使を通じて得られる情報と交流の内容は、燕行使を経由し伝わってきたものである。なお、その反対の場合も同様であろう。といこうとで、通信使と燕行使を媒介とした交流を通して、三国間の学術と文化的情報がいかに受容され相互的に交差していたを明らかにすることは、大変重要な研究課題として考えられる。これと関連した、通信使行と日本の加賀藩との文化交流に関する興味深い事実を探ってみたいと思う。

　壬辰戦争以降、朝鮮の通信使が日本に派遣されるようになったのは、両国における国内政治による動機と国際政治の状況の産物であった。しかし、17世紀の中頃以降になると、中国では清が政治的安定を取り戻すにつれ、朝日間にも平和が定着されると、通信使行が有する本来の政治的意味は次第に弱まっていった。その代わりに文化交流という付随的な機能が浮上してきた。そういう意味で通信使行には、製述官・書記・良医・画員・写字官・楽隊な

ど、文化交流を担う人員が多数編製された。これは他の使行では類をみない通信使行ならではの特徴であろう。約500人近くの大規模人数として編成された通信使行が、10か月にわたり日本各地を通りながら、それぞれの地域において実に様々な形での文化交流が展開されるようになった。また、通信使行を通し、書籍をはじめとした諸文物がお互いに行き来していた。約200年間にわたったこれらの交流は、両国の社会と文化の発展に多大な影響を与えたと思われる。これは東アジア史的観点からみても、大変重要な意味を有する現象だと言えよう。

　朝鮮後期の通信使が日本の本州を移動する際、幕府と沿路沿いの各藩を中心とした交流が行われた。そこで17世紀後半になり、文化交流がより盛んになると、沿路沿いに位置しない藩でも文士と儒官を派遣させ、交流するよう奨励していた。当時としては儒学と漢文学、医学などで朝鮮の優位が認められていたため、各藩では通信使行員との交流を通して積極的に学ぼうという姿勢が見られた。

　加賀藩でも1711年の辛卯通信使行の際、文士を派遣し通信使一行と交流させた。当時の筆談唱和の内容を収録した唱和集が伊藤薪野の『正徳和韓唱酬録』である。この本は加賀藩の文士が単独で著述した筆談唱和集であり、加賀藩と朝鮮の文化交流史を理解する上で大変重要な資料である。また、加賀藩文士と通信使行員との学術的交流の主題の中には、‘実学’とも関連する要素があり、注目に値する。

Ⅱ. 加賀藩の文士と通信使行員との交流

　通信使一行が入国すると、各藩の儒学者や文化人が群がり、会話を交わすことを希望していた。通信使行一行が通過する地域のみならず、通らない地域の藩からも儒官と文士を派遣し、文化を吸収するよう奨励されていた。1711年の通信使行の際、大坂と京都の客館には北陸・中國・四國・九州など、日本中から数多くの文士と儒学者が交流のため集まっていた。この中には加賀藩から人物もいた。それが儒学者の稲生若水や青地淡新、そして伊藤薪野をはじめとした坂井順元や河島南樓などである。

　一方、加賀藩の文士は他の地方の人に比べると、通信使一行に直接会うことができるという幸運に恵まれていた。ここには特別な理由がある。当時、以酊庵輪番僧として通信使を護行した祖縁上人[1]がいたからである。彼は、元

来金沢出身で、加賀藩の第五代藩主前田綱紀のもとで活動していた。また、対馬藩の記室として通信使を護行しながら、応接を斡旋していた雨森芳洲と松浦霞沼は、加賀藩の儒学者として幕府に引き抜かれた木下順庵の薫陶を受けていた。藩主の内諾の下に大坂や京都に向かっていた加賀藩の文士は祖縁上人や対馬藩の雨森と松浦の斡旋で通信使一行に接見することができたのである。

　次に加賀藩の名士と通信使行員との交流内容について見てみよう。

　1711年の辛卯通信使一行は、1711年7月5日、釜山を出港した後、海路を経て9月14日には大坂に到着し、本願寺で27日まで泊まっていた。

　祖縁上人は9月15日、本願寺に向かい、三使をはじめ四文士との詩文唱和を行った。その後、祖縁は伊藤薪野などと共に通信使について京都へ同行した。

　通信使一行は28日、京都に着くと本國寺に泊まったのですが、ここで待っていた稲生若水と青地浚新は10月1日、四文士と面接することができた。若水は製述官・李礥に挨拶を交わしながら、編纂中であった『庶物類纂』に関わる質問があるとの意思を伝えた。若水は李礥と書記・洪舜衍には魚に関する質問を行い、良医・奇斗文には『東醫寶鑑』を引用しつつ、薬草に関する話などを交わした。[2]

　ここで稲生若水(1654-1715)について簡単に紹介したいと思う。稲生は江戸で生まれ、儒学と医学を研鑽した。20歳になり大坂に出ては、古林見宜に医学を、京都では伊藤仁斎に儒学を学んでいる。23歳になると『皇明經世文編』を編纂しながら、本草学に志を立てた。その後、木下順庵と貝原益軒を通し、学術を尊重し、格物窮理に深い関心を寄せていた加賀藩主前田綱紀に自分の抱負を伝えたところ、藩主がその志を快く受け入れ、金沢の地へ招待し、悲願事業としていた『庶物類纂』の編纂を任せた。稲生は国内外の典籍12万冊を集め、編纂に関わってから20年の歳月を経て、ようやく『庶物類纂』全362冊を書き終えることができた。加賀藩主がこの本を幕府に献上すると、第8代将軍吉宗は若水の弟子らに増修するように命じ、1735年に完成した。増補

1　加賀藩の佐々木家出身。金沢生まれ。字は別宗、号は頤神である。早くから出家し相國寺に入り、住職となり紫衣をもらった。1711年通信使行の時は相國寺の長老として慈照院にいたのだが、元々詩に長けており、中世叢林の中、高徳と詩才で名高い人物であった。また、彼の兄である定賢と定保は二人とも加賀藩主前田綱紀の近侍として仕えていたため、祖縁はしばしば藩主に接見し、寵愛を受けていた。

2　彼らが交わしていた筆談の内容は『鶏林唱和集』第5巻に詳細に記されている。

した『庶物類纂』は全1、054冊に及ぶ膨大な著作物であり、当時最高の百科事典として評価されていた。これをもって、若水は日本本草学の宗匠として認められるようになった。ところで、若水は『庶物類纂』を編纂する最中であった1711年、朝鮮からの通信使行に出会い、本草学のことについて筆談を交わした。また、製述官・李礥には序文をお願いし受け取ったこともあり、この序文は後日の『庶物類纂』に、そのまま掲載された。

　通信使一行は京都で四日間滞在した後、江戸に向け出発した。祖縁は接伴僧として同行したのですが、伊藤薪野も一緒に随行した。通信使一行が再び京都に戻ってきたのは12月4日である。若水と浚新は翌日5日、賓館を訪ねた。若水は『庶物類纂』の編纂に関連し、再び筆談を交わし、李礥に序文を乞うた。[3] 浚新は李礥に送る質疑書を予め用意し、それに基づき話し合った。また、師匠の室鳩巣の著書『大學新疏』も寄贈した。加賀藩の名医であった坂井順元も12月7日に客館を訪ね、良医・奇斗文と筆談を交わした。

Ⅲ. 伊藤薪野と『正徳和韓唱酬録』

　伊藤薪野は金沢にいた頃、祖縁上人が接伴僧として通信使を護行するとの話を聞くと、良い機会だと思い、先んじて京都へ向かった。伊藤は9月初旬、祖縁と共に大坂に行き、14日に通信使一行が淀河口に到着すると、お迎えにあがっただけではなく、その後祖縁について通信使と共に江戸まで往復するという悲願を達成した。三か月程度通信使一行と一緒に同行した彼の行動は当時としては非常に異例のことであり、彼がいかに通信使行員との交流に熱心だったのかを露呈することでもあった。その後、薪野は12月中旬、大坂で通信使一行を送迎した。その通信使行員との交流の始終を記録したのが『正徳和韓唱酬録』である。[4]

1) 伊藤薪野(1681-1736)の生涯と学問

　本名は祐之、字は順卿、薪野は号である。伊藤は京都で生まれ、儒学者の伊藤萬年が彼の養父である。『燕臺風雅』の著者である富田景周は"凡そ加賀藩

3　松田甲(1931)、「正徳朝鮮信使と加賀の学者」、『續日鮮史話』第2編、原書房、81頁。

4　薪野の交流については『鷄林唱和集』、『兩東唱和後録』などにも部分的に記されている。

の儒学者と称するもの、必ず木下順庵と室鳩巣の二人を宗とする。二人が江戸に言って以来、赤い旗印を立て者、順卿のみである"と評した。

　大概、加賀藩の文教は京都の松永尺五を迎え入れ、興起したと言われる。ところが、藤原惺窩の弟子にあたる松永尺五の儒学は息子昌易を経て伊藤萬や薪野へとつながったため、薪野は尺五学派の本流に当たっていた。また、彼は加賀藩で多大な影響を与えた木下順庵と室鳩巣以降、儒学の嫡流を継ぐ位置を認められた。

　要するに薪野は藤原惺窩から始まる日本朱子学の本流の一派を継承した儒学者である。藤野は詩文にも長けており、加賀藩第五代藩主前田綱紀の文教政策の一翼を担っていた。また、藤野の行状をみると、藤野が藩主より新任を得るようになった重要な契機が、辛卯通信使行と出会ったことであることをわかる。

2) 『正徳和韓唱酬錄』の内容

　この本では伊藤薪野が辛卯通信使行の製述官・李礥らと、大坂より江戸まで往還しながら詩文唱和を行い、筆談を交わした内容を記した唱和集である。一冊の筆写本にまとまっており、現在は金沢市立圖書館に所蔵されている。

　加賀藩の文士が通信使行に直接会い、交流したことは大変珍しいことである。1711年の辛卯通信使行と関連する筆談唱和集が、刊本 10種と筆写本14種として日本中で編纂されたものの、[5] その中から通信使が通らなかった藩の文士として唱和集を残した事例は伊藤薪野の『正徳和韓唱酬錄』が唯一のものである。ということだけあって、この本は辛卯通信使行の筆談唱和の様相はもちろん、加賀藩と朝鮮との間での文化交流の姿を覗くことができる貴重な資料でもある。

　本の体制をみると、1711年　9月14日、大坂で通信使一行と初めて出会った時から、12月18日、別れるまでの往還過程のなか、薪野と李礥をはじめとした通信使行員との詩文唱和と筆談の内容を月日順や旅程順に記したのである。

　収録された詩の数は次韻詩を合わせ、全51首である。類型別にみると五言絶句が4首、七言絶句が33首、五言律詩が2首、七言律詩が12首である。[6]

5　具智賢(2011)、「18世紀筆談唱和集の様相と交流担当層の変化」、『通信使 筆談唱和集の世界』、宝庫社、226-230頁。
6　薪野の詩を集大成した『白雪樓集』には「大阪後錄」があるが、内容面では若干詳しくなっており、唱和詩19首と筆談二か所が増補している。

作者別にみると薪野が18首、李東郭が16首、南泛叟が6首、嚴龍湖が5首、洪鏡湖が5首、趙平泉が1首などである。詩の主題は友誼、往還路の風景、旅情などである。[7]

『正徳和韓唱酬録』の内容を、叙述された順に従ってみると、以下のようである。

① 大阪前録：初対面での相互挨拶、自己紹介

② 辛卯之菊秋：詩文唱和と筆語問答

③ 西京筆語：京都で交わした筆談

④ 辛卯陽月上澣：富士山についての唱和

⑤ 辛卯孟冬：江戸滞在中の交流

⑥ 辛卯初冬：清見寺での唱和と筆談

⑦ 大阪後録：再会と惜別

Ⅳ. 伊藤薪野の交流と朝鮮認識

1) 通信使行員との交流

(1) 通信使行員との初対面

伊藤薪野は9月15日、大坂の本願寺で通信使行の製述官・李礥や書記・南聖重と初めて出会った。この場ではお互いに挨拶を交わし、自己紹介などが行われた。薪野は本願寺にて祖縁上人と一緒に宿泊したため、16日や17日にも客館を訪ねた。彼は三日間、四文士と二回ほど唱和詩を交換した。その後、薪野は加賀藩主・前田綱紀の命を受け、李礥に対し『大明律講解』をはじめとした7種の書籍の印本の有無などを聞いた。[8]

(2) 使行中の交流

「西京筆語」「辛卯陽月上澣」では大坂を離れ、京都を経て、江戸まで移動する途中、交わした詩文唱和と筆語問答について叙述している。薪野は江戸まで同行してもらえたことに対し感謝すると共に、富士山に対する詩文もを交換した。

7　片倉穰(1998)、『日本人のアジア観』、明石書店。

8　このことは当時加賀藩主が大明律に関連する文献に深い関心を持っていたことを物語っている。前田綱紀は若い時より日本と朝鮮の律例を講究したのだが、特に明律に造詣が深く、幕府将軍・吉宗に諮問していたとのことである。近藤磐雄(1980)、『加賀松雲公』中、文献出版、702-709頁。

(3) 江戸での交流

通信使一行は10月18日、 江戸に到着し、客館の東本願寺に荷物を降ろし、薪野も祖縁上人と共に近所に泊まった。

辛卯通信使行の際、新井白石の主導した聘礼改変による葛藤と国諱論争などにより、通信使一行の江戸滞在が伸びた。そのせいで通信使一行は11月19日、江戸を出発するまで一ヶ月ほど泊まっていた。だが、それによって、交流の機会も増え、『正徳和韓唱酬録』にも多くの唱和詩と筆談内容が記されている。

主たる筆談内容を紹介すると、① 観文堂揮毫[9] ② 祇園南海との交流斡旋 ③ 諺文に冠する問答、 ④ 日本文士に対する評価[10]などである。

(4) 帰路における交流

駿府にある清見寺で薪野が正使・趙泰億に詩を送り、李礥とも唱和していた。[11]

(5) 惜別

12月8日、薪野は祖縁上人と共に京都より大坂へ移動し、12月10日には大坂で通信使一行と再会した。惜別する前日である17日、彼は四文士宛に送別詩を送り、和詩を受け取った。[12]　この時、やり取りした唱和詩をみると、全員別れを惜しむ心が切実に表れている。

2) 伊藤薪野の朝鮮認識

(1) 朝鮮文化への関心と憧憬

『正徳和韓唱酬録』をみると、所々で薪野の通信使行員との交流、さらに朝鮮の文化への熱い熱意が感じられる。彼は通信使行員と同行しながら、三使及び四文士との唱和を懇切に希望していた。また、薪野が朝鮮の諺文と樂浪の音楽について質問したことなどは、彼の朝鮮文化への関心の深さがよく見

9　薪野が自分の号でもある'観文堂'という字を李礥に書いてもらいたくお願いし受け取ることができた。薪野は大筆で書かれたこの字を、のちに板刻し、書斎にかけていた。

10　薪野が李礥に、今回の使行で交流した日本の文士の中、最も優れた人物は誰か、と聞かれると、李礥は室鳩巣と祇園南海などと答えた。

11　『正徳和韓唱酬録』「東武帰路過清見寺 奉次通信正使」.

12　『正徳和韓唱酬録』「大阪後録」.

受けられる例である。

　薪野は朝鮮を'東華'と表現している。大坂で李礥や南聖重と初めて出会った時、"東側の中華国に二人の豪傑学者があったことを、今日始めて知った(初識東華有二豪)"[13]と言っていた。

(2) 人間的交流と相互尊重

　薪野と李礥は三ヶ月間、同行しながら人間的信頼と共に、熱い友情を築いたようである。12月18日、淀河口にて別れる際、"東郭が私の手を握り号泣したし、私も絶え間なく涙を流していた"と記した。二人の間での友情が大変厚いものであったことを物語る光景である。

　また、『正徳和韓唱酬録』の叙述態度をみると、この時期の他の唱和集には見られるような競争意識や民族的先入見がほとんど示されていない。始終、筆談唱和に関する事実的かつ客観的記述で構成されており、筆談でも政治的な主題は一切言及されていない。富士山に対する唱和を行う際にも、他の使行の時にはよくあったような朝鮮の白頭山や金剛山と比べつつも、優位を争う内容がまったく表れていない。

　基本的に相手国の文化への配慮と尊重が置かれていたと考えられる。薪野が朝鮮に対し'東華'と言いつつ尊崇感を表すと、李礥も"日本の文明が今まさに盛んである(日域文明當盛際)"と言い、南聖重も"今まさに日本の文化が繁盛していることがわかった(方知和國文華盛)"と回答した。[14]また、李礥は薪野の詩に対しても'佳作'と評価した。

Ⅴ. 終わりに

　1711年の辛卯通信使行の際、加賀藩と朝鮮の通信使行との交流において、注目に値することは加賀藩主前田綱紀の積極的な態度である。基本的に加賀藩の文士が通信使一行と交流できたのは、藩主の強い奨めがあったからこそ可能なことであった。1711年の使行において、通信使が通らなかった藩の文士として唱和集を残した例は、伊藤薪野の『正徳和韓唱酬録』が唯一のものである。それだけ加賀藩が通信使行との交流に積極的に臨んだことを示す例で

13　『正徳和韓唱酬録』「大阪前録」．
14　『正徳和韓唱酬録』「大阪前録」．

もある。[15]

　また、薪野が東郭に『大明律講解』をはじめとした7冊の書籍の印本の有無を聞きながら、これは藩主の命を受けて行われているものであると記している。これは藩主が、通信使行との交流においてはっきりとした目的意識を持っていたことを裏付けることである。

　1711年の辛卯通信使行の際、伊藤薪野は31歳であった。伊藤は接伴僧・祖縁上人の斡旋で、大坂と江戸の間を往復する通信使一行と同行する幸運に恵まれた。沿路にある藩の文士や儒官の場合、自分の地域で交流するのが原則であったことを鑑みると、薪野の場合とは極めてまれなケースである。もちろん、薪野の積極的な熱意のもとに行われたことだが、通信使行員も薪野の詩文や儒学のレベルに対し認めたからこそ、持続的な交流が可能であったと考えられる。

　辛卯通信使の来聘と通信使行員との交流は薪野にとって実に幸運な機会であった。薪野が後日藩主の強い勧めにより漢文塾を開設し、後進を育て、加賀藩を代表する儒学者として評価されるまでになったのも、通信使行との交流と『正徳和韓唱酬録』の内容を藩主が奇特に思ったことに起因するのではないかと考える.

15　加賀藩では1711年のみならず、1748年の戊辰通信使行時にも文士を送り、通信使行との学術的交流を行わせた。すなわち1748年の使行の際、帰路に大坂で6月 28日、金沢出身の本草学者の龍元周が製述官・朴敬行と筆談を交わした。この筆談の内容については自分の文集『班荊閑譚』の下巻に記している。

⑧

許篈、許筬兄弟の朝天行と通信使行としての經驗

具智賢(鮮文大)

Ⅰ. はじめに

　許曄(ホ・ヒョプ、1517-1580)は羅湜(ナ・シク、1498-1546)の弟子で、学統でいうと鄭夢周(チョン・モンジュ、1337-1392)・吉再(キル・ジェ1353-1419)の正統を継ぎ、金宗直(キン・ジョンジク、1431-1492), 金宏弼(キム・ゲンピル、1454-1504)、金安国(キム・アングク、1478-1543)と趙光祖(チョ・グァンジョ、1482-1519)に続く道学派に基盤を置いている。政治的には1575年の東西分党以降、東人の中枢となった人物である。『朝鮮王朝実録』には許曄の『三人の息子、筬(ソン)・篈(ボン)・筠(キュン)と婿の禹性傳(ウ・ソンジョン)・金誠立(キム・ソンニプ)はみな文士として朝廷に参内し論議に加わり、互いの学問を高めあったため、世間では「許氏が党派の家門のなかでは隆盛を極めている「と言われた。[三子筬、篈、筠、女壻禹性傳、金誠立, 皆以文士登朝, 論議相高, 故世稱許氏爲黨家最盛。]』[1]と記されている。　許曄は最初の婦人との間に許筬と二人の娘をもうけ、二度目の婦人との間に二人の息子、許篈と許筠と娘の許蘭雪軒(ホナンソルホン、1563-1589)をもうけた。禹性傳は最初の婦人との娘の婿であり、金誠立は許蘭雪軒の婿である。許筠の謀叛事件により家門は没落

1　韓国古典翻訳院. http://db.itkc.or.kr

したが、当時の許曄家は朝鮮文壇および政界の中心だった家門である。

　　(ア) 己卯年に儒者が弾圧された後は自宅で『小学』『近思録』を口にする事は避けられ、弟子たちに学ばぬよう禁じた。私の亡父は若い時、長吟(号)・羅湜に学んだ。一度母の実家に行き、古い箱の中に虫に食われボロボロになった『小学』四巻を見つけた。ひもといて見るに、学者なら必ず読まねばならぬ本だと知った。そうして第一巻を袖に入れ羅公のところに行き見せると、公はびっくりし、『お前がどこでこの災いのもとの書を手に入れたのか』と涙を流し、政治的弾圧によりなくなった前賢らの不運を悲しんだ。亡父がこの本を学ぶことを願うと、羅公はひじょうに誉め、『小学』と『近思録』を教えた。だが、人に話すことは禁じた[2]。

　　(イ) 昔、学問に志があっても学び方が分からなかった。嘉靖辛丑年(1541年)に、先生が東宮に侍講されたとき、『心經附註』を読まれることを願った。そのことがあって以来、私ははじめてこの本があることを知り、直ぐに友、許忠吉(ホ・チュンギル)から手に入れ、改めて完読してみるに、心中の軸とするものがあると思い、教典と史書を熱心に読み、その文脈をいささか理解できた。これまで悪に落ちなかったのは、全て先生が下さったものであり、いつも先生として思い、私が聞き学んだ先生である[3]。

　上の引用文を通して　許曄の学問の淵源を推察することができる。(ア)は息子許筠が記録したもので、許曄が師羅湜を通して学んだのは『小学』と『近思録』であり、趙光祖から続く道学派の基本的修養書であった。己卯の士禍により、『小学』と『近思録』が禁忌とされる本になったが、許曄は人知れず学んでいたのだった。
　(イ)は許曄が書いた李彦迪(イ・オンジク、1491-1553)文集の跋文から抜粋し

2　許筠,『惺所覆瓿稿』,「惺翁識小錄中」：“己卯士類敗後。人家諱言小學，近思錄。一切禁子弟不學。先人少日受　於羅長吟湜。曾見外家廢籠中有小學四卷。蟲毀散亂。展看則知其學者之不可不讀。袖初卷詣羅公。公驚曰。你安得此鬼朴來耶。因流涕悼前賢之厄死。先人因請學。羅公甚嗟賞之。遂教小學及近思錄。然勿令人知之。(韓国古典翻訳院. http://db.itkc.or.kr)
3　許曄,『草堂先生文集』,「晦齋先生文集跋」：“昔者竊有志於學而未知其方。嘉靖辛丑。先生侍講東宮。請讀心經附　註。　然後曄始知有此書。卽求于友人許忠吉處。敬讀終卷。潛玩體驗則方寸之間。似有所主。讀閱經史。稍知路脈。至今不陷於惡。無非先生之賜也。常竊以爲先生。曄之聞而學之之師也。”

たものだ。李彦迪は李滉(イ・ファン、1501-1570)の主理説成立にひじょうに
大きな影響を与えた学者である。ここで言及している『心経附註』は明の程敏
政(1445-1499)が宋時代の学者、陳徳秀(1178-1235)の『心経』に注釈をつけ、
1492年に初めて刊行された書である。李滉が『『心経』を入手した後、はじめて
心学の根源と心法の精密さと微妙さを知った。そのため羅湜は一生涯この本
を神明のごとく信じ、この書を厳格な父親のように恭敬している[4]』と弟子た
ちに語ったほど、退渓(テェゲェ)学の基礎となった書である。

　郭貞禮(クァク・ジョンレ)は許曄の交流関係について『[花潭]徐敬徳([ファダ
ム・号]ソ・キョンドク)』の門人たちを主軸として在野の儒者系列の学統を継い
でいる人々と活発に交流し、後に李滉の門人たちとも親交を結ぶことにより』
人脈を広げていった。彼のこうした交流は『学統と密接に関連しているもの
で、彼と親交を重ねたほとんどの人が朱子の性理学を中心にしつつも、老荘
や仏教といった異端的な思想に関心を寄せ、雑学的な性向が強かった』とまと
めている[5]。

　しかし、学問的に解放的な性格を見せてはいるが、根幹を朱子学に置くこ
とにきわめて厳格であったものと思われる。許曄は57歳の時、成均館の大司
成の職を務めながら『近思録』を儒者に通読させるなど、儒学界の学風の定立
に大きく寄与している[6]。息子たちもこうした人脈と学統の下で学問を進めて
いった。22歳という若さで文科に合格し役職に就いた許筬は李滉に『筬(私)の
考えでは必ず『近思録』『小学』『心経』『大学』のうちから一冊を選び潜心し、こ
れを読む時は敢えて他の本を読まず、必ずこの一冊について最初から最後ま
である程度得られたものがあった後、広く学ぶのはどうですか』と学習法につ
いての質問の書信を送っている。また「心経」と題する詩で『長閑な窓辺で千遍
ほど読んだ』[閑擲小窓千遍讀[7]]と詠っている。三歳上の兄許筬もまた『十年も
の世俗の塵をはじめて洗い流したので『心経』一部に真なる長閑さがある』[始滌
十年塵土累 心經一部有眞閑[8]]と詠っている。許筬兄弟にとって性理学の基本的
修養書は道学派を継承し退渓学と接していたと言えるだろう。

4　李滉、『退溪集』、「言行録Ⅰ・類編・学問)」、韓国古典翻訳院. http://db.itkc.or.kr
5　郭貞禮、『許氏五文章家の文翰的背景と活動に関する研究』、慶熙(キョンヒ)大博士
　　論文、2011, 57면.
6　金東珍(キム・トンジン)、「許筬の対明使行と陽明学変斥」、『文化史学』21号, 2004,
　　825-853頁.
7　許筬、『荷谷集』「荷谷先生詩鈔補遺・心經」.
8　許筬、『岳麓先生文集』卷1,「次韻戒元」.

　許曄家は政治的、当時の学問的に中心にある家門らしく、みな明への使行経験があった。そのうち、いち早く役職に進出した許篈は1574年に自ら願い出て書状官として明に出向き、その経験を『朝天記』に詳しく残している。それから16年後の1590年に許筬は43歳の年で通信使書状官として日本に出向いている。これら許兄弟の使行で目を引くことは学問的交流である。許篈は国子監を訪ね、中国の文士たちと会い、性理学に関する対話を交わしており、許筬は、以後日本最初の儒者となった藤原惺窩(1561-1619)に会っている。本稿では学問的な淵源を同じくする許兄弟が陽明学が風靡していた明と、性理学が芽生える以前の日本に出向き、いかなる態度を見せていたかを考察したいと思う。

Ⅱ. 弟許篈の中国使行に見られる学問的な厳格性

　許篈の年譜によれば、22歳の年に庭試に合格し、翌年には湖堂において賜暇読書を行なっている。24才の年に禮曹佐郎を王から命じられ、この時、書状官を自ら願い出て聖節使の朴希立(パク・ヒリプ、1532-？)，質正官の趙憲(チョ・ホン、1544-1592)と共に中国に出向いている。

　朝鮮人にとって明国への使行は学問と制度についての知識を習得する重要なルートであった。明の神宗の誕生日を祝う聖節使ではあるが、質正官が同行し、質正官であった趙憲は『東還封事』の序文に、国境を越える前、質すべき20条目について通事から予め聞き、準備して行ったと記している。

　　玉河館に到着するが、入る事が出来ず、通事に人を介して質してくるように言ったところ、その答えは『四声通解』の水準以上のものではありせんでした。…途中、士人の王之府に会って全ての点について質したところ、、そのうちの三項目についておおよそ説明し、嘲笑しつつ『質しに来たのはそんなことのためか』こうしたことは方術の士ならば、みな分かることだ。敢て聞きたいのなら、聖門では玩物喪志となり、私たち儒者にとっては多くのことを知る小人となる』と言われました。臣はこの言葉が少しく恥ずかしかったです[9]。

9　趙憲、『東還封事』「先上八條疏・序」: "至玉河館. 不能出入. 只令通事. 因人請質.
　　則所釋之言.

　中国に至るや、趙憲は誠実に問題解決に集中していたものと見られる。しかし、以前、申叔舟(シン・スッチュ)が調査したものより詳しい情報は得られなかった。彼が質そうとした条目が何であったか全て知ることはできないが、王之府が答えてくれた三つの条目は、許箰の文と対照することで探し出すことができる。その三条目とは「黄花菜」、「槐棗」、「馬蹄塩」のことで、『本草綱目』に出てくる物の名称である[10]。許箰の記述を通して残りの質問もまたこうした物の名称だったものと思われる。趙憲は『つまらないこうしたことに答える暇がありません』という王之府の言葉に恥ずかしさを感じた。そして明国の『大公至正之制』と『長治久安之術』[11]について研究し、帰ってきてから宣祖に捧げたのが『東還封事』である。『東還封事』の八つの条目は「聖廟配享」、「內外庶官」、「貴賤衣冠」、「食品宴飲」、「士夫揖讓」、「師生接禮」、「鄉閭習俗」、「軍師紀律」であり、明国の政治、文化、風俗全般を含むものだった。

　許箰は王之府の批判にひじょうに共感する態度を見せている。趙憲が使行を通じて「質正＝質問して正す」という任務について自覚していたのとは異なり、許箰が中国使行を自ら願い出た目的は本来学問的な欲求にあった。しかし、中国の文士たちと接し、深い対話を交わすことは容易なことではなかったと思われる。

　　　今は皇朝(明)がわが国に対するのはこれとは異なり、門を幾重も閉ざし、戸締りを厳しくし、出入りを防ぎ、まるで泥棒を見る如くであり、ぶるぶる震えて、ただ毛先ほどでも恣に行動することを恐れている。そのため、学士大夫と官員の先生のなかに、揖をして近づきたい人はいるが、中国の古代の

不外乎四聲通解。… 　　道遇士人王之符。舉以質之。則略說三事而哂之曰。質正之來。只爲此事乎。若此數物。
　除是方術之士。乃能盡知。而必欲强聞。則在聖門爲玩物喪志。於吾儒爲博學小人。臣竊愧斯言。"

10　許箰,『荷谷集』「朝天記」中：“汝式以質正條件問于之符。之符只答三事。題其紙後曰。承敎數物 黃花菜。槐棗。馬蹄鹽 出自陝西者。可得而知之。出自別省者。知之未詳。不敢妄言。若悉數物而不遺者。方術之士也。在聖門。爲玩物喪志。在吾儒。爲博學小人。是故。區區未暇此也。惟亮之。幸荷。蓋我國之質正文義也。承文院官略不加意。及其拜表日迫。只令書員抄出吏文中俗語以爲問。其最可笑者。或雜以淫褻戲慢之語。故中朝人多嗤之。此乃我國有司之過也。之符所答。正中我國之弊。其可愧也夫。"

11　趙憲,『東還封事』「先上八條疏・序」：『因思祖宗之朝。所以必遣質正而不已者。必欲詳究夫明王聖帝大公至正之制。長治久安之術。以措一區之民於大平之域。故寧勞馳路之殘卒。而冀聞斯今之善政。將大爲祛弊興化之本也』

書について討論し、風俗について質問できるほどのしっかりした人がいない。しかし、朝廷の禁令があるのでは致し方ない[12]。

　許筠の望みは中国人と『討論典墳』し、『詢訪風俗』することにあったのだが、上の引用文を通して見られるように、明の朝廷において厳格に禁じており、質問に答えられる学識ある学者や経験の豊富な官僚たちに朝鮮人が会うことは難しかった。許筠は明の禁令に対しひじょうに残念に思い、『朝天記』を『ただ、行く道の遠き、近きを記録したのみ、他のことに触れなかったのはこのためだ』[只記其道里遠近。而他無所及焉者此也]と評している。
　しかし、こうした状況においても許筠は中国の文士たちに会おうと努めた。年譜には『中国の大夫たちと朱陸の辨について論議したのだが、官僚の先生たちは敢て考えを曲げず、みな嘆服した』[與中州士大夫。論難朱陸之辨。薦紳先生莫敢屈。咸歎服焉]と記しているのだが、しかし、会うことができた中国の文士たちが討論を避けず応答していた事がうかがわれる。

　　葉本に出合い、王之府に会って正学書院に立ち寄り、首善之館に宿泊している時、一人、正大な論議を先に立って主張し、多くの人の言葉に対抗しても動揺せず、意見を曲げなかった。いわゆる「自ら省みて正しければ、たとえ千万人の前にでも私は進み出ることができる」というものではなかったか。ますます尊敬すべきことである[13]。

　上の序文に見られるように、何人かの中国の文士に会い、討論を交わしたことは柳成龍(ユ・ソンリョン、1542-1607)も高く評価している部分である。1574年6月26日、許筠一行は遼東の正学書院に立ち寄り、魏自强, 賀盛時·賀盛壽兄弟, 呂沖和の四人に会い、筆談を交わしている。この時、はじめに許筠は王守仁(1472−1528)批判を展開し、『王守仁は論著を一つ一つ精密に読み、細かく検討した』[守仁之所論著。僕皆一一精察而細核]と記している。許筠は陽明学の根源が本来『釈氏から出ており、頭を直し、顔を変えたもので』『陸氏

12　許筠、『荷谷集』、「朝天記」下：『今也皇朝之待我國。則異乎是矣。重門嚴鐍。以防其出入。若視寇盗。惴惴然唯恐一毫之肆。故學士大夫。搢紳先生。或欲揖而進之。討論典墳。詢訪風俗者。不無其人。而朝有禁令。末由也已。』
13　許筠、『荷谷集』「朝天記」序：『至於遇葉本遵之符。歷正學書院。弭節于首善之館。能孤倡正大之論。以抗羣咻。而不震沮。所謂自反而縮。雖千萬人吾往者非耶。尤可尚也已。』

の余論を拾い上げ公然と思うままに罵倒する』状態に至った考えていた。ととも
もに当時、陽明学が盛んになり王守仁を文廟に祭ろうとすることに対し強い
恐れを披瀝している。8月2日、薊州を過ぎ夏店に逗留する時、偶然、国子
監の生徒である葉本に出会った。許筬は「良知」が禅の方法と似ていることを
指摘し、王守仁を尊敬する葉本は良知良能説を力説した。

　翌日の8月3日、許筬は擧人の王之府に会い、陽明学についての見解を尋
ねた。王之府は陽明学を「偽学」だと称し、王守仁を文廟に祭ることにも批判
的な立場を堅持していた。はじめて同じ意見をもつ人に会えたわけである。
彼らはそれぞれの地域の程朱学者について紹介した。ここで許筬は道統の始
まりとして高麗の鄭夢周(チョン・モンジュ)を、朝鮮では金宏弼、趙光祖、李
彦迪、徐敬德を挙げ、近世では李滉を泰山北斗だと称した。

　8月2日、許筬は趙憲と共に「首善之館」すなわち国子監を見学した。この
日、楊守中をはじめ20名の生徒たちと筆談を交わした。楊守中との筆談を通
して陽明学が主に南部で盛んであるが、北部では排斥するため、王守仁を文
廟に祭ることは決定されたことではないことを知った。しかし、国子監の気
風についてはひじょうに失望した。禮文についても答えられず、差し出した
贈物をめぐって争う姿は『礼儀や遠慮が何なのか知らず、学校が退廃し、堕落
したことでこの状況に至った』、『人材は昔日に比べようがないのも当然だ。
ああ、悲しい[14]』と嘆息している。

　許筬の中国使行は異端を排斥し、正統を確認する過程だった。年譜のとこ
ろで述べた『朱陸之辨』は陸九淵を継いだ陽明学を排斥し、朱子学を正学とし
て明らかにすることであった。こうした過程がなぜ必要だったのかについて
は使行の全期間を共にした趙憲の『東還封事』を通してうかがうことができ
る。第一条の『聖廟配享』の究極的目標は、金宏弼、趙光祖、李彦迪、李滉を
文廟に祭ることである。正学書院と国子監の制度を観察し、陽明学に追従す
る中国の文士たちと論議した経験は結果的に朝鮮の正学が何かを省みること
になり、明の制度を朝鮮にいかに適用するかを熟考することになった。

　許筬の中国使行の経験のなかで陽明学の辨斥に注目せざるを得ないのは、
中国使行の意味が朝鮮の学界が進むにつれ、単純の物の名称への質問から制

14　許筬、『荷谷集』「朝天記」中：『抑大學本爲首善之地。非徒文具爲也。今見廟宇深
　　密。檜柏森蔚。堂齋靚潔。地位幽閬。眞可爲師生講道之所。而爲師者倚席不講。爲
　　弟子者散處閭閭。祭酒、司業。以驟陞大官爲念。監生。歲貢。以得添一命爲榮。慢
　　不知禮義廉恥之爲何事。學校之廢墜至於斯。宜乎人才之不古若也。嗟呼嗟呼。』(韓
　　国古典翻訳院. http://db.itkc.or.kr)

度と文物の観察を通した朝鮮への適用に代わったことを意味しているためである。

Ⅲ. 兄許篈の日本使行に見られる学問的な柔軟さ

　弟許篈が中国使行から帰ってきた翌年1575年に、いわゆる東西分党が起き、父許曄は金孝元(キム・ヒョウォン、1532-1590)と東人の中心として活躍した。東西分党では様々な論議が行なわれたが、基本的には道学を基にした儒者勢力が政治的理想の実現のため勲戚勢力の再登場を阻むための論議が分裂して生じたものと見られる[15]。東人は外戚政治に対し強硬な立場を固守したのだが、主に李滉と曹植(チョ・シク、1501－1572)の学問を継承した領南地域の人々が中心となった。穏健な立場に立った西人は李珥(イ・イ1536-1584)と成渾(ソン・ホン1535-1598)といった文人たちが中心となった。学派が政治勢力である朋党に変化したのは、政治思想では各学派の性理学的宇宙論および人性論が背景となったためである。1574年、中国使行において見せた陽明学辨斥を超えて朱子学的専一性のなかで内部分化が行なわれたからあである。

　1583年、許篈は当時兵曹判事だった李珥を弾劾して流刑に処せられた。2年後に流刑は解かれたが、都への出入りは禁止された。結局放浪生活を重ね、1588年、38歳の若さで病死した。兄許篈は1568年、弟許篈と同じ年に正員試に合格したが、科挙試験では幾度も挫折した[16]。1574年、僧迦寺で20日余を過ごし、『性理大全』を通読し、何人もの人たちと応答した記録があるのだが[17]、ほとんどの時間を読書と交友で送っていたようである。そして、ちょうど弟許篈が甲山に流刑に処せられることになった日である1683年8月28日、彼の科挙合格の知らせが掲示されたという[18]。『荷谷集』には「送舎兄朝天」

15　薛錫圭(ソル・ソッキュ)『朝鮮中期士林の道学と政治哲学』、慶北大出版部、2009, 147-167頁

16　許篈,『岳麓集』,「附録・祭岳麓堂兄文」:"當是之時。荷谷則已歷揚。而吾兄尚屈折而蟄滯。然而小心之翼翼。莊容之棣棣。亘著於趨庭之時。出門之際。玆由日新時習。孜孜而不替。"

17　許篈,『岳麓集』,「附録」:"萬曆甲戌秋。許判書篈洪判書履祥禹監司伏龍李參判順慶石校理涵徐孤青起。又二員忘其名。通讀性理大全于僧迦寺二十餘日。讀書之暇。相與唱和。篇什各十餘首。時劉希慶亦隨往。亦多奉和。各自書于一冊。名曰甲戌僧迦酬唱集。付于寺僧。亂後洪參判爲江華府使時。僧來納書冊。即傳示于許判書禹監司諸公。諸公各有序記。爲一古蹟。"

という詩が掲載されているが、許筬が金剛山遊覧に旅立つ直前の1587年の秋頃に許筬は明への使行に出立したものと推定される。しかし、この使行については詳細な記録を探すのは困難である。

　実録に載せられた許筬についての記事は1589年8月1日に見られる。豊臣秀吉に通信使を送るかを論議する場で許筬だけが積極的に応じることを主張した[19]。壬辰倭乱(文禄の役)後の1606年、徳川家康の側から通信使を要請した時も許筬は日本との和親を主張したのだが[20]、庶民の犠牲を軽減するための現実論者の立場に立っていた。こうしたことのためか、1590年、許筬は通信使の書状官に任命され日本へと向かった。

　日本使行の中でもっとも対立したのは、党が異なる正使黄允吉(ファン・ユンギル)ではなく、同じ東人の許筬と金誠一(キム・ソンイル、1538-1593)だったと指摘されている[21]。これが朱子学と反朱子学に立脚した現実への対応のちがいなのかについては再論の余地があるが、同じ学問的淵源をもった同じ党の人士であっても、中国でなく日本という馴染みのない相手国に行った時、いかに対処するかについて異なる意見を持つことがあるというのは興味を引く部分である。

　1574年、許筬の弟許篈は遼東の正学書院に書かれた『魁』という字を見て、一番になることを学問の目的にすることを卑しいことと考えたという記録があるのだが、1577年、金誠一もまた同じ場所で同じ字を見て嘆いている。中国での文物観察に見られる感慨と批判は、こうした例のように似たような傾向を見せているのに較べ、日本では「権道」に従うべきか、「常道」に従うべか

18　許筬、『岳麓集』、「附錄」："萬曆癸未八月二十八日。岳麓先祖登第。殿試榜出。是日。荷谷旁祖謫甲山。方出殿試榜。命姑停。而引見正二品以上。遠竄朴謹源宋應漑荷谷。

19　http://sillok.history.go.kr/："許筬進曰："聖敎乃萬世不易之定論，其扶植彝倫之意至矣。但恐干戈相從，邊境不安，不可不爲生靈計耳。彼之惡，何預於我? 臣意交聘，亦無不可。" 上曰："此計似誤矣。" 筬仍極言通信之便。"

20　http://sillok.history.go.kr/："許筬議："島夷不敢肆蜂蠆之毒則已矣，不然，他日蠢動然後，不得已許和，則難免城下之恥。今者渠輩來來，辭不悖逆，事且順理，毋寧乘此機會，快許之爲得乎? 前朝末，以我太祖大王威武，到處殲滅，兵勢極其盛矣，而不和則不止，畢竟鄭夢周一行然後，乃息。 今之事勢以古料之末稍，則亦須一和。 旣不得不和，則當一着決局，何必再勞行役，徒煩往來，而浮費財力乎? 古之王者，豈不知戎狄之可醜，文王之昆夷，漢文之匈奴，皆屈意許和，而不以爲恥者，徒以爲生靈也。 聖敎隱惻含生，舉皆骨醉仁德。 只此一言，可以祈天永命，臣不敢贅。"

21　金貞信(キム・ジョンシン)、「16世紀末性理学理解と現實認識」、『朝鮮時代史学報』13，朝鮮時代史学会、2000, 1-31頁.

についてさえ、一致した意見を出すことができなかったのだ。これは　許筬と金誠一がもっていた朱子学的世界観の外に日本が置かれていたためだと言えるだろう。

　日本最初の儒者と言われる藤原惺窩でさえ、当時『たとえ仏書を読むが、志は儒学においた』僧侶だった。これから8年後の1598年、藤原惺窩が姜沆(カン・ハン、1567-1618)にはじめて会った時、日本の儒学は依然として『儒者と博士が昔から漢と唐の註疏だけを読み、経典に点を振り、倭訓を付けたのだが、程朱の書に至れば十分の一もわからないため、性理学について知っている者が珍しい』状況だった[22]。朱子学が伝来していないのではなかったが、五山を中心として禅学の一つの形態として理解される従属的なものであった[23]。

　こうした状況において許筬は藤原惺窩に「柴立子説」を書き与え、これが藤原惺窩を本格的に儒学に向かわせた一つの契機となったと評価されている[24]。そして、この文に見られる許筬の認識については詳しい研究が行なわれている[25]。ここで注目したいことは許筠の中国使行と比較して許筬が藤原惺窩に取った語りの態度である。

　許筠の場合、仏教と似ていることが辨斥の主たる理由であった。

　　　『陽明は良知説を主張し、凡そ毎日書き、応接することと、古今の聖賢たちの文をまったく放置しておき、思慮に受入れなければ、ただ、一つの良知だけを想像し、これをして忽然と瞬間に悟りがあるようにするだけで、これは釈氏の事を遠く退け、物を断ち切ることではなく何でしょう、孔子と孟子の教訓から理解するとして、同じでしょうか、ちがうでしょうか[26]』。

上の引用文は許筠が葉本に陽明学を批判した言葉である。読書を捨て静坐黙識を追究することにおいて、陽明学が仏教と似ているという主張である。

22　藤原惺窩, 『惺窩先生文集』「行状」:『本朝儒者博士。自古惟讀漢唐註疏。點經傳而加倭訓。然而至于程朱書。未知什一。故性理之學。識者鮮矣。』

23　成海俊(ソン・ヘジュン), 「日本の朱子学の伝来と受容」, 『南冥学研究』15, 慶尚大南冥学研究所, 2003, 313-350頁.

24　阿部吉雄, 『日本朱子学と朝鮮』, 東京大学出版会, 1965, 50頁.

25　郭貞禮, 「岳麓許筬と江戸儒學の勃興」, 『語文研究』 38巻3号, 語文研究会, 2010, 411-437頁.

26　許筠, 『荷谷集』「朝天記」中: "夫陽明倡良知之説。凡日用應接之事。古今聖賢之書。一切放置。不入思慮。只要想像一介良知。使之忽然有覺於霎爾之頃。此非釋氏之遠事絶物而何。揆之孔孟之訓。同耶異耶。"

「良知」という概念は「覚於爾之頃」を行なうことにおいて、仏教の頓悟と同じ
だということだ。したがって陽明学は聖人の教えを継承したものでなく、仏
教と同じ異端の範疇に入る。

　しかし、許筬は仏教の教理に言及することに対しきわめて柔軟な態度を見
せている。

　　　儒教と仏教の道は行き着く所がたとえちがっても、努力した功はやはり
　　異なることはありません。真を積んで努力を長くすれば、ある朝、広々と開
　　けた境地に行き着くことになり、これは我々儒者たちのいわゆる「至知」とい
　　うものであり、仏者のいわゆる「契悟」というものです。甎を磨くことは本来
　　鏡をつくる方法ではありませんが、鏡の明るさを得ることもまた、本来磨く
　　者の功です。所謂言葉が下りてくるや否や悟るということは、その言葉が私
　　を悟らせたのではなく、全て自らが心の体得した所に行き着いたのであり、
　　啓発の道も出会うことになるでしょうから、自立の功は本来だますことはで
　　きません[27]。

　「柴立子説」において『磨甎』『言下領悟』など仏教用語を引用し説明してい
る。甎を磨き鏡を作ることはできないように、参禅を一生懸命するからと
言って仏陀になることができず、馬祖を悟らせた南嶽(ナム・オク)の教えと六
祖大師に会い話を全部聞く前に悟りを得て帰っていったという玄覚(ヒョン・カ
ク)の故事は、仏教の頓悟を示す代表的な話である。しかし、許筬の比喩は鏡
になり得ない『甎』よりは『磨』、すなわち研磨するという行為に傍点がふられ
ている。また『言下領悟』は『吾立志立脚之功』としつつ、『真積力久』を再び持
ち出している。『真積力久』は孔子が曾子に語った『吾道一以貫之』という『論語
』の条に関連し、朱子が曾子を評している言葉である。儒家の『至知』と仏教の
『契語』を同じものとして同値させたのは、結局『真積力久』の重要性を説明
し、『頓悟』の虚構性をあらわにするための前提だったのだ。

　　　あなたは釈氏の部類であり、私は聖人の門徒であるので、当然距離を置

27　藤原惺窩、『惺窩文集』4巻「柴立子説」：『儒釋之道所造雖異。用力之功。亦應不殊。
　　至於眞積力久。造一朝豁然之境。則吾儒之所謂知至。而佛者之所謂契悟也。磨甎固
　　非作鏡之道。而其所以獲鏡之明者。亦應磨者之功也。夫所謂言下領悟者。非彼之言
　　徒使吾悟。皆吾立志立脚之功。眞積力久。而彼之言適觸吾心之憤悱也。啓發之緣。
　　亦應相值。而自立之功。固不可誣也。』

くことに気が急くのだが、かえって道が異なる者であるので試みたことで、
聖人の戒律を犯したことではなく、自ら異端に落ちたのだろう。しかし、人
に文を書いて与えることは仁者のする事であり、私の言葉が本来あなたの道
においては明らかにすることはできないので、せいぜい後日、顔を思い浮か
べる資料となり得るだけである[28]。

　上は「柴立子説」の結びの部分だ。『為道不同者謀焉』とは、まさに僧侶であ
る藤原惺窩の要請に応じ、「柴立子説」を書き与えることを指す。これに対す
る弁明として文を書き与えることが『仁者』の行為だということと、『私の言葉
はあなたの道においては明らかにすることはできない』ということを挙げてい
る。すなわち、儒教と仏教は決して混ざり合うことができず、彼が記述した
「柴立子説」という言葉も仏教とはまったく関連がないことを明らかにしてい
る。「柴立子説」に見られる　許筬の仏教に対する認識は確固とした朱子学的認
識を基にしたものであり、仏教への言及は藤原惺窩の馴染みのある概念を通
して朱子学の道を説明しようとする一つの仕掛けに過ぎないものだった。
　結局、許筬は金誠一とは異なり、藤原惺窩のような日本人と直接会い、文
を書き与え、筆談をかわしていた。しかし許筬も弟許篈が陽明学に対して見
せた書誌学的厳格さから抜け出していたわけではない。ただ、性理学につい
ては萌芽期にあった日本で、儒学に関心をもつ僧侶に学問的に柔軟な態度を
示したのだった。

IV. 結びに

　16世紀朝鮮は儒者が台頭し、性理学が政治哲学として探究されていた時期
だった。当時許曄一門は新進知識を受け入れ、政治的活動の中心にあった家
門である。老荘思想と仏教だけでなく陸九淵や王守仁の学問もまた探究の対
象であった。こうした研究をもとに朱子学が正学としての場を占めはじめて
いた。この時期弟許篈と兄許筬は15年ほどの間隔をおいてそれぞれ明と日本
に使行として出向いた。陽明学が盛んな明で、許篈は積極的に批判的意見を

28　藤原惺窩、『惺窩文集』4巻「柴立子説」：『子釋氏之流。而我聖人之徒。當距之之不
　　暇。而反爲道不同者謀焉。無乃犯聖人之戒。而自陷於異端之歸乎。然贈人以言。仁
　　者之事。而吾之言固不能發明於子之道。僅足爲他日面目之資。』

開陳し、儒者そのものが存在しない日本で僧侶藤原惺窩に会った許筬はきわめて柔軟な態度で朱子学を説明した。しかし、結果的に朱子学を基に異端に対する厳格さはこの兄弟においては等しく堅持されていた。

＜参考文献＞

郭貞禮,『許氏五文章家の文学的背景と活動に関する研究』, 慶熙大博士論文, 2011.

郭貞禮,「岳麓許筬と江戸儒学の勃興」,『語文研究』38巻3号, 語文研究, 2010, 411-437頁.

金東珍,「許筠の対明使行と陽明学変斥」,『文化史学』21号, 2004, 825-853頁.

金貞信,「16世紀末性理学の理解と現実認識」,『朝鮮時代史学報』 13, 朝鮮時代史学会, 2000, 1-31頁.

薛錫圭,『朝鮮中期士林の道学と政治哲学』, 慶北大 出版部, 2009, 147-167頁.

成海俊,「日本朱子学の伝来と受容」,『南冥学研究』15, 慶尙大南冥学研究所, 2003, 313-350頁.

阿部吉雄,『日本朱子学と朝鮮』, 東京大学出版会, 1965.

朝鮮前期における通信使の文化使節としての性格[*]

朝鮮前期における通信使の文化使節としての性格[*]

韓泰文(釜山大)

I. はじめに

　朝鮮王朝時代に日本に派遣された、交隣外交使節でありながら同時に文化使節でもあった通信使に関する研究は、今まで韓国国内では研究叢書が編まれるほど活発に行われてきた。しかし、通信使が朝鮮時代の全期間を通して派遣されたにもかかわらず、これまでの研究の成果は概して朝鮮後期の通信使に集中している[1]。それは、朝鮮前期における通信使関連の資料・文献が朝鮮後期のそれに比べて非常に少なく、壬辰倭乱(文禄・慶長の役)の傷痕を乗り越えて大規模に派遣された朝鮮後期における通信使の善隣友好の精神に研究の焦点が合わされていたからである。

---

[*] 筆者はこのシンポジウムのために「福禅寺所蔵の通信使の遺墨関連資料に関する研究」という論文を執筆した。しかし、その研究範囲が非常に狭かったため、今回は朝鮮前期の通信使への三国の学者たちの関心を促すという意味で、すでに掲載されている「庚寅通信使(1590)の文化使節としての性格」」(『東洋漢文学研究』36集、東洋漢文学会、2013)を修正し、発表することにした。従って、より詳しい内容に関しては本論文を参考にしていただきたい。

[1] 全13冊からなる『朝鮮通信使の使行録の研究叢書』(曺圭益・鄭英文訳、學古房、2008)には文学、外交、歴史の分野など、総67人による135編の論文が収録されているが、ここにおいても朝鮮前期の通信使に関する論文はわずか10余編に過ぎない。

　幸い、最近ではこのような研究の偏りを乗り越えるべく、朝鮮前期の通信使に注目した研究成果も徐々に現れ始めている[2]。本稿はこのような流れの延長線上に立って朝鮮前期における通信使の文化使節としての性格を庚寅通信使(1590)を通して具体的に考察しようと思う。庚寅通信使は、使行録がほとんど残っていないそれ以前の通信使とは異なり、副使として参加した金誠一の『鶴峯全集』に使行関連記録が数多く収録されており、また戦乱期に中国の要請によって派遣された丙申通信使(1596)とは異なり、自主的に派遣されたものである。したがって、本稿では庚寅通信使が繰り広げた文化交流活動の具体的な様相を探ることによって朝鮮前期における通信使の文化使節としての性格を明らかにしたい[3]。

II. 庚寅通信使の派遣背景とその路程

1) 派遣背景と規模

　1587年9月1日、日本を統一した豊臣秀吉は関白ついで太政大臣に任じられた後、橘康広を日本国王使として派遣し、朝鮮朝廷に通信を求める国書を送る[4]。朝鮮朝廷は、海路が分からないことを理由として派遣できないと通知するが、秀吉は再度、博多の聖福寺の僧侶である景轍玄蘇を正使として、對馬島主の息子である平義智を副使として、約25名の国王使を送り、海路に明るい対馬藩主の息子である平義智を「海路の指南針」として使うことを勧める。口実のなくなった朝鮮朝廷は、1587年における倭寇の全羅道損竹島への侵略の際、これを導いた朝鮮の叛民の沙乙蒲同と倭寇の頭目の召還及び、被虜人

2　代表的な研究成果としては、金声振の「朝鮮前期における韓日間の文学交流の一様相」(『東洋漢文学研究』14集、東洋漢文学会、2001) や韓泰文の「戊申通信使(1428)と朴瑞生」(『洌上古典研究』29集、洌上古典研究会、2009) などがある。

3　使行関連の詩文は許筬の『岳麓集』には載っておらず、車天輅の『五山集』にも〈松源院与金鶴峯誠一許山前筬賦七夕連句〉・〈酔席用岑字韻連句〉・〈酔中連句〉・〈杆城詠月楼〉のみが収録されている。『鶴峯全集』は『鶴峯集』・『鶴峯続集』・『鶴峯集附録』・『鶴峯逸稿』・『鶴峯逸稿附録』で構成されているが、本稿の本文と註においては『鶴峯』・『鶴続』・『鶴附』・『鶴逸』・『逸附』と略称し、その右に巻数を示すことにする。ただ、『鶴峯逸稿附録』に収録されている「年譜」はその重要度を考慮して「年譜」と記録することにしたい。

4　『宣祖修正実録』巻21、宣祖20年9月1日。以下、本稿で「朝鮮王朝実録」を引用する際は『『宣祖(宣修)』21、20(1587)/09/01』と表記することにする。日本国王使橘康広来聘(略)遂康広来求通信。

(被拉致者）の刷還を再び派遣の條件として提示する[5]。

ところが、日本は直ちに被虜人116人を刷還し、叛民の沙乙蒲同や倭寇の頭目である緊時要羅らを捧げる。もはや通信使の派遣を見送る名分がなくなった朝鮮朝廷は、答礼するのが礼儀であろうし、しかも日本の動静を探るのも失計ではなかろうと判断し、9月21日に派遣を決める。金誠一がしばしば言及しているように、乙亥通信使(1479)の派遣以来、約100余年ぶりに通信使行が再開されたのである。

しかし、すべての使行録に「員役名單」が収録された朝鮮後期の通信使の時とは異なり、庚寅通信使を含めた朝鮮前期の通信使の場合は使行録も稀で、しかも残っている使行録にさえ「員役名單」が載っていないため、その規模を確認することができない。ただ、その直前の使行である乙亥通信使の派遣時に礼曹で作成した「日本国通信使事目」によれば、約100名の人員が4隻の船に乗って渡日したものと見られる[6]。これによって庚寅通信使の規模を推測することもできるが、『朝鮮王朝実録』と『鶴峯全集』にはより具体的な手がかりが記るされている。つまり、4隻の船に乗った格軍(船頭の仕事を手伝う水夫)10余人が伝染病で寝込んでいたこと、荷物を積んだ船が2隻であったこと、日本の奸計に引っ掛かった琉球国が300人の通信使を日本に降伏して朝鮮から渡日した人たちだと中国に誤って報告したことなどの記録がそれである[7]。

結局、300余人が正使と副使の率いる大船2隻と荷物を積んだ中船の2隻に分乗していたことが分かる。それに、詩文から見い出したものであるが、使行員の存在も次のようにまとめられる。

製述官(車天輅), 文士(白大鵬・黄葺), 寫字官(李海龍), 醫官(孫文恕), 譯官(陳世雲・尹嗣壽・林春茂),軍官(金命胤・崔光順・洪季男・黄進・成天祉・南壽雲・南金雲・閔勳), 樂工(林桓・全漢守・全希福・崔伶・楊男), 格軍(金應邦)

<hr/>

5　『宣祖』23、22(1589)/08/04。

6　『成宗』100、10(1479)/01/20。『世祖』19、06(1460)/01/03によると、庚辰通信使行(1460)の時は日本国王使船2隻と対馬倭船2隻の護衛下で使臣を含めた100余人が3隻の船に分乗して出発したものと見られる。

7　①舟中染疾 連作四船 十余人臥痛(『鶴続』4、書、〈寄諸姪〉)、②有両卜船(『鶴峯』5、書、〈与許書状〉、③倭奴等以犯上国之言 亦布於琉球且言 朝鮮亦已屈伏 三百人来降 方造船為嚮道云云(『宣祖』25、24(1591)/10/24)。Frois著、松田毅一・川崎桃太訳の『日本史』2(中央公論社、1977、60頁)に、「朝鮮王の使節が300人以上の従者を連れて都城に来た」とあり、また直後の丙申通信使(1596)も309人だったので、これらを考慮すれば、300余人と見た方が妥当であろう。

　その直前にあった通信使に比べると、具体的な実名が取り上げられており、製述官・文士・写字官などの文学や書画に精通している人物、馬乗り・弓術に堪能な軍官の起用が目立つ。それに格軍の中で唯一、実名が挙げられた金応邦も事実は仏像を作る匠人であった[8]。このように庚寅通信使は使行人員の増加からも分かるように、おそらく日本人との文化交流を念頭に置いて選んだ人たちで構成されていたのではないかと思われる。

2) 使行の路程

　「員役名單」の不在だけではなく、庚寅通信使の路程においても出発日さえ3月1日(『宣修』24)、3月5日(『年譜』)、3月6日(『宣祖』24)と、文献によって相違があるぐらい具体的なことは知られていない。幸い、『鶴峯全集』には、1726年に李栽が編纂した『年譜』と金誠一の使行詩文が収録されていて、使行の路程をある程度推察することができる。使行路程を表にまとめれば、次の通りである。

(1) 往路

区分	日付	日程	証拠文献
韓国	1590.03.05	ソウル出発	<三月初五日丙子賜酒闕庭>(『鶴峯』2)
	03.08	陽之到着	<初八日宿陽智縣次許書狀韻>(『鶴續』1)
	03.11	用安出発	<十一日朝發用安驛>(『鶴逸』2)
	03.13	獺川経由	<十三日過獺川望劍巖有感>(『鶴續』1)
	03.14	安保出発	<十四日出安保驛先向永嘉時同行諸君子直往東萊>(『鶴逸』2)
	03.15	聞慶経由	<踰鳥嶺>・<聞慶途中>(『鶴峯』2)/<午憩龍湫院>(『鶴逸』2)
	03.16	安東到着	「十六日行至家」(『年譜』)
	03.23	義城到着	<二十三日發向山抵聞韶舘次東軒韻>(『鶴逸』2)
	03.24	義興到着	<龜山南溪上有小亭…>(『鶴逸』2)
	03.25	靑鷺昼食	<二十五日午憩靑鷺驛…>(『鶴峯』2)
	03.27	新寧到着	<二十七日到新寧舘次題竹軒>(『鶴峯』2)
	03.29	慶山出発	<二十九日發慶山達城伯權灝元文海曁主倅李靜可會餞>(『鶴峯』2)
	03.30	楡川到着	<三十日到楡川鰲山鰲山太守次山字韻贈行再和却寄>(『鶴逸』2)

8　技藝奪大工 萬佛能手幻(『鶴峯』2、詩、〈題金應邦帖〉)。

区分	日付	日程	証拠文献
韓国	1590.04.01	密陽到着	<四月初一日次凝川樓缸韻留贈主人>(『鶴峯』2)
	04.02	梁山到着	<過梁山龍堂>(『鶴逸』2)
	04.03	東萊到着	<初三日入東萊館>(『鶴峯』2)
日本	1590.04.27	釜山出発	「二十七日發船 宿多大浦養笠山下海口」(『年譜』)
	04.29	對馬島 大浦	<二十九日渡海到大浦舘朝起書一律示車五山>(『鶴逸』2)
	05.01	大浦出発	「五月一日發船水宿三日」(『年譜』)/<過愁未要時記所見韻>(『鶴逸』2)
	05.04	對馬府中到着	「初四日到對馬島 傳命島主」(『年譜』)
	06.?	壹岐島到着	「六月發船 泊一岐島」(『年譜』)
	06.16	大堺濱到着	「十六日渡海次界濱館引接寺」(『年譜』)/<到大界濱乘舟泛河指國都>(『鶴逸』2)
	07.22	京都到着	「七月(補)二十二日 入日本國都」(『年譜』)
	11.07	國書伝達	「十一月七日始傳命」(『年譜』)

　往路の場合、『年譜』の敍述には明確な相違点がある。つまり、韓国国内における路程ではソウル出発、安東と東萊到着の路程のみを記録しているが、それに比べて日本における路程は比較的に詳しく記録している。ところで、韓国国内での路程は厳密に言えば、金誠一個人の路程である。というのは、金誠一が王に先塋に詣でることを許され、3月14日、安保駅から使行団と別れ、故郷である安東府臨河県川前里へ向かったからである。『年譜』には、3月19日に自ら造った石門精舎に上って黄汝一らと詩を詠み合い、21日に再び故郷に戻って家廟に謁し、先塋に詣でた後、23日に家から出発したことになっている[9]。しかし、その後からは路程の日時こそは異なるが、上記の表に見られるような使行団の元来の路程をその通りに歩いたと言える。

　日本における路程は4月27日、釜山浦を立ち、多大浦の養笠山の沖に泊り、28日、木島を通る時に強風に会い、再び多大浦に戻って一泊した後、29日、対馬に着いたものと見られる。ところが、『年譜』においては壱岐島に到着するとすぐに今日の大阪堺市である大堺濱の引接寺に行き、宿泊したとだけ記るされていて、その間の路程が抜けている。しかし、これもまた、〈次十八首〉(『鶴逸』2)からその手がかりを見つけることができる。それぞれの詩の終り

9　十九日 上石門精舍 黃內翰汝一適來相訪 先生賦五言詩一篇以見志(略)二十一日 歸川前 省家廟掃先壟(『年譜』)。

に「是日向兵庫関」・「右赤間関」・「右竈戸関」・「右道毛津」・「右室津浦」と注釈が付けられており、詩句にも「牛窓過午南風正」と言及されている。したがって、庚寅通信使はそれ以前の使行や朝鮮後期の通信使と同様、瀬戸内海の代表的な港町である赤間関→竈戸関(上関)→道毛津(鞆浦)→牛窓→室津→兵庫を経由して大坂に至ったことが分かる。

② 復路

区分	日付	日程	証拠文献
日本	1590.11.11	京都出発 堺濱到着	「十一日 出次堺濱館引接寺」(『年譜』)/<次山前十一日發天瑞寺宿鳥羽村韻>(『鶴逸』2)
	12.11	兵庫關到着	「十二月十一日 發船還次兵庫關」(『年譜』)/<次五山兵庫關雪花大如乎分韻>(『鶴逸』2) *6日間滞留
	12.17	藍浦到着	「十七日 泊藍浦」(『年譜』)/<臘月旣望之一日自兵庫關暮夜揚帆行數十里泊藍浦>(『鶴峯』2)
	12.20	赤間關到着	「二十日 發藍浦過竈戸關 次赤間關阻風旬餘」(『年譜』)
	1591.01.06	藍島到着	「本月初六日 到藍島」(<與上副官對馬島主>『鶴峯』5)
	01.10	對馬島到着	「正月十日自一岐島還次對馬島」(『年譜』)/<登馬島鶴嶺城次五山韻>(『鶴續』1)
韓国	1591.01.28	釜山到着	「二月初渡海次釜山」(『年譜』)/「通信使正月二十八日出來」(『宣祖』25, 24(1591)/02/06) *記録の違い
	02.말	ソウル復命	「是月還朝復命」(『年譜』)「通信使黃允吉等 回自日本 倭使平調信等借來」(『宣修』25, 24(1591)/03/01) *記録の違い

往路の路程に比べると復路の路程は比較的に期間も短く、簡単に書かれている。長い使行によって心身が疲れており、一刻でも早く復命しようと思い、路程を早めていた。それに、既に通り過ぎたことのある道であったため、詳しく記録しようとしない気持ちが働いていた結果とみられる。これは朝鮮後期における通信使の使行録にもしばしば見られる特徴である。しかし、往路の場合と同様に金誠一が残した詩文によってある程度路程を推察することが可能である。まず、日本での路程の場合、日本の回答国書の受領と風のために約1ヶ月間泊っていた堺濱を立ち、「淀城」を経由して兵庫関に着いており、室津を立ってからは順風に乗って竈戸関を通り、赤間関に到着した後、再び風のため10日位をそこに泊っていたもの見られる[10]。即ち、堺濱(大

10　①堺濱一月滯歸楫(『鶴逸』2、〈次阻風一絶〉)、②歸意先過大坂城(『鶴逸』2、〈過淀御

坂)→淀城→兵庫関→藍浦→室津→竈戸関→赤間関の路程であった。

　一方、韓国国内での路程はまず、「倭のお寺で年を越す時に消息が絶たれたが/今夜は高い台で笑いながら、話をしている(経年野寺声音別　此夜高台笑語同)」と詠じた〈次鳳凰台韻〉(『鶴峯』2)と「旅人の遠い万里の道、やっと帰ってきたな(遠客初回万里程)」と詠じた〈題西岳書院〉(『鶴峯』2)などによって使行が慶州の鳳凰台と西岳書院を遊覧したことが分かる。また、「日本から帰って上京する時に作った(自日本上京時)」という注釈が付けられている〈題永川郷序堂〉(『鶴逸』1)や〈還自扶桑過亀城大酔贈権景初〉(『鶴逸』1)などにおいても永川と亀城(竜仁)の路程が現れている。

　以上のように、庚寅通信使は、その目的地が江戸(東京)ではなく、京都であったという点は異なるが、朝鮮後期における通信使のソウルから京都への往復路程をほとんどそのまま踏襲していたことが分かる。

Ⅲ. 文化交流活動の諸様相

　王仁・阿直岐の日本派遣と易博士・暦博士・醫博士の日本往来からみられるように昔から日韓の文化交流は人による交流であったといっても過言ではない。特に、庚寅通信使はその直前の通信使に比べて大規模な人員が参加していたので、長年にわたる国内戦争のため異国文化に接する機会のなかった日本人の耳目を集める重要な行事であったと思われる。「6月、堺濱に泊ると蛮夷が千人、万人集まって来た」という詩句や「都城に入る時に人々が皆出てきて見物し、宮女や高官たちも宮廷の下でまじまじと眺めていた」という記録など[11]はそれを裏付ける代表的な例だと言える。庚寅通信使が日本人を相手にして行った文化交流の痕跡は文学、芸能、医学、風俗など多方面にわたって現れている。

1) 文学

　朝鮮後期の通信使と同様、朝鮮前期の通信使も文才のすぐれた人たちがその参加者として選ばれていた。成宗6年(1475)、詩才のある人物がないという

　　　城))、③自離室津之後　風利舟快(『鶴峯』5、〈答平調信〉)、④二十日　發藍浦過竈戸關　次赤間關　阻風旬餘(『年譜』)。

11　六月次堺濱　蠻群千萬隊(『鶴逸』2、〈贈戲玄蘇〉)。是日也都人士女傾國出觀至於宮娃達官　看殺闕下　而瞻前顧後(『鶴峯』6、雑著、〈入都出都辨〉)。

理由で、通信使の書状官表沿沫の代りに蔡寿を参加させたこと、軍官さえも
武才のみならず、詞章に堪能な人を選抜したことなどがその代表的な例であ
る[12]。庚寅通信使の場合も例外ではなく、「文才があることで正使に任命され
た」黄允吉を始め、「書こうとして筆を執ったら、そのまま優れた文章になる」
副使の金誠一、そして「文章が簡略でありながら重みがあって」家族揃って「許
氏五文章家」と呼ばれていた書状官の許筬、彼らはいずれも当代に文名を馳せ
た人物たちであった[13]。

　さらに車天輅と白大鵬も参加したが、車天輅は以前の使行に魚無迹、曹伸
などの文辞に優れた文士が参加していたという玄蘇の言葉を受け入れ、黄允
吉が王に奏請して抜擢した人物である[14]。金誠一の残した使行詩の大半が車天
輅の詩に対する次韻詩であったことや、車天輅が文名で日本人に仰がれる存
在となったという申維翰の記録[15]などから彼の活躍ぶりを察することができ
る。また、宣祖朝の委巷詩社「風月香徒」の中心人物であった白大鵬の場合も
普段、劉希慶と共に彼の詩才に目を留めていた許筬が日本の文士たちを相手
にする人物として抜擢したのである[16]。

　庚寅通信使行時に両国文士の間で行われた文学交流をまとめてみると、次
の通りである。

作者	相手	作品
金誠一	玄蘇	<次倭僧玄蘇韻>(『鶴日』1)/<次玄蘇一絶>・<次玄蘇燕席一絶>(『鶴逸』2) 외 17題
〃	平義智	<副官送達官金畫扇請題詩書詠畫二絶還之>・<贈副官平義智四首幷序>(『鶴峯』2)
〃	柳世俊	<次瑞俊一絶>(『鶴峯』2)/<次世俊侍奉用玄蘇韻>・<次贈世俊侍奉>(『鶴逸』2)

12　書狀官表沿沫(略)其爲詩不敏。臣等以爲　使副使及書狀官雖未盡得詩人　一人必須能
　　詩者 乃可名爲大國使(『成宗』57, 06(1475)/07/16)、上曰 今日之選 不可徒取武才 須擇
　　善爲詞章者以啓(『成宗』100、10(1479)/01/19)。

13　允吉本鄙人 以辭華應選使价(『宣修』25、24(1591)/03/01)、凡有著述 援筆成章(『鶴續』
　　2、〈行狀〉)、文章亦簡重(許筠、『惺所覆瓿稿』卷24、說部3、「惺翁識小錄」下、〈我
　　家門之文章學問節行〉)。

14　通信使黄允吉啓曰(略)云先朝時　日本奉命之人率一時能文之士　如魚無迹曹紳亦嘗往
　　來 云故車天輅欲爲率去 敢棄 答曰依啓(『宣祖』23、22(1589)/12/03)。

15　揮麗詩筆 聲華甚暢 爲蠻俗之所欣仰(申維翰、『海遊錄』上、1718年1月某日)。

16　名儒許筬愛之特甚 當其使日本也 欲與白大鵬泊生偕 生以養老辭 獨以大鵬行(柳夢寅、
　　『於于集』卷6、「列傳」、〈劉希慶傳〉)。

作者	相手	作品
金誠一	蒲庵古溪 (宗陳)	<寄古溪和尙二首>・<謝古溪送桃>・<次五山韻謝蒲菴和尙携酒來訪>(『鶴峯』2)/<古溪長老設餞席於假山下賦得一絶次贈>・<臨行古溪又惠一詩次之>・<以黃布一端毛穎楮生寄贈古溪長老>(『鶴逸』2)
古溪和尙	金誠一	<八月初旬鶴峯山前兩大人遊五山之諸寺記所見予亦追次其韻效顰僧宗陳>(『鶴逸』2)
金誠一	宗珍	<次大仙院僧宗珍一絶>(『鶴峯』2)/<次正受院僧宗珍韻>・<次宗珍上人送別韻>・<次堺濱僧宗珍韻>(『鶴逸』2)
〃	竹溪	<次竹溪酬上官韻>(『鶴峯』2)/<次倭僧竹溪韻>(『鶴逸』1)
〃	宗長	<題松源院長上人江雪小障子四絶>(『鶴峯』2)/<次贈松源院長上人>・<九日松源院僧宗長來謁作一絶次贈>(『鶴逸』2)
〃	玉甫紹琮	<謝玉甫長老送松蕈及別儀茶二絶>(『鶴峯』2)/<次摠見院僧玉甫韻二絶>(『鶴逸』2)
〃	玉仲長老	<次玉仲長老送別韻兼謝贈扇>(『鶴逸』2)
〃	壽上人	<次五山韻贈壽上人>(『鶴峯』2)/<次贈壽上人>(『鶴逸』2)
〃	秀上人	<別秀上人>・<次倭僧宗秀韻>・<次秀上人近體一首>(『鶴逸』2)
〃	哲上人	<引接寺次五山韻贈哲上人>(『鶴峯』2)
〃	瑞貞	<十月初一日與山前五山同坐有倭瑞貞者各獻一詩以求和次其韻贈之>(『鶴逸』2)
〃	宗太	<次大德寺僧宗太韻七言一絶>(『鶴逸』2)
〃	宗慧	<次摠見院宗慧韻>・<又次一絶>(『鶴逸』2)
〃	雲師	<次贈雲師>(『鶴逸』2)
〃	近衛殿	<重陽日與五山對酌…付傳詩者以贈之>(『鶴峯』2)
〃	宗蕣	<相國寺僧宗蕣以一詩一扇投謁次其韻贈之>(『鶴峯』2)/<詠庭松贈唐人韻>(『鶴逸』2)
宗蕣	金誠一	<贈鶴峯>(『惺窩先生文集』)
〃	黃允吉	<贈松堂>(『『惺窩先生文集』)
〃	許筬	<次韻山前以詩見示>・<菊花副詩贈山前>・<贈山前>(『惺窩先生文集』)
許筬	宗蕣	<柴立子說贈蕣上人>・<山人柴立子袖詩見訪遠客之幸不可無答茲依元韻拾拙>・<謝柴立子見訪仍以詩投贈>・<和次柴立子再疊韻>・<三疊柴立韻索和>・<謝柴立子贈菊花副以淸詩一絶仍用元韻>(『惺窩文集』)
宗蕣	車天輅	<贈五山>(『惺窩先生文集』)
車天輅	宗蕣	<次蕣上人見詩韻>(『惺窩文集』)
宗蕣	白大鵬	<和大鵬>・<疊韻答大鵬>(『惺窩先生文集』)
白大鵬	宗蕣	<奉次山前謝柴立子贈菊韻仍贈柴立子博粲>・<次贈柴立子>(『惺窩文集』)

　詩文の贈與と唱和の相手は、対馬藩主平義智(宗義智)と近衛殿を除けば、概して使行が泊っていた京都の大徳寺の塔頭である正受院、大仙院、松源院、摠見院、天瑞院らの僧侶たちである。金誠一は主として朝鮮との外交交渉に当たった玄蘇と詩を詠み交わしている。玄蘇は当時、対馬以酊庵の外交僧で、庚寅通信使の訪日を率いる日本側の総指揮者であった。彼は宣祖に「倭人の中で、詩作が得意で、文章を作るのが上手でない人は充分に対応できないような人物」[17]と評価されており、また金誠一からも「上品さと風情、どちらも凄い(高情絶致両難裁)」(『鶴峯』2、<頃在皮多加地浦(中略)却寄蘇僧>)という評価を受けるほど文才の優れた人物であった。

　また、1585年、京都の相国寺の首座となった宗蕣との通信使の交流も注目に値する。宗蕣は徳川幕府3百年の文運の開拓者として評価[18]されている藤原惺窩の法名で、彼は日本の朱子学の創始者でもある。通信使の彼との出会いもやはり1590年8月15日に京都の大徳寺で行われたのである[19]。宗蕣は三人の使臣と筆談唱和しており、とりわけ許筬とは緊密な関係を保っていた。それは許筬が三人の使臣の中で最年少者であり、しかも約2ヶ月間付き合いながら、「会うと嬉しくて自然に笑顔になる(相逢不覚自歓顔)」(<和次柴立子再畳韻>)ほど心を許した相手になっていたからである。それで、宗蕣は許筬に自分の号である「柴立」の意味を説明してくれることを要請し、許筬は〈柴立子説贈蕣上人〉によって儒教と老仏が互いに受け入れられないことを強調し、儒教に力を尽くすよう勧めている。その後、宗蕣は姜沆に出会って退渓の学問に接するようになり、1600年には徳川家康の前で儒服を着て朱子学を講義する儒者へと変貌する。五山最高の禅僧が通信使との出会いをきっかけに朱子学を志すようになったのある。詩文唱和の交流が思想の転換に影響を及ぼした代表的な例である。

　他にも黄允吉の堂姪の黄葺と軍官南霽雲は使行の時に作った詩で詩帖を作ったりもしていたので[20]、当時の使行員たちの文学交流が日本人を相手にして活発に展開されていたことが分かる。

17　傳曰(略)況玄蘇倭人中頗通文字　而喜作詩　又必能文　然後可以應之(『宣祖』24、23(1590)/01/17)。

18　猪口篤志著、沈慶昊・韓睿媛共訳、『日本漢文学使』、ソミョン、2000、281〜285頁。

19　先生往見三使　互爲筆語且酬和詩　時先生字號柴立子　許筬之爲之說以呈焉(林羅山、〈藤原惺窩行狀〉、『林羅山文集』下 卷40(ぺりかん社、1979)。

20　『鶴逸』2に収録されている金誠一の詩〈用五山韻題黄秀才葺帖〉・〈題南霽雲叔詩卷〉がその例である。

2) 芸能

(1) 書画

庚寅通信使の構成員には、以前の使行には存在しなかった新しい役職である承文院所属の写字官が含まれていた。写字官は最初は字を上手に書く文臣に担当させていたが、宣祖に至っては士・庶人を問わず、字を上手に書く者に軍職を与え、毎日勤務するようにしている。韓石峯・李海竜がその初の受恵者であった[21]。

(イ)王は、「倭僧が文字をよく知り、琉球の使臣も常に往来していると聞いた。君たちがもし彼らと会い、詩文唱和する時に字が下手ではいけないので、その点に留意するように」と教え示した。私たちは皆低劣で、元々文章と字を書く才能が足りなく、いざとなると慌てて考えがこれにまで及ばなかった。王命を受けて驚き、また恐ろしくて皆が王命に応えられそうな者を探しだして写字官の李海竜と一緒に送ってくれることを申し入れると、王は許諾した。

(ロ)倭人たちがたとえ下品であっても /彼らもやはり名筆が宝物であることを知り /先を争って駆けて来て字を求めるので /その値が巨額のお金より高い /ビロウ(蒲葵)の葉の扇に書いてやった字もすでに多く /扁額の字、城門の上に輝いているので /蛮夷の首都で紙の値段が跳ね上り /名声は民の口で震動する。
(蠻人雖鄙野 亦知墨妙珍 奔波乞其書 重之萬金緡 蒲葵題已遍 扁額照城團 夷都紙價高名字雷衆脣) - <贈寫字官李海龍幷序>(『鶴峯』2)

これは金誠一が写字官の李海竜に与えた詩を便宜上分けたものである。(イ)は写字官の使行への参加が日本の僧侶や琉球の使臣との詩文唱和に対応するためのものであったことを示しており、(ロ)は写字官である李海竜の日本での活躍ぶりを物語っている。李海竜の活躍は釜山を出発してから始まる。つまり、対馬へ向かって海を渡る時、強風で碇綱と帆柱が破損してしまうと金

---

21 國初無寫字官 而文臣中善書者爲之 後以文臣善書者鮮少 故自宣祖朝 無論士庶善書者付軍職冠帶常仕 李海龍韓濩卽其始也(李肯翊、『練藜室記述』、別集、卷7、官職典故、承文院)。

誠一が書いた絶句一首を帆に大きく書き、無事に渡ることができたとい
う[22]。そして、対馬に着いてからは玄蘇の要請によって西山寺と国本寺の扁
額に書く文字を残しており、玄蘇はその字を大事にし、板に刻んで扁額とし
て永遠に伝えると約束する。これは、西山寺大雄殿の扁額の「万松山」と国本
寺の堂額の「福利山」がいずれも李海竜による文字であったという、丁未通信
使(1607)の使行録[23]からも確認できる。

　京都に着くと李海竜の活躍はさらに著しくなる。彼に文字を書いてくれる
ことを要請する人々が大勢押し寄せてきたため、二ヶ月の間、「宿所の玄関が
市場のように(館門如市)」なってしまったという。使行団一行が大変だと思っ
て門を閉めると木に登って塀を越えて中に入ったりもしており、李海竜が何
日か寝込んでいるとまるで自分の親が寝込んでいるかのように見舞いに来る
人が列をなしていた。その光景を見ていた金誠一は、「当初李海竜が使行の一
員として選ばれた時、国の皆が彼を取るに足りない者と見なしていたが、異
国でこれほど大事にされるとは思いもよらなかっただろう」[24]と、その人気に
驚きを禁じ得なかった。このように李海竜は、使行での写字官としての役割
はもちろんのこと、文化使節としての職務も充実に遂行していたのである。

　ところで、使行の構成員に画員はいなかったようだが、日本側の所蔵した
絵に対する品定めが行われていた痕跡が見える。

　　　　千森に霜が降りて秋の気配が濃くなっているが、/鷹は翼を広げ、豪気を
　　　威張る /ふっと、飛び立ち、上空に向かって /突き上がった /忽ち野原で血と
　　　毛をばらまく /鵬さえも海で途方に暮れているのに/　三つの洞穴を掘った兎
　　　よ、どうやって逃げるつもりか/悔しくも狩人の網に引っ掛かり /風塵の中で
　　　翅が垂れ下がり、縛られた紐が解けない。
　　　(霜落千林秋氣高 胡鷹並翼擅雄豪 瞥然一擧凌霄漢 忽地平原灑血毛 鵬擊重溟猶
　　　失措兎營三窟可能逃　惜哉誤掛虞人網　側翅風塵未解絛) -<次五山詠宋道君畫
　　　鶻>(『鶴峯』2)

22　『鶴續』1、〈二十九日渡海颺風忽作碇絶檣摧令寫字官李海龍大書詩一絶于帆面〉。

23　來路歷入西山寺(略)殿額有萬松山三字 李海龍 庚寅夏 隨黃允吉來此所寫也 又往國本
　　寺(略)堂額亦有李海龍所書福利山三字(慶暹、『海槎錄』上、丁未(1607)03/06)。

24　當初海龍之行也 國人皆以家鷄視之 豈料其見貴異邦 至於此耶(『鶴峯』2、〈贈寫字官李
　　海龍幷序〉)。

対馬の国本寺の壁に掛けられていた鷹の絵に対する感想を詠じたものである。この絵は丁未通信使(1607)が対馬藩主の屋敷の壁で見たもので、丙子通信使(1636)が対馬府中の北壁で見たという宋の徽宗皇帝の〈白鷹図〉だったのではないかと思われる。宋の徽宗は中国古代の政治史では「亡国之君」の汚名を着せられているが、中国古代の芸術史においては自ら開拓した書体の痩金体や「意境」の深い絵画作品によって絵画の黄金時代を築き上げた中心人物として評価されている。

この絵は、乙未通信使(1655)の従事官である南竜翼が述べている通り、対馬藩主が「商船に付いてきた絶寶(貴重な宝物)を通信使に自慢しようと」[25]思って出したものである。他に、宋時代の画家である王詵が描いた鷹の絵と京都松源院の僧侶宗長が描いた屏風<江雪圖>に対する感想を詠じた詩もある[26]。所蔵品に対する品定めだけにとどまってはいるが、このように庚寅通信使行では絵を介した両国文士間の交流の痕跡が窺われる。

(2) 音楽

庚寅通信使には音楽関連の人員が少なくとも5人以上参加していたものと思われる。これは、その直前の使行である乙亥通信使(1479)に楽師3人、吹螺赤2人と総5人が参加しており、直後の使行として戦乱中に派遣された丙申通信使(1596)においてさえ吹螺赤が12人も含まれていたからである[27]。

　　楽師の五人が礼服を装い/倭人の庭に跪いている/蛮夷を楽しませるためだと言うが/事理や体面も忘れず、どんなに見苦しかったものか
(五伶具禮服 庭跪鹽奴末 縱曰悅夷心 事體何屑越) - <有感>(『鶴峯』2)

7月22日、使行は日本の都に到着したが、秀吉が小田原城の北條氏を征伐しに出かけたという理由で国書を受け取ってもらえなかった。やっと9月3日に

25　蓋從商船中來者 而眞絶寶也 下列文房之具 雜以書畫之軸 以爲誇衒之地(南龍翼、『扶桑錄』、乙未年(1655)06/28)。
26　『鶴逸』2(〈次五山詠宋道君王晉卿畵鵑五首〉)、『鶴峯』2(〈題松源院長上人江雪小障子四絶〉)。
27　壬乱(文禄·慶長の役)以降に派遣された通信使行の時はその規模がさらに大きくなり、掌楽院所属の正6品の雑職である典楽2人をはじめ、吹手18人、馬上鼓手6人、銅鼓手6人、大鼓手3人、細楽手3人、錚手3人、風楽手18人など、総59人に増えている。これについては『増訂交隣志』巻5(志、通信使行)を参照されたい。

秀吉が帰って来たが、日本側は、今度は殿閣が完成していないという理由で使行の接見を承諾しなかった。その渦中に対馬藩主が楽師の演奏を見せることを要請したが、国書を渡す前に音楽を演奏することはできないと主張する金誠一の反対にもかかわらず、正使と書状官は許してしまう。上記の詩はその時の恨めしい心情を詠じたものであるが、詩の内容から5人の楽師が対馬藩主の要請によって公演していたことが分かる。

　　　　(イ)秀吉は(中略)普段着で幼い赤ん坊を抱いて出て堂上でうろついていた。その後、外に出て我が国の楽師を呼び寄せて多くの音楽を盛大に演奏させ、それを聴いていた[28]。

　　　　(ロ)林桓の十二絃の伽椰琴 /孤雲が絃を弾く方法を伝えており /漢寿の琵琶の〈馬上楽〉を演奏するに /異国に悲しい風が立つように / 〈関山明月〉一節の音が長い /希福の玉笛、優しく /涼州の百面雷を叩いたら /楊男の杖鼓、奇妙な腕だな /笛を吹いていた崔伶が笙簧を吹くと /商調と羽調、清い音が耳をかすめ /草笛で〈世番〉を吹き、軍楽が鳴り響くと /鉦と喇叭、雲の中を通して鳴り響く /大勢の楽師、昼も夜も演奏したら /秣を食べていた馬は首を伸ばして嘶き /魚は水から出て踊る /(略)/ 蛮夷たちがこんなに多いのにどうやって数えられるだろう / 城内の人が皆来て百重にも取り囲んでいるので
(林桓十二絃伽倻 儒仙指法傳於爾 漢壽琵琶馬上音 龍沙颯颯悲風起 關山明月一聲長 希福玉笛多情思 打徹涼州百面雷 楊男腰鼓呈奇技 觱篥崔伶囀笙簧 商羽瀏瀏未盈耳 金筇世番動軍樂 鐃吹迴徹重雲裏 群伶日夕迭相奏 馬仰其秣魚出水… 蟲沙蠻衆何足數 來繞百匝傾都市) - <按樂于扶桑贈諸樂師>(『鶴峯』2)

　上記の(イ)と(ロ)は、11月7日に国書を渡した後、通信使の楽師たちが秀吉の前で演奏した時の状況を書いたものである。特に、(イ)では林桓(伽椰琴)、全漢守(琵琶)、全希福(玉笛)、楊男(杖鼓)、崔伶(笛/笙簧)と、楽師の実名や特技を記るしており、また〈馬上楽〉、〈関山明月〉などの公演の楽曲名まで具体的に取り上げている。

　当時、朝鮮の楽師の公演は、金誠一が〈副官請楽説〉(『鶴峯』6)で述べているように[29]、徹底的に饗宴の場で日本人のために施された公式公演の形を取っ

28　秀吉(略)便服抱小兒出來 徘徊堂上而已 出檻外招我國樂工 盛奏衆樂而聽之(『『宣修』25、24(1591)/03/01)。

ており、その反響はすごいものであったと見られる。それは城内の人々が百
重にも取り囲んで見物していたという詩句と金誠一が楽師たちに〈贈楽師林
桓〉、〈用五山韻贈琵琶師全漢守〉、〈次五山韻贈笛師全希福〉(『鶴逸』2)などのよ
うな贈詩を与えていることからも確認できる。

(3) 馬上武芸

　馬上武芸は騎兵が弓や刀、またはそのほかの兵仗器を使いながら馬に乗っ
て武芸訓練をする身体活動の集合体で、朝鮮後期の通信使が繰り広げた馬上
才や射芸などがこれに当たる。一般的に朝鮮の馬上武芸が最初に日本で行わ
れたのは1635年4月20日のことで、徳川家光の参観下で江戸の八代須河岸で都
監別隊所属の金貞と張孝仁が馬上才を見せたのが始まりだと知られてい
る[30]。

　この時の馬上才の公演は、天下一と知られていた朝鮮の騎馬術を一度も見
たことのない家光がそれを遺憾に思って特別に要請し、対馬藩主が取り持っ
て行われるようになったが[31]、その点は注目に値する。つまり、日本の関白が
知っているほど、朝鮮の馬上武芸が1635年の前にずでに日本に広く知られて
いたことになる。それは、「弓術・馬乗り・題詠は彼らに軽々と見せてやれるも
のではないので、必ず強請を待ってから行うこと」[32]という〈日本国通信使事
目〉の記録からも確認できる。実際に、庚寅通信使も日本人に馬上武芸を繰
り広げてみせた痕跡がある。

> 　　軍校らが組み分けをして矢を引くと / 放つ度に的中する / 倭人たちは先を
> 争って歓声をあげ / 膝打ちながらぐっと見つめていた / 平義智も弓術の腕前に
> 感服したようで / 自ら大きな盃にお酒を注ぐ

29　『鶴峯』6、〈副官請樂說〉。金誠一は京都の摠見院に泊まっていた時、對馬島主が二
　　回も朝鮮の音楽を頼んだが、国書を伝えていなかったという理由でその頼みを断っ
　　た。客がこの状況をひねって朝鮮の朝廷が使行団に音楽を入れた理由を聞いたら、
　　金誠一は宴会に使うために備えたものであり、倭人のための公演に使うものである
　　こと(朝廷必爲之賜樂者何 日以備宴用也 日宴必用樂者 爲我耶倭耶 日爲倭也)をはっ
　　きりと表している。

30　金東哲「通信使遂行の馬上才の構成と活動」『朝鮮通信使研究』3号、朝鮮通信使学
　　会、2006、34頁。

31　吾殿下 年少好遊 招島主言內 朝鮮騎馬之才 天下第一 尚未一見 良可歎也 願島主爲我
　　求來云(『邊例集要』卷1、別差倭、甲戌)。

32　射御題詠 不可輕易示人 必待强請然後爲之(『成宗』102、10(1479)/03/25)。

(軍校射分耦 發發矢連帳 群倭競歡呼 擊節爭屬眸 義智服穿楊 手自酌兒觫) - <對馬島記事>(『鶴峯』2)

　朝鮮の軍官たちが対馬の人々の前で組分けして射芸を繰り広げ、それを見た日本人たちが歡声を上げる場面を詩に作っている。射芸は矢を遠い所にある的に当てる「遠的」と馬に乗って走りながら矢を藁のかかしに当てる「騎射」に分けられる。特に「騎射」は朝鮮前期を代表する騎兵の馬上武芸で、武科の実技試験の合格の可否を分ける重要な科目でもあった。それに日本もまた6世紀頃、騎馬の風俗が始まってから、平安時代には騎射が、鎌倉時代には武士による流鏑馬・傘懸・犬追物・騎射三物などの馬術が人気を博していた[33]。

　庚寅通信使の馬上武芸は金命胤、崔光順、洪季男、黄進、成天祉、南霽雲、南金雲、関勳などのような軍官たちによって行われていたものと見られるが、彼らは『鶴逸』2に贈詩の対象者として登場している。つまり、金命胤は楚時代の名弓である養由基のように「柳の葉や虱も突き通せる腕を持っており(蝨貫楊穿芸自成)」(<次五山韻贈軍官金奉事命胤>)、南霽雲は唐時代の名弓である南霽雲のように「若い時に、弓術と馬術を身に着けており(少小学弓馬)」(<題南霽雲叔詩卷>)、崔光順は「肩に烏号弓をかけており(臂掛烏号弓)」(<贈崔光順>)、関勳は「馬場でのすぐれた才能によって倭国で使行の威厳を見せた(老去猶軽汗馬場　憑汝可能威百越)」(<次五山贈破陣軍関勳韻>)と描かれているのである。とりわけ、洪季男は壬乱(文禄・慶長の役)の時に倭陣で死んだ父の死骸を引き取ってきたが、当時倭軍たちが使行で繰り広げた彼の騎射を覚えていて、対抗できなかった[34]という記録も伝わる。

　このように馬上武芸は庚寅通信使が日本人を対象に繰り広げた公演の一つで、当時日本人に強烈な印象を残した朝鮮の代表的な演戯文化としての役割を果たしていたことが分かる。

3) 医学と風俗

(1) 医学

朝鮮後期の通信使の場合、医術に精通した良医1人と、典医監と恵民署から

33　金容安『キーワードで開く日本の響』、J&C、2004、462～463頁。
34　庶人洪季男起兵討賊(略)有膽勇善騎射 屬禁軍從通信使入日本 倭人觀其騎射 記其名 至是彦秀起義兵 擊倭敗死 季男馳入倭陣 收其屍歸 倭人知爲季男 不敢相格(『宣修』26、25(1592)/07/01)。

選ばれた2人、合わせて3人が参加していた。彼らは使行員への治療はもとろんのことで、日本の医員らと「医事問答」を交わしていた。それによって『桑韓医談』(1711)、『桑韓鏘鏗録』、『韓客治験』(1748)、『倭韓医談』(1763)などの医学関連の筆談集が出されるようになった。庚寅通信使行時にも両国の医者間の交流の痕跡が見られる。

　　(イ)君は険しいことを嫌がらず / 使臣の旗下で遠い道を付いてきた / どうして自分の体のみを大事にすることができるか / 実によく船にいる皆の面倒を見た / 仁術の効能はすでにすべて知られており / 心構えにも過ちがなかった
(汝能不憚險 萬里隨征旆 豈徒扶余身 實能專一船 仁效旣已著 秉心又不懲) - <醫官孫文恕故御醫士銘之子也…賦一詩以與之>(『鶴峯』2)

　　(ロ)島国のどこにも親切な者はいなかったのに / 病中に誰が八宝春蕩を送ってくれたのか / 一袋の神妙な薬が私を生き返らせた / 客地で君に出会ったのが幸である
(海中無處見情親 病裏誰回八寶春 一劑靈丹能濟我 客居何辛見吾人)- <次書狀贈唐人韻>(『鶴峯』2)

　(イ)は金誠一が、医書をあまねく読み、薬を造ると効能があったので世の中の医者たちに仰がれていたという医官の孫文恕に、(ロ)は日本で医者として勤めながら幣帛にする詩を作るために使行を訪ねてきた中国人の稽玉泉に与えた詩である。孫文恕は、『郷薬集成方』の後を継ぐ朝鮮中期を代表する医書の『医林撮要』を編纂した宣祖朝の御医孫士銘の息子である。そして、稽玉泉は1578年、福建に向かって海を渡る時に風浪で漂流し、南蛮に到着した後、再び中国の商船に乗り日本に来て定着した南京の太学生である。特に彼は医術に精通していたため、関白に倭女を妻として迎えるよう勧められた。また、使行との出会いも彼が関白の弟である大納言に請願して成立したという点で[35]、彼は幕府の医官であった可能性が高い。さらに孫文恕と稽玉泉、二人とも医官の身分として金誠一の病気を治療したという共通点を持っている。これは使行の中心人物である副使の病気を介して両国の医者の共同治療が行われていた可能性を示唆してくれるものであって、その時ある程度の医

35　『鶴峯』2、〈唐人南京太學生稽玉泉(略)數年前又來于此 關白憐之 資給衣食 且以倭女妻之云 聞使臣之行 請于關白之弟大納言者 以詩爲贄而來謁(略)仍次其韻以贈之〉。

術の交流が行われていたのではないかと思われる。

(2) 風俗

　風俗とは昔からその社会で行われて来た生活全般に渡る習慣が固着化したものだと言える。したがって、異国人にとっては最も異質的なものであると同時に、逆にその文化の独自性を容易に把握することのできる手がかりになり得るものでもある。それに〈日本国通信使事目〉には「水路の遠近と山河の険夷、船の模様と風俗を見聞した通りに記録し、絵に描くこと」[36]という条項もあった。そのため、金誠一も「珍しい風俗についてはお坊さんに聞き(異俗憑僧問)」(『鶴峯』2、<次韻>)、「この国に住んでいる民の風俗を採録する(域内民風聊一採)」(『鶴逸』2、<題摠見院>)など、使行の期間中、始終日本の風俗に多大な関心を示していた。しかし、多大な関心とは裏腹に、申叔舟の『海東諸国記』のような具体的な観察記録は残していない。ただ、その代わりに日本に伝わっている明時代の地理書『大明一統志』に収録されている朝鮮の歴史や風俗のことで日本の僧侶との交流を持っている。

　　　僧侶の宗陳が来て『大明一統志』を見せてくれたが、そこに記載されている我が国の沿革と風俗が下品なもの、根拠のないものが多かった。私が我が国で通じる礼俗を挙げつつ、各々その下に注釈を付け、誤ったものを正して『朝鮮国風俗考異』という一冊の本にしてあげた。宗陳が感激し、当然関白に見せると言った。- 行状(『鶴附』2)

　『大明一統志』は1456年に編纂された119冊の『寰宇通志』に基づいて1461年、明時代の英宗の時に李賢が90冊に編纂したものである。明時代の地方誌の典範の役割を果たした地理書[37]で、巻89「外夷」編に「朝鮮国」をはじめ、女真、琉球国、西蕃などの朝貢国の〈沿革〉・〈風俗〉・〈山川〉・〈土産〉などが記るされている。金誠一はその朝鮮の沿革と風俗に対する『大明一統志』の誤りを見つけ出し、注釈を付けて『朝鮮国風俗考異』という本にして宗陳(蒲庵古渓)に渡したのである。さらに朝鮮の例からも分かるように日本の風俗に関する記録

36　水路遠近　山川險夷　泊船形勢及一應風俗　隨所聞見　或錄或畫(『成宗』102、10(1479)/03/35)。

37　安章利「『新増東国輿地勝覧』の〈新都八景〉と『大明一統志』の〈京師八景〉比較」『歴史民俗学』36号、韓国歴史民俗学会、2011、168頁。

にも誤りが多いだろうから、それを見つけたら必ず書いて見せるようお願いまでしていた[38]。これに対して、宗陳は『朝鮮国考異』によって朝鮮の風俗の実像がすべて分かったので、厚く感謝するという内容の手紙を送っている[39]。

このように庚寅通信使行の時には、中国の地理書に誤って書かれた朝鮮と日本の風俗を媒介にして両国の文士たちの間で文化の交流も自然に行われていたと言える。

Ⅳ. おわりに

以上、庚寅通信使(1590)を通じて朝鮮前期の通信使の文化使節としての性格を考察してみた。

その結果、庚寅通信使は文学、書画、音楽、馬上武芸、医学、風俗など多方面にわたって日本人との交流の活動を展開していたことが分かった。まず、文学は主に筆談唱和によって僧侶たちとの交流が行われていたが、特に宗蕣は許筬との交流を通じて僧侶から儒者へと変身するきっかけを作った。書画では写字官である李海竜の目を見張る活躍があり、対馬藩主の所蔵の絵画に対する品定めが行われていた。音楽の方では技芸のすぐれた5人の楽師が日本人の要請によって公式的な饗宴の場で演奏を繰り広げており、馬上武芸の方では実力のある軍官たちが演技を繰り広げて日本人から称賛を受けていた。医学の方面では使行の途中で発生した伝染病のため両国の医者の間で共同治療の活動が行われていた。また、『大明一統志』を媒介とする両国の風俗の交流も確認することができた。

したがって、庚寅通信使を中心とした考察ではあるが、朝鮮前期の通信使も朝鮮後期の通信使に劣らず、文化交流の使節としての性格を十分に有していたと言えるだろう。

38　これは『鶴峯』6に「朝鮮國沿革考異」・「風俗考異」という題で載っている。
39　蒙示朝鮮國考異一冊 貴國風俗 一擧目可得其實 深荷深荷(『鶴峯』6、〈附宗陳答書〉)。

<参考文献>

『鶴峯全集』,『宣祖實錄』・『宣祖修正實錄』,『增訂交隣志』,『海行摠載』소재 통신사 使
　　行錄
谷澤 明,『瀨戶の町並み-港町形成の研究』, 未來社, 1991, pp.29~31
郭貞禮,「岳麓許筬과 에도(江戶) 유학의 발흥-후지와라 세이카(藤原惺窩)와의 唱酬詩와
　　「柴立子說」을 중심으로」,『語文研究』38, 韓国語文教育研究会, 2010, pp.425~426
金聲振,「조선전기 한일간 문학교류의 한 양상」,『東洋漢文学研究』14, 東洋漢文学会,
　　2001, pp.28-29
金貫雄,「풍류황제 송 徽宗은 어디에 묻혀 있는가?」,『滿洲研究』11, 滿洲学会, 2011,
　　pp.150~151
金東哲,「通信使 遂行 馬上才의 구성과 활동」,『朝鮮通信使研究』3, 朝鮮通信使学会, 2006,
　　p.34
金 澈,「朝鮮後期 通信使와 韓日 醫學交流-筆談錄을 중심으로」,『朝鮮通信使研究』6, 朝鮮
　　通信使学会, 2008, pp.35~71.
三宅英利 저 孫承喆 역,『近世 韓日關係史 研究』, 이론과 실천, 1991, pp.87~92
阿部吉雄,『日本朱子學と朝鮮』, 東京大學出版會, 1965, p.43
安章利,「『新增東國輿地勝覽』의 <新都八景>과『大明一統志』의 <京師八景> 비교」,『歷史
　　民俗学』36호, 韓国歷史民俗学会, 2011, p168
呂運弼,「鶴峯 金誠一의 삶과 시」,『韓国漢詩作家研究』7, 韓国漢詩学会, 2002.
吳準浩 외,「醫林撮要 鍼灸法의 醫史學的 고찰」,『大韓經絡經穴学会誌』23, 2006, p.2
이노구치 아츠시(猪口篤志)저, 沈慶昊・韓睿媛 역,『日本漢文学史』, 소명출판, 2000,
　　pp.281~285
李俊杰,『조선시대 일본과 서적교류 연구』, 弘益齋, 1986, p.272
崔炳國,「朝鮮後期 騎兵의 馬上武藝 研究」, 中央大學校 博士学位論文, 2011, p.2
Fróis 저, 松田毅一・川崎桃太 譯,『日本史』2, 中央公論社, 1977, p.60
韓泰文,「戊申通信使(1428)와 朴瑞生」,『洌上古典研究』29집, 洌上古典研究会, 2009.

❿

朝鮮燕行使が見た清朝の演劇
－東アジアの視点から－

金文京(京都大)

Ⅰ. はじめに

　中国の明清両代にわたって、朝鮮は朝貢国として中国に毎年のように使節を派遣した。北京まで行ったこれら使節は燕行使とよばれ、『燕行録』とよばれる厖大な旅行見聞記録がのこされている[1]。その中には当時の中国の宮廷および民間で彼らが見た演劇の記録が含まれており、それらは外国人の目から見た偏見もあるものの、同時代の中国の記録にはない事実を含んでおり、研究上重要な資料となっている。

　これについては、すでに多くの研究が行われているが[2]、本稿では『燕行録』の中国演劇資料から、まず当時の朝鮮人の中国演劇観の特質を述べ、ついで1765年(乾隆30年、朝鮮英祖41年)に北京に行った朝鮮実学派の代表的な学者、洪大容の見た北京の劇場での演劇についてのハングルによる詳しい記録

1　その大部分は林基中編『燕行録全集』100巻(東国大学校　2001)に収められている。
2　磯部祐子「朝鮮使節の見た中国戯曲と戯曲観」(『青丘学術論集』第8集　1996. 3)、王政尭「略論燕行録与清代戯曲文化」(『中国社会科学院研究生院学報』1997－3)、葛兆光「不意于胡京复見汉威仪――清代道光年間朝鮮使者対北京演戏的观察与想像」(『北京大学学報』2010－1)、程芸「《燕行録全集》演劇資料輯録」(『九州学林』2010·春夏季)。

を紹介し、さらに1790年(乾隆55年)、乾隆帝80歳の誕生日を祝うために派遣された朝鮮使節が見た宮廷演劇に関する記述を、同じ時のヴェトナム使節の記録と比較し、あわせて朝鮮使節との交流について述べることにする。彼らの中国演劇観と比較することによって、演劇が当時の東アジア文化交流において、どのような意味をもっていたのか、その一端を考えてみたい。

Ⅱ. 朝鮮使節の見た中國演劇

　朝鮮半島の人々が中国の演劇に接したのは、きわめて古いことであったと思える。周知のごとく、中国史上、本格的な演劇が成立したのは、13世紀の元代のいわゆる元曲においてであったが、この時代の高麗人が作った中国語会話の教科書『朴通事』には、当時の北京の拘欄(劇場)についての記述、また元曲の歌詞からの引用がある[3]。次の明代になると、朝貢使節が中国において演劇を見たことはむろんでるが、特に豊臣秀吉の朝鮮侵略、いわゆる壬辰倭乱の時、援軍として朝鮮に来た明の軍隊が演劇を上演し、国王の宣祖までもがそれを見た。宣祖は、明軍の要請によって建てられたソウルの関羽の廟での儀礼に半ば強制的に出席させられ、そこで演劇を見るはめになったのであるが、国王に随行した臣下たちは、元来、儒教的礼教観念から演劇には否定的であったのが、このような体験を通じて、さらに中国演劇への違和感と反感を募らせたと思える[4]。

　明代の『燕行録』には、演劇に関する記録は多くないが、たとえば朝鮮最初のハングル小説『洪吉童伝』の作者として知られる許筠(1569-1618)は、1615年(萬暦43)年、中国に行った時に、道中で『西廂記』の上演を見て七言絶句二首(「路左有演西廂戯者」)を作っている[5]。『西廂記』は1506年(正徳元年、朝鮮燕山君12年)には、すでに朝鮮に輸入されており[6]、通俗文学に理解のあった許筠

3　『朴通事諺解』巻中(亜細亜文化社影印本　1973)139頁。記事の主体は雑技だが、「諸般唱詞的」とあるのは、演劇であった可能性もある。

4　『宣祖実録』巻100，31年(1598、萬暦26年) 5月14日：上親祭于關王廟。上進跪焚香，連奠三爵。上前後各行再拜禮。禮畢，遊撃設庭戯，邀上共賞。司諫院啓曰，「接見至嚴之地，設以優倡雜戯，自上親臨，極爲未安。」…答曰，「天將前措辭，不可如是爲之。任其所爲，豈爲大段。」

5　『乙丙朝天録』(1615)10月：(一)假装雌服舞翩韆。播鼓吹簫闐市塵。扮出西廂新雜劇，崔娘遺臭至今傳。(二)少年曾讀會真詩。常鄙微之作傳奇。紀實換名真技倆，可憐名節最先虧。(『燕行録全集』7冊298頁)。

はそのテキストも読んでいたと思われるが、詩の中では、「崔娘の遺臭今に至るまで伝わる」、「常に微之(元稹)の伝奇を作るを鄙しむ」と批判的である。

　清朝になると『燕行録』中の演劇記事は俄然増加するが、この時期の朝鮮使節は、満州人の清朝を夷狄視し、自らを中華文明の正統な継承者とする、いわゆる小中華思想を濃厚にもっており、その点が演劇観にも強く反映している。たとえば1713年(康熙52年、朝鮮粛宗38年)2月21日、永平府(河北省唐山)の戯屋で、「班超万里封侯」、「秦檜上本」などを見た金昌業は、

　　　観客はみな銭を施し、その費用は安くない。しかし演じるのはみな前代の歴史や小説で、その内容には善悪ともにあるが、人が見れば、どれも善を勧め、悪を懲らしめるに足りる。また演劇中の前代の衣冠制度や中国の風俗には、見るべきものが多い。今日、漢人の若者が中華の制度を慕うのは，観劇のおかげとも言えよう。そういう点からいえば、俳優もまた必要である。(觀者皆施錢財，費亦不貲。然其所演，皆前史及小説，其事或善或惡，使人見之，皆足以勸懲。而前代冠服制度，中國風俗，可觀者多。如今日漢人之後生，尤羨慕華制者，未必不由於此。以此言之，戯子亦不可無也。)[7]

と感想を述べている。清朝における漢人の衣服、風俗がみな満州人のものになってしまった中で、演劇ではなお漢人本来の衣服が用いられ、風俗が見られる点を評価したものである。また1765年(乾隆30年、英祖41年)、北京で演劇を見た洪大容が、

　　　「場戲」はいつの時代から始まったのかわからないが、明末には極めて盛んであった。…その婬靡な雑劇は、王政の必ず禁止すべきものだが、ただ明が滅んで以来，漢官の威儀や、歴代の章服は、演劇によって遺民たちが見ることができ、後の王が法ることができるのであるから、決して些細なことではない。(場戲不知倡自何代，而極盛於明末。…此其婬靡雜劇，王政必所禁。惟陸沉以來，漢官威儀，歷代章服，遺民所聳瞻，後王所取法，則非細故也。)[8]

6　『燕山君日記』巻62，12年(1506)4月13日壬戌：傳曰，剪燈新話、剪燈餘話、效顰集、嬌紅記、西廂記等，令謝恩使貿來。おそらく『西廂記』現存最古の版本である弘治本であろう。

7　金昌業『燕行日記』二月二一日、『燕行録全集』32冊167頁。

8　洪大容『湛軒燕記』巻4「燕行雑記」四「場戲」、『燕行録全集』42冊412頁。

と述べるのも同じ考えであろう。当時の朝鮮人は、中国の衣服が満州化したのに対し、朝鮮が古来の制度を保っていることに多大な優越感をもっていた。李押の『燕行紀事』(1777)には、

　　　清人の冠服は、彼ら自身も情けなく思っており、我らもそれを笑いものとした。…彼らと話すたびに、その衣服の制度を尋ねると、漢人は顔を赤らめて恥じ入るのであった。(清人冠服，渠輩自視歎然。我人亦笑之。…毎與渠輩語，問其衣服之制，則漢人輒赧然有慚色。)[9]

とあり、彼らがたびたび、服装を話題として漢人を辱めていたことがわかる。ところが、ここに思わぬ落とし穴があった。1798年(嘉慶3年、正祖22年)の徐有聞『戊午燕録』
　1月27日に、

　　　無知な輩は、我らの服装を見ると、必ず役者のようだと笑うが、惜しいことだ。(無識之彼人，見我服色，則必笑曰戲子一様。豈不可惜。)[10]

また1801年(嘉慶6年、純祖1年)、李基憲『燕行詩袖』の「戲子棚」に、

　　　道端の芝居小屋には黒山の人だかり、役者が中華古代の衣冠をつけているので、我ら朝鮮人を見ると、役者のようだという。我らは大いに笑って、我らの本物の衣冠を見たなら、どうしてお前たちの偽物を捨てないのだ、と罵った。(路傍戲棚人如山，乃著華人古衣冠。見我朝鮮人，謂是與戲子恰一般。我人大笑相與罵，見我真衣冠，胡不棄爾假意者。)[11]

さらに1785年(乾隆50年、正祖9年)著者未詳の『燕行録』一月八日、盛京(瀋陽)の条には、

　　　その俗に広い袖に帽子をかぶって戲れるものを高麗舞という。彼らは役者のようだと我らをからかおうというのか。朝鮮には自ずと衣冠があり法る

　9　『燕行録全集』53冊52頁。
　10　『燕行録全集』62冊247頁。
　11　『燕行録全集』64冊443頁。

べきであるのに、それを役者の道具と見なすとは、驚くべきことではない
か。(其俗目闊袖加帽而戯者曰高麗舞。彼欲以倡優戯我耶。東國自有衣冠可
法，而竟為倡市戯具，豈不可駭耶。)[12]

とある。清朝も中期以降になると、漢人たちは満州人の衣服にもすっかり慣
れ、それを恥じる気持ちも薄れたのであろう。朝鮮人の衣服をみて、かえっ
て役者のようだと笑うようになったのである。小中華を自負する朝鮮人とし
ては、まことに憤懣に堪えない事態であった。しかし最後に引いた「東国には
自ずと衣冠の法るべきあり」という記述からは、朝鮮の方でも、自らの服装は
必ずしも中華の継承ではなく、固有のものであるという意識が芽生えていた
のかもしれない。このような状況の中で、従来の儒教思想や華夷観念からで
はなく、中国演劇の背景にある商業の発展や文化の多様化を読み取ろうとす
る動きも現れた。1828年(道光8年、純祖28年)、著者未詳『赴燕日記』(1828)6
月13日の条に、

　　食事後、崇文門を歩いて出て芝居をみた。城内外の劇場は百を数え、そ
　の広大な建物と豪勢な道具、服装や器具は、決して我が国にはできないもの
　である。(飯後歩出崇文門觀倡戯。城内外倡戯之樓數百其所，而屋制宏大，
　器具侈麗，服色與器械決非我國可辦也)[13]

また同書には、

　　我が国の俳優は一人で諸役をつとめるのに対し、中国の俳優は、それぞ
　れ役を分担するので、数十名にもなる。(我國倡優以一人而兼作諸般態戯，
　而彼倡戯者，各設所掌，不知幾數十人。)[14]

という記述も見える。これは、朝鮮には当時まだパンソリのような一人で行
う語り物しかなく、またソウルには劇場がなかった状況と比較して、中国演
劇の発達とそれを支える経済力に注目したものである。このように従来の固
定的な観念により自らの優位を誇るのではなく、当時の清朝の現実をありの

12　『燕行録全集』70冊93頁。
13　『燕行録全集』85冊57頁。
14　同上151頁。

ままに認め、その先進性から学ぼうとする態度は、特に18世紀以降の、実学派、北学派とよばれる人々の間で顕著となる。その一例として代表的な実学者の一人である洪大容の中国演劇体験を次に見てみよう。

Ⅲ. 洪大容のみた北京の劇場

1) 『乙丙燕行録』(ハングル)と『湛軒燕記』(漢文)の北京演劇記事

　洪大容(1731−83、号は湛軒)は、1765年(乾隆30年、英祖41年)叔父、洪檍が燕行使の書状官となったのに子弟軍官として随行し、11月2日に漢城(ソウル)を出発、12月27日に北京に到着、翌年の3月1日に北京を発て、5月2日にソウルに帰った。北京では、宣武門外の天主堂に赴き、宣教師で清朝の欽天監につとめていた劉松齢(A.VonHallerstein)と鮑友官(A.Gogeisl)に面会して西洋の文物やキリスト教について問答をかわし、また杭州の文人、厳誠、潘庭筠、陸飛と交流するなど、活発に見聞を広めた。帰国後、彼はその体験をすでに引用した漢文の『湛軒燕記』にまとめたが、その他に彼にはハングルで書かれた『乙丙燕行録』がある。ハングルで書いたのは、母親に読ませるためであったとされる。両者の内容はおおむね重なるが、漢文版が項目別なのに対して、ハングル版は日記の体裁をとっており、内容はより詳細である。

　『乙丙燕行録』全10巻は、現在、韓国学中央研究院蔵書閣と崇実大学基督教博物館にそれぞれ写本が所蔵されており、両者にもとづく校注本が二種、韓国で出版されている[15]。以下これによって、1766年1月4日、彼が正陽門外に劇場で見物した演劇に関する部分(巻三)を日本語に翻訳する。

　　　正陽門に着くと、車と人馬が道を埋めるほどだが、互いに先を争うことなく、声をあげることもなく、静かで落ち着いたところは我が国とは比較にならない。(中略)
　　　門を出て二つほど路地をまわり、ある家の前に来ると、中から音楽が聞

15　『주해을병연행록(注解乙丙燕行録)』(태학사1997)は、原文を翻字したもの、『홍대용의북경여행기〈을병연행록〉(洪大容の北京旅行記〈乙丙燕行録〉)-산해관잠긴문을한손으로밀치도다』(돌베개 2001)は、原文を現代韓国語に翻訳したもの。観劇の記事は前者の218頁以下、後者の104頁以下に見える。また蔵書閣所蔵本の影印は、『燕行禄全集』巻43に収める。

こえ、まさに芝居をしているところ。大きな門の前に五六人が交椅にすわり、前に長い机を置いて、お金と算盤、帳面が載せてある。みな衣服鮮明、人物俊秀で、戯子の主人である。戯子とは我が国の山台(仮面劇)と同じで、小説の中から昔の面白い事跡を模倣して、偽りの衣冠、偽りの人が演技するので、事跡を知っている人は、本物を見るように思う。そのため士族の耳目を大いに惑わせる。中国にこの遊びが生まれて久しいが、大明の時に甚だ盛んであった。民間だけでなく宮中でも役所を置いて、昼夜に練習し天子の慰みとした。当時、多くの臣下が諫めたが、結局なくすことはできなかったほどで、人を惑わすことがわかる。

　また以前聞いたところでは、夷狄がはじめて中国を統一した時、国王は皇帝の父で天下の英雄であった。自分が天下を平定したが、皇帝にはならず退こうとした時、天下の有名な戯子をみな集め、数日間演技をさせると言って、数十隻の舟に人と器物を載せ、夜になって舟に穴を開けさせ、人、物ともに水に沈ませた。これは人民の無駄な浪費を禁じ、皇帝のよけいな遊びを防ごうとしたのである。しかし結局はなくならず、近年はさらに盛んで、皇帝もしばしば上演させるという。

　芝居には主管する人がいて、物力を出してまず家を準備し、すべての器物、什物を備え昼夜に上演して、見物人から銭と銀をもらい、それを生計とする。少なくとも銀六七万両、大規模なら十万両以上が要るという。セパル(中国語ができる下男の名前)が入って主人に見物したいと言うと、主人は、「客がみな事前に予約しており、今日は座席がないので見物できません」と言った。セパルが何度も頼むと、主人は中の人を呼んで何か言うと、セパルに、「どうしても見たいのなら、あなたの老爺一人だけ入ってもよいが、ただしまず代金を払ってからです」と言ったが、一人が終日見物する値段は小銭5つである。すぐに5銭を出して机に置くと、主人は帳簿につけて、小さい紅紙を一枚出して、字を書いたが、見れば、「一人五銭をもらったので、見物を許可せよ」という意味である。文句は印刷してあり、人数と値段だけ書き込むようになっている。その紅紙をもって中に入ると、そこにも交椅に坐った人が紅紙を出せと言うので、出すと、その人は見て階段をあがり、ついて来いと言う。

　あとをついて上がりながら、まず構えた制度と見物の手続きを見ると、建物は屋根が十三梁、四面は十五、六間で、東の壁に戯台をしつらえ、三四間の幕をかざり、三方は絹の幕で覆ってあるが、これは体を隠して扮装して出てくる所である。幕の左右に門があり、門に絹の簾をつけてあるが、これ

は戯子(役者)が出入りする門である。幕の外に二三間の卓子を高くしつら
え、その上に何人もの人が並んで座っているが、これは伴奏する人を座らせ
る所。笙と弦子、縦笛、胡琴、小鼓、大きな銅鑼、黒い牙拍が伴奏楽器であ
る。卓子の下に広さ六七間で、三面に巧妙な彫り物をした欄干をめぐらし、
その中に絹の敷物を敷いて、多くの道具を並べてあるが、これは戯子が演技
する所だ。幕の前に二つの懸板をつけ、きれいに彩色し、金文字で各々「玉
色金声」、「潤色太平」と書いてある。

　戯台のまわりには、ぐるっと各種の灯籠が懸けてある。瑠璃灯は或いは
丸く或いは長く、各々色が異なり、羊角灯には多くの草花を真彩で玲瓏と描
き、紗灯は樺留で枠を作り、薄い絹を張ったもので、上に淡彩で山水、人物
を描いてある。灯籠にはみな五色の糸の房がついているが、これらはみな人
の目を眩惑するためである。戯台の前、五六歩下がって欄干を立て、その中
に何列も板凳を並べてある。二階は三面に棚をしつらえ、やはり欄干をめぐ
らしているが、合わせて数十間にもなる。そこにまた所狭しと板凳が置いて
あるが、これは客が座るためである。前の板凳は低く、後ろは順々に座板を
上げて、段々高くなるように作ってあるが、これは客が重なって座っても、
前が見えるようにするためである。三つの板凳を一組にして、一つの板凳に
三人ずつ座り、真ん中に卓子を置いて、九人が共用するが、これは体をもた
れかけて休むためである。卓子の三面には各々紅紙が張ってあるが、これは
外からもってきたもので、客の座席を表示するためである。紅紙を貼ってあ
れば、席が空いていても他人が坐らないが、これは他人の席に勝手に坐ら
ず、席を空けておいて主を待つのであり、卓子の上には皿に糊が入れてある
が、これは紅紙を貼るためである。

　大きな皿に黒い西瓜の種が山盛りにし、みんなでいっしょに食べる。茶
碗をそれぞれ置いて茶の葉を入れ、二三人が茶罐でお湯を沸かし、廻りなが
ら空いた茶碗に絶え間なく続けて湯を注ぐが、これは客に茶を勧めるのであ
る。木の板の真ん中に細い柱を立て、鉄糸を三重のヒモに結び、その上に糸
のように細い香をいっぱい結んで、一方の端に火をつけ、ずっと消えないよ
うにしてあるが、これは煙草の火に備えるためである。客は千人近いが、辺
りは静かで、戯子の歌とせりふはよく聞こえるが、これは風俗が簡静で騒が
しいのを嫌うためである。楼の上には三面に光窓をつけ、日光が入るように
してあるが、これは中が暗くないようにするためである。二階の三面は、み
な赤い幕で覆われているようで、目映く目を開けられないほどだが、これは
客が頭の上につけた赤い糸の纓子である。その中には各色の頂子をつけた人

がいるが、これは官職についている人も見物を恥じないということを物語る。戯子の演技が可笑しい場面になると、突然雷が鳴って建物が倒れそうな音がするが、これは客が一斉に笑う声である。

　その人が紅紙をもって当りを見渡したが、空いた席はなかったので、紅紙を返して、「座席がないので、後日またお越しください」と言う。仕方なく板凳の後に立ったが、多くの下人たちはみな無理やり上に座っている。私の前に空いた席がひとつあり、卓子の上に紅紙だけが貼ってあったので、セパルを呼んで、その席を借りるよう言ってみさせた。セパルが横に座っている人に、「うちの老爺が初めて来たのですが、見物したくとも席がありません。この席をちょっとお借りして、主が来ればすぐに空けてさしあげますがどうでしょう」と言うと、その人は自分の知ったことではないので、勝手にしろと答えた。きわめて姑息ではあるが、仕方なくしばし坐っていたが、横の人達がみないやがっている様子なので、外国人とは坐りたくないのだと思えた。

　皿の西瓜の種をみな食べているので、私もふたつほどつまみながら、下の芝居を見た。一人は女装しているが、衣服、飾りが豪華であるのみならず、容姿も絶色である。欄干の中を行きつ戻りつ、客席に向かって手をふりながらなにか台詞をしきりに言うが、恨むような気色を帯び、悲しい事情があるようである。全身をひねり、時にあごをあげ、頭を傾け、さまざまに淫らな態度を現すところを見ると、淫乱な女が夫の意を得ず怨望しているようだ。しばらく台詞を言ってから声を高めて歌をうたうが、卓子の上のさまざまな楽器が一斉にその曲調に合わせる。歌が終わると音楽も終わったが、そういう決まりのようだ。

　やがて別の人が中から出てきたが、出る時には鐘を何回もうるさく早く鳴らすが、これも決まりであろう。その人は顔に墨を塗って広大(朝鮮の俳優)のように醜く描き、左右に跳びながら、その女にちょっかいを出すが、女は相手にせず、なにかをひたすら訴える。中からまた人が出て来たが、官員の格好で、頭に網巾をかぶり、紗帽冠帯した様子がまったく我が国の衣冠であるが、これは大明の時の制度であろう。ここの人は走るということがないが、この冠帯して紗帽をかぶった人も門を出ながら、肩をいからせ腹を出して重々しく歩いた。これを見ると戯子の遊びは賤しいものとはいえ、漢官の威儀を示すに十分であることは奇特なことである。その人は歳が若く顔立ちはすっきりしているが、毛で髭を作りあごに掛けているところはひどく可笑しい。その人が出ると、後から多くの従者のような者がついて来て、交椅

を出し官員を坐らせると、女はその官員を見て、さらに怨望する気色で、なにかをしきりに言うのである。

　私の横に坐った人が、「あなたの国にもこういう遊びはありますか」と聞くので、「ありますが、やり方が異なります」と答えた。その人が、「あの女はどうですか」と聞いたが、私が、「顔はとてもやさしいが、本当の女ではないので、どうして見るべきものがありましょう」と言うと、その人は首をふりながら、「本当の女で男ではありません」と言ったが、これは私が外国人なので、馬鹿にして騙そうとしたのであろう。

　しばらくして、その官員が交椅に横たわり、寝る様子をすると、絹の垂れ幕で前を隠し、多くの人が幕の外にひかえる。そして幕を掻き分けて官員が起きて坐ったが、ひどく立腹した様子である。この時、女はすでに中に入り、中から旗と軍楽の道具をもった者がたくさん出て官員の前に整列したが、なんのことか分らず、味けなく、言葉も歌も分らない。横の人に聞くと、大明の正徳皇帝の翡翠園の話で、官員は察院であると言った。

　やがて席の主が入ってきたので、すぐに立ちあがって席を譲り、外側で立っている人の間に入ったが、ひどく疲れ、奇怪な挙動が色々出てくるが、なんのことやら分らないので見るべきものもない。そこでみなを引き連れ楼を降りてきたが、下には空いた席がかなりあり、みなで坐って見物したが、終始無味なので帰ろうとした。すると茶罐をもった人が茶代を払って行けと言う。茶を飲んだ覚えがないので、「茶も出さずに値だけを取ろうというのか。一杯もってくれば飲んでから代金を払ってやろう」と言うと、それを聞いた左右の人々がみな笑った。その人が茶をもってきたので、小銭ひとつを払い、門を出て大通り沿いに行くと、正陽門の手前、大通りの横に五間の牌楼が建っているが、制度や色彩はとても立派である。(中略)訳官の一人が言うには、正陽門外には劇場が多いが、その中でも大きな劇場は皇帝が作ってあたえたものであり、毎年、税金をもらって使うので、器物や食べ物、飲み物はたいへん豪華だ。そこは貴人や富裕な人々が行くところで、貧乏人はとても行けない。一日遊ぶのに食事代として銀六七両かかるが、飲食はきわめて豊富でとても食べきれない、という。

　以上の内容は、漢文版の『湛軒燕記』「燕行雑記」四「場戯」とほぼ同内容だが、漢文版にあった「遺民の瞥瞻するところ，後王の取法するところ」などという観念的な措辞はこちらには見えず、そのかわり具体的な事実や描写はより詳細である。たとえば清朝が中国を統一した時、皇帝の父で自らは帝位に

つかなかった天下の英雄が、俳優を船に乗せて水に沈めたという記述は漢文版にはない。これは順治帝の摂政王であった多爾袞(ドルゴン)を指すと思える(したがって父ではなく叔父)。また最後の皇帝が作った劇場についてもハングル版のみにみえる。このような事実は、むろん中国の資料にはみえず、おそらく洪大容が現地で聞いた噂であろう。比較のため、漢文の「場戲」を以下に引用しておく[16]。

　　場戲不知倡自何代、而極盛于明末。奇技淫巧、上下狂蕩。甚至于流入大
　内、耗經費曠萬機。至于今戲臺遍天下。嘗見西直門外、有戲具數車、皆藏以
　紅漆櫃子。使人問之。答云、自圓明園龍戲來。盖皇帝所玩娛也。正陽門外有
　十數戲庄、自官徵税有差。其大者創立之費銀已八九萬兩、修改之功不與焉、
　則其收息之繁富亦可想也。盖一人一日之觀、予之三四兩銀、則不惟戲翫之娛
　而已。茶酒果羞極其珍美、飽嬉終日惟所欲、所以綺紈富豪耽嗜而不知止也。
　此其淫靡雜劇、王政所必禁。惟陸沉以來、漢官威儀、歷代章服、遺民所聳
　瞻、後王所取法、則非細故也。且以忠孝義烈、如五倫全備等事、扮演逼其
　眞、詞曲以激颺之、笙簫以滌蕩之、使觀者愀然如見其人、有以日遷善而不自
　知、此其懲勸之功、或不異於雅南之教、則亦不可少也。正月初四日、觀于正
　陽門外。其樓臺器物、布置雄麗、程度雅密、雖其淫褻游戲之中、而節制之整
　嚴、無異將門師律。大地風采、眞不可及也。其屋上爲十三樑、倚北壁築數尺
　之臺、圍以雕檻、卽戲臺也。方十數步、北隔錦帳、帳外有板階一層、上有六
　七人、皆執樂器、笙簧、弦子、壺琴、短笛、大鼓、大鉦、牙拍等諸器備焉。
　錦帳之內戲子所隱身換裝也。左右爲門、垂繡簾、戲子所出入也。門有柱聯一
　對、句語妍麗。上有扁曰玉色金聲、曰潤色太平。周懸羊角, 花棃, 絹畫, 玻
　瓈諸燈。皆綵線流蘇、珠貝、瓔珞。臺之三面環以爲階、以坐觀者。其上爲板
　樓一層、亦三面。周置高卓、卓上西瓜子一楪、茶椀七、糊膠一鍾。其香絲一
　機、終日不絕火、爲吸烟具也。卓之三面俱置橙子、恰坐七人以向戲臺。後列
　之橙卓更高一層、令俯觀無碍。凡樓臺上下、可坐累百千人。凡欲觀戲者、必
　先得戲主標紙、粘于卓上、乃許其座。一粘之後、雖終日空座、他人不敢侵。
　標座既滿、雖光棍惡少、不欲強觀。俗習之不苟也。始入門、門左有堂。有人
　錦衣狐裘、設椅大坐。傍積銅錢、前置長卓、上有筆硯及簿書十數卷、紅標紙
　數十局、標紙皆印本。間有空處、余就而致意。其人曰、戲事已張、來何晩

乎。無已則期以明日。強而後受銅錢五十文、取標紙填書空處曰、高麗老爺一位、又書錢數。余受而入中門、中門內又有椅坐者、亦辭以座滿。良久呼幫子、與標紙。幫子由層梯引余登樓遍察、諸卓無空處。幫子亦以標紙、辭余期以他日。余見樓東有粘標而座空者。余請于幫子、少坐以待座主。盖余自初強聒、旣大違其俗、乘虛攘座、眞東國之惡習。而苟悅目下、不俟明日、又東人之躁性。其戲主及幫子之許之、若不欲拘以禮俗然也。同坐者皆相顧避身、亦有厭苦色。時過年纔數日、一城衣飾旣鮮。況觀戲者多游閑子弟。是以樓上下千百人、袨服紅纓、已爲戲場之偉觀也。盖一場人山人海、寂然無譁聲、雖緣耽看、俗實喜靜。至戲事濃奇、齊笑如雷。其戲事、聞是正德皇帝翡翠園故蹟。有男子略施脂粉、扮作艷妝態色極其美、往往爲愁怨狀。每唱曲則衆樂齊奏以和之。或有官人披襟而出、據椅有怒色。前列旗鼓、少間即下帷假寐。問于同坐、答云按察也。盖其戲事少變、必鳴鉦以爲節。其官人皆着網巾紗帽團領、宛有華制。聳肩大步、顧眄有度、所謂漢官威儀者、其在斯矣。但旣不識事實、眞是癡人前說夢。滿座歡笑、只從人煗如而已。東歸至玉田縣、見街上設簟屋張戲。乃與數兩銀、拈戲目中快活林以試之。乃水滸傳武松醉打蔣門神事也。比本傳小異、或謂戲場之用別有演本也。此其器物規模、視京場不啻拙醜。而旣識其事實、言語意想、約略解聽、則言言解頤、節節有趣、令人大歡樂而忘歸、然後知一世之狂惑有以也。

2) 乾隆年間の北京の劇場

　乾隆末期、北京の劇場は、食事を提供する酒館形式から、茶菓のみの茶園形式に移行しつつあった。洪大容のいう皇帝が作った豪勢な劇場は酒館、彼自身が直接見聞した劇場は茶園に相当する。この時期、名前の分る茶園劇場は、万家楼、同慶楼、方和楼、中和楼、裕興楼、慶豊楼、長春楼、慶楽楼の八か所で、主に正陽門外にあった[17]。洪大容は、惜しいことに自分が行った劇場名を記していないが、おそらくこの中の一つであろう。

　従来、北京の茶園についてのもっとも早い記録は、1777年(乾隆42年)に成書した李緑園の小説『岐路灯』第10回の次の箇所であるとされている[18]。

17　以上、茶園劇場については、廖奔『中国古代劇場史』(中州古籍出版社　1997)第七章第五節「酒館向茶園劇場的過渡」、廖奔・劉彦君『中国戯曲発展史』(中国戯劇出版社 2010)第四巻、第九章第三節「茶園の興盛」参照。

18　『岐路灯』(中州書画社　1980)上108頁。注17前掲書参照。

　　　宋雲岫は車の前に坐り、まっすぐに同楽楼まで来て降りると、車と馬を
茶園の番頭にあずけ、二人の旦那を案内して、楼にのぼった。一つの大きな
桌子の座席が三つあり、ボーイが脇に控えている。桌子の上にはさまざまな
点心がそろっていて、西瓜の種をひとつまみ、手で茶杯をもちあげ下の方を
見ると、ちょうど舞台の正面で少しも遮るものがない。あたかも銅鑼、太鼓
が響き芝居がはじまる。出し物は、「唐玄奘西天取經」の「女児国」の段。(雲
岫坐在車前、一徑直到同樂樓下來、將車馬交與管園的。雲岫引着二公、上的
樓來。一張大桌、三個座頭、僕廝站在傍邊。桌面上各色点心倶備、瓜子兒一
堆、手擎茶杯、俯首下看、正在當場、秋毫無礙。恰好鑼鼓饗處、戲開正本、
唱的是唐玄奘西天取經、路過女兒國。)

　　劇場内の様子など、洪大容が述べるのと共通するが、洪大容の記述の方が
ずっと詳しく、しかも『岐路灯』より12年早い。北京の劇場史を知るうえで、
貴重な資料であろう。

3)『翡翠園』－洪大容が見た芝居

　　この時、洪大容が見た芝居は、漢文版、ハングル版ともに『翡翠園』であっ
たと記されている。『翡翠園』は、明末清初の蘇州の劇作家で、『十五貫』の作
者として有名な朱素臣の作品で、『古本戲曲叢刊』三集に中国国家図書館所蔵
の写本影印が収められており、その他、中国藝術研究院戲曲研究所に三慶班
の抄本があるという[19]。内容は、明の正徳年間に起こった南昌の寧王の反乱を
背景に、南昌の士人、舒得溥と、その子で1517年(正徳12年)の状元であった
舒芬が、寧王府の長史、麻逢之によって冤罪に陥れられるが、按察副使の胡
世寧、麻逢之の娘の翡英、および珠売りの娘、翠児らの尽力によって救われ
る事件を描いたものである。
　　1795年(乾隆60年)刊の『消寒新詠』巻3には、当時の俳優、李増児と潘巧齢官
が『翡翠園』の中の「盗令牌」と「売翠」を演じるさまを歌った詩がみえ[20]、また
1770(乾隆35)刊『綴白裘』6集巻4には、『翡翠園』の「預報」「拝年」「謀房」「諌父」
「切脚」「恩放」「自主」「副審」「封房」「盗牌」「殺舟」「脱逃」の諸齣が収められてお
り[21]、当時この作品がよく上演されたことがわかる。

19　郭英徳『明清傳奇綜録』(河北教育出版社　1997)上、656－659頁。

20　『京劇歴史文献匯編』(鳳凰出版社　2011)「清代巻」壱、130頁。

21　汪協如校『綴白裘』(中華書局　1955)六集、195－246頁。

　　洪大容は、むろんこの作品についての予備知識はまったくなく、しかも中国語は片言しか理解できなかったのであるから、彼が述べる舞台の様子が不正確であるのは当然である。しかしおおむねは劇の内容に合致しているようで、それがどの場面かを推測することが可能である。洪大容が述べる舞台の場面は、ほぼ以下の四つの部分にわけることができる。

① 女装した美人が、欄干を行きつ戻りつ、恨むような気色で、なにかをしきりに訴える場面－これは珠売りの娘、翠児(脚色は貼)が、主人公の舒得溥を救おうと思い悩む場面(「拝年」)、または麻逢之の娘の翡英(旦)が、舒得溥の無実を訴える場面(「諫父」)と思われる。洪大容が、「淫乱な女が夫の意を得ず怨望している」と思ったのは誤解である。

② 墨を塗った道化が、女にちょっかいを出すが、女は相手にせず、何かを訴える場面─翠児が麻逢之の屋敷に入ろうとしたところ、門番(付)がそれを遮り、翠児をからかう場面である(「切脚」)。

③ 官員が多くの従者とともに出場し、女がその官員に訴える場面－官員は按察副使の胡世寧(外)であろう。洪大容が隣の観客に聞いたところでは、「官員は察院」であった。胡世寧は舒得溥の冤罪を見破るが、麻逢之の圧力で死刑が確定する(「副審」)。ただし翠児が胡世寧に訴える場面は、現存テキストにはないので、洪大容の勘違いまたは記憶違いと思える。

④ 官員が交椅に横たわって眠り、起きて立腹するが、女はすでに中に入ったという場面－これは麻逢之(浄)の屋敷に行った翠児が、麻逢之が寝ている間に、死刑執行に必要な令牌を盗み出す場面(「盗牌」)であるに相違ない。洪大容は胡世寧と麻逢之を混同したらしい。

　　洪大容の記述には多くの誤認があるが、それでも1766年1月4日、北京正陽門外の劇場で、『翡翠園』の以上の場面が上演されたことは、ほぼ間違いない。麻逢之が交椅に横たわって寝ていたなど、具体的なしぐさの描写もあり、乾隆末期の北京の劇場事情を知るうえで、きわめて貴重な資料であろう。

Ⅳ. 乾隆帝八旬万寿節における演劇記録と朝鮮・ヴェトナムの交流

　　1790年(乾隆55年、正祖14年)、乾隆帝の八〇歳の誕生日を祝うために派遣

された朝鮮の使節は、祝賀の儀式とともに行われた演劇上演についての詳しい記録を残している。副使であった徐浩修の『燕行紀』がそれである[22]。

　徐浩修(1736−99)は、1776年(乾隆41年、英祖52年)と1790年の二度、進賀兼謝恩副使として燕行しており、また国内では宮中の図書館である奎章閣の直提学として「奎章閣総目」を編集するとともに、清朝より『古今図書集成』など多数の書籍を持ち帰り、当時のいわゆる実学、北学派に大きな影響をあたえた人物としてしられる。またこの時の正使は黄秉禮、書状官は李百亨で、書記として朴斉家(1750−1805)が随行しているが、朴斉家は前後三回、燕行使の随員として北京に行っており、その見聞と清朝の諸制度を学んで朝鮮を改革することを主張した『北学議』を著したことで知られる北学派の代表的な人物である。

　さらにこの乾隆帝八旬万寿節にはヴェトナムの西山朝の国王、阮光平の一行も祝賀のため訪れており、その際、ヴェトナムの俳優による演技が披露され、朝鮮使節とも交流があったことが、ヴェトナム側の記録によって確認できる。

　一行がこの時に見た宮廷演劇の記録は、熱河の離宮において7月16日から19日までの3日間、北京の圓明園で8月1日から6日までと、10日の7日間、そして万寿節の当日である8月13日、紫禁城における記録と計12日間におよんでいる。以下、徐浩修『燕行紀』によって、観劇の状況を述べてみる[23]。

① 7月16日(『燕行紀』巻2「起熱河至圓明園」)

　　この日、使節は禮部侍郎の鐵保の引導のもと、熱河離宮で乾隆帝に謁見し、三層舞台の清音閣で観劇した。演目は、「清平見喜」、「合和呈祥」、「愚感蛇神」、「文垂鳳彩」、「多収珠露」、「共賞氷輪」、「壽星既醉」、「仙侶傾葵」、「籠罩乾坤」、「氤氳川岳」、「鳩車竹馬」、「檀板銀箏」、「修文偃武」、「返老還童」、「芬菲不斷」、「悠久無疆」のすべて16章である。これらは皇帝の誕生日などに上演される、「九九大慶」といわれる慶祝劇である[24]。劇は卯正六分(午前8時頃)にはじまり未正一刻五分(午後2時過ぎ)に終わった。全体で約6時間、一つ

22　注2前掲、磯部論文参照。
23　『燕行録全集』第51冊17頁以下。
24　丁汝芹 『清代内廷演戯史话』(紫禁城出版社, 1999)、王政堯 『清代戯劇文化史論』(北京大学出版社 2005)、梁憲華「乾隆時期萬壽慶典九九大戯」(『歴史檔案』2007-1)参照。

の演目は20分あまりである。

　観劇の列に加わった外国使節は、朝鮮のほか、安南、南掌、緬甸などの使者であったが、上席は朝鮮使節にあたえられた。このほか多数の清朝王侯貴族がいたことは言うまでもない。また観劇に先立つ乾隆帝への謁見の場で、次のような会話が交わされている。

　　皇帝、「国王は達者か？」三使が叩頭し、正使が答えた、「陛下のご恩のおかげで達者でございます」。皇帝、「国王は男子をあげたか？」。三使が叩頭して、正使が答えた、「今年の元旦に陛下の宸翰を賜ったのは、実に古来例のない栄誉で、国王は感激して日夜祈っておりましたが、果たして6月18日に男子が生まれました。陛下の賜物でございます。」皇帝は笑って言った、「そうか、大いにうれしいぞ」。(皇旨曰「國王平安乎」。三使叩頭後、正使對曰、「荷皇上洪恩。平安矣」。皇旨曰、「國王擧男乎」。三使叩頭後、正使對曰、「今年元正、特頒福字宸翰、實屬曠古之殊典。國王感戴銘鏤、日夕頌祝。果然於六月十八日擧男。此卽皇上攸賜也」。皇上笑曰、「然乎、大喜大喜的」。)

　謁見の儀式と観劇の指図をしたのは、当時絶大な権力を誇った廷臣の和珅である。徐浩修はこれら一連の次第を詳細に記録しているが，演劇については、「按ずるに今の天下は、みな滿洲の衣冠に遵うも、ひとり劇演はなお華制を存す。後に王者あらば、必ずこれに法を取らん。(按今天下、皆遵滿洲衣冠。而獨劇演猶存華制。後有王者、必取法于此。)」と、先にみた洪大容と同じ感想を述べている。「後の王者」が漢民族王朝の復活を指すことは言を待たない。

② 7月17日
　前日とほぼ同じく、卯正三刻に開演、未初一刻五分に終演、演目は「稻穗麥秀」、「河圖洛書」、「傳宣衆役」、「燕衍耆年」、「益友談心」、「素蛾絢綵」、「民盡懷忱」、「天無私覆」、「重譯來朝」、「一人溥德」、「同趨禹甸」、「共醉堯樽」、「煎茗逢仙」、「授衣應候」、「九如之慶」、「五嶽之尊」の16章である。

③ 7月18日
　前日と同じく、卯正十分に開演、未正二刻に終演。演目は、「寶塔凌空」、「霞觴湛露」、「如山如阜」、「不識不知」、「天上文星」、「人間吉士」、「花

甲天開」、「鴻禧日永」、「五色抒華」、「三光麗彩」、「珠聯璧合」、「玉葉金柯」、
「山靈瑞應」、「農政祥符」、「瑤池整轡」、「碧落飛輪」の16章。開演後、鐵保の
指示で、安南王と朝鮮使臣が皇帝の御前に行き、まず安南王が謁見した後、
和珅が皇旨を伝え、朝鮮使節が謁見、次の問答があった。

　　　皇帝、「汝らは蒸し暑い季節に関外から参ったが、さぞ苦労が多かったで
　　あろうに、どのように参った？」。私と正使、書狀官が叩頭して答えた、「陛
　　下の洪恩のおかげで、恙無く参りました」。皇帝、「汝の国には滿洲、蒙古語
　　を話す者はおるか？」。正使が答えて、「使節に同行して参った者がおります
　　が、みな盛京から直接、北京に参りました」。皇帝、「芝居が終わったら朕も
　　北京に帰るが、汝らは先に行って待っておれ」。(皇旨曰、「爾等適當潦暑、
　　由口外來、不服水土、道路艱辛、何以得達」。余與正使書狀叩頭後對曰、「賴
　　皇上洪恩、無擾得達矣」。皇旨曰、「爾國有滿洲蒙古話者乎」。正使對曰、「陪
　　臣等行中亦有帶來者。而皆自盛京直向燕京矣」。皇旨曰、「戲畢後朕當回鑾。
　　爾等可先往京都等待」。)

　この時、謁見した安南王は、西山朝の第二代皇帝、阮光平(原名は阮惠、
1788-92在位、)ということになっていたが、実は弟が本人になりすまして来
た偽者であった。清朝では、そのことを知りながら、そ知らぬ顔で接待した
のである[25]。

④　7月19日
　前日と同じく、卯正一刻五分に開演、未正三刻十分に終演。演目は、「壽域
無疆」、「慈光有兆」、「紫氣朝天」、「赤城益籌」、「霓裳仙子」、「鶴髮公卿」、「化
身拾得」、「治世如來」、「齊回金闕」、「還向丹墀」、「偕來威鳳」、「不貴旅獒」、
「爻象成文」、「竈神既醉」、「太平有象」、「萬壽無疆」の16章。この日、安南の
吏部尚書、潘輝益と工部尚書、武輝瑨が、それぞれ七言律詩一首を朝鮮使節
に示し、唱和を求めた。徐浩修は和詩を作り、扇十柄、清心元十丸をそえて
二人に贈った[26]。これについては、ヴェトナム使節の潘輝益『星槎紀行』に

25　『清史稿』巻527「越南」(中華書局標点本48冊、14640頁)に、「(乾隆)五十五年、阮光
　　平來朝祝釐、途次封其長子阮光纘為世子。七月、入覲熱河山莊、班次親王下、郡王
　　上、賜御製詩章、受冠帶歸。其實光平使其弟冒名來、光平未敢親到也。其譎詐如
　　此。」とある。
26　潘詩曰：居邦分界海東南。共向明堂遠駕驂。文獻夙徵吾道在、柔懷全仰帝恩覃。同

も、以下のように関連する記録がみえる。

「恭和御詩」：七月十一日、陸見熱河行宮、奉御賜國王詩章。…十六日、侍宴清音閣。²⁷

「東朝鮮國使」：朝鮮正使駙馬黃秉禮、副使吏曹判書徐洗(浩)修、書状宏文館校理李百亨，與我使連日侍宴，頗相款洽，因投以詩。²⁸

⑤ 8月1日−6日

　その後、使節は北京に行き、この日、圓明園内の同楽園にあった三層舞台、名前は熱河と同じ清音閣で観劇した。演目は『唐僧三藏西遊記』、すなわち『昇平宝筏』で、卯時にはじまり未時に終わった。以後、6日まで同じ時間に『昇平宝筏』が上演されるが、その間に別の演目が挿演されることもあった。たとえば5日の記事には、「西遊記」の合間に「黃門戲」すなわち宦官による劇が行われたが、それは男女が戯れあう舞踊や、階段の下に立てた柱の上で子供が逆立ちなどをする雑技であった。これについて徐浩修は、「天子の御前に萬国の使者は來朝した肅肅たる宮庭で、どうしてこのような淫藝な真似をするのか、歴史家の批判を待つまでもなく、私はすでに赤面した」と非難している²⁹。

風千古衣冠制、奇遇連朝指掌談。騷雅擬追馮李舊、交情勝似飲醇甘。武詩曰：海之南與海之東。封域雖殊道脈通。王會初來文獻並、皇莊此到觀瞻同。衣冠適有從今制、縞紵寧無續古風。伊昔使華誰似我、連朝談笑燕筵中。余和送二詩、各致扇十柄、淸心元十丸。和潘詩：何處靑山是日南。灣陽秋雨共停驂。使華夙昔修隣好、聲教如今荷遠覃。法宴終朝聆雅樂、高情未暇付淸談。新詩讚罷饒風味、頓覺中邊似蜜甘。和武詩曰：家在三韓東復東。日南消息杳難通。行人遠到星初動、天子高居海旣同。洞酒眞堪消永夜、飛車那得溯長風。知君萬里還鄉夢、猶是鈞陳豹尾中。(『燕行録』巻51、60−61頁)

27　『越南漢文燕行文獻集成』(復旦大学出版社　2010)第6冊　231、234頁。

28　同上336-337頁。以下、詩は徐浩修の記録と同じだが、潘輝益の詩の「凤徵」が「凤藏」に、「帝恩」が「聖恩」になっており、武輝瑨の詩はない。また徐浩修の詩の「灣陽」を「漁陽」に、「中邊」を「中懷」に作る。このほか徐浩修の和詩に対して、さらに次の詩を贈ったが、これは徐浩修の記録にはみえない。「客況迢迢出嶺南。薫風無意送征驂。友聲豈為三韓隔、文脈從知四海羣。執玉位同王會列、鄰香情在御筵談。萍逢邂晤非容易、珍誦來章道味甘」。

29　演西遊記、間設黃門戲。黃門十餘人戴高頂靑巾、着闊袖黑衣、擊鼓鳴鉦、廻旋而舞、齊唱祝禧之辭。或二丈餘長身男女、俱着闊袖淡黑衣、男戴靑巾、女戴髢髻、翩躚狒獶。或豎三丈餘朱漆雙柱于殿階下、柱頭爲橫架、七八歲小兒着短衫、緣柱而升、捷如猿、掛足橫架、倒垂數刻。天子高居、萬國來朝、而肅肅宮庭、胡爲此淫藝、不待史氏之譏、余已䩄顏。『燕行録』巻51、145−146頁。

⑥ 8月10日

　この日は圓明園で、王侯貴族、各国の使節が列席して九九大慶宴が催され、卯時から未時まで、「八洞神仙」、「九如歌頌」、「象緯有徵」、「退齡無量」、「仙子效靈」、「封人祝聖」、「海屋添籌」、「桃山祝嘏」、「縮紋盈千」、「淸寧得一」、「百齡叟百」、「重譯人重」、「慶湧琳宮」、「瑞呈香國」、「日徵十瑞」、「桃祝千齡」、やはり16章の「九九大慶」戲が上演された。

　この間、1日から10日まで圓明園での観劇については、ヴェトナムの潘輝益『星槎紀行』にも記事がみえるが、毎日、四更に入朝して卯刻から未刻まで観劇したとあるのみで、徐浩修の記録に較べれば、はるかに簡略である[30]。ただしこの時、潘輝益は再び同席した朝鮮使節と詩の応答を行った。『星槎紀行』には、「三束朝鮮徐書判」、「朝鮮李校(理)和詩、再贈前韻」、「附録李校理和詩」、「朝鮮書記樸(朴)齊家携扇詩就呈，即席和贈」、「附録樸(朴)齊家詩」などの記事がある[31]。

⑦ 8月13日

　この日は乾隆帝の誕生日、すなわち万寿節であった。使節は北京の紫禁城、太和殿において儀礼に参加した後、三層舞台である暢音閣で、辰時(午前8時)から午時(12時)まで、蟠桃勝會、「萬仙集籙」、「王母朝天」、「喜祝堯年」、「昇平歡洽」、「樂宴中秋」、「萬國來譯」、「回回進寶」、「五代興隆」、「五穀豐登」、「家門淸吉」、「羣仙大會」、すべて12章の演劇を鑑賞した。これでこの度の観劇は終了する。

⑧ ヴェトナム・中国俳優の共演

　以上見たように、熱河、圓明園、紫禁城での一連の儀式と観劇において、朝鮮とヴェトナムの使節は始終同席し、時に詩の応酬を行い交流した。しかし両者の演劇に対する態度には顕著な相違がある。朝鮮の徐浩修は、この間に見物した宮廷儀礼に対して批判的ではあったが、ヴェトナムの潘輝益に比べてはるかに詳細な記録を残した。これだけを見ると、潘輝益らヴェトナムの使節は、中国の演劇に対して冷淡であったように思えるが、実はそうでは

30　「圓明園侍宴紀事」：八月初一至初十日連侍宴看戲。毎夜四更趨朝、候在朝房、卯刻奉御寶座。王公大臣、內屬蒙古、青海、回回、哈薩克、喀喀諸酋長、外藩安南、朝鮮、緬甸、南掌、台灣生蕃諸使部、排列侍坐、未刻戲畢。(『越南漢文燕行文献集成』第6冊237-238頁)
31　『越南漢文燕行文献集成』第6冊239-242頁。

なかった。潘輝益『星槎紀行』に、「欽祝大萬壽詞曲十調」と題する以下の注目
すべき記事がある[32]。

　　春に中国行きの議論がまとまった時、私は祝賀の歌十調を作り、まず金
　箋に書いて、表文とともに進呈した。これに対して皇帝の旨が下り、ヴェト
　ナムの俳優10名を選んで、その曲を練習させ、使節とともに中国に連れて
　いった。北京に着き、宮廷の宴会に列席した時、中国の礼部官が我国の俳優
　を連れて入り曲を歌わせたところ、乾隆皇帝は喜んで、褒美に銀幣を賜り、
　さらに太常官に命じて梨園の俳優10人を選んで、我国の俳優と同じ服装をさ
　せ、秀才の帽子に交領の衣を着て、琴笛笙鼓の楽器もすべて整うと、我国の
　俳優を禁中に招き入れ、中国の俳優にヴェトナム語の発音を教え、歌の練習
　をさせた。数日して習熟すると、宴会の時にヴェトナムと中国の俳優が二列
　に並び向かい合って歌ったが、その様子はよく調和していた。(春季入觀議
　成、余奉擬祝嘏詞十調、先寫金箋、隨表文投遞。清帝旨下、擇本國伶工十
　名、按拍演唱、帶隨觀祝。至是、欽侍御殿開宴、禮部引我國伶工前入唱曲。
　奉大皇帝嘉悅、厚賞銀幣。命太常官選梨園十人、依我國伶工裝樣、秀才帽、
　交領衣、琴笛笙鼓齊就、召我伶工入禁内、教他操南音、演曲調。數日習熟、
　開宴時引南北伶工分列兩行對唱，體格亦相符合。)

　これによれば、ヴェトナムは乾隆帝の万寿節に使節を送るにあたって、
ヴェトナムの俳優を同行させ、清の宮廷でヴェトナムの歌を披露し、これを
見た乾隆帝は、中国の宮廷俳優にそれを習わせ、両者が合同で上演したこと
になる[33]。これについては中国側に対応する史料がないようであるが、もし
これが事実であるとすれば、ヴェトナム使節は周到な準備をして中国に来た
ことになる。すでに述べたとおり、この時来朝した国王は偽物であり、俳優
の同行とヴェトナム歌曲の上演などは、この偽装をカムフラージュするため
のひとつの手段であったかもしれない。
　しかしそうであったとしても、ヴェトナムが中国の演劇、歌曲についてよ
く知っていたことは事実であろう。ヴェトナムの使節は北京に来るまでの道

32　同上275頁。文中、「清帝」はヴェトナム皇帝を指すはずである。あるいは誤字かも
　しれない。
33　これについては、陳正宏『越南燕行使者的清宮游歷与戲曲觀賞――兼述其与琉球使
　者的交往』(2011年3月5日、「清朝宮廷演劇の研究」沖縄研究会発表論文)参照。

中各地で、地方官による演劇上演の接待を受けているが[34]、これは朝鮮使節にはないことであった。また潘輝益『星槎紀行』によれば、乾隆帝はこの時、ヴェトナム使節に清朝の冠服を下賜しているが[35]、朝鮮使節にはあたえていない。このように朝鮮は政治的には清朝に従順でありながら、その演劇文化については批判的であったが、ヴェトナムは国内で皇帝を称し政治的には面従腹背の態度をとりながら、清朝の演劇文化には親和的であり、両者はきわめて対照的であると言えよう。

V．朝鮮通信使が見た日本の演劇

　壬辰倭乱の後の1607年(慶長12年、宣祖40年)から1811年(文化8年、純祖11年)にいたるまで計12回、朝鮮の通信使(最初の3回は回答兼刷還使)が日本を訪れたことはよく知られているが、一行をもてなすために江戸城または対馬の藩邸で日本の演劇、雅楽、舞踊などが催されることがあった。

　1．1636年(寛永13)第4回の通信使来訪の時、江戸城で能が上演されたことは、『通航一覧』(巻76)に「時に御能を催さる。御馳走、御能の事、ここに初て見ゆ」とあることでしることができる。ただしその詳しい演目などは不明で、朝鮮側にも対応する記事はない。

　2．1643年(寛永20)第5回の時には、「式三番」、「蟻風流」、能「高砂」、「紅葉狩」、「養老」、狂言「ゑびす」、「毘沙門」、「うつぼ猿」(『通航一覧』巻76)が上演された。これについては朝鮮側の『癸未東槎録』(著者不明)7月19日の条に、「この日、演劇があり一日中上演された。太鼓や笛がにぎやかで、役者がそれぞれ芸を披露した。盛んなものであったが、聞いても見ても理解できないので、やかましいばかりで見たくなかった。(是日設雑戯、終日為之。鼓笛喧轟、戯者各呈技藝、雖云盛禮、耳目不及、其為雑亂不欲觀)」とあり、よい印象はもたなかったようである。

34　『清高宗実録』巻1423乾隆58年2月庚辰諭に、「向來安南使臣来京瞻觀、經過沿途省會、該督撫等例有筵宴演戲之事」とある。陳正宏前掲論文参照。

35　奉穿戴天朝冠服、惕然感懷。(『越南漢文燕行文献集成』第6冊235頁)。

3.　1711(正徳元年)第8回の時には、新井白石の提案により雅楽「振鉾」、「長保楽」、「三台塩」、「仁和楽」、「央宮楽」、「古鳥蘇」、「太平楽」、「林歌」、「甘州」、「納曾利」、「陵王」が演じられた。うち「仁和楽」、「長保楽」、「古鳥蘇」、「林歌」、「納曾利」は高麗楽であり、朝鮮使節に見せるため意識的に選ばれたことは想像に難くない。白石は、「韓客皆々感服し、殊に高麗楽の日本に伝えて其国に伝ざりしを恨める所の事、鶏林唱和などに多く見ゆ」と述べ、また正使の趙泰億の間に以下の会話が交わされた。

　　　白石：「長保樂」は高麗部の楽ですが、貴国にもまだこの舞はありますか？(「長保樂」即是高麗部樂。貴邦猶有是舞耶？)

　　趙泰億：亡国の音楽は、今はもうありません。(勝國之音，今則亡矣。)

　　　白：「陵王」は北斉の蘭陵王長恭が北周の軍を金塘城下で破った時のもので、すなわち蘭陵王入陣曲です。(「陵王」齊人蘭陵王長恭破周師於金塘城下者，即蘭陵王入陣曲。)

　　　趙：高氏の北斉の音楽がどうして貴国に伝わったのですか？(高齊之樂，何以傳播於貴邦耶？)

　　　白：本朝が隋唐に使節を派遣した時代に伝わったのです。(天朝通問於隋唐之日所傳來也。)

　　　趙：これらの楽譜は中国古代の聖人の音楽ではなく、隋唐以後のものではありますが、天下に伝わらない曲をひとり伝えているのは、まことに貴重です。(此等樂譜雖非三代之音，隋唐以後音樂。獨傳天下不傳之曲，誠可貴也。)

　　　白：本朝は天とともに始まり、その系譜は天のように永遠です。天皇こそは真の天子で、中国歴代の君主が人をもって天を継ぎ、姓を変えてかわるがわる王朝を立てるのとは異なります。だから礼楽制度は万世不変なのです。古代の聖人の礼楽も徴するに足るものがあるので、どうして隋唐以後のものだけでしょうか。(天朝與天為始，天宗與天不墜，天皇即是真天子，非若西土歴代之君，以人繼天，易姓代立者。是故禮樂典章，萬世一制。若彼三代禮樂，亦有足徴者，何其隋唐以後之謂之哉。)

　　　趙：このような礼、このような楽があるなら、一変して中華のようにならないことがあるでしょうか？(有禮如此，有樂如此，乃不一變至華耶？)

白：この曲の演奏者は、先祖が高句麗人なので、狛を姓としています。
(奏是曲者，其先高麗人，因以狛為姓。)(以上『通航一覧』巻82)。

この時の高麗楽は朝鮮側にとっても印象深かったようで、副使の任守幹『東槎録』の11月3日の条には。「すべて高麗楽をなす者は、あるいは高麗人の子孫であるという。(凡為高麗楽者、或有高麗人子孫云)」と記されている。

4．1719年(享保4年)第9回の時にも能が上演されたらしいことは、『異本朝鮮物語』に「御能拝見被仰付候事」(『通航一覧』83)とあることから察せられるが、日本側の正式記録また朝鮮側の記事はない。ただしこの時、使節一行は江戸の対馬藩邸での招宴において、おそらく当時の歌舞伎に類する舞踊を見ている。まず正使、洪致中の『東槎録』10月9日の条に、

この日、対馬島主の家に行こうとしたところ、島主が芝居を演じたいと言うので、外の座敷に坐った。楽人が琵琶を弾じ、島是日將赴島主家、島主請陳戲具。遂出坐外堂。樂工彈琵琶，吹笛，擊缶。美童十人扮作綵衣女人狀，迭相獻舞。戲子陳各技，殆至十餘種。往往有男女調戲之戲。使首譯謂倭人日：褻慢之戲，所不欲觀，即令禁止之。大抵音樂皆不足聽，歌是梵音，舞有擊刺之勢，而呈戲之具雖多奇巧之狀，亦無可觀。
　＊製述官、申維翰『海游録』：又轉為男女垂情流眄之態。奉行平直長謂余日：此即日本娼家兒情色中光景，未知朝鮮妓樓亦有如許狀否？答日：服色雖異，意態如畫。又問：學士平日亦解這間興趣否？日：世無鐵心石腸人，何為不知？第自畏耳。直長大笑而已。所見漸褻，使臣分付日：淫僻之戲，皆不欲觀，即令綴退。

Ⅵ. おわりに

以上、朝鮮の燕行使節の中国演劇観を考察したが、その基本的な態度は、儒教と華夷観念による小中華思想であり、演劇に対しては批判的あるいは否定的であったと言えよう。このような態度は、実は同時期に日本に赴いた通信使にも見られる。江戸時代を通じて12回派遣された通信使のうち、第5回の1643年(寛永20年、仁祖21年)、幕府は江戸城での儀礼の際、能を上演したが[36]、これに対する朝鮮側の反応は、「雑乱として観るを欲せず」(著者不明『癸

未東槎録』7月19日)というものであった。また第9回、1719年(享保4年、粛宗
45年)、江戸の対馬藩邸での宴会で行われた男女が戯れる歌舞伎風の舞踊に対
して、朝鮮側は、淫僻の戯は見るに堪えないとして中止させている(申維翰『海
游録』10月9日)。その一方、第8回の1711年(正徳元年、憲宗37年)の使節は、
新井白石の計らいによって雅楽を鑑賞しているが、これには高麗楽が含まれ
ていたこともあって、多大の関心を示している[37]。同じく、中国でも1765年
の燕行使節は、実は中国の琴と笙簧の習得のため、掌楽院の楽士を帯同して
いた[38]。つまり雅楽などの古典音楽と演劇などの俗楽では異なる対応をとっ
ていたことになる。

　東アジアにおける文化交流は、書籍を通じての儒教経典や古典文学など上
層文化が主たる対象であり、世俗的な下層文化の交流は低調であった。演劇
のように人的往来によって上演を見なければ理解できない文化は、なおさら
そうであった。朝鮮使節の中国演劇観はそのことを示すもっとも極端な例で
あろう。鎖国により中国との往来が閉ざされた江戸時代の日本においてさ
え、長崎を通じて明清の俗楽が受容されたのに対して、朝鮮は多くの人が中
国演劇を実見したにもかかわらず、それを受け入れることはついになかっ
た。しかし、にもかかわらず、彼らが中国演劇に関する詳細な記録を残して
いることは、建前に反して実は彼らも中国の世俗文化に並々ならぬ関心を抱
いていたことを物語るであろう。洪大容の漢文とハングルの記事の微妙な相
違は、そのことを示している。

　『沖縄と中国芸能』(喜名盛昭・岡崎郁子著、ひるぎ社「おきなわ文庫13」、
1984年)

36　『通航一覧』巻76。
37　『通航一覧』巻82。
38　注15前掲、『홍대용의북경여행기　〈을병연행록〉(洪大容の北京旅行記〈乙丙燕行録〉)』142頁。

關於朝鮮時期代〈燕行使‧通信使〉的

－韓‧中‧日三國國際研討會－

中國語

刊行辞

本次我们将"关于朝鲜时代燕行使·通信使的韩中日三国研讨会"上宣读的论文编撰成书。该研讨会受韩中研韩国学振兴财团的韩国学世界化研究所(Lab)的资助，由京都大学项目随行组筹备主办。

本书是在获得论文作者同意后修改研讨会的预稿而成。除一篇日本学者的论文因作者原因没有同意收录外，本书收录了其他所有作者的会议论文。论文的收录次序延续了研讨会上作者发言的顺序。

研讨会举办之初，会议主办单位原本只计划组织一场30人左右的小研讨会，但会议当天到场的与会人数及听众人数超出了我们的意料。这直接导致了我们准备的会场过小，预稿集的数量远不能满足到场学者的需求。为此，研讨会当天我们及时更换了场地，增印了预稿集，保障了研讨会的顺利召开。本书的出版正是我们履行会议当天承诺的实际行动。

本书出版过程中，最大的难题是如何保证论文译文的准确性。本次研讨会有韩、中、日三种语言的翻译。本书的论文即包含原作者翻译的译稿，也包含主办单位负责翻译的译稿。鉴于翻译时间仓促，译文错误在所难免。为了让读者更好的理解作者本意，我们特将作者原文也一并收入。

本书是纯学术论文集，许多出版社不愿出版。我的老友，韩国的博文社得知这一消息后欣然承担本书的出版工作。在此，我特意向博文社的尹锡铉社长表示深深的感谢！

在本次研讨会上，三国学者第一次对朝鲜时代的燕行使和通信使的使行进行正式的学术讨论。本书的出版也一脉相通，我们希望通过本书的出版，可以促进三国学者之间的交流、创造更多有价值的学术成果。

2014年8月25日

编者代表 郑光

目 次

①

洪大容回到朝鮮後與中國知識份子的書信往來以及《醫山問答》的誕生

－以脫離朱子學的過程爲中心－

夫馬進(京都大)

Ⅰ

洪大容作爲實學思想家及其中北學派知識分子的先驅在韓國十分有名。並且，在談論洪大容的思想時，一定會提到《醫山問答》。

筆者對《醫山問答》抱有興趣，並不是因爲其主張地轉說即地球自轉說或者否定華夷論，也不是因爲其主張人等同于動物等等，而是因爲其中有這樣的一段話：

> 自周以來，王道日喪，霸術橫行，假仁者帝，兵彊者王，用智者貴，善媚者榮。君之御臣，啗以寵祿，臣之事君，餂以權謀，半面合契，隻眼防患，上下掎角，共成其私。嗟呼咄哉。天下穰穰，懷利以相接。儉用薥租，非以爲民也。尊賢使能，非以爲国也。討叛伐罪，非以禁暴也。厚往薄來，不寶遠物，非以柔遠也。惟守成保位，沒身尊榮，二世三世傳之無窮。此所謂賢主之能事，忠臣之嘉猷也。[1]

這裡的說法實在非常大膽。原本《孟子》裡面就有"以力假仁者霸，……以德

---

1 《湛軒書》，《韓國文集叢刊》第二四八輯，首爾：景仁文化社，2000年，99頁下。

行仁者王"(公孫丑上)的說法，像這種說法一樣，把仁義當做藉口的人是霸者，與王者有著明顯的區別。但洪大容所說的王者則與霸者相同，都不外乎是軍事力量上的強者。這相當於對《孟子》進行了否定。

不僅如此，這本書還完全否定了現實的中國。不只是清朝，明朝也被其所否定。甚至可以說，這裡面對一種過激的國家論和君臣論展開了論述，而這種理論是遠遠超越了中國清初的黃宗羲在《明夷待訪錄》中所主張的那種民本主義性質的君主論的。

　　然而另一方面，他又說："假仁者帝，兵彊者王。"如果否定了皇帝本身、國王本身的話，那麼是不是可以認爲他不僅僅是否定了中國的皇帝，同時也否定了李成桂所建立的朝鮮國呢？他認爲，沒有慾望而一切爲了人民的君主是不可能存在的。他說："儉用蠲租，非以爲民也。"那麼，是不是可以說他也同時否定了他所服侍的"賢主"正祖這個人呢？《醫山問答》當中正蘊含著這樣的重大問題。

　　那麼，這部《醫山問答》究竟是在洪大容怎樣的思想經歷的過程之中誕生的呢？又是在何種思想狀況當中書寫的呢？《醫山問答》到底又是什麼呢？事實上，《醫山問答》雖然被高高舉起，而其中又蘊含著前面所述的那樣的重大問題，可是這些問題幾乎都沒有被研究清楚。《醫山問答》是通過虛子和實翁兩個人的問答來展開敍述的。有關這位虛子，書中稱他"隱居讀書三十年"，之後"西行至北京，與中國的紳士們交遊懇談"，由此被認爲他是1765年三十五歲時前往北京直到次年回國爲止的年輕時期的洪大容本人的戲劇化的產物。另一方面，實翁則被認爲是經歷了巨大的轉變後的後半生的洪大容，也就是寫作這本書時的洪大容自身。然而，直到現在，在探討洪大容的思想時，還是有很多研究根本忽視了他的轉變，甚至將前半生的他和後半生的他混爲一談。還有些研究則不論及他的作品究竟是何時創作的，而是按照論者的方便自由自在地隨意拼湊後進行議論。

之所以出現這些現象，是因爲迄今爲止從來沒有人討論過洪大容回國后－－也就是說他的後半生－－究竟在思想上經歷了怎樣的探索。更進一步說，甚至沒有人嘗試通過他的思想經歷來推測《醫山問答》究竟是何時寫成的。

　　《醫山問答》是如何誕生的這一問題迄今爲止甚至沒有被視爲一個問題，這是因爲即便想要去探尋其答案也是幾乎沒有什麼材料的。想要通過史料來尋找答案幾乎是不可能的。而這又是因爲至今爲止在議論洪大容或者他的思想的時候，人們幾乎只將他的作品集《湛軒書》視爲唯一的史料。這部書是他的五世孫洪榮善編纂的，於一九三九年出版。這本書中所收錄的洪大容的著作或者書信中並沒有記錄年月。並且其中所收錄的書信也非常少。所以，人們幾乎無法掌握洪大容究竟經歷了怎樣的思想上的變遷。

　　然而，崇實大學基督教博物館收藏有《乾淨後編》二卷以及《乾淨附編》二卷。《乾淨後編》中主要收錄了洪大容回國后給在北京有過筆談經歷的嚴誠、潘庭筠、陸飛等人寄出的書信以及收到的回信。《乾淨附編》中則主要收錄了他與在回國的途中結識的孫有義、鄭師閔、趙煜宗三人之間來往的書信。這些書信中幾乎都記載了寄出或收取的年月。並且《乾淨後編》、《乾淨附編》中還收錄了很多《湛軒書》中沒有收錄的書信。《湛軒書》中收錄的他與中國人來往的書信，大約只有這兩部書的三分之一或四分之一。《湛軒書》必然是以這兩部書爲底本進行編纂的，但是除了沒有收錄很多重要的書信以外，還有不得不看作是故意而爲的改寫或刪節的行爲，甚至還有重大的錯頁現象。筆者曾經提到過作爲《湛軒書》外集、杭傳尺牘的卷二、卷三收錄的《乾淨衕筆談》是何等粗糙的編輯出版物。[2]而《湛軒書》外集、杭傳尺牘的卷一則是由與中國知識份子的來往書信所組成的，這是一部更加粗糙的編輯出版物。僅依靠一部《湛軒書》是一定不能弄清楚他的思想變遷過程的。

　　在探討洪大容是如何脫離朱子學，而《醫山問答》中究竟寫了什麼內容的時候，應該注意兩點。第一，不能試圖去尋找他的作品中對朱子的言論或者對作爲朱子學的形成的前提條件的程頤、程顥等人的言論的明顯的批判。在他所生活的十八世紀的朝鮮，對朱子的批判是絕對不能被允許的。按照一七六四年來到日本的離經叛道者李彥瑱的說法，"依據朝鮮的國法，不依靠宋儒而談論經典的人應當被嚴加處罰"。李彥瑱即便離開朝鮮身處日本，都完全沒有談論過他自身對朱子學究竟有著怎樣的想法。[3]朝鮮是把朱子當做與孔子同等並稱的人物進行對待的地方，像日本的伊藤仁齋和荻生徂徠或者中國的戴震等人那樣直接將朱子的言論拿來進行體無完膚的批判的行爲在朝鮮是絕對不可能發生的。當時在朝鮮對朱子學進行批判的行爲，就好像在中國對滿族進行批判，在日本支持天主教或表明尊皇倒幕的立場一樣，會被嚴加處罰。在這種情況下，對朱子進

2　拙作「홍대용의『乾浄衕会友録』과 그 改変—숭실대학교 기독교박물관장본 소개를 겸해서-[洪大容『乾浄衕会友録』とその改変－スンシル大学キリスト教博物館蔵本の紹介を兼ねて]」(『동아시아 삼국,새로운 미래의 가능성[東アジア三国の新しい未来の可能性]』ソウル：문예원、二〇一二、頁一七七～一八四)。中文翻譯：《朝鮮洪大容〈乾浄衕会友録〉及其流變－兼及崇実大学校基督教博物館蔵本介紹》(《清史研究》，2013年第4期，94-97頁)。

3　拙作「一七六四年朝鮮通信使と日本の徂徠学」(『史林』第八九巻五号、2006、25頁)。韓文翻譯：「1764년조선통신사와일본의소라이학」(『연행사와통신사』首爾：新書苑、2008、249頁)。中文翻譯：《一七六四年的朝鮮通信使与日本的徂徠學》(《朝鮮燕行使与朝鮮通信使：使節視野中的中国·日本》(上海：上海古籍出版社、2010年，137頁)。

行明顯的批判或者對朱子的學說進行否定的話語是不能說也不能記錄的。舉例來說，洪大容的《桂坊日記》是他在承擔後來成爲國王的正祖在皇太子時代的教育任務的時的日記。其中記錄了他的後半生中1774(英祖五十、乾隆三十九)年至1775年中他在東宮的見聞以及與皇太子的問答。但是，即便他在這部日記中依據朱子學爲皇太子講經書、解釋詩書，也絕對不能下結論說在這一時期他是一名朱子學家。因爲他是他是爲了得到俸祿以維持生計才去東宮講學的。

　　第二點需要注意的是，當前我們必須暫且將《湛軒書》中收錄的洪大容的言論和書信中沒有明確記載的書寫年份的內容從考察對象中剔除出去。我們應當以《乾淨後編》和《乾淨附編》爲主要材料，首先確定他的思想變遷的過程，然後再找出各個年代中有著相似思想傾向的言論或書信，以此爲基礎才能類推出年代不明的內容是何時撰寫的。我們也應該通過採用這樣的方法才能推定《醫山問答》究竟是何時撰寫的。

Ⅱ

　　在1765年洪大容完成赴北京之行的時候，他可以被認爲是典型的朱子學家，也是朱子信奉者，這可以通過它在北京的筆談交遊記錄《乾淨筆譚》得出結論，毋庸置疑。這個問題，通過與他如何處理"情"這一問題相結合，已經被探討清楚了。[4]

　　洪大容作爲一名可以稱得上典型的朱子學家，直到回國之後也沒有改變。這一點首先可以通過他在1766(乾隆三十一)年十月給陸飛寫的信中看出。在這裡，他遵循朱子的格物窮理說，對王陽明的心即理、致良知以及與佛教相近的傾向進行攻擊。他一方面高度評價說"陽明嫉俗，乃致良知"，卻又下出了"陽明之高，……可比莊周……同歸于異端"的結論。[5]

4　拙作「一七六五年洪大容の燕行と一七六四年朝鮮通信使－両者が体験した中國・日本の「情」を中心に」(『東洋史研究』第六十卷第三号、二〇〇八、頁一六〇～一七一)。中文翻譯《一七六五年洪大容的燕行與一七六四年朝鮮通信使－以兩者在中國和對"情"的體驗爲中心》(《朝鮮燕行使與朝鮮通信使：使節視野中的中國・日本》(上海：上海古籍出版社，2012年，176-182頁)。

5　《乾淨後編》卷一，《與篠飲書》(冬至使行入去)。《湛軒書》104頁下有幾乎相同的文章。
　　嗚呼，七十子喪而大義乖，迂儒曲士，博而寡要，莊周憤世，養生齊物，朱門末學，徒尚口耳，記誦訓詁，汨其胸臆，陽明嫉俗，仍致良知。此其憫時憂道之意，不免於矯枉過直，而橫議之弊，無以異於迂儒曲士，正道之害，殆有甚於記誦訓詁，則竊以

　　洪大容也給嚴誠寫過同樣論調的信。這是一封接近四千字的長信。其中訴說了自己經北京一別之後對嚴誠的思念以及這種隨著時間的流逝變得愈加苦楚，同時還感歎了自己自從夏天以後憂鬱與疾病交加，焦慮地四處奔走而沒能讀一個字書。然而，在實踐中他想成爲朱子學家這一點，與他在北京時所表現出的言行是完全一致的。[6]

　　這封信中有著長篇的議論。這也是對不能堅決摒棄陽明學而對佛教表達了親近感的嚴誠的一個論戰。他先表明，古學才是實學，才是正學，"扶正學息邪說"才是重要的事情，而這才是嚴誠和自己等人的任務。很明顯，這裡所說的正學就是朱子學本身，邪說則是陽明學以及與之相近的佛教。嚴誠和潘庭筠談到他們的家鄉杭州的隱士吳西林(吳穎芳)先生時態度十分尊敬。對於這一點，洪大容以吳西林爲佛教信徒而對其進行了強烈的批判。[7]

　　然而，洪大容從作爲朱子學家的立場出發對嚴誠的態度進行批判的同時，自己似乎也對這樣的批判感到了疑惑。這是因爲他在書信中添上了《發難二條》的題目，提出了大問題、大疑問，請求嚴誠回答。其中一條是儒教、道教、佛教三教是不是相互接近的東西這一大疑問。另一條則是爲何嚴格排斥佛教的名儒們卻對持老子思想或佛教思想的人給予高度評價這一大疑問。[8]與其說這是針對只偏向于朱子學的現象而提出的疑問，不如說是對除了儒學以外佛教、道教當中是否也存在真理所提出的疑問。這個問題表明，他在之後傾心於莊子的萌芽正是在他自己的體內發生的。這一點十分有趣。

　　而嚴誠在北京與洪大容分別之後，在會試中失利，回到了家鄉杭州。之後奉父親之命爲了賺取營生之財，接受了福建提督學政的邀請，作爲塾師前往福建

爲陽明之高，可比莊周，而学術之差，同帰於異端矣。

6　《乾淨後編》卷一，《與鐵橋書》。《湛軒書》105頁上-106頁下有幾乎相同的文章。另外還有《鐵橋全集》第五冊，《九月十日與鐵橋》。這裡從《鐵橋全集》引用。
不審入秋来，上奉下率，啓居適宜，看書講学之外，体験践履之功，益有日新之樂否。……嗚呼，人非木石，安得不思之，思之又重思之，終身想望，愈久而愈苦耶。容夏秋以来，憂病相仍，焦遑奔走，不能偸片隙読一字書，以此心界煩乱，少恬静怡養之趣，志慮衰颯，少彊探勇赴之気，別来功課渡落，無可道者，奈何。……伏願力闇鑑我無成，益加努力，憫我不進，痛賜警責，得以鞭策跂躣，追躡後塵也。

7　《鐵橋全集》第五冊，《九月十日與鐵橋》書後另附紙。"功利以襍其術，老仏以淫其心，陸王以亂其真，由是而能卓然壁立于正学者尤鮮矣。…(今力闇)平日好観近思，以僭論陽明爲極是，知楞厳·黄庭不若儒書之切実，則亦可以壁立于正学矣。…扶正学息邪説，承先聖牖後学，匹夫之任亦其重且遠，力闇勉之哉。"，"竊聞西林先生以宿徳重望，崇信仏氏，精貫内典，好談因果，諒其志皆如愚民之蠢然于福田利益哉。…如力闇之初年病裏，誦呪愛看楞厳，吾知其有所受之也。其知幾明決，不遠而復，亦何望人人如力闇乎。嗚呼，寿夭命也，窮達時也。"

8　同前書，《又發難二條》。

省的省會福州。然而嚴誠到福州赴任之後很快就患了病。他正是在此時收到洪大容的近四千字的信的。正如嚴誠在給洪大容的回信中所說的那樣，他罹患瘧疾兩個多月沒有好轉，每天寒戰與高燒交替發作，拿起筆來手就顫抖，不能寫個像樣的字，一直處於病榻之上。他在當年的十一月五日去世，年僅三十六歲。

另一方面，洪大容剛好也在同一時期失去了父親。那是十一月十二日。收到嚴誠在病榻上所寫的信則是第二年也就是1768(乾隆三十三)年的五月。與這封信同時，洪大容還收到了來自潘庭筠的告知嚴誠死訊的信。洪大容於這年春天開始，在自家二十里外的離家族墓地較近的地方建草堂而居，正是這時他收到了這兩封信。

嚴誠寄來的回信也是一封將近三千字的長信。信中在給予洪大容熱情鼓勵的同時，也對他在北京的言論和這次的信進行比較，對他思想上片面性的地方和過度的地方進行了嚴屬的批判。一方面認爲洪大容與生俱來的性格完全沒有問題，卻又說他的見解太過拘泥，也就是說洪大容過度地進行片面的思考，並且過於頑固。

嚴誠的反駁基本上由四點組成。第一點是對洪大容的詞章、訓詁、背誦都有害的主張的反駁。其中"漢儒訓詁之功尤偉。恐不可以厚非，牽于訓詁則不可耳"的言論，表現出當時中國的江南地方興起的漢學也就是考據學的影響，頗引入注目。[9]

第二點是對宋儒、道學、陽明學的評價。嚴誠指出："但吾輩胸中斷不可先橫著道學二字"。又說："而此外別有所謂道学先生何爲者也。王文成倡其新說，貽悞後人，誠爲可恨。然其事功自卓絕千古，今則道德一、風俗同之世，姚江(王陽明)之餘焰已熄久。"在對熱衷於朱子學的洪大容提出警告的同時，也告訴洪大容陽明學在現今的中國已不再受人關注。從清朝政權在中國誕生直至洪大容出使北京爲止，朝鮮和中國的知識份子之間幾乎沒有學術交流。所以洪大容一直誤以爲陽明學這種"邪說"從明代以來一直在中國十分流行。不論是在北京的筆談還是從首爾寄出的信中，他都過分地把陽明學當做了一個探討對象。感覺到了這一點的嚴誠給洪大容澆了一盆冷水，告訴他過分關注陽明學已經不符合時代的要求了。[10]

---

9 同前書，同冊，《附鐵橋丁亥秋答書》。另《乾淨後編》卷二，《鐵橋書》(戊子=乾隆三十三年五月使行還，浙書附來)。
　　湛軒性情無可議者，其所見以稍涉拘泥。…湛軒舉詞章·訓詁·記誦之事，皆以爲害道。弟不能無疑。……而訓詁二字，則經學之復明，漢儒訓詁之功尤偉。恐不可以厚非，牽于訓詁則不可耳。

10 同前書。

第三點是對佛教的評價。按照嚴誠的說法，至今爲止，偉大人物經常都是佛教信徒。他說：“正恐講道學先生不能辦此軒天揭地事業也。”又說：“良欲吾湛軒於知人論世之際，少破其拘泥之見耳。”。

嚴誠對佛教的評價，還論及了被洪大容斥爲“佞佛”的杭州隱士吳西林。按照嚴誠的說法，吳西林“不過博雅好古隱居自得之君子，其生平亦無可大觀”。也就是說對社會沒有任何影響力，所以不管他是不是個佛教信徒根本就算不上是一個問題。在北京進行筆談的時候，嚴誠和潘庭筠都對吳西林高雅脫俗的性格、特別是拒絕了到杭州赴任的高官的來訪一事以及專心致志於音韻學和文字學的態度進行了高度評價。然而內情實際上稍微有些複雜，不如說嚴誠其實非常輕視這種沉浸於考據學的人。[11]

第四點是對老子和莊子的評價。嚴誠對老莊給予了高度評價，他說：“老莊皆天資超絕，……(其……言)大半憤時嫉俗，有激而云然耳。”又說老莊是“蒿目傷心之至”，不過是爲了讓他吃驚才說出這樣激進的話語的。[12]還說：“若扶正學息邪說正人心、雖有其責任，恐尚無其本領、遽以此自負、近于大言欺世。”[13]總而言之，他認爲應當對朱子學以外的思想更加寬容，而偏狹地將其它思想均視爲異端則不如說是近於欺世之行爲。

今湛軒有得于宋儒緒言，知安身立命之有在，則甚善矣。但吾輩胸中斷不可先橫著道學二字。……而此外別有所謂道学先生何爲者也。王文成倡其新説，貽悞後人，誠爲可恨。然其事功自卓絶千古，今則道德一，風俗同之世，姚江(王陽明)之餘焰已熄久，無異言橫決之患。吾輩爲賢者諱，正不必時借此以爲弹躬之資。

11 同前書。
如宋之富彥國(富弼)、李伯紀(李綱)諸公，晚年皆篤信佛氏，安得以此而遂掩其爲一代偉人。正恐講道學先生不能辦此軒天揭地事業也。弟此時已不爲異學所惑，豈故爲此兩岐之論。良欲吾湛軒於知人論世之際，少破其拘泥之見耳。若西林先生之佞佛，則其人不過博雅好古隱居自得之君子，其生平亦無大可觀者，弟豈必爲之迴護哉。知交之中，強半皆非笑之者，可無慮其從風而靡也。

12 同前書。
老莊皆天資超絕，度其人，非無意于世者，不幸生衰季而發其汗漫無稽之言，大半憤時嫉俗，有激而云然耳。彼豈不知治天下之需仁義禮樂哉，蒿目傷心之至，或則慨然有慕于結繩之治，或則一死生而齊物我。…然二千餘年來，排之者亦不一人，而其書終存，其書存而頗亦無關于天下之治亂。蓋自有天地以來，怪怪奇奇何所不有，而人心之靈又何所不至。…吾輩直視爲姑妄言之之書，存而不論，可耳。必取其憤激駭聽之言，如絶聖棄智剖斗折衡之類，曉曉焉逞其擊斷，究竟何補于治，而老莊有知，轉暗笑于地下矣。此是講學人習氣人云，亦云落此窠臼，最爲無謂。

13 同前書。
此刻偶有所見，遂書以質諸湛軒，不審以爲何如。吾輩且須照管自己身心，使不走作。若扶正學息邪説正人心，雖有其責任，恐尚無其本領，遽以此自負，近于大言欺世，弟不敢也。

　　洪大容讀了這封逐條進行反駁的信之後，恐怕立刻就明白了這是嚴誠寫給自己一個人的遺書。信中嚴誠提到自己拿起筆來手就顫抖，寫不了字，恐怕這封信中的字也非常潦草，這一定給洪大容帶來了很大的衝擊。

　　剛好在一年之後，洪大容也收到了陸飛的回信。信中在悼念嚴誠之死之同時，對洪大容先將莊子和陽明視爲異端的想法進行了如下的論述：

　　　　陽明先生別語，不暇辨也。愚意無良知致知，只是老實頭做去，從根本上立得住脚，雖未能窮盡天下之理，無害其爲正人。否則其弊更有甚於文士之浮華者。若欲剗除煩惱，一空生死，則莊生齊物庶幾近道。愚將逃儒而入墨，老弟以爲何如。[14]

　　通過前面所提到的“煩惱”、“一空生死”以及“莊生齊物”可以明顯看出，這裡說的“逃儒而入墨”中的墨，與墨子其人和思想毫無關係。總之是逃離儒教而去信奉佛教或莊子思想這樣的“異端”。這又是一封勸說洪大容應當寬容一些的信。

　　這兩封告訴洪大容中國思想界的動向的信與朝鮮的氛圍實在是太過不同了。嚴誠像是一名求道者，而陸飛則更加清高，雖然二者有著這樣的不同之處，但在認爲洪大容的態度和思想太過頑固，不管是對朱子還是對陽明都太過拘泥這一點上二者是完全一致的。洪大容通過這兩封信特別是嚴誠的信受到了巨大的衝擊。這兩封信成爲了之後他實現思想上的轉變的一個重大契機。上面所介紹的嚴誠和陸飛的話在之後洪大容所寫的文章中多次重複出現，希望讀者能夠對此稍加留意。

　　洪大容在收到這兩封信前後所寫的信也留存至今。其中有一些內容非常肯定地表達出從這兩封信中受到的巨大影響。《湛軒書》內集卷三中收錄的《與人書二首》便是其代表。這是把寫給金鍾厚的兩封信一起收錄的。

　　金鍾厚的《本庵集》中收錄了他在這一時期寫給洪大容的信，信中記載說這是在己丑(1769、英祖四十五、乾隆三十四)年寫成的。將這封信和《與人書二首》對照的話，可以發現金鍾厚先給洪大容寫信，告訴洪大容應當研究禮書特別是應當研究與禮書研究相關的古訓，而洪大容在第一封信中對此進行了反駁。對此，金鍾厚寫了《本庵集》中收錄的信進行反駁。而洪大容再一次對金鍾厚的說

14　《乾淨後編》卷一，《篠飲書》(己酉＝乾隆三十四年五月使行還，浙信附來)。《燕杭詩牘》收錄的相同文章中記錄稱陸飛是在1767(乾隆三十二)年十二月一日寫下這封信的。

法進行批判，寫了第二封信。從內容上看，第一封信寫於1768年夏天以後。也就是說正好是洪大容收到嚴誠的來信的1768年五月左右。雖然無法知道這第一封信是在收到嚴誠來信之前還是之後，但是可以看出裡面沒有任何從嚴誠的來信中獲得的影響。

然而從第二封信中可以明顯看出這樣的影響。從內容來看，這封信是在收到1769年春天金鍾厚所寫的對洪大容的反駁進行反駁的來信之後，於當年夏天以後所寫的。按照金鍾厚的主張，人既然不是牛馬，就不能不依靠禮來生活。金鍾厚認爲遵循禮數上下樓梯、與人打招呼等等都是天理，而研究禮是十分必要的。他自己不知道在實際生活中每一條禮應當如何去做才是對的，所以去看了《朱子家禮》，然而不讀《儀禮》則沒有辦法去讀《朱子家禮》。可是對《儀禮》中提到的種種禮的解釋卻衆說紛紜，所以必須去讀《儀禮》的注疏。而去讀注疏，就有必要對其進行徹底的研究。雖然在朝鮮，朱子學還是按照原樣傳承下來了的，但是這裡提出的應當以各種版本的文獻爲基礎深入到注疏的程度進行徹底研究的說法卻與這個時候在中國到達全盛時期的考據學有著極爲相似的動向。洪大容的第二封信便對這個說法進行了全面的反駁。超過三千字的反駁中，他提出研究禮甚至應該說是有害的，而且也沒有必要，說到底就是個沽名釣譽的行爲，對其進行了激烈攻擊。其中下面的一節內容值得我們注意：

> 嗚呼，七十子喪而大義乖，莊周憤世，養生齊物，朱門末學，汨其師說，陽明嫉俗乃致良知。顧二子之賢，豈故爲分門甘歸於異端哉。亦其憤嫉之極，矯枉而過直耳。如某庸陋，雖無是言，賦性狂戇，不堪媚世，將古況今，時有憤嫉，妄以爲二子橫議，實獲我心，怵然環顧，幾欲逃儒而入墨。[15]

大家都能看出，這封信幾乎與洪大容在1766年十月寫給陸飛的信是完全相同的。但是有一個決定性的不同之處。1766年十月的時候他認爲莊子和陽明說到底都是同樣的"迂儒曲士"，說他們"同爲異端"，可1768年夏天以後所寫的信中卻認爲莊子和陽明的話都不出自己所料，還說"幾欲逃儒而入墨"，應當說採取的是一種肯定的態度。毋庸置疑，"逃儒而入墨"則是原封不同地引用了陸飛的說法。[16]洪大容收到陸飛的來信是在當年的五月，也就是說他立刻就套用了陸飛

---

15 《湛軒書》內集，卷三，《與人書二首》(96頁上)。

16 박희병『범애와평등－홍대용의사회사상[汎愛與平等－洪大容的社會思想]』(首爾：돌베개、2013年，69-74頁)中，以這裡所說的"逃儒而入墨"爲基礎，認爲"應當注意湛軒(洪大容)多次明確表示自己想要'入墨'的事實"，以此作爲洪大容重視墨子的

的這句話。而對放不下《儀禮》中有關禮的一個個小問題的金鍾厚進行批判時所用的"纏繞拘泥"中的"拘泥"一詞，或許可以說是套用自嚴誠批判自己時的內容。

洪大容不只是在北京的筆談時受到了中國友人特別是嚴誠的巨大影響，回國之後從這些人處收到的信也使他受到了對他的後半生起著決定性作用的巨大影響。

Ⅲ

然而，這封甚至可以說是嚴誠的遺書的重要的信件，卻并沒有收錄在《湛軒書》中。洪大容在1768(乾隆三十三)年十月作爲燕行使出發時給陸飛寫了信。其中說："鐵橋南閫寄書，距死前只數月，病瘝困頓之中，猶一札數千言，纖悉不漏，可見心力絶人，處事眞實，益令人痛恨而心折也。"所有人都能理解洪大容究竟是懷著一種怎樣的心情去讀嚴誠的信的。[17]並且這封信也被收錄在了《湛軒書》中。

可《湛軒書》中卻並沒有收錄嚴誠寫給洪大容的重要的信件。恐怕這是洪榮善等二十世紀的編輯者們的故意而爲。洪大容和嚴誠是獨一無二的親密朋友，他們之間有著超越國境的相互影響。通過閱讀從《乾淨筆譚》到洪大容去世之前所寫的文章，誰都可以明白這一點。然而，從二十世紀的編輯者的立場來說，論及二人當中究竟是誰受到了更大的影響這一問題，他們會認爲不是洪大容而是嚴誠。似乎從他們的立場出發，必須是洪大容給了嚴誠更大的影響。如果不是這樣，我們無法解釋他們爲什麼沒有收錄這封顯示二人關係的重要書信。將他們引上這條路的，恐怕是他們心中所抱有的民族主義思想。

而這種民族主義思想似乎又有更深層次的淵源。之所以這麼說，是因爲《湛軒書》中收錄有洪大容的堂弟洪大應所寫的回憶錄。裡面的一條說，洪大容稱朝鮮人的著作中，李珥(李栗谷)的《聖學輯要》和柳馨遠的《磻溪隨錄》才是經世致用之學。還說中國杭州的學者嚴誠想要一部朝鮮儒學家的有關性理學的書籍，洪

<hr>

論據。然而，通過檢索《韓國文集叢刊》、《中國基本古籍庫》、《四庫全書》等數據庫可以發現，"逃儒入墨"、"逃儒歸墨"等用語，只要不是直接論述墨子的時代，幾乎毫無例外都意味著"拋棄儒教走向異端"，具體說就是把"走向佛教"以"入墨"一詞來表現。這裡關注的也是莊子或王陽明的學說，完全不是墨子。其它被作爲論據的"老墨"一詞也只是將其於老子並稱，單純地意味著儒教以外的學說，"楊氏爲我，……墨氏兼愛"也是與楊子的並稱。完全不是說洪大容尤其對墨子有所關心。

17 《乾淨後編》卷二，《與篠飲書》(戊子=乾隆三十三年十月作書，附節行)。《湛軒書》15頁上。

大容贈給了他一部《聖學輯要》，終於使嚴誠拋棄了他尊崇的陸象山、王陽明的學說，迴歸了正學之道。[18]

可是這番話中有多處錯誤或者說是絕對不可能發生的內容。首先嚴誠沒有特別尊崇陸王之學也就是陽明學。這一點在前面已經介紹過的嚴誠寫給洪大容的最後的一封信中已經有了明確地記述，沒有必要再多作議論。在洪大容收到嚴誠的遺書之前，他一直誤以爲嚴誠尊崇陽明學。這在《乾淨筆譚》中可以看到相關記錄。並且當時朝鮮的知識份子中存在著中國學者不是信奉朱子學就是信奉陽明學這樣的一般認識，所以洪大應也持有了這樣的誤解。嚴誠尊崇陽明學的內容在《湛軒書》所收《乾淨衕筆談》最後收錄的《乾淨錄後語》當中也有記錄，使得讀過的人越發相信這一點並且毫無懷疑。因爲從字面上來看，這篇文章肯定是洪大容所寫的。然而這篇《後語》實際上是1766(乾隆三十一)年九月以前所寫的。[19]也就是說《後語》是在他寫成《乾淨衕會友錄》之後立刻被附在其中的，自然這個階段洪大容自身還是一直以爲嚴誠是陽明學信徒的。而如果是在洪大容1768年收到嚴誠的遺書以後的話，洪大容就不可能說出這樣的話了。

最大的錯誤在於，洪大容說服了陽明學信徒嚴誠使其迴歸朱子學這一點上。這個錯誤對於讀了嚴誠的最後一封信的我們來說是十分明瞭的。嚴誠不僅沒有迴歸朱子學，反而直到最終離世都一直在批評只信奉朱子學的洪大容，說他太過"拘泥"。更進一步說，洪大容自身的信中寫道，他將《聖學輯要》寄給了嚴誠，但是在寄到之前嚴誠就去世了，所以不得已只能請嚴誠的哥哥嚴果代爲收取，因此洪大容是一定不會給洪大應說這樣的話的。[20]恐怕中國的知識份子被朝鮮的朱子學所擊敗這樣的話，并不只流傳於洪榮善等近代朝鮮的知識份子之間，而是早在洪大容生活的時代或者他去世不久就發生了。

綜上所述，我們可以明顯看出，1768年洪大容收到嚴誠和陸飛的來信，是使他脫離朱子學的一個決定性的契機。在此之後，至少從他寫給中國人的比較率直地闡述他的思想和精神狀況的信中已經看不出他在1766年於北京所談論的、

18　《湛軒書》附錄，《從兄湛軒先生遺事》(323頁下)。
　　東人著書中，以聖學輯要‧磻溪隨錄爲經世有用之學。杭州學者嚴誠求東儒性理書。先生贈以聖學輯要，終使嚴誠棄其所崇陸王之學而歸之正。

19　《乾淨後編》卷一，《與秋□書》(丙戌=乾隆三十一年冬至使入去作書付譯官邊漢基)。另附紙。這封信也收錄在《湛軒書》107頁上，題爲《與秋□書》，但另附的紙則被刪去了。而這篇文章後來被作爲一篇獨立的文章以《乾淨錄後語》之名被收錄在《乾淨衕筆談》的最後。

20　《鐵橋全集》第五冊，《與九峰書》。《湛軒書》116頁下，《與九峰書》。據此，由於嚴誠去世，之前寄給他的《聖學輯要》四卷請嚴果代爲收取。《聖學輯要》並沒有到達嚴誠的手中。

或者回國后寫給嚴誠和陸飛的信中所提到的那樣對朱子學的死板的讚美和擁護的話語了，並且談論具有朱子學性質的修養的用語也都不見了。《醫山問答》裡面也完全看不到朱子學式的想法。正與此同時，他的轉變和苦戰開始了。

Ⅳ

　　洪大容服喪結束是在1770(乾隆三十五)年的春天。在這一期間，他離開天安郡壽村(長命里)的家，在家族墓地附近建草堂而居。他給國內外的相識所寫的信中也經常提到父親的死或者以此爲原因所帶來的疲勞困憊給他的人生帶來了怎樣的變化。當然父親的死也是一個重大的原因，但是我們應當認爲一進入服喪期就收到的嚴誠的信才是給他帶來轉變的巨大原因。之前所舉出的寫給金鍾厚的第二封信被認爲是1769年秋冬之際所寫下的，其中有提到自己"已成別人"的記載。[21]或者說，也許正是在這座草堂的經歷，給他的新思想的形成提供了一個合適的時間和場所。1768年秋天寫給中國的相識孫有義的信中也訴說了自己喪父而不得不繼續生存以及在草堂生活的悲哀與苦楚，但也提到"某近居廬，窮鄉跡遠紛華，早晚取論孟諸書"。[22]大概他覺得自己應該從頭而來重新學習。

　　不用說，他在服喪期間，自然沒有參加科舉，但是在服喪結束的同時他做出了拋棄科舉的決定。1770(乾隆三十五)年秋天，在寫給中國的相識趙煜宗(梅軒)的信中，他說："且幸籍先蔭有數頃薄田，可以代食。"又說："以其暇日，努力古訓，玩心於大丈夫豪雄本領。"服喪結束之後，他也在努力地繼續學習。[23]

　　只讀這些信的話，似乎覺得他處於一個與外界隔絕的環境之中，開始追尋新的自我，豁達而富有活力地向前邁進，但實際上並不是這樣的。

　　後來，1774(乾隆三十九)年十月，他又給中國的相識鄧師閔(汶軒)寫了一封信，信中回憶了這一時期的自己，寫下了如下的一段話：

21　《湛軒書》69頁上。

22　《乾淨附篇》卷一，《與蓉洲書》。
　　某近居廬，窮鄉跡遠紛華，早晚取論孟諸書，隨力誦讀，反躬密省，驗之日用，無味之味，劇於蒭豢。

23　《乾淨附編》卷一，《梅軒書》。
　　弟苦塊餘生，衰象已見，功名一途，揣分甚明。且幸籍先蔭有數頃薄田，可以代食，將欲絕意榮顯，隨力進修，康濟身家，以其暇日，努力古訓，玩心於大丈夫豪雄本領，此其樂　或不在祿食之下。

三十七歲，奄罹荼毒，三年之後，精神消落，志慮摧剝，望絶名途，廢棄舉業，將欲洗心守靜，不復遊心世網。惟其半生，期會卒未融釋，雖杜門琴書，時政不騰口，不除目，不劓耳，自他人觀之，非不澹且寂也。夷考其中，或不禁愁憤薰心，以此其發之詩句，強作闊談之套語，未掩勃谿之眞情。[24]

那麼，在這種新的情況之中，他到底摸索到了什麼內容呢？筆者認爲其中之一便是莊子的思想。之前有學說認爲《莊子》秋水篇中出現的河伯與北海君的問答是《醫山問答》中虛子和實翁問答的原型。[25]筆者以爲這實在是一個眞知灼見。之所以這麼說，是因爲洪大容在出使北京之前一直很喜歡閱讀《莊子》。可以認爲，虛子一般來說是相對於察覺到眞實的實翁來說生活在虛妄的世界中的人物。然而實際上，虛子已經在《乾淨筆譚》中以洪大容的自稱"拘墟子"的形式登場了。這個"拘墟子"則是從《莊子》秋水篇中出現的"拘墟"一詞由來的。

"拘墟子"一詞登場於《乾淨筆譚》(《乾淨衕筆談》)二月十七日。在這一天之前，洪大容向嚴誠寄出了一篇題爲《八景小識》的小文，敘述有關自己家鄉的別墅和庭園的八所美麗景緻。他請嚴誠爲八景分別作詩。八景之一名爲"玉衡窺天"，小識中說，他在籠水閣中設置了一台渾天儀也就是一種天文儀器，用來進行天地觀測。下面是嚴誠爲這"玉衡窺天"所作的詩的一部分：

陋彼拘墟子，終身乃座井。[26]

洪大容應該立刻明白這個"拘墟子"是源於《莊子》秋水篇的。之所以這麼說，是因爲他經常閱讀《莊子》秋水篇。同樣，在《乾淨筆譚》(《乾淨衕筆談》)二月二十六日潘庭筠提到想要造訪別墅愛吾廬時，洪大容打趣說，就是來了，鼈的膝蓋也會被卡住，讓潘庭筠大笑。這個"東海之鼈"的故事也出現在《莊子》秋水篇。裡面提到，井底之蛙告訴住在東海裡的鼈從井裡跳出來的快感，並且請鼈進一次井裡試試。鼈想要進入井中，但是左腳還沒進去，右腿膝蓋就被卡住

24　同前書，卷二，《與汶軒書》(甲午=乾隆三十九年十月)。《湛軒書》127頁上收有相同文章。

25　宋榮培「홍대용의상대주의적 思惟와변혁의논리－특히『莊子』의상대주의적문제의식과의비교를중심으로－[洪大容的相對主義式思維與變革的邏輯－以與《莊子》相對主義式的問題意識的比較爲中心－]《韓國學報》第20卷第1號，1994年)。

26　《乾淨衕筆譚》二月十七日。另外，《莊子》根據版本不同有"拘於墟"和"拘於虛"兩種寫法。"拘墟子"在韓國銀行藏《乾淨筆譚》和首爾大學奎章閣韓國學研究院藏《乾淨筆談》的一個版本中寫作"拘虛子"。

了。之後鼈向蛙講述了廣闊的東海的樂趣。東海暗指朝鮮。在筆談的席上機靈
地提到"鼈膝"這個詞，如果不是特別熟悉《莊子》秋水篇，那一定是不可能的。
這樣一來，我們可以認爲，《醫山問答》中出現的虛子是自己年輕時的綽號"拘墟
子"，而實翁則是戲弄自己的嚴誠。此外，《乾淨筆談》中還出現了"天機"(二月
十二日，《大宗師》篇)、"越人無用章甫"(二月十二日，《逍遙遊》篇)、"豿狗"(二
月二十三日)、"魚相忘於江湖"(二月二十四日，《大宗師》篇)等說法，都是洪大
容自己所套用的源於《莊子》的語言。似乎在出使北京之前他對《莊子》抱有特別
的親近感。

然而，1773(乾隆三十八)年七月寫給孫有義的信中出現的《乾坤一草亭小引》
則更好的顯示出他所抱有的幾乎可以說是傾心於莊子的憧憬。這篇文章在與《醫
山問答》的關係中顯得極爲重要。

洪大容在前一年移居首爾的竹衕，在西園營建了一座草屋，取名爲乾坤一草
亭。小引便是在這個時候寫成的。小引由下面的一段話開始：

> 第昨年移宅，近坊曰竹衕，宅西有園，倚園而有一間草屋，層砌雕欄，結
> 構頗精，乃命以乾坤一草亭。…偶成小引，仍譜十韻，一二同人從而和之。并
> 以徑寸小紙書揭楣間，此中何可少蓉洲一語耶。引與詩在下。其粗漏處，祈教
> 之，即賜和詩爲禱。大秋毫而小泰山，莊周氏之激也。今余視乾坤爲一草，余
> 將爲莊周氏之學乎。三十年讀聖人書，余豈逃儒而入墨哉。處衰俗而閱喪威，
> 蒿目傷心之極也。嗚呼，不識物我有成虧，何論貴賤與榮辱，忽生忽死，不啻
> 若蜉蝣之起滅已焉哉。逍遙乎寢臥斯亭，逝將還此身於造物。[27]

《乾坤一草亭小引》本來源於杜甫的詩"乾坤一草亭"，而契意思是"天地之間，只
有這一草堂"。然而這裡洪大容在套用杜甫的詩的同時，還依據莊子的萬物齊同
說，給這個草屋加上了"乾坤也就是天下就是一棵草"的意味而進行命名。這篇
小引之中可以看到許多《莊子》中的詞彙。他在這裡說："三十年讀聖人書，余豈
逃儒而入墨哉。"不用說，這裡的"墨"也不是墨子，明顯是莊子。

他說自己給草亭命名爲乾坤一草亭，與莊子對世界感到激憤而寫下《齊物論》一
樣，自己也感到激憤并傷心至極，從而進行命名的。"蒿目傷心之至"是之前嚴

---

27 《乾淨附編》卷一，《與蓉洲書》(癸巳=乾隆三十八年七月)。另外，這篇小引以《乾坤
一草亭主人》爲題收錄於《湛軒書》內集卷三(34頁下)中，但是沒有記錄年月。而《與
蓉洲書》則收錄在《湛軒書》120頁下，但是有大幅刪節，這裡引用的文章也被刪節
了。

誠的遺書中對老莊的語言的"蒿目傷心之至"原封不同地套用。自那以後已經過了五年，這句話深深滴烙印在洪大容的心中。

洪大容確實說自己不是莊子的信徒，不管怎麼說也是個儒教徒。但是從這篇小引中可以看出，他在1773年時究竟是如何地傾心於莊子。並且如果同時仔細地閱讀《醫山問答》的話，也可以從中看出裡面到處充滿了他的激憤之情。之前筆者說《莊子》秋水篇中出現的河伯與北海君的問答式《醫山問答》中虛子和實翁的問答的原型這一說法是一個真知灼見。這並不僅僅是因爲《醫山問答》貫穿著與莊子十分類似的相對主義，也不僅僅是因爲虛子是來源於《莊子》中的"拘墟(虛)"一詞的，更是因爲筆者認爲《醫山問答》與"莊子"同樣都是激憤之書。借洪大容自己的立場來說，《醫山問答》便是洪大容的激憤之作。

V

筆者之所以認爲《醫山問答》和《莊子》一樣是一部激憤之書，是因爲裡面有著對極爲平常的看法的反駁和否定。開頭部分舉出的"假仁者王"是源於《孟子》當中的"假仁者霸"的大膽借用，但是其中蘊含著完全不同的價值。這是觸犯當時的常識的行爲。他帶入了不光否定清朝，連明朝也一併進行否定的邏輯，這好像是在嘲笑習慣了常識性的思考的人。更進一步說，他還對朝鮮國進行了否定，這可不是一件尋常的事情。但是這些事都是合理存在的。我們可以從中聽到與《莊子》一樣的哄笑。《醫山問答》中有著超越了相對主義的與《莊子》的類似性。那是洪大容自己闡述的對時代的激憤。

從寫下《乾坤一草亭小引》的1773年開始，洪大容在寫給中國的相識的心中，幾次在言語中表達了自己的憤怒。這與《醫山問答》的誕生有著密切的聯繫。當然在1769年給金鐘厚寫信的時候也可以看出，他在此時也十分憤怒。或者應該說他從收到嚴誠的遺書時開始就不斷地在憤怒。然而，從《乾淨後編》和《乾淨附篇》中可以看出，他的憤怒似乎從1773年左右開始變得更爲顯著，1776(乾隆四十一)年迎來了高峰。之後則有所平靜。比如1774年十月寫給孫有義的信中說自己原本十分狂妄，又很貧窮抑鬱，有時恣意地憤慨，雖然生病了卻不能安分養病。[28]似乎他體質較弱，經常生病。他的不快或許也有從這種身體狀況不好而來的部分。1773年十月他寫給鄧師閔的信中說自己最近患了重感冒，因爲生病而睡不好。並且一家相聚之時憂鬱和憤怒也會湧上心頭，對周圍的人隨便發

28　《乾淨附編》卷二，《與孫蓉洲》書。《湛軒書》124頁下。

火。[29]這似乎已經到了完全看不出來他出使北京前努力存心居敬，使感情上沒有過分與不足的作爲朱子學者的面貌了。

除了身體不好以外，思想上的問題也在使他經常焦慮經常爆發怒火方面起著重大作用。中國的相識鄧師閔給洪大容寫了如下一封信：

> 然自訂交以來，統觀前後所言，每於不平之中稍露牢騷之言。盛世無寃民，萬祈吾兄愼之。[30]

那麼洪大容究竟因何而抑鬱，又因何而憤怒呢？早在1770(乾隆三十五)年所寫的《雜詠十首》當中的一首中，他這樣寫道：

> 欲得眞文章，須有眞意思。欲爲聖賢人，須作聖賢事。聯編誇富麗，燦然班馬字。危言矜瞻視，儼然程朱位。傀儡假眞態，綵花無生意。欺人以自欺，俯仰能無愧。須知名外名，乃是利外利。憧憧隱微間，安排足陰祕。褊心實不忍，中夜發驚悸。安得眞實人，共遊眞實地。[31]

這一首詩全體都是憤怒的集合。這裡可以看出他究竟是因何而憤怒。那便是隱藏眞實、以假亂眞、自欺欺人的行爲。"欲爲聖賢人，須作聖賢事"恐怕說的是當時嘴上說著聖賢的事情實際上卻沒有內部的實際存在的形式化的朝鮮儒教。"危言矜瞻視"恐怕說的則是對看似不顧自身安危就政治上的各種問題高談闊論、實際上卻充滿了虛榮的政治家的批判。"儼然程朱位"說的則是用華麗的辭藻做文章的人一定會引用的程子和朱子的話，而說著高尚的話的政治家在駁倒對手時所舉出的論據也一定是程子和朱子的姓名。我們應當從中看出，"儼然程朱位"這樣的表達，是對程子和朱子的姓名經常被用作掩飾虛僞的僞裝的行爲的焦慮，更進一步說是對程子和朱子的反感和厭惡。程子和朱子的地位不可動搖，誰也不能批判。洪大容正是對此感到憤怒。因此甚至半夜裡心臟會有激烈的顫抖。"安得眞實人，共遊眞實地"，正是這樣的願望無法實現，才是導致他

---

29 《乾淨附編》卷一，《與汶軒書》。
　　弟近患重感，杜門調治，苦無佳況，病中少睡。每念此一時感冒，已非大症，骨肉團聚，食物足以自養，猶不免憂慮薰心，嘖喝暴發。

30 《乾淨附編》卷一，《與汶軒書》(甲午=乾隆三十九年五月)。

31 《乾淨附編》卷一，《雜詠十首》。注27中記載的詩文目錄中，《雜詠十首》被認爲是庚寅也就是1770年的作品。而《湛軒書》17頁上作爲《雜詠四首》收錄的則是十首中的四首。這裡引用的詩也被刪去了。

抑鬱的根本原因。

另外，《贈元玄川歸田舍二首》則是寫給1764年作爲通信使的書記隨行的元重舉的詩，大約作於1773(乾隆三十八)年。[32]其中，洪大容高度讚揚了伊藤仁齋，認爲他是鳳擧也就是鳳凰，而稱讚荻生徂徠是鴻儒，還指出朝鮮人總是以狹窄的心胸爲驕傲，總是隨意胡亂地攻擊誣蔑事物是異端，對當時的朝鮮學術界作出了批判。

對異端應更加寬容的主張，在1776(乾隆四十一)年寫給中國的孫有義的信中最爲詳細。這封信應該說是達到了“異端擁護論”的程度。這裡僅取一點暗示與《醫山問答》的聯繫的部分進行介紹。這是一個與放伐相關的問題。

《醫山問答》在開頭所關注的“假仁者帝，兵彊者王”這個問題之前，先論及了商湯和周武王對桀紂的放伐。然後說明自那時起人民才開始進行下剋上的犯上行爲。洪大容認爲商湯和周武王的放伐是弑君行爲，完全沒有擁護，也沒有將其正當化。之中更針對武王通過殺掉商紂而建立的周王朝道破說這裡面怎麼可能沒有想把天下作爲利益據爲己有的想法。對於洪大容來說，在儒教中一直被視爲傳統的聖人的周武王正不過是這“兵彊者王”的一個例子。他認爲商紂究竟是不是一個極端敗壞的國王根本沒有被周武王當做一個問題，周武王其實還是爲了自己的利益才弑君的。

而在寫給孫有義的“異端擁護論”當中，對於異端中會產生流弊這個站在正統立場上的人會提出的非難，洪大容認爲無論任何事物都會產生流弊，在此之上明確表示放伐的流弊就是弑君也就是下剋上。而這明明白白的弑君之事實到了耍小聰明之輩的口裡，就被以聖人的不偏不倚的正義爲藉口而變得正當了。本來放伐應該是討伐邪惡的正義行爲，但是實際上只是遮掩作爲下剋上的弑君行爲的藉口，[33]正是“假仁者王”。這封寫於1776年的信中，可以看出與《醫山問答》

---

32 湛軒書77頁下。
伊藤既鳳擧，徂徠亦鴻儒。……韓人矜褊心，深文多譖誣。
《湛軒書》中並沒有記錄寫作年代。注27中記載的詩文目錄中，《題乾坤一草亭小引》至《贈元玄川歸田舍二首》爲止的三首被認爲是癸巳的作品。癸巳則是1773(乾隆三十八)年。

33 《乾淨附編》卷二，《與孫蓉洲書》(丙申=乾隆四十一年十月)。《湛軒書》128頁上。
孟子距楊墨，韓子排佛老，朱子闢陳陸，儒者之於異端，如此其嚴也。乃孔子師老氏友原壤與狂簡，只云攻乎異端斯害也已。又曰，後世有述焉吾不爲之矣。此其語比諸子不啻緩矣。此將何說。
今之闢異端，未嘗不以流弊爲說。然天下事曷嘗無流弊。禪讓之流其弊也簒，放殺之流其弊也弑，制作之流其弊也侈，歷聘之流其弊也遊說。以聖人大中至正，小人之假冒猶如此。異學之流弊，亦何足說哉。
是以異學雖多端，其澄心救世，要歸於修己治人則一也。在我則從吾所好，在彼則與

中的邏輯相同的內容。

更進一步暗示這封信與《醫山問答》的聯繫的內容則是"異端擁護論"最後附上的下面這段話：

> 世儒有志於學者，必以闢異端爲入道之權輿。某於此積蘊悱憤，玆以奉質于大方，乞賜條破。

這難道不正是與在《醫山問答》的開頭部分出現的實翁對虛子的憤怒相同的憤怒嗎？這難道不正是他對於身處自己粉飾的虛無世界中卻不自知、深信自己的正確并以此爲傲、將攻擊異端視爲理所當然的虛子們所發出的憤怒相同的憤怒嗎？實翁說這是"道術之惑"。"道術之惑"是指將"崇周孔之業，習程朱之言，扶正學斥邪說，仁以救世，哲以保身。此儒門所謂賢者也"[34]視爲儒者應該做的事情而毫不感到疑惑。1776年時，他的這種對"道術之惑"的憤怒似乎剛好達到了高峰。

在寫下這封信的1776年，他還給鄧師閔寫了下面一封信。這時洪大容剛好當上了司憲府監察，第二年又作爲一名地方官調職爲泰仁縣監。

> 惟早晚一縣，庶可努力軍民，酬報恩遇，兼籍邑俸以供滫瀡。且得其紙墨之資，亦將記述見聞以俟後人。假我二十年，卒成此事，志願畢矣。[35]

他在這裡說到："假我二十年，卒成此事，志願畢矣。"這時洪大容四十六歲，距離去世僅餘七年。

《醫山問答》是一部短篇，完全不是需要二十年才能寫成的東西。有洪大容這樣強的能力，幾天就可以寫成。至少我們看到的現存的《醫山問答》是這樣的。但是這個時候他的心中正充斥著憤怒。想要花費二十年來完成這部著作，並不是抱著立刻將其公開的目的，而一定是想要流傳給後世的人。而《醫山問答》也正如開頭論述的那樣，將其中的政治論挑出來看的話，有著極爲過激的內容。簡單地說，公開是很危險的。這麼看來，《醫山問答》很可能是一部想要花費二十

其爲善，顧何傷乎。
世儒有志於學者，必以闢異端爲入道之權輿。某於此積蘊悱憤，玆以奉質于大方，乞賜條破。
上述"世儒有志於學者"以下部分在《湛軒書》中又被刪去了。

34 《湛軒書》90頁上。
35 《乾淨附編》卷二，《與鄧汶軒書》(丙申＝乾隆四十一年十月)。

年去完成的著作的一部分，或者是這部著作的習作。如果是習作，那也有可能是1776年以前的著作。但是這是洪大容的激憤之書。如果是這樣，他的激憤開始變得明顯的1773年，也就是他寫作《乾坤一草亭小引》之時，他的憤怒達到了頂峰，而《醫山問答》則可能誕生於這個時候到1776他想要創作一部大作爲止的時間段中。

VI

　　洪大容的外甥洪大應將這件事寫成了下面的內容。根據他的敘述，洪大容說了這樣的話：

> 中原則背馳朱子，尊崇陸王之學者滔滔皆是，而未嘗聞得罪於斯文。蓋其範圍博大，能有以公觀竝受，不若拘墟之偏見也。[36]

　　這裡也可以看到"拘墟"二字。

　　然而洪大容不可能說出中國處處都是陽明學信徒這樣的話。至少後半生的他是不會這樣說的。針對當時朝鮮學術界的偏狹和對異端的強烈排擠十分憤怒的洪大容，或許對洪大應這麼說是想要更加容易明白地告訴洪大應中國對異端更爲寬容。

　　有學說認爲洪大容是陽明學派的人物。[37]然而從他所寫的作品中，沒有隻言片語能看出他醉心於陽明學。我們能夠看出他是經歷了怎樣的過程而脫離朱子學的。在這個過程中，陽明學完全沒有給他的轉變造成他的促進。1768年收到的嚴誠的遺書中，嚴誠在告訴他中國現今已經沒有把陽明學當做一個重大問題的并給他澆了一盆冷水的同時，還讓他不要拘泥於任何事物。說到他究竟最接近於什麼思想，我們可以認爲是《莊子》所帶來的內容。陽明學對於後半生的他來說，大概只不過是學術自由的中國的一個象征性的存在。

　　另外，也有看法認爲，應當從在朝鮮展開的湖洛論爭中的洛論中尋找《醫山問答》中所出現的人等同於動物的看法的淵源。[38]其主要論據在於《湛軒書》中所收錄的《心性論》。但是筆者沒有掌握到洪大容後半生寫有利用帶有朱子學色彩概

36　《湛軒書》附錄，《從兄湛軒先生遺事》(從父弟大應)。

37　鄭寅普《陽明學演論》(首爾：三星文化財團，1972年)，183頁。

38　유봉학《燕巖一派北學思想研究》(首爾：一志社，1995年)，88頁以下。

念的心、性、理、氣等等發表議論的文章。這篇《心性論》，或者與之類似的《答徐成之論心說》等文章，從他出使北京之後的思想經歷來看，不太可能是這一時期的作品，一定是出使北京之前，或者是出使北京回國之後立刻寫下的作品。[39]筆者以為，我們不應該從《醫山問答》中看出洛論的影響。

　　這裡筆者沒能談論到《醫山問答》在東亞究竟佔有怎樣的地位，也沒能論及對於洪大容來說日本究竟是一個怎樣的存在，更沒有說到與《醫山問答》的誕生密切相關的洪大容在天文學方面的進展等重要問題。這是筆者的不得要領之處。在向讀者致歉的同時，筆者想期待下一次的機會來對上述問題進行討論。

▌翻譯：楊維公(京都大學文學研究科)

39　《湛軒書》5頁上，《心性論》，5頁下，《答徐成之論心說》。

②

名稱·文獻·方法
－關於"燕行錄"研究的若干問題－

張伯偉(南京大學域外漢籍研究所)

　　從高麗時代直至朝鮮時代末期的六百多年時間中，到中國的使團中有不少人留下了使行記錄，據估計，其總數當在七百種以上。關於這類文獻，最早是由韓國學者開始重視整理的，迄今為止，已出版若干種大型叢書。如成均館大學大東文化研究院編《燕行錄選集》(1960－1962)，民族文化推進會(今韓國古典翻譯院)編《國譯燕行錄選集》(1976－1982)，林基中教授編《燕行錄全集》(2001)，林基中和日本夫馬進教授合編《燕行錄全集日本所藏編》(2001)，成均館大學大東文化研究院編《燕行錄選集補遺》(2008)，林基中編《燕行錄續集》(2008)等。2013年，韓國又推出了光盤版《燕行錄叢刊》，收錄作品四百五十五種。在中國海峽兩岸，對於此類文獻的重視也由來已久，並與日俱增，臺灣珪庭出版社曾出版《朝天錄》(1978)，大陸廣西師大出版社正陸續出版《燕行錄全編》(2010年起)、復旦大學出版社有《韓國漢文燕行文獻選編》(2011)等。無論中韓，這些較為大型的資料集採用的都是影印原書的方式。我在南京大學域外漢籍研究所主持了一項"高麗朝鮮時代中國行紀資料彙編"，選擇了有代表性的文獻約八十種，標點整理，並附以解題、索引，目前已完成大半。從以上情況來看，這些資料之受到韓國、日本和中國海峽兩岸學者的日益重視，是顯而易見的。然而如何看待及使用這些文獻，尚存在一些比較重要的問題，有待各國學者通過較為細緻的討論，才能夠取得共識，以期更好地利用。本文擬拈出若干自覺重要的問題，提出一些初步意見，供大家批評或參考。

I. 名稱

　　從高麗時代末期開始，一直到二十世紀初朝鮮時代的終結，朝鮮半島到中國的使團絡繹不絕，他們中的一些人在往返途中及歸國之後有不少記錄，在明代的時候，常常以"朝天錄"命名，到清代則易之以"燕行錄"。現代學者在整理和使用這些文獻時，對其總體稱謂也以"燕行錄"最為流行，有的甚至還擴大到稱呼其它國家人員到中國的使行紀錄文獻[1]。除此以外，也有一些別的稱謂，只是並不通行[2]。"燕行錄"之稱雖然流行，也為學術界所熟悉，但據我看來，這不是一個合適的稱謂，應當予以更改。

　　為什麼說不合適？朝鮮半島與中國的來往，由來尚矣。其間始末，洪敬謨所言頗具概括性，其《燕槎彙苑總敘》云：

　　　　朝鮮，東海小國也。建國肇自檀君，遣使通中國又自其時……箕子代檀氏以王，白馬朝周，亦載于史……自三韓之時至羅、濟之初，皆詣樂浪、帶方二郡貢獻，而未嘗達於中國……至晉唐南北朝時，百濟始遣使……而皆非歲以為常者也。及夫高麗統三為一，傳國五百，南事而北事契丹，又事金、元。程里最近於諸國，故比年一聘……暨我本朝與皇明並立，而皇都在金陵，故航海而朝天。成祖皇帝之移都於燕京也，乃由旱路歷遼東，穿山海關而入皇城，蓋自我太宗朝己丑始也。皇朝，中華也，吾初受命之上國也……崇禎甲申，清人入主中國，我以畏天之故，含忍而又事之如皇明，今且為二百年。[3]

　　使行文獻的出現，亦始於高麗而大盛於朝鮮朝，這與兩國之間的來往頻繁是密切相關的。明代初年，"皇都在金陵，故航海而朝天"；明成祖遷都燕京，故自太宗九年(1409)也改由遼東入燕。當時的使行文獻，雖然有少數以"燕行"為題

1　目前已經出版的各種大型相關文獻整理，無論是在韓國還是海峽兩岸，都以"燕行錄"(偶爾用"朝天錄")來統稱，甚至把越南的中國行紀文獻也冠以"燕行"之稱。而實際上，越南使臣的記錄多以"北行"為名，或至廣州，或至天津，或至北京。

2　比如張存武《推展韓國的華行錄研究》(收入《韓國史學論叢》，首爾：探求堂，1992年版)中提倡使用"華行錄"之名，在朝鮮時代末期，也確有少數記錄就是以"華行"為名。徐東日《朝鮮使臣眼中的中國形象－－以燕行錄、朝天錄為中心》(北京：中華書局，2010)把這些文獻冠以"使華錄"之名。又楊雨蕾在其《燕行與中朝文化關係》一書中也偶爾用過"入華行紀"之稱，但也特別說明："本文在總稱上基本採用學術界熟悉的'燕行錄'之稱。"(頁17。上海：上海辭書出版社，2011)

3　《冠巖全書》冊十二，《韓國文集叢刊》續第113冊，頁336。首爾：韓國古典翻譯院，2011年版。

名者，但多數的稱謂仍然是"朝天"。即便用"燕"，也仍然懷有"朝天"般的感情，如李民宬萬曆年間撰《題壬寅朝天錄後》云："燕今為天子之邑，四方之取極者於是，九夷八蠻之會同者於是，其宮室之壯，文物之盛，固非前代之可擬，斯亦偉矣！"[4]明清鼎革之後，以"燕行"為書名者比比皆是，幾乎看不到"朝天"之名。這種帶有整體性的名稱改換不是偶然現象，其背後是一種文化觀念在支撐。即便就其中唯一的例外——張錫駿在同治三年(1864)出使清朝的《朝天日記》而言，若結合其《春皋遺稿》中《朝天時贐行諸篇》一併閱讀，就可以發現，其所謂的"朝天"，還是以"有明遺臣"[5]自居，去到"皇明先帝舊城壕"[6]，繼承的是大明"三百年朝天之行"[7]的傳統。送行者甚至有這樣的期待："吾聞皇明之遺民，往往混跡于屠沽之間，而多感慨悲歌之士。吾子其彷徨察識於眉睫之間而得其人，因執策而語之曰：今天下貿貿焉皆入於腥穢氈裘之俗，而惟吾東國獨保皇明禮樂之教，祀而崇大報壇，花而種大明紅，紀年而先揭崇禎號。天王之一脈王春，獨在於檀箕故國我後之朝鮮矣。"[8]而對於作者來說，此行最大遺憾，乃"不得與皇明古家遺裔吐筆舌、敘感慨、唱黍離、吊故都"[9]。所以，書名中的"朝天"並非對滿清王朝的認可，而是對大明故國的懷念。

　　毫無疑問，"朝天"的名稱含有"事大之誠"的觀念，這幾乎是高麗朝以來君臣上下對中國皇帝信誓旦旦的"口頭禪"，其含有濃厚的政治意味是極為明顯的。"燕行"雖然可以簡單理解為一個地理方位的指向，但在明清之際由"朝天"向"燕行"的整體轉變中，它一方面代表了朝鮮士大夫對清朝"含忍而又事之"的無奈(如鄭太和有《飲冰錄》、蔡濟恭有《含忍錄》)，另一方面也包含了他們對滿清的鄙夷，認為這個政權不配被稱作"天朝"。特別是在將"燕行"與"朝天"對比的時候，這種觀念表現得尤為突出。茲列舉若干材料如下，李夏鎮《燕山述懷》：

　　　　朝天舊路行行愧，不是當年玉帛將。[10]

4　《敬亭集續集》卷四，《韓國文集叢刊》第76冊，頁523。首爾：韓國民族文化推進會，1991年版。

5　《朝天日記》十二月十二日，《春皋遺稿》卷一，頁三〇a，韓國中央研究院圖書館藏。

6　李能燮贈詩，《春皋遺稿》卷一，頁四九a。

7　柳致任贈序，《春皋遺稿》卷一，頁六〇a。

8　李宗淵贈序，《春皋遺稿》卷一，頁六三b。

9　《朝天日記跋》，《春皋遺稿》卷一，頁四六b。

10　《六寓堂遺稿》冊二，《韓國文集叢刊》續第39冊，頁68。首爾：韓國民族文化推進會，2007年版。

李敏敘《送沈可晦赴燕》：

> 此路朝天前日事，遺民思漢至今悲。[11]

柳尚運《燕行錄・呈正使案下》：

> 今行非復朝天路，隨遇空為感舊吟。[12]

崔錫鼎《送李參判光佐赴燕》：

> 昔我銜王命，十年再赴燕。衣冠今變夏，槎路舊朝天。[13]

宋相琦《送冬至副使趙令錫五》：

> 莫說烏蠻館，生憎鴨水船。北來唯古月，西去豈朝天？[14]

申光洙《洪君平名漢燕槎續詠序》：

> 不佞觀國朝前輩朝天詩多矣，方皇朝全盛時，赴京者多名公卿，與中國學
> 士大夫揖讓上下，富禮樂文章之觀，故其詩率忠厚和平，有渢渢之音。左衽以
> 來，入燕者徒見其休儌渾[15]酪之俗，如皇極之殿，石鼓之經，辱諸腥穢，故其
> 詩皆黍離也。所謂金台易水、漸離荊卿之跡，不過借為吾彷徨蹢躅之地，人人
> 而有悲憤不平之音……聞單于近益荒淫，或者天厭其穢，真主復作，君平奉國
> 命入朝，睹中華文物之盛，雍容東歸，則於是乎又必有朝天錄，不佞願一寓目
> 焉。[16]

從這樣的對比中，我們不難發現，"朝天"或屬於往日的美好，或寄寓他日的

11　《西河集》卷四，《韓國文集叢刊》第144冊，頁61。首爾：景仁文化社，1997年版。
12　《約齋集》卷二，《韓國文集叢刊》續第42冊，頁442。首爾：韓國民族文化推進會，
　　2007年版。
13　《明谷集》卷六，《韓國文集叢刊》第153冊，頁547。首爾：景仁文化社，1997年版。
14　《玉吾齋集》卷四，《韓國文集叢刊》第171冊，頁301。首爾：景仁文化社，1998年版。
15　原文誤作"潼"，茲以意改之。
16　《石北集》卷十五，《韓國文集叢刊》第231冊，頁482。首爾：景仁文化社，2001年版。

期待，"燕行"則透露出當下的悲憤，甚至把清代皇帝稱作"單于"。所以，由"朝天"轉變為"燕行"，絕不僅僅是指代一個地理方位，而是充滿了政治意味和文化立場的特殊名稱。從學術研究的角度言，使用這些帶有強烈政治色彩的稱謂，無論是"朝天"還是"燕行"，都是不合適的。

我認為合適的名稱是"中國行紀"。1998年8月，我寫過一篇《韓國歷代詩學文獻綜述》，收在《文學絲路－－中華文化與世界漢文學論文集》中，列舉了七類書籍中的相關文獻，其中之一為"行紀"，指的就是以"朝天錄"或"燕行錄"等題名的著作。前幾年，我在《域外漢籍研究入門》[17]中，對這個問題又有所論及，明確主張以"中國行紀"來命名域外人士出使中國的記錄文獻。以"行紀"來概括此類文獻，更早的有日本學者中村榮孝，他曾發表《事大紀行目錄》[18]，著錄了朝鮮時代赴中國的使行紀錄，雖然遠遠談不上完備，但畢竟是最早注意並網羅及此者。只是在"紀行"前冠以"事大"一詞，還是帶有較為濃厚的政治色彩。

我提倡使用"中國行紀"來概括此類文獻，理由有三：第一，這是一個較為中性、客觀的用語，適合於在學術討論中加以運用。第二，也是更為重要的理由，即追根溯源，此類文獻之祖就是以"行紀"命名的。第三，"行紀"是現代學術研究中使用的共名。第一個理由無需解釋，第三個理由也比較簡單，以下主要就第二點略陳己見。

古代天子為"周知天下之故"，就規定了執掌邦國外交的"小行人"職責，其中之一就是製作"五書"。賈公彥概括道："此總陳小行人使適四方，所采風俗善惡之事，各各條錄，別為一書，以報上也。"[19]孫詒讓則說："輶軒之使即行人，此五物之書即輶軒使者奏籍之書也。"[20]可見當時已有使者將其見聞撰著成書的制度。現在所能知道最早的相關文獻，是西漢陸賈所寫《南越行紀》(一名《南中行紀》)，但當時尚無定名，南北朝時，此類著述開始增多，書名也多以"記"或"行紀"為題，以李德輝《晉唐兩宋行記輯校》為例，如《東夷諸國行記》、《董琬行記》、《南海行記》、《輿駕東行記》、《封君義行記》、《江表行記》等。既有在國內的，也有去國外的。同時，也有不少僧人的著作，所謂"自漢之梁，紀曆彌遠"，"眾家記錄，敘載各異"，其中就有"止命游方一科"[21]者，如《佛國記》、《宋雲行記》等。到了唐宋時代，由於中外交通日益頻繁，這類文獻也大量湧現。李德輝根據作者身份區分為四大流別，即外國使臣行記、僧人行記、文臣

17　上海：復旦大學出版社，2012年版。

18　載《青丘學叢》第一號，1930年5月。

19　《周禮正義》卷七二，《十三經注疏》上冊，頁894北京：中華書局影印本，1980年版。

20　《周禮注疏》卷三七，頁3007。北京：中華書局，1987年版。

21　《高僧傳序錄》卷十四，湯用彤校注本，頁523。北京：中華書局，1992年版。

行記以及彙纂類行記。據他的統計，宋人撰寫的外國行記多達五十六種，國內行役記也有二十四種。在寫法上，自中唐開始，就有人改換過去以行程為單位的記事，變為日程敘事法，如李翱的《來南錄》，至宋代更為普遍[22]。其內容繁雜，寫法不一，所以歷代目錄學上的歸類也很不一致。多數歸入史部地理類，但也有較為複雜的狀況，如陳振孫《直齋書錄解題》就分別歸入偽史類、雜史類、傳記類、地理類；《宋史‧藝文志》則除了歸入史部故事類、傳記類、地理類外，還有歸入子部小說類者。

宋代以來，有一類行紀以"語錄"為名，如寇瑊《生辰國信語錄》、富弼《富文忠入國語錄》、劉敞《使北語錄》等，有的學者主張以"語錄"來概括所有的使行記錄文獻[23]，我不大贊成。使行文獻中的"錄"，多為"記錄"之"錄"，當然既可記行，也可記事，還可記言。此外，語錄的涵義較為豐富，有禪宗之語錄，有儒門之語錄；有詩話而名語錄者，有筆記而名語錄者；所以，不如"行紀"來得單純明瞭。

宋代還有一類行記，是以"日記"、"日錄"為名，如周必大《歸廬陵日記》、樓鑰《北行日錄》等，明代賀復徵對日記的定義是："逐日所書，隨意命筆，正以瑣屑畢備為妙。"[24]而他追溯日記體的淵源，認為"始于歐公《于役志》、陸放翁《入蜀記》"[25]，直接與行記聯繫在一起，至少表明"日紀"是"行紀"之一流。在朝鮮時代的行紀文獻中，也有如張子忠《判書公朝天日記》、蘇巡《葆真堂日記》、鄭崑壽《赴京日錄》、金海一《燕行日記》、韓泰東《燕行日錄》等，可見此類命名方式頗為常見。但日記的內容極廣，"政治家議朝政，出使者記行程，遣戍者敘貶謫，典試者談科場，旅遊者述行蹤，隨征者載戰況"[26]，而朝鮮時代也有大量以"日錄"為名，而實與行紀無關者，所以，我們也不擬採用為行紀類文獻的通名。

雖然在唐代的時候，就有中國學者對新羅有所記載，如顧愔《新羅國記》，但真正與朝鮮半島文臣有所互動，實自宋代始。如北宋淳化四年(993)陳靖一行有《使高麗記》，徐兢宣和五年(1123)出使高麗而有《使高麗錄》。反之，金富軾于靖康元年(高麗仁宗四年，1126)"如宋賀登極"[27]，便撰有《奉使語錄》，著錄于

22　參見《晉唐兩宋行記輯校‧前言》，頁1－20。瀋陽：遼海出版社，2009年版。
23　參見傅樂煥《宋人使遼語錄行程考》，載《遼史叢考》，頁1－28。北京：中華書局，1984年版。
24　《文章辨體彙選》卷六三七，文淵閣四庫全書本，臺北：臺灣商務印書館影印。
25　同上，卷六三九。
26　陳左高編著《中國日記史略》"緒言"語，頁1。上海：上海翻譯出版公司，1990年版。
27　金宗瑞《高麗史節要》卷九，頁213。首爾：明文堂影印本，1981年版。

《宋史·藝文志》史部"傳記類"，可見其與宋代行紀文獻的淵源[28]。

　　考察朝鮮時代的"朝天"、"燕行"文獻，其命名方式與中國唐宋時代的行紀亦多一脈相承。除上文提及者外，還有以"奉使"為名者，如宋代趙良嗣《燕雲奉使錄》、姚憲《幹道奉使錄》，朝鮮權近《奉使錄》；有以"于役"為名者，如唐代張氏《燕吳行役記》、宋代歐陽修《于役志》，朝鮮金允植《析津于役集》；有"道里記"、"行程錄"，如唐代程士章《西域道里記》、宋代許亢宗《宣和乙巳奉使行程錄》，朝鮮申欽《甲午朝天路程》、李基敬《飲冰行程曆》，等等。此外，如朝鮮時代崔演《西征錄》、李夏鎮《北征錄》、魚允中《西征記》，也都可以在中國的行紀文獻中找到類似的題目。有的則直接以"紀行"(即"行紀")名之，如麟坪大君《燕途紀行》、李魯春《北燕紀行》、洪良浩《燕雲紀行》、鄭昌聖《燕槎紀行》、安光黙《滄槎紀行》等。有些書不以"紀行"為名，往往也要作出說明，如曹偉《三魁先生觀光錄序》云："觀光者何？觀上國之光也。不曰'紀行錄'而曰'觀光'者，重上國也。"[29]又如徐慶淳《夢經堂日史序》云："曷謂之日史？紀行也。曷行？燕行也。"[30]總之，朝鮮時代的此類文獻，其命名方式雖然是多種多樣，但以"行紀"為總名最為合適。朝鮮十八世紀鄭昌順等人所編《同文彙考》，其《補編》部分涉及此類文獻，以"使行錄"名之，與"行紀"的意思是接近的。

　　用"行紀"概指此類文獻，其實是現代學術史上的共名，也是我主張使用的第三點理由。二十世紀四十年代，王國維就曾出版《古行紀校注》[31]一書。八十年代，有楊建新主編之《古西行記選注》[32]。近年來，有賈敬顏《五代宋金元人邊疆行記十三種疏證稿》[33]。陳佳榮、錢江、張廣達合編之《歷代中外行紀》[34]，也收錄了中國、朝鮮、日本、越南的相關文獻。李德輝則出版了《晉唐兩宋行記輯校》。日本僧人圓仁在承和五年(唐文宗開成三年，838)入唐，撰寫了《入唐求法巡禮行記》，與《大唐西域記》、《馬可·波羅行紀》並列為"東方三大旅行記"，其

28　據《高麗史》卷九十八"列傳"卷十一《金富軾傳》載："宋使路允迪來，富軾為館伴，其介徐兢見富軾善屬文，通古今，樂其為人，著《高麗圖經》，載富軾世家，又圖形以歸。奏于帝，乃詔司局鏤板以廣其傳，由是名聞天下。後奉使如宋，所至待以禮。"(下冊，頁180。首爾：亞細亞文化社影印本，1983年版)可知金富軾與徐兢《高麗圖經》(含《使高麗錄》)的關係，其《奉使語錄》也很可能受到徐兢的啟發和影響。

29　《丙辰觀光錄》卷首，林基中編《燕行錄續集》第101冊，頁112。首爾：尚書院，2008年版。

30　林基中編《燕行錄全集》第94冊，頁154。首爾：東國大學校出版部，2001年版。

31　上海：商務印書館，1940年版。

32　銀川：寧夏人民出版社，1987年版。

33　北京：中華書局，2004年版。

34　上海：上海辭書出版社，2008年版。

書也以"行紀"名之。因此，以"行紀"為名，便可將中國、朝鮮半島、日本、越南乃至西洋的相關文獻賦予一個適當的總稱，這在學術研究上是十分重要的和必要的。

<h2 style="text-align:center">Ⅱ. 文獻</h2>

　　從上世紀六十年代開始，以《燕行錄選集》為代表，這類行紀文獻引起學術界的注意，但除了《國譯燕行錄選集》附有現代韓文翻譯和索引外，絕大部分工作還停留在影印舊籍的層面，整理工作還處於初級階段。對於其中的文獻問題，多數學者也是就整理工作(主要集中在林基中所編《燕行錄全集》)中出現的訛誤加以更正，如左江《燕行錄全集考證》[35]、漆永祥《燕行錄全集考誤》[36]；只有少數文章在涉及整理者問題的同時，研究了此類文獻本身的問題，如夫馬進《日本現存朝鮮燕行錄解題》[37]。這裡準備探討的，也是有關這些文獻本身的問題。

　　朝鮮半島的中國行紀文獻，擁有五百年不間斷的撰寫歷史，其價值之高是毋庸置疑的。但這類文獻本身存在的問題也需要指出，這樣才能更為有效地加以利用。

　　第一個問題是雷同。傅樂煥將宋人的行紀文獻皆歸入"語錄"，他在《宋人使遼語錄行程考》中指出：

　　　　在他們回國以後照例須作一個《語錄》上之於政府。《語錄》中主要的在報告他在遼庭應對酬答的情形，附帶記載著所經地點及各該地方的民物風俗等。……使臣年年派遣，《語錄》自也不斷的出現，因此當時的人對於這種同時人的記載，習以為常，當作官樣文章，並不特別的重視。[38]

　　這類"官樣文章"並非中國所特有，在朝鮮時代的外交使行中，使臣回國後，也照例要向國王報告，類似情形也正多見。如崔晛《朝天日錄》九月初八日末"書啟"云：

35　載張伯偉編《域外漢籍研究集刊》第四輯，北京：中華書局，2008年版。
36　載高麗大學中國學研究所編《中國學論叢》第二十四輯，首爾：高麗大學，2008年版。
37　載日本《京都大學文學部研究紀要》第42號，京都：京都大學，2003年版。
38　《遼史叢考》，頁1-2。

為聞見事，臣跟同上使臣申渫、副使臣尹喝前赴京師，竣事回還，凡所見聞，逐日開坐。[39]

又如洪翼漢《花浦先生朝天航海錄》卷末云：

為聞見事件事，臣跟同臣使李德泂、吳翽，前赴京師，今已竣事回還，一路聞見，逐日開坐。為此謹具啟聞。[40]

又李永得《燕行雜錄》內篇卷一"入彼地行中諸般事例"云：

使臣還……書狀與首譯各修聞見事件(彼中政令及異聞異見略錄之)，覆命時納於承政院。[41]

直到張錫駿《朝天日記》卷末云：

即日詣闕，奉納彼地聞見錄與日記。[42]

因此，這也是帶有普遍性的現象。

朝鮮使臣到北京，其途程大致有三條：第一，渡鴨綠江，經柵門、鳳凰城、遼陽、鞍山、耿家莊、牛家莊、盤山、廣寧、錦州、山海關、深河、永平、豐潤、玉田、薊州、通州到北京；第二，渡鴨綠江，經柵門、鳳凰城、遼陽、奉天、鞍山、耿家莊、牛家莊、盤山、廣寧、錦州、山海關、深河、永平、豐潤、玉田、薊州、通州到北京；第三，渡鴨綠江，經柵門、鳳凰城、遼陽、奉天、孤家子、白旗堡、小黑山、廣寧、錦州、山海關、深河、永平、豐潤、玉田、薊州、通州到北京。這些路線由中國指定，朝方不能隨意變更。由於途程相似，後來者又往往閱讀以往記錄，除少數人有考證癖，或可糾正前人之謬，多數乃沿襲舊談，所以難免雷同。這一類文獻中最具特色者，金景善《燕轅直指序》曾有如下概括：

39　《燕行錄選集補遺》上，頁10。首爾：成均館大學大東文化研究院，2008年版。
40　《燕行錄全集》第17冊，頁322。
41　《燕行錄全集》第79冊，頁50－51。此書舊題徐有素《燕行錄》，實誤，考訂見下文。
42　《春皐遺稿》卷一，頁四六b。

　　適燕者多紀其行，而三家最著：稼齋金氏、湛軒洪氏、燕巖朴氏也。以史例則稼近於編年而平實條暢，洪沿乎紀事而典雅縝密，朴類夫立傳而贍麗閎博。[43]

　　具體所指，即金昌業《老稼齋燕行日記》、洪大容《湛軒燕記》和朴趾源《熱河日記》，而他自己“則就准於三家各取其一體，即稼齋之日系月、月系年也；湛軒之即事而備本末也；燕巖之間以己意立論也”[44]。但具有這種明確的文體意識者畢竟不多，所以這幾家行紀也就特別值得重視。

　　第二個問題是抄襲。從某種意義上說，這也是雷同的表現之一。有的是明引，有的是陰襲。徵引有明確表示，容易辨認，但其中情況也不能一概而論。例如金昌業《老稼齋燕行日記》、崔德中《燕行錄》、李海應《薊山紀程》、金景善《燕轅直指》，都引用了《荷谷朝天錄》，但並非照原書抄錄。《老稼齋燕行日記》卷一“表諮文呈納”載：

　　　　舊例：入京翌日，使以下具公服，奉表諮文，詣禮部。先行見官禮于尚書訖，使奉諮文跪告曰：“國王諮文。”尚書命受之。復曰：“起來。”然後使起退出，還坐歇所。令通事呈表文于儀制司後，使以下曆往主客儀制兩司，行禮而罷歸(出《荷谷朝天錄》)。今則尚書(或侍郎)與郎中具服，面南立於大廳，大通官引三使奉表諮文跪進，郎中受，安于卓子上，通官引使以退。[45]

　　這段文字只是對於《荷谷朝天記》八月初九日所記在北京向明廷上呈國王諮文過程的概括，原文較繁，此處極為精簡。“今則尚書”以下，乃金昌業語，以作古今對比。我們再看崔德中《燕行錄》“表諮文呈納”：

　　　　舊例：入京翌日，使以下具公服，奉表諮文，詣禮部。先行見官禮于尚書訖，使奉諮文跪告曰：“國王諮文。”尚書命受之。復曰：“起來。”然後使起退出，還坐歇所。令通事呈表文于儀制司後，使以下曆往主客儀制兩司，行禮而罷歸(出《荷谷朝天錄》)。今則尚書(或寺郎)與郎中具公服，面南立於大廳，大通官引三使奉表諮文跪進，郎中受，安于卓子上，通官引使以退。[46]

43　《燕行錄全集》第70冊，頁246。
44　同上，頁247。
45　《燕行錄全集》第32冊，頁309。
46　《燕行錄全集》第39冊，頁400－401。

雖然其中的"舊例"也注明了"出《荷谷朝天錄》"，但與其說崔德中本于許篈，不如說他直接取自金昌業。而"今則尚書"以下也全同于金書，顯然是直接抄錄自《老稼齋燕行日記》。又《燕轅直指》卷二"禮部呈表諮記"載：

> 《荷谷朝天錄》曰：入京翌日，使以下具公服，奉表諮文，詣禮部。先行見官禮于尚書訖，使奉諮文跪告曰："國王諮文。"尚書命受之。復曰："起來。"然後使起退出，還坐歇所。令通事呈表文于儀制司後，使以下曆往主客儀制兩司，行禮而罷歸云。[47]

儘管這段文字首先冠以《荷谷朝天錄》，但我們也不能認為它是從許篈書中直接引用，顯然抄自金昌業或崔德中。

再看一例，《老稼齋燕行日記》卷一"入京下程"載：

> 舊例：只自光祿寺送米一石八斗，豬肉三十六斤，酒九十餅，茶五斤十兩，鹽醬各九斤，油四斤八兩，花椒九兩，菜薓十五斤等物，五日一次(出《荷谷朝天錄》)。順治以後，戶部供糧料，工部供柴炭、馬草、器皿，光祿寺供各樣饌物。[48]

再看許篈原文，《朝天記》中八月初八日記：
光祿寺珍羞署送下程錢糧：白米一石八斗，酒九十瓶，葉茶五斤十兩，鹽醬各九斤，香油四斤八兩，花椒九兩，菜薓十五斤。凡此物件，五日送一次，循舊例也。[49]

又八月初九日記：

> 光祿寺大官署送豬肉三十六斤，亦五日一次之例也。[50]

可見金昌業是縮合了許篈兩天的日記拚為一則，也不是原文照錄。"順治以後"云云，乃金氏對比今昔之語。再看崔德中的記錄，《燕行錄》"入京下程"載：

---

47 《燕行錄全集》第71冊，頁172－173。
48 《燕行錄全集》第32冊，頁306。
49 《燕行錄全集》第6冊，頁223。
50 同上，頁228。

舊例：只自光祿寺送米壹石捌斗，豬肉三十六斤，酒九十瓶，茶五斤十兩，鹽醬各九斤，油四斤八兩，花椒九兩，菜蔘十五斤等物，五日一次(出《荷谷朝天錄》)。順治以後，戶部供糧料，工部供柴炭、馬草、器皿，光祿寺供各樣饌物。[51]

又《燕轅直指》卷三“留館錄”上“留館下程記”載：

《荷谷朝天錄》曰：自光祿寺送米一石八斗，豬肉三十六斤，酒九十瓶，茶五斤十兩，鹽醬各九斤，油四斤八兩，花椒九兩，菜蔘十五斤等物，五日一次云。而順治以後，自戶部供糧料，工部供柴炭、馬草、器皿，光祿寺供各樣饌物。[52]

又《薊山紀程》卷五“食例”載：

舊例：凡於入京日，自光祿寺送米一石八斗，豬肉三十六斤，酒九十瓶，茶五斤[53]十兩，鹽醬各九斤，油四斤八兩，菜蔘十五斤等物，間五日一給(出《荷谷朝天錄》)。順治以後，戶部供糧料，工部供柴炭、馬草、器皿，光祿寺供各樣饌物。[54]

這幾段文字，除了個別的訛誤差異外，基本一致，顯然同出一源。但無論是以“《荷谷朝天錄》”引起，還是注明“出《荷谷朝天錄》”，其實都不是根據原書，而是本於《老稼齋燕行日記》，但無一例外的，他們都沒有對這種情況有所說明。此外，如“鴻臚寺演儀”、“朝參儀”等條也存在類似情況。這就不難看出，行紀文獻的前後因襲是頗為常見的。

現存卷帙最富的行紀文獻是舊題徐有素的《燕行錄》十六卷，收錄在林基中編《燕行錄全集》第79至84冊，但此書中的問題頗多，也較為典型，值得作一綜合討論。

首先是作者問題。徐有素為朝鮮純祖二十二年(道光二年，1822)十月冬至謝恩使團書狀官，此行正使為金魯敬，副使金啟溫，在本年十月二十日從漢城出

---

51 《燕行錄全集》第39冊，頁399。
52 《燕行錄全集》第71冊，頁218。
53 原文誤作“升”，茲以意改之。下一字同。
54 《燕行錄全集》第66冊，頁483－484。

發，十一月二十五日渡鴨綠江，十二月二十四日抵達北京，翌年二月初四離京返回，三月十七日入漢城。《燕行錄全集》題作徐有素，生卒年不詳。今案此書“三使以下渡江人員”記錄：“書狀官徐有素，字公質，號泠泉，乙未生，假銜執義。”[55]可知他生於英祖五十一年(1775)，但重要的是他並非作者。本書開篇即云：“壬午冬，余從使者作燕行……沿路所見、留館時遊覽者並錄如左云。”[56]書狀官為“三使”之一，作者既云“從使者”，則其本人非使者可知。抵京後入住玉河館，記錄各人住所，“大廳之北為上房，正堂五間，有東西二炕，東炕上使處之。……上房之北為副房，屋宇規模與上房同，正堂東炕副使處之。……副堂之北為三房，正堂七間，西二炕書狀處之”[57]。三使隨員住所亦多從之，如上房軍官、日官、譯官、乾糧官、寫字官住上使之左右前後，副房亦然。書狀官隨從有三：軍官李槩、伴倘李永得、乾糧官尹鴻德。其中尹鴻德與上房軍官金振鏞同住上房之西廊南炕，作者乃與李槩住三房之東一炕。既同住一室，則地位相當。三房隨從中其它兩人名字皆已出現，則本書作者當為伴倘李永得。書名根據目次及正文，當作《燕行雜錄》，分內外篇，內篇自卷一至卷十二，卷十三以下為外篇。又韓國國立中央圖書館藏題名金魯敬《燕行雜錄》十六卷，與此書內容一致，但其撰者題名亦同樣有誤。

其次是撰著時間。《燕行錄全集》、《燕行錄叢刊》繫於1822、1823年，從部分意義上說是對的。開篇云“壬午冬”，卷六《日記》部分以純祖二十二年、道光二年壬午十月二十日辛酉始，至卷八純祖二十三年三月十七日終，以西元計算，就是1822年到1823年。但《燕行雜錄》全書共十六卷(冊)，卻並非成于一時。此書卷帙豐富，但除卷六至卷八為日記，出於作者之手，卷一、卷二間有撰作外，其餘則抄襲他書而成。抄襲者是作者本人，還是另有其人，我們無法確認。但全書形成目前的狀態，最早也要在李太王十三年(光緒二年，1876)之後，晚於《日記》五十多年。試看卷十三《燕行雜錄》外篇“外國”，首列日本，其中的“日本世系”最後一位“今天皇”，即明治天皇下記載：

> 明治六年癸酉一月一日，以神武帝即位之年為紀元，因置紀元節，自神武紀元之年至此，凡二千五百三十三年。〇三月，令許與外人婚。天皇斷髮，王后落黛。〇明治九年，遣黑田清隆、井上馨等通好，更定《修好條規》，日人留朝鮮。[58]

55 《燕行錄全集》第79冊，頁24。
56 同上，頁246。
57 《燕行錄全集》第81冊，頁75-76。

明治九年為李太王十三年，既然已經出現這一歷史記載，則記載時間必然在此之後，抄錄時間也就更晚。因此，以1823年作為該書編纂之年，從整體上看，只能說是錯誤的。

至於該書的抄襲問題，其來源則既有中國書，也有朝鮮書。經考察，卷一從"天下星曆夏至晝時刻"到"天下疆域"前，卷二從"測候"到"銓政官考"，皆抄自《大清會典》、《清文獻通考》；卷三從"燕京天文"到卷五，抄自清人吳長元《宸垣識略》。卷九至卷十二"歷代疆域"，抄自明陸應陽輯、清蔡方炳增輯之《廣輿記》。卷十三"日本"，分別抄自朝鮮南龍翼《聞見別錄》、姜沆《看羊錄》、申維翰《海槎東遊錄》和《海遊聞見雜錄》。卷十四"合國"(包括安南、琉球等)抄自《廣輿記》。卷十五"燕都雜詠"和卷十六"燕都記聞"抄自《宸垣識略》。卷十六"明清文評"則抄自《四庫全書簡明目錄》。這種抄襲堪稱連篇累牘，如果誤作他本人的撰著，勢必影響正確的學術判斷。

就抄襲方式來說，也分各種不同情況。有的是節抄，如"燕京天文"之於《宸垣識略》；有的是照抄，如"明清文評"之於《四庫全書簡明目錄》；有的是雜抄，如"燕都雜詠"之於《宸垣識略》。此外，在抄錄過程中，他也是有增有減，增加者頗能顯出其主觀感情。例如"日本"部分抄錄了《海遊聞見雜錄》中的話：

> 諸松前守看管之地，惡不可居，人皆面黑有毛，不識文字，蠢軟愚迷，便同禽獸。日本人皆不齒於人類。[59]

校以申維翰之原著，其中"蠢軟愚迷"、"日本人皆不齒於人類"二語，即為抄錄者所增加的議論。若與其它部分相比較，作者對於中國和日本的不同觀感和態度是顯然的。如卷一"人物風俗"載：

> 所至見滿人，其衣服外樣，皆非貧寠者，且其人身長貌偉，個個健壯。人品仁善平坦，多率性徑情，少陰鷙邪曲，待人恩厚款曲，處物慈諒平善。蓋其天性本然，而又其習俗使之然也。[60]

朝鮮人對於滿人素無好感，這樣的記載是罕見的。又"禮貌"載：

58　《燕行錄全集》第83冊，頁259。

59　《燕行錄全集》第83冊，頁35。

60　《燕行錄全集》第79冊，頁129。

　　中國人規模大抵多恭謹，少倨傲。滿人始見若偃蹇驕亢，及與接話，則其
恭過於漢人。……余輩欲見彼中人士，至其家，使馬頭修刺(彼俗訪人必修
刺，不遇則留刺焉)，則無不出迎，或出戶，或降階，或至外門，位高者皆
然。[61]

又"言語"云：

　　中國言語，即所謂漢語也。中國人雖目不識丁之類，其言語則無非文字，
可謂發言成章。[62]

　　以上從身樣性情、禮貌習俗、語言文字三方面看，皆足以與日本作對比。故
抄錄者所增添數語，無不顯示其貶抑之情。
　　日本部分"倭皇世系"天頭空白處有不知何人之校語，每有"原本云"，揭示異
同，共十二則。所謂"原本"，當指南龍翼《聞見別錄》。可惜其校勘亦極為簡
略，不甚注意其異同。例如"後圓融院"下"丁亥，高麗使鄭圃隱來"，鄭夢周奉
使日本在高麗辛禑三年(明太祖洪武十年丁巳)，原本正作"丁巳"，"丁亥"誤；
"仙洞院"下舉甲子(1624)朝鮮通信使名字，有"鄭弘重"者，亦為"姜弘重"之誤。
自"後西院"以下共五天皇，南氏不及載，乃別有所本。
　　在卷七的日記部分，作者于癸未正月十一日曾記錄了在北京琉璃廠文盛堂書
肆遭遇的一幕：

　　鋪主出一冊示之，名曰《簡明目錄》，即乾隆所編輯《四庫全書目錄》也，其
書極博。……文盛堂冊肆人曾昕謂余曰："安南、琉球嘗買此書全帙以去，而
以貴國之右文，尚未聞買此，誠為欠事。"其言實愧，遂強答曰："此書不無冗
雜者，如道家、釋家、雜家、術數等書，非儒者所可玩。經史、兵農、醫藥之
書，我國已有之，不須此書。"曾頗然之。[63]

　　雖然在中國人面前勉強爭回一點面子，但他內心深處不免有愧[64]，所以在《燕

61　同上，頁170。

62　同上，頁171－172。

63　《燕行錄全集》第81冊，頁160－161。

64　文盛堂書商曾昕謂當時朝鮮尚未購買《四庫全書簡明目錄》，不足為據。《奎章總目》
　　卷二"總目類"著錄《四庫全書簡明目錄》十二本，據考證，現存《奎章總目》為徐浩修
　　撰，完成于朝鮮正祖五年(1781)。又《大畜觀書目》亦著錄《四庫全書目錄》十二冊，

行雜錄》中照錄《四庫全書簡明目錄》對明清文人別集的評論，大概多少也有彌補欠缺的意思吧。由於抄錄得較為完整，這對當時的朝鮮人瞭解明清人的文學創作，還是有一定的幫助作用的。但若誤以為是作者自身的評論，甚至以此推論這些明清人的文集在當時皆已傳入朝鮮，那就大謬不然了。

至於作者的雜抄部分，往往前後錯亂，無法貫通。以卷十三“日本”部分而言，雜抄《海槎東遊錄》及《海遊聞見雜錄》，前者為日記體，後者為紀事體，本書則隨意摘抄，混雜兩書。又卷十六“燕都記聞”，先是抄錄《宸垣識略》卷十五“識餘”部分，但自“貴州畢節縣”以下直到“明代諸儒文評”，大量篇幅記載者皆與燕都無關。

但也有本書記載與原本不合，卻值得重視者。最明顯的是卷十三日本部分的“關白世系”，其末云：“自良房至基實，相繼執政者二百餘年。基房以下，則不得干預國事，只存關白之號而已，凡三十八世而絕。”[65]此文出於南龍翼《聞見雜錄》，原本最後作“猶存關白之號，故並錄之，凡三十八世”[66]。但原本所錄，自良房以下僅二十四世，而在本書中就有完整記錄，“基通”以下，“師忠”之前，可補列師家、兼實、良經、家實、道家、教實、兼經、良實、實經、兼平、基平、基忠、忠家、家經等十四世，正與“三十八世”相符。

關於此書的文獻來源，目前已大抵清楚，但還有少數條目尚待續考。比如卷十三“燕行雜錄外編”題下注云：“此本得之於日本史記中，此本想必正本，故錄之，以便後考焉。”[67]這已經非常明確地坦白是“抄錄”，但以下“日本世系”的內容仍不知所出；又同上“日本傳”題下注云：“作者姓名失之未錄。”[68]亦未能考得其來源。總之，雖說此書內容豐富，但抄襲的內容甚多，抄錄過程中出現的錯誤也不在少數。因此，如果真正要參考這些相關資料，還是要根據原書。真正有價值的部分只是作者自撰者，即“日記”三卷。

以上舉例說明朝鮮時代中國行紀文獻中的問題，希望能夠引起研究者的進一步注意，以避免一些離奇訛誤之發生。

同樣指《四庫全書簡明目錄》，可證朝鮮王室藏書中已不止一套。又洪奭周于純祖十年(1810)編纂之《洪氏讀書錄》，乃就家中藏書擇要指導其弟閱讀之“推薦書目錄”，其中就列有《四庫全書簡明目錄》二十卷。可證在十九世紀初，此書已進入朝鮮士大夫家庭藏書之列。所以，不可能到了道光年間朝鮮人尚未購買此書。曾氏之言，志在推銷，全無憑據，惜作者不能一辨。以上書目參見張伯偉《朝鮮時代書目叢刊》第一冊、第二冊、第八冊，北京：中華書局，2004年版。

65 《燕行錄全集》第83冊，頁18。
66 《海行總載》第3冊，頁433。京城：朝鮮古書刊行會，大正三年(1914)年版。
67 《燕行錄全集》第83冊，頁243。
68 同上，頁260。

Ⅲ. 方法

　　高麗、朝鮮時代的中國行紀文獻屬於我所說的"域外漢籍"，對於域外漢籍的研究，我也曾經試圖從方法上有所說明。2009年，我寫了《作為方法的漢文化圈》一文[69]，2011年，我在中華書局出版了《作為方法的漢文化圈》一書，去年，我又寫了《再談作為方法的漢文化圈》[70]，我認為，這樣一個命題，既需要在實踐中不斷進行補充、完善和修正，其學術意義也有必要繼續詮釋、闡發和推衍。

　　如果借用禪宗"隨病設方"[71]的說法，提出一種研究方法自然是要有所針對的，是針對當今學術之"病"而施用的一味"藥"。關於東亞學術當今所面臨的問題，早就有許多學者提出了反省。

　　針對以費正清(John K. Fairbank)和列文森(Joseph R. Levenson)為代表的美國中國學的主流觀點，柯文(Paul A. Cohen)《在中國發現歷史》提出了"中國中心取向"的轉型，他說："倘想正確理解十九、二十世紀的中國歷史，必需不僅把此段歷史視為外部勢力的產物，而且也應視之為帝制時代最後數百年出現的內部演變的產物。"[72]他同時遺憾地指出："中國史家，不論是馬克思主義者或非馬克思主義者，在重建他們自己過去的歷史時，在很大程度上一直依靠從西方借來的詞彙、概念和分析框架，從而使西方史家無法在採用我們這些局外人的觀點之外，另有可能採用局中人創造的有力觀點。"[73]針對"沒有中國的中國學"，日本學者溝口雄三(Mizoguchi　Yuzo)提出了"作為方法的中國"，"想從中國的內部，結合中國實際來考察中國，並且想要發現一個和歐洲原理相對應的中國原理"[74]。余英時針對百年中國學術的狀況，提出了"中國人文研究的再出發"，他說："整體地看，二十世紀中國人文研究中所顯現的西方中心的取向是相當突出的。……今天是中國人文研究擺脫西方中心取向、重新出發的時候了。……'視西籍為神聖'的心態則必須代之以'他山之石，可以攻錯'。"[75]而作為"再出發"的

69　載《中國文化》2009年秋季號。

70　載《文學遺產》2014年第二期。

71　此借用日本江戶時代僧人獨庵玄光語，見《獨庵玄光護法集》卷三《自警語》，日本駒澤大學圖書館藏本。其意蓋本於《鎮州臨濟慧照禪師語錄》："山僧說處，只是一期藥病相治，總無實法。"(《大藏經》第49冊，頁498)又"山僧無一法與人，只是治病解縛"(《大藏經》第49冊，頁500)。

72　林同奇譯，《中文版前言》，頁3。中華書局，1989年版。

73　同上《序言》，頁1。

74　李甦平等譯，書名改為《日本人視野中的中國學》，頁94。北京：中國人民大學出版社，1996年版。

75　《試論中國人文研究的再出發》，收入其《知識人與中國文化的價值》，頁295-297。

途徑之一，就是把目光重新投向東亞。

2012年6月，在臺北中研院主辦的第四屆國際漢學大會上，王汎森在開幕式上作了"漢學研究的動向"的主題演講，分別從主題、史料、工具等三方面概述了新世紀以來的新發展，其中就主題而言，東亞成為了一個新動向。我想要說的是，就這一主題來說，更重要的是顯現了研究方法的變化。

韓國以白樂晴(Paik Nak chung)為代表的民族文學論，以及由《創作與批評》雜誌所主導的"東亞論"，雖然其內涵不限於學術，但僅就學術層面或者更縮小到文學批評與研究而言，其提倡的"立足於第三世界自我認識的基礎上進行研究本國文學、中國文學以及日本文學"，以改變東亞文學"只在西方文學的邊緣彷徨"[76]的現狀，即便是閱讀西方文學，也要"儘量用我們的耳朵聽聽他們所說的話，用我們自己的眼睛看看他們所看過的現實"[77]，體現出的是在全球化時代，東亞的知識生產如何建立獨立的知識主體性，介入並逐步改變西方的知識生產體制的追求。

臺灣的陳光興在竹內好(Takeuchi Yoshimi)《作為方法的亞洲》和溝口雄三《作為方法的中國》的基礎上，進一步闡釋其"亞洲作為方法"的主張，指出"亞洲作為方法的命題不是簡單的口號，而是一種積極的實踐，這種實踐最基本的就是將閱讀對象開始多元地擴向亞洲各地"[78]。

日本學者靜永健(Shizunaga Takeshi)《中國學研究之新方法》對中國本土興起的"域外漢籍研究"予以高度評價，他指出："即使是對本國文學研究得再深再透，如果不對同一時期同一文化圈中的週邊地域文化政治之連動予以關注的話，我想，我們的研究，最終還是擺脫不了陷入到一個夜郎自大、井蛙觀天的悲劇命運之中。……'域外漢籍研究'並不是一門炫人耳目的奇學幻術，相反，它正是我們瞭解中國乃至整個東亞地區的一種'王道'的研究方法論。"[79]

以上略述"作為方法的漢文化圈"提出的背景。作為這一方法的內涵，大致有以下幾點：其一，將歷史上的漢字文獻當作一個整體。無論研究哪一類文獻，都要注重在空間上的不同地域(中國、朝鮮半島、日本、越南等)，也要注重與其它類別文獻的關係。總之，需要一種整體的眼光。其二，在漢文化圈內部，無

臺北：時報文化出版公司，2007年版。
76　《看第三世界文學的眼睛》，收入白永瑞、陳光興編，李旭淵翻譯校訂《分斷體制·民族文學》，頁64。臺北：臺灣聯經出版事業公司，2010年版。
77　《如何看待現代文學》，收入其《全球化時代的文學與人》，金正浩、鄭仁甲譯，頁227。北京：中國文學出版社，1998年版。
78　《去帝國－－亞洲作為方法》，頁405。臺北：行人出版社，2007年版。
79　載《東方》第348號，2010年。

論是文化轉移，還是觀念旅行，主要依賴書籍的流傳和閱讀。所以，用 "環流" 的觀念看待書籍的閱讀或誤讀，探尋文化的借鑒和同化之途。其三，以人的內心體驗和精神世界為目標，打通中心與邊緣，將各地區的漢籍文獻放在同等的地位上，尋求其間的內在聯繫。其四，注重文化意義的闡釋，注重不同語境下相同文獻的不同意義，注重不同地域、不同階層、不同性別、不同時段上人們思想方式的統一性和多樣性。提出這樣一個命題，一方面希望以此擺脫百年來處於西洋學術籠罩之下的困境，另一方面，也希望能夠對百年來所受西洋學術之恩惠報以適當的回饋。方法建立在個案研究基礎上，理論產生於與西洋學術的對話中，最終形成一種獨立於而非孤立於西方學術的理論和方法。

就各國的行紀文獻而言，無論是朝鮮半島的朝天使、燕行使、通信使行紀，還是日本僧人的巡禮、參拜行紀，或是越南文臣的北使行紀，其中所提供的記錄是新鮮而生動的。這一方面可以讓我們真切接觸到一幕幕歷史場景，但也有引導研究者墮入某個無關宏旨的片段的危險。因此，我們更加需要漢文化圈的整體視野。在這樣一個框架中，研究任何一個具體問題，便可能形成如唐代船子和尚《撥棹歌》中所說的，是 "一波纔動萬波隨"[80] 的狀態，我們需要這樣的綜合研究。

最近二十年間，在歐美人文研究中影響最大的恐怕要數 "新文化史"。它拋棄了年鑒派史學宏大敘事的方式，強調研究者用各種不同文化自身的詞語來看待和理解不同時代、不同國族的文化，在一定程度上改變了 "歐洲中心論" 的固定思路。以歐洲史研究為專業的英國歷史學家彼得·伯克(Peter Burke)，曾列舉有關亞洲、非洲、美洲和澳洲的研究，指出 "當前一些最激動人心的文化史研究出現在邊界上"，"這些邊界上的研究工作給了我們其它人以靈感"。而 "文化的碰撞和相互影響"，"應當成為新文化史的主要對象"；"借鑒和同化的過程不再是邊緣的，而是核心所在"[81]。從新世紀以來世界漢學的動向看東亞和域外漢籍的研究，它們將成為 "核心所在" 的趨勢也十分明顯。但 "新文化史" 的研究也有其弊端，由於注重對歷史之樹的 "樹葉" 作研究，其最為人詬病之處，一是歷史研究的 "碎片化"[82]，另一是由史料不足而帶來的過度詮釋。而 "作為方法的漢文化圈" 的提出，因為強調了整體視野，並力求破除中心與邊緣的界限，因而便於在揭示東亞各地區文化多樣性的同時，克服 "碎片化"，呈現其內在的統一性。

80　《船子和尚撥棹歌》，頁21。上海：華東師範大學出版社影印本，1987年版。

81　《文化史的統一性與多樣性》，收入其《文化史的風景》，豐華琴、劉艷譯，楊豫校，頁227、233。北京：北京大學出版社，2013年版。

82　參見法國歷史學家弗朗索瓦·多斯《碎片化的歷史學——從"年鑒"到"新史學"》，馬勝利譯，北京：北京大學出版社，2008年版。

（3）

子弟军官和译官们的使行时代

金泰俊(東國大學)・金一焕(東國大學)

Ⅰ. 从"燕行录三家"到李彦瑱

　　金景善(1788－1853)曾经将《老稼斋燕行录》(1712年使行)的作者金昌业(1658－1721)、《湛轩燕记》(1765年使行)的作者洪大容(1731－1783)、《热河日记》(1780年使行)的作者朴趾源(1737－1805)评价为"燕行录三家"。有趣的是他指的"燕行录三家"都是"子弟军官"，尤其是他们三人都不以"侍奉父兄"为己任，而是为了望眼世界而成为了旅行者，并且为了会见其他国家的儒学者而踏上了使行之路，为了观光游览而被称为旅行者是他们的共同之处。这些"为了旅行而成为旅行者"们的见闻，以及他们和当地文人交流的旅行体验，不仅促进了朝鲜后期实学等思想的革新，同时也为迎接和中日文人共同交流的东亚新时代做了准备。

　　这些共计700余篇的"大旅行(grand tour)"记录完全改变了朝鲜知识分子的思考方式及思想理论，然而这些记录不仅仅出现在来往中国的"燕行"途中。从朝鲜总计12次向日本派遣通信使的"海行录"中，也可以发现作为东亚文人共同语言文字的"汉文"及"汉诗文"的沟通情况。通信使的出行摆脱了壬辰乱7年战争和近代"锁国"的桎梏，掀起了沟通的浪潮。尤其是这三千里艰难的海路与轻车熟路的燕行之路非常不同，但是主动选择危险海路的旅行者仍然很多。在本国，自己的文章和学问不被认可，为了更好的施展自己的才华而选择走出去的"年轻

的译官"李彦瑱(1740－1766)，以及有着十余次燕行经历为基础去日本游览的
"年长的译官"吴大龄(1701－？)都是这样的人。

他们从1763年开始踏上使行之路，直到第二年才从日本归来，完成了第11次
的癸未使行。和他们一起出使的庶孽出身的书记和製述官中，以元重举(1719－
1790)和成大中(1732－1809)尤为特别，他们都是和"燕行录三家"的洪大容、朴
趾源有过交流的进步知识分子。他们的异国体验自然会对次年洪大容的燕行以
及15年后朴趾源的燕行产生影响[1]。自李彦瑱起，记述海行体验的《海览篇》就开
始受到好评，由此可以推测，在李彦瑱死后，《虞裳传》的作者朴趾源仍保留了
很多关于李彦瑱旅行成就的印象。不仅如此，作为此次通信使行书记官的金仁
谦(1707－1772)也留下了长达8200余句的长篇纪行歌辞－－《日东壮游歌》。洪
大容也同样把自己的燕行体验整理成了庞大的韩文纪行文－－《乙丙燕行录》[2]。

本文的主要研究对象是"子弟军官"和"译官"，其中通过对"李彦瑱"和"吴大
龄"(他们都以出使中国的经验为基础观察日本)的研究，来探讨18世纪朝鲜人东
北亚旅行的意义。由于这两名译官的专业都是"汉学"，因此勾结日本翻译官的
可能性很小，再加上三使把译官看做一种手段，庶孽文士把译官看成牟利的商
译，因此李彦瑱和吴大龄与他们也很难产生共识。尤其是在文章学问方面自谦
的吴大龄，也没必要在意识上与日本文士对立，真可谓是出使役员中最为轻浮的
人。笔者通过阅读吴大龄留下的日记《溟槎录》，与李彦瑱笔谈的日本文人整理
的《东槎馀谈》，洪大容所著的与燕行相关的作品，以及通信使行中各种身份众
多笔者的体验记录，来探讨新出现的18世纪的"自由旅行者"的思想史意义。

Ⅱ．燕行和海行，都一一体验过的朝鲜人们

通信使行开始以后，关于日本和中国都去过的遗留人员的记录如下：

---

1 夫马进发现，有燕行经历的洪大容与从日本回来的元重举有着共同的情感世界，即所
谓的"感染"。夫马进：《一七六五年洪大容の燕行と一七六四年朝鲜通信使-两者が体
验した中国・日本の'情'を中心に)，载《东洋史学研究》第67期，东洋史研究会，2008年
版。

2 金泰俊：《海行的精神史》，载《旅行与体验的文学－－日本篇》(苏在英、金泰俊主
编)，民文库，1985年版。金泰俊在这篇文章中综合考察了"韩日文学交流情况"，并
在《韩国文学的东亚细亚视角2》中和另一篇相关论文一并登载。

	姓名	日本	中国	备考
1	黄㦱 (1604－1656)	1636, 从事官 《东槎录》(汉诗)	1651, 谢恩副使 《燕行录》(汉诗)	
2	南龙翼 (1628－1692)	1655, 从事官《扶桑录(上 下)》(日记)	1666, 谢恩兼陈奏副使 《燕行录》(汉诗)	《壮游》(歌辞)
3	金指南 (1654－1718)	1682, 汉学译官 《东槎日录》(日记)	1692, 冬至使 译官《新 传煮硝方》(1698)1710, 冬至使 译官 1712, 设立白头山定界 碑译官《北征录》(日记)	《通文馆志》
4	吴大龄 (1701－？)	1763－1764, 汉学上通事 《溟槎录》(日记)	1731, 冬至使 译官. 北 京 10回, 沈阳 2回, 凤 城 1回	1731 副使 赵尙 絅(1681－1746) 是 赵曒的父亲
5	李彦瑱 (1740－1766)	1763－1764, 汉学押物通事 《海览篇》等汉诗	时期不明, 2回[3]	
6	金善臣 (1755－？)	1811, 正使书记	1805, 沈阳问安使, 随 行员 1822, 冬至使 正使军官	与在北京认识的 人们互通信件[4]

Ⅲ. 李彦瑱和吴大龄－－两名译官的海行体验及对日本的认识

1) 李彦瑱与《海览篇》

作为汉学译官的李彦瑱曾两次燕行出使中国[5]，因此在癸未通信使行时成了内外关注的焦点。他的祖父李世仅22岁(1717年 康熙56)时通过了汉学译官考核，此后他的家庭成为了译官世家。李彦瑱20岁的时候通过了汉学译官考核，并且因来往于中日而声名鹊起，不幸的是26岁的他英年早逝。李彦瑱作为译官在癸未使行时扬名，日本文人刘维翰的《东槎馀谈》中不仅记载了很多他在出使途中的言行和笔谈内容，还收录了很多诗画。这本书中记录了当时自行接见的15名朝鲜通信使节的人物介绍和肖像画，尤其是将年轻译官李彦瑱的诸多资料信息

3　这是同日本笔谈时出现的话，并没有确凿证据。

4　藤冢邻：《日鲜清の文化交流》，中文馆书店，1947年版；李元植，《朝鲜通信使》，
　民音社，第274~276页；夫马进，郑泰涉(音译)：《朝鲜旅者申在植〈笔谈〉中反映的
　汉学宋学论争》，载《燕行使与通信使》，2008年版；申路士(音译)：《金善臣的生涯
　及其著作相关一考》，载《东方汉文学》第36辑，东方汉文学会，2008年版。

5　很多言论提及李彦瑱在去日本之前曾两次去往中国，他因此也被评为"18世纪朝鲜的
　文人知识分子中唯一既去过中国又去过日本的人"(朴熙秉：《李彦瑱评传》，乭贝
　개，第105页)但是无法确定他两次燕行的具体时间。

留传了下来。

据上述书中记载，李彦瑱不仅是个天才，他还有很多理想。他宣称人生的三大心愿是"阅遍天下奇书，识遍天下优才，游遍天下名山水"[6]。由此可知，他正是在这种意识的支配下，去关注所谓的"天下名山水"，作为通信使行的一员，踏上了海行之路。他撰写的题为《海览篇》的诗篇一经发表，就被视为杰作，成为了当时话题的焦点。而这首诗并不是他第一次的出海体验，他早在学习"观海难水"(《孟子》)时，就已经接触了"大海"一词，这也许是他一直记挂在心的诗题也不得而知。这些旅行体验以"海览"为题，是以"海上游览"所汇聚的灵感集合而成，也可以理解成他"三大心愿"之一的"游遍天下名山水"。

在此欣赏一下诗的开头几句。

> 乾坤内万国　基置而星列　于奥之魁结 竺乾之祝发:
> 群分而类聚　遍土皆是物　日本之为邦 波壑所荡荡[7]

同一癸未使行中，作为博学多才的书记官的元重举，他和很多人一起传阅了译官李彦瑱的这首诗后，赞叹道"虽然算不上雅正,但是新奇鲜明"，并且评论说这样的人才做译官可惜了。作为製述官的南玉(1722－1770)在看了《海览篇》等几篇诗词后，评论道"学识渊博，文采飞扬，如此优秀人才，称得上是'泥中之莲'"。

尤其值得注意的是，这部作品是在癸未年十二月初一，在风本浦等待风浪减弱时所作。风本浦是距离对马岛胜船浦大约480里水路处的一岐岛北滨的港口，是和对马岛东南和西北相对的玄界滩的一个基地港口。元重举在日记中写到：这个港口的风如同在等待自己一般，不知不觉中刮了18天之久，有足够的时间用以诉说所经历的事情。面对这样大的风浪和船只被破坏的威胁，岛上的居民生活在危难之中。李彦瑱在这样的情境下，把自己对大海的感悟以诗的形式展现了出来。

李彦瑱把《海览篇》、《一岐岛》和《壹阳舟中念惠寰老师言》等诗篇一起寄给了朴趾源，并拜托他对这些作品加以评价。虽然朴趾源对诗评的请托非常苛刻，但至少对这首诗大为称赞。百余年间，多次往来日本的通信使行中，只有李彦瑱的诗生动、形象地描绘并赞美了日本的山河。李德懋从尹可基那里得到了三张李彦瑱的诗稿和日记，并把读后的感受记了下来。他曾说过："虞裳(李彦瑱的字)的诗不但寓意深刻，内容广泛，而且把持有度；虽然深邃奇异，但却无怪

6　龟井南冥：《泱泱馀响》。

7　李彦瑱：《海览篇》，载《国译青庄馆全书》第48卷，《耳目口心书》。

癖；虽然简略，却不浅薄；不仅文通字顺，而且铿锵有力。"因此他的这首诗得以在世上广为流传。正如诸多学者考证的那样，李彦瑱在航海途中写下的诗和日记。日记草稿中的一部分在他生前就已经被多人传阅。这一事实可以从李德懋从尹可基那里读取他三张日记后，对他出色的写作才能大加称赞的记录中得到证实。

并且这首诗引发了全社会广泛的讨论和好评，因太过繁琐而无法一一列举。此后，郑寅普将其引用到了讨论丹斋史学的文章中(《蒼园国学散稿》)，心山金昌淑也著有长篇诗－－《回忆汉阳旧事，为李虞裳〈海览篇〉作韵》。

2) 吴大龄－－以看中国的眼光看日本(溟槎录)

李彦瑱以诗文出名。吴大龄更是经验丰富，即使在艰险的旅程中也表现得自由闲适。他在《溟槎录》中处处都把日本与中国相比较，这也成为同行人对日本文化感受的基准。作为从事官的书记，与吴大龄一同乘坐从事官船的金仁谦在《日东壮游歌》中展示了其痕迹：

> 天下此景何处更 译官使行游燕京 中原壮丽不及此[8]

吴大龄日记的特征在于他是以旅客的身份，充分详实地记录了他所体会到的客中滋味。作为实务者，虽然有忙不完的事情，但是只要有观光旅行的机会，他都会外出游览，并且充分享受正使安排的各项活动。赵曮在日记中重点提及了自己计划的活动，在此不作为讨论范围，剩下的书记或制述官只是如实记录曾经有这样的事实。吴大龄虽然文采不佳，不能详细描述当时的情形，但是却提到了具体场所的乐趣。其中一个例子就是赵曮将作为供给的鹿肉做成涮锅吃掉的场景。"涮锅"是当时从北方传来的一种很流行的料理方式[9]，展现了以三使为代表的文武百官全部"淡然"地坐在一起共同烤肉食用的场面。

与此同时，吴大龄也很好的表现出了他作为观察者的面貌。他不是观察日本，而是在观察同行的使行团时大放异彩。他一直不断观察记述的对象就是正使赵曮。曾任庆尚道观察使的赵曮，出行前就对对日关系有着相当程度的了解，与前后的通信使相比，他在出行过程中所表现出的领导能力是非常出色的。吴大龄强调一直都在仔细观察侍从正使赵曮出行的所有成员，同时底层随行成员也曾谈

---

8 金仁谦：《日东壮游歌》的一部分。
9 申光河(1729－1796)：《咏毡铁煮肉》，"截肉排毡铁，分曹拥火炉。煎膏略回转，放箸已虚无。举国仍成俗，新方近出胡。衣冠甘铺啜，君子远庖厨。"

到被这种关照深深地感动。吴大龄在履行正使指示的过程中，表现出的并不是"施惠者"，而是"受惠者"立场的特征。虽然在出使记录中书记或制述官也表现出了这样的情况，却不如吴大龄的记录这么详细。

Ⅳ. 洪大容的使行及思想

洪大容在韩文燕行录《乙丙燕行录》书序中记载的一篇韩文歌辞是十分值得注意的。

天降诸材必有用　如我穷生何事成　昨夜梦中飞辽野　只手推启锁关门

这些朝鲜旅行者在踏上中国土地之后，激动地吟唱了"一支曲调"，达到了与"山海关"相融的重要境界。洪大容著有《医山问答》，书中涉及到的地理背景以及题目所提到的医巫闾山，与山海关相距不远，是虚子见到实翁的场所，呼应了作品的主题。

旅行对于思想的影响是改变历史的动力。17世纪末到18世纪初，西方将游览中国作为新历史的舞台，出现了许多受到中国皇帝欢迎的西方传教士。例如从比洪大容早一两个世纪的利玛窦(1552－1610)开始，西方人士就将中国评价为"在思想的地理上，没有能与中国相提并论者"[10]。

洪大容对于中国的理解最显著的地方出现在他晚年著作《医山问答》的"华夷论"主题中。书中提到的"人、自然、文明及宇宙的平等思想"，是"对于晚年洪大容囊括的人、自然、宇宙、文明观点精缩性的总结"，这本著作在社会意识领域也有一定的地位[11]。至今为止，一直受到学术界关注的他的自然科学思想和研究，也在向社会思想积极迈进，正是这一点，可以说是他向我们的学界与社会传递了重要信息。

另一方面，洪大容在结束燕行之旅后所著的《林下经论》中，集中论述了朝鲜这一国家的经济、行政、教育等社会制度的改革、身份世袭的问题，以及改革朝鲜的制度和方案大纲。尤其是他主张了民权伸张与相关的身份世袭问题，以及应该全民劳动的平等主义，这是这篇文章中他发挥最精彩的部分。为了实现

10　Hazard, Paul：《ヨ-ロッべ精神の危机, 1680-1715》(野泽协译), 法政大学出版局, 1978年版, 第27页。

11　朴熙秉：《汎愛与平等－洪大容的社会思想》, 돌베개, 2013年版, 第406页。

这些主张，他提出了教育机会平等的构想。朴熙秉教授断言在朝鲜后期的学人中，只有柳寿垣(1694-1755)和洪大容两个人反对身份世袭。朴教授对此评价到：洪大容这种否定华夷论、提倡社会平等的思想，在朝鲜思想史上，甚至是在近代东亚史上，也很难有人达到这种思想水平。

尤其是对于洪大容和朝鲜后期改革思想家丁若镛、郑齐斗或是朴趾源这些所谓的北学派的关联问题，书中单独设有《洪大容的社会思想与北学派的关联》一章来阐述这其中的复杂关系。这些所谓的北学派从洪大容身上获得了启发，他们十分重视引进清朝的先进技术。可以说洪大容是重视社会平等的改革思想家，这类似于我们今天所说的激进左派。洪大容解读中国的"华夷论"，借用朴熙秉教授的话来说，就是"朝鲜前无古人后无来者"的对中国的理解、解读、发现的庞大的历史中，独树一帜的平等的社会思想。

V. 結語－－子弟军官与译官的使行时代

所谓"笔谈"，就是话语不通的人之间运用文字书写来沟通的"文字语言"。笔谈不是用嘴说，而是用纸笔来沟通的书写语言。这种方式既可以通过快速书写来传达一方的想法，又可以通过手写的方式表达想说的话语，来往的草稿也必然堆积如山。笔谈作为东亚汉文化圈中具有中世纪特色的交流方式，不仅在朝鲜的燕行者与中国之间、而且在朝鲜通信使与日本、琉球之间也被广泛使用。但是为了使用"汉文"进行笔谈，中国以外的国家的人在使用母语之余，也需要具备能使用"汉文"交流的能力[12]。

癸未通信使行到达蓝岛的时候，朝鲜译官李彦瑱与地方儒医龟井南冥的笔谈内容，汇集成了笔谈集《泱泱馀响》，并且流传了下来。"泱泱"这一词表示的是"声音悦耳"，"馀响"形容的是笔谈的气氛。李彦瑱和龟井南冥等日本儒学者们，在笔谈中批判了导致朝鲜学问停滞不前的科举制度。李彦瑱的学问倾向与尊重王世贞和李攀龙的祖徕学派如出一辙，这种学问倾向通过东亚的笔谈交流得以延续。这对于年轻而思想进步的译官李彦瑱来说，是考察他海行精神史上的最后一道风景。

---

12 金泰俊：《笔谈の文明性》，载《虚学から失学へ》，东京大学出版会，1988年版，第75页。

④

朝鲜时期燕行·通信使行与译官教材的修订

郑 光(高丽大学名誉教授)

Ⅰ.绪论

1.0 高丽后期开始，学汉语成了朝鲜半岛的重要课题。也就是说，蒙古元朝在北京立都，指定该地区通用的汉儿言语作为元帝国的通用语言之后，要学习从未接触的语言。也就是说汉儿言语是与四书五经、佛经、雅言、通语完全不同的汉语，如不学习难与中国沟通。所以在元朝以后，高丽专设教汉语和蒙古语的通文官，培养了译官。[1]

高丽后期，外语教育称之为译学，学习元朝汉语的译学对已通过儒经和佛经熟练雅言和通语的儒生和佛僧来说不是很称心如意的学习课程。我们能看出学习元朝汉语的译学课程很受贱视。也就是说，高丽后期把学问分成10个领域，由各个官署担任教育。据《高丽史》(卷77)〈志〉(第31)〈百官〉2，以及〈诸司都监各色〉的'十学'规定："恭让王元年置十学，教授官分隶，礼学于成均馆，乐学于典仪寺，兵学于军候所，律学于典法寺，字学于典校寺，医学于典医寺，风水

---

1 对此，请参《高丽史》(卷76)"志"(第30)'百官'(1)中，"通文馆，忠烈王二年始置之。令禁内学官等参外年未四十者习汉语。(禁内学官秘书、史馆、翰林、宝文阁、御书、同文院也。式目、都兵马、迎送谓之禁内九官。)时舌人多起微贱，传语之间多不以实，怀奸济私。参文学事金坵建议置之。后置司译院以掌译语。

阴阳等学于书云观，吏学于司译院"。在恭让王元年(1389)各设礼学、乐学、兵学、律学、字学、医学、风水、阴阳学、吏学等十学，将教授官分别归属于各官司，可这记事中仅有九学而没有译学。

拙著(2014)引用《增补文献备考》的"臣谨按丽史十学，教授分隶于各司，而所胪列者只是八司。虽以风水阴阳分为二学，犹不满十学之数，可疑。"的记事，指出上述的记事中没有举到译学。由此可见，高丽后期不愿把译学列入十学。

1.1 朝鲜照搬继承了通文官的外国语教育，后日改名为司译院，普及领域逐渐扩大。朝鲜王朝太祖2年(1393)9月设司译院(《太祖实录》，卷4太祖2年9月辛酉条)学习了华言，即汉语。也就是说，《太祖实录》(卷6)太祖3年11月条的记事中，我们可以知道司译院的复置时期为建国初期："司译院提调偰长寿等上书言：'臣等窃闻，治国以人才为本，而人才以教养为先，故学校之设乃为政之要也。我国家世事中国，言语文字不可不习。是以殿下肇国之初特设本院，置禄官及教官教授生徒，俾习中国言语音训文字体式，上以尽事大之诚，下以期易俗之效。'(下略)"

太祖2年(1393)10月将学问分为'兵学、律学、字学、译学、医学、算学'六学，[2] 让良家子弟学习。其中译学在司译院教育。

1.2 高丽后期司译院的外国语教育以汉学和蒙学为主，但到了朝鲜时期新增了日语教学的倭学和女真语的教学女贞学。首先，日语的教学，即倭学太宗14年(1415)10月先设于司译院。也就是说，《太宗实录》(卷28)太宗14年10月丙甲条的记事中，可以知道太松14年(1415)10月司译院下令教育日语："命司译院习日语。倭客通事尹仁轮上言：日本人来朝不绝，译语者少，愿令良家子弟传习。从之。"并且，《世宗实录》(卷49)世宗12年8月丁酉条的记事中可知，乙未年(太宗15年乙未，1416)司译院正式设置倭学：

"礼曹启：去乙未年受教设倭学，令外方乡校生徒良家子弟入属，合于司译院，依蒙学例迁转。本学非他学之例，往还沧波剑戟间，实为可惮。故求属者少，而生徒三十余人，唯用一递儿迁转，故生徒多托故不仕。虽或一二人仅存，不解文字只通言语，非从通事者难继，译解倭书，恐将废绝。请从初受教依蒙学例，加给一递儿，每二人迁转，以劝从来。从之。"

但当时学习者避讳去日本而不愿学习日语，因此强调增加人员进行教育。

---

2 请参，《太祖实录》(卷2)太祖2年10月条，"设六学，令良家子弟肄习。一兵学、二律学、三字学、四译学、五医学、六算学。"

我们在《经国大典》可以发现司译院设教女真语的女贞学后完成四学制度。据《经国大典》(卷3)〈吏典〉'正三品衙门'的末席的记事中，我们可以看出设置女贞学之后，由司译院实施女真语教育。但丙子胡乱(1636)以后，康熙丁未(1667)年女贞学改为教育满洲语的清学："司译院，掌译诸方言语，(中略)正九品副奉事二员，汉学训导四员，蒙学、倭学、女贞学训导各二员。(下略)"

Ⅱ. 译官教材与司译院的译学书

2.0 外国语教育需要教材。由司译院建设四学，即汉学、蒙学、倭学、女贞学教材，随着语言的演变不断修订和补充或新编教材。拙著(1988)把这些译官教材的演变分为草创期、定着期、改订增补期的三个时期进行了考察。[3]

2.1 草创期的译官教材，即司译院的译学书是指《世宗实录》(卷47)世宗12年(1430)3月戊午条，"详定所的启所"收录的目录，以及《经国大典》(卷3)〈禮典〉〈诸科〉所见的译科出题科试书目录。首先，因为《世宗实录》中的内容是设置女贞学之前，所以只揭示了汉学、蒙学、倭学的学习教材，其内容如下：

译学

汉训：书、诗、四书、直解大学、直解小学、孝经、少微通鉴、前后汉、古今通略、忠义直言、童子习、老乞大、朴通事

蒙训：待漏院记、贞观政要、老乞大、孔夫子、速八实、伯颜波豆、土高安、章记、巨里罗、贺赤厚罗、书字：伟兀眞、帖儿月眞

倭训：消息、书格、伊路波、本草、童子教、老乞大、议论、通信、庭训往来、鸠养物语[4]

《经国大典》中列出的译科科试书近似于和《世宗实录》的目录。但在《经国大典》中，另设考汉吏文的汉吏学。考汉吏文的科试书有："鲁斋大学*，成斋孝经*，吏学指南，大元通制，至正条格，御制大诰，事大文书誊录，制述：奏

---

3 草创期为最早期的译学书，其编纂时期为朝鲜建国至《经国大典》。定着期为中期，《经国大典》至《续大典》时期。改订增补期为后期译学书时期，《续大典》至甲午更张。(拙著，1988)

4 汉训、蒙训、倭训指汉学、蒙学、倭学。

本 · 启本 · 咨文"。[5]

蒙学教材也类似于《经国大典》指定的译科蒙学科试书和《世宗实录》中的诸学取才中的蒙训。只是教材名的汉字不同，正如《经国大典》(卷3)〈礼典〉'译科初试'中新增了几个，蒙语表音汉字由'土高安'改为'吐高安'、由'贺赤厚罗'改为'何赤厚罗'："王可汗，守成事鉴，御史箴，高难加屯，皇都大训，老乞大，孔夫子，帖月眞，吐高安，伯颜波豆，待漏院记，贞观政要，速八实，章记，何赤厚罗，巨里罗"。同样，根据《经国大典》日语教育的倭学教材有"伊路波、消息、书格、老乞大、童子教、杂语、本草、议論、通信、鸠养物语、庭训往来、应永记、杂笔、富士"等14种倭学书，比《世宗实录》的11种倭训多3种。拙著(1988)已详细考察大典里新增的倭学书'应永记、杂笔、富士'，认为引进日本室町时代寺子屋等使用的蒙学书。

女真语教材只见于《经国大典》。即大典〈译科〉'女贞学'条规定14种女真语教材作为科试书。[6]从此可知，从金国引进童蒙教科书使用："千字、天兵书、小儿论、三岁儿、自侍卫、八岁儿、去化、七岁儿、仇难、十二诸、贵愁、吴子、孙子、太公尚书。"

2.2 经过倭乱和胡乱，司译院的译官教材有了较大的改编。虽然也有语言历史演变的缘故，也认识到战乱中在司译院学到的语言，在实际对话中并无太多帮助。因此司译院开始编撰以会话为主的实用教材，这就是通过译学书可考证的当时特征。战乱中作为俘虏长时间关押在该国回来的人主导新教材的编撰。

如前所述，女贞学后改为教满洲语的清学。所以战乱后的司译院四学包括汉学、蒙学、倭学、清学，有时还把清学列于蒙学前面。因此《续大典》的译科科试书大幅调整并缩小如下：

汉学：四书、老乞大、朴通事、伍伦全备记
蒙学：蒙语老乞大、捷解蒙语
倭学：捷解新语
清学：八岁儿、小儿论、清语老乞大、三译总解

---

5 请参拙稿(2012)。*为类似于译学的教材。
6 据《通文馆志》(卷2)〈科举〉'清学八册'条，"初用千字文、兵书、小儿论、三岁儿、自侍卫、八岁儿、去化、七岁儿、仇难、十二诸国、贵愁、吴子、孙子、太公尚书，并十四册。"据此，册数和数目不同于《经国大典》。因此，我们可以判断《经国大典》的"千字、天兵书"是"千字文、兵书"的误写。

这时期在前述讲读教材的基础上，编撰并使用类书类(相当于词典)的词汇集"类解"。即，汉学的《译语类解》、蒙学的《蒙语类解》、倭学的《倭语类解》以及清学的《同文类解》。

2.3 朝鲜后期，这些译官教材多次修订和增补。如，"四书"写成《经书正音》，在儒学经典"四书"用用训民正音注音并刊行。《老乞大》和《朴通事》则随着汉语的演变，改编成《原本老乞大》、《删改老乞大》、《新释老乞大》以及《重刊老乞大》。《原本》、《删改本》、《新释本》、《重刊本》分别反映了汉儿言语、南京官话、清代官僚、北京官话。《朴通事》也相同，但没有《重刊本》。词汇集《译语类解》也被完善，以《译语类解补》的名字发行。
其他蒙学、倭学、清学的译学教材也一样。随着蒙古语的演变，发行了原本蒙古语教材的修订本《蒙语老乞大新释》和《新释捷解蒙语》。倭学的《捷解新语》也有两次修订本《改修捷解新语》和最后修订本《重刊捷解新语》，一直用到因甲午更张司译院被封为止。满洲语教材也有新释重刊《清语老乞大》和《三译总解》。

2.4 在梵蒂冈图书馆收藏的Stefano Borgia(1731-1804)的旧藏本中，有叫'伊吕波'的汉籍资料(整理番号Borg.cin.400)。根据拙稿(2013)，该书是在中国北京宣教的方济会Romuald修士当地购买向Borgia捐赠的。因为Borgia于1804年去世，所以Romuald修士至少在1798年回到罗马，应该在此之前购买这本日语教材。

1806年，Borgia去世两年后向梵蒂冈的布教圣省(Sacra Congregatio de Propaganda Fide)捐赠了他收藏的藏书。Romuald修士在东方购买的教材也可能先收藏于同一个地方，再移到梵蒂冈图书馆。梵蒂冈图书馆收藏的〈伊吕波〉印有表示布教圣省收藏的藏书印(SAC. Cong. De. Prop. Fide)，《伊吕波》的末叶(8后)有如下的拉丁语记录，可知该书是谁在哪购买的。

> Litteræ Japonicæ cum Sinicis, quas quidam Minister Coreæ misit mihi Fr. Romualdus Refr.(含汉字的汉字的日语文献，有位韩国使者给我本书。方济会修士Romualdus)

其中"Minister Coreæ"可以推断是朝鲜派遣的使节，即燕行使的一员。由此可知，燕行使为了修订译官教材带走日语教材。[7]燕行使的朝鲜译官不局限于汉语教材，其他外国语教材也一起带去修订。

7　这资料介绍与拙稿(2013)，并且详论与拙稿(2014)。

　　如上所述，译官为了修订教材，燕行和通信使行陪同译官，在当地修订教材。对此下面进行考察。

III. 燕行使的質正官与汉学书的修订

　　3.0 朝鲜时期派遣国外的使行有燕行使和通信使，燕行使派遣到中国而通信使去到日本。派到中国的燕行使行又称赴京使行，一年有四次分别是冬至使、正朝使、圣节使、千秋使，除了上述的四次正规使行以外，每逢有事时派谢恩使、奏请使、进贺使、阵慰使、进香使等。因此，各使行的人数难以规定，《经国大典》只规定正使、副使、书状官、从事官的品阶。[8]根据不同使行，赴京使行的随行译官有人员增减。比如说冬至使行，堂上译官2人、上通事2人、质问从事官1人、押物从事官8人、押币从事官3人、押米从事官2人、清学新递儿1人，随行译官共有19名。除此之外，还有医员(1)、写字官(1)、畵员(1)、军官(7)、湾上军官(2)和偶语别差(1)，译官人数约20人左右。[9]例如偶语别差，在司译院，汉·蒙·清学的偶语厅选1人差遣。堂上官是元递儿1窠和训上堂上以及常仕堂上按序派遣1个名额。据《通文馆志》(卷3)'事大'(2前-3后)规定赴京使行派遣人员如下表。

【表1】燕行使的人员配置[10]

使行官名	人数	品阶	选拔部署(人数)	人物	备考
正使	1	正2品 从1品			
副使	1	正3品 从2品			
书状官	1	正5品 从4品		逐日记事　回还后启下承文院	以上 经国大典
堂上译官	2	正3品 以上	元递儿、别递儿各1人	通译	译官

8　请参《通文馆志》(卷3)〈事大〉(上)'赴京使行'条："国初遣朝京之使。有冬至、正朝、圣节、千秋四行，谢恩、奏请、进贺、陈慰、进香等使则随事差送。使或二员、一员而不限品，从事官或多或少而无定额。故经国大典只书使、副使、书狀官、从事官从人之品，乘駄而未言谐数。(下略)"

9　写字官作为承文院的书员侍带表和国书。湾上军官掌管粮食。

使行官名	人数	品阶	选拔部署(人数)	人物	备考
上通事	2		汉·清学各1人	〃	〃
从事官	1		教诲中最优秀人员，过去文官也去过	译学书的修订	文官称为"朝天官"译官称为"质正官"
押物从事官	8		年少聪敏1人，次上元递儿1人，押物元递儿1人，别递儿1人，偶语别递儿1人，清学被选1人，别递儿1人，共8人		
押币从事官	2		教诲1人，蒙学别递儿1人，倭学教诲·聪敏中1人		
押米从事官	2		教诲1人，蒙学元递儿1人		
清学新递儿	1			门出入及支供馈物等事	上19名司译院差送
医员	1		典医监·内医院 交差	同参方物领去	
写字官	1		承文院书员1人	侍表带	
書员	1			同参方物领去	以上各其司差送
军官	7				正使带4人(1人带书状官)，副使带3人
偶语别差	1		司译院 汉·蒙·清学	偶语学习	司译院差送
湾上军官	2		义州府	使行的整顿，下处，行中糧料等事	义州人差定

10　请参《通文馆志》(卷3 2前-3前)'冬至行'条："使一员{正二品, 结御从一品}、副使一员{正三品 结御从二品}、书状官一员{正五品, 结御正四品}，随品兼台科检一行。书状官逐日记事 回还后启下承文院 出经国大典) [중략] 堂上官二员{元递儿、别递儿} (中略)上通事二员{汉、清学各一员, 后仿此}，质问从事官一员{教诲中次第居先者, 按稗官杂记旧例别差文官一员随去，谓之朝天官, 后改曰质正官。令承文院抄给, 吏语方言之未解者注释。而讳其官号, 填以押物, 嘉靖乙未始以质正填批文, 丁酉以后改以院官, 名曰质问。而随其职为第几从事官}，押物从事官八员{年少聪敏一员、次上元递儿一员、押物元递儿一员、别递儿二员、偶语别递儿一员、清学被选一员、别递儿一员}，押币从事官三员{教诲一员、蒙学别递儿一员、倭学教诲聪敏中一员}，押米从事官二员{教诲一员、蒙学元递儿一员}，清学新递儿一员，掌彼地门出入及支供馈物等事。以上十九员，自本院差送。而内三员差管厨官 掌三行干粮一员 差务官 掌行中文书 故押币押米等官 若差其任则以押物官八员内移差勾管} 医员一员{两医司交差}，写字官一员{侍表带, 承文院书员一人}，書员一员{以上 各其司差送。医書员则同参于方物领

3.1 如上所述，为了译官修订教材，燕行使必须陪同质正官。据《通文馆志》(卷3)〈事大，赴京使行〉'质问从事官一员'条，派遣文官的"质正官"本叫"朝天官"。从嘉靖丁酉(1537)开始译官代替文官后，称作"质问从事官"："教诲中次第居先者。按稗官杂记，旧例别差文官一员随去，谓之朝天官，后改曰质正官。令承政院抄给，吏语方言之未解者注释。而讳其官号，填以押物，嘉靖乙未始以质正填批文。丁酉以后改以院官，名曰质问，而随其职为第几从事官。" 译官替文官做质正官派遣到国外，与中宗时期的译官崔世珍有关。据《国朝文科榜目》(奎106，卷5)，崔世珍燕山君9年(1503)癸亥8月在封世子别试获第二等，也记录崔世珍尚未科举，作为质正官随行使行去过国外的事实："崔世珍，同知精于吏文华语，{未登第以质正官朝天，台谏以非旧例为言，成庙曰：我作古例何妨}"({}为夹注)[11]

3.2 虽然朝鲜初期普遍使用明代的通用语言南京官话，但永乐帝迁都到北京后，元代的汉儿言语仍有势力。因此，朝鲜初期的译官教材中的语言仍以汉儿言语为主。[12]

该汉语译官教材中最著名的可举《老乞大》和《朴通事》(以下简称《老朴》)。该汉语教材随汉语的演变，经历了几次修订。首先，反映汉儿言语的{原本}《老乞大》，根据纸质还、板式、字形上，鉴定是朝鲜太宗时期刊行的。(郑光·南权熙·梁伍镇，1998，1999)该书在世宗时期也刊印过。

即，《世宗实录》(卷20)世宗5年癸卯6月条写道："礼曹据司译院牒启：'老乞大、朴通事、前后汉、直解孝经等书，缘无板本读者传写诵习，请令铸字所印出'。从之。"由此可知世宗5年(1423)6月下令铸字所刊印《老朴》。[13] 有些实录记

去}，军官七员{正使带四员内一宴，以书状官所辟填差，副使带三员，使臣皆自望。}，偶语别差一员{为汉蒙清偶语学习，自本院差送}，湾上军官二员{掌整顿三行，下处及行中逐日糧料等事，以义州人差定。以上谓之节行，每年六月都政差出，十月终，至月初拜表，以赴十二月二十六日封印，前到北京都政。虽有故差退使臣，必于六月内差出，康熙辛巳受教。"

11 据《中宗实录》以及《通文馆志》(卷7)'人物'条记录成宗不拘守而提拔崔世珍为质正官派遣到中国。"(前略)旣数年亲讲所业大加奖叹，特差质正之官，言官启曰：'以杂职而补质正之官，古无比例'。上曰：'苟得其人，何例之拘？自予作古可也'。果赴京师。(下略)"此后译官正式作为质正官随行燕行使。

12 '汉儿言语'这一名称出现于《老朴》。笔者已向学界介绍的{原本}《老乞大》，以下内容表示当时中国使用'汉儿言语'："恁是高丽人，却怎么汉儿言语说的好？俺汉儿人上学文来的上头，些小汉儿言语省的有。"(1前9-10行)"如今朝廷一统天下，世间用着的是汉儿言语，过的义州汉儿田地里来，都是汉儿言语有。"(2前5-8行)

13 实际刊行时间为世宗16年(1434)。据《世宗实录》世宗16年甲寅6月条："颁铸字所印老乞大、朴通事于承文院、司译院，此二书译中国语之书也。"

载着该《老朴》在世祖和成宗时期也刊印过。[14]但成宗11年明代使臣戴敬说道《老朴》是元代的语言，和当时的汉语大有不同，从此《老朴》开始修订。[15]

3.3《老朴》的修订实际上在成宗11年(1480)，在明代使臣迎接都监郎厅的房贵和头目葛贵的帮助下，删除并修改《老朴》原本，修订成南京官话。[16]

这次修订的{删改}《老朴》是崔世珍译的{翻译}《老朴》的台本。目前收藏在首尔大学奎章阁等的壬辰倭乱前的《老朴》都是当时的{删改}《老朴》，倭乱后奎章阁本奎5159和肃宗29年(1703)刊印的山气文库本《老朴》也是删改本。

中宗4年(1509)左右崔世珍将删改本作为底本，把《老朴》翻译成正音即韩文。这崔世珍编的{翻译}《老朴》反映中世纪末的朝鲜语。韩国语学界将它作为中世纪的最后一时间段的材料广泛利用。{翻译}《朴通事》现存只有上卷，中卷和下卷已失传。上卷是乙亥字的翻刻本，现收藏于国会图书馆。现存的{翻译}《老乞大》收藏于个人。

3.4 朝鲜英祖时期编纂的《老朴》新释反映代通用的北京官话。《老乞大新释》于英祖37年(1761)金昌祚和边宪等修订成清代通用语言刊印，在洪启禧写的序文中说明了该书刊印经过。

据洪启禧的序文，《朴通事》新释于乾隆乙酉(1765)年平壤译官金昌祚开始修订，据《朴通事新释》卷末附载的编纂人的诸译衔名，可知由边宪和李湛主导，在汉阳司译院刊印。

因在诸译衔名中未见金昌祚的名字，可以推测与在平壤监营刊印的《朴通事新释》不是同一个版本。现存的《朴通事新释谚解》收藏于首尔大学中央图书馆一蓑文库，其中第二卷(地)末端印有'乙卯中秋 本院重刊'的墨书，可知当时由首尔的司译院重印。

由此可以推断，正祖乙卯(1795)年司译院出版《重刊老乞大》和《重刊老乞大谚解》时，重刊《朴通事新释》和《朴通事新释谚解》。可以说，此时以边宪和李湛(后

14　请参《世祖实录》世祖4年(1458)1月条和《成宗实录》成宗7年(1476)的记事。

15　请参《成宗实录》11年(1480)10月条："御filling讲，侍读官李昌臣启曰: 前者承命质正汉语于头目戴敬，敬见老乞大、朴通事曰: '此乃元朝时话也，与今华语顿异，多有未解处'。即以时语改数节，皆可解读，请令能汉语者尽之。曩者领中枢李边与高灵府院君申叔舟，以华语作一书，名曰训世评话。其元本在承文院。上曰: '其速刊行，且选其能汉语者删改老乞大朴通事。'"

16　请参《成宗实录》14年(1483)9月条："先是命迎接都监郎厅房贵和，从头目葛贵，校正老乞大、朴通事。至是又欲质直解小学，贵曰: 头目金广姅我，疑副使听谗，故我欲先还，恐难雠校 若使人谢改正朴通事、老乞大之意，以回副使之心，则我亦保全矣。"

称李洙)2人主导完成《朴通事》的新释。这些可从徐有榘的《镂板考》中得到考证：
"朴通事新释一卷谚解三卷(中略)司译院官边宪等重订司译院藏印纸六牒二张"

　　3.5 关于《老乞大》的重刊本，正祖19年(1795)李洙等修订〈老乞大新释〉时反映
了清代的通用语言北京官话，并由司译院出版。参与此次重刊工作的人员均记
录在书的后面，具体是检察官李洙等6人、校整官洪宅福等9人、书写官崔瑊等9
人，监印官张寿等。关于出版发行年代，在卷末印有'乙卯仲秋　本院重刊'的刊
记，可知正祖乙卯(1795)年间在司译院重刊。
　　该版本如同之后的谚解本，现存量最多，正文的汉语也是最新、最精致。目
前多种不同版本分别收藏在首尔大学的奎章阁，嘉藍、一蓑文库和延世大学以
及国立中央图书馆等。

　　3.6 以质问从事官的资格随行使行的燕行使译官所质问和调查的汉语教材难解
句和难解语，保留为司译院的重要资料。崔世珍翻译《老朴》时，在这质问的基
础上编纂《老朴集览》。即，他翻译《老朴》时，将疑难词汇编纂成《老朴集览》。
书中的参考文献中有《质问》，可知，质问从事官随行使行时收集的难解词实际
有助于理解汉语教材。[17]
　　《老朴集览》是中宗4年(1509)崔世珍翻译完《老朴》后，从中抽取难解词汇815
项(包括缺页部分修复的17标题项)的注解集册。崔世珍在卷首8项凡例中记载了
编著该书的理由。该书是，编者翻译《老朴》时参考的〈字解〉在内，还有《音
义》、《集览》、《质问》的司译院汉学研究的参考笔记中，只提取了涉及《老朴》
的内容，并添加了编者的注释。
其中所提的《质问》项目就是，随行燕行使的质问从事官在当地质问和调查的疑
难词汇和语句。即，《老朴集览》卷首附载的"老朴集览凡例"中有"质问者，入中
朝质问而来者也。两书皆元朝言语，其沿旧未改者，今难晓解。前后质问亦有
抵捂，姑并收以袪初学之碍。间有未及质问，大有疑碍者，不敢强解，宜竢更
质"的解说，可以看出使行过程中对译官教材的质问在实际很管用。

17　东国大学图书馆的天下唯一本《老朴集览》的封面上的原书名为《集览》。但因为在其
　　他资料上注明为《老朴集览》，说以书名应叫做《老朴集览》。(郑光·梁伍镇，2012)另
　　外，"辑-集"为通用字，而且根据《老览》和《朴览》的版心、卷首、卷尾的书名，应统
　　一为《(老朴)集览》。此书包括除了'集览'解释疑难词汇之外，还附载关于《老朴》的
　　〈字解〉。东国大学本《老朴集览》按〈凡例〉、〈单字解〉、〈累字解〉、〈老览〉、〈朴览〉
　　的顺序编缀成书。其中〈老览〉和〈朴览〉间的一叶包含转写〈音义〉的部分。但期版心
　　也是《老乞大集览》。因此不应看作为后加的。(郑光·梁伍镇，2012)

Ⅳ. 通信使行和〈捷解新语〉及〈倭语类解〉的修订

4.0 正如派遣燕行使到中国，日本也派遣通信使，可经过壬辰倭乱和丁酉胡乱后，朝鲜暂时和日本断绝国交，后来在对马岛的恳请下，于光海君元年(1609)签订己酉条约重新恢复国交。

宣祖40年(1607)为了回答兼俘虏刷还，以吕佑吉为正使的使行第一次到访日本后，为了遣返壬辰乱时的被房人，俘虏刷还使多次往返后，朝鲜和日本重新恢复了国交。其后，派往日本庆吊的官职改为通信使，朝鲜和日本江户幕府间继续有外交接触。

日本的使节包括日本国王的送使，畠山送使、大内送使、小二送使、左武卫送使、右武卫送使、京极送使、细川送使、山名送使、受图书遣船人、受职人等使臣来到朝鲜。[18]而从对马岛，包括岛主的岁遣船(25艘)、宗熊满的岁遣船(3艘)、宗盛氏以及受职人的岁遣船(各1艘)每年来到釜山浦(参见《通文馆志》(卷5)'交邻·上')。但朝鲜按照日方要求派遣通信使，需要时，只是通过对马岛与江户幕府有些接触而已。因此，除了朝廷派遣的通信使行以外，每逢对马岛有庆吊事时，差送堂上译官带礼曹参议的书契当作问慰行。

派往日本的通信使行作为倭学堂上译官，随行了堂上官3人。倭人称之为上上官。上通事(3人)中有1人汉学译官，2人是从倭学教诲中选拔的次上通事。押物官(3人)中包括1人汉学译官，倭学译官选自教诲或聪敏出身(译科及第者)。通信使行的随行译官共11人，其中9人是倭学译官。

通信使行中，除了正使、副使、书状官三使之外，上述11人译官和制述官(1)、良医(1)、写字官(2)、医员(2)、畫员(1)、子弟军官(5)、军官(12)、书记(3)、别破阵(2)称之为上官，并把马上才(2)、典乐(2)、理马(1)、熟手(1)、伴倘船将(各3人，三使各带1人)称为次官。

除此之外，卜船将(3)，陪小童(17)，奴子(49)，小通词(10)，礼单直(1)，厅直(3)，盘缠直(3)，使令(16)，吹手(18)，节钺奉持(4)，炮手(6)，刀尺(7)，沙工(24)，形名手(2)，毒县手(2)，月刀手(4)，巡视旗手、令旗手、清道旗手、三枝枪手、长枪手、马上鼓手、铜鼓手各6名，大鼓手、三穴铳手、细乐手、铮手各3名称之为中官。还把风乐手(12)，屠牛匠(1)，格军(270)称之为下官，使行人员超过了400名(参见《通文馆志》(卷6)'交邻·下')。

整理以上的内容如下：

18　日文名称不清楚。可能有些需要训读，本文保留原文的汉字。

上上官 − 三使(正使、副使、从事官)、堂上译官

上 官 − 上通事、次上通事、押物通事、制述官、良医、写字官、
医员、畵员、子弟军官、军官、书记、别破阵

次 官 − 马上才、典乐、理马、熟手、伴倘船将

中 官 − 卜船将、陪小童、奴子、刀尺、沙工、形名手、毒县手、
月刀手、旗手、枪手、鼓手、铳手、乐手

下 官 − 风乐手、屠牛匠、格军

对倭学译官来说，通信使行的随行不如携带礼曹参议的书契派遣对马岛的问慰行
发挥了更加重要的作用。此时没有监督他们的文臣，堂上译官作为代表执行外交事
务。我们参考《通文馆志》(卷7)'交邻·问慰行'条规定的人员配置如下：

问慰官(替礼曹参议派遣至对马岛的译官)

堂上译官(1或2人)、堂下译官1人 ────────────── 上上官
军官(10)、随行人(各2人)、船将都训导书契色(各1人) ──── 上 官
小童(6)、小通事(7)(其中1人领导成为上官)，
　礼单色·厨房色(各2人)
伴缠色·户房色·及唱(各1人)、炮手(2)、使令(4)、 ──── 中 官
　吹手(6)、旗手(4)
沙工滚手水尺(各1人)、
　奴子(5)(3人是堂上译官，2人由堂下译官带领)
格军(30) ──────────────────────────── 下 官

由此可知，倭学堂上译官1人或2人作为问慰官带领上上官、上官、中官、下
官等近60名人员，代表朝鲜去对马岛执行外交事务。可以说，这次的堂上译官
高于一个邑城的郡守或县令官职。对此日本译官在《象胥纪闻》中记录如下：

右译官倭清汉学トモニ堂上崇禄大夫マテ登リ候テモ正三品ノ众ニ及ズ文
官ノ从三品ニ钧合郡县令ニ同ジト云ドモ使臣ノ命ヲ受候テハ县令ヨリハ少シ
重シト云。− 这些译官认为，即使倭学、清学、汉学均升为堂上官崇禄大夫(从
一品)，也不及(文臣)正三品官员，而相当于文官从三品的郡守和县令，但一旦
接到使臣之命，则官职稍微高于县令。

从以上记载中，可以掌握一些当时的译官地位。但译官地位随时代有所变化，

越传到后代其地位提升、角色越增加。

　　关于派到日本的问慰行，据《通文馆志》(卷6)'交邻·问慰行'条记录，问慰使行发生平调兴事件[19]后，对马岛主回到江户，为了向朝鲜朝廷禀报或接待庆吊事，作为常礼活动组织了问慰使行。"壬辰变后，岛倭求和甚力。朝廷不知其意真出于家康，丙午乃遣倭学堂上金继信、朴大根等，于对马岛以探之。崇祯壬申岛主平义成与其副官平调兴相构，颇有浮言，又遣崔义吉以探之。及丙子义成自江户还岛，报调兴坐黜之状。乃请贺价欲夸耀于岛众，特遣洪喜男以慰之。自是岛主还自江户{或因庆吊}，差倭报请则轧许差送，乃为恒例。"

　　4.1 如前所述，倭学教材，即倭学书也随着译官教材的演变。在朝鲜中期对此进行大幅改编为《捷解新语》代替草创期的倭学书。该教材是倭乱时期被劫持后刷还的康遇圣编纂的。战乱中，被劫持长期扣押在日本，后遣返回来的壬辰·丁酉倭乱时期被劫持人当中，有很多长期滞留在日本精通日语的人后来刷还，从此可以授教活生生的日语。

　　其中晋州人康遇圣最突出。他于壬辰年(1592)被劫持，在日本扣押了10年，后来遣返到朝鲜。在光海君元年(1609)科举译科及第，在东莱釜山浦担任倭学训导，从事馆倭接待和倭学译生的教学。[20]并且，在光海君9年(1617)随行回答使兼俘虏遣返使吴允谦第一次渡日外，分别在仁祖2-3年(1624-5)和仁祖14-5年(1636-7)，共三次随行通信使行。[21]
康遇圣以倭学译官的经历为基础，汇集馆倭接待和随行通信使行时所需要的倭语对话，编纂为《捷解新语》。关于这本《捷解新语》，已有很多研究，[22]但据拙稿(1984)，康遇圣在釜山浦任倭学训导时(1613-5)，将与馆倭交际的故事作为会话体，用于釜山浦倭学徒生的日语学习教材，视为其蓝觞。[23]该蓝本在万历戊午年

19　'平调兴事件'为对马潘为了和朝鲜帮教伪造国书的事件。

20　据《仁祖实录》(卷20)仁祖7年丁酉的记事，康遇圣在光海君5年(1613)至同7年(1615)在釜山浦担任倭学训导。

21　关于康遇圣的第一次度日记录收录于李石门的《扶桑录》和吴允谦的《东槎上日录》、随行正使郑昱的第二次度日记录在副使姜弘重的《东槎录》中。第三次度日记录写于正使任统的《丙子日本日记》。

22　关于《原刊·捷解新语》的研究有，小仓进平(1940)、森田武(1955、1957)、大友信一(1957)、龟井孝(1958)、中村荣孝(1961)、李元植(1984)等。

23　据《重刊·捷解新语》中的凡例，"新语之刊行，虽在肃庙丙辰，而编成则在万历戊午间。故彼我言语各有异同，不得不箋章改正。" 由此可知，《捷解新语》编于万历戊午(1618)年间，在肃宗丙辰(1676)正式刊行。笔者认为《捷解新语》的第一部(卷1-4和卷9的前半部)在光海君10年(1618)编著。(拙稿，1984)

完成，其后三次随行通信使行时，所经历的事情编为会话体，再和上述蓝本合编成《捷解新语》的草稿。

　　他再次担任釜山浦的倭学训导时，该草稿的抄本作为当地学生的日语教材，并获得外任资格的他升为内职司译院的训上堂上。我们推测他掌管司译院的日语教学时，司译院也用了该教材。[24]如此非正式使用的《捷解新语》于康熙庚戌(1670)年间，在兼任领议政和司译院都提调的阳坡郑太和的启请下，由校书馆刊行。后来倭学堂上安慎徽净书后，于肃宗2年(康熙丙辰，1676)活字印刷。[25]

　　4.2　该倭学教材经改编三次，均由随行通信使行的倭学译官主导。首先，《捷解新语》经历2次修订，其中第一次修订始于英祖23年丁卯(1747)年朝廷派遣以洪启禧为正使的通信使。由于经过长时间在语音上有差异，对话体和实际语言产生距离，[26]因此下令将《捷解新语》修订为倭学教诲。

　　据丁卯通信使的正使洪启禧在次年(戊辰，1748)从日本回国，奉答英祖的咨文的筵言，随行丁卯通信使行的崔寿仁和崔鹤龄负责并完成《捷解新语》的修改，写字官再次校对，两人重新校正出版。这就是《捷解新语》的戊辰改修本。

　　"戊辰八月初五日，通信三使臣入。侍时通信正使洪启禧所启："交邻惟在译舌，而近来倭译全不通话。以今番使行言之苟简特甚，盖以倭译所习捷解新语，与卽今倭语全不相似。故虽万读烂诵，无益于通话。臣于辞朝时，以厘正仰请矣，今行使行中译官，逐一厘改今成全书。以此刊行何如?"(中略)上曰："此则正使之劝也。行中己持来耶?"启禧曰："押物通事崔鹤龄主其事，而以礼单输运事落后，故其书未及持来。待其上来，使写字官缮写，　　使崔寿仁、崔鹤龄更为校正，自芸阁开刊，自明年大比初试始用，而明年则先用三卷以上，似宜矣。"上曰：依为之"[27]

　　这修订本在第二年译科初试上始用，先提出试用3本的意见，对此英祖允许。其后英祖24年(戊辰，1748)由校书馆出版活字印刷。[28]这就是所谓的《捷解新语》

24　据《通文馆志》(卷7)〈人物〉'康遇圣'条，"凡再赴信使，五任釜山训导，官至嘉善"和《译科榜目》(卷1)，"康遇圣，辛己生，本晋州，倭学教诲，嘉义"，康遇圣最终提升为嘉义大夫(从2品)。根据司译院的职制，堂上译官(正3品以上)叫做训上堂上，担任司译院的堂下译官和译学生徒的教学。堂上译官还负责考讲和试官，作为参试官参与译科，成为司译院的核心职位。训上堂上只在汉学而壬乱后在倭学设2窠。(拙著，1988)
25　此芸阁印行的活字本《捷解新语》叫做'原刊本'，现存于首尔大学奎章阁贵重本中。《原刊本·捷解新语》(卷10)末尾记载着'康熙十五年丙辰孟冬开刊'的刊记。
26　请参季湛写的'重刊捷解新语序'，"(前略)是书用于科试，而岁月寝久，与之酬酢率多，扞格而矛盾。逮至丁卯通信行，使臣承朝命，往质之。"
27　此对话和洪启禧的序文收录于《改修捷解新语》。

第1次改修本，旧称戊辰本，收藏于法国巴黎东洋语学校(现属于巴黎第3大学)，由安田章(1987)向学界首次介绍。

4.3《捷解新语》的第二次修订也由崔鹤龄进行。据《重刊捷解新语》的卷首中季湛的序文可知第一次修订版在芸阁印刷发布后，再由崔鹤龄将倭谚大字符合日本和江户一带使用的假名字法，再印刷并发行。

"(前略)逮至丁卯通信之行，使臣承朝命往质之。崔知枢鹤龄、崔同枢寿仁在行中寔主其事，与倭人护行者互相质难，逐段厘改，归告于朝，令芸阁印布。而语音虽尽譬正，倭语大字犹仍旧本，而未及改。其后崔知枢以公干在莱州，又从通事倭人，博求大坂江户间文字，参互而攷证，凡点画偏傍之不合其字法者，一皆正之。斯编始爲完书，仍以私力活字印行，其前后用心之劝，于是乎益着。(下略)"虽然至今尚未发现第二次修订的活字本，但现存下来的以其作为底本的重刊本相当多。[29]

崔鹤龄的第二次改修本卷末中，为了学习日本的假名文字，附载'伊吕波'的真字、半字、吐字、草字、简格语录等。[30]这是转载日本贝原笃信的《和汉名数》所载的'伊吕波'。从季湛的重刊序中可以看出，参考《和汉名数》和其他假名遣相关的日本文献。[31] "又从通词倭人，博求大阪江户间文字，参互而考证"通过《捷解新语》的第二次改修本，除了类似'伊吕波'或'五十音图'等初级假名遣以外，还包括馆倭的应酬和通信行使的随行诗和会话、各种书契的的作法和日本州郡的名称在内，凡是为司试院学译官的事务所需要的日语均可通过《捷解新语》完成学习。如有已学完第二次改修本和以此为底本的重刊本，还无法学习的内容仅有真假字的草书体记录法和读法。[32]

28　东洋语学校图书馆所藏本的《改修捷解新语》卷首附载洪启禧的序文。其末尾有'上之二十四年戊辰八月下瀚'的刊记。

29　根据李湛的《参考捷解新语序文》可知，金亨禹先用活字本覆刻并刊行木版本。再将其版木留在司译院，让后学使用。小仓进平(1940)将第二次改修本和重刊本视为同一。但重刊本应为木版本而崔鹤龄的第二次改修本为活字本。可知不是相同的版本。

30　李湛的'重刊序文'的记事可以旁证，"其字法语录源流之同异，及同音各字通用之凡例，亦崔知枢所纂。而并附于卷端，读字当自解之，不复赘焉。"(安田章，1970、拙著，1985)

31　据李湛的《星湖先生全录》(卷15)〈答洪锡余 戊寅〉有记录说明18世纪中叶《倭汉名数》和其增补本《和汉名数》流传至朝鲜。"闻有和名数一书至国。日本人所撰，极有可观。"还有安鼎福给其师李瀷写的书信中可知，英祖戊寅(1758)安鼎福将《和汉名数》介绍李瀷。"(前略)倭书有和汉名数为名者二卷，即我肃庙庚午年，贝原笃信之所著也。(后略)"

32　为此，嘉庆元年(1796)译官金建瑞刊行《捷解新语文释》。

　　4.4 日语教材倭学书也同其他语言教材一样，编撰《倭语类解》作为词典使用。但该教材何时何地怎么编撰的尚未考察。

　　拙著(2004)认为，现存的《倭语类解》是韩廷修的雠正本。是在1800年代初刊印的，应是1700年代初叶由洪舜明编撰的'类解'作为祖本进行雠正。[33]有些学者如M. Courant(1894-6)、金泽庄三郎(1911，1933)、小仓进平(1940)、浜田敦(1958)等提出由洪舜明在18世纪初或17世纪末编撰的'类解'和现存《倭语类解》是同一个版本。

　　拙著(2002)推测，洪舜明编撰的'类解'未刊印，就是司译院传下来的'倭语物明册子'。这本〈倭语物明〉是英祖癸未(1763)年间经过随行通信行使的当上译官崔鹤龄、李明尹、玄泰翼和同使行的当上译官玄启根、刘道弘的校正，[34]再在英祖丙戌(1766)年间，作为对马岛的致贺兼致慰使第二次渡海的堂上译官玄泰翼、李命尹和堂下译官玄泰冲再次校正，并且计划和《同文类解》(1748)和《蒙语类解》(1768)同时印刷。

　　但他们在中途遭遇沉船，化为乌有。结果《倭语类解》不同于《蒙语类解》、《同文类解》，在后代发行(拙稿，1987)。但，洪舜明的〈倭语物名〉，即前述的'类解'是现存的是《倭语类解》祖本。现有影响力的学说认为，'类解'在洪命福编撰的《方言集释》(1778)的日语中留下其痕迹。(中村榮孝，1961、宋敏，1968、安田章，1977)

　　现存的《倭语类解》有日本的金泽庄三郎博士的旧藏本(现收藏于日本驹泽大学)和收藏于韩国国立中央图书馆的收藏本。据拙稿(1987)，此两本《倭语类解》虽然是同一版本，但金泽旧藏本是后刷本，因没有第6叶的版木而抄写补充，见多脱划、脱字、误校正的痕迹。
类似于《倭语类解》的词汇集有含汉语、满语、蒙古语、日语的《方言集释》和李仪凤的《古今释林》(1789)中收录的《三学译语》。虽然这些是类似《倭语类解》，但没有实际应用于司译院的日语教学。此外，崔鹤龄在正祖14年(1970)将日本对马藩象官们编撰的朝鲜语教材《隣语大方》，在司译院进行了改版。可无法证明该书实际应用于司译院日语教学的记录。

---

33 据《通文馆志》(卷7)〈人物〉'洪舜命'条可知他是'长语'、'类解'等书的著者。
34 请参，英祖癸未(1763)12月16日的记事。赵曮作为正使度日的通信行使《海槎日记》中成大中序。

V. 结语

5.0 我们考察燕行、通信使行和译官教材。考察主要内容为朝鲜时期外语教材的修订。朝鲜人已知，通过四书五经、佛经学习的汉语和元代汉语的差异，察觉到汉语时代演变。语言随着时间的流逝而变化，迎合这种语言的历史演变，司译院的外语教材也经历屡次修订和改编。

因此，司译院的四学，即学汉语的汉学、学蒙古语的蒙学、学日语的倭学、学满语的清学，也随着语言的演变，修订自身的语言教材。教材的修订主要通过到国外的外交使行而成。因为燕行使和通信使是在当地调查语言演变的最佳机会。

5.1 早期，为了修订汉语教材，文臣随行燕行使，其名称是朝天官和质正官。但是，到了成宗时期，没有考中科举的崔世珍作为质正官随行燕行使，而且修订汉语和汉吏文教材。之后译官代替文臣，为修订译官教材的目的随行行使。中宗32年(1537)起，为修订译官教材而委派的译官，将朝天官的名称改称为质问从事官。

本文通过燕行使修订的《老乞大》、《朴通事》为例，考察这两本汉语教材从《原文》改为《删改本》再改为《新译本》的改编过程。后日《老乞大》再改编为《重刊本》）。

5.2 在通信行使方面，译官教材的修订是与燕行使行相同。作为日语教材，自倭乱之后《捷解新语》教材一直独占鳌头。但经过一二次的修订和重刊，修订时令必须到当地进行。英祖非常关心行使中译官教材的修订，甚至愿亲眼在当地体验如何修订译官教材。

由于朝鲜半岛具有特殊地理条件的原因，为了通过学习周边民族的语言避免语言不通，强力实施语言教育政策。因此，朝鲜司译院的外语教育方式和其教材，直到如今也不亚于现代的语言教育。自从忠烈王2年(1276)设置通文馆以来，直到甲午更张(1894)时期裁撤司译院为止，作为传承700多年历史的专业语言教育机关，一贯保持并发展的民族估计在世界上再无第二个。

特别是，从《倭语类解》中可以看到，没有在当地校正的教材不允许校书馆发行，强调语言的现实性、地域性。因此，司译院的译官教材应评为，从古到今的人类语言教材中最具实用性和效用性。

引用文献(按韩文字母顺序排列)

金泽庄三郎(1911)；《朝鲜书籍目录》，东京

_____(1933)；《濯足庵藏书六十一种》，金泽博士还历祝贺会，东京

Courant(1894-6)；Maurice Courant：BibliographieCorèenne, Tableau littèraire de la Corèe contenant la nomenclature des ouvragespubliès dansce pays jusqu'en 1890, ainsique la description et l'annalyse dètaillèes des principauxd'entrecesouvrages. 3 vols. Paris

中村荣孝(1961)；"关于捷解新语的成立和修订以及倭语类解成立时期"，《朝鲜学报》第19辑。

宋敏(1968)；《方言集释》日语'ㅅ'行音转写法和《倭语类解》的发刊时期，《李崇宁博士颂寿纪念论丛》，乙有文化社，首尔

安田章(1977)；"类解改"，《立命馆文学》No.264，被安田章(1980)重新载入。

_____(1980)；《朝鲜资料与中世国语》，笠间书院，东京

_____(1987)；"捷解新语的修订本"，《国语国文》第56卷第3号

小仓进平(1940)；《增订朝鲜语学史》，刀江书院，东京

郑光·南权熙·梁伍镇(1998)；"新发掘译学书资料元代汉语〈旧本老乞大〉"，第25届国语学共同研讨会个人研究发表，该论文郑光·南权熙·梁伍镇(1999)重新发布。

_____(1999)；"元代汉语《老乞大》-新挖掘掘译学书资料〈旧版老乞大〉汉语为主"，《国语学》(国语学会)，第33号，pp. 3~68

拙稿(1984)；"关于捷解新语成立时期的若干问题"，《牧泉俞昌均博士还甲纪念论文集》，大邱

_____(1985)；"《捷解新语》的伊路波与《和汉名数》"，《德成语文学》(德成女大国语文学课)第2第2辑

_____(1987)；"通过《倭语类解》的成立与问题点-国立图书馆本与金泽旧藏本的比较"，《德成语文学》(德成女大国语国文学科) 第4辑

_____(2013)；"司译院倭学的仮名文字教育"，第5回国际译学书学会开幕主题演讲，日期：2013年8月2日10:15-11:15，地点：日本京都大学人文学研究所，修订后将刊登在《朝鲜学报》(日本朝鲜学会)第231集(2014)。

_____(1988)；《司译院倭学研究》，太学社，首尔。

_____(2002)；《译学书研究》，J&C，首尔。

_____(2014)；《朝鲜时期外国语教育》，金英师，首尔

浜田敦(1958)；"倭语类解说"，《倭语类解》影印(本文·国语·汉字索引)，京都大学文学部国语学国文学研究室编，京都

5

清道咸时期中朝学人之交谊

－以张曜孙与李尚迪之交往为中心－

孙卫国(南开大学历史学院，中国天津)

　　1637年，朝鲜被迫臣服于清朝，成为清朝藩国，但是朝鲜君臣在相当长的时期内具有强烈的反清心态，尽管政治上是清朝的藩国，文化心态上则长期高举"尊周思明"的大旗，视清人为夷狄，对清朝在文化心态上予以鄙视。直到乾隆三十年(1765)，洪大容在北京结识严诚等三位浙江举人，并有"七日雅会"，从此开启了朝鲜士人与清朝学人交往的热潮。朝鲜燕行使踏着洪大容的足迹，纷纷趁燕行之际，来到北京，积极主动地与清朝学人交往，吟诗论文，探讨学术，交流思想，诉说情感，从此中朝学人进入一个大交往的时代。[1] 时间滑入道咸时期，中朝学人间的交往出现了新的特点，交往双方是否见面已经不重要，甚至于根本未见过面，但是长期保持着书信往来。且交往并非只是两个人的事情，而是出现了群体化、家族化的方式，张曜孙与李尚迪的交往正是这一时期的典型代表。尽管中韩学术界围绕他们二人的交游已经发表了不少论著，[2] 颇具启发

1　温兆海将清代文人与朝鲜文人的交往分为三个阶段：第一阶段是洪大容与杭州文人的交往阶段，正是开启中朝两国文化交流的大门。第二阶段是以朴趾源、朴齐家、李德懋和柳得恭为代表的朝鲜文人与清朝文人的交流阶段，与中国的纪昀、彭元瑞、孙星衍、翁方纲、罗聘、阮元等著名文人、学者与画家的交往。第三阶段是以金正喜、申纬为代表。金正喜与翁方纲、阮元有师生情谊。参见温兆海：《朝鲜诗人李尚迪与晚清文人交流的历史价值》，《延边大学学报》2012年第5期。温兆海：《清代中朝文化交流的历史视阈：以乾嘉时期为中心》，《东疆学刊》，2006年第4期。

性，笔者试图以新视角，以他们二人的交往为中心，揭示道咸时期中朝学人交往的新特点，以就教于海内外方家。

Ⅰ. 张曜孙家世及其与李尚迪之初识

李尚迪(1803-1865)，字惠吉，号藕船。朝鲜王朝太祖李成桂后裔，所谓"簪缨世胄"也。他的职业是通事，担当译官，在朝鲜王朝这样的等级社会，地位并不高。曾从学于金正喜，能诗善画。他担当朝鲜王朝前来清朝的译官，分别于纯祖二十九年(1829)、纯祖三十一年(1831)、宪宗二年(1836)、宪宗三年(1837)、宪宗七年(1841)、宪宗八年(1842)、宪宗十年(1844)、宪宗十三年(1847)、哲宗四年(1853)、哲宗九年(1858)、哲宗十四年(1863)、高宗元年(1864)十二次来华，结交了大批清朝官员和士人，李尚迪曾写过《怀人诗》与《续怀人诗》，怀念

---

2 有关张曜孙与李尚迪的交往，中、日、韩三国皆发表了不少论著。日本早在上世纪六十年代就出版了藤塚鄰著、藤塚明直编：《清代文化の東傳－嘉慶、道光學壇と李朝の金阮堂》(东京：国书刊行会，昭和50年，第473－478页)就有专题讨论张曜孙与金正喜、李尚迪之交游。韩国出版了李春姬：《19世纪函中文学交流：李尚迪을中心으로》，首尔：学文社，2009。此书乃是在作者博士论文基础上改编修订而成。李春姬2005年，以博士论文《藕船 李尙迪과晚淸文人의文學交流 研究》，获得首尔大学博士学位。韩国关于李尚迪的研究甚多，就学位论文而言，据不完全了解，尚有：김진생：《藕船李尙迪诗研究：诗理论을中心으로》(成均馆大学校 大學院 碩士學位論文, 1985)；정후수：《李尙迪诗文学研究》，东国大学校 博士學位論文, 1989。另外，相关发表的论文有：정후수：《张曜孙과 太平天国의亂：『海邻尺素』所载记事를중심으로》(《东洋古典研究》，16집，2002年)；郑后洙：《『海邻尺素』转写本考察》(《东洋古典研究》，19辑，2003年)；郑后洙：《海邻尺素》13种 转写本 对照》(《东洋古典研究》，第20辑2004年)等等论文。中国学术界尽管尚未见专著出版，但发表了许多论文。徐雁平：《玉沟春水鸭江波：朝鲜诗人李尚迪与清国文士交往研究》(《风起云扬：首届南京大学域外汉籍研究国际学术研讨会论文集》，北京：中华书局，2009年)。温兆海发表了一系列论文。即如《"异苔知己在，画里接芳邻"：朝鲜诗人李尚迪与晚清仪克中的交游》(《东疆学刊》2009年第2期)、《朝鲜诗人李尚迪的思想文化特征》(《东疆学刊》2008年第1期)、《朝鲜诗人李尚迪与清代"江亭文人"的雅集》(《延边教育学院学报》2012年第5期)、《朝鲜诗人李尚迪与晚清诗人祁寯藻的交游》(《延边大学学报》2011年第3期)、《朝鲜诗人李尚迪与晚清诗人张曜孙交游行述》(《东疆学刊》2013年第1期、《朝鲜诗人李尚迪与晚清文人交流的历史价值》(《延边大学学报》2012年第5期)、《朝鲜诗人李尚迪与晚清学人刘喜海》(《延边大学学报》2008年第1期)、李春姬：《朝鲜诗人李尚迪与道咸文人的交游》(《外国问题研究》，2010年第2期)、文炳赞：《朝鲜时代的韩国以及清儒学术交流：以阮堂金正喜为主》(《船山学刊》2011年第1期)。张维《清道咸时期中朝文人交往方式探析：以李尚迪为中心》(《延边大学学报》2008年第3期)。

他所结交的清朝士人，人数有上百人之多。情真意切，令人感佩。与张曜孙的交往，显得尤为突出，或许可以作为分析他所结交清朝学人的一个案。

张曜孙(1807-1862)，江苏武进人，出身书香门第。其伯父为张惠言(1761-1802)，清代著名词人、散文家。嘉庆四年(1799)进士，改庶吉士，充实录馆纂修官。六年，散馆，奉旨以部属用，朱珪奏改翰林院编修。卒于官。张惠言早岁治经学，工骈文辞赋。后受桐城派刘大櫆弟子王灼等影响，与同里恽敬共治唐、宋古文，欲合骈、散文之长以自鸣，开创阳湖派。张曜孙父亲张琦(1764－1833)，因其兄张惠言英年早逝，"遂喟然意尽，弃诸生以医自寓"，[3]张琦遂以医为业。嘉庆癸酉(1813)中举人，甲戌(1814)进士。道光癸未(1823)，方叙知县，掌邹平县事，时年已六十。张惠言与张琦皆是清代晚期著名词人，是常州词派的重要代表。[4]张琦夫人汤瑶卿(1763-1831)，出身常州名门，知书能诗。他们育有四女二子，长子早夭。四女皆有才，皆颇有声名，且皆有诗文集传世。即长女张𰋀英有《澹菊轩初稿》四卷、词一卷，世称澹菊轩夫人。次女张姗英，有《纬青遗稿》一卷，嫁后不久殁。三女张纶英，有《绿槐书屋诗》三卷。四女张纨英，有《邻云友月之居诗》四卷、《餐枫馆文集初编》二卷。𰋀英另选有《国朝列女诗录》，以补《撷芳集》和《正始集》之不足。[5]张曜孙为末子。所谓"贫弱不达而为名族，称大南门张氏"[6]，张曜孙乃出身于一个这样的诗书之家。

张曜孙，字仲远，号升甫，晚号复生。嘉庆十二年(1807)生，道光二十三年(1843)中举人，二十六年湖北候补道，选授武昌县。次年，加知州衔。咸丰元年(1851)，调补汉阳知县，擢汉阳同知。次年，太平军克汉阳、武昌，自缢未遂，免官，旋复官。有《楚寇纪略》。咸丰五年(1855)，胡林翼委以督粮道。七年，以道员补用。咸丰十年，免官。同治二年(1863)，为曾国藩司营务。张曜孙只获得了举人功名，一生为地方小官，乃清朝官场中的中下级官员。

事实上，张曜孙多才多艺。他继承其父从医之业，在医学上颇有造诣。他父亲对其医术也颇为赏识。"曜孙生而知医，君以为胜己。"[7]以为他的医术胜过自

3　包世臣：《齐民四术》卷三《农三》。

4　黄晓丹：《常州词派的早期创作对张惠言词学理想的继承与拓展》，《西北大学学报》，2011年第4期。

5　有关张家诸才女的研究，参见曼素恩(Susan Mann)：*The Talented Women of the Zhang Family*《张家才女》，University of California Press，2007。黄晓丹：《早期常州词派与毗陵张氏家族文化研究》，苏州大学2007年硕士论文。黄晓丹：《清代毗陵张氏家族的母教与女学》，《长江师范学院学报》，2008年第5期。

6　包世臣：《皇敕授文林郎山东馆陶知县加五级张君墓志铭》，张琦《宛邻集》卷六。《续修四库全书》本。

7　包世臣《齐民四术》卷三《农三》。

己。关外本《清史稿》载："阳湖张琦、曜孙，父子皆通儒，以医鸣。取黄元御扶阳之说，偏于温。曜孙至上海，或劝士雄往就正，士雄谢之。号叶氏学者，要以士雄为巨擘，惟喜用辛凉，论者谓亦稍偏云。"[8] 在妇产科领域尤其有贡献，有《产孕集》一书传世，全书二卷，初刊于道光年间。张曜孙于道光庚寅(1830)自序曰：

> 岁在己丑(1829)，家君宰馆陶，余随侍官廨，民有疾苦，踵门求治，辄为除之。而难产之患，同于江左……由此观之，无辜而死者盖多已。夫杀卵妖夭，先王所禁，况在人类？体仁利物，儒者之事，况在斯民！用是考核原委，该约大旨，著为此书。冀以绝其流弊，豫为常变。穷理之士，或无诮焉？[9]

全书分为十三篇，为上下二卷。张曜孙去世不久，此书得以重刊。同治七年(1868)，包诚《重订产孕集序》曰："阳湖张氏仲远，以名孝廉服官楚北，所在有声。幼精医理，奉母汤太夫人命，著《产孕集》。其卷分上下，为类一十三门。条析病状，援据方书，胪列治法，约略已备……仲远生前曾向予言，此集虽已行世，所惜遗漏尚多，今后有暇，续作补遗，因循未果，每以为憾。今集重订刊成，予据所见所闻，博采约收，更作补遗，以续其后。"[10] 光绪二十四年(1898)有重刊本。

对于张曜孙医术，李尚迪的老师金正喜也相当佩服。尽管金正喜并未见过张曜孙，在给他人信中称："张仲远世守黄法。仲远父子，医理极精。第以燥土降逆暖水蛰火之法，为问得其药方，并叩现证，要一良剂似好，伏未知如何？燥土降逆之法，恐有相合处矣。卸却重担，丸理闲装，消摇林泉，寔为胜服清凉几剂，然未敢知果能谐此否。"[11] 因为金正喜痰火攻心，身体日差，故而与友人商讨治病之法，而提及张曜孙之医术，希望前往北京的朝鲜友人，能够向张曜孙请教，求治疗疾病之方。可见，张曜孙懂医术，也成为他与朝鲜学人交往一项技能。

8　赵尔巽等：《清史稿》卷五百二《张曜孙传》，关外二次本。

9　张曜孙：《重订产孕集》之《重订产孕集序》，参见《珍本医书集成》第八册《外科妇科儿科类》，上海：上海科学技术出版社，1986年，第798页。此书有史丙荣于道光丁酉(1837)所作跋。

10　张曜孙：《重订产孕集》之《重订产孕集序》，第798页。后有同治辛未(1871)八月吴大彬、潘志厚跋。

11　金正喜：《阮堂先生全集》卷三《与权彝斋》，韩国民族文化推进会编刊《影印标点韩国文集丛刊》第301册，第55页。

张曜孙在小说、诗文、篆刻方面亦颇有造诣。著有《谨言慎好之居诗集》十八卷。另有《续红楼梦》二十回，系未完稿本，原本系周绍良先生珍藏，周先生《红楼梦书录》中此书提要云：张曜孙撰。二十回。稿本，共九册，第一册末题："徐韵廷抄"。书前有签云："此书系张仲远观察所撰，惜未卒业，止此九册，外间无有流传。阅后即送还，勿借他人，致散失为要。阅后即送北直街信诚当铺隔壁余宅，交赵姑奶奶(即万保夫人)。"正文每面八行，行二十五字。[12] 他的篆刻亦得到金正喜的称颂。金正喜在给权彝斋信中说："东海循吏印，自家仲转示，闻是张曜孙所篆云，大有古意，是完白山人嫡传真髓，恨无由多得几颗。从前以刘柏邻为上妙者，尚属第二见矣，览正如何。"[13] 对张曜孙篆刻水准予以极高的评价。收到他的印章，甚至改变了金正喜对于篆刻方面有关人物的看法。

张曜孙的朋友们，对他评价甚高。杨淞致函李尚迪，称颂张曜孙曰："仲远叔，今往京陵，其医、其诗词、其骈文，当世有识者咸重之。而其人行谊可风，五伦中几无遗憾。相知中，未有能及者。恐世人未尽知，垆告执事，当必谓然。"[14] 评价之高，无与伦比。

李尚迪第一次以通事身份来华，乃是在道光九年(1829年，纯祖二十九年)，随同冬至兼谢恩使行来京。结识张曜孙，乃是他第三次来华期间。有关他们初识，潘曾玮述其过程曰：

> 吾友仲远者，皋文先生犹子，前馆陶令翰风先生仲子也。世其家学，道光丙申游京师，主吴伟卿比宅。宅故襄平蒋相国旧居，其中有园、有亭、有台、有池，而仲远遂日以吟咏啸傲其间。是冬，朝鲜使者入都，访仲远居，不能得，后访于汪君孟慈，乃得一见。则致金君所赠楹联，辞中述渊源所自，末署丙申初夏书。仲远异之，以其时尚未抵京师，无缘得闻于海外也。自是遂相往还，后之奉使来者，必造访焉。而与李藕船尚迪最相契，书问酬答，至今不绝。[15]

其所谓道光丙申(1836)冬，李尚迪访张曜孙居所，未见到张曜孙。当时张曜孙所居乃是吴廷鉁之宅，而李尚迪与吴廷鉁是旧识，故而可以推断，李尚迪乃前往拜访吴廷鉁，初次见到张曜孙，则是在汪喜孙(孟慈)家里。张曜孙自言："道光丁酉(道光十七年，1837)孟春，与藕船仁兄相识，匆匆握别，未畅所怀。越

---

12 张曜孙：《续红楼梦》之《说明》。

13 金正喜：《阮堂先生全集》卷三《与权彝斋》，第54页。

14 《海邻尺素》中之杨淞函。

15 潘曾玮：《自镜斋文抄》上《张仲远海客琴尊图记》，光绪丁亥刻本。页1b-2a。

六月，复以使事来都，晤于客馆。意外之遇，喜慰无量，爰赋五言一章奉赠，以志踪迹，即乞削正，而见答焉。"[16] 可见，张曜孙与李尚迪初次见面为道光十七年(1837)孟春之际，当时他们虽然相识，但几乎都没有过多交谈。六个月后，李尚迪第四次来华期间，他们在客馆(即汪孟慈家)意外相遇，分外高兴，始订交，遂以诗歌唱和，张曜孙诗曰："论交合行藏，所志在道德。大廷与空谷，同气皆莫逆。况逢远方才，业术互赏析。清怀感蘅芷，高义订金石。萍踪寄天壤，睽合慨浮迹……盛时无中外，薄海同一域。所嗟迫人事，尘网各羁勒……沧波鉴此盟，相要永无极。"[17] 可见，他们第二次见面时订交，方开始密切交往，直至辞世，长达近三十年的友情，令人感佩。与以前的几代中朝学人交往相比，他们的交往又有些新的特点。

张曜孙与李尚迪交往大体上可分为三个阶段：第一阶段乃是1837年的初识与订交，当时张曜孙还未获功名。第二阶段则为1842年到1846年，他们在北京两次见面，两次雅会，因有《海客琴尊图》、《海客琴尊第二图》[18] 及相关诗文留存。期间，张曜孙于1843年中举人，开始走上仕途。第三阶段则是1846年以后，张曜孙南下，离开北京，补湖北候补道，选授武昌知县，从此再无见面机会。但彼此间情感日笃，相思日深，书函往来，诉说衷肠；诗文唱和，表达情感，寄托思念。在他们的交往中，背后有着家族与士人群体的身影，透过他们的书函往来，呈现出来，给我们展示了新时代的新特点。

II. 李尚迪与以张曜孙为代表的清士人群体之交谊

李尚迪自从道光九年(1829)第一次到北京，到同治三年(1864)最后一次来京，三十五年间十二次来华，这在朝鲜使行人员中，相当罕见。他是通译，汉语很好，与清人交流毫无障碍。每次他都积极主动地与清朝士人交往，不仅与老朋友相会，而且不断结交新朋友。一旦见过面，他都想方设法与他们保持联系。每次到北京后，即便见不到老朋友们，也会留下书函礼物，托在北京的朋友转交。而他所结交的这些中国朋友，他们之间本来就是朋友，相互介绍，从而形成了一些群体，构成了一个彼此交融的网络。

事实上，当时清朝文人间，经常举行诗会、文会，并且形成了一些诗社团

---

16 《海邻书屋收藏中州诗》，梦华斋抄本。5a。

17 《海邻书屋收藏中州诗》，梦华斋抄本。页6a-b。

18 《海客琴尊图》的"尊"字，亦作"樽"。

体。即如嘉庆九年(1804)，原籍南方诸省小京官和文人，开始在北京创宣南诗社，先后入社者有陶澍、周之琦、钱仪吉、鲍桂星、朱为弼、潘曾沂、吴嵩梁、林则徐等三十余人。[19] 李尚迪第一次来京时，就结识了吴嵩梁，成为很好的朋友，也因此多次参加宣南诗社的活动，进一步扩大了与清人交往的圈子。后来又有"江亭文人"，"是指道光九年至二十年以北京宣南'江亭'为中心，由修禊、雅集活动而形成的士人群体。"[20] 主要有汪喜孙、黄爵滋、符兆纶等人，成为李尚迪交往的另一个重要群体。在三十多年与清代文人交往中，李尚迪先后与宣南诗社、阮元学派、"江亭雅集"、常州地域文人和"顾祠雅禊"文人建立了广泛的联系。[21] 张曜孙是常州地域文人的一个重要成员，与其他社团之间也有着密切联系。李尚迪结识清朝文人的方式，主要是参加清代文人之"雅会"，雅会期间，与清人吟诗作赋，挥毫作画，随后又为画题诗唱和，成为他们交往的重要方式。透过分析张曜孙与李尚迪交往的故事，可以深入剖析当时朝鲜使行人员与清朝士人交往的方式。

李尚迪的住所名为"海邻书屋"。李尚迪弟子金奭准编的《藕船精华录》中，收录一篇金奭准所写的《李藕船先生传》，其曰："噫，卅余载与中州人交游寤寐者(王鸿尺牍)，自公卿大夫以至山林词客，咸有投赠，颜其书屋曰海邻(《顾卢纪事》)。乃自题一联曰：怀粤水吴山燕市之人，交道纵横三万里；藏齐刀汉瓦晋砖于室，墨缘上下数千年(符葆森《国朝正雅集诗注》)。"[22] 可见，李尚迪将自己的书房称为"海邻书屋"，现流传下来收录清人给李尚迪书信的《海邻尺素》中，一共收录了五十多位清人给李尚迪的信，收录张曜孙的书信最多，提及张曜孙给李尚迪书信二十一通，《海邻尺素》抄录其中十通。[23] 另有清人与李尚迪唱和诗文之《海邻书屋收藏中州诗》，亦以钞本传世，全书百余页，其中收录了张曜孙给李尚迪的诗文三十一首(篇)，也是最多的。而李尚迪在其文集中也收录多首致张曜孙诗文。

19 参见陈玉兰：《清代嘉道时期江南寒士诗群与闺阁诗侣研究》，人民文学出版社，2004年，第280页。

20 温兆海：《朝鲜诗人李尚迪与清代"江亭文人"的雅集》，《延边教育学院学报》2012年第5期。

21 参见温兆海：《朝鲜诗人李尚迪与晚清文人交流的历史价值》，《延边大学学报》2012年第5期。

22 李尚迪著、金奭准编：《藕船精华录》之金奭准《李藕船先生传》(仿史传集句之例)，页3a.

23 《海邻尺素》现以钞本传世，藏于韩国多个图书馆和美国哈佛大学燕京图书馆，一共有十三个版本，每个版本抄录书信的数量不一，几乎每个版本中所抄录张曜孙的信都是最多的。这里说"十通"，只是大多数版本所录之数目。

　　张曜孙与李尚迪交往的故事，在《海客琴尊图》、《海客琴尊第二图》和《春明六客图》三幅"雅集图"，得以充分体现了。诚如前面提及，李尚迪结识张曜孙，乃丁酉(1837)年孟春李尚迪第三次来华之时，订交于同年夏李尚迪第四次来华之际。李尚迪自言："丁酉夏，君与余燕集于伟卿留客纳凉之馆。"[24] 乃是在张曜孙姐夫吴廷鉁家所举行的雅会上订交。之后，吴廷鉁乃将这次雅绘了一幅画，名之曰《海客琴尊图》，乃是张曜孙与李尚迪交往的见证。张曜孙非常重视这幅画，道光十九年(1839)，他特地写了一首诗《自题海客琴尊图》，诗曰：

　　　黄金台空马骨死，此地胡为著张子；十年作赋思问天，不信天门竟万里。一车碾破长安尘，挥洒不惜丹壶春；士安多病辑灵素，扁鹊鬻技游齐秦。朝出都门暮九陌，溽暑严寒苦相逼；满目疮痍望救火，微权斟酌回天力。儒冠儒术诚无用，倒屣公卿绝矜宠；卤莽时名得失休；消磨心力年华送。莺花尺五东风天，玉骢金勒多少年；主人怜我苦抑轖(谓吴比部伟卿留客纳凉之馆)，手辟三径供流连。一笑纷纷皆热客，歌笑无端激金石；野性难辞轸盖喧，同心零落岑苔迹。忽然海客天外来，握手便觉忘形骸；漂流人海渺一叶，眼底直己无群材。招要裙屐蓬门开，胜赏那复辞深杯；高吟一篇琴一曲，天风海水浮蓬莱。欢宴方阑促征役，客归我亦还江国；倦侣栖迟白下游，神交浩荡沧溟隔。吴君知我忆旧游，写出新图增感激；事业中年剩友朋，遭逢一例伤今夕。青山青青白日白，良会浮生几回得；但结清欢便不孤，苦求知己终何益。批图我正感索居，驿使凭送双鱼书；谪仙文彩秀东国(时适得朝鲜李藕船书，索作分书并刻印石)，爱我翰墨如明珠。鲸波千丈招灵桴，银台琼馆神仙都；挥弦独赏伯牙曲，痛饮好卧长房壶。相携世外足千古，局促尘壤胡为乎？呜呼，局促尘壤胡为乎，古来骐骥骎耳多盐车。(道光十九年三月张曜孙自题于白门节署，右拙诗呈政并乞题赐征咏。)[25]

这首诗清楚地交代了《海客琴尊图》的来历，乃是吴伟卿为张曜孙所画，道光十九年(1839)三月，张曜孙写了这首诗歌，深深地表达了结交李尚迪时，他内心之激动，"忽然海客天外来，握手便觉忘形骸；漂流人海渺一叶，眼底直己无群材"。结交李尚迪那种欣喜之情，无以言表，同时表达对李尚迪的敬意以及交往的寄望。张曜孙当即将此诗寄给李尚迪，李尚迪也写了唱和诗。其曰："有酒如

24　李尚迪：《恩诵堂集诗》卷七《张仲远(曜孙)嘱题比屋联吟海客琴樽二图》，韩国民族文化推进会编刊《影印标点韩国文集丛刊》第312册，第195页。

25　《海邻书屋收藏中州诗》之张曜孙《自题海客琴尊图》，页7a。

渑琴一曲，竹深荷净无三伏。醉来握手贵知音，后会宁叹难再卜。青衫何事滞春明，书剑飘零误半生。痛饮离骚为君读，大海茫茫移我情。"[26] 表达了同样的情感。夫马进先生论及在洪大容与严诚的交往中，体现了东亚世界中"情"的世界，[27] 张曜孙与李尚迪的交往之时，则延续了这种"情"的世界。

道光二十五年(1845)正月，李尚迪第七次来京时，与张曜孙等清士人又举行了一次雅会，张曜孙信函中说："自道光乙巳(二十五年)，与阁下重晤于京师，作《海客琴尊弟(第)二图》。"算来这是他们的第三次见面，也是最后一次见面，之后他们再也没有机会见面了，但是丝毫没影响他们的交往。此次见面后，张曜孙请吴冠英绘《海客琴尊图》第二图，[28] 画中有十八人，李尚迪说："入画者比部吴伟卿、明府张中远、中翰潘顺之补之及玉泉三昆仲，宫赞赵伯厚、编修冯景亭、庄卫生吏部、姚湘坡工部、汪鉴斋明经、张石州孝廉、周席山、黄子乾侍御、陈颂南、曹艮甫、上舍章仲甘、吴冠英。冠英画之，共余为十八人也。"[29] 可见，这次雅会有十八人参加，除李尚迪外，其他十七人皆为清朝士人，他们构成一个群体。李尚迪诗曰：

> 十载重揩眼，西山一桁青。题襟追汉上，修禊续兰亭。颜发俱无恙，庄谐辄忘形。今来团一席，昔别隔层溟。记否怀人日(尝于癸卯燕馆人日，得张中远、王子梅书，有诗记其事)，依然逐岁星。马谙燕市路，槎泊析津汀。往迹寻泥雪，良缘聚水萍。延陵佳邸第，平子旧居停(燕集于吴伟卿比部留客纳凉之馆，时中远寓此)。冻解千竿竹，春生五叶蓂(时乙巳新正五日也)。胜流皆国士，幽趣似山扃。投辖从君饮，焦桐与我听。杯深香潋潋，调古韵泠泠。此日传清散，何人赋磬瓶。愿言钟子赏，休慕屈原醒。北海存风味，西园见典型。古欢等观乐，中圣剧谈经。文藻思焚笔，词锋怯发硎。已知交有道，刿感德惟馨。海内留图画，天涯托性灵。百年几相见，万里即门庭。[30]

深深地表达其与张曜孙的深厚情谊，因为当时张曜孙已经离开北京，常年在湖北，交通不便，无法及时获得李尚迪的消息。张曜孙一直到1849年，读到《恩诵

26 李尚迪：《恩诵堂集诗》卷七《张仲远(曜孙)嘱题比屋联吟海客琴樽二图》，第195页。

27 参见夫马进：《朝鲜燕行使与朝鲜通信使：世界视野中的中国、日本》，上海古籍出版社，第183页。

28 李尚迪在诗中说："乙巳正月，张仲远倩吴冠英，绘《海客琴尊》第二图。"参见《恩诵堂集续集》诗卷一，第249页。

29 李尚迪：《恩诵堂集》诗卷九《追题海客琴尊第二图二十韵》，第200页。

30 李尚迪：《恩诵堂集》诗卷九《追题海客琴尊第二图二十韵》，第200页

堂集》中的这首诗，才作《读恩诵堂集次尊题海客琴尊第二图诗韵》，其中有曰：
"初识藕船，犹未通籍，甲辰奉使来矣，秩三品矣。"[31] 此诗曰："天外传诗册，
披吟眼倍青。壮怀千万里，游迹短长亭……"[32] 之后再接《奉怀再次前韵》曰：
"三载东瀛梦，沧波万里青；旧欢留画卷，别思恋旗亭……"此诗后有文字曰：
"七言近体及前首，皆前岁之作，冗杂未能奉寄，顷以振灾居村寺者半月，稍得
余暇，因写前诗并缀此编。夜寒呵冻，不复成字。己酉冬至后十日曜孙并记。"[33]
此诗作于己酉(道光二十九年，1849)冬，当时张曜孙在湖北赈灾，天寒地冻之
时，尚考虑和李尚迪之诗。诗中深深地寄予了思念、感激之情。通过两次雅
会，然后根据雅会情况作画，再为此画，彼此作诗唱和，表达相思之情，成为
他们交流的重要方式。尽管相隔数千里，天各一方，数年不获消息，但是他们
内心始终牵挂着远在天边的朋友，成为当时一种重要的交往方式。这一幅画，
数首诗，成为他们情谊的见证。

　　1845年春在北京的相见，对于李尚迪与张曜孙来说相当重要，也是李尚迪与
清朝学人交往的一个重要的年份。除了《海客琴尊第二图》外，吴冠英还画了一
幅《春明六客图》，孔宪彝作《题春明六客图并序》，序曰："乙巳(1845)春，余与
张仲远、陈梁叔、黄子乾三君，同应部试在京。王子梅走书介仲远，乞貌于是
图，以事未果。既而，余与三君皆报罢，仲远诠武昌令，将先后出都。仲远复
申前请，遂合写一卷，寄子梅于济南。六客者，仲远、梁叔、子梅与余，及朝
鲜使臣李君藕船也。余与李君实未识面，今读子梅自记之辞曰：风潇雨晦，独
居岑寂之时，展视此图，不啻见我良友，何其情之笃欤？率赋二截句以志意。
他日春明重聚，或践六客之约，则此卷以为嚆矢矣。"[34] 可见，《春明六客图》，
乃是以1845年，他们在北京至相遇相会为题材，而创作的一幅画。在他们与李
尚迪交往之时，张曜孙等四人同为进京参加会试的举人，而李尚迪是来自朝
鲜的使臣、通译。从洪大容开始，清朝进京参加会试的举人严诚、陆飞、潘庭
筠等人，与洪大容等交往就十分密切，而张曜孙等人与李尚迪相识之际，也还
是举人，是参加会试的举人，他们也极为热衷与李尚迪交往。在朝鲜人看来，
与这些尚未有进士功名的中国儒生交往，更能获得真情，更能成为好朋友，因
而他们也很乐意交往。因为初识时，尚是贫寒之士，以后交往也就更为真切。

　　以后王鸿在致李尚迪书函中，向他说明《春明六客图》之情况，曰："《春明六

31　《海邻书屋收藏中州诗》之张曜孙《读恩诵堂集次尊题海客琴尊第二图诗韵》，页9a。

32　《海邻书屋收藏中州诗》之张曜孙《读恩诵堂集次尊题海客琴尊第二图诗韵》，页9a。

33　《海邻书屋收藏中州诗》之张曜孙《奉怀再次前韵》，页9b-10a。

34　《海邻书屋收藏中州诗》之孔宪彝《题春明六客图并序》，页29b-30a。

客图》，吴冠英所画，甚佳。中首坐阮太传书，卷首君也。次仲远、次弟及陈良叔、孔绣山、黄子乾也，皆杂坐水石树竹间。包慎伯作记，秦澹如、孔绣山皆各有文，余则海内名流公卿题咏，吾兄题诗于此纸，以便裱于卷中……兄诗如写不完，此纸乞转恳贵国工诗书者，题于后亦可。兄书字不必大，纸长可多请几位名人书之。不然，卷子太大太粗，不能再乞名人题耳。"除介绍《春明六客图》的来历，具体内容以及题咏情况，更重要的是希望李尚迪也在此图上题诗，并希望他能够请朝鲜诗人题诗。"前画兄真面并仲远、子乾、澹如、梁叔与弟六人。仲远书首曰《春明六子图》，仿古人竹林七贤、竹溪六逸也。五人序记题咏，随后录寄。吾兄可先寄一诗否？"后来给李尚迪的信函中，多次提及此图中诸人命运，即如："仲远久不得音信，存亡未卜，曹艮甫亦然。六客图中，惟孔绣山、黄子乾在，春明晨星寥落，展卷浩叹。"[35]　王鸿向李尚迪求唱和诗，李尚迪遂作《子梅自青州寄诗，索题春明六客图》[36] 以应之。

事实上，这种雅集图在中国历史上源远流长，一般多是描绘士大夫、文人在非正式场合的以和睦交谊的聚会场景，其突出参加者的身份、行为、活动乃至整个聚会的气氛。[37] 在中国大体上兴起于三国时期的"文会图"，后来成为东亚世界的共同现象。清代文人生活中，雅集是必不可少的内容。因为朝鲜使行人员的加入，更为这种雅集图增添了国际性的意味。既是中朝学人交往的方式和见证，同时充分说明，当时中朝学人的交往呈现出群体化的趋势。而张曜孙与李尚迪交往的《海客琴尊图》两幅图，名称中特别突出"海客"二字，乃是凸显李尚迪的重要性，或者说某种程度上，这种雅集图本身就是以李尚迪为中心，突出他在清代文人群体中的重要地位，《春明六客图》亦含有类似的意义。张曜孙与李尚迪交往的背后，是李尚迪与清代文人群体交往的缩影。

III. 张曜孙南下及其家族与李尚迪之交谊

1845年，张曜孙与李尚迪相见后，次年张曜孙获湖北候补道，选授武昌知县，遂南下武昌后，多年在湖北为官。之后，他们就再也没有见过面，但是二人始终保持着时断时续的联系，尽管多年不见，彼此相互牵挂。在张曜孙与李

35　以上均见《海邻尺素》之王鸿函。
36　李尚迪：《恩诵堂集续集》诗卷二《子梅自青州寄诗，索题春明六客圖》，第258页。
37　参见金宝敬：《"雅集"绘画题材在李氏朝鲜的流布研究》，南京艺术学院博士学位论文，2009年。

尚迪的交往中，还有着深深的家族印记。在一定程度上，可以说张曜孙是代表着他家族在与李尚迪交往。

　　当时张曜孙为官的湖北并不太平。太平天国起义风起云涌，广西金田起义后，一路北上，攻陷湖南长沙、岳阳后，咸丰二年(1852)十一月，进逼武昌、汉阳。咸丰帝急令清军围堵，且令"汉阳同知张曜孙素得民心，请督令办理团练堵剿"[38]，尽管咸丰帝寄予厚望，但在太平军的猛烈攻击下，次年一月，武昌、汉阳被攻陷。张曜孙自缢未遂，被革职，但仍滞留汉阳。同年八月，咸丰帝再谕："兹复据该署督等奏称现拟买船更造，委已革同知劳光泰、张曜孙估买江船五十只，改造战船。骆秉章亦饬属买钓钩等船五十只，运赴湖北，一律改造。"[39] 张曜孙依然戴罪办事。咸丰四年(1854)下半年，清军夺回武昌、汉阳，"以克复湖北武昌、汉阳二府城，赏……同知张曜孙……等花翎……余升擢有差。"[40] 不仅官复原职，且赏花翎。后升湖北署粮道，咸丰九年(1859)十一月，"户部奏道员(张曜孙)欠完米石，饰词挖延"，咸丰帝下谕："湖北署粮道张曜孙于应征武昌县任内南米，借口迭遭兵燹，饰词捏禀，实属有心延宕，著交吏部从重议处，以示儆戒。其欠完米四千九百余石，勒令赶紧完解，入册造报。官文、胡林翼听信该员捏报，率行题咨，著一并交部议处。"[41] 再次被免官。张曜孙在湖北为官十几年间，两度被免职。军事倥偬，官场不顺，李尚迪远在朝鲜，虽多年不见，依然十分挂念。

　　事实上，他们二人尽管分隔千里，彼此交往从未断绝。道光二十三年(1843)，张曜孙"刻其三十六岁像于古研之阴，并识乡籍生年、月、日及与余车笠之谊，寄自阳湖"，于是，李尚迪乃于每年六月初九日张曜孙生日之际，"供此研为仲远初度寿"，铭曰："贻我一方砚，觌君万里面。端人与端石，德性两无间。以此著书等其身，以此证交传其神。望江南兮荷花节，年年袍笏拜生辰。"[42] 张曜孙任职汉阳同知后，寄给李尚迪一紫泥水盂，李尚迪作诗曰："交淡如水，官清如水。濯之江汉，泥而不滓。"[43] 寓意他们二人乃君子之交，情真意挚，源远流长。从道光二十五年(1845)他们相晤于北京之后，就再也未见过。张曜孙信函中说："自道光乙巳(二十五年)，与阁下重晤于京师，作《海客琴尊弟(第)二图》。其明年(二十六年)，曜孙授武昌令出都，戊申(二十八年)得吴伟卿书，知

---

38 《清文宗皇帝实录》卷七十六，咸丰二年十一月上乙丑，第995页。
39 《清文宗皇帝实录》卷一百四，咸丰三年八月下癸巳，第549页。
40 《清文宗皇帝实录》卷一百五十，咸丰四年十一月上丁卯，第626页。
41 《清文宗皇帝实录》卷三百一，咸丰九年十一月下辛卯，第397页。
42 李尚迪：《恩诵堂集续集》文卷一〈张仲远画象砚铭·有序〉，第232页。
43 李尚迪：《恩诵堂集续集》文卷一〈水盂铭·有序〉，第235页。

复与阁下相晤，又寄到《恩诵堂集》刊本。曾次韵奉题五言长律一篇，又次韵奉怀五言一篇，又七言律一篇，并近作十数篇，寄吕尧仙转交东便。自后遂绝，不得音耗。"[44] 但是李尚迪则时时念及他，到北京后皆会询问张曜孙近况，并留礼物，托人转交。

　　因为军事倥偬，书函阻断，有段时间，李尚迪未收到张曜孙的信函，不知其状况，而他对中国南方太平天国战事亦有所闻，有一次李尚迪翻检箱箧，发现了罗浮道士黄越尘寄诗及吴僧达受拓赠彝器文字，勾起了他想念张曜孙的心思，遂写诗曰："故人消息杳难知，南国干戈满地时。箧里眼青如见面看，六舟金石越尘诗。""起看橐枪卧枕戈，宦游多难奈何何。几时重续琴樽会，同听王郎矸地歌。"[45] 表达深深思念情感之同时，也寄予着担心与牵挂。咸丰五年(1855)，李尚迪收到王鸿信函，提及张曜孙在楚地殉节，李尚迪十分悲痛，"为之恸盡者弥日。乃于季夏九日，仲远览揆之辰，供仲远画象砚，茶酒以奠之。"[46] 在家为之祭奠，祭祀诗曰："殉节张司马，风声继渭阳(君母舅汤雨生将军，癸丑殉金陵之难)。有文追魏晋，余事作循良。血化三年碧，名传万里香。须眉见平昔，雪涕砚池傍。"[47] 表达深深的追思情怀。咸丰七年(1857)，李尚迪作《续怀人诗》五十七篇，序曰："曩道光壬辰秋，余有《怀人诗》廿八篇，盖寄怀海内朋旧之作也。其后又屡入春明，交游益广，较之壬辰以前，不翅倍蓰。而今于数纪之顷，历数诸人，或遗忘其姓名，或闻声相求，爱而不见则并阙之。作《续怀人诗》五十七篇，以志暮年停云之思。"其中有怀张曜孙诗曰："言语文字外，相许以知己。偶作武昌宰，除夕呼庚癸。楚氛近何如，无路问生死。"[48] 早在两年前，李尚迪就获知张曜孙殉节的噩耗，但始终不忘"知己"之情，也有点不敢相信他已经殉节了，诗词之间，寄托着深深的牵挂。咸丰八年(1858)，李尚迪再赋诗曰："海外犹存白首吾，金兰消息滞阳湖。"注释曰："自粤寇滋扰后，不闻张仲远、吕尧仙音信久矣，二友俱阳湖人。"[49] 表明乃挂念他们二人。

　　一直到咸丰九年(1859)，张曜孙得到李尚迪《恩诵堂集》，才获知李尚迪为他所做的一切，当即给李尚迪写了一封长信，曰："集中《松筠庵宴集》、《题春明话旧图》、《春明六客图》、《种青藤歌》、《续怀人诗》、《怀人诗》并及鄙人，复以子梅传讹之耗，于生日供画象设奠，赋诗哭之，惓惓风义，并世所希。感愧

44　《海邻尺素》之张曜孙函。

45　李尚迪：《恩诵堂集续集》诗卷二，第256页。

46　李尚迪：《恩诵堂集续集》诗卷二，第258页。

47　李尚迪：《恩诵堂集续集》诗卷二，第258页。

48　李尚迪：《恩诵堂集续集》诗卷四《续怀人诗(有序)·仲远张观察(曜孙)》，第269页。

49　李尚迪：《恩诵堂集续集》诗卷五《怀人用遣暑韵》，第277页。

之余，涕泪横集。古云一死一生，乃见交情，然未有能亲见良朋之哀挽者！曜孙何幸，而得阁下用情若此耶……曜孙为武昌令五年，调汉阳令一年，擢汉阳同知，时咸丰二年壬子春也。"[50]　然后叙述他在湖广与洪秀全太平军作战情况，末述及家人故旧情况。李尚迪收到这封信，已是咸丰十年(1860)中秋节以后，真可谓喜出望外，当即赋诗四首，以志其情。序曰："中秋望后二日，得张仲远观察客冬至月自湖北督粮使署寄书，乃十余年寇乱以来初有之信也。喜而有作，率成四律。右三首略缀仲远兵间经历之状，末一首即自述近况尔。"[51]　其中一首曰："为君十载几沾襟，乱后音书抵万金。好在琴尊经百劫(君所藏书籍碑版书画，悉毁于兵燹，惟海客琴尊图尚无恙云耳)，还从戎马惜分阴(寄示近作《惜分阴斋稿》，卷首有印文曰'戎马分阴')。满头萧瑟霜华冷，落笔淋漓剑气深。暇日女婆联唱地，一般忧国见丹心。"[52]　可见，十几年未通音讯，却依然记挂对方；十几年未见面，依然是好朋友，《海客琴尊图》就是他们交往的见证。此后，他们又恢复了书函往来，直至去世。同治元年(1862)，李尚迪年六十，他特别赋诗《六旬初度，述怀示天行》，内有诗句："朋旧记贱齿，书画远介眉(谓张仲远、孔绣山)。多少风树感，烦冤说与谁。"[53]　诗中点出，张曜孙与孔绣山特别送给他书画以祝寿。

如果说洪大容来华之际，积极主动地与清朝学人交往，开创了一个交往的时代。李德懋、朴齐家、朴趾源等人继续发扬光大，同时自柳琴来华请求清朝学人李调元与潘庭筠，给《韩客四家诗》写序之后，朝鲜学人又掀起一股请求清朝学人给自己的文集、诗集写序的热潮，甚至于朝鲜大提学洪良浩，请清朝礼部尚书大文豪纪昀给他的文集与诗集作序，成为一时风尚。而进入道咸年间，朝鲜学人继续请求清朝学人作序之外，清朝学人亦请求朝鲜学人如金正喜、李尚迪等作序，交往进入一个更为深入、彼此互动的时代。而且这种交往已不仅仅限于两位交往者之间的互动，而是两个家族间的互动与交流，在张曜孙与李尚迪的交往中，这种特点十分明显。

诚如前面提及的，张曜孙出身于一个诗书之家，其伯父、父、母、四位姐姐以及他的外甥、外甥女们，皆擅长诗文书画，而在张曜孙与李尚迪的交往中，几乎能见到其家族任何人的身影，因为张曜孙常常将子侄辈的书画作品寄给李尚迪，同时又经常替姐姐们向金正喜与李尚迪请求作序或跋。下面以他们的书

50　《海邻尺素》之张曜孙函。
51　李尚迪：《恩诵堂集续集》诗卷七，第291页。
52　李尚迪：《恩诵堂集续集》诗卷七，第291页。
53　李尚迪：《恩诵堂集续集》诗卷九《六旬初度，述怀示天行》，第304页。

信及相关资料，列表说明，张曜孙家族与李尚迪交往关系表。

表一 张曜孙家人与李尚迪交游表

姓名	张曜孙之亲戚	张曜孙向李尚迪之推介	李尚迪所写相关诗文	备注
汤修业	外祖父	文集《与竹公弃稿》让其读。	《追题春明话旧图》	国子监生，一生未中举。有《赖古斋文集》。
张惠言	伯父			清代词人、散文家。嘉庆四年进士，改庶吉士。六年，散馆，改翰林院编修。卒于官。有《茗柯文》
张琦	父亲			清代著名词人，有《宛邻集》、《宛邻词》
汤瑶卿	母亲	《断钗唫》介绍给李尚迪读。		汤瑶卿出身常州名门，27岁嫁入张家。知书能诗，教习四女成才。有《蓬室偶吟》。
汤雨生	舅舅	汤雨生作《春明话旧图》赠之。求给《吟饴图题辞》与《竹居弃稿》题辞。	《追题春明话旧图，寄仲远大令》	《续集》诗卷一："汤雨生将军，仲远母舅也。余尝从仲远得读其外祖与竹公弃藁及汤节母断钗唫，钦诵久矣。顷于甲辰冬，雨生自金陵作此图见遗，盖为余与仲远有重逢之喜……"
包孟仪	妻子	夫人画赠之。	《棣华馆画册序》	字令是。清文人包世臣女。通文墨，善绘画，工分书。
李紫畦	侍姬	侍姬画赠之。	《棣华馆画册序》	棣华馆，乃张曜孙建于武昌之馆舍。张曜孙亲授诗文，三年能诗。
张成孙	堂兄	与李尚迪为朋友。	《续怀人诗》，密友。	张惠言子，国子监生，通小学，工历算。有《端虚勉一居文集》。
张䌌英	大姐	书函多次提及。有《寄送涧香女甥护夫柩归葬兼寄孟缇女兄》四首寄之。	《仲远重刻伯姊孟缇夫人澹菊轩诗集，属题一言》	字孟缇，自幼勤奋好学，有《澹菊轩诗稿》4卷、《澹菊轩词》1卷，编《国朝列女诗录》（佚）。
吴廷鉁	大姐夫	书函多次提及。密友。书函往来甚多。	密友。书函往来甚多。《续怀人诗》。	字伟卿，道光六年进士。"戊申春1848，吴伟卿比部为余刊恩诵堂集，藏板于焦广成货铺。"(《续集》文卷二《书周菊人(达) 手札后》)《同声集》录其词。

姓名	张曜孙之亲戚	张曜孙向李尚迪之推介	李尚迪所写相关诗文	备注
张纟册英	二姐	书函提及。	《题中远三姊绿槐书屋肄书图》	字，纬青。幼聪慧，年二十，嫁江阴章政平，生子。三十而卒。有《纬青遗稿》1卷。
张纨英	三姐	书函多次提及。赠之诗集。	《题中远三姊绿槐书屋肄书图》	字若绮。自幼聪慧，诗文较多。有《邻云友月之居诗稿》4卷、《餐枫馆文集》2卷。张曜孙合刻《阳湖张氏四女集》，录入其姐五种诗文集。
王曦	三姐夫	书函提及。		诸生，入赘张家，久困场屋，贫不自存，依张曜孙。《同声集》录其词。
张纶英	四姐	书函多次提及。赠之书法作品。	《题中远三姊绿槐书屋肄书图》	字婉紃。三十学诗，善书法，得父真传。亲教四女。有《绿槐书屋诗稿》7卷。
孙劼	四姐夫	书函提及。		国子监生，入赘张家，久困场屋，贫不自存，依张曜孙。
王采苹、王采蘩、王采藻、王采蓝	外甥女(张若绮女儿)	《寄送涧香女甥护夫柩归葬兼寄孟缇女兄》四首	《棣华馆画册序》、《种青藤歌，示以堂》	乃"王氏四女"。采苹，字涧香；采蘩，字筥香；采藻，字锜香。"张仲远女甥王筥香，尝畫寄青胜。"王采苹有《读选楼诗稿》。
张祥珍	女儿	书函提及。赠之画。	《棣华馆画册序》	字俪之。
张晋礼	儿子	书函提及。赠之画。	《棣华馆画册序》	字执之。
张少婉	孙女	书函提及。赠之画。	《棣华馆画册序》	

　　从上表可知：第一，张曜孙极其珍视李尚迪这位朝鲜朋友，毫无保留地将其家人通过各种方式，介绍给李尚迪，让他了解家人的情况。可以说，李尚迪不只是张曜孙一人的朋友，而是他们整个家族的朋友。张曜孙既向李尚迪介绍他自己的长辈，同时亦毫无保留地介绍他的夫人、孩子，甚至于小妾以及同胞姐妹和诸位外甥女。李尚迪亦极其珍视张曜孙的友情，对其家人给予热情的回应，这是以往中朝士人交往中鲜见的。

　　第二，张曜孙家人对于李尚迪也非常了解。张曜孙家人中，与李尚迪有过直接交往的，还有他堂兄张成孙和大姐夫吴廷鉁，尤其是吴廷鉁，因在京中为官，与李尚迪见面的机会较之张曜孙还多，且交往比张曜孙更早，张曜孙与李尚迪初次见面，就是在吴廷鉁家中。彼此情感也十分亲密。前面提及的《海客琴

尊图》就是吴廷鉁所画，他也是画中人物之一。因为张曜孙在北京时间不多，外地为官，李尚迪来京时，往往难以见面，他们的书函往来，往往由姐夫吴廷鉁转交。吴廷鉁在给李尚迪的书函中也常常提及张曜孙之行踪，成为张曜孙与李尚迪交往的重要中介。例如，"仲远去秋力疾入闱，荐而未售，冬间加剧，至今未瘳，有春融北上之说，能否成行，未可必也，复书当再促之。""仲远因县境被水，勉力办灾。甚为竭蹙。""舍亲张仲远因两江陶制府相延治病，敦促起程，于去岁(十八年，1838)十一月初旬，驰装南下，濒行有奉寄图章四方、印色两合，属附东便寄尘。仲远甫行，东使适至，木匣二件，谨代收存。即日附便寄南，秋后当有报书矣。""惜仲远南旋，运卿游幕下，不得同聚。"[54] 可见，给李尚迪汇报张曜孙之行迹，成为他书函中不得不说的内容，可见，吴廷鉁深知他们二人关系之密切，这样就更加深了彼此的了解，也更加密切了他们二人的关系。

第三，张曜孙向李尚迪介绍其家人，根据情况与辈分，方式有所不同。道光二十九年(1849)，其大姐夫吴廷鉁殁，张曜孙给李尚迪写信，提及家人道："伟卿之卒，在今岁五月中。家孟缇女兄以袷殡未归，尚居京邸。曜孙少悲衔恤，终鲜兄弟，惟三女兄相依为命，今皆茕茕孤子，飘泊无家。叔、季两女兄已迎居官舍。明季，伟卿归魂故山之后，亦当迎之，以联肉骨之欢……子女二人，甥辈子女五人，及婢妾之解文翰者，女兄督课之，读画、评诗、论文，染翰门以内凡十二人，煮茗倾觞，怡然足乐。"[55] 清楚地介绍其姐情况，将其三位姐姐都接到身边，予以照顾。其子侄辈则在其诸姐的教导下，"读画、评诗、论文"，真可谓一门书生。因而在其后十几年的交往中，张曜孙对于李尚迪从不掩饰其家人的情况，总是毫无保留地向他介绍其家人近况。尽管李尚迪未必见过张曜孙的家人，但张曜孙在给李尚迪的信函中，每每提及家人近况。如咸丰九年函中曰："女兄孟缇居常熟，婉紃、若绮仍居官舍。婉紃之子慈庆，已成立，有二孙，若绮之子臣弼以知州官此，均尚能督子女，读书赋诗，临池作画。曜孙一子晋礼，从戎得县令，尚未令谒送也。"[56] 向李尚迪道及家人状况，娓娓道来，尽显亲密。咸丰十一年(1861)致函李尚迪曰："女兄三人，尚同居无恙，以翰墨相欢娱。去年寇乱吴中，孟缇先期全家来楚，未与其难，甥辈并为小官，所谓为贫而仕也。女甥辈读书为诗画，并与年俱进。惟皆遣嫁，各处一方，不复能如前此致执经络帐矣。其境遇亦多枯瘁，或歌寡鹄，或困薤盐，诗能穷

54 以上吴廷鉁书函，皆出自《海邻尺素》。
55 《海邻尺素》中张曜孙函。
56 《海邻尺素》张曜孙函。

人，殆有然耶。"[57] 尽管张曜孙四位姐姐皆已嫁人，但其三姐、四姐皆招婿上门，故一直与张曜孙一家住在一起，其大姐夫吴廷鉁死后，大姐亦携家人归来依附于张曜孙，张曜孙对李尚迪毫无保留，介绍家人状况，使他了解其全家情况。

第四，因为其四位姐姐皆为才女，张曜孙在介绍之同时，多次请求李尚迪为其姐的诗文集作序。同时，他不时将其姐之诗文集以及诸子侄辈画作、书法、写生作品，寄给李尚迪，与他共同分享。张曜孙对于子侄辈的教育非常重视，不论男女，一律督促他们读书。其姐张纨英曰："余幼好诗书，窃愧不学，浏览经史不能尽通其意。慨班氏教男不教女之说，念女子不读书终不获明义理之精，习俗易摇而性情易纵。因命长女采萍、次女采蘩入家塾读书，及笈出塾，仲远弟复教之，遂粗能诗画。"[58] 1862年，李尚迪六十大寿，张曜孙令其子张执之、女俪之以及其外甥女王右星，一并作书画，一同寄给远在朝鲜的李尚迪，以示庆贺。李尚迪收到之后，当即作诗，予以称颂。对张曜孙子执之所作隶书道："君今年几何，游蓺得深造。即此八分书，骎骎欲跨灶。"称颂其女所作写生曰："有炜一枝笔，写生妙八神。谁知散花手，游戏现前身。"[59] 言辞之间，倍显亲昵与期望。

在他们相识不久，张曜孙与其诸姐唱和诗文，作"比屋联吟图"，道光二十七年(1842)，李尚迪就应邀为此图作诗，李尚迪曾言："中远有比屋联吟图，即与诸令姊妹唱酬之作也，尝属余题句。"[60] 其诗曰："步屧从容三两家，唱妍酬丽写烟霞。梦残春草池塘后(君从兄彦惟殁已五年矣)，无恙东风姊妹花。是处朱陈自一村，宦游人有滞金门。大家消息三千里，欲寄邮筒更断魂。(君姊兄吴伟卿比部从仕京师，而澹菊轩夫人工诗有集，时人拟之曹大家。)金刀莫报四愁诗，话雨燕山未有期。我亦归田多乐事，东西屋里读书时。"[61] 诗文之中，对于他们家诸姐予以称颂。对于张曜孙一门好诗书，李尚迪十分了解，后来特别称颂曰：

> 吾友张大令仲远，以名父之子，邃传家之学，与四姊氏均工诗文，各有其集。而叔姊婉紃夫人受书法于馆陶君，深得北朝正传。妻包孟仪夫人笔意，亦有乃父慎伯之风。虽使班昭复作于九原，卫铄并驱于一世，庶无媿焉。仲远近

---

57 《海邻尺素》之张曜孙函(咸丰十一年)。

58 张纨英：《餐枫馆文集》卷一《棣华馆诗课书后》，清道光宛邻书屋刻本。

59 李尚迪：《恩诵堂续集》诗卷九《仲远命哲嗣执之，令爱俪之夫人暨王甥右星各作书画见寄》，第304页。

60 李尚迪：《恩诵堂集》诗卷八《题中远三姊绿槐书屋肄书图》，第197页。

61 李尚迪：《恩诵堂集诗》卷七《张仲远(曜孙)嘱题比屋联吟、海客琴樽二图》，第195页。

自武昌,寄示其女俪之、女甥王涧香、筥香、锜香,孙少婉及侍姬李紫畦写生共十二幅、各系题款,不惟秀韵逸致,直造乎宋元以上,别有分势草情,沈酣于汉魏之间,则岂无所本而能哉。原夫凤承庭训,无忝宗风。慈竹覆阴,棣华联辌,为歌淑女君子之什,延誉幼妇外孙之辞,夕酬和于盐絮,朝挥洒以簪花。相与诵诗礼之清芬,宁止述绘事于彤管。嗟乎!古之才女子,专精一艺者,故自不乏,兼工三绝则未之或闻。乃者,仲远之门,人人凤毛,家家骊珠。无施不可,有为若是。何其才福之全,而风雅之盛也!诗曰绳其祖武,传曰人乐有贤父兄,此之谓乎。涧香、筥香、少婉、俪之诗篇诸作,余尝读寒柳唱和之卷,而诧为玉台嗣响,心窃钦仪者久矣,因牵连以书之。[62]

张曜孙将其族中诸女辈所绘画名曰《棣华馆画册》,寄给李尚迪,请其作序。所谓棣华馆,张曜孙自言:"官舍一室,榜曰棣华馆,为女兄燕集之所。书楣帖曰:禄不逮亲欣有姊,世真知我更何人。"[63] 乃是其在汉阳官舍中之一室,专门供其诸姐们吟诗作赋、练习绘画之所。将他们绘画编成一册,故名之。一般而言,在那个时代,家中女辈不但不能为外人所识,往往有所避忌,更何况是对外国人而言。张曜孙对于李尚迪不仅不避讳,不隐匿,而且主动将家中诸女辈所画画册,不远千里寄呈,可见他们之间亲密无间。序中提及的张曜孙家中女辈有:张曜孙四姐婉紃夫人、妻包孟仪夫人、女儿俪之、侍姬李紫畦,外甥女王涧香、筥香、锜香,孙女少婉,一共八人。他们皆工书画,真乃一门书香,诸女辈皆才气逼人,所谓"仲远之门,人人凤毛,家家骊珠"。而且皆工诗,是一个令人羡慕的家族。

张曜孙四姐张纶英善书,张曜孙写了《绿槐书屋肄书图序》曰:"绿槐书屋者,馆陶官廨之内室,叔姊婉紃受书法于先府君之所也。庭有古槐因名,后遂以名其所居之室……府君论书,多与包先生相合……姊独心领手闲,能传府君之法,宜府君之深喜也。姊性婉柔,体瘦弱,若不胜衣,而下笔辄刚健沈毅,不可控制。为方二三寸正书,神彩骏发,端严遒丽;为分书,格势峭逸,笔力沉厚……姊一女子,生当其间,负殊绝之姿,得亲承先府君指授,功力勤奋,又足以相副而有成,殆非偶然也已。姊其勉之哉!姊始学书年三十一,今年四十七矣。姊以衰老将至,大惧无成,辱府君之训,因作是图以自励,且志感焉。"[64] 金正喜文集中有一首诗曰《题张曜孙四姐绿槐书屋图》,曰:"闺藻天然古

62 李尚迪:《恩诵堂集续集》文卷一《棣华馆画册序》,第226页。
63 《海邻书屋收藏中州诗》之张曜孙《奉答春日得书见怀之作次原韵》,页8b。
64 《海邻书屋收藏中州诗》之张曜孙《绿槐书屋肄书图序》,页49a-52a。

北碑，更从隶法点波奇。绿槐影里传家学，龙虎雄强属黛眉。"[65] 李尚迪亦赋诗曰："见说清风林下吹，薪传家法北朝碑。琉璃砚畔槐阴绿，停笔还思授字时……记否簪花传墨妙，一时声价重鸡林。"[66] 后来，张曜孙又特别致函李尚迪，请求他为其大姐张孟缇《澹菊轩诗》题辞，其曰："孟缇女兄，年七十矣。前刻《澹菊轩诗》四卷，板毁于楚中。今又得续稿四卷，拟并前稿刻之。阁下辱为昆仲交，又与伟卿有缟纻之弮，敢乞赐题一言，为千秋增重，至至恳恳！"[67] 李尚迪欣然作诗一首，其中有曰："传看诗笔惊四座，腕力能扶大雅轮。汉魏之间得嗣响，班左以降视下陈。谁家幼妇工盐絮，百篇无此醇乎醇。一时纸贵争先觏，廿年前已付手民。"[68] 评价极高。为其姐们求序，也将其姐们的诗文集传到朝鲜，在朝鲜赢得了声名，因而在一定程度上赢得了国际声誉。

以往都是朝鲜文人请求中国文人作序，中国文人请求朝鲜文人作序，几乎没有，李尚迪自己都说："噫，中朝士大夫与我东人投赠翰墨，不以外交视者。自唐至明元，若杜工部之于王思礼，高骈之于崔致远，姚燧之于李齐贤，李侍中之于李崇仁，皆能延誉无穷。近代则纪晓岚叙耳溪之集，陈仲鱼刊贞蕤之稿，风义之盛，由来尚矣。未闻有求其诗文之序于东人。"[69] 这不仅仅是一种求序的行为，其背后有着深刻的意义，既是一种文化的回流，同时更是一种新的交流方式。因为张曜孙的家人们，尤其是他的姐姐们根本不可能直接接触朝鲜燕行使人，但通过张曜孙，不仅使得他们的名声传到了朝鲜，受到朝鲜士人的关注。同时，因为得到朝鲜士人的序跋，一定程度上，也提高了他们在中国的名声。当时江南一带女诗人很多，能够得到国际上关注的则并不多，所以通过这种交往，扩大了他们的影响与知名度。客观地讲，这或许是张曜孙不遗余力地向李尚迪介绍其家人诗文成就的一个附带原因吧，因而，在张曜孙与李尚迪交往的背后，体现了张曜孙家族的情况。

Ⅳ. 李尚迪与张曜孙等清人交往之心态

李尚迪十二次来华，几乎每次都积极主动与清朝士人交往，几十年间，一直

65　金正喜：《阮堂先生全集》卷十《题张曜孙四姊绿槐书屋图》，第182页。

66　李尚迪：《恩诵堂集》诗卷八《题中远三姊绿槐书屋肄书图》，第197页。

67　《海邻尺素》之张曜孙函(咸丰十一年)。

68　李尚迪：《恩诵堂集续集》诗卷九《仲远重刻伯姊孟缇夫人澹菊轩诗集属题一言》，第302页。

69　李尚迪：《恩诵堂集续集》文卷二《子梅诗草叙》，第245-246页。

保持书信往来的清人有上百人之多。与张曜孙一生见面也不过三四次，但彼此之间却有着非同寻常的情感。尽管数年之间没有联系，彼此依然牵挂着远在数千里之外的朋友。他们这种交往有着怎样的心态？他们这种情感是当时清人与朝鲜人交往的普遍情况还是个别案例？尽管清道咸年间，朝鲜学人已经积极主动地与清朝学人交往了，以李尚迪的十二次使行为例来看，像李尚迪这样的朝鲜使行人员并不多，因为相对于其庞大的使团来说，李尚迪毕竟只是个案，因而透视他们交往背后的心态，就显得颇有必要。下面先列表分析李尚迪十二次来华使行人员情况，或许能够给我们一些启示。

表二 李尚迪十二次出使清朝情况及相关记载年表[70]

使行次数	时间	使行名义	正使	副使	书状官	备注
1	纯祖29年(1829)十月至30年三月	冬至兼谢恩使	柳相祚	洪羲瑾	赵秉龟	李尚迪为译官。
2	纯祖31年(1831)七月至十二月	谢恩使行	洪奭周(《北行录》)	俞应焕	李远翊	洪奭周《源泉集》中有《北行录跋》、《书北行录后》，其燕行录名为《北行录》，录于《燕行录全集续集》。其文集中有若干首燕行途中所作之诗。
3	宪宗二年(1836)十月至三年三月	冬至兼谢恩使行	申在植(《相看编》)	李鲁集	赵启昇	《相看编》有黄爵滋丁酉序、申在植跋。乃收录燕行途中申在植、李鲁集、赵启昇、李凤宁、崔宪秀、郑焕杓、任百渊、李尚迪六人唱和诗歌。
4	宪宗三年(1837)四月至八月	奏请兼谢恩使行	金贤根(《玉河日记》)	赵秉铉	李源益	金贤根乃驸马，《玉河日记》录入《燕行录全集日本所藏编》，其曰："译官十人，首译知事金相淳，公乾李尚迪上通事兼上房。"
5	宪宗七年(1841)十月至八年三月	冬至兼谢恩使	李若愚	金东健	韩宓履	

<hr/>

70　关于李尚迪来华十二次使行表资料，来源于李尚迪《恩诵堂集》、《朝鲜王朝实录》、《燕行录全集日本所藏编》。相关研究参见千金梅：《〈海邻尺素〉研究》，韩国延世大学大学院国语国文学科硕士论文，2006年。李春姬：《19世纪韩中文学交流：李尚迪를 中心으로》，首尔：学文社，2009年。

使行次数	时间	使行名义	正使	副使	书状官	备注
6	宪宗八年(1842)十月至九年三月	冬至兼谢恩使	兴寅君李最应	李圭祊	赵凤夏(《燕蓟纪略》)	《燕蓟纪略》录入《燕行录全集日本所藏编》，赵凤夏乃赵秉铉之子。
7	宪宗十年(1844)十月至十一年三月	奏请兼谢恩使行	兴完君李晸应	权大肯	尹穳	
8	宪宗十三年(1847)十月至十四年三月	冬至兼谢恩使行	成遂默	尹致定	朴商寿	此行及以后李尚迪升为首译。
9	哲宗四年(1853)三月至九月	进贺兼谢恩使行	姜时永(《辅轩三录》)	李谦在	赵云卿	《辅轩三录》录入林基中编《燕行录全集》中，书中载录李尚迪与诸使臣唱和诗歌多首。
10	哲宗九年(1858)十月至十年三月	谢恩兼冬至使行	李根友	金永爵	金直渊(《燕槎日录》)	《燕槎日录》录入《燕行录全集日本所藏编》。
11	哲宗十四年(1863)二月至六月	陈奏使行	尹致秀	李容殷	李寅命	
12	高宗元年(1864)正月至五月	告讣请谥兼承袭奏请行	李景在	李肯洙	洪必谟	

从此表可以看出，在李尚迪的十二次使行中，以冬至使名义出使的有7次，其中10次使行，兼有谢恩名义。朝鲜使行中，每年冬至使是最为重要的使行。朝鲜对明朝每年有冬至、正朝、圣节、千秋四次最重要的使行，对清朝初年，无千秋使，但有岁币使，《通文馆志》曰："自崇德以来，无千秋使而有岁币使，至顺治乙酉，因敕谕乃并三节及岁币为一行，而必备使、副使、书状官三员，名之曰冬至使，岁一遣之。"[71]《通文馆志》对朝鲜使团人员的分工给予更为细致的介绍：

> 冬至行使一员(正二品结衔从一品)、副使一员(正三品结衔从二品)、书状官一员(正五品结衔正四品，随品兼台纠检一行。书状官逐日记事，回还后，启下成文院。出《经国大典》。国初赵文刚末生回自京师，以耳目所观记，别为条启。书状官为闻见事件自此始)。堂上官二员(……万历壬寅为重使事，传命周旋之地，权设递儿随事赴京，而不限其职品)、上通事二员(汉、清学各一员，后仿此)、质问从事官一员(……)、押物从事官八员(……)、押币从事官三员

---

71 《通文馆志》卷三《事大》上，第85页。

（……）、押米从事官二员（……）、清学新递儿一员、医员一员、军官七员、偶语别差一员、湾上军官二员。[72]

可见，朝鲜使团成员中，最为重要的三位就是正使、副使和书状官，他们是具体负责使行任务的执行者，其他人员都是为他们服务的。李尚迪十二次燕行，都是作为译官前行的，从第八次开始，他升为首译。在整个使行团中，他属于事务性的人员，地位并不高。在李尚迪十二次使行中，尽管其他使行人员也有过与清人交往的事例，但都没有人像李尚迪这样热心于与清人交往。上表中所示，从流传下来的燕行录中，虽然也有记录三使人员与清人交往，但只是零星的交往，偶然性的事件，而不像李尚迪那样，除了必要的使行任务外，花大量的时间、精力与清人交往。因为每次使行人员都有二三百人，李尚迪这样热心与清人交往的成员，只是极个别的特例。

李尚迪之所以如此热心与清人交往，一方面，他通汉文，与清人交流毫无障碍，同时，与他对中华文化的仰慕有关。乙卯（1855年），李尚迪作诗曰："藐余三韩客，生性慕中华。中华人文薮，自笑井底蛙。俯仰三十载，屡泛桥津槎。交游多老宿，菁莪际乾嘉。"[73] 在与清朝文人交往之中，他深深地感受到中华文化之精深博大，因而他要担当起传播中华文化的重要使者。另一方面，更重要的是，在与清人交往中，他受到尊重，他的思想可以得到共鸣和肯定。朝鲜王朝是个等级森严的社会，两班贵族掌控朝政，李尚迪只是一名中人，乃庶人，尽管满腹经纶，但在朝鲜王廷中得不到肯定，职位得不到升迁。朝鲜使臣金永爵说："国俗……专尚世阀，名分截然，等级极多。士夫世世为士夫，庶人世世为庶人。庶人虽有才德，无以为用……阶级一定，十世不得免。如李慧吉者，文才实可进用，乃拘于门阀，屈于象译，是可恨也。"[74] 深为李尚迪抱不平。李尚迪亦郁郁不得志，他自言："余素嗜酒，非酒无以浇魂礧，而但家贫不能常得耳。"[75] 只得借酒浇愁。但与清人交往，"交满中朝，盛名冠世"[76]，深受清人尊敬与爱戴。他的学生金奭准用清朝士人书函与相关文献中的话，写了一篇《李藕船先生传》曰：

72 《通文馆志》卷三《事大》上，第87--89页。括号中的字，原文乃小字，予以说明。
73 李尚迪：《恩诵堂集续集》诗卷二《子梅自青州寄诗，索题春明六客图》，第258页。
74 吴昆田：《漱六山房全集》卷六《朝鲜使者金永爵笔谈记》，光绪刻本。
75 李尚迪：《恩诵堂集》文卷一《赠李兼山序》，第213页。
76 李尚迪著，金奭准编：《藕船精华录》之金奭准《李藕船先生传》（仿史传集句之例），页2a。

藕船者，朝鲜李尚迪(《海客琴樽图》梅曾亮题辞)。字惠吉，藕船其号也(张曜孙书)。容仪飘隽(吴嵩梁诗语)，其气春温，其神秋清(吴昆田赞先生像)。文采风流，令人心醉(温忠翰尺牍)，以簪缨世胄(孔宪庚尺牍)，养才以待时，积学以砺俗。不循名，不躁进，陶性情于圣贤书卷之中(雷文辉尺牍)。尝为金秋史侍郎高足(吴式芬尺牍)，文望日隆(王鸿书)。诗有初日芙蓉之目(祁寯藻诗话)，书有赵、董之骨(王鸿书)。及前席君工诵其诗篇，令秘阁锓梓，固辞之(温忠彦诗注)。其恩遇旷古罕有(叶志诜笔谈)，冯誉骥谓人曰：吾读《恩诵堂集》，益深倾慕(孔宪彝尺牍)，求之海内，亦不多得(周达手札)。与吴兰雪嵩梁、祁春圃寯藻、黄树斋爵滋、张仲远曜孙、王子梅鸿、孔绣山宪彝、何子贞绍基、冯鲁川志沂、许海秋宗衡，先后各以文燕酬接(《春明雅集图》程祖庆记)。墨彩云飞，英词电发(邓尔恒尺牍)。时以道义相勖(王鸿尺牍)，不斤斤于著占聚雪为叹也(王鸿书)。于是交满中朝，盛名冠世(王鸿尺牍)。咸丰庚戌太夫人弃养，昼宵读《礼》(叶韵海尺牍)。孝思毁瘠(韩韵海尺牍)。与弟尚健友笃(冯志沂尺牍)。其燕居也，四方来学者踵门(仪克中书)。寿考文章，为国人所瞻仰(孔宪彝书)。奋如掾之笔，立不朽之言(吕佺孙尺牍)。续刊诗文集九编(王宪成尺牍)，流传亦广，长安纸贵(张曜孙尺牍)。同治壬戌，授知中枢府事之职(孔宪庚《顾卢纪事》)。癸亥，以国王先系源流，仍沿前明传闻之讹，奏请刊正，特命来京办理此事。时年六旬，不复充使事之劳。国王以辩诬之事重大，遴选名望素著老臣，故破格用之，乃不辱使命以还(《顾卢纪事》)。凡奉使已十二次矣(《饯祭迎客图》王宪成诗注)。勤劳王事，宠锡无数(王拯尺牍)。出宰温州，民有五袴之谣(潘曾绶尺牍)。噫，卅余载与中州人交游癯寐者(王鸿尺牍)。自公卿大夫以至山林词客，咸有投赠，颜其书屋曰海邻(《顾卢纪事》)。乃自题一联曰：怀粤水吴山燕市之人，交道纵横三万里；藏齐刀汉瓦晋砖于室，墨缘上下数千年(符葆森《国朝正雅集诗注》)。乙丑(1865)夏，疾剧。八月初五日骑鲸鸣呼(王鸿尺牍)。先生为三韩名家之最(王拯尺牍)，经明行笃性命之学，抉其精奥(汪憙孙尺牍)。文如长卿，诗似青莲(王鸿尺牍)。其冥契于神明，而显征于事物；其托辞于讽谕，而归乂于忠孝。深之于学问，积之于阅历。率天理之感召，达人心之微茫。其所散布为境，且万而穷源竟委，靡不本乎情之真，因其情之真，可以知其文之至(许宗衡序《恩诵堂集》)。功成身隐，乐志于泉石翰墨之间，可谓出处泰然，进退以礼者矣(张曜孙尺牍)。东国儒林传万言写不足(王鸿挽诗)。使海内之人，千载乎而谈其心迹则(王宪成尺牍)。伊川东坡笠吾以想先生(吴昆田赞先生像)。[77]

77　李藕船著、金奭准编：《藕船精华录》之金奭准《李藕船先生传》，页1-2ab、3a。

他的生平事迹，通篇用清朝士人之书函、评价之言，即可概括，在中朝文化交流史上，能够做到这一点的，恐怕只有他的老师金正喜了，其他无人可比。可以说，李尚迪在道咸时期清朝文人心目中，是至高无上、最为重要的朝鲜使臣，能受到如此多的清人一致称颂，古来罕见。

与此同时，李尚迪的文集也屡经清人帮助，在北京刊行，先后刊行了四次，直至其去世。从《恩诵堂自识》中，可以看出，李尚迪之所以编辑文集，乃是因为被朝鲜宪宗国王召见之时，宪宗曾吟诵其诗，他深受感动，故而1847年在北京期间，他开始编辑诗文集，取名为"恩诵堂集"，其曰：

> 尚迪少承家学，壮资师友。粗涉文艺，略有撰著。上下三数十年，交游唱酬遍海内外。属草盈箧，而未尝有收录焉。顷者前席，承聆玉音，琅然啱诵臣旧作。继以文笔之近，于中国颇嘉之。荣感惶恐，曷有至极！噫，古所谓藏之名山，传之其人者，犹足为词林文苑之所羡慕无穷，而况特受华衮于人主也乎！窃敢不计谫劣，手辑诗文若干卷，自署其首曰《恩诵堂集》，盖纪恩也已。[78]

可见，正是因为宪宗国王的吟诵其诗，使得他推而编辑自己的诗文集，并以"恩诵堂集"为名，"盖纪恩也"。编成之后，经清友人帮助，在北京刊印。

笔者在哈佛燕京图书馆善本书库，曾看过四种《恩诵堂集》、《续集》版本，这四种版本分别刊于道光二十七年(1847)、咸丰三年(1853)、咸丰九年(1859)和同治元年(1862)。从书名上看，第一个版书名为《恩诵堂集》，第二版称为《恩诵堂集续集》，第三版称为《恩诵堂续集》，第四版为《恩诵堂集》。[79] 从内容上看，第一版《恩诵堂集》诗集十卷、文集两卷；第二版在第一版基础上增加了文一卷、诗一卷；第三版完全不同的诗集五卷，乃是按照年代排列。全书之中，诗歌都是按照年代排列的，所以能够清楚地了解这些诗歌的写作年代。第四版包括前三版的内容基础上，又增加了诗集四卷、文集续文一卷。从装帧上看，只有第四个版本是朝鲜装帧，而书里面的内容，与前几版完全相同。估计是此书传到朝鲜后，有人将此书重新装帧，加上朝鲜的封面纸，并用朝鲜的装帧式样，因而显出此书不同的装帧。从板式上看，这四种书出自同一块刻板，只是刊印时

78　李尚迪：《恩诵堂集》之《恩诵堂集自识》(韩国民族文化推进会编刊《影印标点韩国文集丛刊》第312册，2003年)，第167页。

79　韩国学者郑后洙在《北京刊〈恩诵堂续集〉出版 경위：〈海邻尺素〉记事를 중심으로》(《우리어문연구》，第 28집)，以《海邻尺素》中的书信为中心，讨论了《恩诵堂续集》在北京刊行问题，指出续集的刊行主要由孔宪彝负责。

间不同而已。可以看出，这四个版本是一个个层层递进的，在一个地方刊行，由同一刻板刊行的，在第二版续集上面清楚地印着"咸丰三年秋七月刊藏于海邻书屋"，可见刊行此书的地方称为"海邻书屋"。诚如前面提到"海邻"，乃是李尚迪书屋之名，而他在北京刊印的《恩诵堂集》，也是他自己在北京期间，在清朝朋友们帮助下刊行的。

在道光二十七年(1847)的第一版中，封面题"恩诵堂稿　阳湖吕佺孙题"，全书两册，内有杨夫渠所题书名及李尚迪《自识》，可见，当时吕佺孙和杨夫渠都题写了书名。事实上，是张曜孙姐夫吴廷鋡具体负责此书刊行之事。这两个人题写的书名，在咸丰三年(1853)的版本中，继续得以保存。不过，在咸丰九年(1859)的《恩诵堂续集》中，则没有这两个人所题写的书名，封面为"恩诵堂续集"，没有著录题写人的名字。1册。内有"咸丰九年正月大兴刘铨富署"字样，前有"上元许宗衡海秋甫序"，交代此书之编辑刊行经过。同治元年的版本则有所变化，书封面题"恩诵堂集　何绍基书题签"，杨夫渠所题写的书名还在书内保存，但没有吕佺孙所题写的书名了。因为第四版经过朝鲜人的改装，不知原刊书本上，是否如此。可见，有五位清朝学人与文集刊行有关：吴廷鋡、吕佺孙、杨夫渠、何绍基和许宗衡，而这五人与李尚迪交情甚笃，他们有许多的诗文往来。另外还有一位大兴人刘铨富，估计是刻工，或者是书匠。之前的朝鲜使行人员，结识清朝文人，请求清朝文人写序，但是还没有哪位将自己的诗文集在北京刊行，而且十几年间，竟然刊行了四次，李尚迪是唯一的特例。一方面说明他在清士人心目中的地位，另一方面也充分体现了道咸时期中朝文化的交流进入一个新的阶段。

总之，相对于每次二三百人的朝鲜燕行使团而言，积极主动地投身于中朝文化交流中的李尚迪只是特例，大多数的成员对此并不热心。李尚迪在使团中，作为通译尽管重要，但并不是担当使行任务的"三使"成员，而是为使行服务的成员之一。因为他中人出身，尽管满腹经纶，在中朝交往中贡献良多，但难以得到重用，因而内心苦闷。因为对中华文化的仰慕，李尚迪积极投身与清朝士人的交往之中，他获得了在朝鲜王朝没有的尊严与尊敬，清朝士人对他极为尊敬，赢得了极高的声誉。在与清人交往中，他体味到"情"的真挚，才学也得到肯定，清朝士人对他一片赞誉。而他的诗文集，在清朝友人的帮助下，在北京刊行四次，这是中朝文化交往史上罕见的，表明中朝文化彼此一家，清代中朝文化交流进入一个新的时期。

Ⅴ. 余论

清代中朝文化交流史上，如果说朝鲜北学派先驱洪大容在乾隆三十年(1765)开启了"融冰之旅"，与清代浙江举人严诚、潘庭筠、陆飞等，搭建了两国"情"的世界；北学派人士朴趾源、朴齐家、李德懋等人前赴后继地来到北京，则扩展了与清朝士人交往的舞台，纷纷与清朝士人交流思想，探讨学术，评点诗文，议论时政。他们回到朝鲜，反对"尊周"，提倡"北学"，提出改革现实政治的主张。进入道咸时期，以金正喜与李尚迪师徒为代表，与清人交往之时，在诗文唱和、交流思想、探讨学术之同时，彼此寻求思想之认同、个人价值之体现，也成为一种新的风尚。

其实，清代中朝学术文化交流史上，无论是朝鲜还是清朝，积极主动投身于交流事务中的人员，以中下级官吏为主。朝鲜方面，洪大容、朴趾源等人，只不过是使团中的随行人员，根本就不是使团中的正式成员，金正喜与李尚迪也只是下级官吏，李尚迪十二次使行中一直担任通译，正是他们成为最积极主动交往的成员。朝鲜方面尽管也有像徐浩修、洪良浩这样的两班官员，但毕竟很有限。清朝方面亦是如此，严诚、潘庭筠、陆飞当时只不过是进京赶考的举人，张曜孙与李尚迪订交时也是参加会试的举人，后来为官不过是地方上的中下级官吏。朴趾源《热河日记》中，清楚地描述了清代高级官吏的冷漠以及中下级官吏的热心。即如潘庭筠，当他是举人之时，非常热心地与洪大容交往，中进士后，在与朝鲜人交往时，明显有了许多戒心。清人方面，尽管有礼部尚书纪昀亲自到朝鲜馆拜访柳得恭与朴齐家的佳话，[80] 但毕竟是凤毛麟角。在李尚迪交往的上百位清朝士人中，大多数也是中下级官吏，尽管也有清大学士祁寯藻这样的高级官僚，但在《海邻尺素》中，没有收录他的来信，可见，与其他清中下级官吏还是有分别的。

自洪大容、严诚以来，笔谈、诗文唱和，向来是中朝学人交往的方式，而朝鲜人请求清人为诗文集作序，一度也成为风尚。在以往的交往中，总是朝鲜人积极主动，清人一定意义上处于一种被动的应对和积极的回应。但在道咸时期，则变成了双方都很积极主动。交往已不仅仅是两个人的事情，而是两个群体之间的事情。李尚迪在与张曜孙交往之时，实际上也同时在与以张曜孙为中心他的清人朋友们交往；张曜孙在与李尚迪交往之时，也透过他与其老师金正喜等人交往。交往方式，他们在北京相识、相交，举行雅会，然后绘成图画，

80　参见祁庆富、金成南：《清代北京的朝鲜使馆》，《清史研究》2004年第3期，第113页。

诗文唱和，书函往来，经年不绝，即便多年不见面，依然彼此牵挂，体现了真情与真挚。李尚迪在与清人交往中，得到认同与慰藉，在清朝士人的帮助下，在北京刊行其诗文集《恩诵堂集》，也刊行过四次，非常特别。而张曜孙等清人也反过来，请求李尚迪为他们的诗文集作序，双方交流进入一个双向互动、彼此都很积极主动的阶段。

在洪大容与严诚的交往、纪昀与洪良浩的交往中，都有家人的身影。严诚去世后，洪大容与严诚的哥哥、儿子皆曾通信；洪良浩的儿子来北京时，也拜见过纪昀，他的孙子再来时，也与纪昀的后人有过往来，但这种交往，都只是一种父子之间的传承。而在张曜孙与李尚迪的交往中，家族的身影几乎是同时出现在他们的交往之中的。张曜孙在与李尚迪的信函中，不厌其烦地提及家人的情况，其家族中的每一个人，不管男女老少，都出现在张曜孙的信函中，向李尚迪请求为其家人之诗文集作序，这种情况在以往的中朝学人交往中少见。可见，张曜孙是代表其家族与李尚迪在交往，而李尚迪也非常乐意接受相关请托，并给予恰如其分的赞颂。

因此，我们可以说，道咸时期中朝文化交流史，进入了一个新的阶段，开启了一个新的时代。

6

朝鲜通信使交流对东亚的意义

－以王仁的汉高祖后裔说为中心－

李慧淳(梨花女子大学 名誉教授)

Ⅰ.问题提起

朝鲜通信使的日本使行除了最初的几回,主要进行了文化交流的事实已广为人知。参与使行的人士与自己的职责或专业领域相关的人士进行笔谈、对话,潜移默化地交流新知识或相互启发。朝鲜使臣馈赠日本文士书法、图画、汉诗等作品,有时甚至还被强行要求。在此过程中朝鲜使臣与日本文士之间顺其自然地体验了各自的文化。

从这一点可以看出,探讨两国在研究朝鲜通信使们的赠答物品以及这种受容现象对两国当代文化的影响程度是非常重要的。朝鲜通信使的使行处于17,18,19世纪。这一时期是迈向近代的重要时期,因此这个时期形成的三个国家的时代精神,多少会受到通信使交流的影响。影响与受容不是单方面的,我们不能忽视这一点。一般情况下,通信使在文学、艺术、儒学等方面影响日本,而也会受到日本实用主义思想和文化的影响。由于"受容"与"被受容"是时常成对出现,因此挖掘赠与答以及其蕴含的作用和意义是比较困难的。

事实上,朝鲜通信使的使行是韩日两国的交流,但这个问题不仅仅属于韩日两国,而可以伸延到韩中日三国。本文的研究对象－王仁,可以例证此观点。我国的文献中没有关于王仁的记载,而在日本的史书中可以找到相关记载。通过对王仁及朝鲜通信使的考察,可以研究韩日两个的交流。这一问题可以延伸到韩中日三国,因为日本史书中出现了王仁的记载,再相隔7,80年之后的史书

中添加了王仁属于汉高祖后裔的"汉人后裔说"。王仁的汉人说，在近期的文学史、历史人物词典中都可以找到。关于汉人后裔说，有人提出王仁与《古今注》收录的乐府诗《陌上桑》中，女主人公秦罗敷的丈夫是同一个人物。从这一点看出王仁的相关研究可以扩展到韩中日三国。我们可以从东亚视角研究，王仁的日本之行中携带的《论语》、《千字文》等书籍。本文仅以王仁的汉高祖后裔说为中心，研究其背景，再次考察通信使的使行对韩中日三国的交流意义。

在韩日两国中王仁作为把学问(儒学)传播到日本的文人而受到尊重。荻生徂徕(1666-1728)指出"不佞尝论说先正夫子有大功德於斯文者而言曰：昔在邃古，吾东方之国，泯泯乎知觉罔。有王仁氏后民始识字，有黄备氏后经芸始传，有菅原氏后文史可诵，有惺窝氏后人人言，则称天语圣。斯四君子者，虽世世尸祝于学宫，可也。"[1]17世纪末，松下见林(1637-1703)对王仁传承正学的行为作出了"千秋仁义师尊，释万代儒宗学海深"的评价[2]；20世纪末，猪口笃志指出王仁对日本教育史的功绩将千古流传。[3]

日本的史书及文人重新挖掘了埋没在韩国历史中的王仁这个人物。重新让朝鲜通信使们关注王仁的是体验日本历史和文化的赴日使行以及交流中相遇的日本文士。虽然对于王仁的重新解读，可以视为朝鲜通信使使行的两国交流的重要成果，但是依然对王仁这个人物实体，存在怀疑。对这方面的研究还是不充分。[4]本文研究的前提是承认王仁是日本史书中记载的从百济把儒学传到日本的人物，重点放在王仁的汉高祖后裔说，考察其出现背景及东亚意义。

Ⅱ. 日本对王仁祖先的记载变化

1) 日本史书中记载的王仁原形与扩张

日本最古老的史书《古事记》(712)和略后出现的《日本书纪》中，都记载了王

1　荻生徂徕，《徂徕集》卷27

2　松下见林(1687)，《异称日本传》卷6，中之三刊写者未详，1693，国立中央图书馆影印本。

3　猪口笃志(1983)，《日本汉文学史》，沈庆昊‧韩睿嫄　译，SOMYONG出版社，2000，p.26。

4　金仙熙在2011年的研究中指出，解放以后对于王仁的研究成果不到十篇。前近代王仁传承的形成与受容，《日本文化研究》Vol.39, no-, p.42。至2013年也只有朴均燮，关于王仁的史料与传承探讨：殖民教育与主体性教育问题，《韩国教育史学》Vol.34, No.2, 2012；Jung, Tae-uk, 近世的王仁传承：以王仁传入的汉籍议论为中心，《日本学研究》Vol.35, No-, 2012等几篇。笔者在《传统与受容：韩国古典文学与海外交流》，DOLBEGAE出版社，2010, pp.22-32中提出以研究东亚的视角考察《古今注》与王仁的必要性。

仁是百济国人的内容。《古事记》(中卷)记载说"又科赐百济国：若有贤人者贡上，故受命以贡上人名和迩吉师。即《论语》十卷、《千字文》一卷，并十一卷，付是人，即贡进"。《日本书纪》(卷10)记载说"应神天皇16年春2月，王仁来之。则太子菟道稚郎子师之，习诸典籍于王仁，莫不通达。"

因此如果同意《古事记》的和迩吉师与王仁是同一个人的观点，那么两个文献都记载了阿直岐是先牵着马到了日本，后来因天皇请他推荐百济的人才，王仁才去了日本。《古事记》中，虽然没有关于阿直岐的记载，但是《日本书纪》中记载了阿直岐能够读一些经典，因此太子拜他为师学习。对于王仁《古事记》中描写其为"贤人"，而《日本书纪》记载为"博士"。《古事记》中记录了王仁带来的书籍名称，相反《日本书纪》中虽然没有记载书籍的名称，但是记载了为邀王仁派遣的使节的名字、王仁到达日本的时期及给太子授课的内容。
继《古事记》和《日本书纪》，相隔7,80年后出现了《续日本纪》，这本书中添加了介绍王仁家系的新内容。

> 最弟等言。汉高帝之后曰鸾。鸾之后王狗转至百济。百济久素王时。圣朝遣使徵召文人。久素王即以狗孙王仁贡焉。是文。武生等之祖也。於是最弟及真象等八人赐姓宿祢。[5]

从《续日本纪》开始，王仁的家系与汉朝的汉高帝联系在一起。首先提出这一观点的是整理文书的王仁后孙，百济系的最弟。应神天皇16年即公元285年王仁来到了日本，500年之后，延历10年(791)，最弟在赐姓的过程中提到了王仁的家系。王仁生活的时期及包括《古事记》和《日本书纪》在内的8世纪前期都没有相关记载，而500年之后添加了新内容。
但是《续日本纪》中，最弟请求赐姓的前一年有关辰孙王的记载引人注目。

> 应神天皇命上毛野氏远祖荒田别。使於百济搜聘有识者。国主贵须王恭奉使旨。择採宗族。遣其孙辰孙王〈一名智宗王〉随使入朝。天皇嘉焉。特加宠命。以为皇太子之师矣。於是。始传书籍。大阐儒风。文教之兴。诚在於此。
> (桓武天皇延历9年7月诏)

虽然没有提到王仁，但是仔细阅读可以看出与王仁的记录非常相似。
《大日本史》(1657-1729，1906)照搬《续日本纪》中最弟陈述的王仁家系内容。《大

5　续日本纪 卷40,桓武天皇 延历十年 四月诏

日本史》中增加了《王仁列传(卷213，文学一)》，除了王仁精通日语的内容之外，其他与《续日本纪》一致。《异称日本传》中有王仁精通日语的相关记载。根据《古今和歌集》的序，判断了"难波津歌"是王仁的作品，但是《大日本史》只提出了"难波津之诗"献给了天皇，而没有提到王仁。也包含了《古语拾遗》中记载的履中天皇(400-405)时期，造仓库保管官厅的东西，阿直岐和百济博士王仁记录了账房。因此可以看出，17世纪后期开始，尽量努力收集王仁相关的所有零散记录。

与此同时《大日本史》中，王仁列传的后一篇船辰尔传更引人注目。船辰尔的本是姓王，其祖先是百济人。"应神天皇命上毛野氏远祖荒田别。使於百济搜聘有识者。国主贵须王恭奉使旨。择採宗族。遣其孙辰孙王〈一名智宗王〉随使入朝。天皇嘉焉。特加宠命。以为皇太子之师矣。於是。始传书籍。大闡儒风。"这个句子直接引用了《续日本纪》的内容。《大日本史》的编者在这个句子的下面注解到他的事迹跟王仁很相似，有可能是同一个人，但是不能进一步考察论证。[6]《大日本史》比《续日本纪》考察的更加仔细。虽然记载了王仁的家系和船辰尔的家系，但是对王仁的实体仍存在疑问。

2)《异称日本传》和《和汉三才图会》的记载及其意义

日本关注王仁始于17世纪后期儒学思想的发展。上述中提到的荻生徂徕生活于17,8世纪，他再次瞩目王仁；京都的儒学学者立川诚所(1669-1738)重新划定王仁的墓域。尤其这一时期加深对本国的历史和文化的关注。《异称日本传》(1687)和《和汉三才图会》(1712)的刊行时期接近，值得留意的是这些关于王仁的传承记录，不仅是对于本国文化根源的关注，而且也是为了强化民主主义意识。

18世纪后期，专心收集相关资料的韩国文人为了编撰类书，主要参考了这两本书。由此看出日本着手于收集本国的传统与历史的资料，比我国早半个多世纪。虽然《异称日本传》传入朝鲜的时期未详，但是出版这本书以后连续出现了辛卯(1711)，己亥(1719)，戊辰(1748)，癸未(1763)使行。这本书有可能是通过这几个使行中的某一使行，传到了朝鲜。1780年这本书出现在我国文献中，有可能是癸未使行时期的使臣们传入的。但是癸未使行后出版的成大中和元仲举的著作《日本录》和《和国志》中没有提到相关内容。

松下见林的《异称日本传》收录了韩国和中国的125部书籍中涉及日本的内容。之所以17世纪末18世纪初王仁重新得到关注，是因为这一时期是日本的文人们

---

6 《大日本史》卷213列传140 文学1 船辰尔。

逐渐强化本国文化意识的时期，也是部分人批判朝鲜通信使的时期。《异称日本传》的出版能证明这一点。这本书中出现了三次王仁相关记录。值得注意的是作者每当谈到王仁的时候，都提到了他是汉朝的高帝的后孙，也是汉人的后孙。李德懋和韩致奫搜集的关于日本的资料是基于这本书的，因此他们两人的著作中也受容了这一观点。

关于王仁的第一个文章是，松下见林对刘仲达提出的"高丽之学始于箕子，日本之学始于徐福，安南之学始于汉"[7]这一观点的评论。松下见林强烈的批判了中国人叙述的日本与徐福的密切关系。松下见林认为，自己评价王仁为"万世的儒宗"，而刘仲达没有看到他的观点让他感到遗憾。王仁是"汉高帝的后裔"，王仁与方士徐福不属于同一类人，这个观点可能与他(或日本人)的自尊心有关。

第二篇文章是关于赞扬王仁精通日语的内容。王仁用日语熏陶日本人这一观点与中国人记录日本时不懂日语，出现众多错误，这两个观点明显对立。第三篇文章中叙述了《东国通鉴》中涉及的日本资料后，批判了后三韩人只记载琐碎的小事，而忽视了上世的大事，三韩人不记录不美好的历史，因而连这么美好的事情都不知。松下见林认为，第7次壬戌(1682)使行中有与朝鲜使臣唱和的记载，对于王仁"三韩人"的无知批判是依据与使臣的接触导致的。[8]他提到的"美好事情"是两皇子的禅让过程中王仁发挥的作用及王仁作《难波津歌》劝大鹪鹩皇子即位的事情。前一个记录在《日本续纪》，后一个关于仁德天皇的即位和编写和歌的内容是记录在10世纪出版的《古今和歌集》(905)。这首歌的作者是否是王仁这一观点虽然有异论，但是比较可信的是仁德天皇即位与王仁有关，因为王仁是菟道稚(雅)郎子皇子的老师。如果王仁是《难波津歌》的作者，那么可以论证王仁精通日语这一观点。根据这些史书的记录，可以知道对于王仁的传承没有间断过。

因此可以看出松下见林对王仁给予了很高的尊敬和赞赏。王仁既是学者也是文士，并且他有政治眼光和能力。但问题是《异称日本传》的作者把王仁与《古今注》收录的《陌上桑》女主人公秦罗敷的丈夫"邑人千乘"王仁视为同一个人。松下见林把百济的王仁同崔豹《古今注》中记录的王仁联系在一起，有可能是上述的《续日本纪》中提到的王仁是汉高祖后裔的记载起了很大的作用。尤其是《陌上桑》中指王仁为"千乘"这一观点是确认汉高祖后裔说的依据。[9]

7　刘仲达，《鸿书》卷8，p.48. 刊写者，刊写年未详，国立中央图书馆影印本。

8　松下见林留下赠给洪世泰的诗《奉呈沧浪公馆下》。诗的序中提到"很早就读了《日本书纪》等书籍。三韩与日本一直很友好。今天很荣幸见到您，赠一首绝句以表谢意"。这时期已为撰写《异称日本传》奠定了基础。具智贤译注，《和韩唱酬集　首》首尔：宝库舍，2013，p.55。

9　关于《古今注》部分参考了，李慧淳，《传统与受容：韩国古典文学与海外交流》，

但是松下见林将王仁看作为《古今注》中的王仁，结果上似乎他不信《续日本纪》中记录的王仁的家系。那么这一时期正与日本的应神天皇(270-309)时期相一致，推断崔豹与王仁是同一时代的人。那王仁何时去百济定居，之后何时被依阿直岐推荐去日本了呢？况且我们再考虑，在《日本书纪》中，再追溯120年的话，王仁的度日和《古今注》的时间间隔更远。

继《异称日本传》，相隔15年后出版了《和汉[倭汉]三才图会》。这本日书在朝鲜后期的文士们中广泛使用。18世纪的女性学者李凭虚阁撰写的《闺阁丛书》参考文献中也提到了这本书。李凭虚阁通过夫君的藏书，阅读并参考了《和汉[倭汉]三才图会》。因此这本书在当时的文人之间广泛流传。英祖24年(1748)的戊辰使行中，作为通信使前往日本的曹命采编撰了《奉使日本时闻见录》，这本著作记录的关于藤原惺窝的内容中有"倭之三才图书"这一句话。从18世纪中后期开始国内的很多学者引用了这本书，并且在本书中的多处零散的记载王仁相关内容。[10]

《和汉三才图会》中引用《日本续纪》的部分没有提到王仁是汉高帝后裔说，而引用《续日本纪》的部分提到了王仁是汉高祖的末孙。书中提到王仁善于看观相，相助皇子即位，显示出他很有威望。从这一点看出，对于王仁的史料传承越来越丰富和全面。明确指出了阿直岐带来了《易经》、《孝经》、《论语》、《山海经》等，并且肯定了他把儒学传播到日本的功绩。阿直岐虽能读懂经典，教授皇子，但是王仁教授经典之后，皇子无不精通的经典。从这一论述中看出阿直岐推荐的王仁学识渊博。18世纪的日本文人确信王仁是博士，以王仁的使行为契机，儒学传到了日本。

Ⅲ. 记载王仁的朝鲜通信使的使行录资料和韩日文士的笔谈

1) 使行录中体现的关于王仁的信息

从南龙翼(1628-1692)的《闻见别录》开始，通信使使行录中记载了关于王仁的资料。之前虽然作了诗，但是首个记录日本资料的是申叔舟(1417-1475)的《海东诸国记》(1471)。但是这本书籍中没有记载关于王仁的内容。据《海东诸国记》日本国纪，天皇代序章，应神天皇诏记载说"15年甲辰百济贡书籍，16年乙巳百济王太子赴日"。15年(284)是阿直岐带书赴日的年份，16年(285)是王仁应阿直

DOLBEGAE出版社，2010，pp.22-27。

10 寺岛良安编，《倭汉三才图会》，国学资料院 卷7，人伦类 儒士，人伦类 相人，卷13 异国人物 朝鲜，卷15 艺财。

岐的推荐和日本天皇的请求前往日本的年份。从这个记录中看出，申叔舟没有参考记录着王仁名字的《日本书纪》，而是有可能参考了记录辰孙王的《续日本纪》。《续日本纪》记载了最弟谈到的王仁世系的内容，而没有指明当时携带典籍的人是王仁。因此如果没有看过《日本续纪》，可能不知王仁。

《海东诸国记》中虽然没有记录王仁其名，但是通信使录中首个描绘王仁的南龙翼，受到了应神天皇15，16年记载的内容的影响。南龙翼28岁时，作为书状官参加了第6次朝鲜通信使的乙未使行(1655)。闻见别录附在使行日录中，闻见别录中记载的应神皇项中指出"甲辰年百济带经典，诸多博士赴日，乙巳年百济王子王仁赴日"。[11]这里记录了王仁这个名字，但是称其为王子，因此有可能是把《日本续纪》中的王仁与《续日本纪》中的辰孙王视为同一个人物。

再次提到王仁是申维翰的《海游录》下的《闻见录》。申维翰作为制述官，参加了第9次乙亥使行。见闻录的记载说"倭国本无文字，百济王派文士王仁和阿直岐赴日之后，才开始教授文字，通过多年习得才有所传授"。[12]虽然是简单的叙述，但是其意义在于申叔舟的《海东诸国记》和南龙翼的《闻见别录》中明确记载了阿直岐，并确认了王仁和阿直岐是把文字传授给日本的人物。依据日本文献资料，把王仁记录成"文士"，而并非记录成现存的朝鲜通信使录中的"王子"称号。这个时期《异称日本传》与《和汉三才图会》已问世，因此对于王仁有可能是通过日本的文士及书籍进行了了解。申维翰的第9次乙亥使行的前一次辛卯使行时期，两国文士的笔谈主题之一就是王仁。下面也会谈到这个问题。

王仁的名字再次出现是1763年的癸未使行。这个使行中，虽然出现了两国文士之间的摩擦，但是文士之间的交流依然有深度，朝鲜也出现了大量的使行录。这一时期没有更加深入的研究王仁，而是忽略了对王仁的认识。癸未使行的正使赵曮(1719~1777)谈到"日本刚开始不太崇尚文字，后来应神天皇时期，百济送来了经典和诸多博士"；"百济人王仁和阿直岐虽不知何时赴日，但是在日本开始教授了典籍"。赵曮认为阿直岐和王仁是百济人，他们赴日的时期未详的事实与应神天皇时期百济来了诸多博士的事实没有关联。[13]成大中在日本使行之后，记载日本史料时提到"日本文学始于王仁和阿直岐，两人都是百济人"[14]。大部分的内容是归纳了申维翰的《闻见录》。对王仁的记载说"倭国本无文字，百济王派文士王仁和阿直岐之后，才开始教授文字，通过多年习得才有所传

11　申叔舟，《海东诸国记》日本国纪天皇代序，民族文化推进会，国译海行惚载Ⅰ。

12　申维翰，《海游录》附闻见杂录，民族文化推进会，国译海行惚载Ⅱ。

13　赵曮，《海槎日记》5　6月18日(戊戌)，民族文化推进会，国译海行惚载。

14　成大中，《日本录》，洪学姬译注，《飞越富士山与琵琶湖》，卷2 熊野山p.164。

授"[15]，这些也转载了见闻录的内容。

关于皇子受到王仁传授的描写有明显的对立，申维翰和成大中记载说"粗有所传"，而日本记录为"莫不通达"。"莫不通达"这一词为了描绘皇子聪明，虽然有夸大成分，但是也隐含着老师的学识渊博的含义。申维翰和成大中叙述的贴近实际，不是出于民族主义的立场才提高自国学者的名望。从《海东诸国记》到南龙翼、申维翰、赵曮、成大中的使行录中没有提到王仁的汉高祖后裔说。元仲举与成大中一起参加癸未使行，他在使行中担任了书记。而他的《和国志》中记载的对日本的史料都参考了《日本书纪》、《续日本纪》、《异称日本传》、《倭汉三才图会》的内容。[16]阿直岐赴日携带的书名这一部分参考了《倭汉三才图会》，王仁赴日时期是属于百济的久素王时期这一内容参考了《续日本纪》。但是没有像李德懋一样详细的考察了百济是否有久素王。[17]元仲举在通信使使行录中第一个接受了王仁是汉高祖后裔说的观点。这一点参考了《续日本纪》的记载。

第12次通信使使行到19世纪末期间出版的李铣永(1837～1910)《日槎集略》(1881), 金绮秀(1832~?)《日东记游》(1877)中，都没有记录王仁的汉高祖后裔说。

2) 韩日文士笔谈中体现的对王仁的认识

使行录中记载的关于王仁的资料，依据他们接触的日本书籍撰写的可能性较大，但也受到了两国文士之间相互交流的影响。1711年辛卯使行时，正数[18]与东郭李礥的笔谈是此例。日本文士中，越是知识渊博越扭曲地认识朝鲜与日本的历史关系。这是因为日本文士过度信任本国历史书籍的记载。他们例举的是三韩朝贡说，对此朝鲜文士不仅未能提出异议及追究，连对王仁等是对日进行文化传授的朝鲜元祖的事实也未能给予详细说明。

笔谈中，日本文士记述：日本应神天皇统治时期，百济国的王仁赴日广泛传播儒学，皇子菟道稚郎子拜王仁为师，之后菟道与其兄大鷦鷯互让皇位，其行为媲美伯夷叔齐。皇子去世后大鷦鷯深感哀痛悲伤，此时王仁献和歌劝即位，其即位的就是仁德天皇。也问了朝鲜史录中是否有关于王仁的记载。正数对王

15　成大中，卷2文学《飞越富士山与琵琶湖》，p. 243。

16　元仲举，《和国志》，朴在锦译注，《卧薪尝胆之心记录日本》，SOMYONG出版社，2006，罗丽济通史卷1 p.168。

17　李德懋认为，"百济没有久素王，可能是指久慕辛王。但是久慕辛王时期与中国的刘宋时期对应，应神天皇时期与东汉末年相对应。如果是属于应神天皇时期，那么对应的是百济的仇首王和古尔王两位王的在位期间。'古'与'久'的音义相近，并且'东史'中混淆了'尒'字与'素'字，把'古尔'记成'古尒'，因此有可能误写为'久素'。" 清莊館全書 卷33,清脾錄 二 倭詩之始.

18　远州滨松尾见氏滨松武臣

仁的认识习得于史书或传承记录。但以他陈述的内容来看很可能参考了十五年前发行的松下见林的《異称日本传》。对此，东郭回答朝鲜的《东谚传》虽记载百济王仁到日本时所带的《千字文》与《论语》等部分书籍教书生，从此而出现日本文字。但是，百济灭亡数千年，既无相传史籍，无法考究其真实性。[19]

与正数纸笔交谈的李礥(1654-？)是日本文士尊崇的、通信使行中文学最出众的人物。[20]即便如此，在韩国文学史上找不到其人，重新认识李礥是通过使行与日本文士的相见带来的成果。辛卯(1711)年使行，李礥以五十八岁高龄担任制述官职赴日本。依李礥对正数的答复来看，李礥多多少少了解王仁。李礥论及王仁带到日本的典籍及王仁给日本文士传授知识，知晓日本出现文字始于王仁。在此，东郭李礥所指的《东谚传》是否意味着《三国史记》或《东国通鉴》之类的朝鲜史书，还是指称《东夷传》类的中国史书，虽不明确，韩中史书中未曾流传王仁的相关记录。[21]仅仅推测李礥或曾读过南龙翼的闻见别录，从这一观点来看，他所说的东谚传应带有朝鲜传下来的故事的概率较大。两国文士对王仁的相关笔谈，除了正数与李礥之外应还存在，但至今未找出。

综上所述，使行对朝鲜通信使关注王仁起到了重要作用。自不待言，认王仁是汉代出身 元仲举和他的好友李德懋，还与他们出现在类似时期的韩致奫，这些根据于18世纪后半19世纪前期文献的，基于实事求是的学问态度。反之，19世纪后期列强，特别是与日有着尖锐矛盾时期，对日进行使行文士未谈及王仁的汉高祖后裔说，与其说是不知此内容或是偶然的结果，不如说是基于民族自尊心的吧。

Ⅳ. 汉高祖后裔说的批判与东亚的受容情况

1) 汉高祖后裔说的批判

如前所述，王仁的汉高祖后裔说出现在《续日本记》(797)，百济系最弟提示王

19　《鸡林唱和集》卷12。此论述参考李慧淳，《朝鲜通信史的文学》，梨花女子大学出版社，1996，p.300

20　产根清在《长门癸甲问槎》(1763)中论昔日通信使的相关文章，评价辛卯年使行李礥为'超乘'，癸未年使行的南玉和成大中为'巨擘'。超乘典故出自《鲁僖公》三十三年春天，秦军经过周都城的北门，冰车上左右两边的战士都脱战盔，下车致敬，接着有三百辆兵车的战士跳跃着登上战车。强调李礥勇猛敏捷。
　　《春秋左氏传》僖公三十三年 "三十三年春，秦师过周北门，左右免胄而下。超乘者三百乘"

21　李慧淳，《朝鲜通信使史的文学》，梨花女子大学出版社，1996，p.300。

仁家系。根据《古事记》与《日本书纪》，王仁是生活在3,4世纪的人物，记录此内容的两本书是8世纪前期完成的。那么，关于王仁的传承约四百年间形成，上述两本书大概包括了期间王仁相关的传来故事。

《续日本记》是8世纪末出现的，明示王仁姓名的《日本书纪》出版后70余年间，王仁的身份从百济的博士或王子演变为汉高祖的后裔。那么，期间是否出现过新的资料？还是8世纪他的后孙们觉得把自己包装为汉高帝后裔更有利？那么，为何又是汉高帝呢？如前所述，《续日本记》的延历9年7月诏记事中写到：赴应神天皇的邀请来自百济的人士贵须王之孙辰孙王(一名智宗王)，托他书籍才能广泛传遍日本、引起儒风、文教兴起。因辰孙王的事迹与王仁相似《大日本史》中也曾提到两人应属同一个人的可能性。然而，崔弟未把王仁与百济王或王族相联系，只陈述他是另外一个国家的皇帝子孙。为何呢？

从这一点可以看出，应神天皇到《续日本记》著述期间，王仁并非是关注对象。与《日本书纪》不同，在《续日本记》中认为辰孙王是引起儒风之人物，王仁选择辰孙王这点充分说明此观点。金恩淑指出王仁的汉高帝后裔说形成的背景如下：8世纪初成立的《古事记》，《日本书纪》中叙述到留于祖先传承舶来的归化氏族是倭汉氏、西文氏、秦氏等三个氏族。尤其是主张王仁后裔氏族的西门氏同族氏族不多，推测在8世纪其势力渐弱。西门氏为河内地方的文笔关系氏族的总称，有悠久历史的渡来人－书首(或文首)和较新的渡来人王辰尔系的船史、津史、白猪史等。他们居住河内地区为中心，形成同族族谱，共享王仁渡来传承。但是，8世纪末出现出身王辰尔系的津连真道，并改姓为菅野朝臣后，其他王辰尔系人提出连津船、葛井氏本属同氏族，遗弃崇尚王仁为祖先的传承，编造百济王子辰孙王的渡来传承，赐姓于宿祢。金恩淑推测，最弟等因被排除于王辰尔系，故只好申请不同于王辰尔系的其他族谱，请求赐姓。[22]

王辰尔与出自《大日本史》王仁列传之后的船辰而列传之主人公是同一个人，其姓为王氏。王辰尔系赐姓时是桓武天皇延历10年1月。3个月后的延历10年4月，最弟的赐姓请求如愿以偿。从这点来看，辰孙王和王仁或是同一个人或是在传承过程中被混淆的另外一个人物，但他们的后孙族谱逐渐分化，自然而然的形成王仁的汉高祖后裔说。当时的史书经常出现百济渡来人把自己包装为百济王或汉代皇帝姻戚的记事。不仅如此，推测最弟应主张西文氏王辰尔系是百济王的后孙，要求一个比自己身份更优越或至少与他们能对抗的出身人物，从而被选的人为汉代的高祖。即便如此，王仁号称汉高祖刘邦的后裔，但姓为王氏的疑惑还未解除。能否推测为汉代历代皇帝的王妃中有王氏(汉代元帝)，外

22　金恩淑，西文氏的「归化」传承，《历史学报》118集，1988.6，pp.79-80。

戚是否是汉高帝末孙。最弟称王仁家族的定居应在父亲王狗那代，如此推断王仁的祖父王鸾应还在中国。王鸾之名出现在史书，但其名与时代不符，故推断王鸾王狗纯属虚构。

那么，为何是汉高祖？金恩淑认为：他们把某一个特定的皇帝年代定为祖先，根据于中国史书的《东夷传》及中国人的韩半岛进出记事。即，他们渡来氏族无法结合《古事记》、《日本书纪》中的百济渡来事实与百济王的族谱，只好利用中国人的韩半岛进出记事，主张中国系、消除百济渡来记录之间的矛盾。推测他们的皇帝后裔主张说是受到百济高句丽王族的赐姓政策的影响。[23]王仁的汉高祖后裔说有待纠正。

2) 东亚三国对汉高祖后裔说的观点与意义

王仁虽是百济的重要人物，但如果没有日本史料，会被世人所埋没。通过使行得以复生的历史人物或典籍等对朝鲜历史有着深远而重要的意义。《三国史记》、《东国通鉴》等书籍为何出现遗漏，对此姑且不谈历史记录方面是否有过深刻反省。但，这方面更突显出通信使使行的意义。这些资料仅仅只是一个出发点不能成为历史的'事实'。理由为，过去的三国历史记录中呈现本国中心的历史认识较多，需以全面审视历史，检讨其记录的可信度。尤其王仁在日本儒学史上的地位，主张王仁是汉代出身这一观点，是三国需考察的重要研究对象。朝鲜文人对失去一千几百年后突然出现的祖先莫无关心，感到心寒。

朝鲜后期韩中日三国都盛行在其他国家的文献中收集本国相关资料，其背景虽多样。然而促使这些事情的可能性应归结为三国之间的疏通。类书编纂者多数是参加过燕行或通信使行的人士。李德懋(1741~1793)正祖2年(1778)燕行于清朝，他是元仲举的姻戚。元仲举曾作为通信使行去过日本。李德懋总结论议，指出汉高祖后裔说与从王鸾、王狗、王仁的世系。[24]正祖3年(1779)燕行的韩致奫同样论述王仁作为汉高祖末孙，从王鸾、王狗、王仁的世系。尤其是在《倭汉三才图会》相人条：王仁善于看相的故事和百济的久素王应神天皇15年派遣阿直岐的记载中，纠正久素王就是仇首王的误写。[25]

然而，李德懋、韩致奫二人未曾对日本批判《异称日本传》中三韩人无法确认百济有此人观点提出异议；也未强调朝鲜身份的人物成为日本儒宗的一桩美

23　金恩淑，西文氏的「归化」传承，《历史学报》118集，1988.6，pp.80-81。

24　李德懋，《青莊馆全書》第33卷清脾录二倭诗之始)，青莊馆全書卷)64卷蜻蛉国志1 人物

25　韩致奫，《海东绎史》，第67卷，人物考1。

事。韩致奫表示如同日本典籍中所记载，还有一些看似是百济的人物，但没有充分的事实根据。并且交聘志中有记载，因此此处不再重复。但是记载王仁在日本创始学问成为日本的儒宗的事件，含蓄地强调其重要性。与此内容相比，李德懋之孙李圭景认为日本的儒学因王仁得以兴起[26]，但未提到汉人说、汉高祖后裔说。到了19世纪后期，不再流传汉高祖后裔说。秋史金正喜仅仅在王仁相关的资料提供方面，进一步关注日本保存的经书书体，这些推测根据于王仁带到日本的书籍。[27]

《异称日本传》之后，日本大概认同王仁的汉人后裔说。广为人知的朝鲜历史研究书籍－林泰辅《朝鲜史》(1892)中言及王仁，并未指出王仁的汉高祖后裔说。但是，历史人物词典中王仁是汉人的后裔。日帝强占期，朝鲜总督府中枢院发行的《朝鲜人名辞书》(1937) 中说明，王仁是与当时的百济王之孙辰孙王一同前往日本的文士。此观点不同于陈述两人并非是同一个人的《续日本记》和推测或许是同一个人的《大日本史》。然而《朝鲜人名辞书》综合记录了王仁虽百济人，但朝鲜历史中无法找到其人名。综合记载了汉高祖之孙从王鸾、王狗、王仁的世系；《古事记》、《日本书纪》、《续日本记》等的内容；阐明儒风，在日引起文教的王仁的地位与作用；王仁带去的《论语》与《千字文》；恭贺仁德天皇即位的和歌作品等一系列王仁相关资料和除此之外的传承资料。由东京帝国大学史学专业毕业的东方历史学者、在职于总督府的小田省吾和其他的日本历史学家编撰的《朝鲜人名辞典》大体反映了当时日本历史学界对王仁的观点。

《日本史事典》(1989)中记录王仁是来自古代百济的渡来人，"据传承是汉高祖子孙。4世纪末应神天皇时期来到日本。来时带《论语》、《千字文》。古代被称之为文学鼻祖。"[28]与《续日本记》相比，事典中强调'传承'这一点虽成问题，但有着强调王仁不是淳百济人的观点。对于《大日本史》中的王仁与辰孙王不定是同一个[29]的观点，猪口笃志提出王仁是汉高祖后裔之说。依据这个观点推测王仁不同于百济辰孙王的判断。[30]主张王仁是归化百济的汉人此观点影响至今。

王仁的汉人后裔说影响王仁带到日本的中国书籍读音方面的议论。王仁当时教日本人时应懂得汉语与日语。藤益根在《孝经凡例》中明确，王仁读经史时应读魏、晋音来传授于太子，使用俗语，用韩语回答，无误读法。[31]王仁虽是百济

26 李圭景，《五洲衍文长笺散稿》经史篇1-经典类1

27 金正喜，《阮堂集》卷8，《杂识》

28 《日本史事典》，平凡社，1989第1版第5次印刷，p.444。

29 《大日本史》卷213列传140文学船辰尔

30 猪口笃志(1983)，《日本汉文学史》，沈庆昊・韩睿嫄译，SOMYONG出版社，2000.1，p.25。

学者但用韩语进行授课。上述假设根据于汉高祖后裔的王仁祖先有可能生活于晋国的推测，或者正如松下见林所说，起因于崔豹的《古今注》与王仁有着关联。松下见林指出明朝茅元仪著《武备志》中评价，翻译成日文的大部分内容有错误，但中国人不懂得日语，比起这些，王仁虽从百济来到日本，精通和语，进行施教，不愧为影响后世的伟人。(卷9 中之六)猪口笃志也认同王仁的中国音直读说[32]，认为王仁用汉语语音教经典。

　　重点考察王仁，《古今注》自然成为韩国、中国、日本三国间的论议对象，促使以资料确认为目的的东亚三国的全面接触。马缟的《中华古今注》作为附录与崔豹的《古今注》相传至今。松下见林参考马缟《中华古今注》。生活在五代的马缟称崔豹的书籍到了魏国文帝时代黄初(220-226)已不再相传，故加注释义，编纂三篇《中华古今注》。然而，四库全书的编纂者认为其两者之间并无差异，因此未出现加注释义。但是后世的丛书出现或只引用崔豹的书籍(太平御览)或只引用马缟的书籍(文献通考)的现象。[33]

　　刘孝标在《世说新语》的注中解释崔豹的生平。崔豹字正能，晋国惠帝时期的太傅。马缟认为崔豹字正熊，正熊与正能文字相似，故刘孝标误认其字。马缟在《中华古今注》序中认为黄初已很难找到其书籍，故认为崔豹是魏国人。崔豹的书籍亡逸已久，马缟的书籍之后出现，所以后人认为魏国之前的记载是虚假的，归结为崔豹的《中华古今注》中的可能性颇多。如今的书目中标记着魏国崔豹，但通常认为是晋国人。收录在《永乐大典》中的苏鹗《苏氏演义》一半以上内容相似与上述两本书，苏鹗是唐代僖宗时期光启(885·887)进士，马缟是历经后梁与后唐登科出仕之人等内容为依据，《四库全书》提要中认为这虽是崔豹之书，但无法表明全部的马缟之书就是原件。[34]苏鹗生活的年代早于马缟，故马缟的《中华古今注》失去其信任是毋庸置疑，但是《苏氏演义》与《古今注》的关系仍为解疑。

　　王仁的相关研究成为韩中日三国关联的对象。随着日本相关著作的出现，19世纪末中国也开始记述始王仁。黄遵宪的《日本国志》(1887)、杨守敬的《日本访书志》(1900)，谢六逸的《日本文学史》(1929)等书籍记载着日本通过王仁带来的书籍开始学习经典，但并没有认为王仁是汉人。这可能是不重视王仁的汉高帝身份说，或是未找到合理根据，两者都不明确。

31　韩致奫，《海东绎史》，第67卷，人物考1王仁
32　猪口笃志(沈庆昊·韩睿嫄译)，《日本汉文学史》，SOMYONG出版社，2000。
33　《钦定四库全书》(电子版)子部十古今注中华古今注提要
34　《钦定四库全书》(电子版)子部十古今注中华古今注提要

V. 结论

本论文重新考察日本儒宗王仁的汉高帝后裔说，试图提出从东亚的观点接触使行对韩中日古典文化与学术的必要性。

从百济东渡日本的王仁是汉人的主张，表明韩中日三国有着密不可分的关系。综上所述，可以明确王仁与汉人的关系是虚构的。即便如此，可以确认王仁所带来的书籍和学问出自百济儒学的基础或背景之下，其源流与中国的交流有着紧密联系。但是，百济传达日本的是百济化的学问、文化，日本接收而发展的应是日本化的学问、文化。根据王仁的汉高帝后裔说论及汉语语音直读说，暗示中国文化对日本的直接传授方面，似乎存在着一些问题。

王仁与菟道稚郎子兄弟的关系，天皇即位时的故事来看，王仁的儒學与其说是单纯理念的、观念的，不如说是与实际生活相联系相融合的。《日本书纪》描写菟道稚(雅)郎子兄弟情谊能与伯夷叔齐相媲美。年代记主张，应神天皇去世至仁德天皇即位期间的4年是空白期，这是《日本书纪》有意美化菟道稚郎子与大鷦鷯皇子之间的王位争夺战。即便如此，值得关注的是美化此事怎又联系到王仁了呢？王位继承得有谦让、忠贞的儒家精神，而王仁恰恰起到其精神的代表作用，因此王仁是最好不过的人选呢？

还有一个疑问，就是关于阿直岐。《古事记》和《日本书纪》都从与阿直岐的关系中陈述王仁。虽然阿直岐是带语言赴日的人，但是后来的《和汉三才图会》中也写到此人带来易经、孝经、论语、山海经[35]，教过太子。依据这些内容，阿直岐应该也是一位学者。《日本书纪》中，询问有无其他博学之才时，推荐王仁。这点来看，王仁与阿直岐两人与其说是竞争对手，还不如说是各自开辟自己专业领域。

《古语拾遗》中有履中天皇期间王仁与阿直岐一同做过仓库出纳的记录，两人应该保持相当长时间的亲密关系。虽不明确，仁德天皇在位期间长达87年。履中天皇继仁德天皇登上皇位，这期间担任同样的职务，表明两人的地位是相当的。然而，阿直岐的闻名不如王仁。为何如此？活跃在日本古代的百济国归化文人问题依旧存在很多空间，阿直岐就是典型的例子。但是能明确的是，阿直岐的后孙未能做到像王仁的后孙，请求赐姓扬名王仁的努力。

---

35 虽在原文中百济王使唤使臣送出易经、孝经、论语、山海经，又指出使臣阿直岐，因此可以理解为带书过来的使臣或使臣中的一位应该是阿直岐。

7

1711年辛卯朝鲜通信使与加贺藩的文化交流

—以加贺藩文士伊藤薪野为中心—

河宇凤(全北大学校)

I. 前言

在近世，朝鲜、中国和日本均奉行海禁体制，因此国家之间除了政府派遣的使节来往外，民间的交流被彻底禁止。在这种形势下，毫不夸张地讲，朝鲜的通信使和燕行使成为了贯通东亚的信息渠道和开展文化交流的重要途径。清朝在与日本断绝外交关系的情况下，通过朝鲜的燕行使，可以获知朝鲜通信使收集到的有关信息以及朝日双方交流的内容。反之，朝日之间也是如此。因此，笔者认为，阐明三国间的学术和文化信息是如何通过以通信使、燕行使为媒介的交流而被相互吸收以及相互交融的，是一个极为重要的研究课题。本文试图探讨与之相关的、朝鲜通信使与日本加贺藩之间的学术交流这一有趣的历史现象。

朝鲜在壬辰战争后派遣通信使出访日本，这是两国国内政治动机以及国际政治形势的产物。但在17世纪中期以后，随着清朝在中国恢复政治的稳定，朝日间的和平局面得以确立，致使朝鲜通信使原本具有的政治意义逐渐减弱，而作为通信使附属机能的文化交流的地位开始凸显。因此，朝鲜通信使成员中逐渐纳入大量承担文化交流的人员，如制述官、书记员、名医、画家、写字官以及乐队等，使得通信使的规模扩大至500人左右。他们往往在日本各地停留10月有余，并开展各式各样的文化交流活动。此外，朝鲜通信使与日本文人经常交换书籍等物品。笔者认为，长达200余年的这种交流对朝日两国的社会和文化发展

产生了巨大的影响。即便从东亚史的视角来看，它也是一个具有重要意义的文化现象。

朝鲜王朝后期的通信使在往返日本本州的途中，主要与幕府以及沿途各藩进行文化交流。到了17世纪后半期，随着文化交流愈加频繁，一些远离通信使出行路线的藩国也受到鼓励，相继派遣文士与儒官参与交流。当时，由于朝鲜被认为在儒学、汉文学以及医学等领域处于先进地位，日本各藩纷纷表现出通过交流、向朝鲜通信使学习的积极态度。

加贺藩在1711年辛卯朝鲜通信使访日之际，也曾派遣文士与朝鲜通信使进行交流。伊藤薪野编著的《正德和韩唱酬录》便是一本记录了当时双方笔谈唱和内容的唱和集。该唱和集作为加贺藩文人独立编著的笔谈唱和集，是了解加贺藩与朝鲜之间文化交流史的重要资料。此外，在加贺藩文人与朝鲜通信使进行学术交流的主题中，还涉及"实学"方面的内容，这一点值得关注。

II. 加贺藩文人与朝鲜通信使的交流

在朝鲜通信使进入日本后，各藩的儒学者和文化人开始聚集，期待能与通信使进行交谈。除了朝鲜通信使经过的地区，出使路线之外的藩国也受到激励，纷纷派出儒官和文人来学习异国的文化。在1711年朝鲜通信使出行之时，为了能与朝鲜通信使进行交流，众多来自北陆、中国、四国、九州等日本各地的文人和儒学者聚集在大阪和京都的旅馆。其中也包括来自加贺藩的文人，如儒学者稻生若水和青地浚新，以及伊藤薪野、坂井顺元、河岛南楼等人。

但是，加贺藩的文人远比其他人幸运，他们可以直接接触朝鲜通信使。这是因为，当时护送朝鲜通信使的人员中有以酊庵的轮番僧祖缘上人[1]。祖缘上人原本出身于金泽，曾长期侍奉加贺藩第五代藩主前田纲纪。另外，对马藩记室雨森芳洲、松浦霞沼二人也参与护送朝鲜通信使，负责协调各地接待事宜，而他们都曾受到过木下顺庵的熏陶。木下顺庵原为加贺藩的儒学者，后被幕府起用。在上述有利条件下，聚集于大阪和京都的加贺藩文人在获得加贺藩主的首肯后，通过祖缘上人以及对马藩雨森芳洲、松浦霞沼等人的协助，得以与朝鲜

1　祖缘上人出身于加贺藩佐佐木家，生于金泽，字别宗，号颐神。早年出家，入相国寺，后任主持，受紫衣袈裟。1711年朝鲜通信使访日之际，祖缘上人作为相国寺的长老，居于慈照院。祖缘上人擅长诗词，在中世丛林中，因高德与诗才而闻名于世。另，其兄定贤与定保二人为加贺藩主前田纲纪之近侍，故祖缘上人常与藩主相谈，倍受恩宠。

通信使直接会面。

下面简要阐述一下加贺藩名士与朝鲜通信使的交流内容。

1711年辛卯朝鲜通信使于7月5日从釜山港启程，经海路于9月14日抵达大阪，在本愿寺停留至27日。祖缘上人于9月5日赶赴本愿寺，并与朝鲜三使、四文士进行诗文唱和。随后，祖缘上人与伊藤薪野等人随朝鲜通信使前往京都。

朝鲜通信使一行于9月28日抵达京都，住宿于本国寺。在此等候的稻生若水、青地浚新二人在10月1日与朝鲜四文士进行了面谈。稻生若水先问候了制述官李礥，并咨询了自己正在编撰的《庶物类纂》一书的有关内容。此外，稻生若水还向李礥、书记洪舜衍请教了鱼类方面的问题，并在与名医奇斗文讨论药草时还引用了《东医宝鉴》中的记载。[2]

在此，有必要对稻生若水(1654~1715)做简要介绍。稻生若水生于江户，爱好儒学和医学。20岁时，稻生若水赴大阪，随古林见宜学医，并在京都随伊藤仁斋学习儒学；23岁时，编纂《皇明经世文编》，由此立志于本草学。后来，稻生若水通过木下顺庵和贝原益轩，向尊重学术、极为关注格物穷理的加贺藩主前田纲纪，表明了自身的抱负。加贺藩主颇为肯定稻生若水的学术追求，将他请到金泽，并让他负责编纂《庶物类纂》。为达成加贺藩主的凤愿，稻生若水收集了日本国内外的典籍12万册，耗费20年，终于完成《庶物类纂》(全362册)的编纂工作。在加贺藩主将此书献给幕府后，第八代将军吉宗命令稻生若水的弟子们进行增修，最后于1735年完成。增修后的《庶物类纂》是一套共计1054册的煌煌巨著，被认为是代表当时最高水平的百科事典。因此，稻生若水被公认为日本本草学的祖师。稻生若水在编著《庶物类纂》过程中，于1711年，见到来自朝鲜的通信使，并就本草学与对方进行了笔谈。此外，稻生若水曾请制述官李礥撰写序文，这一序文后来完整地收录于《庶物类纂》中。

朝鲜通信使在京都停留四日后，出发前往江户。接待僧祖缘上人与之同行，而伊藤薪野也在随行之列中。12月4日，朝鲜通信使再次回到京都。稻生若水、清地浚新二人于翌日即12月5日，便拜访了朝鲜通信使。稻生若水围绕《庶物类纂》的编纂，再次与对方交谈，并请求李礥为之撰写序文。[3]清地浚新则根据事先准备的提问材料，与李礥展开了深入交流，并向李礥赠送其老师室鸠巢撰写的《大学新疏》。此外，加贺藩名医坂井顺元在12月7日前往宾馆，与朝鲜名医奇斗文进行了笔谈。

2　二者的笔谈内容详细记载于《鸡林唱和集》第5卷。

3　松田甲：《正德朝鲜信使与加贺学者》，载《续日鲜史话》第2编，原书房，1931年，第81页。

Ⅲ. 伊藤薪野与《正德和韩唱酬录》

伊藤薪野在金泽期间听说了祖缘上人作为接待僧护送朝鲜通信使一事,认为这是一个难得的机会,便赶赴京都拜会祖缘上人。9月初旬,伊藤薪野与祖缘上人结伴前往大阪。当朝鲜通信使一行于9月14日到达淀河口时,伊藤薪野前往迎接,并达成自己的心愿,即与祖缘上人一道陪同朝鲜通信使往返于大阪与江户之间。伊藤薪野陪伴朝鲜通信使一行长达三月之久,而这在当时是非常特殊的,反映了他对与朝鲜通信使进行交流的高度热情。12月中旬,伊藤薪野在大阪送别朝鲜通信使一行。记录伊藤薪野与朝鲜通信使在这段时期交流始末的材料,便是《正德和韩唱酬录》。[4]

1) 伊藤薪野(1681~1736)的生平与学问

伊藤薪野本名祐之,字顺卿,号薪野,生于京都,养父为儒学者伊藤万年。《燕台风雅》的作者富田景周评价道,"凡称加贺藩儒学者,必以木下顺庵及室鸠巢二人为宗。自二人赴江户以降,堪称佼佼者,唯有顺卿而已"。

一般认为,加贺藩的文教应该是在迎来京都的松永尺五之后发展起来的。松永尺五作为藤原惺窝的弟子,其学问经由其子昌易而与伊藤万年、薪野产生联系,因此伊藤薪野应当属于松永尺五学派的主流。此外,伊藤薪野的地位也得到广泛认可,被视为是在给予加贺藩巨大影响的木下顺庵与室鸠巢之后,又一继承儒学正统的人物。

总之,伊藤薪野是一位继承了始于藤原惺窝的日本朱子学正统一派的儒学者。伊藤薪野还擅长诗文,在当时负责推行加贺藩第五代藩主前田纲纪的文教政策。此外,根据伊藤薪野的生平记录可知,与辛卯朝鲜通信使之间的接触和交流,是他获得加贺藩主器重的重要契机。

2)《正德和韩唱酬录》的内容

《正德和韩唱酬录》是一本唱和集,记录的是伊藤薪野与辛卯朝鲜通信使中的制述官李礥等人,在大阪至江户的往返途中举行诗文唱和以及笔谈交流的内容。日本金泽市立图书馆收藏有该唱和集的一册手抄本。

加贺藩文士直接与朝鲜通信使见面和交流,在当时是极为罕见的现象。有关1711年辛卯朝鲜通信使笔谈唱和集的编纂,在全日本有刊本10种、手抄本14种。[5]其中,伊藤薪野的《正德和韩唱酬集》是唯一的由朝鲜通信使未经过藩国的

4　关于伊藤薪野与对方的交流,《鸡林唱和集》、《两东唱和后录》中有部分记载。

文人编著的唱和集。正因为如此，《正德和韩唱酬录》极为重要，据此不仅可以探讨辛卯朝鲜通信使与日本文人笔谈唱和的真实情况，还可以揭示当时加贺藩与朝鲜之间文化交流的全貌。

《正德和韩唱酬录》在体例上以时间、旅程为顺序，记载了从1711年9月14日在大阪与朝鲜通信使的初次见面，至12月18日分别时往返大阪与江户过程中，伊藤薪野与李礥等通信使成员之间的诗文唱和以及笔谈等内容。

《正德和韩唱酬录》中收录的诗歌数量，含次韵诗在内，共有51首。从类别来看，有五言绝句4首、七言绝句33首、无言律诗2首、七言律诗12首。[6]从作者来看，伊藤薪野有18首，李东郭(即李礥)有16首，南泛叟有6首，严龙湖有5首，洪镜湖有5首，赵平泉有1首。诗歌的主题涉及友情、往来途中的风景以及旅愁等。[7]

从叙述的顺序来看，《正德和韩唱酬录》包括如下内容：

①大阪前录：初次见面时的相互问候、自我介绍；
②辛卯之菊秋：诗文唱和与笔谈问答；
③西京笔语：在京都期间的笔谈；
④辛卯阳月上澣：关于富士山的唱和；
⑤辛卯孟冬：江户逗留期间的交流；
⑥辛卯初冬：在清见寺的唱和与笔谈；
⑦大阪后录：重逢与惜别。

Ⅳ. 伊藤薪野的交流活动及其对朝鲜的认识

1) 伊藤薪野与朝鲜通信使的交流

(1) 伊藤薪野与朝鲜通信使的初次见面

1711年9月15日，伊藤薪野在大阪本愿寺，第一次见到朝鲜通信使中的制述官李礥与书记南圣重。双方互致问候，并作自我介绍。由于与祖缘上人同宿于本愿寺，伊藤薪野还于9月16、17两日拜访了朝鲜通信使居住的旅馆。在三天时间内，伊藤薪野两次与朝鲜四文士交换了唱和诗。此后，伊藤薪野还奉加贺藩

5　具智贤：《18世纪笔谈唱和集的形态与交流人员的变化》，载《通信使——笔谈唱和集的世界》，宝库社，2011年，第226~230页。

6　在伊藤薪野诗歌的集大成之作《白雪楼集》中也有《大阪后录》一章，内容更加详细，增补了唱和诗19首以及笔谈2处。

7　片仓穰：《日本人的亚洲观》，1998年，明石书店。

主前田纲纪之命，向李礥咨询《大明律讲解》等7类书籍是否存在印刷版的问题。[8]

(2) 朝鲜通信使出行途中的交流

在《正德和韩唱酬集》中，《西京笔语》和《辛卯阳月上瀚》两部分记述的是，在伊藤薪野随朝鲜通信使离开大阪、经由京都、前往江户的途中，双方的诗文唱和以及笔语问答等内容。伊藤薪野为表示对自己获准同往江户的感谢，与朝鲜通信使交换了有关富士山的诗文。

(3) 在江户期间的交流

朝鲜通信使于1711年10月18日抵达江户，并在东本愿寺寄宿，而伊藤薪野则与祖缘上人住在附近。

在辛卯朝鲜通信使访日期间，由于新井白石发起的聘礼改革带来诸多纠纷以及朝日间的国讳争论等原因，通信使一行不得不在江户逗留更长时间。在1711年11月19日离开江户之前，朝鲜通信使已滞留一月之久。但正因如此，双方的交流机会也大大增加了，使得《正德和韩唱酬录》中记载了大量的唱和诗以及笔谈内容。

《正德和韩唱酬录》中笔谈部分的主要内容包括，①题写"观文堂"[9]，②与祇园南海的交流、切磋，③关于朝鲜谚文的问答，④对日本文人的评价[10]等。

(4) 在朝鲜通信使返程途中的交流

在骏府的清见寺，伊藤薪野向朝鲜通信使的正使赵泰亿赠送了诗歌，并再次与李礥进行诗文唱和。[11]

(5) 惜别

1711年12月8日，伊藤薪野与祖缘上人自京都前往大阪，于12月10日在大阪与朝鲜通信使重逢。在惜别前一天的12月17日，伊藤薪野将送别诗赠给朝鲜四文士，并接受对方回赠的和诗。[12]从当时双方互赠的唱和诗的内容来看，字里行

8　此事反映了当时的加贺藩主极为关心大明律的相关文献。前田纲纪自幼时起便钻研日本和朝鲜的律例，尤其对大明律颇有造诣，据说曾向幕府将军吉宗咨询。近藤磐雄：《加贺松云公》中，文献出版，1980年，第702~709页。

9　"观文堂"也是伊藤薪野的号。在请李礥题写此号后，伊藤薪野将它刻成牌匾，悬挂于自己的书斋之中。

10　伊藤薪野问李礥，在此次出使途中相交的日本文人之中，谁为最优秀之人物。李礥的回答是室鸠巢与祇园南海。

11　《正德和韩唱酬录》之"东武归路过清见寺奉次通信正使"。

间饱含众人依依惜别的深情。

2) 伊藤薪野对朝鲜的认识

(1) 伊藤薪野对朝鲜文化的关注与憧憬

在《正德和韩唱酬录》中，处处可以感受到伊藤薪野对与朝鲜通信使交流、以及对朝鲜文化的热情。他与通信使一路同行，恳切希望能够不时与朝鲜三使、四文士进行诗文唱和。此外，伊藤薪野对朝鲜的谚文以及乐浪音乐也颇有兴趣，体现了他对朝鲜文化的关注之深。

伊藤薪野还将朝鲜称为"东华"(东方的中华)。在大阪与李礥、南圣重二人初次见面时，伊藤薪野感慨道，"初识东华有二豪"[13]。

(2) 人性的交流与相互尊重

伊藤薪野与李礥在三个月的同行期间，加深了对彼此的信任，并建立了真挚的友情。对于1711年12月18日在淀河口分别的场景，《正德和韩唱酬录》记述道，"东郭(指李礥)执吾(指伊藤薪野)手痛哭，吾亦泪流不绝"。由此可见，伊藤薪野与李礥之间的情谊已经十分深厚。

此外，从《正德和韩唱酬录》的叙事态度来看，行文中几乎没有同时期其他唱和集中散见的竞争意识和民族成见。自始至终，笔谈唱和的相关记述都是真实客观的，也没有涉及任何政治性话题。在举行有关富士山的唱和时，虽然同以往一样，将富士山与朝鲜的白头山、金刚山进行比较，但完全没有争论双方地位孰优的内容。

笔者认为，伊藤薪野和朝鲜通信使均持有关心和尊重对方国家文化这一基本立场。为表示对朝鲜的尊崇之情，伊藤薪野将之称为"东华"，而李礥则回应道"日域文明当盛际"，同时南圣重也说道"方知和国文华盛"。[14]此外，李礥还盛赞伊藤薪野的诗歌为"佳作"。

Ⅴ. 结语

在1771年辛卯朝鲜通信使访日期间，加贺藩主前田纲吉在本藩与朝鲜通信使

12　《正德和韩唱酬录》之"大阪后录"。

13　《正德和韩唱酬录》之"大阪前录"。

14　《正德和韩唱酬录》之"大阪前录"。

交流过程中的积极态度，是值得注意的。加贺藩文士能够与朝鲜通信使进行直接交流，离不开加贺藩主的支持，否则难以实现。而《正德和韩唱酬录》作为唯一的由朝鲜通信使未曾到访藩国的文士所著之唱和集，也体现了加贺藩对与朝鲜通信使开展交流的积极态度。[15]

此外，如前文所述，伊藤薪野向李礥询问《大明律讲解》等7类书籍的印刷本之有无，也是奉加贺藩主之命而为。这说明，加贺藩主在本藩与朝鲜通信使交流的过程中，具有明确的目的意识。

在1711年辛卯朝鲜通信使访日之时，31岁的伊藤薪野在接待僧祖缘上人的协助下，幸运地陪同朝鲜通信使往返于大阪和江户之间，而沿途各藩的文士和儒官均遵守在本地进行交流的原则。由此可见，伊藤薪野的经历极为特殊。毋庸置疑，伊藤薪野是怀着高度的热情与朝鲜通信使进行交流的，但笔者认为，朝鲜通信使成员对伊藤薪野诗文以及儒学水平的赞赏，才是双方交流得以长期进行的重要原因。

对伊藤薪野而言，辛卯朝鲜通信使的来访以及双方之间的交流，的确是一个幸运的机会。此后，伊藤薪野在加贺藩主的大力支持下，开设私塾，尽力培养后辈，以至被评为加贺藩儒学者的代表人物。而这应该与加贺藩主鼓励本藩文人与朝鲜通信使交流、以及欣赏《正德和韩唱酬录》的内容之间，存在着某种因果联系。

15　除了在1711年，加贺藩还在1748年朝鲜戊辰通信使访日之时派遣文士，与通信使成员进行学术交流。即，在1748年朝鲜通信使返程途中，金泽出身的本草学者龙元周于同年6月28日在大阪与制述官朴敬行进行了笔谈。有关此次笔谈的内容，记载在龙元周本人的文集《班荆闲谭》中。

8

許篈・許筬兄弟之朝天行與通信使行之經驗

具智賢(鮮文大)

I. 序言

許曄(1517-1580)是羅湜(1498-1546)的弟子，他學問的根基在於鄭夢周(1337-1392)、吉再(1353-1419)為正統，傳之於金宗直(1431-1492)、金宏弼(1454-1504)、金安國(1478-1543)、趙光祖(1482-1519)的導學派。在政治方面1575年東西分黨以後許曄成了東人的支柱。《朝鮮王朝實錄》有云："(許曄之)三子筬、篈、筬，女壻禹性傳、金誠立, 皆以文士登朝, 論議相高, 故世稱許氏爲黨家最盛."。許曄與第一位夫人生了許筬(1548-1612)和二女，與第二位夫人生了許篈(1551-1588)、許筬(1569-1618)、許蘭雪軒(1563-1589)三兄妹。禹性傳(1542-1593)是第一夫人所生之女的夫婿，金誠立(1562-1592)則是許蘭雪軒的夫婿。許筬的謀反事件后許家沒落了，在此之前許曄一家一直處在朝鮮文壇與政壇的中心部。

①己卯士類敗後。人家諱言小學，近思錄。一切禁子弟不學。先人少日受學於羅長吟湜。曾見外家廢龕中有小學四卷。蠹毀散亂。展看則知其學者之不可不讀。袖初卷詣羅公。公驚曰。你安得此鬼朴來耶。因流涕悼前賢之厄死。先人因請學。羅公甚嗟賞之。遂教小學及近思錄。然勿令人知之。

②昔者竊有志於學而未知其方。嘉靖辛丑。先生侍講東宮。請讀心經附
註。然後曄始知有此書。卽求于友人許忠吉處。敬讀終卷。潛玩體驗則方寸之
間。似有所主。讀閱經史。稍知路脈。至今不下陷於惡。無非先生之賜也。常
竊以爲先生。曄之聞而學之之師也。

從以上引用文可推測許曄之學問淵源。①是其子許筠留下的記錄。得知，許
曄在羅湜處學習了《小學》與《近思錄》，這些書是繼承導學派的基本修養書。己
卯士禍之後《小學》和《近思錄》成了禁書，許曄暗地裡學習了這些內容。

②是許曄為李彥迪(1491-1553)文集寫的跋文一段。李彥迪是對李滉
(1501-1570)'主理說'的成立影響至大的學者。這裡言及的《心經附註》初刊於
1492年，是明代程敏政(1445-1499)為宋代陳德秀(1178-1235)的《心經》作的注
釋本。李滉曾說過得《心經》之後，才領悟了心學根源與心法的精妙，因此將此
書當做神明，當做父親來恭敬。可知，《心經》奠定了退溪學的學問之基礎。

郭貞禮這樣概括了許曄的交友關係，"以徐敬德的文人作為主軸、繼承了在野
士林派學統的人物們進行了活躍的交流，之後還結識了李滉的文人"，從而漸漸
擴大了其交友圈。其交友樣相則與學統緊密相關，交友甚密的多數文人在學問
上以朱子性理學為中心，對老莊、佛教等異端思想也不排斥，是一群有着雜學
傾向的文人圈子。

雖說持有較開放的學問態度，但作為學問之根基的朱子學是非常嚴格的。許
曄57歲任職于成均館大司成時，將《近思錄》作為必讀書要求儒生們進行通讀，
對士林學風的定力做出了貢獻。父親這樣的學統與人脈關係對子女的學業產生
了莫大的影響。22歲文科及第後出仕的許筬寫給李滉的書信中曾提到，"筬以為
應潛心研讀《近思錄》、《小學》、《心經》、《大學》中一書，研讀時專注於其中一
書，從頭到尾有所收穫之後再廣讀其他書，如何？"。許筬有一首叫做《心經》的
詩，詩中也曾寫到"閑擲小窓千遍讀'。大三歲于許筬的許篈也有"始滌十年塵土
累，心經一部有眞閑"的一首詩。可知，許篈許筬兄弟的學問既繼承了導學派的
基本，網羅了退溪學。

許曄一家無愧於政治、學問之中心，都有明國使行的經驗。早先出仕的許筬
1574年自願作為書狀官出使了明國，將其出使經過與體驗詳細記錄在了《朝天
記》。16年後的1590年許篈以43歲的年齡，作為通信使書狀官出使了日本。他
們兩兄弟的使行中引人注目的是學問交流。許筬特意訪問國子監找中國的文士
交換了對性理學的見解，許篈則在日本遇到了日後成為日本最初的儒者的藤原
惺窩(1561-1619)。本論文要著重要考察學問淵源一致的兄弟倆對楊明學席捲的
中國(明代)與性理學產生之前的日本持有怎樣的態度。

Ⅱ. 弟許篈在中國使行中體現的學問之嚴肅性

據許篈的年譜，他22歲及第庭試後次年在湖堂賜暇讀書。24歲被任命為禮曹佐郎，此時自願提出作為書狀官，與聖節使朴希立(1523-?)、質正官趙憲(1544-1592)一同出使中國。

對於朝鮮文人來說出使明國是一種攝取新知識與制度的重要途徑。此次使行是為了慶賀明神宗誕辰，但是也有質正官陪同，當時的質正官趙憲在《東還封事》的序中寫到出國境之前預先準備好了"質正事"20條目。

> 至玉河館。不能出入。只令通事。因人請質。則所釋之言。不外乎四聲通解。…道遇士人王之符。舉以質之。則略說三事而哂之曰。質正之來。只爲此事乎。若此數物。除是方術之士。乃能盡知。而必欲强聞。則在聖門爲玩物喪志。於吾儒爲博學小人。臣竊愧斯言。

抵達中國之後趙憲誠實地履行了質正的責任，但似乎沒法超越申叔舟調查得到的信息。現在無從得知他要質正的具體內容，但其中王之符答復的三條目可以從與許篈記錄的對比中得知。具體是"黃花菜""樱棗""馬蹄鹽"等見於《本草綱目》的物名。許篈的記錄中可以推測其他質正條目也很有可能都是物名。王之符回答則是"區區這些無暇顧及"，使趙憲感到非常之慚愧。之後趙憲研究了明國的"大公至正之制"與"長治久安之術"，回國后給宣祖奉上了《東還封事》。《東還封事》的八條目分別是"聖廟配享"，"內外庶官"，"貴賤衣冠"，"食品宴飲"，"士夫揖讓"，"師生接禮"，"鄉間習俗"，"軍師紀律"，是網羅明國的政治、文化、習俗的一部著作。

許篈也很認同王之符的態度。如果說趙憲在使行中對"質正"這一任務有明確的責任感的話，許篈出使的目的主要在於得到新知識。但是中國文人接觸交流並非那麼容易。

> 今也皇朝之待我國。則異乎是矣。重門嚴鐍。以防其出入。若視寇盜。惴惴然唯恐一毫之肆。故學士大夫。搢紳先生。或欲揖而進之。討論典墳。詢訪風俗者。不無其人。而朝有禁令。末由已已。

許篈希望與中國人進行"討論典墳"，"詢訪風俗"，但是這些是明國政府嚴謹的事項，朝鮮文人很難接觸到有學識的學者與有經驗的官員。許篈對此感到非常

遺憾，評價到《朝天記》中"只記其道里遠近。而他無所及焉者此也"。即便如此，許篈並未放棄與中國文士的交流，年譜中有這樣一條記錄，"與中州士大夫。論難朱陸之辨。薦紳先生莫敢屈。咸歎服焉。"，可知許篈積極應對了遇到的少數中國文士的討論。

> "至於遇葉本遶之符。歷正學書院。弭節于首善之館。能孤倡正大之論。以抗羣咻。而不震不沮。所謂自反而縮。雖千萬人吾往者非耶。尤可尙也已。"

如上所述，柳成龍(1542-1607)高度評價了許篈與中國文人的交流。1574年6月26日，許篈一行訪問了遼東正學書院，遇見了魏自强、賀盛時賀盛壽兄弟、呂沖和等四人進行了筆談。此時許篈第一次批判王守仁(1472-1528)的著作，談到"守仁之所論著，僕皆一一精察而細核。"還批判到"楊明學根源于釋氏，改頭換面變成了楊明學""公然收集陸氏的餘論，進行誹謗"，並對楊明學對配享王守仁于文廟之事深表憂慮。8月2日，過薊州抵達夏店後許篈遇到國子監生徒葉本，許篈闡述了"良知"與"禪"的相似性，推崇王守仁的葉本則主張"良知良能說"。

次日即8月3日，許篈遇到了擧人王之符問了對楊明學的見解。王之符稱楊明學是"僞學"，對配享王守仁于文廟之事持有反對立場。許篈第一次遇到了跟自己意見同一的人物。兩人分別對各自地區的程朱學者進行了介紹。許篈將高麗的鄭夢周為道統，在朝鮮則提及到了金宏弼、趙光祖、李彦迪、徐敬德，稱李滉為今世的泰山北斗。

8月20日許篈和趙憲一起參觀了"首善之館"即國子監。即日與楊守中等20名生徒進行了筆談。通過與楊守中的筆談，得知了楊明學主要盛行于南方，北方則極力排斥，因此將王守仁配享于文廟一事，還未成定局。但是對於國子監不知禮數且散漫的風氣大為失望。"抑大學本爲首善之地。非徒文具爲也。今見廟宇深密。檜柏森蔚。堂齋靚潔。地位幽閟。眞可爲師生講道之所。而爲師者倚席不講。爲弟子者散處閭閻。祭酒。司業。以驟陞大官爲念。監生。歲貢。以得添一命爲榮。慢不知禮義廉恥之爲何事。學校之廢墜至於斯。宜乎人才之不古若也。嗟呼嗟呼"

許篈的中國使行是排斥異端確認正統之行。如年譜所說"朱陸之辨"是排擊繼承陸九淵的楊明學，闡明朱子學正統之位的過程。通過趙憲的《東還封事》也能推測出此過程的必要性。第一條"聖廟配享"的終極目標是將金宏弼、趙光祖、李彦迪、李滉等人配享在文廟。觀察正學書院與國子監的制度以及推崇楊明學的中國文士之間的論辯經驗最終成了反思朝鮮的正學，進一步思考如何將明國的制度適用于朝鮮的契機。

許筠的中國使行經驗中注目對楊明學的辯斥的原因在於，此次中國使行的意義體現了朝鮮學界的關注點從單純物名的考察轉變成對制度與文物的觀察。

Ⅲ. 兄許筬在日本使行中體現的學問之彈性

弟許筠出使中國歸來后的第二年，即1575年發生了所謂的東西分黨。其父許曄同金孝元(1532-1590)一起活躍在東人的中心。關於東西分黨雖有諸多議論，但基本是導學為基礎的士林勢力為了實現政治理想，為了阻擋勳戚勢力再登場進行論戰的過程中分列的。東人對外戚政治持有強硬的立場，主要以嶺南地區的李滉與曹植(1501-1572)的文人為中心；持有穩健的立場的西人主要以李珥(1536-1584)與成渾(1535-1598)的文人為中心。學派變成了政治勢力朋黨，是因為他們的政治思想的背景里有各學派的性理學宇宙論與人性論。1574年中國使行中體現出的對楊明學的辨斥之後，在專一的朱子學內部中出現了分化的結果。

1583年許筠在彈劾當時的兵曹判書李珥的過程中被流放了。雖然2年後得以釋放，但被禁止進入都城，結果在流浪途中病故，時年38歲。兄許筬在1568年與弟許筠同時及第了生員試，但在科考中屢遭不順。現存的記錄中可得知，1574年許筠滯留在僧迦寺20余天，通讀了《性理大全》、與很多文人進行了酬唱。他的大部分時間用在學習與交友上。說來也巧，弟許筠被流放甲山的1683年8月28日，許筬科舉中榜了。《荷谷集》里有一首〈送舍兄朝天〉的詩，可以推測許筠出遊金剛山之前的1587年深秋之際，許筬出使了明朝，更加具體的內容無從得知。

《朝鮮王朝實錄》中有關許筬的記錄見於1589年8月1日的記事。討論是否給豐臣秀吉派遣通信使的時候，只有許筬極力讚成。壬辰倭亂之後的1606年，德川家康邀請通信使的時候許筬依然主張和親，為了減少百姓的犧牲許筬採取的是現實論者的立場。可能出於這樣的原因，1590年許筬被任命為通信使書狀官出使了日本。

日本使行中，與許筬的對立最為突出的是同屬一黨的金誠一(1538-1593)，而不是屬於不同黨派的正使黃允吉。這是否是基於朱子學和反朱子學的現實對應態度的差異，這一問題當然有待再考。較為有趣的是，即便是學問淵源相同的同黨人士，處在相對較陌生的國度日本的時候也會出現意見的分歧。1574年許筬之弟許筠在遼東的正學學院看到"魁"字，鄙視科舉狀元作為目標的學習態度。之後的1577年，金誠一在同一地方看到同樣的字句，有了與許筠一樣的感慨。在中國的時候，文物觀察中體現的感慨與批判是如此相似，但是在日本彷徨與"權道"與"常道"之間意見無法統一，這是因為日本處在許筬與金誠一的朱子學世界觀之外。

連稱之為日本第一位儒者的藤原惺窩也是"雖讀佛書，志在儒學"的僧侶。8年後的1598年藤原惺窩第一次遇到姜沆(1567-1618)時，日本的儒學依然處在"本朝儒者博士。自古惟讀漢唐註疏。點經傳而加倭訓。然而至于程朱書。未知什一。故性理之學。識者鮮矣。"的狀況。朱子學雖然已經傳之於日本，但是被理解為以五山為中心的禪學的一種從屬形態。

在這種狀況下許筬應藤原惺窩邀寫了一篇《柴立子說》，這一舉動被評價為使藤原惺窩正式向儒學邁步的一個契機。此篇文章中所體現出的許筬的認識，已有較詳細的先行研究。下面想通過與許筠的對比考察許筬對藤原惺窩的交談方式。

許筠看來，與佛教相似成了辨斥的主要理由。

> 夫陽明倡良知之說。凡日用應接之事。古今聖賢之書。一切放置。不入思慮。只要想像一介良知。使之忽然有覺於霎爾之頃。此非釋氏之遠事絶物而何。揆之孔孟之訓。同耶異耶。

上述引用文是與葉本的交談中許筠對楊明學作出的批判。批判的依據是"於放置讀書于一邊，追求靜坐黙識"從這一點看楊明學與佛教相似。"良知"所追求的"覺於霎爾之頃"，與佛教的"頓悟"很接近。因此楊明學並不是繼承聖人的教誨，而是屬於跟佛教一樣的異端的範疇。

與之相比，許筬談到佛教教理時表現出相對彈性的態度。

> 儒釋之道所造雖異。用力之功。亦應不殊。至於眞積力久。造一朝豁然之境。則吾儒之所謂知至。而佛者之所謂契悟也。磨甎固非作鏡之道。而其所以獲鏡之明者。亦固磨者之功也。夫所謂言下領悟者。非彼之言徒使吾悟。皆吾立志立脚之功。眞積力久。而彼之言適觸吾心之憤悱也。啓發之緣。亦應相值。而自立之功。固不可誣也。

「柴立子說」中使用了"磨甎"、"言下領悟"等佛教用語進行了說明。南嶽懷讓啟發馬祖的'磨磚成鏡'故事與玄覺見曹溪的六祖大師之後有了頓悟，這兩個故事是佛教的關於頓悟的具有代表性的故事。但許筬用此比喻的重點在於"磨"--即修煉的行為。接著他又說到"言下領悟"是"吾立志立脚之功"，再次論及"眞積力久"。孔子對曾子說過"吾道一以貫之"，"眞積力久"是朱子對此時的曾子的評價。重視修養與實踐的李滉在《自省錄》等著作中常常論及的"眞積力久"。許筬並稱儒家的"至知"與佛教的"契悟"的是為了說明"眞積力久"的重要性，從而體現"頓悟"的虛構性的前提。

子釋氏之流。而我聖人之徒。當距之之不暇。而反爲道不同者謀焉。無乃犯聖人之戒。而自陷於異端之歸乎。然贈人以言。仁者之事。而吾之言固不能發明於子之道。僅足爲他日面目之資。

上述引用文士「柴立子說」的結尾部分。"爲道不同者謀焉"指的是應僧侶藤原惺窩的邀請寫了「柴立子說」。然"贈人以言, 仁者之事"以及"吾之言固不能發明於子之道"等理由作爲辯解。即再次闡明了儒教與佛教不能混爲一談, 他的「柴立子說」也與佛教無關。「柴立子說」中體現的許筬對佛教的認識基於朱子學的認識, 對佛教的言及不過是爲了使用藤原惺窩所熟悉的概念, 更好地說明"朱子學的道"的一種裝置。

許筹以積極的態度與藤原惺窩等日本人進行了筆談等交流, 這與金誠一的立場成了鮮明的對比。而許筹這樣的態度並未超出了對朱子學的擁護, 事實上他與弟弟許筬對楊明學的辯斥的態度在一條線上。只不過, 考慮到日本尚處於性理學的萌芽期, 因此對儒學表示關心的僧侶表現出了較有彈性的態度而已。

Ⅳ. 結語

16世紀的朝鮮, 士林興起, 性理學作爲政治哲學進行探究的時期。當時許曄一家是接受新近知識, 處於政治活動的中心。老莊思想與佛教, 以及陸九淵、王守仁的學問也作爲探究對象。通過這些研究朱子學奠定了正學的地位。這個時期弟許筹與兄許筬間隔15年的時間分別出使了中國(明)與日本。在楊明學興起的中國, 許筹積極改進了批判意見；在沒有儒者的日本, 許筬對日本僧侶藤原惺窩以柔和的態度說明了朱子學。朱子學作爲根基、對異端的嚴肅的態度均體現在他們兩兄弟身上。

<參考文獻>
郭貞禮,《許氏五文章家之文學背景與活動研究》, 慶熙大學博士論文, 2011.
郭貞禮,〈岳麓許筬與江戶儒學之勃興〉,《語文研究》38卷3號, 語文研究會, 2010, 411-437頁.
金東珍,〈許筹的對明使行與陽明學變斥〉,《文化史學》21集, 2004, 825-853頁.
金貞信,〈16世紀末性理學的理解與現實認識〉,《朝鮮時代史學報》13, 朝鮮時代史學會, 2000, 1-31頁.
薛錫圭,《朝鮮中期士林的道學與政治哲學》, 慶北大學出版部, 2009, 147-167頁.
成海俊,〈日本朱子學的傳來與收容〉,『南冥學研究』15, 慶尚大學南冥學研究所, 2003, 313-350頁.
阿部吉雄,『日本朱子学與朝鮮』, 東京大學出版会, 1965.

⑨

朝鲜前期通信使的文化使节性质[*]

韩泰文(釜山大)

Ⅰ. 绪论

朝鲜时期的通信使，承担着派往日本的交临外交使节和文化使节的重要角色，关于该主题的研究和著作已是蔚然成卷。纵观整个朝鲜时代，都陆续进行了通信使的派遣活动，但此前的研究成果的范围主要集中于朝鲜后期的通信使[1]。这一现状的产生，一方面是由于同朝鲜后期相比，朝鲜前期通信使的相关文献资料较为欠缺的客观条件造成的；另一方面不可否认的是在经历过壬辰倭乱的伤痕之后，朝鲜后期确实扩大了通信使的派遣规模去发挥善邻友好精神，从而引起诸多学者的关注和不遗余力的研究。

值得庆幸的是，如今为了克服这种偏向性，涉及朝鲜前期通信使的研究成果正日渐增多。[2] 本稿作为该研究倾向的延伸环节，通过庚寅通信使(1590年)对朝鲜

---

* 笔者曾在研讨会上发表名为《关于福禅寺珍藏的通信使遗墨资料的研究》的论文。但由于研究范围过于狭窄，此次应韩中日三国相关学者的要求，对2013年刊登于第36期《东亚汉文学研究》上的文稿《庚寅通信使(1590)文化使节的特性》进行修改，并重新发表。因此详细内容请参本文.

1 共13卷的《朝鲜通信使行录研究总书》(曹圭益·郑英文编著，学古房出版，2008)中收录了67位笔者从文学、外交、历史等多角度分析的135篇论文，其中关于朝鲜前期通信使的论文仅有十余篇。

前期通信使的文化使节性质进行具体考证。庚寅通信使，同之前未能留下使行录的出使活动或在战乱中应中国要求派遣的丙申通信使不同(1596年)，是由朝鲜自发派遣，并在副使金诚一的《鹤峰全集》中留下许多使行相关记录。因此，根据庚寅通信使展开的文化交流活动，不难探明朝鲜前期通信使的文化使节性质。[3]

Ⅱ. 庚寅通信使的派遣背景及使行路程

1) 派遣背景及规模

1587年9月1日统一日本的丰臣秀吉，继关白之后被任命为太政大臣，并派出橘康广作为日本国王使臣，向朝鲜朝廷传达通信请求的国书。[4]虽然当时的朝鲜朝廷以不善海路为由，通告秀吉不能派遣，但秀吉又派遣由以博多的圣福寺和尚景辙玄苏为正使，以对马岛主的儿子平义智为副使构成的国王使臣，提出让熟识海路的对马岛岛主的儿子平义志作为"海路指南针"的建议。找不到借口的朝鲜朝廷再一次提出以交出1587年倭寇侵略全罗道损竹岛时为敌军带路的朝鲜叛徒沙乙蒲同和倭寇头目、遣送被俘人员回国为派遣通信使的前提条件。[5]

但是，日本当即遣送116名被俘人员回国，并交出叛民沙乙蒲同和紧时要罗等倭寇头领。至此，朝鲜朝廷再难找出说辞拖延通信使的派遣，最终于9月21日作出派遣决定，一是作为礼节上的答礼，二是认为借机窥探日本国内动静亦不为失计。正如金诚一屡次提及，乙亥通信使(1479)之后经过了近百年时间，朝鲜通信使又拉开了帷幕。

朝鲜后期的通信使活动在其使行录中都附有《员役名单》，而庚寅通信使等朝

2　具有代表性的研究成果有金声振的《朝鲜前期韩日间文化交流状况》，『东洋汉文学研』14集，东洋汉文学会，2001; 韩泰文，「戊申通信使(1428)及朴瑞生」，『洌上古典研究』29集，洌上古典研究会，2009年等。

3　有关使行的诗文，在许筬的『岳麓集』中未能找到，车天辂的『五山集』中也仅仅收录了《松源院与金鹤峯诚一许山前筬赋七夕联句》、《醉习用醉席用岑字韵联句》、《醉中联句》、《杆城咏月楼》等篇章。『鹤峯全集』由『鹤峯集』、『鹤峯续集』、『鹤峯集附录』、『鹤峯逸稿』、『鹤峯逸稿附录』组成，以下将在原文和脚注中分别简称为『鹤峯』、『鹤续』、『鹤附』、『鹤逸』、『逸附』并在其后标注卷数。但考虑到『鹤峯逸稿附录』中研究『年谱』的重要性，将特别标记为『年谱』。

4　『宣祖修正实录』卷21，宣祖20年9月1日。在以下原文及脚注中将简称为'『宣祖(或宣修)』21, 20(1587)/09/01'。日本國王使橘康廣來聘…遂康廣 來求通信.

5　『宣祖』23, 22(1589)/08/04.

鲜前期通信使活动不仅难觅使行录，即便在鲜有的使行录中也找不到《员役名单》，所以很难推断当时的派遣规模。不过，根据此前乙亥通信使派遣时呈给礼曹的《日本国通信使事目》记载，当时约有100名人员乘4艘船踏上出使行程。[6]从这一点可以大略推测出庚寅通信使的规模，而在《实录》和《鹤峯全集》中则能发现较多更具体的线索。如：四艘船上的格军有十余人因患传染病卧床不起，运送行李的船只有两艘，琉球国中了日本奸计，将300名通信使误当成是朝鲜降服的人而错告知给中国等记录。[7]

　　由此可以推断当时300多名是分别乘坐由正使和副使指挥2艘大船和2艘运送行李货物的中型船出使的。此外，在诗文中也可查找出下列使行人员。

　　　　制述官(车天辂), 文士(白大鹏・黄葺), 写字官(李海龙), 医官(孙文恕), 翻官(陈世云・尹嗣寿・林春茂), 军官(金命胤・崔光顺・洪季男・黄进・成天祉・南霁云・南金云・闵勋), 乐工(林桓・全汉守・全希福・崔伶・杨男), 格军(金应邦)

　　和此前的通信使相比，已经提出了出使者的真实姓名，还能见到制述官・文士・写字官等擅长文学和书画的人物及擅于骑射的军官。此外，在格军当中唯一一位出现实名记录的人物－－金应邦是实际上是一位制作佛像的匠人[8]。从此类人员的增加安排上可以看出庚寅通信对文化交流做了充分的考虑。

2) 使行路程

　　庚寅通信使不仅缺少<员役名单>，甚至连出行路程和出发日期的相关记录也因各文献记载内容存在出入而难以作出具体判断。如出行日期在不同文献上分别记载为3月1日(『宣修』24)、3月5日(『年譜』)和3月6日(『宣祖』24)等。所幸通过《鹤峯全集》中收录的1726年李栽编辑的《年谱》和金诚一的使行诗文，从某种程度上能对使行路程作出推断。使行路程经重新整理列出下表。

6　『成宗』100, 10(1479)/01/20. 在『世祖』19, 06(1460)/01/03中记载：庚辰通信使(1460年)在2艘日本国王使船和2艘对马岛倭船的护卫下，包括使臣在内的1百余人分乘3艘船出发。

7　①舟中染疾 連作四船 十餘人臥痛(『鹤续』4, 书, <寄诸姪>), ②有两卜船(『鹤峯』5, 书, <与许书状>), ③倭奴等以犯上國之言 亦布於琉球且言 朝鲜亦已屈伏 三百人来降 方造船爲嚮道云云(『宣祖』25, 24(1591)/10/24). Fróis著, 松田毅一・川崎桃太 译, 『日本史』2(中央公论社, 1977, 60页)记载"朝鲜王派使节, 携领从者300余人到达都城。"其后的丙申(1596)通信使出使人数亦是309人, 因此可以判断300余人是正确的数字。

8　『鹤峯』2, 诗, <题金应邦帖>。技藝奪天工 萬佛能手幻。

(1) 往路

类别	日期	日程内容	佐证文献
国内	1590.03.05	首尔 启程	<三月初五日丙子賜酒闕庭>(『鶴峯』2)
	03.08	阳之 抵达	<初八日宿陽智县次許书书状韵>(『鶴续』1)
	03.11	用安 启程	<十一日朝發用安驛>(『鶴逸』2)
	03.13	獺川 经停	<十三日過獺川望劍巖有感>(『鶴續』1)
	03.14	安保 启程	<十四日出安保驛先向永嘉時同行諸君子直往東萊>(『鶴逸』2)
	03.15	聞慶 经停	<踰鳥嶺>·<聞慶途中>(『鶴峯』2)/<午憩龍湫院>(『鶴逸』2)
	03.16	安東 抵达	'十六日行至家'(『年譜』)
	03.23	義城 抵达	<二十三日發向山抵聞韶舘次東軒韻>(『鶴逸』2)
	03.24	義興 抵达	<龜山南溪上有小亭…>(『鶴逸』2)
	03.25	靑鷺 午膳	<二十五日午憩靑鷺驛…>(『鶴峯』2)
	03.27	新寧 抵达	<二十七日到新寧舘次題竹軒>(『鶴峯』2)
	03.29	慶山 启程	<二十九日發慶山達城伯權灝元文海曁主倅李靜可會餞>(『鶴峯』2)
	03.30	榆川 抵达	<三十日到榆川鰲山鰲山太守次山字韻贈行再和却寄>(『鶴逸』2)
	04.01	密陽 抵达	<四月初一日次凝川樓舡韻留贈主人>(『鶴峯』2)
	04.02	梁山 抵达	<過梁山龍堂>(『鶴逸』2)
	04.03	東萊 抵达	<初三日入東萊舘>(『鶴峯』2)
日本	1590.04.27	釜山 启程	'二十七日發船 宿多大浦蓑笠山下海口'(『年譜』)
	04.29	對馬島 大浦	<二十九日渡海到大浦舘朝起書一律示車五山>(『鶴逸』2)
	05.01	大浦 启程	'五月一日發船 水宿三日'(『年譜』)/<過愁未要時記所見韻>(『鶴逸』2)
	05.04	對馬府中 抵达	'初四日到對馬島 傳命島主'(『年譜』)
	06.?	壹岐島 抵达	'六月發船 泊一岐島'(『年譜』)
	06.16	大堺濱 抵达	'十六日渡海次界濱舘引接寺'(『年譜』)/<到大界濱乘舟泛河指國都>(『鶴逸』2)
	07.22	京都 抵达	'七月(補)二十二日 入日本國都'(『年譜』)
	11.07	國書 抵达	'十一月七日始傳命'(『年譜』)

《年谱》中对于往路的记述态度存在明显对比，即对于朝鲜境内的路线仅记录
了首尔启程、安东及东莱抵达的内容，相反对于日本境内的路程记录则相对详
细。严格的说，图表中国内的路线行程更多是金诚一的个人行程。因为金诚一
向朝鲜国王奏请，获准到故里祖坟省墓，并于3月14日在安保驿暂别使行团队
伍，前往安东府临河县川前里。通过『年谱』可以看出，3月19日金诚一在自己修
建的石门精舍，与黄汝一等人互赠题诗，21日重回故里，拜谒家庙，先茔省
墓，其后离家[9]。此后的行程路线虽然偶有不同，但基本如图表所示，遵照了使
行团原定的路程。

日本境内的路程记载为4月27日从釜山浦出发，在多大浦的蓑笠山近海停留过
夜，28日途经木岛时遇大风，遂返航多大浦稍作停留，并于29日抵达对马岛。
而《年谱》中仅标记为“到达壹岐岛以后直接在大堺濱(今大阪堺市)的引接寺留
宿，而没有表示中间途经的路线。但通过金诚一的诗作《次十八首》(『鹤逸』2)可
以找到相关线索。即附在各诗结尾处的‘是日向兵庫關(兵库关)’、‘右赤間關(赤
间关)’、‘右竈戶關(灶户关)’、‘右道毛津(道毛津)’‧‘右室津浦(室津浦)’等注
解。诗句中也提及了‘牛窓(牛窗)过午南风正’。由此可知，庚寅通信使的路线也
同此前的使行及朝鲜后期的通信使一样，经过濑户内海的主要港町，即赤间关-
灶户关)上关)-道毛津(韬浦)-牛窗-室津-兵库，最终抵达大阪。

(2) 返程

类别	日期	日程内容	佐证文献
日本	1590.11.11	京都 启程 堺濱 抵达	‘十一日　出次堺濱館引接寺’(『年譜』)/<次山前十一發天瑞寺宿鳥羽村韻>(『鶴逸』2)
	12.11	兵庫關 启程	‘十二月十一日 發船還次兵庫關’(『年譜』)/<次五山兵庫關雪花大如乎分韻>(『鶴逸』2) *停留六日。
	12.17	藍浦 抵达	‘十七日　泊藍浦’(『年譜』)/<臘月旣望之一日自兵庫關暮夜揚帆行數十里泊藍浦>(『鶴峯』2)
	12.20	赤間關 抵达	‘二十日 發藍浦過竈戶關 次赤間關阻風旬餘’(『年譜』)
	1591.01.06	藍島 抵达	‘本月初六日 到藍島’(<與上副官對馬島主>(『鶴峯』5)
	01.10	對馬島 抵达	‘正月十日自一岐島還次對馬島’(『年譜』)/<登馬島鶴嶽城次五山韻>(『鶴續』1)

---

9 『年譜』.十九日上石門精舍 黃內翰汝一適來相訪 先生賦五言詩一篇以見志…二十一日
歸川前 省家廟掃先壟。

类别	日期	日程内容	佐证文献
国内	1591.01.28	釜山 抵达	'二月初渡海次釜山'(『年譜』)/'通信使正月二十八日出來'(『宣祖』25, 24(1591)/02/06) *记录的不同
	02.末	首尔 复命	'是月還朝復命'(『年譜』)/'通信使黃允吉等 回自日本 倭使平調信等偕來'(『宣修』25, 24(1591)/03/01) *记录的不同

之所以同去程相比, 返程的路程耗时相对缩短, 记录也相应简略. 是因为经过长时间的使行身心疲劳, 为了尽快复命, 不愿重复记录返程等的原因. 这种现象在朝鲜后期的使行录中也较为常见。同样, 通过金诚一留下的诗文, 可以大略推测出返程的路线。与日本交换国书之后, 为躲避风浪在堺濱停泊延误一个月, 而后起航经过'淀城'抵达兵库关, 在室津离港之后遇到顺风, 经过灶户关到达赤间关后又因强风停留十余天[10]。由此可以推断日本境内的路线为堺濱(大坂)-淀城-兵库关-蓝浦-室津-灶户关-赤间关。

关于朝鲜国内的路线, 通过《次凤凰台韵》(『鹤峯』2)中"經年野寺聲音別, 此夜高臺笑語(同隔年在日本寺院断绝消息, 今夜临着高台欢声笑语)"及《题西岳书院》(『鹤峯』2)中"遠客初回萬里程"等诗句, 可以看出金诚一在归途中曾游览庆州的凤凰台及西岳书院。另外, 通过《题永州乡序堂》(《鹤逸》1)中的注释"自日本上京時"及《还自扶桑过龟城大醉赠权景初》(『鹤逸』1)等文字可知归程路线也经过了永川和龟城(龙仁)。

综上所述, 除了庚寅通信使的最终目的地是京都而不是江户(东京)这一点之外, 朝鲜后期通信使和朝鲜前期通信使的出使路程基本相同, 后期基本因循了庚寅通信使时期首尔至京都的往返路线。

Ⅲ. 文化交流活动的诸多形式

正如王仁、阿直岐赴日派遣和易博士、历博士、医博士的赴日来往, 从前所谓的韩日间的文化交流主要是通过人员的交流。尤其是和此前的通信使相比, 庚寅通信使的参与人员规模较大, 这对于因持久内战而难以接触异国文化的日

10　①堺濱一月滯歸楫(『鹤逸』2, <次阻風一絶>), ②歸意先過大坂城(『鹤逸』2, <過淀御城>), ③自離室津之後 風利舟快'(『鹤峯』5, <答平調信>), ④二十日 發藍浦過竈戶關次赤間關 阻風旬餘(『年譜』).

本人来说应是一场耳目一新的盛大活动。无论是"六月次堺濱，蛮群千万队(6月停靠在堺濱，千千万万的蛮夷汇聚而来)"的诗句，或是"都人士女，倾国出观，至于宫娃达官，看杀阙下(我们走进都城，人们纷纷涌来围观，宫女和高官们站在大殿下凝望)"的记录，都充分证明了当时的盛况[11]。庚寅通信使与日本的文化交流在文学、艺能、医学、风俗等诸多方面留下了印记。

1) 文学

同朝鲜后期的通信使一样，朝鲜前期的通信使亦大量选拔文采卓越的人才入编。成宗6年(1475年)曾以诗才欠佳为由，将通信使书状官表沿沫撤换为蔡寿，甚至选拔军官的时候也不仅仅考核武才，还要选拔擅长词章的人[12]。庚寅通信使的人员选拔也毫不例外，比如因能辞善赋而被钦点为正使的黄允吉，凡有著述皆援笔成章的副使金诚一，出身于以文章简明凝重著称的"许氏五文章家"中的书状官许筬，这三位使臣皆是当时文名誉满天下的才子[13]。

另外，车天辂与白大鹏的参与也起到一定作用。黄允吉听取玄苏的建议，参照以前使行人员中选拔鱼无迹·曹伸等擅长文辞的儒士参与的经验，向朝鲜国王奏请提拔车天辂[14]。金诚一传世的大部分使行诗是车天辂诗作的次韵诗，而申维翰的记录也曾提到车天辂本人因其卓越的文采颇受日本人景仰[15]，这些足以证明车天辂在当时的活跃。另外，朝鲜宣祖时期的委巷诗社'風月香徒'的核心人物白大鹏也和刘希庆一样，平素的文采受到许筬的赏识，后经提拔成为会见日本文人的使臣。[16]

在庚寅通信使的使行活动中，韩日两国的文仕们文化交流成果整理为下列表格。

---

11 『鶴逸』2, <贈戲玄蘇>. 六月次堺濱 蠻群千萬隊;『鶴峯』6, 雜著, <入都出都辨>. 是日也都人士女 傾國出觀 至於宮娃達官 看殺闕下 而瞻前顧後.

12 『成宗』57, 06(1475)/07/16. 書狀官表沿沫…其爲詩不敏. 臣等以爲 使副及書狀官雖未盡得詩人 一人必須能詩者 乃可名爲大國使;『成宗』100, 10(1479)/01/19. 上曰 今日之選 不可徒取武才 須擇善爲詞章者以啓.

13 『宣修』25, 24(1591)/03/01). 允吉本鄙人 以辭華應選使价.;『鶴續』2, <行狀>. 凡有著述援筆成章.; 許筠,『惺所覆瓿稿』卷24, 說部3,『惺翁識小錄』下, <我家門之文章學問節行>. 文章亦簡重.

14 『宣祖』23, 22(1589)/12/03. 通信使黃允吉啓曰…云先朝時 日本奉命之人率一時能文之士 如魚無迹曹紳亦嘗往來 云故車天輅欲爲率去 敢稟 答曰依啓.

15 申維翰,『海遊錄』上, 1718年1月 某日. 揮灑詩筆 聲華甚暢 爲蠻俗之所欣仰.

16 柳夢寅,『於于集』卷6,「列傳」, <劉希慶傳>. 名儒許筬愛之特甚 當其使日本也 欲與白大鵬泊生偕 生以養老辭 獨以大鵬行.

作者	対方	作品
金誠一	玄蘇	<次倭僧玄蘇韻>(『鶴日』1)/<次玄蘇一絶>·<次玄蘇燕席一絶>(『鶴逸』2) 外 17題
〃	平義智	<副官送達官金畫扇請題詩書詠畫二絶還之>·<贈副官平義智四首幷序>(『鶴峯』2)
〃	柳世俊	<次瑞俊一絶>(『鶴峯』2)/<次世俊侍奉用玄蘇韻>·<次贈世俊侍奉>(『鶴逸』2)
〃	蒲庵古溪(宗陳)	<寄古溪和尚二首>·<謝古溪送桃>·<次五山韻謝蒲菴和尚携酒來訪>(『鶴峯』2)/<古溪長老設饌席於假山下賦得一絶次贈>·<臨行古溪又惠一詩次之>·<以黃布一端毛穎楮生寄贈古溪長老>(『鶴逸』2)
古溪和尚	金誠一	<八月初旬鶴峯山前兩大人遊五山之諸寺記所見亦追次其韻效顰僧宗陳>(『鶴逸』2)
金誠一	宗珍	<次大仙院僧宗珍一絶>(『鶴峯』2)/<次正受院僧宗珍韻>·<次宗珍上人送別韻>·<次堺濱僧宗珍韻>(『鶴逸』2)
〃	竹溪	<次竹溪酬上官韻>(『鶴峯』2)/<次倭僧竹溪韻>(『鶴逸』1)
〃	宗長	<題松源院長上人江雪小障子四絶>(『鶴峯』2)/<次贈松源院長上人>·<九日松源院僧宗長來謁作一絶次贈>(『鶴逸』2)
〃	玉甫紹琮	<謝玉甫長老送松蕈及別儀茶二絶>(『鶴峯』2)/<次摠見院僧玉甫韻二絶>(『鶴逸』2)
〃	玉仲長老	<次玉仲長老送別韻兼謝贈扇>(『鶴逸』2)
〃	壽上人	<次五山韻贈壽上人>(『鶴峯』2)/<次贈壽上人>(『鶴逸』2)
〃	秀上人	<別秀上人>·<次倭僧宗秀韻>·<次秀上人近體一首>(『鶴逸』2)
〃	哲上人	<引接寺次五山韻贈哲上人>(『鶴峯』2)
〃	瑞貞	<十月初一日與山前五山同坐有倭瑞貞者各獻一詩以求和其韻贈之>(『鶴逸』2)
〃	宗太	<次大德寺僧宗太韻七言一絶>(『鶴逸』2)
〃	宗慧	<次摠見院宗慧韻>·<又次一絶>(『鶴逸』2)
〃	雲師	<次贈雲師>(『鶴逸』2)
〃	近衛殿	<重陽日與五山對酌…付傳詩者以贈之>(『鶴峯』2)
〃	宗蕣	<相國寺僧宗蕣以一詩一扇投謁次其韻贈之>(『鶴峯』2)/<詠庭松贈唐人韻>(『鶴逸』2)
宗蕣	金誠一	<贈鶴峯>(『惺窩先生文集』)
〃	黃允吉	<贈松堂>(『『惺窩先生文集』)
〃	許筬	<次韻山前以詩見示>·<菊花副詩贈山前>·<贈山前>(『惺窩先生文集』)

作者	对方	作品
許筬	宗蕣	<柴立子說贈蕣上人>·<山人柴立子袖詩見訪遠客之幸不可無答茲依元韻拾拙>·<謝柴立子見訪仍以詩投贈>·<和次柴立子再疊韻>·<三疊柴立韻索和>·<謝柴立子贈菊花副以淸詩一絶仍用元韻>(『惺窩文集』)
宗蕣	車天輅	<贈五山>(『惺窩先生文集』)
車天輅	宗蕣	<次蕣上人見詩韻>(『惺窩文集』)
宗蕣	白大鵬	<和大鵬>·<疊韻答大鵬>(『惺窩先生文集』)
白大鵬	宗蕣	<奉次山前謝柴立子贈菊韻仍贈柴立子博粲>·<次贈柴立子>(『惺窩文集』)

这些诗文的赠与·唱和对象除了对马岛岛主平义智和近卫殿以外, 多数为使行途中留宿过的京都大德寺塔头－－正受院·大仙院·松源院·摠见院·天瑞院中的僧侣。其中, 金诚一和对马以酊庵的僧人－－玄苏互赠了大量诗文。玄苏, 时任庚寅通信使访日总指挥, 主要负责对朝鲜外交的交涉活动, 宣祖曾评价说倭人中喜作诗、擅辞赋者方能与之应和[17], 而金诚一也曾称其为难得一见的兼具高尚品行、奇绝韵致的人才(高情絶致兩難裁)"(『鹤峯』2,<顷在皮多加地浦…却寄苏僧>), 其文采能力可见一斑。

此外, 值得关注的是1585年升任为京都相国寺首座的僧侣－－宗蕣与朝鲜通信使的交流。宗蕣有"日本朱子学的创始者"及"德川幕府300年文运开拓者"之称[18], 法名藤原惺窝, 于1590年8月15日在京都大德寺与朝鲜通信使会晤[19], 并和3位使臣进行了笔谈唱和, 其中尤其与许筬保持了密切的交流。三位使臣当中许筬最为年轻, 在2个月的交往和交流中, 二人"相逢不觉自颜欢"(《和次柴立子再叠韵》), 奠定了将心比心的友谊。宗蕣请许筬对自己的号"柴立"做出解释, 许筬通过《柴立子说赠蕣上人》强调儒教与道佛两教无法融合, 并奉劝应专心致力于儒教。此后宗蕣遇见姜沆并接触了退溪李滉的思想, 于1600年在德川家康面前化身为穿着儒服讲解朱子学的儒学家。与通信使的会晤, 成为五山第一禅僧向朱子学儒学者转型的契机, 诗文唱和的交流促进了思想的转换, 这是最具代表性的例证。

17　『宣祖』24, 23(1590)/01/17. 傳曰…況玄蘇倭人中頗通文字 而喜作詩 又必能文 然後可以應之.

18　猪口篤志著, 沈庆昊·韩睿嫒译, 『日本汉文学史』, 昭名出版, 2000, 281~285页。

19　林羅山, <藤原惺窩行狀>, 『林羅山文集』下(ぺりかん社, 1979)卷40, 先生往見三使 互爲筆語且酬和詩 時先生字號柴立子 許筬之爲之說以呈焉.

此外，黄允吉的堂侄黄葺和军官南霁云在使行途中所做的诗文被制成诗帖子[20]，足见当时朝鲜通信使与日本人之间文化交流的活跃程度。

2) 才艺

(1) 书画

庚寅通信使在人员构成上新增了"写字官"一职，隶属成文院，是以往通信使活动中未曾有过的新职务。起初主要由笔墨优秀的文臣担任，至宣祖时期，无论士庶出身，写得一手好字便能授予军职，每日勤务。韩石峯·李海龙便是首批受惠者[21]。

  ㉮ 王命谕旨："倭国僧人善通文字，与琉球使臣亦往来频繁。时逢相见，若求笔墨题字，当预备周详。"吾辈皆庸劣拙笨，生不善文章笔墨，倘遇此景，必捉襟见肘，实乃考虑不周。闻王谕，惶恐万分，为复王命，荐李氏海龙为写字官，奏请同行，王准。

  ㉯ 蠻人雖鄙野 亦知墨妙珍 奔波乞其書 重之萬金緡 蒲葵題已遍 扁額照城闉 夷都紙價高 名字雷衆唇
(倭蛮虽然粗鄙未开，但他们也懂得文墨的妙处。为求海龙笔墨四处奔走，珍视胜过黄金万两，题字蒲扇十分寻常，城门牌匾闪闪发光。倭国都城纸张变贵，名声迅雷般传开。) - 〈赠写字官李海龙并序〉(『鹤峯』2)

以上是金诚一写给李海龙的诗，为便于理解分为两个部分。㉮部分说明写字官的参与是为了应对日本僧侣和琉球使臣，㉯部分充分展示了写字官李海龙在日本的活跃程度。在釜山起航时，写字官李海龙便受到了关注。即在前往对马岛的途中，因遇到强风，致使船缆和桅杆破损，于是金诚一做绝句一首，令李海龙大字撰写在船帆之上，最终得以平安渡海[22]。抵达对马岛之后，李海龙应玄苏的邀请，为西山寺和国本寺的匾额题字。玄苏将这些墨迹视为珍宝，并许诺要镌刻出来永世流传。后根据丁未通信使)1607)使行录中的记载，西山寺大雄殿匾额上的"万松山"和国本寺额堂上的"福利山"便是李海龙的真迹[23]。

20　『鹤逸』2中收录的金诚一诗作〈用五山韻題黃秀才葺帖〉·〈題南霽雲叔詩卷〉为例证。

21　李肯翊,『練藜室記述』,別集 卷7,官職典故,承文院. 國初無寫字官 而文臣中善書者爲之 後以文臣善書者鮮少 故自宣祖朝 無論士庶善書者 付軍職冠帶常仕 李海龍韓濩卽其始也.

22　『鹤續』1,〈二十九日渡海颶風忽作碇絶橋摧令寫字官李海龍大書詩一絶于帆面〉.

抵达京都后，李海龙的才能发挥了更大作用。上门求字的人往来如云，2个月里"馆门如市"，同行的人因不堪甚扰而紧闭大门，但依然有人爬树翻墙来求题字。李海龙卧病在床几日，关切问候的访客竟然排起长队。见此情形，金诚一不禁为李海龙的人气感到震惊："当初让李海龙加入使行队伍的时候，国人都认为他是家鸡变凤凰，如今到了异国他乡，谁能料到竟能受到如此厚待"[24]。由此可见，李海龙在使行途中不仅仅充当了写字官的职务，还完美的发挥了对日文化使节的作用。

在庚寅通信使的人员名录中虽然没有找到画员，但在使行录中那些关于日本收藏画作的赏评可以作为依据。

> 霜落千林秋氣高 胡鷹並翼擅雄豪
> 瞥然一擧凌霄漢 忽地平原灑血毛
> 鵬擊重溟猶失措 兎營三窟可能逃
> 惜哉誤掛虞人網 側翅風塵未解條　　　-<此五山咏宋道君画鶻>(『鶴峯』2)

上文咏颂的是对马岛国本寺墙上的松鹘图。此后丁未通信使(1607)曾见到这幅画挂在对马岛岛主的府中，而丙子通信使(1636)则推断这幅挂在对马府北墙上的画作为宋徽宗的《白鹰图》。虽然宋徽宗在中国政治史中背负着亡国之君的污名，但他凭借自创的瘦金体和意境深远的绘画，成为中国古代美术史上构筑绘画黄金时期的核心人物。

对于这幅画，乙未通信使的从事官南龙翼曾指出"对马岛岛主向通信使展示这幅商船舶来的绝世珍宝，显出得之之情"[25]。此外，还有一些赏评宋朝画家王洗的松鹘图和京都松源院高僧宗长的《江雪图》屏风的诗句[26]，在使行录中虽然仅找到了对收藏画作的赏评，但依然能寻找到两国文士之间进行交流的印记。

23　慶暹,『海槎錄』上, 丁未(1607) 03/06. 來路歷入西山寺…殿額有萬松山三字 李海龍 庚寅夏 隨黃允吉來此所寫也 又往國本寺…堂額亦有李海龍所書福利山三字.

24　『鶴峯』2, <贈寫字官李海龍幷序>. 當初海龍之行也 國人皆以家鷄視之 豈料其見貴異邦至於此耶

25　南龍翼,『扶桑錄』, 乙未年(1655) 06/28. 蓋從商船中來者 而眞絶寶也 下列文房之具 雜以書畫之軸 以爲誇衒之地.

26　『鶴逸』2, <次五山詠宋道君王晉卿畵鶻五首>;『鶴峯』2, <題松源院長上人江雪小障子四絶>.

(2) 音樂

在庚寅通信使中至少有五名以上和音乐相关的人员随行。根据记录，此前在乙亥通信使中(1479)曾有乐工3人，吹螺赤2人，共计五人出行；其后即便处于战乱之中，乙亥通信使(1596)的随行队伍中仅吹螺赤就增加到12名[27]。

> 五伶具禮服 庭跪鹽奴末 縱曰悅夷心 事體何屑越　　　　- <有感>(『鶴峯』2)

"五名乐工穿着礼服，跪在倭人的庭前，为了让夷人欢欣，体面变得如此寒酸。"7月22日通信使到达国都，因丰臣秀吉出兵征伐小田原城的北条氏，没有传达国书。虽然丰臣秀吉最终于9月2日返回，但日本方面以此次殿阁尚未完成为由，未准许接见使臣。在此期间，对马岛岛主提出借用乐工的要求，对此金诚一主张未拿到国书之前不可奏乐，但正使和书状官不顾金的反对作出了应允决定。虽然诗篇中抒发的是当时无比惆怅的心情，但通过首句可知有五名乐工应邀为马岛岛主演奏。

> (가) 秀吉…穿着便服，怀抱小孩走到堂上略作徘徊，走出门外传唤我国乐工为其隆重演奏几首乐曲听。[28]

> (나) 林桓十二絃伽倻 儒仙指法傳於爾 漢壽琵琶馬上音 龍沙颯颯悲風起 關山明月一聲長 希福玉笛多情思 打徹涼州百面雷 楊男腰鼓呈奇技 觱篥崔伶嘲笙簧 商羽瀏瀏未盈耳 金筎世番動軍樂 鐃吹迴徹重雲裏 群伶日夕迭相奏 馬仰其秼魚出水…蟲沙蠻衆何足數 來繞百匝傾都市　　　- <按乐于扶桑赠诸乐师>(『鶴峯』2)

(가)和(나)描写了11月7日传达国书以后，通信使乐工们在秀吉面前演奏的情形。该诗的最大特点是在(나)中特别提到了林桓(伽倻琴)·全汉守(琵琶)·全希福(玉笛)·杨男(长鼓)·崔伶(笛子/笙簧)等乐工的姓名及特长，并且还谈到了《马上乐》、《关山月》等演出曲目。

正如金诚一在《副官请乐说》(『鶴峯』6)中记述的那样，当时朝鲜乐工的演出完

27　壬辰倭乱之后派遣的通信使规模更胜过此次，负责音乐的随行人员增加到59名，其中包括掌乐院的正六品杂职——典乐两名，吹水18名，马上鼓手6名，铜鼓手6名，大鼓手3名，细乐手3名，铮手3名，风乐手18名等，共59人。参考『增订交邻志』，卷5，志，通信使行。

28　『宣修』25, 24(1591)/03/01. 秀吉…便服抱小兒出來 徘徊堂上而已 出檻外招我國樂工 盛奏衆樂而聽之.

全依照正式的演出形式，作为礼节在宴飨之上为日本人表演，应该博得了盛赞[29]。这一点从金诚一"来绕百匝倾都城(城内聚集了上百层围观的人)"诗句,以及他赠与各位乐师诗作－－《赠乐师林桓》、《用五山韵赠琵琶师全汉守》、《次五山韵赠全希福》(『鹤逸』2)中能到以确认。

(3) 马上武艺

马上武艺，是集马匹驾驭技术和弓箭、刀剑等兵器运用技术的综合骑兵活动，朝鲜后期通信使进行的马术和射艺就属于这个范畴。一般学界认为朝鲜初次在日本开展马上武术展示是在1635年4月20日，在德川家光的参观之下，由在都监别队所属的金贞和张孝仁在八代须河畔上展示的[30]。

但值得关注的是当时进行马上才艺表演的背景。德川家光因听闻朝鲜骑术天下第一，却从未亲眼见过而感到遗憾，于是应其特别邀请，在对马岛岛主的主持下进行了一次表演[31]。这说明朝鲜的马上武艺在1635年以前已享誉日本，甚至连日本的关白也有所耳闻的程度。此外还可以在《日本国通信使目》看到如下记载："射箭、骑马和题咏不应轻易向他们展示，一定要等到对方强请之后方可进行。"[32]这些都是庚寅通信使在日本进行马上武艺的证明。

> 軍校射分耦 發發矢連帳 群倭競歡呼 擊節爭屬眸 義智服穿楊 手自酌兕觥
>
> - <对马岛记事>(『鹤峯』2)

诗中描绘了朝鲜军官在对马岛人面前分成两组比试射箭技艺，引起日本人欢呼的场景。射艺的比试内容分为瞄准远距离靶子的"远的"和策马射中稻草人的"骑射"。其中，骑射项目作为朝鲜前期骑兵的代表性马上武艺科目，在武科的实技考试中起到决定成败的作用。自约6世纪左右骑马风俗传入日本以来，平安时代的骑射及镰仓时代武士们的流镝马・伞悬・犬追物・骑射三物等马术都享有旺盛的人气[33]。

29　『鹤峯』6, <副官請樂說>. 金诚一在京都的摠见院时，对马岛主向他邀请过朝鲜音乐。金诚一以他们没有传达国书为由拒绝两次他们的请求。有一位客人讽刺地提问朝鲜使行团带乐团的原因。金诚一明白地解释朝鲜使行带乐团是为了宴飨，并且是为了向倭人表演(文：朝廷必爲之賜樂者何 曰以備宴用也 曰宴必用樂者 爲我耶倭耶 曰爲倭也)

30　金东哲，「通信使随行马上才艺的构成及活动」，『朝鲜通信使研究』3号，朝鲜通信使学会，2006, 34页.

31　『邊例集要』卷1,别差倭,甲戌. 吾殿下 年少好遊 招島主言内 朝鮮騎馬之才 天下第一 尙未一見 良可歎也 願島主爲我求來云.

32　『成宗』102, 10(1479)/03/25. 射御題詠 不可輕易示人 必待强請然後爲之.

通过『鹤逸』2中的赠诗可知庚寅通信使的马上武艺由金命胤、崔光顺、洪季男、黄进、成天祉、南霁云、南金云、闵勋等军官表演。『鹤逸』2中的赠诗中对这些军官进行了生动描写：金命胤的箭法如楚国名射手养由基一般能过柳穿杨(虱贯杨穿艺自成)(《次五山韵赠军官金奉事命胤》)，南霁云如唐朝的名射手南霁云一样"少小学弓马"(《题南霁云叔诗卷》)，崔光顺"臂挂乌号弓"(《赠崔光顺》)，闵勋"老去犹轻汗马场，凭汝可能威百越"(《此五山赠破阵军闵勋韵》)。其中的洪季男有史料记载，在壬辰倭乱中冲入敌军阵营带回父亲的尸首，那些倭军依然记得他在随行出使的途中展示的骑射本领，故不敢上前阻拦[34]。

由此可知，庚寅通信使向日本展示的马上武艺，在当时的日本人心中留下了强烈的印象，成为一种代表朝鲜形象的表演文化。

3) 医学及风俗

(1) 医学

朝鲜后期通信使配备三名医务人员随行，一名精通医术的良医，两名选派自典药监和惠民署。这些人不仅负责随行人员的治疗，还跟日本的医员们展开'医事问答'，最后编订为《桑韩医谈》(1711)、《桑韩铿锵录》、《韩客治验》(1748)、《倭韩医谈》(1763)等医学相关的笔谈集。而朝鲜前期庚寅通信使中两国对于医学的交流也是有证可循的。

> (가) 汝能不惮险 萬里隨征游 豈徒扶余身 實能專一船 仁效旣已著 秉心又不愆
> (君不畏艰险/ 随使臣远来/岂止照顾我扶余子民一人/实则庇护全船随行/仁孝之心人人皆知/ 又兼心性恳实)
>
> - <医官孙文恕故御医士铭之子也…赋一诗以与之>(『鹤峯』2)

> (나) 海中無處見情親 病裏誰回八寶春 一劑靈丹能濟我 客居何辛見吾人
> - <次书状赠唐人韵>(『鹤峯』2)

(가)是金诚一写给医术通达、药到病除、为世间医者所仰慕的医官孙文恕的诗，(나)是写给在日本从医以诗歌为拜礼来拜访通信使的中国人稽玉泉的诗。孙

33　金镕安，『核心词汇展现的日本之乡』，J&C，2004，462~463页.

34　『宣修』26, 25(1592)/07/01. 庶人洪季男起兵討賊…有膽勇善騎射 屬禁軍從通信使入日本 倭人觀其騎射 記其名 至是彦秀起義兵 擊倭敗死 季男馳入倭陣 收其屍歸 倭人知爲季男 不敢相格.

文恕的父亲是御医孙士铭，孙士铭继《乡药集成方》之后编纂了朝鲜中期最具代表性的医书《医林撮要》。稽玉泉本是南京的太学生，在1578年乘船前往福建的途中因遇到风浪漂流到南蛮国，其后随中国商船到达日本，并在那里定居。值得注意的是，稽玉泉医术通达，关白曾将倭女指婚给他，与朝鲜通信使也是向关白的弟弟大纳言请求之后得以见面的[35]，因此他极有可能是幕府的医官。此外，两人还有一个共同之处，那就是曾以医官的身份为金诚一治病，这是两国医生围绕通信使的中心人物——副使金诚一的病患进行的协作治疗，进而可以猜想出当时在一定程度上实现了医学上的交流。

(2) 风俗

风俗是自古以来在整个生活当中传承下来的固有习惯。因此，对于异国人来说风俗是最具异域色彩的要素，相反也是掌握某一文化独特性的最为简单的线索。在《日本国通信使事目》(1479)中有这样一条事项，即"水路远近，山川险夷，泊船形势及一应风俗，随所闻见，或录或画"[36]。也正因如此，金诚一积极向僧人"请教奇风异俗(异俗凭僧问)"(『鹤峯』2,《次韵》)、"采录当地百姓的风俗习惯(域内民风聊一採)"(『鹤逸』2,《题撼见寺》)，在整个使行过程中对日本的风俗习惯报以极大的关注。但是虽然报以莫大的关心，却没有像申叔舟那样在《海东诸国记》中留下详实的观察记录，反而与日本僧侣就流传到日本的明朝地理志《大明一统志》中提到的朝鲜历史和风俗进行了交流。

> 僧侣宗陈来访，给我看《大明一统志》，其上很多关于我国历史和风俗的记录不仅粗鄙还缺乏根据。于是下工夫在我国盛行的礼俗下方添加了注释，纠正了错误的内容，编成了《朝鲜国风俗考异》。宗陈甚是感激高兴，说这本书会呈给关白大人览阅。
> - 〈行状〉(『鹤附录』2)

《大明一统志》以1456年编纂的《寰宇通志》119卷为基础，由李贤于1461年明英宗在位时期整理编纂为90卷，是一部具有明朝地方志典范作用的地理志[37]，第89卷《外夷》篇中收了包括'朝鲜国'在内的女真、琉球国、西蕃等朝贡国的沿

---

35 『鹤峯』2, <唐人南京太學生稽玉泉…數年前又來于此 關白憐之 資給衣食 且以倭女妻之云 聞使臣之行 請于關白之弟大納言者 以詩爲贅而來謁…仍次其韻以贈之>.

36 『成宗』102, 10(1479)/03/35. 水路遠近 山川險夷 泊船形勢及一應風俗 隨所聞見 或錄或畫.

37 安章莉,「『新增東国輿地勝覧』中的 <新都八景> 及『大明一统志』中的 <京师八景> 比较」,『历史民俗学』36号, 韩国历史民俗学会, 2011, 168页。

革、风俗、山川、土产等内容。金诚一找到《大明一统录》中有关朝鲜发展史和风俗的记录错误后作出注释，编成《朝鲜国风俗考异》赠与宗陈(蒲庵古溪)，继而以此为鉴，指出《大明一统录》中有关日本风俗的记录也可能有很多错误，并提出如有错误，务必写给他作为参考[38]。对此，宗陈在回信中表示通过《朝鲜国考异》对朝鲜风俗的真实情况有了全面了解，并为此表示深深的谢意[39]。

庚寅通信使以中国地理志上对朝鲜和日本风俗的错误记录为媒介，自然而然的促成了两国文士之间对风俗文化的交流。

Ⅴ. 结语

通过上述内容，通过庚寅通信使(1590)对朝鲜前期通信使的文化使节性质进行了考察，可知庚寅通信使在文学、书画、音乐、马上武艺、医学、风俗等多个领域与日本展开了交流活动，首先文学交流主要与僧侣通过笔谈、唱和的形式实现，其中与许筬的交流成为宗蕣从僧侣向儒学者蜕变的契机；而书画方面，主要通过写字官李海龙的活动和对对马岛岛主珍藏画作的赏评体现；音乐方面，由五位技艺超群的乐工在正式宴席或应日本邀请进行表演。马上武力，则由实力卓越的军官为日本人展示精彩的马上武艺；医学方面，两国医者联手医治了使行途中的传染病患者；此外还以《大明一统志》为媒介实现了两国风俗民俗的交流。

因此，虽然仅仅对庚寅通信使做了考察，但通过这些足以充分证明朝鲜前期的通信使所发挥的文化使节作用绝不亚于朝鲜后期的通信使活动，今后应该给予更多的关注和研究。

<参考文献>

《鹤峯全集》，《宣祖实录》，《宣祖修正实录》，《增订交邻志》，《海行摠载》所载通信使行录。
谷泽明，《瀬户の町并み-港町形成の研究》，未来社，谷泽 明, 1991, 29~31页。
郭贞礼, "岳麓许筬和江户儒学的勃兴 —以藤原惺窝的唱酬诗和柴立子说为中心",《语文研究》, 第38集, 韩国语文教育研究会, 2010, 425~426页.
金声振, "朝鲜前期韩日间文学交流的一面", 东洋汉文学研究, 第14集, 东洋汉文学

38　该部分以「朝鲜国沿革考异」、「风俗考异」的标题收录在『鹤峯』6中.
39　『鹤峯』6,〈附宗陈答书〉. 蒙示朝鲜國考異一冊 貴國風俗 一擧目可得其實 深荷深荷.

会，2001, 28-29页。

金贯雄，"风流皇帝宋徽宗埋在哪里？"，《满洲研究》，第11集，满洲学会，2011, 150~151页.

金东哲，"通信使遂行马上才的组织和活动"，《朝鲜通信使研究》，第3集，朝鲜通信使学会，2006,34页。

金　澔，"朝鲜后期通信使和韩日医学交流－以笔谈录为中心"，《朝鲜通信使研究》，第6集，朝鲜通信使学会，2008,35-71页。

三宅英利著，孙承喆译，《近世韩日关系史研究》，理论与实践，1991, 87~92쪽.

阿部吉雄，《日本朱子学と朝鲜》，东京大学出版会，1965, 43쪽.

安章利，"《新增东国舆地胜览》的'新都八景'和《大明一统志》的'京师八景'比较"，历史民俗学，第36集，韩国历史民俗学会，2011, 168쪽.

吕运弼，"鹤峯金诚一的人生和诗歌"，《韩国汉诗作家研究》，第7集，韩国汉诗学会，2002.

吴准浩等，"医林撮要针灸法的医史学考察"，大韩经络经血学会志，第23集，2006, 2页.

猪口笃志著，沈庆昊、韩睿媛译，《日本汉文学史》，昭明出版，2000, 281~285页。

李俊杰，《朝鲜时代和日本的书籍交流研究》，弘益斋，1986, 272页。

崔炯国，《朝鲜后期骑兵的马上武艺研究》，中央大学博士学位论文，2011, 2页.

Fróis著，松田毅一、川崎桃太译，《日本史2》，中央公论社，1977, 60页。

韩泰文，"戊申通信使(1428)和朴瑞生"，《洌上古典研究》，第29集，洌上古典研究会，2009.

⑩

朝鲜燕行使与通信使所见所中国和日本的戏剧

金文京(日本 京都大学)

Ⅰ. 前言

在明清两代，作为朝贡国的朝鲜每年都向中国派遣使者。赴北京的燕行使留下了名为《燕行録》的内容庞大的见闻录[1]。其中有很多关于他们在当时的中国宫廷和民间所见的戏曲表演的记录。尽管带有属于外来者的偏见，但因为包含了在同时期的中国历史文献中所没有的事实，使其不失为重要的研究资料。在这一历史时期，朝鲜与日本也保持着国交，在整个江户时代朝鲜前后共12次向日本派遣通信使，在他们所留下的文字记录中也有关于日本戏剧与雅乐的记载。

关于《燕行録》中中国戏曲的记载内容，已有不少学者对其进行过研究[2]。在本论文中，根据《燕行録》中的记载，首先叙述当时的朝鲜人所持的中国戏曲观的特点；接着介绍朝鲜实学派代表人物洪大容所作的相关记载，洪大容于1765年(乾隆30年，朝鲜英祖41年)到北京，他用朝鲜文字详细记载了自己在北京的戏院所见到的戏曲表演的场景；此外在1790年(乾隆55年)，为祝贺乾隆皇帝八十

1　その大部分は林基中編『燕行録全集』100巻(東国大学校　2001)に収められている。

2　磯部祐子「朝鮮使節の見た中国戲曲と戲曲観」(『青丘学術論集』第8集 1996. 3)、王政堯「略論燕行録与清代戲曲文化」(『中国社会科学院研究生院学報』1997−3)、葛兆光「不意乎胡京复见汉威仪－－清代道光年间朝鲜使者对北京演戏的观察与想像」(『北京大学学報』2010−1)、程芸「《燕行録全集》演劇資料輯録」(『九州学林』2010・春夏季)。

大寿被派往中国的燕行使，他们在宫中观看了宫廷戏曲并对其作了记録，将此记録同来朝贺的越南使者所作记载进行比较，介绍当时越南使节与朝鲜使节之间的交流。最后，介绍被派往日本的通信使所作关于在日所见的能乐、歌舞伎和雅乐表演的记载，将其和燕行使的中国戏曲观进行比较，探讨戏曲在当时的东亚文化交流中所拥有的意义。

Ⅱ. 朝鲜使节所见中国戏曲

　　朝鲜人接触中国戏曲的历史可以追溯到很早之前。众所周知，中国严格意义上的戏曲的成形是在13世纪的元代以元曲的形式，那个时代的高丽人所编集的汉语教材《朴通事》中就有对北京勾栏的描写和对元曲曲辞的引用[3]。到了明代，除了朝贡使节曾在中国观看到戏曲表演之外，在丰臣秀吉侵略朝鲜也就是壬辰倭乱之时，作为援军来到朝鲜的明朝军队也在朝鲜表演过中国戏曲，至朝鲜国王宣祖也观看过表演。当时应明军的要求在朝鲜汉城(今首尔)建有一座关羽庙，宣祖迫于压力出席了在那儿举行的仪式，并观看了中国戏曲。随行的大臣们本就因为戏曲与传统儒教的礼教观念相违背而持否定态度，再加上这样的经历，更增加了对中国戏曲的反感[4]。

　　在明代，《燕行录》中关于戏曲的记载并不多，例如创作了朝鲜最早的韩语小说《洪吉童传》的作者许筠(1569-1618)，他在1615年(万历43年)去往中国的途中恰遇上演《西厢记》，就以此为题创作了两首七言绝句(《路左有演西厢记者》)[5]。《西厢记》在1506年(正德元年，朝鲜燕山君12年)就已经传入朝鲜[6]，对于通俗文学不乏了解的许筠想必读过《西厢记》，但从他的诗句中"崔娘遗臭至今传"、"常

3　『朴通事諺解』卷中(亜細亜文化社影印本　1973)139頁。記事の主体は雑技だが、「諸般唱詞的」とあるのは、演劇であった可能性もある。
4　『宣祖実録』卷100，31年(1598、萬曆26年) 5月14日：上親祭于關王廟。上進跪焚香，連奠三爵。上前後各行再拜禮。禮畢，遊擊設庭戲，邀上共賞。司諫院啓曰，「接見至嚴之地，設以優倡雜戲，自上親臨，極爲未安。」…答曰，「天將前措辭，不可如是爲之。任其所爲，豈爲大段。」
5　『乙丙朝天録』(1615)10月：(一)假裝雌服舞翩翾。撾鼓吹簫鬧市塵。扮出西廂新雜劇，崔娘遺臭至今傳。(二)少年曾讀會真詩。常鄙微之作傳奇。紀實換名真技倆，可憐名節最先虧。(『燕行録全集』7冊298頁)。
6　『燕山君日記』卷62，12年(1506)4月13日壬戌：傳曰，剪燈新話、剪燈餘話、效顰集、嬌紅記、西廂記等，令謝恩使貿來。おそらく『西廂記』現存最古の版本である弘治本であろう。

鄙微之作传奇"可见他对于戏曲是持批评态度的。

到了清朝，《燕行録》中关于戏曲的记载大篇幅增加，这个时期的朝鲜使节鄙视由满洲人统治的清朝，并认为他们自己才是正统中华文化的继承者，即拥有浓厚的小中华思想，这一点在他们的戏曲观中有非常明显的体现。比如说1713年(康熙52年，朝鲜肃宗38年)2月21日，在永平府(河北省唐山)的戏院观看了《班超万里封侯》和《秦桧上本》等戏的金昌业写道：

> 观者皆施钱财，费亦不赀。然其所演，皆前史及小说，其事或善或恶，使人见之，皆足以劝惩。而前代冠服制度，中国风俗，可观者多。如今日汉人之后生，尤羡慕华制者，未必不由于此。以此言之，戏子亦不可无也。[7]

在清朝，汉人的服装和风俗习惯都变得和满洲人一样，然而在戏曲表演中演员衣服还是汉服，亦可见汉人过去的风俗，金昌业对这一点给予了肯定。

再如洪大容于1765年(乾隆30年，英祖41年)在北京观赏了戏曲表演后写道：

> 场戏不知倡自何代，而极盛于明末。…此其婬靡杂剧，王政必所禁。惟陆沉以来，汉官威仪、历代章服，遗民所耸瞻，后王所取法，则非细故也。[8]

表达的也是相近的看法。所谓"后王"指的是汉人王朝的复兴。当时的朝鲜人认为，中国汉人的服饰等已被满族化，而自己依旧保持着从中国传承而来的制度，因此有极大的优越感。在李押的《燕行纪事》(1777)中有如下记载：

> 清人冠服，渠辈自视歉然。我人亦笑之。…每与渠辈语，问其衣服之制，则汉人辄觍然有惭色。[9]

可见当时的朝鲜人时常以服饰为话题借此羞辱汉人。没想到这里却有陷阱、朝鲜人的得意竟然下落千丈变为屈辱。1798年(嘉庆3年，正祖22年)徐有闻的《戊午燕録》1月27日所记：

> 无识之彼人，见我服色，则必笑曰戏子一样。岂不可惜。[10]

7　金昌業『燕行日記』二月二一日、『燕行録全集』32冊167頁。
8　洪大容『湛軒燕記』卷4「燕行雑記」四「場戯」、『燕行録全集』42冊412頁。
9　『燕行録全集』53冊52頁。

又1801年(嘉庆6年，纯祖1年)李基宪《燕行诗袖》"戏子棚"下所记：

> 路傍戏棚人如山、乃着华人古衣冠。见我朝鲜人，谓是与戏子恰一般。我
> 人大笑相与骂，见我真衣冠，胡不弃尔假意者。[11]

再如1785年(乾隆50年，正祖9年)《燕行録》1月8日，盛京(沈阳)条下：

> 其俗目阔袖加帽而戏者曰高丽舞。彼欲以倡优戏我耶。东国自有衣冠可
> 法，而竟为倡市戏具，岂不可骇耶。[12]
>
> 清朝到了中后期，汉人由于已经习惯了满洲人的服饰，因此羞耻感也渐渐
> 消失。看到朝鲜人的穿着反而嘲笑他们跟戏子一样。有着小中华自负心理的朝
> 鲜人因此极度愤慨，弄得啼笑皆非。而在当时的环境下，也有些朝鲜使节不再
> 单以传统的儒教思想或是华夷观念来看待戏曲，进而关注作为戏曲发展背景的
> 商业经济和文化多样性。例如1828年(道光8年，纯祖28年)著者不详的《赴燕日
> 记》(1828)6月13日条目下所记：

饭后步出崇文门观倡戏。城内外倡戏之楼数百其所，而屋制宏大，器具侈
丽，服色与器械决非我国可办也。[13]

同书又见：

> 我国倡优以一人而兼作诸般态戏，而彼倡戏者，各设所掌，不知几数十人
> 的[14]。

当时的朝鲜还没有成立戏剧，只有单人说唱的曲艺而已，在首尔也没有戏
场。此时朝鲜人开始关注中国昌盛的戏曲文化和促成其发展的经济基础。异于
以往的固守传统和优越心里，转而承认当时清朝社会的现状并试图学习进步的

10　『燕行録全集』62冊247頁。
11　『燕行録全集』64冊443頁。
12　『燕行録全集』70冊93頁。
13　『燕行録全集』85冊57頁。
14　同上151頁。

地方，这种态度在18世纪之后被称为实学派和北学派的人当中特别明显。接下来就以实学派的代表人物洪大容为例，来了解他对于中国戏曲的体验。

III. 洪大容所见的北京戏曲

1)《乙丙燕行録》(朝鲜语)和《湛轩燕记》(汉文)中的北京戏曲表演记録

洪大容(1731-1783，号湛轩)的叔父洪檍在1765年(乾隆30年，英祖41年)成为燕行使的书状官，洪大容便作为随行人员一同去往中国，11月2日从汉城出发，12月27日到北京，第二年的3月1日从北京出发，于5月2日回到首尔。他在北京时，曾去宣武门外的天主教堂，与在清朝担任钦天监的牧师刘松岭和鲍友官谈论过关于西洋文物和基督教的问题，另外还与杭州的文人严诚、潘庭筠、陆飞交流、来往，极大地丰富了自己的见闻。回朝鲜后，他将自己的见闻和经历都写入《湛轩燕记》中，此外他还用朝鲜语写成了一部《乙丙燕行録》，为的是供他母亲阅读。这两部书的内容大致相同，不同的是汉文版是按照主题分类的，而朝鲜语版则是以日记的形式写成，内容也更加详细。

《乙丙燕行録》共10卷，现在韩国学中央研究院藏书阁和崇实大学基督教博物馆各收藏写本，以这两套写本为底本的两种校注本皆在韩国出版[15]。下文就根据校注本，介绍洪大容于1766年1月4日在正阳门外戏院看戏的部分(卷三)。

　　到达正阳门，虽人马拥堵，但并无争先恐后、喧哗吵闹，其从容守礼实我族不及。(中略)出门后走过两条小道，来到一门户前，从中传来乐声，里间竟正在演戏。在大门前，有五六个人坐在交椅上，前面放一长桌，桌上放着银两、算盘和账本。这几个人衣着光鲜，面容俊秀，是戏子的主人。和朝鲜山台(假面剧)的表演一样，中国的戏子也是穿着戏服扮演他人来表演文学作品中出现的有意思的故事，使知道故事始末的人觉得就好像是书中的故事在真实地发生一样。因此戏曲极受士族阶层的喜爱。这样的娱乐虽早已出现在中国，盛行却是在大明年间。不止是民间，在宫廷中也置有部门，戏子们日夜练习，以备皇帝闲时看戏消遣。当时有许多大臣劝诫，但终没能废止，可见戏曲惑人心之深。

15　『주해을병연행록(注解乙丙燕行録)』(태학사1997)は、原文を翻字したもの、『홍대용의북경여행기〈을병연행록〉(洪大容の北京旅行記〈乙丙燕行録〉)-산해관잠긴문을한손으로밀치도다』(돌베게 2001)は、原文を現代韓国語に翻訳したもの。観劇の記事は前者の218頁以下、後者の104頁以下に見える。また蔵書閣所蔵本の影印は、『燕行禄全集』巻43に収める。

曾闻夷狄初统中原时，当时的统领为后来的皇帝的父亲，是一位民族英雄，虽然统一了天下自己却没有当皇帝。退位之时，召集各地有名的戏子，说想让他们表演数日，戏子加上演出道具共载了数十只船，到了晚上将船凿破，人连带器物全都沉入了水底。据说此举是为了禁止老百姓无意义的浪费和为了防止皇帝玩物丧志。结果戏曲不仅没有消失而且愈加盛行，连皇帝竟也参与演出。

戏院有管事的人，他们首先要出钱出力准备居所，还要准备各种演出道具，当戏院开始昼夜演出之后他们就从看客那儿收取银两，以此营生。经营一个戏楼据说少要六七万两，规模大的话要十万两以上。世八(会讲中文的奴仆名字)入内和这个戏楼的主人说我们想进去看戏，那人回答道，"来看戏的人都是提前预约的，今天的座位已经满了，看不了"。经世八再三恳求，主人叫来里边的一个人和他说了些什么之后就对世八说，"若真非看不可的话，倒是可以让你主子一个人进去，只不过要先交钱才行"，一张全天有效的门票要5文钱。我立即拿出5文放在桌子上，主人在账本上记下，然后拿出一张红色的小纸在上面写了几个字，一看，是"收一人5文，可入内看戏"的意思。字是印刷上去的，只要填上人数和价格就可以了。拿着这张红纸进去后，里边一个也是坐在交椅上的人就让我出示红纸，我给他看了后，他就起身上楼并跟我说"跟我来"。

我边跟着他上楼，边观察这个戏楼的构造和陈设。屋顶架有十三根梁木，面阔十五、六间，靠东墙搭着戏台，台上挂着三四间长的幕布，戏子们藏在幕后化好妆然后登台。在幕布的左右都有门，门上挂有帘幕，这门是供演员们进出用的。在幕布外边高于台面的地方摆放着二三间大的桌子，上面并排坐着几个人，这些人是伴奏的。伴奏乐器有笙、弦子、笛、胡琴、小鼓、大铜锣和黑牙拍。桌子下面宽约六七间，三面围着雕刻精美的栏杆，中间铺着绢织的地毯，摆放着许多道具，这就是戏子们表演的地方。在幕前挂着两块悬版，被涂上了漂亮的颜色，分别写着"玉色金声"和"润色太平"的金色文字。

在戏台的周围挂着一圈各种各样的灯笼。琉璃灯有的圆有的长，颜色各异；羊角灯用重彩画着各种玲珑的花草；纱灯用桦木做框架后糊上丝绢，上面画上淡彩山水或人物。灯笼下面都悬挂着彩色的流苏，这都是为了迷惑人的眼睛。戏台的前面，往下走五六步立有栏杆，当中摆放着好几排板凳。二楼在三面搭有架子，围着栏杆，共计有数十间大。那里也放着椅子，空间狭窄，是给看戏的人坐的。前面的板凳较低，往后渐渐抬升座板，使位子越来越高，这是为了让看戏的人即使叠坐在一起后面的人也能看到戏台。三张板凳为一组，每张板凳坐三个人，中间放一张九人共用的桌子，看的人可以把身子靠在上边休息。桌子的三面贴着各自的红纸，这些红纸都是看戏的人从外面带进来标记座

位的。红纸贴上之后，就算这个位置是空着的别人也不会去坐，因为不可以随便坐他人的位置，这个座位得留着给贴着的这张红纸的主人。在桌子上放着装有浆糊的碗，这些浆糊就是用来贴红纸的。

在大盘子里装着有一堆西瓜子，是给大家一起吃的。每个人面前放着各自的茶碗，碗里放入茶叶，有两三个人用水壶把水烧开，来回走动不停地给空了的茶碗里加水，这是在给客人添茶。在木板的中间立有一根细柱，用铁丝缠绕三股的绳子，再夹上许多细线一样的香，在一端点上火，让它一直不熄灭，这是以备点烟草之需。虽有客近千人但四周都很安静，表演者的歌声和台词都可以听得很清楚，这是因为他们本就习惯安静不喜欢吵闹。楼上开有三面窗，使阳光可以照射进来，这是为了防止室内昏暗。往二楼的三面看去，大家都好像被红色的幕布罩着一样，炫目得让人几乎睁不开眼睛，其实是客人头上的红缨。当中有带着各色官帽的人，这说明当官的人并不耻于来戏院看戏。当出现滑稽可笑的表演时，场内突然发出雷响一般的声音，整个建筑似要倒塌，其实是客人们一起发出的笑声。

那人拿着红纸寻视了一番，见没有空位，就把红纸还给我，说"没有座位了，改天再来吧"。我没办法，只好站到板凳的后边去，但很多人都想方设法挤坐在板凳上。我见前面有一个位子空着，只是贴了红纸，于是我把世八叫过来，让他去说说看能不能借这个位子坐一下。于是世八对坐在旁边的人说："我家主子是第一次来，想看戏但是没有位子，能不能先借这位子坐一下，等原来的主人回来了就马上起来。"，那个人因为与己无关于是就说随便我们。虽是权宜之计，因别无他法就暂时坐下了下来，旁边的人却都露出一副鄙视的样子，想来是不愿意和外国人一起坐。

因为大家都在吃西瓜仔，于是我也边抓几颗吃边看下面的演的戏。一个人穿着女装，不仅衣服发饰非常华丽而且姿容绝色。他在围栏中走来走去，边向客席挥着手边不断得说着什么台词，面带恨容，像是发生了什么让人悲伤的事情。只见表演的人扭着身子，时而抬起下巴，时而歪着头，作出各种各样淫乱的姿态，可能是一个浪荡的女子因得不到丈夫的宠爱而在那抱怨。说了一会儿台词之后他就提高音量开始唱曲，桌子上的各种乐器一起响起为其伴奏。歌一唱完伴奏也就停了，好像这是个规定。

当另一个角色出来的时候，钟急促而嘈杂地响了好久回，似乎这也是个规定。那个人脸上涂着墨就像广大(朝鲜的演员)一样画着很丑的妆，左右跳来跳去，还去调戏那个女人，但那女人根本不理他只管自己说着什么。从幕后又出来了一个人，是官员的打扮，其头缠纱巾戴官帽的样子跟我们朝鲜人的装扮几乎一个样，这应该是大明朝时候的制度。中国人本来不爱跑路，这个缠着头巾

戴着纱帽的人，也耸着肩膀挺着肚子郑重其事地漫步走了出来。看到这一幕不禁感叹，戏子的表演虽多轻浮淫巧，竟也能把汉官的威仪表现得淋漓尽致。表演的这一个人很年轻脸也很干净，但是在下巴上挂着用毛做成的假胡须的样子实在是太可笑了。那人出来的时候后边跟着许多像是侍从的人，他们拿来出交椅让官员坐下，那个女的看见官员之后，露出更怨恨的表情，不断得说着什么。

坐在我旁边的那个人问我："你们国家有这样的娱乐消遣吗？"，我回答说："有是有，就是表演形式不太一样"，那个人问："你觉得那个女人怎么样？"，我说："长得挺不错的，但不是真的女人，这该怎么说呢。"，那人边摇头边说："是真的女人，不是男人。"，可能他觉得我是外国人，所以故意耍我想骗我吧。

过了一会儿，那个官员在交椅上躺下，做出睡觉的样子，然后就有垂幕将其前面遮挡起来，许多人都立在幕外等候。拨开帘幕后，官员坐起，一副非常生气的样子。这个时候，那个女人已经到里边去了，然后从后面出来一堆拿着旗子和军乐道具的人，在官员的面前整队站好。我不知道演的是什么，觉得没意思，台词和歌也听不懂。我问旁边的人，他告诉我演的是大明正德皇帝年间的翡翠园的故事，那个官员是察院。

后来这个位子的主人回来了，于是我就立马站起来归还了座位，然后站到旁边站着的人群里，但是很吃力，虽然台上表演着各种古怪的动作，可因为我看不懂也就没什么好看的。于是就带着大家下楼，楼下有许多空位，大家都坐下来一起看了一会儿，终究觉得没意思就打算回去。这个时候，拿着茶壶的人就要我先付茶钱才让回去。我不记得自己有喝过茶，就说："你这是让我没喝茶也要付茶钱吗？你给我倒一杯来，让我喝了我再付你钱。"，听到我的话，旁边的人都笑了。那人端了杯茶来，于是我就付了一文钱。出门后顺着大路走，见正阳门前大路的两旁有五座牌楼，规格和色彩都非常豪华。(中略)一个翻译人员告诉我，正阳门外有很多戏楼，在其中算得上规模大的都皇帝下令建造的，每年都可以得到税钱用以支付开支，所以器物和吃的喝的都非常奢侈。这些都是非富即贵的人去的地方，穷人是绝对去不起的。据说玩一天的话饮食费要六七两，吃的喝的极其丰富而且绝对吃不完喝不尽的。

以上的内容和汉文版的《湛轩燕记》"燕行杂记"四"场戏"的内容大致相同[16]。但是汉文版中的类似"遗民所耸瞻,后世所取法"这样主观性的说辞在这里并未出

16　『燕行録全集』42冊、412−417頁。また『湛軒書』外集卷十「燕記」(『韓国文集叢刊』卷248、303頁)。

现，而代之以更具体的事实描述和更详细的场景描写。例如上文提到的那位统一天下后主动放弃帝位的皇帝父亲，让戏子坐船然后设法使他们溺水身亡的事在汉文版中就没有记载。这话说的应该是顺治帝的摄政王多尔衮(因此、不是皇帝的父亲而是叔叔)。最后关于皇帝下令建造戏楼的记录也只见于朝鲜语版。像这样的事实在中国的文献中自然没有记载，这些应当是洪大容在当地听到的传言。现为比较，引汉文版如下：

> 場戲不知倡自何代、而極盛于明末。奇技淫巧、上下狂蕩。其至于流入大內、耗經費曠萬機。至于今戲臺遍天下。嘗見西直門外、有戲具數車、皆藏以紅漆櫃子。使人問之。答云、自圓明園罷戲來。蓋皇帝所玩娛也。正陽門外有十數戲庄、自官徵稅有差。其大者創立之費銀已八九萬兩、修改之功不與焉、則其收息之繁富亦可想也。蓋一人一日之觀、予之三四兩銀、則不惟戲翫之娛而已。茶酒果羞極其珍美、飽嬉終日惟所欲、所以綺紈富豪耽嗜而不知止也。此其淫靡雜劇、王政所必禁。惟陸沉以來、漢官威儀、歷代章服、遺民所聳瞻、後王所取法、則非細故也。且以忠孝義烈、如五倫全備等事、扮演逼其眞、詞曲以激颺之、笙簫以滌蕩之、使觀者愀然如見其人、有以日遷善而不自知、此其懲勸之功、或不異於雅南之教、則亦不可少也。正月初四日、觀于正陽門外。其樓臺器物、布置雄麗、程度雅密、雖其淫褻游戲之中、而節制之整嚴、無異將門師律。大地風采、眞不可及也。其屋上爲十三欀、倚北壁築數尺之臺、圍以雕檻、卽戲臺也。方十數步、北隔錦帳、帳外有板階一層、上有六七人、皆執樂器、笙簫、弦子、壺琴、短笛、大鼓、大鉦、牙拍等諸器備焉。錦帳之內戲子所隱身換裝也。左右爲門、垂繡簾、戲子所出入也。門有柱聯一對、句語姸麗。上有扁曰玉色金聲、曰潤色太平。周懸羊角、花梨、綃畫、玻瓈諸燈。皆綵線流蘇、珠貝、瓔珞。臺之三面環以爲階、以坐觀者。其上爲板樓一層、亦三面。周置高卓、卓上西瓜子一楪、茶椀七、糊膠一鍾。其香絲一機、終日不絶火、爲吸烟具也。卓之三面俱置橙子、恰坐七人以向戲臺。後列之橙卓更高一層、令俯觀無碍。凡樓臺上下、可坐累百千人。凡欲觀戲者、必先得戲主標紙、粘于卓上、乃許其座。一粘之後、雖終日空座、他人不敢侵。標座既滿、雖光棍惡少、不欲強觀。俗習之不苟也。始入門、門左有堂。有人錦衣狐裘、設椅大坐。傍積銅錢、前置長卓、上有筆硯及簿書十數卷、紅標紙數十局、標紙皆印本。間有空處、余就而致意。其人曰、戲事已張、來何晚乎。無已則期以明日。強而後受銅錢五十文、取標紙填書空處曰、高麗老爺一位、又書錢數。余受而入中門、中門內又有椅坐者、亦辭以座滿。良久呼幫子、與標紙。幫子由層梯引余登樓遍察、諸卓無空處。幫子亦以標紙、辭余期

以他日。余見樓東有粘標而座空者。余請于幫子、少坐以待座主。盖余自初强
聒、旣大違其俗、乘虛攘座、眞東國之惡習。而苟悅目下、不俟明日、又東人
之躁性。其戲主及幫子之許之、若不欲拘以禮俗然也。同坐者皆相顧避身、亦
有厭苦色。時過年纔數日、一城衣飾旣鮮。况觀戲者多游閒子弟。是以樓上下
千百人、袨服紅纓、已爲戲塲之偉觀也。盖一塲人山人海、寂然無譁聲、雖緣
耽看、俗寶喜靜。至戲事濃奇、齊笑如雷。其戲事、聞是正德皇帝翡翠園故
蹟。有男子略施脂粉、扮作艶妓態色極其美、往往爲愁怨狀。每唱曲則衆樂齊
奏以和之。或有官人披簑而出、據椅有怒色。前列旗鼓、少間卽下帷假寐。問
于同坐、答云按察也。盖其戲事少變、必鳴鉦以爲節。其官人皆着網巾紗帽團
領、宛有華制。聳肩大步、顧眄有度、所謂漢官威儀者、其在斯矣。但旣不識
事實、眞是癡人前說夢。滿座歡笑、只從人褁如而已。東歸至玉田縣、見街上
設簟屋張戲。乃與數兩銀、拈戲目中快活林以試之。乃水滸傳武松醉打蔣門神
事也。比本傳小異、或謂戲塲之用別有演本也。此其器物規模、視京塲不啻拙
醜。而旣識其事實、言語意想、約略解聽、則言言解頤、節節有趣、令人大歡
樂而忘歸、然後知一世之狂惑有以也。

2) 乾隆年间的北京的戏楼

乾隆末年，北京的戏楼逐渐从提供酒肴的酒楼转变为仅提供茶果的茶楼。洪
大容所描述的皇帝下令建造的豪华戏楼应属于酒楼，而他自己所去的戏楼则应
当是类似于茶楼的地方。这个时期，知道名称的戏楼有万家楼、同庆楼、方和
楼、中和楼、裕兴楼、庆丰楼、长春楼、庆楽楼八处，大部分都在正阳门外[17]。
可惜的是洪大容没有记下自己去的戏楼的名字，但很有可能就是其中的某一
处。

关于北京茶楼的最早记载，一直被认为是李绿园于1777年(乾隆42年)写成的
小说《歧路灯》第10回中的如下内容[18]：

> 云岫坐在车前、一径直到同乐楼下来、将车马交与管园的。云岫引着二
> 公、上的楼来。一张大桌、三个座头、仆斯站在傍边。桌面上各色点心俱备、

17　以上、关于茶園劇場、参看廖奔『中国古代劇場史』(中州古籍出版社　1997)第七章第
　　五節「酒館向茶園劇場的過渡」、廖奔・劉彦君『中国戲曲発展史』(中国戲劇出版社
　　2010)第四卷、第九章第三節「茶園的興盛」。
18　『歧路灯』(中州書画社　1980)上108頁。注17前掲書参照。

> 瓜子儿一堆、手擎茶杯、俯首下看、正在当场、秋毫无碍。恰好锣鼓缝处、戏
> 开正本、唱的是唐玄奘西天取经、路过女儿国。

　　虽然对戏楼内部场景的描写等内容与洪大容的记述大致相同，却远不如后者详细，且洪大容的记载比《歧路灯》早了12年。因此，洪大容的记载对于研究北京戏楼的历史是非常重要的资料。

3)《翡翠园》－－洪大容所见戏曲

　　关于洪大容当时看的戏，不论是汉文版还是朝鲜语版记载的都是《翡翠园》。《翡翠园》是明末清初的戏曲家朱素臣的作品。朱素臣出身苏州，因作《十五贯》而为人熟知。《古本戏曲丛刊》三集中收录了《翡翠园》的中国国家图书馆馆藏写本影印版，此外中国艺术研究院戏曲研究所也藏有三庆班的抄本[19]。《翡翠园》以明正德年间南昌宁王之乱为背景，讲述南昌士人舒得溥和他1517年(正德12年)高中状元的儿子舒芳，遭宁王府长史麻逢之陷害，幸得按察副使胡士宁、麻逢之的女儿翡英和卖珠妇翠儿的帮助而得救。

　　在1795年(乾隆60年)刊的《消寒新咏》卷3中，有描写当时的戏子李增儿、潘巧龄官表演《翡翠园》中"盗令牌"和"卖翠"的场景的诗[20]；另外1770年(乾隆35年)刊《缀白裘》六集卷4收录了《翡翠园》中的"预报"、"拜年"、"谋房"、"谏父"、"切脚"、"恩放"、"自主"、"副审"、"封房"、"盗牌"、"杀舟"、"逃脱"等多出剧本[21]，由此可见《翡翠园》在当时应该是频繁上演的。

　　当然，因为洪大容不仅完全不了解这部戏的内容，而且汉语也只听得懂只言片语，所以他对台上表演的描述自然不准确。但其描述大体上还是符合剧本的内容，故可推测他讲的是戏里的哪一个场景。洪大容所描述的戏台上的表演，大致可以分为以下四个部分。

① 穿着女装的漂亮女子沿着栏杆走来走去，面带恨容，不断诉说着什么的场面－－这应该是卖珠妇翠儿(脚色为贴)在为如何解救主人公舒得溥而苦恼的场景([拜年])，或者是麻逢之的女儿翡英(旦)诉说舒得溥的冤枉的场景([谏父])，洪大容说："一个浪荡的女子因得不到丈夫的宠爱而在那抱怨"是误解。

19　郭英德『明清傳奇綜録』(河北教育出版社　1997)上、656－659頁。
20　『京劇歷史文献匯編』(鳳凰出版社　2011)「清代卷」壱、130頁。
21　汪協如校『綴白裘』(中華書局　1955)六集、195－246頁。

② 涂着墨的道化调戏那名女子，但是对方不予理睬自顾自说着什么的场面－－这是翠儿想要进麻逢之的府宅，看门的人将其拦住，并刁弄翠儿的场景（【切脚】）。

③ 官员和跟在他后边的许多侍从出场，那名女子对着官员申诉的场面－那官员应该是胡士宁(外)。洪大容问了旁边的人得到的回答是"那官员是察院"。胡士宁虽知舒得溥是冤枉的，但迫于麻逢之的压力判了他死刑(【副审】)。但是翠儿向胡士宁申诉的场景在现存的词本中不可见，也许是洪大容的误解或是他记错了。

④ 官员躺在交椅上睡觉，起来后发怒，这时女子已经入内的场面－这应该是翠儿进到麻逢之(净)的宅里之后，趁着麻逢之睡觉，将执行死刑所必需的令牌给偷了出来的场景(【盗牌】)。洪大容大概是把胡士宁和麻逢之给弄混了。

洪大容的记述虽然有不少错误的地方，但是1766年1月4日在北京正阳门外的戏楼里上演了《翡翠园》中的上述场面一事应当是没有疑议的。书中有的像"麻逢之躺在交椅上睡觉"这样具体的演员动作描写，对于了解乾隆末期北京的戏曲表演来说，是非常重要的资料。

根据洪大容的记载，此次燕行使节的随员也有掌乐院的乐师，为的是让他学习中国古琴和笙[22]。对中国的戏曲态度冷淡、排斥批评的朝鲜，对雅乐则持有尊重的态度。

Ⅳ. 关于乾隆皇帝八旬万寿节戏曲表演的记録和朝鲜、越南的交流

1790年(乾隆55年，正祖14年)为了庆贺乾隆皇帝八十大寿而被派往中国的朝鲜使节，对于和朝贺仪式一起举行的戏曲表演留下了详细的记载，见于副使徐浩修的《燕行纪》[23]。

徐浩修(1736-1799)曾于1776年(乾隆41年，英祖52年)和1790年作为进贺兼谢恩副使两次去过中国，其在朝鲜国内任宫廷图书馆奎章阁的直提学并编纂了《奎章阁总目》，而且从清朝带回了很多书籍如《古今图书集成》等，他对当时的所谓

---

22 注15前掲、『홍대용의북경여행기〈을병연행록〉(洪大容の北京旅行記〈乙丙燕行録〉)』142頁。

23 注2前掲、磯部論文参照。

实学派、北学派有非常大的影响。当时的正使是黄秉礼，书状官是李百亨，朴齐家(1750-1805)则是作为书记随行。朴齐家先后三次作为燕行使的随员到过北京，他的见闻和他在著作《北学议》中提倡的学习清朝制度改革朝鲜的主张使他成为北学派的代表人物。

同时，越南西山朝的国王阮光平也率了一行人到中国来祝贺乾隆皇帝八十大寿。当时越南的艺人表演了节目，越南使节还与朝鲜使节进行了交流，此事可在越南的文献记载中也得到证实。

关于一行人在当时观看宫廷戏曲的记录，7月16日到19日三天是在热河的离宫，8月1日到6日和10日是在北京的圆明园，再加上万寿节当天8月13日在紫禁城，共计12天。下文以徐浩修的《燕行纪》为据，介绍当时看戏的情景[24]。

① 7月16日(《燕行纪》卷2"起热河至圆明园")

这天，使节在礼部侍郎铁保的引导下，在热河离宫谒见了皇帝，在有三层戏台的清音阁看戏。戏目为：《清平见喜》、《合和呈祥》、《愚感蛇神》、《文垂凤彩》、《多收珠露》、《共赏冰轮》、《寿星既醉》、《仙侣倾葵》、《笼罩乾坤》、《氤氲川岳》、《鸠车竹马》、《檀板银筝》、《修文偃武》、《返老还童》、《芬菲不断》、《悠久无疆》，共16章。这些是在皇帝寿辰等场合上演的庆贺的戏，称为《九九大庆》[25]。戏于卯正六分(上午8点左右)开演，未正一刻五分(下午2点过)结束。一共演了约6个小时，一章略于20分钟。

看戏的外国使节除了朝鲜使节之外还有来自安南、南掌、缅甸等国的使节，朝鲜使节坐上席。清朝的各王公贵族不必说自然也在场。在看戏之前谒见乾隆皇帝之时，有如下对话：

皇旨曰："国王平安乎"。三使叩头后，正使对曰："荷皇上洪恩。平安矣"。皇旨曰："国王举男乎"。三使叩头后，正使对曰："今年元正，特颁福字宸翰，实属旷古之殊典。国王感戴铭镂，日夕颂祝，果然于六月十八日举男。此即皇上攸赐也"。皇上笑曰："然乎，大喜大喜的"。

24 『燕行錄全集』第51冊17頁以下。
25 丁汝芹『清代内廷演戲史話』(紫禁城出版社，1999)、王政尧『清代戲劇文化史論』(北京大学出版社 2005)、梁憲華「乾隆時期萬壽慶典九九大戲」(『歴史檔案』2007-1)参照。

指点谒见仪式和看戏的是当时权倾朝野的大臣和珅。徐浩修把这一系列的经过都详细记了下来，关于戏曲他写道："今天下，皆遵满洲衣冠。而独剧演犹存华制。后有王者，必取法于此。"，这和前文提到的洪大容的看法一样。"后有王者"，不用说就是指复活后的汉族王朝。

② 7月17日

和前日相同，卯正三刻开演，未初一刻五分结束，演了《稻穗麦秀》、《河图洛书》、《传宣衆役》、《燕衎耆年》、《益友谈心》、《素蛾绚彩》、《民尽怀忱》、《天无私覆》、《重译来朝》、《一人溥德》、《同趋禹甸》、《共醉尧樽》、《煎茗逢仙》、《授衣应候》、《九如之庆》、《五岳之尊》共16章。

③ 7月18日

与前日一样，卯正十分开演，未正二刻结束。演了《宝墖凌空》、《霞觞湛露》、《如山如阜》、《不识不知》、《天上文星》、《人间吉士》、《花甲天开》、《鸿禧日永》、《五色抒华》、《三光丽彩》、《珠联璧合》、《玉叶金柯》、《山灵瑞应》、《农政祥符》、《瑶池整辔》、《碧落飞轮》16章。开演后，在铁保的指示下，安南王和朝鲜使节来到皇帝御座前，先是安南王谒见了皇帝，再由和珅传达皇帝的旨意。然后是朝鲜使节谒见皇帝，问答如下：

> 皇旨曰："尔等适当潦暑，由口外来，不服水土，道路艰辛，何以得达"。余与正使书状叩头后对曰："赖皇上洪恩、无扰得达矣"。皇旨曰："尔国有满洲蒙古话者乎"。正使对曰："陪臣等行中亦有带来者。而皆自盛京直向燕京矣"。皇旨曰："戏毕后朕当回銮。尔等可先往京都等待"。

当时谒见皇帝的安南王是西山朝的第二代皇帝，名为阮光平(原名阮惠，1788-1792在位)。但来的这个人并不是真正的安南王，而是他的弟弟假扮的。清朝知道实情，却装出不知道的样子接待了他[26]。

26　『清史稿』卷527「越南」(中華書局標点本48冊、14640頁)に、「(乾隆)五十五年、阮光平来朝祝釐、途中封其長子阮光纘為世子。七月、入覲熱河山莊、班次親王下、郡王上、賜御製詩章、受冠帶歸。其實光平使其弟冒名來、光平未敢親到也。其譎詐如此。」とある。

④ 7月19

与前日一样，卯正一刻五分开演，未正三刻十分结束。曲目为《寿域无疆》、《慈光有兆》、《紫气朝天》、《赤城益筹》、《霓裳仙子》、《鹤发公卿》、《化身拾得》、《治世如来》、《齐回金阙》、《还向丹墀》、《偕来威凤》、《不贵旅獒》、《爻象成文》、《竈神既醉》、《太平有象》、《万寿无疆》16章。这天，安南的吏部尚书潘辉益和工部尚书武辉瑨，各拿出一首七言律诗给朝鲜使节看，并邀请唱和。徐浩修作了唱和的诗，外加十柄扇子、十丸清心元赠给了两人[27]。这件事在越南使节潘辉益的《星槎纪行》中也有相关记载，内容如下：

　「恭和御诗」：七月十一日、陛见热河行宫、奉御赐国王诗章。…十六日、侍宴清音阁。[28]

　「东朝鲜国使」：朝鲜正使驸马黄秉礼、副使吏曹判书徐洗(浩)修、书状宏文馆校理李百亨，与我使连日侍宴，颇相款洽，因投以诗。[29]

⑤ 8月1日－6日

使节去往北京之后，在圆明园的同乐园中同样名为清音阁的三层戏楼看戏。演的是《唐僧三藏西游记》，即是《升平宝筏》，卯时开始未时结束。接下里一直到6日，每天都是同样的时间上演《升平宝筏》，期间也有插演别的戏曲。比如5日的记载，《西游记》的表演之间插有"黄门戏"即由宦官表演的节目，就有表现男女调笑的舞蹈，或者类似于小孩在立于台阶下的柱子上倒立这样的杂技。对此、徐浩修就指责说："在天子御前，万国使节来朝这样严肃的宫廷中，为何要

27　潘詩曰：居邦分界海東南。共向明堂遠駕驂。文獻夙微吾道在、柔懷全仰帝恩罩。同風千古衣冠制、奇遇連朝指掌談。騷雅擬追馮李舊、交情勝似飲醇甘。武詩曰：海之南與海之東。封域雖殊道脉通。王會初來文獻並、皇莊此到觀瞻同。衣冠適有從今制、縞紵寧無續古風。伊昔使華誰似我、連朝談笑燕筵中。余和送二詩、各致扇十柄、清心元十丸。和潘詩：何處靑山是日南。灣陽秋雨共停驂。使華夙昔修隣好、聲教如今荷遠覃。法宴終朝聆雅樂、高情未暇付淸談。新詩讀罷饒風味、頓覺中邊似蜜甘。和武詩曰：家在三韓東復東。日南消息杳難通。行人遠到星初動、天子高居海旣同。挏酒眞堪消永夜、飛車那得溯長風。知君萬里還鄉夢、猶是鉤陳豹尾中。(『燕行錄』卷51、60－61頁)

28　『越南漢文燕行文獻集成』(復旦大学出版社　2010)第6冊　231、234頁。

29　同上336-337頁。以下、詩は徐浩修の記録と同じだが、潘輝益の詩の「凤徵」が「凤藏」に、「帝恩」が「聖恩」になっており、武輝瑨の詩はない。また徐浩修の詩の「灣陽」を「漁陽」に、「中邊」を「中懷」に作る。このほか徐浩修の和詩に対して、さらに次の詩を贈ったが、これは徐浩修の記録にはみえない。「客況迢迢出嶺南。薰風無意送征驂。友聲豈為三韓隔、文脈從知四海覃。執玉位同王會列、鄰香情在御筵談。萍蓬遭晤非容易、珍誦來章道味甘」。

进行这样淫秽卑俗的表演呢。不用等史官去批评，我都已经为其感到羞愧不已了[30]"。

⑥ 8月10日

这天在圆明园，王公贵族、各国使臣列席参加九九大庆宴，卯时至未时，上演了《八洞神仙》、《九如歌颂》、《象纬有征》、《遐龄无量》、《仙子效灵》、《封人祝圣》、《海屋添筹》、《桃山祝嘏》、《缛绂盈千》、《清宁得一》、《百龄叟百》、《重译人重》、《庆涌琳宫》、《瑞呈香国》、《日征十瑞》、《桃祝千龄》，依然是16章的《九九大庆》。

关于1日到10日在圆明园看戏，越南人潘辉益的《星槎纪行》中也有相关记载。但是只写了"每夜四更趋朝，卯刻奉御宝座，未刻戏毕"，和徐浩修的记录相比则非常简略[31]。不过在当时，潘辉益和同席的朝鲜使节彼此以诗赠答，这在《星槎纪行》中留有记录，如《三束朝鲜徐判书》、《朝鲜李校(理)和诗、再赠前韵》、《附録李校理和诗》、《朝鲜书记朴(朴)齐家携扇诗就呈，即席和赠》、《附録朴(朴)齐家诗》等[32]。

⑦ 8月13日

这一天是乾隆皇帝的生日，即万寿节。使节参加了在北京紫禁城太和殿举行的仪式之后，就到有三层戏台的畅音阁看戏，从辰时(上午8点)到午时(12点)，一共看了《蟠桃胜会》、《万仙集籙》、《王母朝天》、《喜祝尧年》、《升平欢洽》、《乐宴中秋》、《万国来译》、《回回进宝》、《五代兴隆》、《五谷丰登》、《家门清吉》、《羣仙大会》12章戏。至此这次的看戏就结束了。

⑧ 越南、中国优人的共同演出

由上可见，在热河、圆明园、紫禁城举行仪式和看戏的过程中，朝鲜使节和

---

30 演西遊記、間設黃門戲。黃門十餘人戴高頂青巾、着闊袖黑衣、擊鼓鳴鉦、廻旋而舞、齊唱祝禧之辭。或二丈餘長身男女、俱着闊袖淡黑衣、男戴青巾、女戴髻髻、翩躚狎嬲。或豎三丈餘朱漆雙柱于殿階下、柱頭爲橫架、七八歲小兒着短衫、緣柱而升、捷如猱、掛足橫架、倒垂數刻。天子高居、萬國來朝、而肅肅宮庭、胡爲此淫褻、不待史氏之譏、余已赧顏。『燕行録』卷51、145−146頁。

31 「圓明園侍宴紀事」：八月初一至初十日連侍宴看戲。每夜四更趨朝、候在朝房、卯刻奉御寶座。王公大臣、內屬蒙古、青海、回回、哈薩克、喀咯諸酋長、外藩安南、朝鮮、緬甸、南掌、台灣生蕃諸使部、排列侍坐、未刻戲畢。(『越南漢文燕行文獻集成』第6冊237−238頁)

32 『越南漢文燕行文獻集成』第6冊239−242頁。

越南使节始终同席，有时以诗唱和，进行交流。但是两者对于戏曲的态度有着明显的不同。朝鲜使节徐浩修对于期间看到的宫廷仪礼是持批评态度的，尽管如此，他的纪录比起越南使节潘辉益的记载要详细得多。如果只看这一点的话，会以为越南使节潘辉益他们对于中国戏曲没有兴趣和好感，但事实并不如此。在潘辉益的《星槎纪行》中，有题为《钦祝大万寿词曲十调》的相关记载[33]，非常值得注意，内容如下：

> 春季入觐议成，余奉拟祝嘏词十调，先写金笺，随表文投递。清帝旨下，择本国伶工十名，按拍演唱，带随觐祝。至是，钦侍御殿开宴，礼部引我国伶工前入唱曲。奉大皇帝嘉悦，厚赏银币。命太常官选梨园十人，依我国伶工装样，秀才帽，交领衣，琴笛笙鼓齐就，召我伶工入禁内，教他操南音，演曲调。数日习熟，开宴时引南北伶工分列两行对唱，体格亦相符合。

由此可知，越南在派使节去为乾隆皇帝祝寿时，让越南的艺人随行，到了清朝宫廷后他们表演了越南的唱曲。看了表演的乾隆皇帝让中国的宫廷优人也学习这个曲子，到时候可以让两国的艺人共同表演[34]。但这件事在中国的文献中并没有相应的记载，此事果若属实，可见此次越南的使节到中国是有备而来的。如前面所言，当时来中国的越南国王是假冒的，带艺人同行来华表演越南歌曲，说不定是掩人耳目的手段之一。

不过就算如此，越南对于中国的戏剧、歌曲非常了解却是事实。在来北京的路上，沿途各地的官员都招待越南使节看戏[35]，朝鲜使节则没有这样的待遇。同样根据潘辉益《星槎纪行》中的记载，乾隆皇帝将清朝的官服赏赐给越南使节[36]，却没有赏给朝鲜使节。朝鲜在政治上顺从清朝，对戏曲则持有批判态度，与此相反，越南在政治上在国内自立为帝，对清朝只是面从腹背，然而对中国的戏曲文化却非常喜爱，两国对中国政治文化的表现形成了鲜明的对比。

33　同上275頁。文中、「清帝」はヴェトナム皇帝を指すはずである。あるいは誤字かもしれない。

34　これについては、陳正宏「越南燕行使者的清宮游歴与戯曲観賞――兼述其与琉球使者的交往」(2011年3月5日、「清朝宮廷演劇の研究」沖縄研究会発表論文)参照。

35　『清高宗実録』巻1423乾隆58年2月庚辰諭に、「向来安南使臣来京瞻覲，經過沿途省會，該督撫等例有筵宴演戯之事」とある。陳正宏前掲論文参照。

36　奉穿戴天朝冠服，惕然感懐。(『越南漢文燕行文献集成』第6冊235頁)。

V. 朝鲜通信使所见日本演剧

壬辰之乱后的1607年(长庆12年，宣祖40年)到1811年(文化8年，纯祖11年)朝鲜前后12次派通信使访问日本。为了招待朝鲜通信使，其中四次，日方为了招待使节，在江户城或对马藩邸表演了日本的能剧、雅乐还有歌舞妓的舞蹈等。

1. 1636年(宽永13年)通信使第四次到访日本时，在江户城上演了能，《通航一览》中对此有"時に御能を催さる。御馳走、御能の事、ここに初て見ゆ(此时表演了能剧，为了招待演能剧事，始见于此)"、"寛永十三年十一月朝鮮人来朝、御目見(接见)以後、重而有御能"等记载[37]。只是表演的具体名目不详，朝鲜的文献中也没有相应的记载。

2. 1643年(宽永20)年，朝鲜通信使第五次到访日本，上演了能乐《式三番》、《蚁之风流》、《高砂》、《红叶狩》、《养老》，狂言《惠比寿》、《毘沙门》、《靱猿》[38]。对此，朝鲜的《癸未东槎录》(著者不详)7月19日条目下有"是日设杂戏、终日为之。鼓笛喧轰、戯者各呈技艺、虽云盛礼、耳目不及、其为雜乱不欲观[39]"这样的文字，可见对此并无好印象。

3. 1711年(正德元年)，朝鲜通信使第八次到访日本，据新井白石的提议上演了雅乐《振鉾》、《长保楽》、《三台塩》、《仁和楽》)、《央宫楽》、《古鸟苏》、《太平楽》、《林歌》、《甘州》、《纳曾利》、《陵王》[40]。其中《仁和楽》、《长保楽》、《古鸟苏》、《林歌》、《纳曾利》属高丽乐，可以想象是为了朝鲜使节而特意选的。白石记述道："韓客皆々感服し、殊に高麗楽の日本に伝えて其国に伝ざりしを恨める所の事、鶏林唱和などに多く見ゆ(韩使们都叹为观止，尤其对日本能保留高丽乐，本国却失传一事，殊觉遗憾，有关诗文多见于《鶏林唱和》等书)[41]"，还与正使赵泰億进行了如下的对话：

> 「长保乐」
> 白石：即是高丽部乐。贵邦犹有是舞耶？
> 赵泰亿：胜国之音，今则亡矣。[42]

---

37 『通航一覧』(国書刊行会　1915)第二冊、卷76、453、456頁。
38 同上462頁。
39 『海行総載』三(朝鮮古書刊行会　1917)230頁。
40 『通航一覧』第二冊、卷82、533頁以下。
41 同上、537頁。
42 同上、537頁。

「陵王」

白：齐人兰陵王长恭破周师于金墉城下者，即兰陵王入阵曲。

赵：高齐之乐，何以传播于贵邦耶？

白：天朝通问于隋唐之日所传来也。

赵：此等乐谱虽非三代之音，隋唐以后音乐。独传天下不传之曲，诚可贵也。

白：天朝与天为始，天宗与天不坠，天皇即是真天子，非若西土歷代之君，以人继天，易姓代立者。是故礼乐典章，万世一制。若彼三代礼乐，亦有足征者，何其隋唐以后之谓之哉。

赵：有礼如此，有乐如此，乃不一变至华耶？

白：奏是曲者，其先高丽人，因以狛为姓。其于声楽当代第一、其仮面亦数百年之物也。[43]

此时所演的高丽乐似乎给朝鲜使节留下了非常深刻的印象，在副使任守干的《东槎録》中11月3日条目下记有"凡为高丽楽者、或有高丽人子孙云"。

4. 1719年(享保4年)通信使第九次到日本时可能也上演过能，这从《异本朝鲜物语》中的"本の格式へ戾り、御能拝見被仰付候事(回归原来的方式，下令表演能剧)[44]"得知。但是对此没有正式的记录，朝鲜文献中也没有任何相关记载。不过在当时，使节一行参加在江戸的对马藩邸举行的宴会时，却观看了属于歌舞伎(净琉璃)的舞蹈表演。首先，正使洪志中的《东槎録》10月9日条目下有如下记载[45]：

岛主请陈戏具。遂出坐外堂。乐工弹琵琶，吹笛，击缶。美童十人扮作彩衣女人状，迭相献舞。戏子陈各技，殆至十余种。往往有男女调戏之戏。使首译谓倭人曰：亵慢之戏，所不欲观，即令禁止之。大抵音乐皆不足听，歌是梵音，舞有击刺之势，而呈戏之具虽多奇巧之状，亦无可观。

此外，一同在场的制述官申维翰的《海游録》中也有如下记载[46]：

43 同上、538─539页。
44 『通航一览』第二册、卷83、555页。
45 辛基秀・仲尾宏编『大系朝鲜通信使』第5卷「己亥・享保度」(明石书店 1995)127页。
46 青柳綱太郎『原文和譯對照海遊録』(朝鲜研究会 1918)94页。

又转为男女垂情流眄之态。奉行平直长谓余曰：此即日本娼家儿情色中光景，未知朝鲜妓楼亦有如许状否？答曰：服色虽异，意态如画。又问：学士平日亦解这间兴趣否？曰：世无铁心石肠人，何为不知？第自畏耳。直长大笑而已。所见渐亵，使臣分付曰：淫僻之戏，皆不欲观，即令缀退。

简而言之，朝鲜使节对日本的能和歌舞伎完全没有兴趣，尤其是对歌舞伎中男女爱事的表演更为显露出了厌恶之情，这跟前面介绍的徐浩修对黄门戏的观感完全一样的。可是他们对雅乐的看法则不同，却非常欣赏。这或许是因为雅乐表演中演奏了高丽乐，但更基本的原因是因为雅乐符合儒教礼乐观念，这在与白石的问答中显而易见。这也跟燕行使节有意要学习中国雅乐的态度是不谋而合的。

VI. 结语

东亚地区的文化交流，主要以书籍为媒介，学习儒家经典或古典文学这一类上层文化，而世俗的下层文化的交流一直比较少。尤其是像戏曲这样，必须通过人际往来，不亲眼看表演就难以理解的文化，就更是如此了。在近世的东亚，像中国元明清时代的杂剧、传奇、京剧等，以及日本的能、歌舞伎等、可见演剧都很盛行，但双方几乎没有任何交流。在这样的情况下，和中国、日本都有国交的朝鲜的使节，就有机会亲眼观看中国和日本的演剧，尤其是关于中国的戏曲表演，留下了许多详细的记录。虽然如此，他们对于戏曲却是强烈否定和批评的。这是因为当时的朝鲜没有发展出自己的戏剧，不过相比之下更大的原因，应该是当时朝鲜的文人儒教观念根深蒂固，所以蔑视戏曲，认为其败坏道德。

在近世，虽然东亚各地区之间关于戏剧的交流非常少，但并不是完全没有。像前面提到的，越南使节就非常爱看中国戏曲，还带了自己国家的表演者一起来中国。虽然江户时代的日本因锁国政策而与中国断绝了来往，但仍有像太田南畝这样在长崎看了中国戏曲而对其产生兴趣的人存在[47]，而明清的俗乐也通过长崎得到了传播。甚至在琉球，中国的戏曲也被接纳吸收[48]。相比之下，可以说朝鲜人的戏曲观是非常特殊的。

▎黄沉默(日本京都大学)翻译

47　大田南畝『瓊浦雑綴』(『蜀山人全集』巻3　日本図書センター　1979)584頁。
48　参看『沖縄と中国芸能』(喜名盛昭・岡崎郁子著、ひるぎ社「おきなわ文庫13」、1984年)

著者所屬(揭載 順)

夫 馬 進	京都大 名譽教授
張 伯 偉	南京大學 教授
金 泰 俊	東國大 名譽教授
金 一 煥	東國大 研究教授
鄭 光	高麗大 名譽教授
孫 衛 國	南开大學 教授
李 慧 淳	梨花女大 名譽教授
河 宇 鳳	全北大 教授
具 智 賢	鮮文大 教授
韓 泰 文	釜山大 教授
金 文 京	京都大 教授

編者所屬

鄭 光	高麗大 名譽教授
藤本幸夫	京都大 客員教授
金 文 京	京都大 教授

燕行使와 通信使
−燕行·通信使行에 관한 韓中日 三國의 國際워크숍−

초 판 인 쇄	2014년 08월 25일
초 판 발 행	2014년 09월 01일
편 자	鄭光·藤本幸夫·金文京
발 행 인	윤 석 현
발 행 처	도서출판 박문사
책 임 편 집	최인노·김선은
등 록 번 호	제2009-11호
우 편 주 소	⑦ 132-702 서울시 도봉구 창동 624-1 북한산 현대홈시티 102-1106
대 표 전 화	02) 992 / 3253
전 송	02) 991 / 1285
홈 페 이 지	http://www.jncbms.co.kr
전 자 우 편	bakmunsa@hanmail.net

ISBN 978-89-98468-35-4　93910　　　　　　정가 37,000원

* 이 책의 내용을 사전 허가 없이 전재하거나 복제할 경우 법적인 제재
  를 받게 됨을 알려드립니다.
** 잘못된 책은 구입하신 서점이나 본사에서 교환해 드립니다.